2021年

2021年国家统一法律职业资格考试

刑法专题讲座 精讲卷 02

徐光华 ◎编著

中国经济出版社
CHINA ECONOMIC PUBLISHING HOUSE
中国石化出版社
HTTP://WWW.SINOPEC-PRESS.COM

图书在版编目(CIP)数据

刑法专题讲座精讲卷 / 徐光华编著. —北京：中国石化出版社，2020.11

ISBN 978-7-5114-6042-4

Ⅰ.①刑… Ⅱ.①徐… Ⅲ.①刑法-中国-资格考试-习题集 Ⅳ.①D924-44

中国版本图书馆 CIP 数据核字(2020)第 227288 号

中国石化出版社出版发行

地址：北京市东城区安定门外大街 58 号

邮编：100011 电话：(010)57512500

发行部电话：(010)57512575

http://www.sinopec-press.com

E-mail:press@sinopec.com

鸿博睿特(天津)印刷科技有限公司印刷

全国各地新华书店经销

*

787×1092 毫米 16 开本 31 印张 753 千字

2021 年 1 月第 1 版 2021 年 1 月第 1 次印刷

定价：88.00 元

徐光华，江西财经大学法学院教授、博士生导师，法学博士、博士后。国际刑法学会中国分会理事、江西省犯罪学研究会理事、江西省经济犯罪研究中心理事、南昌仲裁委员会仲裁员。近年来，先后在《中国法学》《法学家》《法商研究》《法律科学》《政法论坛》《政治与法律》等刊物发表学术论文60余篇，10篇论文被人大复印资料全文转载。主持国家社科基金项目、教育部人文社科项目、司法部项目各2项，其他各类省、部级课题十余项。出版个人学术专著《犯罪既遂问题研究》《刑法文化解释》《转型期刑事司法与民意互动的实证研究》三部。研究成果获江西省社科优秀成果一等奖（1次）、二等奖（2次）。入选江西省百千万人才，江西省青年井冈学者。微信号：ajie1046（助理，小邓）。

在教学科研之余，亦投身司法实践，代理过诸多有影响性的刑事案件。

前言
Preface

本书是本人进入法考培训市场13年（2008年至今）在教学、研究基础上写成的法考刑法学基础教材，适用于2021年备考客观题的考生，也适用于2021年备战主观题的考生。该书在结合刑法理论、审判实务的基础上，对刑法学基础知识进行了解读，亦可供在校大学生及司法实务办案参考。本书收录了截至交稿时的重要司法解释、法律规范、《刑法修正案（十一）》、2020年法考真题。本书对知识点、真题、原理、实务案例进行了系统化的解读，相对较“厚”，但这是进行第一轮复习巩固所必需的，学习的道路上不宜过度“走捷径”，否则就是自我欺骗。就本书的几个核心问题，做如下说明：

一、尊重官方观点

本书各知识点及真题，全部按司法部官方观点。刑法学的诸多问题，基于不同的立场，可能会存在不同的结论。但是，法考授课、出书，不是教师推行个人学术观点的舞台，尊重官方的观点及答案，是为考生负责。有鉴于此，本书中引用的全部真题，答案与官方保持一致。就具体知识点而言，亦是遵循法律、司法解释、通说观点，而不以某一学者的观点为准。就部分学说争议，本人亦会同相关的司法部官方指定教材的作者、以往参与命题的老师，进行较为深入的交流，防止因个人的固执己见而影响读者。

（一）关于历年真题，必须结合官方观点进行解读

试举几例：

例如，关于信用卡犯罪，需要区分对机器、对人使用而分别成立盗窃罪、信用卡诈骗罪，理论上有论者持此观点。但是，司法解释、审判实务对此持反对意见，认为认定信用卡诈骗罪对使用卡的方式并不需要作特别区分。参见：2017年卷二14、2015年卷二57、2015年卷四案例分析、2013年卷二15、2010年卷二14、2003年卷二85—88。本书信用卡诈骗部分，无一遗漏地收录了历年全部的相关真题及官方答案，并未发现所谓的因区分对机器、对人使用而成立不同的犯罪。

又如，关于盗窃方式是秘密还是公开。通说观点认为，盗窃罪是秘密窃取，公开以和平方式取走他人财物的成立抢夺罪。另一种观点认为，公开以和平方式取走他人财物的，成立盗窃罪。截至2020年12月，笔者查阅了中国裁判文书网、北大法宝中的相关案例，

审判实践中，公开以和平方式取走被害人财物的案件不计其数，但未能发现公开取走被害人财物被认定为盗窃罪的判决。最高人民法院第27号指导案例臧进泉案，判决书原文明确指出："盗窃是指以非法占有为目的，秘密窃取公私财物的行为。"固执地坚持某一种观点而抛弃另一种观点，是不可取的。2013年、2016年国家法律职业资格考试真题考查了两种观点（见2013年卷二60，2016年卷二18）。无论我本人赞同哪种观点，讲授课程、出版法考书必须坚持司法部观点，这是底线！

2018年11月司法部司法考试司组织命题老师重新编写的《国家司法考试试题选编（2002—2017）》（司法部司法考试司编）一书，也强调对两种观点均需掌握。该书对这一问题原文阐述如下：

通说认为，成立盗窃罪，行为人必须实施了秘密窃取行为。如果行为人是当着被害人的面取得财物，不是秘密窃取财物的，该行为就不是盗窃行为。通说以否认公然盗窃构成盗窃罪为前提，但是，在互联网年代，借助互联网力量，人人都可能具有通天眼，"公然盗窃"的情形将时常发生，将此一概认定为抢夺罪并不合适。当然，在司法考试（现为"法考"）中，不能刻意"推销"某一种学说。司法考试重在考查考生是否理解了某一学说，具体案件中能否具体运用该学说。

（二）对于有争议的问题，在阐述官方观点时，对考生的困惑，也进行了回应

对于同一问题，刑法理论、审判实务上存在不同的观点，是较为常见的现象。很难说，哪一种观点就绝对正确，另一种观点就绝对错误。并且，即便当下刑法理论或审判实务的主流观点是"此观点"，但未来可能是"彼观点"。法律根植于特定的社会文化基础之上，而社会本身就是变化的。因此，存在不同的观点，是再正常不过的现象了。在刑法学中，不存在"非黑即白"的现象，对某些极端或者疑难案件的处理，观点很难说有对错，存在的只可能是谁比谁合理、谁比谁在当下更说得通的问题。

本书对于有争议的问题，旗帜鲜明地坚持司法部观点，毕竟，通过考试是我们当前共同的期待。但是，对于一些争议较大的问题，考生、读者可能存在不同的观点，甚至在心中坚持与司法部完全不同的观点。本书也有必要在阐述官方观点的同时，对考生心中有困惑的观点进行回应。试举一例：

2020年真题：甲、乙、丙三人经商定后，从淘宝店购买了某品牌的最新款手机30部，收到手机后，3人拆下新手机的主板，换上事先准备好的废旧主板，然后利用七天无理由退货的规则，将手机退货，从店主处获得全额退款80000元。如何认定犯罪数额？

本案的行为分为两个步骤：

第一个步骤：从淘宝店购买了某品牌的最新款手机30部。这是正常的买卖行为，支付了对价，不构成犯罪。即便后续行为人将手机主板换掉，也不构成任何犯罪，这事实上是处分自己的财产。

第二个步骤：用"不完美"的手机（已经被更换了废旧主板）欺骗商家，以获取"完美的手机货款"，这一行为应成立诈骗罪。事实上，该行为是利用虚假手段，使得商家处分了手机货款（退款）。

综上，行为人的行为应成立诈骗罪，诈骗金额应认定为是商家处分的财产——手机货款（退款）。

但是，本案确实存在的问题是，如果将诈骗的数额认定为整个手机货款金额，确实可

能存在数额太大而导致量刑过重。在该案中，行为人事实上获得的财产也仅有“手机主板”，作为商家而言，其损失的也仅仅是“主板”。因此，从量刑合理的角度看，限制该诈骗行为的犯罪数额的认定，确实也是实务的一贯选择。审判实务中，也是将犯罪数额认定为是主板金额。参见（2018）鄂0117刑初5号刑事判决书。

结合命题人的学术观点，司法部的答案应是“手机货款金额”，而审判实务却认定了“主板金额”。难以说得上哪种观点对与错，理论观点更具有一定的前瞻性，强调维护“行为与责任同在”，被害人交付、处分的财产确实是“手机货款”，这符合诈骗罪的构造。但是，过度扩张诈骗罪的数额，在我国现行立法以数额作为量刑的主要、甚至唯一依据的背景下，可能会导致量刑过重，将犯罪数额限制为损失金额（主板金额）可能是更为务实的选择。

二、传授“活”刑法、防止“死”读书

刑法是人类与犯罪作斗争几千年来的经验总结，背后必然存在深刻的法理。本书在介绍知识点时，注重如下方向：

（一）对于知识点背后的原理，进行深度阐释，而不仅仅是简单地“背公式”

只有从原理上阐述了知识点，让学生真正了解了知识点背后的原理，才能真正做到心服口服、铭记于心。例如，刑法中的自首，要求行为人“自动投案”“如实供述自己的罪行”。但如何理解自动投案，现实生活中的案件多样化，考生也不可能穷尽所有的“自动投案”的情形。自动投案的实质在于，行为人在“有选择权”的前提下，既可以选择前往司法机关，也可以选择不去而回家，最后选择了前往司法机关。如果行为人别无选择、必须接受司法机关制裁，那就不能认定为是自动投案，而是被动归案。掌握这一原理，以下真题的判断就会回归简单：

行为人因为行迹可疑而被司法机关盘问，司法机关无法对其采取强制措施，行为人还有选择权，此时交代自己罪行的，系自动投案。

因为有犯罪嫌疑被司法机关盘问，行为人没有选择权，此时交代自己罪行的，不是自动投案。

无论什么动机而自动投案，如出于害怕法律制裁、或者与同伙分赃不均等，行为人还有选择权，前往司法机关投案的，系自动投案。

当然，在掌握原理的基础上，为了让考生进一步掌握所学知识，本书亦通过一定的“总结”对原理进行了更简洁的归纳，以帮助考生应试。例如，犯罪未遂与犯罪中止的区别在于，行为人主观上是否“改恶从善”，或者，我们是否需要给其“点个赞”，如果是，就是犯罪中止。又如，成立自首所要求的“自动投案”，其表现形式多种多样，但本质在于“我想坐牢”。又再如，片面共犯的本质在于“做好事不留名”、假想防卫是“好心办坏事”、偶然防卫是“坏心办好事”。只有在深刻理解原理的基础上，进行归纳性的、易懂的公式总结，才能牢牢掌握原理。

（二）注重通过实务案例，讲解刑法学知识

没有理论指导的实务是盲目的，没有实务填充的理论是空洞的。只有理论与实务不断互动，才能发挥出彼此真正价值，推进司法公正。我们生活的年代是一个最好的年代，对

于法律知识的学习，已经不仅仅是在虚拟的“甲、乙、丙、丁”的案例中学习，而是有机会接触到更多的真实案例。而在我以前上学的那个年代，是没有这样的条件的。早在2013年，我和现任江西财经大学校长、曾担任全国人大代表的邓辉教授，就曾多次讨论，应推进裁判文书网上公开，倒逼司法公正。裁判文书公开之后，也有助于我们接触真实案例，让所学的知识真正接地气。在这种认识下，我协助校长完成了该建议，也在一定程度上促成了2014年裁判文书网上公开。①

就法考而言，需要注意的，近年来对实务案例的重视程度已经超出了以往任何年份。例如，司法部官方指定教材中的主观案例题，几乎全部来源于最高人民法院《刑事审判参考》中的实务案例。试题很多也都是对实务案例的改编，我在真题解析中会对试题进行全面解读。

（三）在知识点讲解基础上，附上历年真题，以进一步强化、检视对知识点的学习

本书在每一个重要知识点背后，都及时附上了历年真题，既有助于考生巩固对知识点本身的学习，也有助于考生掌握对知识点背后的考查方式及规律。此外，作为本书的姊妹篇《刑法专题讲座 · 真金题卷》也将于2021年初与读者见面，对10余年的真题进行了较为详细的解析。两书配合使用，将有助于更好地掌握知识。

三、密切关注近年来法考命题的新动向

刑法理论本身相对稳定，但社会本身在发展、变化，具体犯罪的表现形式亦在不断发展变化。有必要在掌握刑法理论的基础上，解决实务中不断涌现的新问题，这是学习法学知识的应有之义，即解决实际问题的能力。就近年来的命题看，主要呈现出如下特点：

（一）注重运用所学知识解决新问题的能力

以盗窃罪为例。刑法理论与实务无异议地认为，盗窃罪是“侵害占有”型的犯罪，其对象是他人占有的财物。例如，任何人未经自行车所有人、占有人同意而取走该自行车的，可能成立盗窃罪。但是，现今共享经济时代的到来，如共享单车的出现，所有人（共享单车公司）对其的“占有”是愿意和大家“共享”的，愿意和大家“分享”占有。在此意义上，如何理解盗窃罪所要求的“破坏占有”，就需要重新解读。在共享经济到来的年代，虽然所有权人愿意和大家“共享占有”，但这种“共享”是需要附条件的，包括：需要付费；不是和某一个人共享，而是希望与多数人共享；希望在指定的地点（人流量相对较多的区域）与多数人共享。如果行为人使用他人的“共享”单车，最后导致自己“独享”该车辆或导致其他人无法“共享”该车辆，就违反了共享单车公司“共享占有”的宗旨，就有可能认为是“破坏占有”而认为是盗窃罪。于是，2018年真题中的如下情形，就应被认定为盗窃罪：

小红将上锁的共享单车（仅供城市使用），偷偷运到村里，供村民扫码付费使用。

小张将已上锁的共享单车锁破坏，用自己的锁将共享单车锁上供自己使用。

（二）注重命题所要传递的价值理念、规律

法考是法律职业者的入门级考试，是培养法治建设接班人的考试。考试真题传递正确

① 2013年全国人大会议代表建议。建议名称：《关于全面建立裁判文书网上公开制度的建议》，建议人：邓辉。

的价值理念似乎不言而喻。考生在复习时，更应注重真题对应的知识点所传递的价值观。

例如，根据刑法规定，构成受贿罪要求“非法收受他人财物”并“为他人谋取利益”。有同学问，是否存在“非法收受他人财物”但不“为他人谋取利益”的情形，进而不认定为受贿罪。这种情形从字面含义上来看，确实不构成受贿罪。但是，试想，法考会考查这样的试题吗？国家工作人员“非法收受他人财物”后，仅因为未“为他人谋取利益”，就不构成受贿罪。那么，实践中将会有大量的国家工作人员收受他人财物后，以没有“为他人谋取利益”为由，否认受贿罪的成立，这会助长国家工作人员收受他人财物，显然不合理。历年法考真题中，只要是国家工作人员收受他人财物，无一例外地均被认定为受贿罪。刑法理论与审判实践对受贿罪所要求的“为他人谋取利益”已经进行了极度扩张的解释，收受财物本身就视同“为他人谋取利益”，应认定为受贿罪。

又如，盗窃罪的对象是“他人占有”的财物，侵占罪的对象是“无人占有”的财物。因此，判断行为指向的对象是否处于“有人占有”的状态，是区分盗窃罪、侵占罪的关键。但是，历年真题中，无一例外地肯定案件中财物是处于有人占有的状态，进而将行为认定为盗窃罪。其理由在于：

一般认为，“有人占有”的东西就意味着，财物这样放置是比较安全的，财物处于有序的状态，这种财产秩序需要维持，其他人不能随意拿走，否则，成立盗窃罪。而“无人占有”的财物，意味着这个财物现处于无人支配、控制的状态，处于不安全的状态，其他人基于此而对此重新建立占有、支配关系的，也应返还被害人，否则成立侵占罪。用更通俗的观念来说，“无人占有”的财物，我们拿走叫“捡”（侵占）；有人占有的财物，我们拿走叫“偷”（盗窃）。在判断行为是“偷”还是“捡”，如果存在模糊，即财物是否处于“有人占有”的状态存在模糊之处时，更应倾向于认定为是“偷”，肯定财物是有人占有的，这样有助于构建整个社会的财产秩序。

（三）注重启发性思考，从而更为牢固地掌握知识点

不少考生经常反馈的信息是，在学完某一知识点之后，遇到具体案例、真题，还是百思不得其解。本书及配套视频课程多采用启发性的思考模式，帮助考生掌握思考、分析的方法，更好地学以致用。

例如，2020 年法考真题中，甲设立 A 公司，注册资本为 1000 万元，甲提出将 10% 的股权给国家工作人员乙，乙同意，并办理了注册登记，后该部分股价增值上涨为 200 万元。该案例中，乙的受贿金额究竟是以受贿行为当时的价值 100 万元，还是以事后上涨的价值 200 万元进行计算？

考试结束之后，网络上对此热议，至今似乎都没有平息。进行如下的思考，问题可能会得到更好的解决：

如果以上涨后的价格计算受贿金额，那事后股票价值下跌了呢？

如果以上涨后的价格计算受贿金额，“后”是指具体何时呢？因为股票的价格无时无刻都处在变动之中，那金额的认定还具有确定性吗？

如果以上涨后的价格计算受贿金额，受贿金额提升了，是否意味着行贿金额也要提高呢？这是否合适？

如果以上涨后的价格计算受贿金额，是否符合“行为与责任同在”的刑法原理？犯罪故意、过失仅存在行为当时，行为人当时收受他人财物的时候，有受贿 100 万元的故意，

还是200万元的故意呢?

如果难以判断的话，将“股票”变更为“黄金”，黄金的价格也是不断变动的。那么，如果甲购买了100万元的黄金送给乙，乙收下之后一直自己保存。一年后案发，黄金价格暴涨至200万元。甲的行贿金额会是200万元吗?

综上，进行上述启发性的思考后，我觉得，你会更加坚定，本案的受贿金额应为100万元。

(四) 注重结合现行立法、司法、社会现状，对问题进行更为合理的判断

法学是社会科学，很难完全进行公式化的分析。不像自然科学，可以进行相对简单地公式化分析。例如，氢气与氧气的组合就是水。法学研究是建议在特定的社会基础之上的，需要结合当前的立法、司法、现状进行更为合理的判断，并且，这些要素是变化的。[①]

例如，我国刑法对盗窃罪与职务侵占罪规定了不同的立案（定罪）标准，盗窃罪为1000元，职务侵占罪为60000元。可以说，职务侵占罪是一种更为特殊的“盗窃”，是非国有单位的工作人员利用职务上的便利“窃取”了该单位的财产。行为人是否“利用职务上的便利”是区分盗窃罪与职务侵占罪的关键。但是，如何界定“职务上的便利”，不得不考虑我国当前的立法现状。我国立法对职务侵占罪过度宽容，导致大量的非国有单位的工作人员取走了本单位5万元、4万元财物的案件，无从定罪，不利于对非国有单位财产的保护。从这一意义上看，对职务侵占罪规定如此之高的立案标准并不合理。因此，通过限制解释“利用职务上的便利”进而限制职务侵占罪的范围，扩张盗窃罪的范围，将是更为合理的选择。也正基于此种认识，刑法理论与审判实务近年来主张限制职务侵占罪的范围。法考命题当然顺应这一模式，限制解释“利用职务上的便利”，将更多的行为认定为盗窃罪，如：

2018年真题：某快递公司快递员甲在分拣包裹的过程中，把不属于自己负责的传送带上的包裹，放入自己的快递车内，然后离开公司送货途中，拆开包裹，据为已有——本案中，甲拿走的是公司专门的监督人员保管的财物，即他人保管的财物，不认为其利用了职务上的便利，仅成立盗窃罪。

读者能用心阅读，是本人最大的期待。愿本书能成为大家刑法知识学习上的好助手!

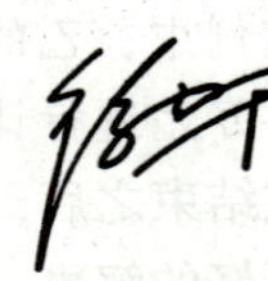

2021年1月于江西南昌

① 徐光华:《刑法文化解释研究》，中国政法大学出版社2012年版，第2页。

目录

Contents

第二部分　分　则

第三部分　其他重要问题

刑法学结构图

- 刑法
  - 总论
    - 基础知识论
      - 刑法概说
        - 刑法的概念、性质、任务和机能、刑法解释
        - 刑法的基本原则
        - 刑法的适用范围：空间效力，时间效力
      - 犯罪概说
        - 犯罪的概念
        - 犯罪的分类
    - 犯罪论（论犯罪）
      - 犯罪论体系（犯罪构成）
        - 客观违法（不法）：主体、行为、结果、因果关系
        - 责任：责任年龄、能力、罪过、目的与动机、认识错误
      - 违法性阻却事由：正当防卫、紧急避险、被害人承诺等
      - 责任阻却事由：违法性认识的可能性、期待可能性
      - 特殊的犯罪构成
        - 犯罪的未完成形态：犯罪预备、未遂、中止
        - 共同犯罪
        - 单位犯罪
      - 罪数论
        - 实质的一罪：继续犯、想象竞合犯、结果加重犯
        - 法定的一罪：结合犯、集合犯
        - 处断的一罪：连续犯、吸收犯、牵连犯
    - 刑罚论
      - 刑罚概说
        - 刑罚的概念
        - 刑罚的目的
      - 刑罚的体系（静态）
        - 主刑：管制、拘役、有期徒刑、无期徒刑、死刑
        - 附加刑：罚金、没收财产、剥夺政治权利、驱逐出境
      - 刑罚的运用（动态）
        - 量刑：累犯、自首、立功、数罪并罚、缓刑
        - 行刑：减刑、假释
        - 刑罚的消灭：时效、赦免
  - 分论
    - 侵犯个人法益的犯罪
      - 侵犯财产罪（非常重要）
      - 侵犯公民人身权利、民主权利罪（重要）
    - 侵犯社会法益的犯罪
      - 危害公共安全罪（较重要）
      - 破坏社会主义市场经济秩序罪（较重要）
      - 妨害社会管理秩序罪（较重要）
    - 侵犯国家法益的犯罪
      - 贪污贿赂罪（重要）
      - 渎职罪（一般）
      - 危害国家安全罪（了解）
      - 危害国防利益罪（了解）
      - 军人违反职责罪（了解）

第一部分

总则

专题一

刑法基础理论与刑法解释

知识体系

- 刑法基础理论与刑法解释
  - 刑法的渊源
  - 刑法的性质与机能
    - 刑法区别于其他法律的特征
    - 刑法的机能
  - 刑法解释
    - 刑法解释的效力
    - 刑法解释方法概说
    - 刑法解释方法之：解释技巧（论理解释）
    - 刑法解释方法之：解释理由
    - 刑法解释中的其他重要问题

相关法理

本专题是刑法的入门篇。在这一专题中，首先要了解什么是刑法，其表现形式包括哪些，刑法是由谁制定的。在此基础上，我们应该知道，作为部门法之一的刑法与其他法律之间有何区别。刑法的制裁手段是非常严厉的，涉及到对犯罪行为人的生杀予夺，因此，刑法应该非常谨慎适用。刑法不仅仅是制裁犯罪，更重要的应该是限制国家的权力，防止国家突破刑法规定惩罚行为人，保障犯罪嫌疑人、被告人不受刑法之外的处罚的基本人权。

刑法解释学亦是刑法学中最为重要的一个内容，就是实现刑法与现实案件之间如何结合的学科。可以说，法律适用过程就是对刑法条文解释的过程，刑法解释学是刑法学的本体。因此，解释刑法是最为重要的内容。近年来的国家法律职业资格考试试题，很多都是围绕着刑法解释方法展开的，几乎每年都会在前几题考查刑法解释。对刑法解释的考查不限于具体解释方法本身，而且注重刑法解释的立场、理念，难度在逐步增大。

一、刑法的渊源

即刑法的表现形式，我们称得上是“刑法”的有哪些表现形式。千万别认为没有刑法典就没有刑法，新中国成立后，我国先后于1979年、1997年出台了两部刑法典。新中国成立（1949年）后至1979年第一部刑法典出台之前，虽然我国没有刑法典，但仍然有大量的刑事犯罪，有大量的人被定罪量刑，其定罪量刑的依据就是“刑法”，那时主要是依据一些单行刑法给犯罪行为人定罪。从这一意义上看，刑法的渊源（表现形式）不限于刑法典，还包括单行刑法。具体包括：

1. 刑法典（名称叫“刑法”的）。即《中华人民共和国刑法》，系统、全面地规定了犯罪、刑罚。

其中，《刑法修正案》是对刑法典本身的修改、补充与完善，也是刑法典的内容之一。我国目前有十一个刑法修正案。

2. 单行刑法。刑法典之外，独立地规定了犯罪与刑罚的法律。单行刑法的特点在于，它规定的内容也是犯罪与刑罚，但是，它所规定的内容仅仅涉及某一个方面（如某一个犯罪），而不像刑法典一样系统、全面。

目前我国的单行刑法只有全国人大常委会 1998 年 12 月 29 日颁布的《关于惩治骗购外汇、逃汇和非法买卖外汇犯罪的决定》。该单行刑法的内容为：创设骗购外汇罪；将逃汇罪的主体由国有单位扩大到所有中国的单位；将非法买卖外汇定为非法经营罪。

[问题之思考] 为什么我国仅有一个单行刑法？1979 年刑法典施行之后，颁布实施了众多的单行刑法和附属刑法条款，刑法学界尤其是实务界批评刑法典过于零乱，不便于查找。从 1979 年刑法典到 1997 年修改刑法典的 17 年间，除全国人大常委会陆续颁布了 24 个单行刑法以及在 80 余个非刑事法律中增设附属性刑法条款 130 余条以外，“两高”又颁布司法解释 220 余件。后来全国人大在 1998 年决定，以后每次修改刑法均采取修正案的形式，即直接对刑法典进行修改，如《刑法修正案》《刑法修正案（二）》《刑法修正案（三）》……的形式，这样方便查找。

3. 附属刑法。附属刑法的整体性质不是刑法，但是也附带了极少量的犯罪与刑罚的规定。即附带规定于经济法、行政法等非刑事法律中的一些追究刑事责任的条款。

例如，《产品质量法》《反不正当竞争法》属于经济法律，但其中也有关于刑事责任的规定，如《产品质量法》第 49 条规定：“生产、销售不符合保障人体健康和人身、财产安全的国家标准、行业标准的产品的，责令停止生产、销售，没收违法生产、销售的产品……构成犯罪的，依法追究刑事责任。”

我国并没有严格意义上的附属刑法，因为我国的附属刑法实际上是对于刑法典内容的重申，单独地依靠附属刑法并不能给行为人定罪量刑。即我国其他部门法中所规定的“构成犯罪的，应当依法追究刑事责任”这句话纯属多余，最终给行为人定罪量刑还是依据“刑法典”本身。

日本就有实质意义上的附属刑法。日本刑法典中没有交通肇事罪、医疗事故罪的规定，在日本根据交通法就可以直接认定交通肇事罪，根据医事法可以直接认定医疗事故罪，而不需要根据刑法典来认定交通肇事罪、医疗事故罪。因此，日本的交通法、医事法就是真正意义上的附属刑法。而在我国，虽然《道路交通安全法》也规定了，构成犯罪的，应追究刑事责任。但是，真正认定交通肇事罪时，还是必须依据刑法典。

4. 变通规定。民族自治地方的省级人民代表大会或港澳台地区根据当地民族的政治、经济、文化的特点和刑法典的基本原则制定的、涉及犯罪与刑罚的变通或补充规定，也属于广义中国刑法的内容。这种规定只在特定地域适用（如港澳台）。实际上，香港刑法、澳门刑法、台湾刑法，也属于中国刑法的一个组成部分，只是与我们大陆的刑法典内容不同。

实践中，民族自治地方几乎没有对刑法的变通的规定。

[注意] 有的教科书对于变通规定是否属于刑法的渊源持不同意见，但变通规定本身是对刑法典作的变通，从这一意义上看，可以视为刑法的渊源。

[提示] 刑法的渊源告诉了我们什么是“刑法”，因此，所谓刑法中的“法定量刑情节”“罪刑法定原则”中的“法”就是上述的“刑法”，而不能是在此之外的渊源。

例如，2009年刑法试题中曾经问及，“入户盗窃”是否属于法定的从重处罚情节？不可否认，“入户盗窃”是一种酌定的从重处罚情节。但是，“入户盗窃”作为一种从重处罚情节并不是“法定”的，因为在2009年时，刑法并没有将“入户盗窃”规定为从重处罚情节。即便是2011年《刑法修正案（八）》将“入户盗窃”规定为盗窃罪的表现形式之一，也只是入罪的条件，不是“从重处罚”情节。

又如，《刑法》第238条（非法拘禁罪）第1款规定，非法拘禁过程中具有殴打、侮辱情节的，从重处罚。这一规定属于“刑法”的规定，属于“法定”从重处罚情节（见2011年卷二60）。

[问题之思考] 司法解释、最高司法机关的指导案例，均不属于刑法的渊源。

对于“两高”发布的指导性案例，各级法院与检察院在办理类似案例时应当参照。但是，这种做法只不过是对当前盛行的司法解释的另一种表述，而不是将指导性案例作为刑法的渊源。另外，最高人民法院、最高人民检察院所作的司法解释，虽然在审判实践中具有法律效力，但仍然不属于刑法的渊源，因为司法解释仅是解释刑法条文的既有含义，其不能创设新的罪刑规范——质言之，刑法的渊源是指“产品”本身，而司法解释、指导案例只是产品的“说明书”、用户体验。

二、刑法的性质与机能

（一）刑法区别于其他法律的特征

1. 特定性。

刑法规定犯罪及其法律后果，其他法律规定的是一般违法行为及其法律后果。

2. 广泛性。

刑法所调整的社会关系（法益）相当广泛，一般部门法都只是调整和保护某一方面的社会关系。这一点，我们从刑法分则的十大类犯罪可以看出，刑法调整的社会关系几乎涉及所有的社会关系。

例如，刑法调整婚姻关系，但不是调整一般的离婚、结婚，而是调整重婚、暴力干涉婚姻自由。盗窃价值微薄的财物的行为刑法不调整，但盗窃数额较大的财物刑法就要进行调整。

社会关系的法律调整主要由民事法律、行政法律等部门法承担，只有在民商、行政等法律部门调整失败且不能通过民事制裁、行政处罚等法律责任实现方法加以保护时，刑法才出台、上场。当然，这并不意味着，刑法管，其他法律就不管。同一个事件，可以既由刑法处理，同时也由民法、行政法处理。例如故意伤害案件，既可由刑法定罪量刑，也可以由民法要求损害赔偿。初学法律的同学，对于某一问题，经常区分民法与刑法问题，实际上，某一问题，既可能是民法上的制裁对象，也是刑法上的犯罪。例如，使用暴力将他人殴打致重伤，既是民法上的侵权行为，亦是刑法上的犯罪行为。

3. 严厉性。

刑法是对被告人的生杀予夺，而其他法律责任如民事责任主要是通过赔偿可以解决问题。

4. 刑法具有补充性。

只有当一般部门法不能充分保护某种社会关系时，才由刑法保护。这说明，社会关系原则上是应该由道德调整，超出一定的限度才由法律调整，并且在整个法律体系中，刑法也是最后才发挥作用。

5. 刑法是其他法律的保障法。

即其他法律调整的社会关系和保护的合法权益，也都借助于刑法的调整和保护。或者说，正是由于刑法作为后备保障的存在，人们才会认真地遵守其他部门法。当然，有些社会关系不需要其他法律调整，而是由刑法直接调整，如涉及重大利益的国家安全。

［结论］ 刑法区别于其他法律的特征在于它的“严厉性”。这也决定了，这么严厉的刑法，我们在适用的时候应该非常慎重。一些形式上符合刑法规定的行为，如果实质上不具有严重危害性，刑法不宜将其作为犯罪处理。例如，三人在私密性的场所发生淫乱行为，即便形式上符合“聚众淫乱罪”的构成要件，但实质上没有严重的危害性，也不宜以聚众淫乱罪论处。

（二）刑法的机能

1. 行为规制机能。

（1）规范公民的行为。指刑法具有使对犯罪行为的规范评价得以明确的机能，刑法所规定的行为人们不得实施。刑法规定之外的，人们的自由活动将被保障。

（2）规范司法裁判行为。司法人员的裁判必须依刑法规定进行。

2. 法益保护机能：使刑法具有保护法益不受犯罪侵害与威胁的机能。

（1）保护犯罪所侵害的法益，如国家利益、社会利益、个人利益。

（2）保护无罪的人不受非法追究这一法益，即保障犯罪嫌疑人、被告人不受刑法之外追究的权利。

例如，2015年《刑法修正案（九）》之前，司法实践中出现的女性强行和男性发生性关系的案件，由于强奸罪及强制猥亵妇女罪是保护女性的权利，故此类行为刑法不能以犯罪论处。如2013年成都九眼桥事件，也没有作为强奸罪处理。当然，现今《刑法修正案（九）》已经将强制猥亵罪的对象扩大至“男性”，该案现在可以认定为强制猥亵罪。

3. 自由保障机能（人权保障机能）。保障公民个人自由不受国家刑罚权不当侵害的机能，使国民对自己的行为具有预测可能性。刑法既是“善良人的大宪章”，又是“犯罪人的大宪章”。

［结论］ 刑法的机能就是“保护法益”，不仅仅是保护遭犯罪行为侵害的法益，而且“保障被告人的利益”（即通过罪刑法定原则来限定国家权力）。保护法益的机能是扩张性机能，要求刑法的范围向外扩张；而人权保障机能则要求刑法不能随便发动，要依据刑法的规定来进行，不能突破刑法的规定定罪处刑。

典型真题

（2008年卷四）

[案例一] 2005年9月15日，B市的家庭主妇张某在家中利用计算机ADSL拨号上网，以E话通的方式，使用视频与多人共同进行“裸聊”被公安机关查获。对于本案，B市S区检察院以聚众淫乱罪向S区法院提起公诉，后又撤回起诉。

[案例二] 从2006年11月到2007年5月，Z省L县的无业女子方某在网上从事有偿“裸聊”，“裸聊”对象遍及全国22个省、自治区、直辖市，在电脑上查获的聊天记录就有300多人，网上银行汇款记录1000余次，获利2.4万元。对于本案，Z省L县检察院以传播淫秽物品牟利罪起诉，L县法院以传播淫秽物品牟利罪判处方某有期徒刑6个月，缓刑1年，并处罚金5000元。

关于上述两个网上“裸聊”案，在司法机关处理过程中，对于张某和方某的行为如何定罪存在以下三种意见：第一种意见认为应定传播淫秽物品罪（张某）或者传播淫秽物品牟利罪（方某）；第二种意见认为应定聚众淫乱罪；第三种意见认为“裸聊”不构成犯罪。

[问题] 根据罪刑法定原则，评述上述两个网上“裸聊”案的处理结果。

[解析] 随着互联网、电子信息技术的发展，对于“淫秽物品”的范围应作扩大解释，诸如“裸聊”行为也应解释为传播淫秽物品，这种扩张解释有其合理性。但案例一即便形式上符合传播淫秽物品罪的构成要件，实质上也并没有严重的社会危害性，不值得作为犯罪处理。案例二则已经规模化了，聊天人数、次数、涉案金额都巨大，具有实质上的严重危害性，应作为犯罪处理。该题的实质是考查刑法的本质，即刑法是严厉的，适用时应非常慎重。

三、刑法解释

刑法解释是对刑法条文含义的说明，刑法条文是抽象的、概括的，而实践中的案件是复杂的、多样的、变化的，如何使具体的案件对应纸面上的刑法，刑法解释是重要的沟通环节。无论是谁解释刑法，无论用何种解释方法，均不能超出刑法用语可能具有的含义，否则就突破了“解释”所应具有的机能，即不能类推解释。

（一）刑法解释的效力

1. 立法解释。立法机关（全国人大常委会）对刑法所作的解释。

（1）“立法解释”是“解释”刑法，而不是造法，解释时必须符合刑法条文的含义。（装修）

（2）“立法”是造法，是创造性的权力。

例如，将曾经不是犯罪的行为规定为犯罪行为，曾经是犯罪的行为现在进行新的立法不作为犯罪处理，在立法中作一些法律拟制型的规定等。（建设）

又如，立法可以规定“携带凶器抢夺的以抢劫罪论处”，即立法可以将“抢夺”行为规定为“抢劫罪”。但立法解释不可以规定“携带凶器盗窃的以抢劫罪论处”，即立法解释无权将“盗窃”行为规定为“抢劫罪”。

2. 司法解释。最高人民法院、最高人民检察院就审判和检察工作中如何具体应用法律的问题进行的解释。

3. 学理解释。未经国家授权的机关、团体、社会组织、学术机构或者国民个人对刑法所作的解释，主要是指专家学者对刑法的解释，没有法律效力。

[注意] 1. 均可进行扩大解释，不得进行类推解释。刑法解释，无论是立法解释、司法解释还是学理解释，都是对法律条文含义的说明，而不是一种创造性的规定，不能突破刑法条文进行创造性的解释。

2. 三种解释的效力：

(1) 立法解释优于司法解释，司法解释优于学理解释。

(2) 即便是后来出台的司法解释，也不能与先前的立法解释相冲突，如果冲突，立法解释的效力优先。

(3) 学理解释没有法律效力。

3. 立法解释、司法解释、学理解释只是解释的主体不同，不涉及具体的解释方法的问题。例如，将拐卖妇女罪的对象"妇女"解释为包括男人在内，属于类推解释方法。但即便是立法机关、司法机关将"妇女"解释为包括"男人"，也不否认这一解释为"类推解释"。

(二) 刑法解释方法概说

刑法解释方法从宏观上可以分为解释技巧与解释理由。

"解释技巧"是指对条文进行解释的适用方法。例如：平义解释、宣言解释、扩大解释、缩小解释、反对解释、类推解释、比附、补正解释。

"解释理由"是指支撑各种解释技巧的背后理由，即解释的参照事项，包括：文理解释、体系解释、当然解释、历史解释、比较解释、目的解释。对一个刑法条文或者一个刑法用语的解释，只能采用一种解释技巧，但采用哪一种解释技巧，取决于解释理由，而解释理由是可以多样的。

例如，对《刑法》第275条（故意毁坏财物罪）的毁坏概念，不可能既作平义解释，又作扩大解释；也不可能既作平义解释，又作缩小解释；更不可能既作扩大解释，又作缩小解释，解释者采用哪一种解释技巧，是需要解释理由来支撑的。对一个用语作出一个解释，其支撑理由可以多种多样甚至越多越好，但是解释技巧只能选择一种——解释技巧是结论的制造者，解释理由是结论的论证者。

(三) 刑法解释方法之：解释技巧（论理解释）

1. 平义解释。针对法律中的日常用语而言，按照该用语最平白的字义进行解释。

例如，故意杀人罪的对象"人"，就是按平义解释，与我们生活概念中的"人"是相同的。

此外，对专门的法律术语不会采取平义解释，例如，对于"故意"等概念，只能按照刑法的解释性规定作出解释，不能将刑法上的"故意"等同于生活上的"故意"。又如，刑法中对于共同犯罪所要求的"二人以上"，其中"人"就应理解为"具有规范意识、独立行动能力的人"，不包括3岁小孩。

2. 宣言解释。指法文的含义不明确，或者对法文存在争议，或者以往对法文的解释不妥当时，解释者通过论理分析、体系解释、历史解释等，主体性地确定不明确的法文的含义，或者选择与以往不同的更为妥当的含义，或者对以往的解释进行修正的一种解释方法。

例如，关于盗窃的定义“秘密窃取公私财物”，近千年来没有任何变化。如果要重新解释（作出宣言解释），认为公然取走他人财物的也可以成立盗窃罪，就应当对盗窃作出如下定义：以非法占有为目的，违反被害人的意志，将他人占有的财物转移给自己或者第三者占有的行为。当然，这种宣言解释在审判实务中没有支持的案例，理论上仅有极少数学者支持。

3. 扩大解释。法律条文的含义因为社会生活的变迁，导致现实生活中的一些情况严格按照字面含义难以纳入刑法的调整范围，而将法律条文的含义适度扩大化。

（1）社会生活的不断变化决定了，对刑法条文的含义应适度扩张以涵盖这一变化。例如，“淫秽物品”的概念，以往我们可能认为是淫秽的书刊、光盘等，但现在随着传播媒介的发达，一些具有淫秽内容的短信、声音、网络云存储等，也应视为“淫秽物品”。

（2）刑法条文是用语言文字表述的，语言文字的含义本身亦具有一定的弹性，包括核心含义与边缘含义，可以适当扩大至边缘含义。

（3）扩大解释是一种合理推演。因此，无论是对被告人有利的、还是对被告人不利的扩大解释，均是可以适用的。之所以要进行合理推演而扩大，是因为对新出现的行为、现象，有处罚的必要性。处罚的必要性越大，对概念进行扩大解释的理由就越充分。

例如，将《刑法》第196条信用卡诈骗罪的信用卡解释为包括借记卡在内，属于扩大解释，该解释扩大了犯罪圈，是不利于被告的。但考虑到冒用他人“信用卡”与冒用他人“借记卡”并无本质上的区别，对后者仍有处罚的必要性，因此，这一解释仍然是被允许的。

又如，对于开设赌场罪，传统社会一般是在具体的空间实施的，但随着互联网的兴起，在网上开设赌场的行为，也有处罚的必要性。因此，应对开设赌场罪进行扩大解释，包括在网上设立投注站。

（4）扩大解释得出的结论是条文的当然含义，不会让你大吃一惊。相反，类推解释则超出了刑法条文本身的含义，违反了罪刑法定原则。例如，将拐卖妇女罪的对象“妇女”解释为包括“男人”在内，就属于类推解释。

［关于扩大解释与类推解释区分的几个重要例子］

将《刑法》第341条（非法收购、运输、出售珍贵、濒危野生动物、珍贵、濒危野生动物制品罪）中的“出售”解释为“包括出卖和以营利为目的的加工利用的行为”，属于扩大解释。

将“在计算机网络上建立赌博网站，或者为赌博网站担任代理，接受投注的”，解释为《刑法》第303条规定的“开设赌场”，属于扩大解释。

将《刑法》第263条关于抢劫银行金融机构中的“金融机构”，解释为包括“正在使用的运钞车、ATM”机，属于扩大解释。

将“动物”解释为“财物”，并将“故意打开他人家中的狗笼，把他人豢养的价值极高的观赏狗放走的行为”解释为“故意毁坏财物行为”，属于扩大解释。

将走私武器、弹药罪的对象解释为包括“弹头、弹壳、仿真枪”在内，属于扩大解释。

将盗窃、侮辱尸体罪中的“尸体”解释为包括“骨灰”在内，属于类推解释。

将非法“移栽”珍贵树木或者国家重点保护的其他植物，认定为非法采伐国家重点保护植物罪，属于扩大解释。

典型真题

关于刑法解释的说法，下列哪一选项是正确的？（2009年·卷二·1题）①

A. 将盗窃罪的对象“公私财物”解释为“他人的财物”，属于缩小解释 ②

B. 将《刑法》第一百七十一条出售假币罪中的“出售”解释为“购买和销售”，属于当然解释

C. 对随身携带枪支等国家禁止个人携带的器械以外的其他器械进行抢夺的，解释为以抢劫罪定罪，属于扩张解释

D. 将信用卡诈骗罪中的“信用卡”解释为“具有消费支付、信用贷款、转账结算、存取现金等全部功能或者部分功能的电子支付卡”，属于类推解释

4. 缩小解释（限制解释、限缩解释）。对构成要件进行缩小解释有助于限制刑法的处罚范围，有利于保障人权。

例如，将《刑法》第111条（为境外窃取、刺探、收买、非法提供国家秘密、情报罪）中“情报”解释为“关系国家安全和利益、尚未公开或者依照有关规定不应公开的事项”，属于缩小解释。

又如，我国《刑法》第263条规定了抢劫罪的8种加重情节，对于这8种加重情节，司法解释、审判实务大都作了限制解释，如“小型出租汽车”不属于“公共交通工具”，“持假枪抢劫”不属于“持枪抢劫”。

[缩小解释与目的性限缩] 目的性限缩是对法律文义所涵盖的某一类型，由于立法者之疏忽，未将之排除在外，为贯彻规范意旨，将原为法律文义所涵盖的类型积极地剔除其不含意旨的部分，使之不在该法律适用范围之列。故其属漏洞补充之一种。因此它与缩小解释的目的、功能并不一致，后者仅将法律条文的含义缩小至其核心部分，将模糊的、概念边缘的成分消极的未予考虑；而前者将实属规范一般文义之内，但却不符合规范意旨的类型，主动地剔除。它出现的原因在于立法者疏忽而将自己意图之外的类型错误的写入了规范。“不是限缩字面含义，而是在刑法规定之外附加条件的，是目的性限缩”。

用通俗的话语来解释，缩小解释是将含义缩小至核心含义；而目的性限缩则是主动砍掉一部分含义，是在概念前加限定语，例如，将盗窃罪的对象“财物”解释为“他人的财物”，在“财物”前加限定语“他人的”，属于目的性限缩。而将“财物”解释为看得见、摸得着的财产，不包括看不见、摸不着的无形财产，则属于缩小解释。

5. 反对解释。根据刑法规定的正面表述推导其反面的含义。

例如，《刑法》第50条规定，死缓犯在缓期执行期间没有故意犯罪的，“二年期满以

---

① 答案：C。

② 缩小解释是需要对概念进行解释，该选项中，以“财物”解释“财物”，仅在前面加了限定语“他人的”，并没有解释“财物”，属于“目的性限缩”。也有观点认为，这一解释属于当然解释，盗窃罪的对象不可能是自己的财物，只能是他人的财物（他人所有或占有），这是理所当然的。

后，减为无期徒刑”，其反对解释是，“没有满二年，不得减为无期徒刑”。虽然我们推导出来的反对解释的内容没有在刑法条文中明确指出，但这是反对解释的应有之义，这也符合正常的逻辑，并没有违反罪刑法定原则。

6. 补正解释。在刑法文字发生错误时，通过解释补充刑法的错误。

例如，一般认为，刑法中的“以上”“以下”均是包括本数在内的。但《刑法》第63条规定，犯罪分子虽然不具有本法规定的减轻处罚情节，也可以在法定刑以下判处刑罚，该条中的“以下”就不包括本数。如果张三犯A罪，根据刑法的规定，应处“三年以上七年以下有期徒刑”。对张三减轻处罚，其所判处的刑罚应该在“三年以下”，且不包括三年。

（四）刑法解释方法之：解释理由

1. 文理解释（字面解释）。根据刑法用语的文义及其通常使用方式阐述刑法意义的解释方法。因为文理解释是按照“语言最惯常用法”进行解释，通常也称为普通解释。

例如，收买被拐卖的妇女罪中的“收买”应解释为“购买”。但是，《刑法》第104条第2款规定：“策动、胁迫、勾引、收买国家机关工作人员、武装部队人员、人民警察、民兵进行武装叛乱或者武装暴乱的，依照前款的规定从重处罚。”其中，“收买”应解释为“用钱财或其他好处笼络人心”。

又如，将《刑法》第236条所规定的强奸罪的对象“妇女”解释为包括“妻子”，符合文理解释。

2. 体系解释。根据刑法条文在整个刑法中的地位，联系相关法条的含义，阐明其含义，即联系上下文对刑法条文进行解释。

例如，对于奸淫幼女的行为成立强奸罪的，是否要求行为人主观上明知对方为幼女，必须结合刑法总则的规定来理解，强奸罪是故意犯罪，而刑法总则规定犯罪故意必须对犯罪事实明知，因此，行为人主观上应明知对方是“幼女”。

（1）体系解释并不要求对于刑法中的同一用语作相同解释。

例如，抢劫罪中的“暴力”包括故意致人死亡，妨害公务罪中的“暴力”不包括故意致人死亡，这是因为抢劫罪的法定最高刑为死刑，而妨害公务罪的法定最高刑仅为3年有期徒刑。

又如，2019年真金题：传播淫秽物品罪与传播性病罪中“传播”含义不同。前者是指通过播放、陈列、在互联网上建立淫秽网站、网页等方式使淫秽物品让不特定或者多数人感知以及通过出借、赠送等方式散布、流传淫秽物品的行为。后者是指明知自己有性病而实施卖淫、嫖娼的行为，即需要发生性行为，而不是简单的“陈列、播放”。

又如，《刑法》第263条（抢劫罪）、第236条（强奸罪）都规定了使用“暴力”，但由于二罪保护的法益不同，强奸罪保护的法益“女性的性权利”比抢劫罪保护的法益“财产权利”更具保护的必要性，故强奸罪所要求的“暴力”程度应更低一些。

再如，对“伪造”与“变造”的理解。例如，《刑法》规定了伪造货币罪与变造货币罪，《刑法》第320条规定了提供伪造、变造的出入境证件罪。从这一意义上看，伪造与变造之间是一种排斥关系，二者属于各自独立的表现形式。但从语义上来看，变造确实属于伪造的一种，有的类型的犯罪，刑法仅规定了“伪造”一种类型的犯罪，在此情形下，就可以将“变造”行为也解释为“伪造”行为的一种。比如《刑法》第196条信用卡诈骗罪中，只规定了使用“伪造”的信用卡的行为，没有规定使用“变造”的信用卡的行为，如果行为人使用所谓“变造”的信用卡（如磁条内的信息被变更的信用卡）的，应认定为使用“伪造”的信用卡。此时的所谓“变造”就可以解释为是“伪造”的一种形式。

（2）体系解释也应遵循同类解释规则。

例如，《刑法》第114条规定了放火罪、爆炸罪、决水罪、投放危险物质罪、以危险方法危害公共安全罪，对以危险方法危害公共安全罪中的“危险方法”就不宜解释过大，而应遵循同类解释规则，解释为与“放火、爆炸、决水、投放危险物质”性质基本相当的危险行为。

3. 当然解释。是指刑法规定虽未明示某一事项，但依形式逻辑、规范目的及事物属性的当然道理，将该事项解释为包括在该规定的适用范围之内。当然解释也是扩大了刑法条文的含义，但扩张的对象在逻辑及事理上更具有“递进性”。

（1）当然解释意味着，欲解释的案件较之刑法的既有规定，有过之而无不及。刑法规定虽未明确某一事项，但依形式逻辑、规范目的及事物属性的当然道理，将该事项解释为该规定的适用范围之内，属于“理所应当、不言自明”。

例如，《刑法》规定，逃税2次受过行政处罚，再次逃税的，构成逃税罪。那么，逃税4次受过行政处罚的，当然构成逃税罪。

又如，《刑法》第329条规定了抢夺、窃取国有档案罪，但没有规定抢劫国有档案罪。对于危害性更大的抢劫国有档案的行为，当然可以解释为是“抢夺”国有档案，进而认定为抢夺国有档案罪。

（2）如果某一案件，与刑法的规定正好符合（相等），不是远远大于，则不是当然解释。当然解释要求欲解释的事项较之刑法的规定更具有“递进性”。而扩张解释是指解释的事项“约等于”刑法已经规定的内容。

2014年卷二3. C. 将明知是捏造的损害他人名誉的事实，在信息网络上散布的行为，认定为“捏造事实诽谤他人”，属于当然解释——该选项的内容是错误的，因为在网络上捏造他人名誉的事实，本来就属于“捏造事实诽谤他人”，并不会比在现场诽谤他人的危害性更具有递进性。

（3）当然解释的结论如果违反罪刑法定原则，也不能被采纳。当然解释之所以“当然”，更多地是强调某一案件的社会危害性较之刑法规定的犯罪更大，更有理由作为犯罪处理，但是，如果当然解释不符合罪刑法定原则，该结论同样是错误的。

例如，播放淫秽录像的行为，根据《刑法》第364条第2款的规定，成立组织播放淫秽音像制品罪。根据当然解释，二人在公园公开发生性行为的危害性更大，更应入罪。但由于刑法对此没有明文规定，我们不能将该行为当然入罪，否则就违反罪刑法定原则。

又如，《刑法》第227条第2款规定了倒卖车票、船票罪，而没有规定倒卖飞机票罪，似乎后者更当然应该构成犯罪。但是，车票、船票的概念不能包容飞机票，所以不可能根据《刑法》第227条第2款的规定处罚倒卖飞机票的行为。

2015年卷二51. C. 既然将为了自己饲养而抢劫他人宠物的行为认定为抢劫罪，那么，根据当然解释，对为了自己收养而抢劫他人婴儿的行为更应认定为抢劫罪，否则会导致罪刑不均衡——该选项错误，抢劫罪是侵犯财产权利的犯罪，“儿童”并不属于财产，因此，抢“儿童”的行为不构成抢劫罪，应认定为是拐骗儿童罪。

(4) 两个方向：入罪举轻以明重，出罪举重以明轻。

例如，《刑法》第65条规定，不满18周岁的人不成立累犯；《刑法》第356条规定，因走私、贩卖、运输、制造、非法持有毒品罪被判过刑，又犯本节规定之罪的，从重处罚。根据当然解释的原理，对不满18周岁的人不适用《刑法》第356条的规定从重处罚。

又如，《刑法》第389条第3款规定，因被勒索给予国家工作人员以财物，没有获得不正当利益的，不构成行贿。根据当然解释，因被勒索给予非国家工作人员以财物，没有获得不正当利益的，当然不构成犯罪（对非国家工作人员行贿罪）。

(5) 当然解释的重要举例。

《刑法》第239条关于绑架罪的规定，以勒索财物为目的偷盗婴幼儿的，以绑架罪论处。但如果是以勒索财物为目的，抢劫、抢夺婴幼儿的，当然也应该以绑架罪论处。

《刑法》第225条规定，未经许可经营合格香烟，情节严重的，成立非法经营罪。那么，未经许可经营伪劣香烟，情节严重的，当然也能成立非法经营罪。

2005年最高人民法院《关于审理抢劫、抢夺刑事案件适用法律若干问题的意见》规定：“行为人仅以其所输赌资或所赢赌债为抢劫对象，一般不以抢劫罪定罪处罚。”根据当然解释，行为人以所欠“合法债务”为抢劫对象，一般不以抢劫罪定罪处罚。

《刑法》第358条规定，为组织卖淫的人招募、运送人员是“协助组织卖淫”行为，将比招募、运送人员的行为性质更为恶劣的行为（例如，为组织卖淫的人充当打手）认定为“其他”协助组织卖淫行为，则是当然解释。

4. 历史解释（法意解释）。

包括：(1) 根据历史背景（静态的、过去的历史），即根据立法原意来解释刑法。

例如，江苏南京鼓楼区组织男公关同性卖淫事件是否成立组织卖淫罪？从1997年刑法立法的原意来看，组织卖淫罪应是指组织女性对男性的卖淫。当然，这只是运用历史解释方法得出的结论，这一结论未必一定正确。对于该行为仍然要定罪，在立法当时，保守的立法者不可能想到会有男性给女性卖淫，更不可能想到男性给男性卖淫，当下如果对于这些行为不予处理，可能并不合适。从这一意义上看，如果社会发展变化太快的话，就不能过度固守立法原意（历史解释）。

(2) 刑法发展的源流（动态的、变化的历史），阐明刑法条文真实含义的解释方法。

例如，1979年刑法将遗弃罪规定在“妨害婚姻家庭罪”一章中，该罪的行为主体“扶养义务人”应解释为仅限于婚姻家庭成员之间。而1997年刑法将遗弃罪规定在“侵犯公民人身权利罪”一章中，根据该罪在刑法中所处的位置的历史变化，则行为主体不必限于家庭成员之间，实践中出现的精神病院负责人遗弃精神病人的，也被认定为遗弃罪。①

5. 比较解释。将刑法的相关规定或外国立法与判例作为参考资料，来阐明含义。

6. 目的解释。根据刑法规范的目的，阐明刑法条文的真实含义的方法。在对一个法

---

① 《工人日报》2005年1月20日报道，乌鲁木齐精神病福利院有关负责人，为截留挪用政府拨出的用于安置收容对象的经费，竟然狠心将几十名收容人员遗弃。从1996年到1999年的4年间，为截留安置费，乌鲁木齐精神病福利院负责人多次指令该院职工，乘火车或汽车将被收容的精神病人带出乌鲁木齐，遗弃在沿途的火车站，汽车站甚至野外。该案被认定为遗弃罪。

条可以作出两种以上的解释结论时，只能采纳符合法条目的的解释结论。刑法分则是规定具体犯罪与刑罚的条文，都有其特定的法益保护目的；在确定具体犯罪的构成要件时，必须以其保护法益为指导。

例如，最高人民法院、最高人民检察院2004年11月2日《关于办理侵犯知识产权刑事案件具体应用法律若干问题的解释》第8条明确指出："刑法第二百一十三条规定的'相同的商标'，是指与被假冒的注册商标完全相同，或者与被假冒的注册商标在视觉上基本无差别、足以对公众产生误导的商标。"尽管这一解释没有提出判断"相同的商标"的具体标准，但是其精神符合刑法保护法益的目的。为了达到保护注册商标的目的，只要假冒的商标与注册商标"相同""相似"，即会对注册商标造成侵害，亦应成为假冒注册商标罪的对象。

（五）刑法解释中的其他重要问题

1. 扩大解释与类推解释的区分，看是否会让你感觉吃惊。但官方作出的解释、多数学者对某一问题已经达成较为统一认识的解释，一般也认为是扩大解释，不宜认为是类推解释。

例如，司法解释规定，将注册与他人商标"相似"的商标解释为《刑法》第213条假冒注册商标罪中所要求的"注册相同商标"。这一解释，将"相同"解释为包括"相似"，就是扩大解释。

有的解释，很难区分扩大解释与类推解释。例如，将《刑法》规定的破坏交通工具罪的对象"汽车"解释为包括"大型拖拉机"在内，多数学者认为是扩大解释（如黎宏、张明楷），也有学者认为这是类推解释，但无论如何，这至少应该是一个扩大解释，甚至有可能是类推解释。

2. 各种刑法解释方法本身无所谓对错，但解释结论是否能被司法实践所采纳，起决定性作用的是看解释结论是否符合刑法目的，如果解释结论不符合刑法目的，解释结论就是错误的。

例如，2015年卷二51.A.《刑法》规定"以暴力、胁迫或者其他手段强奸妇女的"构成强奸罪——从文理解释的角度看，"妇女"包括"妻子"。当然，对于强奸罪的对象"妇女"，可能不能仅仅依照文理解释，还应该考虑其他解释如目的解释等。中国审判实践多数观点认为，丈夫强奸妻子的行为一般不宜以强奸罪论处，除非是基于特殊情况，如夫妻之间已经处于离婚诉讼期间或者因感情不和长期分居，丈夫强奸妻子的，有部分被认定为强奸罪。

3. 刑法解释结论也并非一定要有利于被告。"有利于被告"原则只与事实之认定有关，即刑事诉讼中，事实存在疑问时，应采纳有利于被告的结论。而刑法适用、刑法解释不能以"有利于被告"为原则，例如，一行为触犯两罪名的想象竞合犯，应采取从一重罪处罚的原则。试问：如果刑法解释（适用）中有利于被告成为一种原则，那被害人的利益谁来保障呢？

例如，对强奸罪的加重情节"在公共场所当众强奸妇女"作扩大解释，只要公众看到了或者感觉到了，就认为是"当众"，这就是不利于被告的解释，但更好地保护了女性的性权利。

4. 通过各种解释方法得出的解释结论不必然正确，也即不必然符合罪刑法定原则。

例如，将在“公共交通工具上抢劫”中的“交通工具”解释为小型出租车、电瓶车等，这是扩大解释，这种解释结论肯定不符合刑法的目的，是错误的。但我们不否认该解释结论是扩大解释。也就是说，虽然扩大解释本身是允许的，但不可能对刑法所有条文都适用扩大解释。

典型真题

1. 关于刑法解释，下列说法正确的是？（2018 年真金题）①

A. 将持有“大炮”解释成持有枪支，成立非法持有枪支罪，不违反罪刑法定原则

B. 生产、销售假药罪中的“假药”是没有药效的药，所以有药效的不是假药

C. 将注册与他人商标“相似”的商标解释为《刑法》第 213 条假冒注册商标罪中所要求的“注册相同商标”，违反罪刑法定

D. 将《刑法》第 111 条（为境外窃取、刺探、收买、非法提供国家秘密、情报罪）中“情报”解释为“关系国家安全和利益、尚未公开或者依照有关规定不应公开的事项”，属于缩小解释

2. 关于刑法解释，下列哪一选项是错误的？（2013 年·卷二·3 题）②

A. 学理解释中的类推解释结论，纳入司法解释后不属于类推解释

B. 将大型拖拉机解释为《刑法》第 116 条破坏交通工具罪的“汽车”，至少是扩大解释乃至是类推解释

C.《刑法》分则有不少条文并列规定了“伪造”与“变造”，但不排除在其他一些条文中将“变造”解释为“伪造”的一种表现形式

D.《刑法》第 65 条规定，不满 18 周岁的人不成立累犯；《刑法》第 356 条规定，因走私、贩卖、运输、制造、非法持有毒品罪被判过刑，又犯本节规定之罪的，从重处罚。根据当然解释的原理，对不满 18 周岁的人不适用《刑法》第 356 条

① 答案：BD。

② 答案：A。

专题二

刑法的基本原则

知识体系

- 刑法的基本原则
  - 罪刑法定原则
    - 罪刑法定原则的理念
    - 内容
  - 罪刑相适应原则
    - 含义
    - 贯彻
    - 罪刑相适应（罪刑相当）原则与刑罚个别化原则之间的关系
  - 平等适用刑法原则——司法原则
    - 思想基础
    - 基本内容

相关法理

刑法的基本原则不是一个孤立的问题，刑法中的具体问题的研究都必须以刑法的基本原则为主线展开。由于刑法的残酷性、严厉性，如何保护刑法的制裁对象（罪犯）的权利则成为当今社会刑法的主要任务之一，也正基于此，罪刑法定原则成为刑法的基本原则。罪刑法定原则要求法无明文规定不为罪、法无明文规定不处罚。定罪量刑必须以刑法的明文规定为准，这是罪刑法定原则的形式要求，也是为了限制包括法官在内的司法人员肆意司法、罪刑擅断。但是，随着人民权利意识的增强，不仅仅要求定罪量刑必须以刑法的规定为准，还对刑法本身提出了新的要求：即刑法的规定必须合理，不能处罚不当罚的行为，禁止残虐的刑罚，这实际上是罪刑法定原则的实质要求。罪刑法定原则要求立法必须是良法，即处罚必须合理，从这一意义上看，罪刑相适应原则也是罪刑法定原则的派生原则。

在具体解释、适用刑法时，也应贯彻刑法的基本原则。例如，《刑法》第263条对抢劫罪规定了8种加重构成，其法定刑均为“十年以上有期徒刑、无期徒刑或者死刑，并处罚金或者没收财产”，但该8种行为的危害性并不完全相同，似乎只有“抢劫致人重伤、死亡”才值得判如此重刑。因此，对其他7种加重构成应作缩小解释，以期实现罪刑相适应。又如，我国刑法对绑架罪规定了较重的法定刑，《刑法》第238条第3款规定，为索债而拘禁、扣押他人的，以非法拘禁罪论处。考虑到绑架罪的法定刑太重，刑法理论与实践都主张对于“索债”尽量作扩大解释，包括赌债、高利贷等法律不予保护的债务，扩张解释非法拘禁罪、限制绑架罪，以期实现罪刑相适应。①

① 徐光华：《索债型非法拘禁罪扩张适用下对绑架罪的再认识》，《中国法学》2020年第3期。

一、罪刑法定原则

《刑法》第3条：法律明文规定为犯罪行为的，依照法律定罪处刑；法律没有明文规定为犯罪行为的，不得定罪处刑。

（一）罪刑法定原则的理念

1. 宗旨：维护法制、保障个人权利，防止国家公共权力机构滥用刑罚权侵害个人权利。罪刑法定的理念是“出罪”，即一个行为的危害性再大，只要刑法没有将此种行为规定为是犯罪，就不应该作为犯罪处理。

案例（1）：某城中村面临拆迁，在拆迁补偿中，具有该村户口的老年人会得到更多的补偿。甲为了能够得到更多的拆迁补偿，就与自己的妻子离婚，并同时与其丈母娘办理了结婚手续。由于甲的丈母娘是没有工作的老年人，在这次拆迁补偿中，甲因此多得了9万元的补偿款。在拆迁事宜全部结束以后，甲与其丈母娘办理了离婚手续，又与其妻子复婚——甲的离婚、结婚均合法，不成立诈骗罪。

案例（2）：甲、乙从外地出差到某城市，住在宾馆后，发现该宾馆没有卖淫的。两人晚上出门想找地方嫖娼，但不知道什么地方有卖淫的，于是，向站在路边并不认识的老人丙询问什么地方有卖淫的。丙告诉他们前面200多米处的理发店有卖淫的，甲、乙二人在理发店嫖娼时被查获——丙的行为不成立介绍卖淫罪，丙仅是介绍他人去嫖娼。

2. 思想基础，即为什么会有罪刑法定原则？

（1）民主主义（人民的事情，由人民说了算）。民主主义要求国家的重大事务应由国民自己决定，各种法律应由国民自己制定，刑法涉及生杀予夺，更应当由公民自己决定。立法机关制定的刑法代表了国民的意志，犯罪与刑罚的认定应当严格依照刑法的规定。在民主主义的要求下，定罪量刑只能依据成文法的规定来进行。

[问题之思考] 习惯最能反映民意，定罪量刑的时候依据人们的习惯可以吗？不可以，因为习惯是不确定的，究竟其代表了哪些民意，其具体内容是什么，均具有不确定性。习惯的内容只有通过正式的程序，经过人民代表的立法活动上升为刑法的规定，才能作为定罪量刑的依据。立法才是完全代表了民意。

（2）尊重人权主义。为了保障人权，不致阻碍国民的自由行动，不致使国民产生不安感，就必须使国民对自己的行为具有预测可能性，即犯罪与刑罚必须通过刑法明确规定。

（3）三权分立学说。以立法权应制约司法权、防止司法罪刑擅断为根据，证明罪刑法定原则的必要性和正确性，其中还包含有权力制衡的政治理念、保障个人免受罪刑擅断之害的政治诉求。

（4）心理强制说。由费尔巴哈提出，就是通过刑法条文对犯罪、刑罚的明确规定使人们对犯罪行为从内心感到害怕。

（二）内容

1. 形式的侧面。对国家司法权的制约，限制（广义）司法权，含侦查权、检察权、审判权等司法权，强调依法定罪量刑。

典型真题

刑法分则某条文规定：犯A罪的，“处三年以下有期徒刑，并处或者单处罚金”。被告人犯A罪，但情节较轻，且其身无分文。对此，下列哪一判决符合该条规定？（2002年·卷二·1题）①

A. 甲法官以被告人身无分文为由，判处有期徒刑6个月

B. 乙法官以被告人身无分文且犯罪情节较轻为由，判处有期徒刑1年，缓期2年执行

C. 丙法官以被告人的犯罪情节较轻为由，判处拘役3个月

D. 丁法官以被告人的犯罪情节较轻为由，判处罚金1000元

（1）法律主义：定罪量刑只能以立法机关制定的成文刑法为标准，刑法以外的任何法律不能规定犯罪与刑罚——排斥习惯法。（成文的罪刑法定）

［习惯法的其他意义］ 习惯法不能成为刑法的渊源，但可以成为刑法解释时的依据。

例如，“猥亵”的含义如何界定，需要考虑特定案件背景下的风俗习惯。

又如，关于定罪量刑，很多刑法条款规定，必须达到“情节严重”“情节恶劣”。那么，判断行为是否属于“情节恶劣”，可能就需要参考特定的习惯。

再如，当存在有利于人们的习惯法，行为人以习惯法为根据实施犯罪行为时，可能以行为人缺乏违法性认识的可能性为由，排除犯罪的成立。有些少数民族，几十年来就有持枪的传统、习惯，如果法律突然规定该行为为犯罪，他们就很难认识到持枪行为的违法性，就可以以缺乏违法性认识为由而否定其行为的犯罪性。②

（2）禁止溯及既往。（事前的罪刑法定）

第一，刑法原则上不能适用于其生效之前的行为。立法目的是针对未来的一般事项，而不是针对过去的某一具体的事件或者案件。

第二，“禁止溯及既往”原则已变通为“从旧兼从轻”原则，即禁止重法溯及既往。有利于被告人的事后法（轻法），仍然可以被适用于其生效之前的未判决生效的犯罪行为。

第三，“新法可以溯及既往”仅适用于未决犯，对于已经判决的既往案件不适用。原因在于，既往判决适用旧法已经判决生效的，并不存在错误，不能因为事后出了新法就推

① 既然刑法对A罪规定了必须要判处罚金刑，法院就必须判处。否则，就违反了罪刑法定原则。故D正确。

② 不少同学非常关注“民意”“舆论”对刑事司法的影响。笔者认为，刑事司法只能以刑法为依据，不能以不确定的“民意”“舆论”作为定罪量刑的依据。但不可否认，司法实践中，民意对司法的影响客观存在，甚至具有一定的积极意义，但不能就此得出，民意是审判的依据。要注意到，民意对司法的不恰当的影响依然存在，而且民意本身存在不确定性。

有学者的实证研究表明，虽然罪刑法定原则要求司法必须独立于民意，但是，亦应看到民意在当前对司法公正的监督作用：对78个影响性刑事案件的实证考察发现，民意与司法紧张关系的背后是公众扩张权利、限制权力的诉求。样本案件及其发展表明，公民权利不断扩张，公权力行使逐步规范。影响性刑事案件折射出的社会问题，是对权利保护缺失，权力过于扩张。样本案件背后折射出的司法问题亦表明，当前司法在保障权利、约束权力方面存在缺失。以个案为依托，公众诉求强调身份对立来凸显社会矛盾，通过社会问题司法化来主张权利，对司法寄予了过多的、超出司法本身职能的期待。部分权利诉求虽然得到了司法层面的有力回应，并且推进了相关立法、制度的变革，但亦付出了惨痛的代价。应积极、主动应对权利诉求及其发展，推进司法改革以应对公众对司法的诉求，推进社会制度改革从根本上保障权利。公众的权利诉求应回归法治的轨道，背离法治的权利诉求，无论是对个体，还是对国家、社会，都是一种伤害。参见郭晓红：《影响性刑事案件中的权利诉求及其实现——以〈南方周末〉评选的78个影响性刑事案件为例》，《政法论坛》2019年第4期。

翻以往当时背景下的“正确”判决。

(3) 禁止类推解释——已变通，有利于被告的类推解释在“特定情形下”(例外)可以适用，即禁止不利于被告的类推(禁止有罪、重罪类推)。(严格的罪刑法定)

例如，刑法规定，审判的时候怀孕的妇女不适用死刑，将“怀孕的妇女”解释为“流产的妇女”，即便是类推解释，也可以认为这是有利于被告的解释，不属于禁止之列。

又如，《刑法》第389条(行贿罪)第3款规定：“因被勒索给予国家工作人员以财物，没有获得不正当利益的，不是行贿”。但刑法在更轻的犯罪即《刑法》第164条(对非国家工作人员行贿罪)中没有类似规定。基于公平地保障人权，可以对第389条第3款的规定类推适用于“对非国家工作人员行贿罪”，即因被勒索给予非国家工作人员以财物，没有获得不正当利益的，不构成犯罪。这种类推解释有利于被告人，应被允许。

(4) 禁止绝对不定期刑。

刑罚越不确定，刑法可能就越严厉，越容易被滥用。所以，对于刑种和刑度必须有明确规定，刑种、刑期绝对不确定的刑罚(例如只规定“犯……罪的，判处刑罚”或者“犯……罪的，判处有期徒刑”)，不能防止司法恣意，违反罪刑法定的要求。

2. 实质的侧面。主要是控制立法机关的权力，限制立法权，即我们遵守的刑法应该是“良法”。

(1) 明确性——明确性只是一种相对的要求，要求刑法明确到无需解释的程度只是一种幻想。

第一，刑法的明确性要求实际上是由刑法和刑法解释共同实现的。刑法条文中有许多空白罪状、规范的构成要件要素，这并没有违反刑法的明确性原则。再者，语言本身因其自身的模糊性，也不可能与现实生活中的具体事件一一对号入座。

第二，“明确性”不仅要求立法明确，还要求司法上也应该明确，如要求司法解释与指导性案例明确、判决书与起诉书明确。

我国当前刑事立法中，部分犯罪的规定缺乏明确性，例如，以危险方法危害公共安全罪、非法经营罪、寻衅滋事罪，因其行为类型特征不明确，遭到了刑法理论界的批判。未来的立法修改过程中，应逐步废除该类型的罪名，或者尽量进一步明确其类型及范围。

(2) 禁止处罚不当罚的行为——“确定(合理)的罪刑法定”。

刑法的处罚范围不能太大，刑法是规制公民行为的最后手段，只有在迫不得已的情况下才适用，能通过道德、其他法律解决的问题，尽量不要适用刑法。例如，假如《刑法》规定，“除本人住宅以外，在有三人以上的场所吸烟的，处一年以下有期徒刑”。这一规定便违反了禁止处罚不当罚的行为。

(3) 禁止不均衡的、残虐的刑罚。残虐的刑罚是对人类尊严的一种挑战，这实际上衍生出了罪刑相适应原则。

[形式侧面与实质侧面的关系] 形式侧面主旨在于限制司法权，体现的是形式法治的观点；实质侧面主旨在于限制立法权，反对恶法亦法，是实质法治的体现。

二、罪刑相适应原则

(一) 含义

刑罚的轻重应当与客观的罪行、主观的责任相适应。

（二）贯彻

1. 立法——制定合理的刑罚体系，合理规定各种具体犯罪的法定刑。

例如，立法上尽量制定具有一定幅度的法定刑，不宜过多地适用绝对确定的法定刑，因为实践中的案件是复杂的、多样的、变化的。

我国原《刑法》第239条规定，绑架过程中杀害被绑架人，或者致使被绑架人死亡的，处死刑并处没收财产。该条规定了绝对确定的法定刑（死刑），只要绑架过程中，造成被绑架人死亡的，就判死刑。后该规定被2015年《刑法修正案（九）》修正，根据修正后的规定，绑架过程中故意杀害被绑架人，或者故意伤害致人重伤、死亡的，处“无期徒刑或者死刑，并处没收财产”，该法定刑有一定的幅度。

2. 量刑——结合客观罪行和主观责任，合理地量定刑罚。

3. 行刑——根据犯罪人的人身危险程度的消长变化，兼及罪质和犯罪情节，进行减刑、假释等。

（三）罪刑相适应（罪刑相当）原则与刑罚个别化原则之间的关系

罪刑相适应原则是调整刑罚与犯罪即罪刑关系的基础性原则，为刑罚个别化原则的运用划定范围与疆界；刑罚个别化原则是调整刑罚与犯罪人之关系的基本原则，它要求刑罚应当根据犯罪人的具体特点有针对性地加以规定、裁量与适用，从而构成对罪刑相当原则的制约与校正。以罪刑相当原则为基础性原则，以刑罚个别化原则为校正性原则，是各国刑法协调罪刑相当原则与刑罚个别化原则之间关系的基本做法。

例如，同样是抢劫他人5000元，张三是为了母亲筹钱治病去抢劫，而李四是为了贪图享受去抢劫，显然对张三要从宽处理，李四相对要从重，这就是刑罚个别化。但无论如何强调个别化，都不能突破原则，根据《刑法》第263条的规定，普通抢劫罪是处“三年以上十年以下有期徒刑”，应在这个罪刑相适应的原则范围内贯彻刑罚个别化。

三、平等适用刑法原则——司法原则

《刑法》第4条：对任何人犯罪，在适用法律上一律平等。不允许任何人有超越法律的特权。

（一）思想基础

1. 保障国民自由的要求。

2. 保护法益的要求。（只有平等地适用刑法，才能有效地保护法益）

3. 预防犯罪的要求。

4. 刑法作为一种普遍适用规范本身的要求。（刑法要作为一种普遍规范，必须平等适用）

5. 法治的基本要求。

[注意]“平等适用刑法原则”应是司法原则，而不是立法原则。在立法中，刑法对于不同的主体给予不同的处罚并没有违反平等适用刑法原则。相反，那是通过立法的规定，使不同主体之间在实践中更趋于平等。从实然的层面看，人与生俱来的能力是有差别的，人与人之间的不平等是无可否认的。因自然基础、教育程度、生存环境、民族习惯、文明进化程度等因素造成的不平等是现实存在的。基于此种客观上的不平等，某些罪刑规范会给予一定“类别人”不平等的对待，例如，对于未成年人犯罪减免刑事责任的规定；

某些条文有时甚至以形式上的不平等来追求实质上的平等，例如，《刑法》第 90 条关于民族自治地方变通或者补充刑法的规定。

（二）基本内容

1. 平等地保护法益。
2. 平等地认定犯罪。
3. 平等地裁量刑罚。
4. 平等地执行刑罚。

专题三

刑法适用效力

知识体系

- 刑法适用效力
  - 空间效力
    - 属地管辖
    - 属人管辖
    - 保护管辖
    - 普遍管辖原则
    - 对外国刑事判决的消极承认
  - 时间效力
    - 刑法的溯及力
    - 法律解释的效力

相关法理

刑法适用效力包括空间效力和时间效力。刑法的空间效力解决的问题是，一国刑法对具体的个案是否有管辖权。管辖权作为一种司法主权，各国都不会轻易放弃。因此，完全可能出现一个案件，多国都声称有管辖权，但他国对此有管辖权，并不当然排斥中国刑法的管辖权。例如，一架美国飞机飞在中国领空，飞机上有两人实施故意伤害行为，这是在我国领空犯罪，我国刑法当然有管辖权，当然，其他国家（美国）可能也对此有管辖权。而刑法的时间效力在于，在承认中国刑法对特定案件可以适用的前提下，新旧哪部刑法可以适用于该案件。

刑法的空间效力包括：属地管辖、属人管辖、保护管辖、普遍管辖这四种管辖原则，这四种管辖原则，实际上就是管辖的“理由”。需要注意的是：（1）只要知道中国刑法有没有管辖权，其他国家对同一案件的管辖权并不排斥中国刑法的规定；（2）各种管辖原则有适用顺序：先适用前面的，再适用后面的，一个犯罪只有一种管辖原则。

例如，2012 年卷二 86. C. 赵某在境外购买人民币假币，危害我国货币管理制度——该案应适用属人管辖，我国刑法有管辖权。虽然损害了中国利益，但这属于中国人犯罪，应优先适用属人管辖，而非保护管辖。

一、空间效力

（一）属地管辖

是指，凡是在我国领域内犯罪，除有特别规定之外，一律适用我国刑法。

1. 我国领域的范围。

（1）领陆、领水、领空——固定的领土。

（2）旗国主义：我国船舶或者航空器内——移动的领土。我国船舶或航空器即使在其他国家领域内，也认为在中国领域内。需要注意的是，“移动的领土”只有船舶和航空器，不包括其他。船舶或航空器是否属于“中国”，应以是否在中国登记注册为准。

［注意］第一，必须结合我国刑法的规定来理解，适用我国刑法并不排斥适用他国刑法。例如，外国航空器在我国上空，发生了犯罪行为，根据我国刑法的规定，属于在我国领域内犯罪，当然，根据外国刑法的规定，也可能认为是在其领域内犯罪，这就涉及到管辖权的冲突问题。

第二，在国际列车上的犯罪，按照我国与相关国家签订的有关管辖协定，不认为是在我国领域内犯罪。

第三，我国驻外使领馆不宜认定为是我国领域内。我国加入和承认了《维也纳外交关系公约》。根据该公约的规定，各国驻外大使馆、领事馆不受驻在国的司法管辖而受本国的司法管辖。意即，中国驻美大使馆内的犯罪行为，属于中国管辖。但这并不意味着中国驻外大使馆属于我国领域而适用属地管辖。多数学者认为，我国驻外使领馆不属于我国领域内，以使、领馆和外交代表处于接受国领土之外这种拟制来说明外交特权和豁免的学说既不是以事实为根据，也不符合各国在外交特权和豁免方面的做法。当然，对于在中国驻外使领馆的犯罪行为，我国虽然不能基于属地管辖，但可以基于属人管辖、保护管辖等原则行使管辖权。实践中，美国政府突然要求中国关闭驻德州休斯顿总领事馆，全体领馆工作人员必须在2020年7月24日下午4点之前撤离，这可以说明该领馆不属于我国领土。

2. 如何理解“犯罪地”，在我国领域内犯罪——（想）沾边就管。

（1）只要犯罪行为和犯罪结果有一项发生在我国领域内，就应当基于属地管辖原则适用我国刑法。

（2）共同犯罪：只要共同犯罪行为（包括共同实行、教唆和帮助）或者共同犯罪结果有部分发生在我国领域内，就认为是在我国领域内犯罪。

教唆犯、帮助犯从属于实行犯，如果实行犯（正犯）的行为发生在我国领域内，教唆犯、帮助犯的行为从属于正犯（实行犯），均认为是在我国领域内犯罪，全部适用中国刑法。

实行犯不从属于教唆犯、帮助犯，如果实行犯（正犯）的行为发生在我国领域外，教唆犯、帮助犯的行为发生在国内，只能对教唆犯、帮助犯适用中国刑法，正犯的行为不从属于教唆犯，所以，正犯不能认为是在我国领域内犯罪，不适用中国刑法。

（3）未完成形态犯罪：行为地与行为人希望结果发生之地、可能发生结果地，都是犯罪地，只要犯罪地属于我国，都适用属地管辖。例如，在我国境内邮寄装有炸药的包裹，危害结果发生在国外的，属于在我国领域内犯罪。

3. 除外规定。是指即使在我国领域内犯罪，也不适用我国刑法，包括：

（1）享有外交特权和豁免权的外国人——通过外交途径解决其在我国领域内犯罪问题，享有外交特权与豁免权的人主要是指外交官员。

（2）民族自治地方的变通或者补充规定。

（3）香港、澳门特别行政区、台湾的规定。（当然，不能认为这些地区不适用“中国刑法”，只是不适用1997年《中华人民共和国刑法》）

［延伸阅读］对于网络犯罪，采用遍在地主义管辖。犯罪行为无论在何地实施，其结果可能发生在全世界，似乎应适用中国刑法，也应适用任何一个国家的刑法，但这并不现实。由于网络犯罪的无国界性、非中心化以及犯罪现场和空间的虚拟性等特点，使得在确定管辖时，区际冲突与国际冲突相互交织，其刑事管辖权的确定十分困难，需要国际社会共同协力来解决。

典型真题

A国商人汤姆劫持B国民用航空器，欲前往C国，但C国拒绝其降落，后无奈迫降中国。对汤姆的刑事责任问题的处理，下列哪一选项是正确的？（2008年·四川卷二·23题）①

A. 依据保护管辖原则，适用中国法律追究其刑事责任

B. 通过外交途径解决

C. 依照普遍管辖权原则，适用中国法律追究其刑事责任

D. 依据属地管辖原则，适用中国法律追究其刑事责任

（二）属人管辖

我国公民在我国领域外犯罪的，适用我国刑法。之所以中国公民在域外犯罪，也适用中国刑法，是因为中国人在国外，国家有保护他的义务，当然，他也有遵守国家法律的义务。

1. 适用对象：中国公民在国外犯罪。

（1）中国公民，包括犯罪时的中国公民，也包括裁判时的中国公民。例如，甲原本为外国人，在外国犯罪后取得我国国籍，仍可适用我国刑法处理。

（2）按照我国刑法规定，法定最高刑为3年以下有期徒刑的（轻罪），可以不追究。即中国公民在国外犯罪，中国刑法有管辖权，只是在特定情形下，可以不追究刑事责任。这是考虑司法效率，对轻罪“可以”放弃管辖。

2. 国家工作人员和军人在域外犯罪的，一律适用我国刑法。

（三）保护管辖

外国人在中华人民共和国领域外对中国公民或者国家犯罪。现实生活中，这类案件很难追究刑事责任，尤其是我国与许多发达国家没有签订引渡协议。

1. 所犯之罪必须侵犯了我国国家或者公民的法益。

2. 按我国刑法规定法定最低刑为3年以上有期徒刑——重罪（如故意杀人罪、抢劫罪、强奸罪）。

① 答案：D。

3. 双重犯罪：所犯之罪按照犯罪地的法律也该受处罚。

4. 符合上述条件，“可以”适用我国刑法。

（四）普遍管辖原则

普遍管辖原则（世界主义）以保护各国的共同利益为标准，认为凡是国际条约所规定的侵犯各国共同利益的犯罪，不管犯罪人的国籍与犯罪地的属性，缔约国或参加国发现罪犯在其领域之内时便行使刑事管辖权。采取普遍管辖原则，主要是为了防止国际犯罪。

1. 适用条件。

（1）针对的应当是国际条约所规定的罪行。

（2）我国是相关条约的缔约国或者参加国。

（3）我国刑法将该行为规定为犯罪。

（4）原则上要求罪犯出现在我国领域内。

2. 处理方式。

（1）或引渡。

（2）或起诉——起诉国际犯罪时，应适用中国刑法，不能适用国际条约，因为国际条约一般没有具体的罪刑规范。

3. 常见的国际犯罪：海盗罪、恐怖主义犯罪、劫持民用航空器罪、战争罪、灭绝种族罪、毒品犯罪。一般认为，国际犯罪中国刑法都有规定，只是可能存在罪名的称呼不同。比如，国际条约中的海盗罪，在我国刑法中其实就是抢劫罪。

（五）对外国刑事判决的消极承认

某一犯罪，即便中国与外国刑法均有管辖权，外国已经对该案进行了审判，我国也可以不予承认（消极承认）。意即，我国刑法可以再次行使管辖权。

凡在中华人民共和国领域外犯罪，依照本法应当负刑事责任的，虽然经过外国审判，仍然可以依照本法追究，但在外国已经受过刑罚处罚的，可以免除或者减轻处罚。（《刑法》第10条）

二、时间效力

（一）刑法的溯及力

1. 概念。刑法生效后，对它生效前未经审判或判决未确定的行为是否具有追溯既往的适用效力。

2. 从旧兼从轻原则——仅针对未决犯。

针对1997年以前实施的犯罪行为，如1990年实施的行为，原则上仅适用旧法（1979年刑法），除非1997年刑法（新法）对被告人更有利。具体处理方式：

（1）行为时的法律（旧刑法）不认为是犯罪，新刑法认为是犯罪，适用旧法。

（2）行为时的法律认为是犯罪，新刑法不认为是犯罪，适用新刑法。

（3）行为时法与现行刑法均认为是犯罪，且应追诉的，二者规定一致，或者行为时法规定较轻，按行为时法（旧法）。若新刑法规定较轻适用新刑法。

（二）法律解释的效力

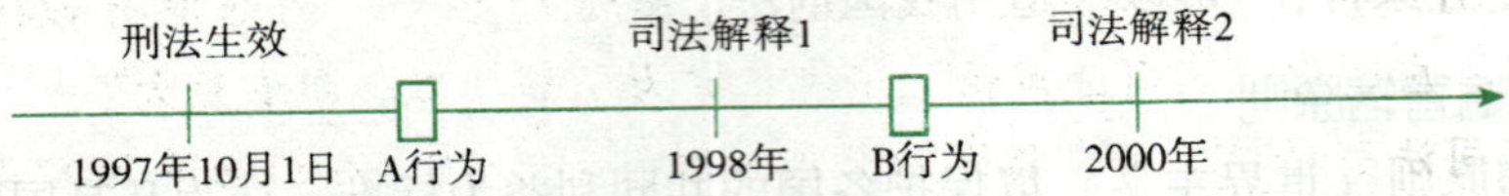

1. 法律解释是对现行刑法的解释，因此其效力适用于刑法生效的全部期间。即法律解释适用于刑法条文规定之后的全部期间，包括法律解释出台之前。

例如，2016年司法解释对1997年刑法某条文进行了解释，该解释既可以适用于2016年以后的犯罪行为，也可以适用于2016年以前、1997年以后（1997年至2016年）的犯罪行为。

其理由在于：司法解释与刑法条文的含义是相同的，刑法可以适用于1997年以后的犯罪行为，那么，司法解释也可以适用于1997年以后的犯罪行为。

2. 具体情形的处理——从旧兼从轻。

（1）行为时没有正式解释，审理时有正式解释的，适用正式解释。即司法解释可以适用于其出台之前的行为，司法解释自发布或者规定之日起施行，效力适用于法律的施行期间。[①]

（2）旧的正式解释认为某行为不构成犯罪，新的正式解释认为该行为构成犯罪，行为人在旧解释出台后新解释出台前实施该行为的，适用旧的解释。

（3）旧的正式解释认为某种行为构成犯罪，新的正式解释认为该行为不构成犯罪，行为人在旧解释出台后新解释出台前实施该行为的，适用新的解释。

第（2）、（3）可以这样理解，1998年出台了旧解释，甲于2000年实施了某一行为，2005年出台了新解释。无论是新解释，还是旧解释，都是可以适用于该行为的。既然两个解释都可以适用于该行为，原则上应适用旧解释，如果新解释对被告人更有利，适用新解释。

例如，1998年关于盗窃罪的司法解释规定，盗窃数额较大的最低标准是500元，而2013年司法解释的标准是1000元。行为人在2012年盗窃800元（未判决），如果2012年审判，适用旧解释构成盗窃罪，但如果案件直到2014年仍未审判，当然可以适用新解释，不构成犯罪。

典型真题

1. 关于刑事司法解释的时间效力，下列哪一选项是正确的？（2017年·卷二·1题）[②]

A. 司法解释也是刑法的渊源，故其时间效力与《刑法》完全一样，适用从旧兼从轻原则

B. 行为时无相关司法解释，新司法解释实施时正在审理的案件，应当依新司法解释办理

C. 行为时有相关司法解释，新司法解释实施时正在审理的案件，仍须按旧司法解释办理

D. 依行为时司法解释已审结的案件，若适用新司法解释有利于被告人的，应依新司法解释改判

2. 关于刑法及司法解释的时间效力，下列选项正确的有？（2018年真金题）[③]

① 可以这样思考，审判实践中经常出现疑难案件，地方司法机关会请示最高人民法院，最高人民法院会作出相应的解释，该解释作出后，当然可以适用于该疑难案件。这就可以说明，新作出的解释可以适用于其生效之前的犯罪行为（案件）。

② 答案：B。

③ 答案：AB。

A. 甲在2010年受贿500万元，2016年司法解释规定受贿罪“数额特别巨大”的标准为300万元，2017年司法解释规定受贿罪“数额特别巨大”的标准为600万元，甲在2018年被抓获，应适用新的司法解释，不能认定为受贿“数额特别巨大”

B. 2016年司法解释规定了受贿罪的数额标准，乙于2015—2018年连续受贿多次，乙的所有受贿行为均可以适用该司法解释

C. 1997年刑法规定，生产、销售有毒、有害食品罪为具体危险犯，只有造成具体的危险才能定罪。2011年《刑法修正案（八）》将该罪规定为抽象危险犯，只要实施了生产、销售行为，就认为有抽象的危险，应以犯罪论处。丙于2010年实施了生产、销售有毒、有害食品的行为，但并没有造成具体危险状态，于2015年被抓获。丙的行为可以适用《刑法修正案（八）》，应以犯罪论处

D. 2000年最高人民法院出台了针对某一问题的司法解释，该解释不能适用于其生效之前的犯罪行为

专题四 犯罪概说

知识体系

- 犯罪概说
  - 犯罪的分类
    - 理论分类
    - 法定分类
  - 犯罪构成要件要素
    - 客观、主观的构成要件要素
    - 记述、规范的构成要件要素
    - 积极、消极的构成要件要素
    - 共同、非共同的构成要件要素
    - 成文、不成文的构成要件要素

相关法理

犯罪是严重危害社会的行为，犯罪的成立标准是行为符合刑法的规定。近年来，在国家法律职业资格考试层面，非常困扰考生的问题是，犯罪构成是采取两阶层、三阶层还是四要件。应该说，任何一个国家，一个精神正常的成年人故意杀死他人的行为都成立犯罪。但是，这些犯罪的成立要素采取何种排列组合方式，各国根据自己的司法习惯、国民观念、文化传统，采用了不同的犯罪论体系。应当说，不同的犯罪论体系对于认定犯罪的思维方式可能存在差异，但不会对案件的定性产生实质性的影响。各种要件，有其自身的优劣。从应对国家法律职业资格考试的角度来看，从来也不会有真题孤立地考犯罪构成体系的问题。刑法理论上几乎对诸多问题都可能存在不同的观点，理论的争鸣是理论发展的必要，但这些不同的观点，与采用何种犯罪论体系无关。

一、犯罪的分类

（一）理论分类

1. 重罪与轻罪。以法定刑轻重为标准作的划分。我国刑法没有明确划分重罪、轻罪，理论上有学者认为，可以考虑将法定刑最低为3年以上有期徒刑的犯罪称为重罪。

2. 自然犯与法定犯。

（1）自然犯：在侵害或者威胁法益的同时明显违反伦理道德的传统型犯罪。如故意杀人、抢劫、强奸、盗窃、拐卖人口等。这些行为因违反了社会中的一般伦理道德，因此，古往今来、不分东西，均规定为犯罪。即便是不懂法的人，单凭一般生活经验也能了解其社会危害性。

（2）法定犯：没有明显违反伦理道德的现代型犯罪，主要是违反了统治秩序。如非法出租枪支罪、非法吸收公众存款罪、擅自设立金融机构罪、非法经营罪。

自然犯与法定犯的区分具有一定的相对性。因为即使是法定犯，经过长时期的立法规定，人们内心也形成了遵守的确信，会形成一种道德确信，形成习惯、文化，进而逐步演变成自然犯。

此外，随着社会状况的变化和公众价值观、道德观的变化，会出现一些自然犯的非犯罪化现象，例如，赌博罪、传播淫秽物品罪等没有被害人的传统的自然犯，随着社会风俗的变化，其适用范围可能限缩。

3. 隔隙犯与非隔隙犯——行为与结果之间是否有时间或者空间上距离。

（1）隔隙犯：实行行为与犯罪结果之间存在时间、场所间隔的犯罪。可分为隔时犯与隔地犯两种。

例如，甲在乙的食物中投放毒药，乙吃过毒药后，5个小时才死亡。犯罪行为与死亡结果出现之间就存在时间差。

（2）非隔隙犯：实行行为与犯罪结果之间没有时间、场所间隔的犯罪。

对于隔隙犯，如果犯罪行为完成后，在犯罪结果出现之前可以实施中止行为防止既遂结果出现，进而成立犯罪中止。

4. 即成犯、状态犯、继续犯。

（1）即成犯。一旦发生法益侵害结果，犯罪便同时终了；犯罪一旦终了，法益便同时消灭的犯罪——故意杀人罪。

（2）状态犯。犯罪行为终了后，危害结果继续存在——盗窃罪。

（3）继续犯。犯罪行为和危害结果同时持续的存在——非法拘禁罪，拐卖妇女、儿童罪，绑架罪，窝藏罪，非法持有枪支罪。

凡是侵犯人身自由的犯罪（如非法拘禁罪、绑架罪、拐卖妇女罪）、持有型犯罪（如持有假币罪、非法持有枪支罪），都是继续犯。在继续犯中，只要犯罪行为没有结束一直在继续，中途加入进来的人可以成立共同犯罪。

2002年卷二46. 甲以出卖为目的，将乙女拐骗至外地后关押于一地下室，并曾强奸乙女。甲在寻找买主的过程中因形迹可疑被他人告发。国家机关工作人员前往解救时，甲的朋友丙却聚众阻碍国家机关工作人员的解救行为——丙在他人拐卖妇女过程中中途加入进来，拐卖妇女罪是继续犯，甲、丙成立拐卖妇女罪的共犯，丙的行为同时也触犯了妨害公务罪。

（二）法定分类

1. 国事犯罪与普通犯罪。我国刑法中的危害国家安全罪即属国事犯罪，其他犯罪则属于普通犯罪。

2. 自然人犯罪与单位犯罪。

3. 身份犯与非身份犯。

（1）身份犯：特殊身份作为客观构成要件要素的犯罪，可以分为影响定罪的身份（真正身份）和不影响定罪但影响量刑的身份（不真正身份）——真正身份犯，贪污罪、强奸罪；不真正身份犯，非法拘禁罪。①

（2）非身份犯：不以特殊身份作为客观构成要件要素的犯罪——故意杀人罪。

4. 亲告罪与非亲告罪。

（1）亲告罪。只有被害人告诉，司法机关才处理的犯罪。如果被害人因受强制、威吓无法告诉的，人民检察院和被害人的近亲属也可以告诉。

亲告罪不等同于自诉案件，自诉案件的范围要广于亲告罪，亲告罪如果被害人无法告诉的，也可能转为公诉案件。

刑法规定亲告罪的原因在于，这种犯罪比较轻微；往往发生在亲属、邻居、同事之间；这种犯罪涉及被害人的名誉，任意提起诉讼可能损害被害人的名誉。

①侮辱罪（第246条，严重危害社会秩序和国家利益的除外）；

②诽谤罪（第246条，严重危害社会秩序和国家利益的除外）；

③暴力干涉婚姻自由罪（第257条，致被害人死亡的除外）；

④虐待罪（第260条，被害人没有能力告诉或因受到强制、威吓无法告诉和致使被害人重伤、死亡的除外）；

⑤侵占罪（第270条）。

（2）非亲告罪。不允许当事人私下和解，国家（检察机关）应提起公诉的案件。

5. 基本犯、加重犯与减轻犯。

（1）基本犯：刑法分则条文规定的不具有法定加重或者减轻情节的犯罪。刑法分则规定的最简单的罪状——故意杀人罪的一般规定。

（2）（结果）加重犯。刑法在基本犯的基础上，单独规定了加重的情形及加重的法定刑。其中，结果加重犯是指，行为人出于基本构成要件的故意或者过失，在实施基本行为时，发生了超过基本构成要件结果的加重结果，因而导致刑罚加重的犯罪形态。

例如，故意伤害致人死亡的，就成立故意伤害罪的结果加重犯。刑法分则条文以基本犯为基准规定了加重情节与较重法定刑的犯罪，可分为结果加重犯与其他情节加重犯。结果加重犯、情节加重犯必须以刑法的规定为准，例如，故意伤害罪（致人重伤、死亡）、抢劫罪的8种加重情节。

（3）减轻犯：刑法分则条文以基本犯为基准规定了减轻情节与较轻法定刑的犯罪。

例如，《刑法》第232条（故意杀人罪）规定："故意杀人的，处死刑、无期徒刑或者十年以上有期徒刑；情节较轻的，处三年以上十年以下有期徒刑。"其中，该条规定的前半段为故意杀人罪的基本犯，后半段为减轻犯。

二、犯罪构成要件要素

犯罪构成的各个要件是由不同要素组成的，组成要件的要素，就是犯罪构成的要件要素。例如，行为、结果、对象等属于客观的构成要件要素；年龄、辨认控制能力、身份等属于犯罪主体要件的要素；故意、过失、目的等属于犯罪主观的构成要件要素。具体而言，犯罪构成要件要素可作如下分类：

---

① 《刑法》第238条第4款规定，国家机关工作人员利用职权实施非法拘禁行为的，从重处罚。"国家机关工作人员"这一身份就是影响量刑的身份，是否属于国家机关工作人员，对定罪没有影响。

1. 客观、主观的构成要件要素。

(1) 客观的构成要件要素：说明行为外部的、客观面的要素。如行为主体、身份、行为、结果。

(2) 主观的构成要件要素：表明行为人内心的、主观面的要素。如故意、过失、目的、动机。

2. 记述、规范的构成要件要素。

(1) 记述（明确）的构成要件要素。日常生活对该用语有明确的界限，如“人”“妇女”“毒品”——生活术语。

对于记述的构成要件要素相对应的客观事实，只需要进行事实判断，知觉的、认识的活动即可确定的要素。

例如，故意杀人罪的对象“人”，显然通过我们的直觉、感观就能知晓。

又如，《刑法》第320条所规定的提供伪造、变造的出入境证件罪的构成要件为“为他人提供伪造、变造的护照、签证等出入境证件”，其中，“提供”“伪造、变造”“护照、签证等出入境证件”即属记述的构成要件要素。

(2) 规范（不明确）的构成要件要素。我们通过感知并不能够获得正确的判断，需要法官的价值评价的要素——专业术语。

不同主体的价值判断不同，对规范的构成要件要素的理解就不完全相同。例如，对于某张光盘是否属于淫秽物品，不同的主体看过客观内容之后，其认识结论也会存在不同，仁者见仁、智者见智。因此，贩卖淫秽物品牟利罪中的“淫秽物品”属于规范的构成要件要素。[①]

规范的构成要件要素=客观事实+价值判断。大致可分为三类：

第一，法律的评价要素——国家工作人员、[②] 司法工作人员、公私财物、他人占有的财物。

第二，经验法则的评价要素——入户抢劫中的“户”。

第三，价值的评价要素——猥亵、淫秽物品、侮辱、诽谤等。

例如，2018年10月27日晚，有网友爆料称，当天下午她在G1402次高铁上，发现邻座一名男子对一女童做出猥亵动作。该男子抱着一名5、6岁的小女孩，用手伸进女孩的下身和背部，还撩起女孩的衣服，不断抚摸、亲吻。南昌铁路公安处官微发布通报称，视频中当事人周某某与小女孩系父女关系，周某某的行为不构成“猥亵”。但我（徐光华）本人认为这是“猥亵”，即便是父亲，也不应该对孩子做出此类动作。

(3) 二者的区分具有相对性。

虽然记述的构成要件要素是明确的，但实践中也可能会随着社会的发展变化而出现部分不明确的情形。

例如，“人”通常认为属于记述的构成要件要素。但是死亡标准不同，也导致了需要

① 注意，有些要素，可能我们不同的人会得出不同的结论，如毒品，但刑法已经对毒品的标准作了法律上的规定，实践中行为人贩卖的是不是毒品，只要按照标准，或者用仪器进行检测，还是确定的，不依赖于人的价值判断。这属于记述的构成要件要素。

② 某人是否属于国家工作人员，需要法官判断其是否在履行公务，而这一判断，并不是十分明确，实践中也经常出现不同的人判断结论不一致的情况，故“国家工作人员”属于规范的构成要件要素。

具体判断，呼吸存在但脑死亡的，如“植物人”是否属于“人”，就可能存在不同的判断。

又如，作为盗窃罪的对象的“财产”，一般认为属于记述的构成要件要素，但盗窃电力、网络虚拟货物及游戏币等无体物是否属于盗窃财产，也曾存在过争论。

(4) 二者区分的意义：有利于故意的认定以及事实认识错误与法律认识错误的区分。

无论是记述的构成要件要素，还是规范的构成要件要素，对于故意犯罪的成立而言，都要求行为人主观上认识到其意义，即认识到行为的社会危害性。

对于记述的构成要件要素，行为人只要认识到对象属于这个“词”（如妇女、人、毒品），就能了解其行为的社会意义，而具体的内容如“人”“妇女”的名字，在故意杀人罪、强奸罪中则是不需要认识的内容。换言之，行为人只要知道对方是“人”还实施杀害行为，其行为的社会危害性、主观恶性就体现出来了，而是否认识到“人”的名字等就不重要了。

对于规范的构成要件要素，行为人只要认识到概念（“猥亵”“淫秽”）的基本内容就可以。即对于规范的构成要件要素，行为人只需要认识到客观事实即可，既然认识到客观事实，行为人就认识到了其行为的社会危害性。如果行为人没有认识到客观事实，误将英文的淫秽书籍当作英文学习教材出售的，不成立贩卖淫秽物品牟利罪。但如果行为人已经认识到了光盘的内容，里面有多人发生性关系，即便其辩称该光盘并不“淫秽”，也成立犯罪，是否淫秽是一种价值判断，由法官完成。

3. 积极、消极的构成要件要素。

(1) 积极的构成要件要素。积极地、正面地表明成立犯罪必须具备的要素，刑法分则对具体犯罪所规定的内容，基本上都属于积极的构成要件要素。

(2) 消极的构成要件要素。否定犯罪性的构成要件要素。

例如，《刑法》第 389 条第 3 款规定，因被勒索给予国家工作人员以财物，没有获得不正当利益的，不是行贿。该规定即属消极的构成要件要素。

4. 共同、非共同的构成要件要素。

(1) 共同的构成要件要素：任何犯罪的成立都必须具备的客观要素。如：行为、主观罪过。

(2) 非共同的构成要件要素：并非任何犯罪，只是部分犯罪的成立所必须具备的要素，仅仅是某些犯罪必备的要素。如：犯罪目的、身份。

5. 成文、不成文的构成要件要素。

(1) 成文的构成要件要素：刑法明文规定的构成要件要素。

(2) 不成文的构成要件要素：刑法条文表面上没有明文规定，但根据刑法条文之间的相互关系、刑法条文对相关要素的描述所确定的，成立犯罪所必须具备的要素。

例如，不真正不作为犯的“作为义务”、过失犯的“注意义务”、财产犯罪所要求的“非法占有的目的”，都是成立相应犯罪所必需的要素，但立法基于简洁性的要求，没有明确列明。

典型真题

关于构成要件要素，下列哪一选项是错误的？（2014 年 · 卷二 · 4 题）①

A. 传播淫秽物品罪中的“淫秽物品”是规范的构成要件要素、客观的构成要件要素

B. 签订、履行合同失职被骗罪中的“签订、履行”是记述的构成要件要素、积极的构成要件要素

C. “被害人基于认识错误处分财产”是诈骗罪中的客观的构成要件要素、不成文的构成要件要素②

D. “国家工作人员”是受贿罪的主体要素、规范的构成要件要素、主观的构成要件要素

---

① 答案：D。

② 《刑法》第 266 条（诈骗罪）规定：“诈骗公私财物，数额较大的，处……”

专题五 客观不法要件

知识体系

- 客观不法要件
  - 不作为犯
    - 作为犯与不作为犯的区别
    - 不作为犯的种类
    - 身体积极、消极与作为犯、不作为犯
    - 不作为犯的成立条件
    - 不作为犯的“作为义务”的根据
    - 不作为犯的其他问题
  - 因果关系
    - 因果关系与刑事责任的关系
    - 因果关系的判断步骤
    - 客观归责理论与因果关系

相关法理

犯罪是主客观相统一的行为，从客观上看，行为侵害了法益，所以具有违法性。但并非任何客观上具有违法性的行为都构成犯罪，行为人只有能够对自己的客观不法行为负责，才能作为犯罪处理。从这一意义上看，构成犯罪是客观上的违法性与主观上的有责性二者的统一。在客观不法要件中，客观行为、结果及二者之间的因果关系是最主要的内容，也是国家法律职业资格考试的重点、难点之所在。

一、不作为犯

（一）作为犯与不作为犯的区别

1. 作为犯——刑法叫你别干，你偏要干（故意杀人罪、强奸罪、放火罪等）

（1）行为人实施刑法所禁止的法益侵害行为，违反了刑法的禁止性规定。典型的如故意杀人罪、强奸罪、放火罪，其本质在于违反了刑法的禁止性规定：不得杀人、不得强奸、不得放火。

（2）“持有型犯罪”属于作为犯。“持有型”犯罪，如非法持有枪支、弹药罪，非法持有毒品罪，持有假币罪，属于作为犯，“持有”是对特定物品的实力支配、控制。刑法规定持有型犯罪，旨在“禁止”人们持有特定物品，而不是“命令”人们上缴特定物品。

例如，行为人偶然地发现自己家中有一包毒品，刑法禁止该行为人继续持有，如果行为人违反刑法的禁止性规定而继续持有，当然成立非法持有毒品罪。但如果行为人将毒品扔进下水管道，由于没有违反刑法“不得持有毒品”的禁止性规定，不成立非法持有毒品罪。

2. 不作为犯——刑法叫你做，你偏不做，甩包袱（不履行义务）——遗弃罪、逃税罪

（1）不作为犯，不是指行为人没有实施任何行为，而是没有履行他应该履行的义务，是违反了刑法的命令性规范。有的情况下，行为人为了逃避义务，还可能实施一些掩盖性的行为（积极行为），但仍然是不作为犯。

例如，行为人通过签阴阳合同的方式（积极方式）达到逃税的目的，即不履行纳税义务，成立逃税罪。

（2）不作为犯的罪过形式既可以是故意，也可以是过失。例如，大量的责任事故类犯罪，行为人过失地（忘却了）履行相关的安全义务，是过失的不作为犯。

2008 年四川卷二.13. 甲因家中停电而点燃蜡烛时，意识到蜡烛没有放稳，有可能倾倒引起火灾，但想到如果就此引起火灾，反而可以获得高额的保险赔偿，于是外出吃饭，后来果然引起火灾，并将邻居家的房屋烧毁。甲以失火为由向保险公司索赔，获得赔偿——就放火罪而言，行为人有灭火的义务而不履行，属于不作为犯，并且是不纯正的不作为犯。就保险诈骗罪而言，刑法是禁止行为人去实施保险诈骗行为的，故保险诈骗罪是作为犯。

（二）不作为犯的种类

1. 真正不作为犯（纯正的不作为犯）：刑法明文规定只能由不履行义务构成的犯罪。如遗弃罪，不解救被拐卖、绑架妇女、儿童罪，拒不执行判决、裁定罪，丢失枪支不报罪，拒绝提供间谍犯罪证据罪——这类犯罪，刑法的本质是要求你去做一件事情，但你偏不做，违反了刑法的命令性规定，或者说违反了刑法对行为人所要求的义务。

2. 不真正不作为犯（不纯正的不作为犯）：这种犯罪既可能是违反了刑法的禁止性规定，也可能是违反了刑法的义务性（命令性）规定。也即，这种犯罪通常是作为犯，但也可能是不作为犯——放火罪、故意杀人罪。

（三）身体积极、消极与作为犯、不作为犯

1. 不作为犯可以通过积极的方式（作为方式）或者消极的方式（不作为方式）来实施。但你的本质是不履行义务。

（1）作为犯与不作为犯的区分不是看身体行为的积极或消极，而是看行为人是否负有法律要求履行的义务。如果有，不履行的，就属于不作为犯。反之，属于作为犯。

（2）“不作为犯”仍然可以通过积极或者消极的行为方式来实施，但其本质是不履行

义务。

2. 刑法关注的并不是行为人的外部动作是积极还是消极，而是看行为人是否负有法律所规定的义务。作为犯与不作为犯，说到底是一个规范的判断问题，外部的行为动作有时未必成为区分作为犯与不作为犯的标准。

例如，逃税罪是不履行纳税义务的行为，属于不作为犯，但逃税罪既可以以积极的方式（如篡改账本，也称作为方式），也可以通过消极的方式（如对税务机关的要求不予理会，也称不作为方式）来实施。就此而言，作为犯、不作为犯是上位概念，与作为方式（积极行为）、不作为方式（消极行为）是两个完全不同层次的概念。

[例1] 甲走路不小心将乙撞到路边的水渠里，其从路旁找来竹竿伸向乙，无论是乙抓竹竿之前还是之后，甲扔下竹竿扬长而去，导致乙死亡的，甲都基于危险前行为产生作为义务，处于保证人地位，其行为均只能成立不作为犯，因为刑法规范看重的是期待其履行的救助义务没有得到履行，导致规范的期待落空。

[例2] 甲不小心将乙撞到路边的水渠后，迅速逃离现场，路人丙从路旁找来竹竿伸向乙，乙抓住竹竿之前，丙突然担心乙赖上自己而扔下竹竿离开，导致被害人死亡的，丙没有实施危险前行为，并不处于保证人地位，没有救助的义务；其伸出竹竿的行为并未接触到被害人乙，救助行为没有实际发生作用，该行为与乙死亡的构成要件结果之间欠缺积极作为的因果关系。从规范评价的角度看，该行为和丙从来没有伸出竹竿的效果相同，丙无罪。

[例3] 医生发现病人救助无望，而将维持病人生命的呼吸机关掉，评价的重点不在于医生的身体动作，而在于其不履行对病人的救助义务，因此，其成立不作为犯。但是，其他毫无关联的人关掉该呼吸机的，由于并没有救助义务，则只属于违反禁止剥夺他人生命的规范的情形，成立作为犯。

[例4] 以下甲、乙、丙行为人虽有一定的积极身体行动，但也仅成立“不作为犯”。因为如下行为的核心是违背了规范的期待（义务），没有履行特定的义务。

(1) 在丈夫殴打小孩过程中，妻子甲害怕儿子的哭声被外人听到而将房门关上，后丈夫将儿子活活打死。

(2) 乙驾车将被害人撞成重伤后，把被害人抱上车然后开车往郊外方向赶，路上被害人死亡。

(3) 丙重男轻女，认为女儿不能延续香火，将年仅1岁的女儿抱到火车站，放在长椅上后匆匆离开。因为天冷，等警察发现女孩将其送到医院时，女孩已经死亡。

典型真题

关于不作为犯，下列哪些选项是正确的？(2007年·卷二·59题)①

A. 刑法规定，依法配备公务用枪的人员丢失枪支不及时报告，造成严重后果的构成犯罪。该罪以不报告为成立条件，属于不作为犯罪

B. 偷税罪是一种不履行纳税义务的行为，只能由不作为构成

C. 遗弃罪是一种不履行扶养义务的行为，属于不作为犯罪

① 答案：AC。

D. 刑法规定，将代为保管的他人财物非法占为己有，数额较大，拒不退还的，构成犯罪。该罪以拒不退还为成立条件，属于不作为犯罪①

（四）不作为犯的成立条件

1. 当为。行为人负有实施某种行为的义务。

2. 能为。有作为的可能性、有履行义务的能力。

例如，父亲虽然对溺水的小孩有救助的义务，但如果父亲不会游泳的，不成立不作为犯。

3. 不为。因为行为人没有履行义务，造成或者可能造成危害结果。

要成立不作为犯罪，必须有“危害结果回避的可能性”。如果即使履行义务，危害结果也必然发生的，那么，没有履行义务的，也不成立不作为犯罪。

例如，司机过失造成了交通事故，导致被害人头盖骨骨折，即使立即送往医院也不能挽救生命，或者被害人将立即死亡时，即使司机没有救助逃逸的，也仅成立交通肇事罪，而不成立不作为犯的故意杀人罪——本案中，死因应该归于之前的“肇事行为”，而不能归于事后的“逃逸行为”，换言之，即使不逃逸，被害人也必死无疑。因此，此种情形不属于“交通肇事后逃逸致人死亡”，因而只能成立交通肇事罪。

（五）不作为犯的“作为义务”的根据

［学习方法提示］关于不作为犯的义务来源问题，很多考生死记硬背，但不同书上总结的又不完全一样，这样一来，学习就有很大的困惑。实际上，在他人面临危险的情况下，究竟谁有救助或排除危险的义务？对于若干个有作为义务的主体，不同教科书归纳路径可能不同，但并不存在实质上的差异。对不作为犯的“作为义务”来源的学习，实际上最重要的是要结合社会生活常识去判断的。刑法赋予相关责任主体的作为义务，必须通过考虑其可能性、是否与国民的观念吻合等进行综合判断。例如，见死不救的行为，即便在有的国家认为构成犯罪，但在中国目前国民的道德水平还有待提升的背景下，赋予国民更多的义务，可能会导致与公民的观念背离太大，使刑法与公众的认同背离太远。质言之，如何判定行为人是否具有“作为义务”，在于行为人对于处于危险境遇的人，是否具有“保证人”的地位，是否有保证他人安全的义务。

1. 仅仅是发现他人处于危险境地，没有救助义务。

（1）发现者仅仅是“遇见”了危险，并没有保障他人安全的义务，不成立不作为犯。

例如，荒山狩猎人发现弃婴后不救助的，不成立不作为犯罪。

又如，甲到湖中游泳，见武某也在游泳。武某突然腿抽筋，向唯一在场的甲呼救。甲未予理睬，武某溺亡，甲的行为不成立不作为犯罪。

（2）但是，如果在发现者的监控区域，例如，自己的家中，即便仅仅是发现了风险，

① D选项中，一种观点认为，《刑法》第270条侵占罪中规定的“非法占为己有”与“拒不返还”是同一个意思，换言之，只要“非法占为己有”，就表明行为人“拒不返还”。从这个意义上来看，侵占罪的本质是“非法占为己有”，属于作为犯。另一种观点认为，刑法中的侵占罪所要求的“非法占为己有”与“拒不返还”是两个独立的行为，要成立侵占罪，除了要“非法占为己有”，还要求行为人事后“拒不返还”，即便行为人“非法占为己有”，但如果事后“返还”的，也不成立侵占罪。从这一意义上看，惩罚的实质在于行为人后续的“拒不返还”，即行为人不履行返还义务，因此，属于不作为犯。国家法律职业资格考试以前一种观点为准。

仍然有救助的义务，不履行义务的，成立不作为犯。

例如，甲（女）在家中从事卖淫活动，老头（乙男）进入甲的家中欲嫖娼，刚进家门就被甲的美色迷倒，甲有救助义务，毕竟在甲的家中，甲不履行救助义务的，成立不作为犯。

又如，出租车司机甲搭载乘客乙（男）、丙（女），乙在后排座强奸丙，甲知情却不制止，甲的行为构成不作为犯罪。

再如，自家的封闭庭院里突然闯入一个危重病人或者生活不能自理的儿童，他人不能发现和救助，庭院的支配者有义务救助。

又再如，男子任由幼女对自己实施猥亵行为时，因为该危险发生在男子身体上，男子负有制止幼女的义务，否则，成立猥亵儿童罪。

2. 如果降低了他人所处的风险，就更没有救助义务。

(1) 行为人降低了他人风险是“做好事”，本来也没有保障他人安全的义务，不成立不作为犯。

例如，甲见乙身受重伤躺在高速公路的中间，为了防止乙面临更大危险，将乙搬至旁边的休息站，后甲离去。即便事后仍然没有人对乙进行救助，甲也不成立不作为犯罪。其理由在于，乙的死亡结果不能归责于甲，甲并没有保障乙安全的义务。试想，如果甲的行为都构成犯罪，谁还敢去做好事呢？

(2) 但是，对于处于危险境地的人实施自愿救助行为（“做好事”），如果“耽误”了危险者受到他人救助的机会，则这种自愿救助行为必须“一救到底”，否则，成立不作为犯。

例如，甲身受重伤躺在马路上，乙见状想救助甲，便将甲搬到自己家中，这种情形下，甲得到其他人救助的可能性就没有了。乙在家中对甲救助5天后，觉得甲人品不好，便放弃救助，将甲于夜间扔至菜市场，造成甲死亡——乙的行为成立不作为犯故意杀人罪，理由在于，乙对甲救助了5天，在一定程度上就是剥夺了甲受到其他好心人救助的机会，乙争取了这个救助的机会，就应该好好珍惜、一救到底。

又如，甲见有人掉入偏僻之地的深井，找来绳子救人，将绳子的一头扔至井底后，发现井下的是仇人乙，便放弃拉绳子，乙因无人救助死亡——甲不成立不作为犯罪，理由在于，甲的自愿救助行为还没有起作用，并且，甲并没有“耽误”乙受到其他人救助的机会。

3. 行为人如果对他人创造（提升）了风险，原则上就应对他人有救助义务。

当某种危险结果的发生与行为人的危险前行为有关联，法律就会对行为人提出作为的期待，正所谓“解铃还需系铃人”。

(1) 行为人的行为如果创造了风险，使他人处于危险境地，当然就有排除危险的义务，否则，成立不作为犯。即，谁制造风险、谁消除危险。

例如，甲意外将6岁幼童撞入河中，幼童溺水，甲不履行救助义务的，成立不作为犯。

又如，丙与贺某到水库游泳。丙为显示泳技，将不善游泳的贺某拉到深水区教其游泳。贺某忽然沉没，丙有点害怕，忙游上岸，贺某溺亡。丙的行为成立不作为犯。

又如，甲带邻居小孩出门，小孩失足跌入粪塘，甲嫌脏不愿施救，就大声呼救，待乙闻声赶来救出小孩时，小孩已经死亡。甲不及时救助的行为构成不作为犯罪。因为，小孩的安全是需要甲保障的，带小孩出门，需要时刻看守、保障小孩的安全。

再如，甲乱扔烟头导致所看仓库起火，能够扑救而不救，迅速逃离现场，导致火势蔓延，财产损失巨大。甲不扑救的行为构成不作为犯罪。

（2）但是，成年人的日常生活行为，如谈恋爱、旅游、喝酒、爬山等，制造了社会所允许的风险，相互之间没有救助义务。

其理由在于，社会日常生活行为是社会运行所必须的，这类行为即便可能会有风险，其发生概率也非常低，他人与你一起实施这种行为时，不需要也不可能预料到风险的存在，不具有保障你安全的义务。质言之，成年人从事社会正常风险行为（日常行为），自己把握风险，他人不负有保障你安全的义务，不能寄托于他人替自己来防范自己的风险。一个社会要发展，必须容忍一定的正常风险。一个人要成长，必须经历一些正常的风风雨雨。试想：教孩子走路，就必须容忍合理的摔跤，否则，孩子怎么可能学会走路呢？不能因噎废食。

例如，甲、乙二人相约散步，突然乙被丙驾驶的车辆撞成重伤，丙驾车逃离，甲亦没有对乙实施救助行为——该案中，丙当然有救助义务，但甲并没有救助义务，成年人散步，不需要相互保护，也不是必须相互牵手保障安全，这种日常行为自己保障自己的安全。

又如，丁邀秦某到风景区漂流，在漂流筏转弯时，秦某的安全带突然松开致其摔落河中。丁未下河救人，秦某溺亡，丁的行为不构成不作为犯罪。

又如，梁某与好友强某深夜在酒吧喝酒。强某醉酒后，要求梁某送其回家，梁某怕钱包之事被发现，托词拒绝。强某在回家途中醉倒在地，被人发现时已冻死。梁某对强某的死亡不构成不作为的故意杀人罪。

又如，甲男与乙女恋爱，后甲男提出分手，乙女声称如果分手就自杀，尽管如此，甲男仍然要与乙女分手。即便甲男看着乙女自杀而不制止，也不能认定他有作为义务。

又如，甲将自己的一把利刀递给乙观看，乙突然持刀伤害丙，即使甲在现场，也不产生作为义务。行为人制造的危险属于被害人答责的范围时，行为人不产生作为义务。

再如，甲将吸毒工具借给乙吸毒，乙因吸食过量造成身体伤害，对此，甲不承担故意伤害罪的责任。

（3）正当防卫是刑法所鼓励的行为，即便防卫人对不法侵害人创造了风险，也没有救助义务。

例如，甲拿枪射杀乙，乙实施正当防卫行为，将甲打成重伤，血流不止，乙能救助甲却不救助，造成甲死亡——乙不成立不作为的故意杀人罪。此类案件中，如果要求防卫人乙有救助义务，对防卫人而言是不公平的，因为防卫人如果造成不法侵害人死亡的话，成立正当防卫；造成不法侵害人重伤但不履行救助义务的话，还成立故意杀人罪，这显然是不妥当的。

4. 其他义务来源——实质在于，行为人具有保障他人安全的义务，他人的安全依赖于行为人。

（1）法律（刑法）明文规定的义务。仅限于特定义务，不包括宪法以及刑法之外的其他法律所规定的抽象性、一般性的法律义务，这类法律义务在刑法分则条文没有确认的情况下，不能成为不作为犯罪的义务根据。

例如，丈夫对妻子的救助义务，丈夫发现妻子处于危险境地，有救助的义务。

又如，《消防法》规定，路人看到火灾有报警的义务，但这种义务没有上升到刑法的规定，所以，路人看到火灾不报警的，不成立不作为犯的放火罪。当然，如果是具有特定职责的人（如消防人员），发现火灾不及时报告，不履行救助义务的话，则构成不作为犯罪（渎职类犯罪）。

(2) 特定的职务、业务要求的义务，以及对危险源负有监管、控制义务而产生的作为义务。

例如，消防队员对于火灾的扑灭义务、警察对犯罪行为的制止义务。

又如，宠物饲养人在宠物撕咬儿童时故意不制止，导致儿童被咬死的，成立不作为犯的故意杀人罪。

又如，小偷翻墙入院行窃，被护院的藏獒围攻。主人甲认为小偷活该，任凭藏獒撕咬，小偷被咬死。甲成立不作为犯罪。

再如，甲看见儿子乙（8周岁）正掐住丙（3周岁）的脖子，因忙于炒菜，便未理会。等炒完菜，甲发现丙已窒息死亡。甲成立不作为犯罪。但是，夫妻之间、成年的兄弟姐妹之间并不具有这样的监督义务，妻子明知丈夫受贿而不制止的，并不成立受贿罪的帮助犯。

(3) 法律行为（合同行为）引起的义务。当事人之间本来没有义务，但基于合同而创设了义务。

例如，家政保姆基于雇佣合同，对其照看小孩的救助义务。即使该合同是无效的或是超过期限的，也成立不作为犯的故意杀人罪。因为雇佣合同导致小孩对保姆已经形成了事实上的依赖关系，小孩的安全事实上依赖于保姆。

又如，出租车司机对于醉酒的乘客，有将其送至安全地点的义务。

(4) “紧密”（超级危险）的共同体关系所产生的义务。

“紧密”的共同体不同于“松散”的共同体（如成年人共同散步、游泳），在“松散”的共同体中，各行为人没有负责保障他人安全的义务，因为这类活动的风险性不大，属于日常行为。而“紧密”的共同体，行为人共同实施的是非常危险的行为，各行为人之所以敢去实施这一严重危险行为，在很大程度上是因为彼此寄希望于相互依靠、保护，否则孤立的个人是不敢去实施这类行为的。从这一意义看，紧密的共同体成员相互之间有救助义务。质言之：他人的安全依赖于你。

例如，共同登山的队员，在发现其他成员陷入危险时，都有义务救助。

又如，邻居出于好意，帮助照看家中无人看管的孩子的场合，也可以说其和孩子的生存之间形成了事实上的依赖关系。如果不履行救助义务的，成立不作为犯罪。

（六）不作为犯的其他问题

1. 不作为犯的认识错误。

(1) 乙掉入河中，甲虽发现，但误以为掉入河中的不是自己的儿子乙，而是与自己无关的丙，因而没有救助，导致乙死亡——不成立不作为犯的故意杀人罪，此种情形下，行为人连事实都没有认识清楚，行为人主观上没有犯罪的故意，仅有不救他人的故意，非犯罪意义上的故意。属于保证人地位认识错误，即甲基于对事实的错误认知，而导致错误地认为自己不属于保障乙安全地位的人。

（2）甲明知掉入河中的是自己的儿子乙，但误以为自己没有义务救助乙，因而没有救助，导致乙死亡——成立不作为犯的故意杀人罪。属于保证人义务的认识错误，即违法性认识错误，不阻却犯罪的成立。行为人对事实的认识没有错误，只是对于自己在当时的情况下有无法律上的救助义务产生了不当的认识。

2. 先前的犯罪行为能成为作为义务的发生根据。

行为人先前的犯罪行为导致某种法益处于危险状态，行为人负有救助的义务。如果没有及时排除危险状态而导致更为严重的危害结果发生，应该成立不作为犯罪。具体而言：

（1）刑法就造成“加重结果”已经特别规定为“加重犯”的，依照刑法的特别规定。刑法之所以对如下情形作特别规定，在于这类现象在实践中具有一定的典型性、普遍性。

例如，交通肇事后，造成被害人重伤，然后逃跑，被害人因得不到及时救助而死亡，根据刑法的规定，仅成立交通肇事罪，适用交通肇事“因逃逸致人死亡”这一加重的刑罚。

又如，故意伤害他人，致他人轻伤的，不对他人予以救助，由于得不到及时救助，造成重伤，成立故意伤害（致人重伤）罪。

（2）在刑法没有就某种（故意、过失）犯罪行为规定为结果加重犯，也没有规定发生某种严重结果而成立其他严重犯罪的情况下，如果先行行为导致危险状态后，不履行排除危险的义务而导致重结果的，成立重结果的故意犯。

例如，《刑法》第344条规定了非法采伐国家重点保护植物罪。行为人非法采伐珍贵树木，树木倒下时砸着他人头部，行为人不实施救助，而是逃跑，造成被害人死亡的，定故意杀人罪——（不作为犯）故意杀人罪与非法采伐国家重点保护植物罪并罚。

典型真题

1. 以下哪些行为构成不作为犯罪？（2020年真金题）①

A. 孙某亲眼看到成年的弟弟杀死自己的父亲而不阻止，孙某构成故意杀人罪

B. 赵某看到自己12岁的儿子盗窃别人的手机而不制止，赵某构成盗窃罪

C. 李某在岳母家看到妻子拿刀伤害岳母而不制止，李某构成故意伤害罪

D. 钱某看到女儿遗弃自己的外孙女而不管不问的，钱某构成遗弃罪

2. 关于不作为犯，下列说法正确的是？（2019年真金题·26题）②

A. 派出所民警李某在抓捕吸毒的犯罪嫌疑人王某时，王某有一个5岁女儿独自在家。王某将该情况告知李某，李某因疏忽而忘记此事。李某成立不作为犯的玩忽职守罪

B. 吸毒人员吴某常常把自己年幼的孩子独自留在家中而出去吸毒。某日，吴某出门后10日才回家，其年幼的孩子在被隔绝的家中饿死。吴某构成不作为犯的故意杀人罪

C. 赵某明知邻居钱某有癫痫，出于故意而与邻居钱某吵架，使其发病。在钱某发病的情况下故意不救助导致其死亡。赵某的行为成立不作为犯的故意杀人罪

D. 孙某驾车撞倒行人钱某之后，为逃避法律责任，将钱某拖到隐蔽处的洞里，后钱

① 答案：AB。

② 答案：ABCD。

某死亡。孙某构成不作为犯的故意杀人罪

3. 丁某系精神病，丁某之妻郭某系丁某监护人。一日，二人到丁某父母家吃饭时，丁某和其父母争吵，拿起菜刀将其父母砍死（实际未死），郭某未制止，未呼救也未报警，而是关了门走了，丁某父母流血休克而亡，郭某事后还洗了丁某的血衣。事后证明，丁某当时精神病发作没有责任能力——即便认为及时送医仍会死亡，也只能说，不救助的行为与死亡结果之间无因果关系。但是，本案中，妻子郭某还有制止丁某故意杀人的义务，没有制止的行为（不作为犯）与死亡结果之间存在刑法上的因果关系。妻子郭某构成不作为的故意杀人罪。（2018 年真金题）

4. 关于不作为犯，下列说法正确的是？（2018 年真金题）①

A. 甲乙共同入户抢劫丙，进入被害人丙家，甲将丙捆绑后，二人共同实施了抢劫行为。之后，乙临时起意杀了丙，甲站在一旁观看没有制止。乙的杀人行为成立故意杀人罪，甲对此构成不作为犯的故意杀人罪

B. 母亲甲生一女，怕婆家嘲笑，甲让自己的亲妹妹乙把孩子遗弃至菜市场。妹妹在法律上不是扶养人，但仍构成遗弃罪（不作为犯）

C. 失主甲空手追赶小偷乙，乙逃至河边，为摆脱甲的追赶而跳河，欲游到对岸。乙游至河心时因体力不支，向甲呼救。甲心想："淹死也算活该。"甲未对乙施救，乙溺亡。甲的行为构成不作为犯的故意杀人罪

D. 父亲甲过失将自己的孩子摔在地上，看孩子没有哭闹，就没有送往医院。三天后孩子死亡，经查明，死亡原因是脑部受到重创，但查明受伤太严重，就算被摔当时送往医院也救不活。甲的行为不构成不作为犯的故意杀人罪

二、因果关系

因果关系是指危害行为与危害结果之间的因果关系。因果关系理论所要解决的问题是，哪个"因"需要对"果"承担责任，即对于所造成的危害结果，可以"归责"于（追溯到）哪个行为（因）。因果关系仅是犯罪的客观不法要件，换言之，即便行为与结果之间存在客观上的因果关系，但如果不具有责难的可能，即主观上不具有非难可能性（如无故意、过失、期待可能性等），也不成立犯罪。

（一）因果关系与刑事责任的关系

1. 因果关系是客观的。

（1）存在因果关系并不等于要对"危害结果"承担刑事责任，因果关系只是客观要求，承担刑事责任则需要主客观相统一。

例如，某人于雨夜躺卧一货车下避雨睡觉，第二天早晨司机倒车装货时轧死该人。虽然倒车行为与轧死一人的结果之间有因果关系，但因为司机并无故意或过失而无责任，故不构成犯罪。

又如，甲与乙在争抢公交汽车座位时，甲朝乙胸部打了一拳，由于乙有先天性心脏病，乙当场死亡。有的同学可能认为，甲不可能认识到乙有严重心脏病，所以，甲的行为

① 答案：ABCD。

与乙的死亡结果之间没有关系。但是请注意：因果关系是客观层面的问题，而“甲不可能认识到乙有心脏病”是主观层面的问题。如果甲明知乙有严重心脏病而殴打乙的胸部致乙死亡，那么，甲的行为与乙的死亡结果之间当然存在因果关系。行为与结果之间是否存在客观上的、刑法上的因果关系，不取决于行为人的主观想法。我们在谈及因果关系的时候不需要考虑行为人主观上是否认识到，那是追究刑事责任时需要处理的问题。换言之，因果关系只是想查明“结果”是谁造成的，至于行为人主观上是怎么想的，并不重要。

（2）因果关系是客观事实，不允许“假设”。

例如，警察甲正在给死刑犯乙执行枪决，在开枪的前5分钟，丙冲进现场将乙砍死。虽然本案中，假设丙不砍乙，乙也会死，但事实上，乙就是被丙砍死的，丙的行为与乙的死亡结果之间存在因果关系。丙的行为在客观上制造了乙死亡的风险，需要归责。

2. 因果关系是“行为”与“结果”之间的因果关系。没有因果关系，行为不对结果承担刑事责任，但行为本身仍然可能承担刑事责任，如承担犯罪未遂的责任。

例如，甲手持一把机关枪在追杀他的情敌乙，但是一枪也没有打中，乙在逃跑的过程中又遇另一情敌丙，被丙打死。虽然乙的死亡和甲的射击行为没有因果关系，甲不对死亡结果承担刑事责任。但是甲应对其行为本身承担责任，即应当承担故意杀人罪未遂的刑事责任。

（二）因果关系的判断步骤

从司法活动的常识经验来看，如果出现了危害结果（如有死亡结果），那就应该去寻找原因。司法机关寻找原因，一般分为两个步骤：第一，大面积撒网，把可能的原因尽量先全面的摸一遍；第二，重点捕捉，把不重要、无关的原因剔除出去，让重要的原因对死亡结果负责。刑法理论其实是对司法活动的总结、概括，我们学习因果关系的判断，其实与司法活动中如何认定原因与结果之间的关系，基本上是吻合的。因果关系的本质是：行为与结果之间“合乎规律”的引起与被引起的关系。

1. 第一步：条件说为基础。

条件说认为，行为与结果之间如果存在“没有前者就没有后者”的条件关系时，前者就是后者的原因。条件说强调“环环相扣”，即如果没有前者，就没有后者，那么，前者与后者之间就具有因果关系。

例如，甲在教室殴打乙致轻伤，乙出门等公交车去医院治疗，结果遇上丙交通肇事而将乙撞成重伤，乙被送往医院治疗时，医生丁因为重大过失给乙用错药，导致乙死亡。本案中，没有甲的殴打行为，乙就不会出门等车，就不会碰到丙的交通肇事，也就不会遇到医生丁。按条件说，甲、丙、丁的行为都与死亡结果之间具有因果关系。显然，条件说将因果关系的范围“扯得过远”。

（1）条件说的“条件”必须是“危害行为”。

危害行为是一种类型性的行为，即这种行为通常而言具有造成危害结果的可能性，例如，用刀、枪杀人的行为。日常生活行为，并不具有这种类型性特征，不认为是危害行为。例如，“聊天”“送他人溜冰鞋”“劝他人坐飞机”“教师将学生赶出教室”等就不属于危害行为，这类行为通常而言不会导致危害结果，即便这类行为确实导致了危害结果，那也是极其偶然的，也多是因为其中介入了其他因素（异常）而改变了正常的因果流程。或者说，日常生活行为即便导致危害结果，也不“合乎规律”。

例如，2010年卷二3.B. 甲追赶小偷乙，乙慌忙中撞上疾驶汽车身亡。追赶小偷并非“危害行为”，是合法行为，故不能肯定甲的行为与乙的死亡结果之间的因果关系。

又如，2013年卷二5. 甲女得知男友乙移情，怨恨中送其一双滚轴旱冰鞋，企盼其运动时摔伤。乙穿此鞋运动时，果真摔成重伤。送旱冰鞋不是刑法上的危害行为，甲的行为与乙的重伤之间没有因果关系。

又如，甲劝说乙清晨去马路上跑步，希望乙被汽车撞死，结果乙果然被汽车撞死。甲的劝说行为与乙的死亡结果之间没有因果关系。

又如，甲劝说乙雨天去树林里面散步，希望乙被雷劈死，结果乙果然被雷劈死。甲的劝说行为与乙的死亡结果之间没有因果关系。

再如，2007年卷二1.C. 丙经过铁路道口时，遇见正在值班的熟人项某，便与其聊天，导致项某未及时放下栏杆，火车通过时将黄某轧死。丙的行为与黄某的死亡之间不存在因果关系。

（2）“条件”是指实行行为，而不包括预备行为。

之所以否认预备行为与危害结果之间的因果关系，主要原因在于：预备行为不具有导致具体危害结果的类型性、通常性。或者说，预备行为导致危害结果，并不“合乎规律”。实施预备行为，即便造成了危害结果，也是因为其他因素（异常）的介入改变了因果流程。

例如，甲准备了毒药给自己的妻子乙喝，放在书柜中，准备吃晚饭的时候放入乙的饭中。但乙提前回家，发现书柜中的毒药，以为是食品，服用后死亡。本案中，甲还没有实施实行行为（投毒行为），乙就死了，甲的行为与乙的死亡结果之间不存在因果关系。预备行为本身并不具有导致危害结果的通常性、类型性，而是因为出现了乙的介入因素才导致死亡结果出现，故甲的行为与乙的死亡结果之间没有因果关系。

退一步想，如果本案肯定甲的预备行为与乙的死亡结果之间存在刑法上的因果关系，同时，甲主观上有杀人的故意，甲的行为就应认定为故意杀人罪既遂，这从常理上看也不合适。

2. 第二步：因果关系中断——对条件说的修正、限制。

A（条件）→B（条件，又称介入因素）→C（结果）

毫无疑问，条件说将因果关系的范围拓得太广，也正基于此，刑法理论上都主张对条件说进行适当修正，不宜将因果关系中的“因”扩得太大。因此，在条件说的基础上提出了因果关系中断论。其目的就是为了限缩条件的范围。换言之，就是要将“不合乎规律”的情形剔除出去，否认因果关系。具体而言，介入因素要中断前条件与结果之间的因果关系，必须同时符合如下两个特征：

（1）介入因素必须是异常（偶然）的因素——即介入因素在案件当时发生的概率很低（低于10%）[①] ——质的要求。

如果实施第一个行为，通常而言会衍生出第二个行为（介入因素），即合乎规律，则第二个行为就是正常的因素，不中断第一个行为与死亡结果之间的因果关系。反之，就属

① 也就是说，第一个行为A引发介入因素B的概率比较低，10%只是大概的一个说法，判断时不可能需要这么精确。

于异常的因素，不合乎规律。实际上，介入因素是正常还是异常，是相对于第一个行为而言的。介入因素的出现如果是“异常”的，说明其改变了前行为的正常因果发展流程、流向。

例如，乙欲杀其仇人苏某，在山崖边对其砍了7刀，被害人重伤昏迷。乙以为苏某已经死亡，遂离去。但苏某醒来后，刚迈了两步即跌下山崖摔死。乙的行为与苏某的死亡结果之间存在因果关系——苏某被砍了7刀（第一个行为），这种情况下，苏某掉下山崖（介入因素）属于正常的因素，不中断前行为与死亡结果之间的因果关系。

又如，乙夜间驾车撞倒李某后逃逸，李某被随后驶过的多辆汽车辗轧，但不能查明是哪辆车造成李某死亡——李某在夜间被撞后，遭受后续的辗轧，并不异常，故乙的行为与李某的死亡之间有因果关系。

又如，甲将被害人衣服点燃，被害人跳河灭火而溺亡；乙在被害人住宅放火，被害人为救婴儿冲入宅内被烧死。甲、乙行为与被害人死亡之间具有因果关系，被害人跳河、为救婴儿冲入宅内都属于正常的因素。

又如，甲以杀人故意用铁棒将刘某打昏后，以为刘某已死亡，为隐藏尸体将刘某埋入雪沟，致其被冻死——杀人后的毁尸灭迹行为并不异常，故甲的前行为与刘某的死亡之间有因果关系。

又如，甲、乙等人因琐事与丙发生争执，进而在电梯口相互厮打，电梯门受外力挤压变形开启，致丙掉入电梯通道内摔死。虽然介入了电梯门非正常开启这一因素，但也应肯定甲、乙等人的行为与丙的死亡之间有因果关系——本案中，电梯门受外力挤压变形，衍生出“电梯门非正常开启”这一因素并不异常，不中断前行为与死亡结果之间的因果关系。

再如，甲等多人深夜追杀乙，乙被迫跑到高速公路上时被汽车撞死。甲等多人的行为与乙的死亡之间具有因果关系——该案中，乙在深夜面临追杀，紧张、慌不择路的情况下，被迫跑到高速公路，或者跑到其他地方，甚至跑错了地方，都是正常的。

［学习提示］第一行为通常情形下能够衍生出第二行为，那么第二行为就是正常的因素，反之就是异常的因素。但问题是，第一行为可能衍生出的正常因素不一定仅有一种，可能有多种。

例如，甲在电梯内殴打乙，致电梯门严重变形，后导致电梯掉下来而摔死乙，也可能电梯质量非常好，不会掉下来，无论电梯是否掉下，均应属于正常的因素。

又如，甲在夜间将乙撞昏后离去，乙可能被后面的车辆辗轧致死，也可能流血过多而死，这都应属于正常的因素。

又如，甲用刀将乙逼至江边，乙可能跳江，也可能跪地求饶，这都是正常的因素。

再如，甲将妇女乙强拉上车，在高速公路上欲猥亵乙，乙在挣扎中被甩出车外，后车躲闪不及将乙轧死。该案中，妇女乙挣扎属于正常因素，因为害怕而不挣扎也能理解，也是正常因素。甲的行为与乙的死亡结果之间存在因果关系。

（2）介入因素必须是独立地引起危害结果的发生。即介入因素对死亡结果的贡献率接近100%——量的要求。

介入因素是异常的，说明介入因素改变了前行为的因果流向，同时，介入因素本身又足够强大的话（对危害结果的贡献率能达到100%），说明前行为与危害结果的关系就很微弱了。

例如，甲将乙打成轻伤（第一个行为），乙出门去等公交车，在等车途中，被一辆货车撞死。该案中，交通事故（介入因素）就属于异常的因素，导致前行为与死亡结果之间的因果关系中断——在案件当时，甲打乙，并不会导致他被货车撞死，或者说，甲的殴打行为并不会引来交通事故这一介入因素，交通事故属于异常的因素，交通事故对死亡的贡献率也接近100%，所以，交通事故中断了前行为与死亡结果之间的因果关系。

又如，甲在仇人张某的杯子里投了5毫克毒物（不足以致死，需要10毫克才能致人死亡），意欲杀死张某。甲投毒后，没有意思联络的乙又投入5毫克毒物（介入因素），最后，张某喝完10毫克毒物死亡——在本案中，乙中途投毒是一个异常的因素，换言之，甲的投毒行为通常并不会导致其他人加入进来投毒。但乙投毒对死亡的贡献率只有50%，乙的行为不能独立、完全地导致死亡结果，故乙的行为不能中断甲的行为与死亡结果之间的因果关系，甲、乙的行为均与死亡结果之间存在因果关系。

又如，甲以杀人故意向乙的食物中投放了足以致死的毒药，但在该毒药起作用前，丙开枪杀死了乙。甲的行为与乙的死亡之间不具有因果关系——该案中，丙的开枪行为属于异常因素，且对死亡的贡献率是100%，足以中断甲的行为与乙的死亡结果之间的因果关系。

再如，甲伤害乙后，警察赶到。在警察将乙送医途中，车辆出现故障，致乙长时间得不到救助而亡。甲的行为与乙的死亡之间没有因果关系——该案中，车辆出现故障与甲的伤害行为完全没有关联，是异常的因素，且“致乙长时间得不到救助”，即对死亡的贡献率大，故能中断前行为与死亡结果之间的因果关系。

［特别提示］因果关系的判断有时不绝对，尤其是判断介入因素是正常还是异常时，可能存在不同的理解，但国家法律职业资格考试真题一般来说，都是比较明确的。部分存在不同理解的试题，可能会考两种观点。

典型真题

2012年卷四案例分析题……黄某认定是李某作案，决意报复李某，深夜对其租赁的山坡放火（李某住在山坡上）。大火烧毁山坡上的全部树苗，烧伤了李某，并延烧至村民范某家。范某被火势惊醒逃至屋外，想起卧室有5000元现金，即返身取钱，被烧断的房梁砸死。

［问题］如认定黄某放火与范某被砸死之间存在因果关系，可能有哪些理由？如否定黄某放火与范某被砸死之间存在因果关系，可能有哪些理由？（两问均须作答）

（三）客观归责理论与因果关系①

近年来，“客观归责理论”成为刑法学研究的一个热点问题，这从另一个角度阐述因果关系，使因果关系的判断更加规范化、实质化。客观归责理论强调，在与结果有条件关系的行为中，只有当行为制造了不被允许的危险，而且该危险是在符合构成要件的结果中实现（或在构成要件的保护范围内实现）时，才能将该结果归责于行为。因果关系仅强调的是事实层面行为与结果之间的因果关系，而客观归责理论在因果关系的基础上进行了进

① 张明楷：《刑法学》，法律出版社2016年版，第178-180页。

一步的限制，即在现有的因果关系的基础上，对于可以“归责”的原因进行了进一步的限缩，更加实质化。考虑到刑法中研究因果关系并不仅仅是出于经验判断的需要，而是出于规范判断（价值判断）的需要，即指导社会成员如何行动的需要，客观归责论得以产生。实行客观归责必须具备三个条件：

1. 制造不被法律允许的风险。

（1）如果减少了风险，就应排除客观归责。例如，甲看到一块石头快要落到乙的头上，便推了一下乙，使石头砸在乙的肩膀上。尽管乙的肩膀也受到了伤害，但不能将伤害结果归责于甲。二者之间没有因果关系。

实际上，因果关系理论也能解释这个问题，甲的行为是有益于乙的，不属于刑法上的危害行为，故甲的行为与被害人的伤害结果之间不存在刑法上的因果关系。只能说，客观归责理论更从实质上说明了问题：行为人没有创设法律所不允许的风险，所以，不可归责。

（2）如果行为人没有减少风险，也没有提高危险，也不能将结果归责于行为人。

例如，行为人向快要决堤的河里倒了一盆水，由于不能肯定一盆水增加了决堤的危险，故不能将决堤的结果归责于行为人。

又如，2019 年真金题：医生甲以杀人的故意向病人乙注射超量的药剂，病人死亡。事后查明，因病人的特殊体质，即使当时注射的是正常药剂也会导致其死亡——甲的行为与乙的死亡结果之间没有因果关系，其理由在于：甲所超量（超出正常剂量部分）注射的部分，并没有增加新的风险。换言之，不超量注射（正常注射），乙也是死。可能有人认为，医生甲有杀人的故意，但问题是，仅有犯罪故意，而没有行为，不可能对其进行归责。而刑法所要求的行为必须是“制造或实现了法律所禁止的危险”。这就好比：甲以杀人的故意送乙一双溜冰鞋，乙溜冰时被摔死。虽然甲有杀人的故意，但其行为没有“创设法律所禁止的风险”，故不需要进行客观归责。

（3）行为人虽然制造了危险，但如果危险被允许（如合法行为、日常生活行为），排除客观归责。

例如，遵守交通规则的驾驶行为致人死亡的，不能将死亡结果归责于驾驶者。

又如，乙欠甲的钱到期了，到期当日甲去乙家敲门。乙问：“是谁呀？”甲说：“是我，你该还钱了。”乙未开门，乙家住 14 楼，为了躲债，乙从窗户边用绳子准备下到 13 楼去，结果不慎失足坠楼身亡。甲只是正常的催债，甲的行为与乙的死亡结果之间没有因果关系。（2020 年真金题）

2. 实现不被法律所允许的风险。即在结果中实现了由行为人所制造的不被允许的危险。

（1）行为人虽然对法益制造了危险，但结果的发生不是由该危险所致，而是“偶然”与危险同时发生。

例如，A 造成 B 的伤害后，B 在住院期间死于医院的火灾，B 的死亡结果不能归责于 A 的行为。因果关系理论也可以说明这个问题，因为本案中可以认为“医院的火灾”是异常的因素，会中断伤害行为与死亡结果之间的因果关系。

（2）行为没有实现不被允许的危险。

例如，甲没有按规定对原材料消毒，导致职工感染疾病死亡。事实上，即使甲按照规定对原材料进行消毒，也不能发现病毒。由于未消毒的行为，并没有实现不被允许的危险，故排除客观归责。

又如，护士在注射抗生素时没有为患者做皮试，患者因注射抗生素而死亡。但事后查明，即使做皮试也不能查出患者的特殊反应。由于结果不具有回避可能性，故不能将死亡结果归责于护士的行为。

(3) 行为虽然违反了注意规范，但结果并不是违反注意规范所造成的，排除客观归责。

例如，甲、乙夜间一前一后骑着电动车，但都没有开灯。甲因为缺乏照明而撞伤了迎面而来的行人。虽然如果后面的乙打开灯就能避免事故，但不能将结果归责于乙。因为要求夜间开灯的规范是为了避免自己的电动车与他人相撞，而不是为了避免第三者的电动车与他人相撞。

3. 结果没有超出构成要件的保护范围。如果所发生的结果不包括在构成要件的保护范围或者保护目的之内，就不能将结果归责于行为人。

例如，在防止结果的发生属于他人的责任领域时，该结果不属于行为人的行为所符合的构成要件的保护目的之内的结果，不能将结果归责于行为人。甲在夜间驾驶没有尾灯的货车，警察发现后将警车开到货车前拦截该货车。为了保障后面车辆的安全，警察将打开的手电筒放在甲的货车后。警察令甲将货车开到下一个加油站，准备开车跟随货车行驶，以保护该货车的安全行驶。在甲开车之前，警察将手电筒拿走。恰在此时，被害人丙的货车撞上甲的货车，被害人丙遭受重伤。德国刑法理论认为，防止结果发生属于警察的责任领域，而不能将被害人的重伤结果归责于甲。也可以认为，后继警察的做法是异常的因素，是违反法律规定的做法，故可中断前行为与危害结果之间的因果关系。

又如，A 酒后在封闭的高速公路上驾驶机动车，撞死了突然违章横穿高速公路的 B。禁止酒后驾驶的规范，是为了防止因丧失或减轻控制车辆的能力而造成伤亡结果，所以，不能将 B 死亡的结果归责于 A 的酒后驾驶行为。也可以认为，被害人突然横穿高速公路是一个异常的因素，可以中断前行为与危害结果之间的因果关系。

再如，甲重伤王某致其昏迷。乞丐目睹一切，在甲离开后取走王某财物。甲的重伤行为触犯了故意伤害罪，但故意伤害罪的保护法益并不包括财产法益，从这一意义上看，乞丐取走财物的行为超出了故意伤害罪构成要件的保护范围，伤害行为与财产损失之间没有因果关系。

[因果关系与客观归责理论的解读] 因果关系与客观归责本质上是相同的，都是在结果发生之后，探寻引起结果的原因，只是通过不同的方式。因果关系更加强调从事实、现象层面去揭示现象之间“引起与被引起”的关系，而且如果这种引起是合乎规律的（非异常的）“引起与被引起”之间的关系，那么，行为与结果之间就具有因果关系。客观归责理论实际上，更加注重从规范（法律）层面进行判断，即行为为什么会与结果之间存在因果关系，其实质在于，行为制造或实现了刑法（法律）所禁止的风险，所以需要进行客观归责。

我经常形象地比喻二者就是中医与西医的关系，殊途同归，都能治好病。中医（好比因果关系），更加强调现象层面的判断，通过望、闻、听、问来判断、治疗疾病，这对医生提出了很高的要求，个别水平不够的医生，仅从现象判断，容易出现失误。当然，水平高的中医可以做到。西医（好比客观归责）更加强调一些数字上、精确化的判断，对每个问题进行了更加清晰地量化分析，把疾病产生、治疗的方式进行了更精确化的说明，将诸多问题进行了量化分析。考生朋友们，如果能学会其中任何一种，都能做对题目，但是，考虑到毕竟是初学者，建议两种理论都需要学习，这样可以更为精准地把握问题。附带说明的是，笔者本人无意拔高或贬低任何一种科学，无论中医还是西医，其都具有科学性。

[延伸阅读] 被害人自我答责的行为，行为人不承担责任。被害人自愿和负完全责任的行为导致后果的，都需要由被害人自己承担，这就是被害人自我答责（被害人自陷风险）的法理。即：谁支配风险，谁对结果承担责任。包括：

1. 参与他人基于故意的自我危害行为。此时，如果被害人的自我危害行为未违背其真实意思，就不应限制其自由或自我决定权，结果就不应归责于其他参与人。

例如，甲给长期吸毒的乙提供毒品，乙注射后死亡的，该死亡结果由乙自行负责；甲乙相约去“飙车”，甲车侧翻，甲由此死亡的，该死亡结果不能归责于乙。

2. 对他人危险行为的接受。对他人危险行为的接受，等于同意他人造成危险。乘客甲抢夺方向盘导致公交车失控，甲身受重伤的，不能对司机以交通肇事罪追究责任。

典型真题

1. 下列关于因果关系，说法正确的是？（2020 年真金题）①

A. 甲驾车行驶在高速公路上，一直在自己的车道上正常行驶。乙突然从旁边车道挤过来，导致两车相撞，乙因事故受重伤。乙的重伤结果与甲的行为之间有因果关系

B. 甲在沙滩上将乙打昏，乙昏倒时面朝沙滩，甲以为乙已经死亡，遂离开，实际上乙是由于吸入沙子而窒息死亡。甲的行为和乙的死亡结果之间没有因果关系

C. 甲带小孩小甲去公园玩，邻居奶奶带孙子出去玩，甲临时有事委托邻居奶奶照看小甲，在玩耍中，小甲准备从高处跳下来，邻居奶奶没有阻止，小孩被摔成重伤，奶奶不阻止的行为与小孩摔成重伤之间具有因果关系

D. 甲、乙系男女朋友，甲开车在高速路上行驶时两人吵架，乙要下车，要求甲停车。甲不停车，乙跳车摔成重伤，甲的行为与乙受伤结果之间具有因果关系

2. 关于因果关系，下列说法正确的是？（2019 年真金题）②

A. 贾某酗酒之后在公路上驾车行驶，将水泥地上的井盖等杂物撞飞致行人重伤，其醉酒行为与重伤结果之间有因果关系

B. 甲、乙发生口角，甲把瘦小的乙踢伤致乙心脏病发作死亡，甲的行为与乙的死亡结果之间有因果关系

C. 甲和乙是行政机关执法人员，扣留丙的过程中，丙中途以要上厕所为由而逃跑，甲、乙的过失行为（疏于管理）与丙的脱逃之间有因果关系

D. 甲为了杀乙，在饭中下毒药，乙中毒，家人送乙去医院，途中偶遇丙驾驶车辆在道路上横冲直撞报复社会，乙被当场撞死，甲的杀人行为与乙的死亡之间存在因果关系

---

① 答案：C。

② 答案：BC。

3. 关于因果关系，下列哪些选项是正确的？（2017 年 · 卷二 · 52 题）[①]

A. 甲以杀人故意用铁棒将刘某打昏后，以为刘某已死亡，为隐藏尸体将刘某埋入雪沟，致其被冻死。甲的前行为与刘某的死亡有因果关系

B. 乙夜间驾车撞倒李某后逃逸，李某被随后驶过的多辆汽车辗轧，但不能查明是哪辆车造成李某死亡。乙的行为与李某的死亡有因果关系

C. 丙将海洛因送给 13 周岁的王某吸食，造成王某吸毒过量身亡。丙的行为与王某的死亡有因果关系

D. 丁以杀害故意开车撞向周某，周某为避免被撞跳入河中，不幸溺亡。丁的行为与周某的死亡有因果关系

4. 关于因果关系的认定，下列哪一选项是正确的？（2016 年 · 卷二 · 2 题）[②]

A. 甲重伤王某致其昏迷。乞丐目睹一切，在甲离开后取走王某财物。甲的行为与王某的财产损失有因果关系

B. 乙纠集他人持凶器砍杀李某，将李某逼至江边，李某无奈跳江被淹死。乙的行为与李某的死亡无因果关系

C. 丙酒后开车被查。交警指挥丙停车不当，致石某的车撞上丙车，石某身亡。丙的行为与石某死亡无因果关系

D. 丁敲诈勒索陈某。陈某给丁汇款时，误将 3 万元汇到另一诈骗犯账户中。丁的行为与陈某的财产损失无因果关系

5. 关于因果关系，下列哪些选项是正确的？（2015 年 · 卷二 · 53 题）[③]

A. 甲驾车经过十字路口右拐时，被行人乙扔出的烟头击中面部，导致车辆失控撞死丙。只要肯定甲的行为与丙的死亡之间有因果关系，甲就应当承担交通肇事罪的刑事责任

B. 甲强奸乙后，威胁不得报警，否则杀害乙。乙报警后担心被甲杀害，便自杀身亡。如无甲的威胁乙就不会自杀，故甲的威胁行为与乙的死亡之间有因果关系[④]

C. 甲夜晚驾车经过无照明路段时，不小心撞倒丙后继续前行，随后的乙未注意，驾车从丙身上轧过。即使不能证明是甲直接轧死丙，也必须肯定甲的行为与丙的死亡之间有因果关系

D. 甲、乙等人因琐事与丙发生争执，进而在电梯口相互厮打，电梯门受外力挤压变形开启，致丙掉入电梯通道内摔死。虽然介入了电梯门非正常开启这一因素，也应肯定甲、乙等人的行为与丙的死亡之间有因果关系

---

① 答案：ABCD。

② 答案：C。

③ 答案：CD。

④ 甲的威胁行为并没有达到让乙自杀的强迫，因此乙的自杀行为属于异常、偶然介入的因素独立导致犯罪结果的产生，甲的威胁行为与被害人乙的死亡结果之间没有因果关系。一般认为，历年真题中，凡是出现了被害人自杀的情形，行为人的行为与被害人的死亡结果之间均没有因果关系。可能有人会认为，“没有甲的威胁乙就不会自杀”，故甲的行为与乙的死亡结果之间具有因果关系。不可否认，“没有甲的威胁乙就不会自杀”，从这一意义上看，似乎甲的行为与乙的死亡结果之间具有因果关系。但问题是，“生命”是非常重大的法益，行为人是否自杀主要是基于自己自由意志的选择，除非外界因素的影响对自杀起到了决定性的作用。就本案而言，乙最终是否自杀，还是基于其自由意志的选择，故甲的行为与乙的死亡结果之间没有因果关系。历年国家法律职业资格考试真题中，如果涉及“被害人自杀”，原则上行为人都不对此负责，除非行为人对被害人的自杀起了决定性的作用。

专题六

责任要件（一）——责任能力

知识体系

- 责任要件（一）——责任能力
  - 刑事责任年龄
    - 完全无刑事责任年龄——不满12周岁（0,12）
    - 相对负刑事责任年龄——已满12周岁不满16周岁［12,16）
    - 完全负刑事责任年龄——年满16周岁［16,…）
    - 关于年龄的几个问题
  - 责任能力
    - 精神病人如何承担刑事责任
    - 原因自由行为
    - 醉酒人的责任能力
    - 生理缺陷的人的刑事责任
  - 一般主体与特殊主体——身份犯
    - 身份的特征
    - 身份的类别
    - 身份犯的种类
    - 关于具有不同的身份的人共同实施犯罪的处理

相关法理

构成犯罪（承担刑事责任）的依据在于，客观上存在不法行为，并且行为人有能力对其所实施的客观不法行为（创设了法律所不允许的危险）承担责任。而行为人要对其实施的客观不法行为承担刑事责任，从责任的角度看，必须有归责的理由。承担责任，需要行为人具有规范意识，达到相应的刑事责任能力，具有罪过形式。责任要件主要包括责任年龄与能力、罪过形式等。

一、刑事责任年龄

只有达到一定的年龄，才具有规范意识，心智发育成熟，才能对自己所实施的客观不法行为承担责任。而年龄的不同，心智成熟的程度不同，导致承担责任的范围也不完全相同。

（一）完全无刑事责任年龄——不满12周岁（0，12）

“周岁”的计算，以生日的第二天为满周岁，14周岁生日当天为“不满”14周岁。

（二）相对负刑事责任年龄——已满 12 周岁不满 16 周岁［12，16）

《刑法》第 17 条第 2 款：已满十四周岁不满十六周岁的人，犯故意杀人、故意伤害致人重伤或者死亡、强奸、抢劫、贩卖毒品、放火、爆炸、投放危险物质罪的，应当负刑事责任。

即：原则上，相对负刑事责任年龄段为：14-16 周岁。

1. 规定该 8 种犯罪的原因：普遍性、易模仿、反伦理性、危害性。

2. 如何理解该规定？

（1）只要实施了 8 种行为（不仅仅是实行行为，还包括预备行为、教唆行为、帮助行为）即可，所定的罪名也仅为 8 种罪名，即：故意杀人罪、故意伤害罪、强奸罪、抢劫罪、贩卖毒品罪、放火罪、爆炸罪、投放危险物质罪。

（2）这 8 种犯罪行为，包括法律拟制（法律特别规定）的犯罪行为。例如，《刑法》第 267 条第 2 款规定，携带凶器抢夺的，以抢劫罪论处，这一规定将“抢夺”行为拟制为“抢劫”罪，14-16 周岁的人，仍应对此“抢劫”承担责任。

（3）8 种行为之外的行为不用承担责任。

例如，14-16 周岁的人在绑架过程中杀害被绑架人的，绑架行为不作评价，仅评价故意杀人行为，当然定故意杀人罪。

又如，15 周岁的李某基于故意杀人的目的破坏了他人的汽车刹车装置，造成了人员伤亡及财产损失的严重后果，李某仅实施了一个行为，但该行为却有双重属性，即故意杀人与危害公共安全，对于该行为的危害公共安全属性，刑法不予评价，即不认定为破坏交通工具罪，仅评价其故意杀人的属性，定故意杀人罪。

3. 具体展开。

（1）故意杀人。除了《刑法》第 232 条故意杀人罪之外，还包括实施了其他刑法条文规定的“致人死亡，以故意杀人罪论处”的行为。

［争议问题提示］刑法分则中的部分犯罪，如聚众斗殴罪、刑讯逼供罪、暴力取证罪等，规定了“致人（造成被害人）死亡的，以故意杀人罪论处”。如何理解这一问题，就存在争议：

第一，如果认为这一规定是“法律注意”（提示性）规定，那么，聚众斗殴如果故意致人死亡的，才成立故意杀人罪；如果是聚众斗殴过程中过失致人死亡的，应以过失致人死亡罪论处，14-16 周岁的人对过失致人死亡罪不承担责任。审判实践持此观点。

第二，如果认为该规定是“法律拟制”规定（特别规定），即聚众斗殴过程中，无论是故意，还是过失致人死亡的，都应以故意杀人罪论处。那么，14-16 周岁的人，只要在聚众斗殴、刑讯逼供、暴力取证过程中致人死亡，无论其是故意还是过失，都构成故意杀人罪，应承担刑事责任。国家法律职业资格考试持该种观点。

（2）故意伤害致人重伤、死亡。

除了《刑法》第 234 条故意伤害（致人重伤、死亡）罪，还包括实施其他犯罪中所规定的“致人重伤的，以故意伤害罪论处”的行为。例如，聚众斗殴、寻衅滋事过程中转化为故意伤害罪（或故意杀人罪）；抗税、妨害公务，致人重伤、死亡的。

［注意］《刑法修正案（十一）》规定：“已满十二周岁不满十四周岁的人，犯故意杀人、故意伤害罪，致人死亡或者以特别残忍手段致人重伤造成严重残疾，情节恶劣，经最高人民检察院核准追诉的，应当负刑事责任。”

（3）强奸。包括普通强奸，也包括奸淫幼女，还包括其他犯罪中的强奸，例如实施拐卖妇女、儿童罪的过程中实施强奸行为。

例外，司法解释规定，已满14周岁不满16周岁的人偶尔与幼女发生性行为，情节轻微、未造成严重后果的，不认为是犯罪——理由：主要是考虑到发生此类行为的主要是处于恋爱期的中学生，从有利于未成年人的角度看，一般不宜以犯罪论处。但如果是以暴力与幼女发生性行为的，应以犯罪论处。

（4）抢劫——不仅包括《刑法》第263条的抢劫罪，还包括抢劫枪支、弹药、爆炸物、危险物质罪，这些物品也具有财物的属性。

原则上，14-16周岁的人，应对刑法中的所有抢劫罪承担刑事责任，包括《刑法》第263条、第267条第2款、第289条的抢劫罪。

例外，司法解释规定，14-16周岁的人，不对第269条的转化型抢劫承担刑事责任。① 但是，如果在实施这类行为时，使用暴力行为造成被害人重伤、死亡的，定故意伤害罪、故意杀人罪。

（5）贩卖毒品。《刑法》第347条规定了走私、贩卖、运输、制造毒品罪，行为人仅对"贩卖"毒品的行为负刑事责任，对危害程度相当的"走私、运输、制造"毒品的行为则不负刑事责任。

（6）放火。

（7）爆炸。

（8）投毒。包括投放毒害性、放射性、传染病病原体等物质。

典型真题

甲（十五周岁）的下列哪一行为成立犯罪？（2010年·卷二·4题）②

A. 春节期间放鞭炮，导致邻居失火，造成十多万元财产损失

B. 骗取他人数额巨大财物，为抗拒抓捕，当场使用暴力将他人打成重伤

C. 受意图骗取保险金的张某指使，将张某的汽车推到悬崖下毁坏

D. 因偷拿苹果遭摊主喝骂，遂掏出水果刀将其刺成轻伤

（三）完全负刑事责任年龄——年满16周岁［16，…）

即年满16周岁的人，应对刑法中的所有犯罪行为承担刑事责任。③

1. "犯罪时"已满12周岁不满18周岁的，应当从轻或者减轻处罚。因不满16周岁不予刑事处罚的，责令他的家长或者监护人加以管教；有必要的时候，依法进行专门矫治教育。

2. "犯罪时"已满75周岁的老年人从宽处罚。

（1）故意犯罪的，可以从轻或者减轻处罚。

① 《刑法》第269条规定，犯盗窃、诈骗、抢夺罪，为了窝藏赃物、抗拒抓捕、毁灭罪证而当场使用暴力或者以暴力相威胁的，以抢劫罪论处。司法解释明确规定，14-16周岁的人，不对此种类型的抢劫罪承担刑事责任。主要原因在于，行为人使用暴力具有一定的被动性，危害性较之其他抢劫罪较小。

② 答案：B。

③ 对比：犯罪时不满18周岁的人，审判时怀孕的妇女，不适用死刑。审判时已满75周岁的人，不适用死刑，但使用特别残忍手段致人死亡的除外。此外，"审判的时候"不满18周岁、怀孕的妇女、已满75周岁的人，如果符合缓刑的条件，应当宣告缓刑。

(2) 过失犯罪的，应当从轻或者减轻处罚。

[提示] 上述之所以要求是“犯罪时”而非“审判时”，主要是考虑到刑事责任年龄事实上是一种责任能力，即行为人辨认、控制自己“行为”的能力，当然应以“行为时”即“犯罪时”为准。

(四) 关于年龄的几个问题

1. 无法查清年龄时的处理。

(1) 如果被告人的年龄在负刑事责任年龄上不确定时，如不能查明被告人是否达到犯罪的年龄（14周岁），作有利被告的处理，不认为是犯罪。

(2) 如果被告人的年龄虽然不明确，但能确定已经达到负刑事责任年龄，仍然应当作为犯罪处理。例如，能确定被告人已经满了35周岁，但究竟是36还是37不明确的，也应承担刑事责任。

2. 法定年龄的计算基准。以实施犯罪行为时的年龄为准，犯罪行为与犯罪结果不同时发生的，贯彻如下原则：

(1) 原则上，以行为时是否具有责任能力来认定是否成立犯罪；

(2) 行为时没有责任能力，但是在结果发生时具有结果防止义务，且有能力防止危害结果发生，不履行该义务的，仍然成立犯罪（不作为犯）。

例如，甲在14周岁生日当天（未满14周岁）点燃了一支蜡烛，第二天凌晨（满了14周岁）发现蜡烛没有放稳，放任火灾发生的，成立不作为犯的放火罪。意即：14-16周岁的人要对8种行为承担刑事责任，这8种行为既可以是作为犯，也可以是不作为犯。

二、责任能力

行为人是否具有责任能力以及责任能力的程度如何，取决于两个方面：行为人是否因精神病而减弱或者丧失责任能力、行为人是否达到了刑事责任年龄。

(一) 精神病人如何承担刑事责任

1. 精神病人在不能辨认或者不能控制自己行为的时候造成危害结果，不负刑事责任。责令他的家属或者监护人严加看管和医疗；必要的时候，由政府强制医疗。

2. 尚未完全丧失辨认或者控制自己行为能力的精神病人犯罪的，应当负刑事责任，但是可以从轻或者减轻处罚。

3. 间歇性精神病人在精神正常的情况下决定并着手实行犯罪，在实行过程中精神病发作丧失责任能力的如何处理？如果犯罪成功的，成立犯罪既遂。

该类行为（亦称原因自由行为）之所以要承担刑事责任，其理由在于：原因行为（前行为）是自由的，行为人在自由意志支配的状态下，选择了去实施犯罪行为，犯罪是其自由意志选择的结果。即便在后续实施犯罪过程中，其精神病发作，亦需要承担责任。换言之，其原因行为是自由的，完全可以在自由意志状态下，选择不实施犯罪行为。

(1) 甲想杀乙，在精神正常时故意使自己陷入无责任能力状态，实施了杀害乙的行为，成立故意杀人罪既遂。

(2) A欲抢劫B，在精神正常时故意使自己陷入无责任能力状态，但对B实施了强奸行为，A不对强奸行为承担刑事责任，成立抢劫罪未遂。因为A在自由意志状态下从未想过实施强奸行为。

4. “抑郁症”原则上不认为是精神病，重度抑郁可以认为是精神病。

在这个压力大的社会，有相当一部分人都有抑郁症。可以说，实施了犯罪的人，其精神、人格方面基本上都会有一定的障碍，但这并不是精神病，精神病是指行为人已经丧失辨认和控制自己行为的能力。抑郁症（Depression）是一种常见的精神疾病，主要表现为情绪低落，兴趣减低，悲观，思维迟缓，缺乏主动性，自责自罪，饮食、睡眠差，担心自己患有各种疾病，感到全身多处不适，严重者可出现自杀念头和行为。抑郁症发病率很高，几乎每7个成年人中就有1个抑郁症患者，因此它被称为精神病学中的“感冒”。

（1）审判实践中，抑郁症如果没有导致对行为辨认、控制能力降低的（一般抑郁），就不属于限定责任能力。

李化霞案的判决理由指出：“李化霞虽患有复发性抑郁症，作案时处于轻抑郁发作期，但在本案中具有完全刑事责任能力，应当对其所犯罪行承担相应的刑事责任。”①

（2）如果因抑郁症导致了对行为的辨认、控制能力降低的（重度抑郁），就属于限定责任能力，应“酌情”从宽处罚。

例如，陈连成故意杀人案中，判决书指出：“上诉人陈连成因怀疑妻子邓某不愿与自己生活，而持斧子砍击邓某的头、颈、肩等部位，致邓某当场死亡，其行为构成故意杀人罪。上诉人陈连成作案手段残忍，后果严重，依法应予惩处。鉴于陈连成作案时处于抑郁发作期，系限定刑事责任能力，依法可对其从轻处罚。”该案中，山东安康医院精神疾病司法鉴定所出具的鉴定意见书证实，陈连成患有抑郁症，作案时处于抑郁发作期，陈连成在本案中具有限定刑事责任能力。②

（二）原因自由行为

1. 概念。是指在预见到自己可能犯罪的情况下，行为人故意或者过失使自己陷入责任能力丧失或者降低的状态，并在该状态下引起犯罪结果的情形，应承担刑事责任。

换言之，行为人在实施犯罪的前一行为（原因行为）时头脑是清醒的，但其故意使自己陷入过度疲劳、醉酒、吸毒等辨认、控制能力降低或者精神错乱的状态，并在此状态下开始着手实施后一带有侵害性的行为。如果排除疲劳、醉酒、吸毒等原因，在正常情况下，行为人不敢、不能实施后面的危害行为。但是，其使自己陷入无责任能力状态的原因行为是主体在有责任能力的情况下实施的，出于实施犯罪的目的而自由地作出的选择。故应承担刑事责任。

2. 我国立法、司法承认原因自由行为。

（1）相关规定。2011年司法部《精神障碍者刑事责任能力评定指南》第4.2.5条规定：“对毒品所致精神障碍者，如为非自愿摄入者按4.1条款评定其刑事责任能力；对自愿摄入者，暂不宜评定其刑事责任能力，可进行医学诊断并说明其案发时精神状态。”根据这一规定，自愿吸毒者，即使吸毒后责任能力有所减弱，但吸毒之前的行为是自由的，应承担刑事责任。

（2）审判实务案例。彭崧故意杀人案：吸食毒品本身是违法行为，吸毒后产生的短暂

① 山东省高级人民法院刑事裁定书，（2014）鲁刑一终字第78号。
② 山东省高级人民法院刑事裁定书，（2015）鲁刑一终字第49号。

神志异常不属于法定不负刑事责任的情形，且与醉酒后的短暂神志异常在本质上是相同的，醉酒的人犯罪应当负刑事责任，因此因吸毒后出现短暂神志异常而犯罪的也应当负刑事责任，行为人成立故意杀人罪。参见《最高人民法院公报》2007年第7期。

（三）醉酒人的责任能力

1. 生理性醉酒——应当承担刑事责任（不能从轻、减轻处罚）。

例如，《刑法》第133条之一规定：在道路上驾驶机动车，有下列情形之一的，处拘役，并处罚金……（二）醉酒驾驶机动车的。

又如，根据司法解释规定，致1人以上重伤，负事故全部或者主要责任，并且有下列情形之一的，应以交通肇事罪追究刑事责任：（1）酒后、吸食毒品后驾驶机动车辆的……

2. 病理性醉酒。

（1）原则上视同精神病人，不承担刑事责任。是指因酒精中毒而导致幻觉、妄想等精神病症状，是精神病的一种。

（2）但如果行为人在得知了自己有病理性醉酒的历史，预见到自己饮酒后会实施攻击行为，造成结果的情况下，故意饮酒造成结果，或者由于饮酒过失导致结果发生的，则应当承担责任。

（四）生理缺陷的人的刑事责任

1. 生理缺陷的人应如何承担刑事责任，是指又聋又哑的人或者盲人犯罪，“可以”从轻、减轻或者免除处罚。

2. 从宽处理的理由：因生理上的缺陷，导致辨认、控制行为的能力减弱。

刑法之所以作此规定，主要是考虑到这两类人大多受到的教育要少些，会导致其辨认与控制能力减弱。如果在特定犯罪中，这些生理特征并不影响其辨认与控制能力，则不需要从宽处罚。

例如，盲人甲在走路的时候，不小心撞死了路边行走的一个幼儿。此种情形下，由于其眼睛的认知存在一定的障碍，导致其难以辨认、控制自己的行为，即便认定为犯罪，也可以从轻、减轻或者免除处罚。

又如，大学生甲系聋哑人，某日，与室友乙产生矛盾，拿起板凳将室友当场砸死。此种情形下，甲对自己的行为有辨认能力，即知道自己在干什么；同时，甲有控制能力，可以决定是否砸乙。甲在有辨认、控制能力的情况下实施了犯罪行为，当然是完全刑事责任能力人，不需要从宽处理。可能有人会认为，甲是聋哑人，是弱者，应从宽处理。这种理解是错误的，因为刑法规定对限定责任能力从宽处理，是考虑到其“辨认”“控制”行为能力有所减弱，而不是“打架能力”减弱。

典型真题

关于刑事责任能力，下列哪一选项是正确的？（2016年·卷二·3题）①

A. 甲第一次吸毒产生幻觉，误以为伍某在追杀自己，用木棒将伍某打成重伤。甲的行为成立过失致人重伤罪

B. 乙以杀人故意刀砍陆某时突发精神病，继续猛砍致陆某死亡。不管采取何种学说，

① 答案：A。

乙都成立故意杀人罪未遂

C. 丙因实施爆炸被抓，相关证据足以证明丙已满 15 周岁，但无法查明具体出生日期。不能追究丙的刑事责任

D. 丁在 14 周岁生日当晚故意砍杀张某，后心生悔意将其送往医院抢救，张某仍于次日死亡。应追究丁的刑事责任

2017 年卷二 10. 王某多次吸毒，某日下午在市区超市门口与同居女友沈某发生争吵。沈某欲离开，王某将其按倒在地，用菜刀砍死。后查明：王某案发时因吸毒出现精神病性障碍，导致辨认控制能力减弱。B. 王某刑事责任能力降低，可从轻处罚（该选项错误）。

2018 年真金题：甲在家中吸毒后产生幻觉，快递员乙前来甲家中送快递，甲以为前来送快递的快递员乙要杀害自己，将乙打成重伤。甲的行为构成故意伤害罪。

三、一般主体与特殊主体——身份犯

1. 身份的特征。

（1）行为人开始实施犯罪行为之前就已经具有的特殊资格或已经形成的特殊地位或者状态。

例如，构成贪污罪，要求犯罪分子在实施行为之前就具有特殊身份——国家工作人员。

但是，因为实施犯罪才在犯罪活动或者犯罪组织中形成的特殊地位（如首要分子），不是特殊身份。处罚“首要分子”的犯罪，如聚众扰乱公共场所秩序罪，任何人都可构成“首要分子”，所以，“首要分子”就不是一种身份。

（2）特殊身份是行为人在人身方面的特殊资格、地位或状态，并具有一定的持续性。因此，特定犯罪目的与动机等心理状态，不宜归入特殊身份。

（3）特殊身份总是与一定的犯罪行为密切联系的，与犯罪行为没有联系的资格等情况，不是特殊身份。

例如，在叛逃罪中，国籍以及是否为国家相关工作人员与犯罪行为有密切联系，属于特殊身份。但在故意杀人罪中，国籍以及是否为国家工作人员与犯罪行为没有密切联系，因而不是特殊身份。

（4）特殊身份既可能是终身具有的身份（如性别），也可能是一定时期或临时具有的身份（如国家工作人员），这取决于身份的类型与刑法的规定。

（5）特殊身份既可能是由于出生等事实关系所形成的身份，如男女（强奸罪的主体是男性）、亲属关系；也可能是由于法律规定所形成的身份，如证人、依法被关押的罪犯（伪证罪的主体为证人，脱逃罪的主体为依法被关押的罪犯）；还可能是同时由于事实关系与法律规定所形成的身份，如对于年老、年幼、患病或者其他没有独立生活能力的人负有扶养义务的人（遗弃罪的主体）。

2. 身份的类别。

（1）以特定职务为内容——国家工作人员（贪污罪）。

（2）以特定职业为内容——航空人员、银行或者其他金融机构工作人员（金融机构工作人员以假币换取货币罪）。

（3）以特定法律义务为内容——纳税人、扣缴义务人（逃税罪）。

（4）以特定法律地位为内容——证人、鉴定人、记录人、翻译人（伪证罪）。

（5）以拥有特定物品为内容——依法配备公务用枪的人员、配置枪支的人员（非法出租、出借枪支罪）。

（6）以患有特定疾病为内容——严重性病患者（传播性病罪）。

（7）以居住地和特定组织成员为内容——境外的黑社会组织人员（入境发展黑社会组织罪）。

（8）以不具有特定资格为内容——未取得医生执业资格的人（非法行医罪）。

3. 身份犯的种类。

（1）真正身份犯（定罪身份）：以特殊身份作为客观构成要件要素的犯罪，不具有特殊身份就不能独立构成此罪，如国家工作人员是贪污罪的必备身份。

身份只是针对犯罪的"实行犯"而言的，至于教唆犯与帮助犯，则不受特殊身份的限制，例如，无身份者，可以教唆国家工作人员实施贪污罪，进而构成贪污罪的共犯——该身份可与他人"共享"。

（2）不真正身份犯（量刑身份）：特定身份不影响定罪，但影响量刑。

例如，《刑法》第238条规定，国家机关工作人员利用职权实施非法拘禁行为的，从重处罚。这一身份是影响量刑的身份，无国家机关工作人员身份的人，即便与国家机关工作人员共同实施非法拘禁行为，也不需要从重处罚——该身份不能与他人"共享"。

4. 关于具有不同的身份的人共同实施犯罪的处理。

（1）原则上，应以高身份者（重罪）的罪名定罪。

例如，国家工作人员（受贿罪身份）与其妻子（利用影响力受贿罪身份）共同收受他人财物的，应成立受贿罪的共犯。

（2）例外，以主犯的身份确定共同犯罪的罪名。

2000年最高人民法院《关于审理贪污、职务侵占案件如何认定共同犯罪几个问题的解释》指出：公司、企业或者其他单位中，不具有国家工作人员身份的人与国家工作人员勾结，分别利用各自的职务便利，共同将本单位财物非法占为己有的，应按照主犯的犯罪性质定罪。

专题七

责任要件（二）——罪过

知识体系

- 责任要件（二）——罪过
  - 犯罪故意
    - 直接故意
    - 间接故意
    - 犯罪故意认定中的几个问题
    - 犯意转化、另起犯意
  - 犯罪过失
    - 过失犯罪概说
    - 疏忽（马虎）大意的过失（无认识的过失）
    - 过于自信的过失（有认识的过失）
  - 犯罪目的与犯罪动机
    - 犯罪目的——你犯罪是为了什么
    - 犯罪动机——你为什么会犯罪（犯罪原因）
  - 事实认识错误——理想与现实存在差距
    - 具体的事实错误——中小型错误
    - 抽象的事实错误——大型错误
  - 违法性认识错误
    - 违法性认识错误的类型
    - 如何认定行为人具有违法性认识的可能性
    - 实践中常见的缺乏违法性认识可能性的情形（行为人不可能认识到行为的违法性）
  - 期待可能性（法律不强人所难）
    - 概说
    - 期待可能性的运用

相关法理

行为人主观上有罪过（故意或过失），是对其客观不法行为承担责任的重要依据。罪过形式的不同，决定了其承担责任的程度不同。原则上行为人存在罪过形式（如故意、过失），就应对自己的客观不法行为承担刑事责任。但如果行为人实施客观不法行为当时不具有实施合法行为的可能性，即缺乏期待可能性，或者行为当时不可能认识到行为的违法性，也不宜承担责任，缺乏违法性认识的可能性、期待可能性属于责任阻却事由。

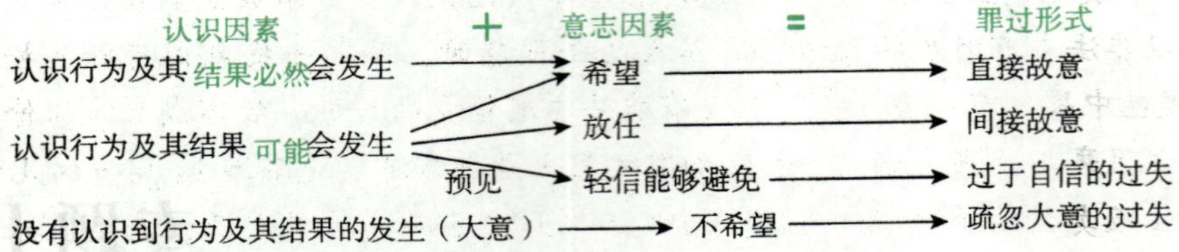

［问题提示］不同罪过形式，反映了行为人对危害结果的不同心态。可以认为：直接故意中，行为人对危害结果投了赞成票；间接故意中，投了弃权票；过失犯罪中，投了反对票。同时，亦可以认为，不同罪过形式下，行为人的主观恶性不同，不同罪过形式之间存在“位阶关系”，即直接故意是程度更为严重的间接故意，或者说，间接故意是程度更为严重的过失犯罪等。

一、犯罪故意

《刑法》第14条：明知自己的行为会发生危害社会的结果，并且希望或者放任这种结果发生，因而构成犯罪的，是故意犯罪。

故意犯罪，应当负刑事责任。

（一）直接故意

1. 认识因素：明知自己的行为会（必然会、可能会）发生危害社会的结果，即认识到行为的危害性。

第一，成立犯罪故意，只要求认识到犯罪事实（构成要件的客观事实）即可。

例如，成立猥亵儿童罪，要求行为人知道被害人是或者可能是不满14周岁的儿童。

第二，不要求行为人认识到自己行为的违法性。行为人实施了犯罪行为之后，误以为自己的行为是合法的，当然也成立犯罪。如果此种情形不以犯罪论处，会导致越懂法律的人，越构成犯罪。

第三，因果关系（进程）不是犯罪故意所要认识的要素。

例如，甲在悬崖边欲开枪杀乙，乙为了躲避而不慎掉下悬崖摔死，甲的行为仍然成立故意杀人罪（既遂）。

2. 意志因素：希望结果发生。“希望”不是对行为的态度，而是对危害结果的态度。

例如，交通肇事中，行为人“违章”是故意的，但对造成结果是过失的，仅能认定为过失犯罪（交通肇事罪）。

又如，甲、乙共谋杀害在博物馆工作的丙，两人潜入博物馆同时向丙各开一枪，甲击中丙身边的国家重点保护的珍贵文物，造成文物毁损的严重后果；乙未击中任何对象。虽然甲开枪是故意的，但对于造成文物损毁的结果是过失的。单就损毁文物而言，甲成立过失损毁文物罪。

典型真题

关于故意的认识内容，下列哪一选项是正确的？（2008年·卷二·2题）①

A. 甲明知自己的财物处于国家机关管理之中，但不知此时的个人财物应以公共财产

① 答案：C。

论而窃回。甲缺乏成立盗窃罪所必须的对客观事实的认识，故不成立盗窃罪①

B. 乙以非法占有财物的目的窃取军人的手提包时，明知手提包内可能有枪支仍然窃取，该手提包中果然有一支手枪。乙没有非法占有枪支的目的，故不成立盗窃枪支罪

C. 成立猥亵儿童罪，要求行为人知道被害人是或者可能是不满14周岁的儿童

D. 成立贩卖毒品罪，不仅要求行为人认识到自己贩卖的是毒品，而且要求行为人认识到所贩卖的毒品种类

（二）间接故意

1. 认识因素：明知自己的行为会（可能会）发生危害社会的结果。

2. 意志因素：放任结果的发生。发不发生都无所谓，容忍危害结果的发生。

3. 间接故意的具体类型。

第一，行为人为了实现某种非犯罪意图而放任危害结果的发生。例如，甲打猎时发现猎物旁边有一个小孩，为了打猎，放任小孩子的死亡。

第二，行为人为了实现某种犯罪意图而放任另一危害结果的发生。例如，甲欲毒死其妻子，投毒进饭菜，但由于杀妻心切，想到孩子可能与妻子一起吃饭，但仍然投放了毒药，甲对孩子的死亡结果持间接故意。

第三，突发性的犯罪，不计后果。例如，甲、乙因为琐事发生争执，甲拿起刀朝乙猛砍几刀，放任乙的死伤。

（三）犯罪故意认定中的几个问题

1. 如果明知自己的行为"必然"会发生危害社会的结果，而仍然实施该行为的，主观上不可能是放任，是直接故意。

2. 犯罪故意应当与一般生活意义上的"故意"相区别。

例如，甲如故意违反交通规则，造成事故，但对于造成他人死亡这一结果是过失的，属于过失犯罪，因为刑法上的罪过指的是对结果的态度。任何犯罪行为，都是行为人在有意识的状态下实施的，但罪过不是指对行为本身的态度，而是对结果的态度。

3. 凡是由故意构成的犯罪，刑法分则条文均未排除间接故意。

例如，乙以非法占有财物的目的窃取军人的手提包时，明知手提包内可能有枪支仍然窃取，结果该手提包中果然有一支手枪——乙的行为成立盗窃枪支罪（间接故意）。

又如，2016年卷二21. 国家工作人员甲听到有人敲门，开门后有人扔进一个包就跑。甲发现包内有20万元现金，推测是有求于自己职务行为的乙送的。甲打电话问乙时被告知"不要问是谁送的，收下就是了"（事实上是乙安排丙送的），并重复了前几天的请托

① A选项中，"公共财产"属于规范的构成要件要素，行为人对于财物是否属于"公共财物"的认识并不影响犯罪故意的认定。甲对客观事实是明知的，即知道自己的行为是窃取了自己所有的但被公务机关扣押的财产，不存在事实上的认识错误。但对于该财物是否属于"公共财产"产生了错误认识，实际上是对"公共财产"这一法律概念的外延包括哪些产生了错误认识，即法律认识错误，这不影响故意犯罪的成立。从这一意义上看，对规范的构成要件要素的认识错误，也属法律认识错误，规范的构成要件要素本身就是专业术语、法律术语。

本案中，行为人对构成要件的客观事实并没有认识错误，故该选项错误。至于该行为是否成立盗窃罪，通说观点认为，财产犯罪的保护法益以坚持所有权为宜，不成立盗窃罪，如果认定成立盗窃罪，会导致量刑畸重。当然，也有不少学者认为，这种情形下侵犯了扣押单位的占有权，应成立盗窃罪。但无论是否成立盗窃罪，本选项以行为人没有认识到客观事实为由，否认盗窃罪的成立是错误的，故该选项错误。

事项。甲虽不能确定是乙送的，但还是允诺为乙谋取利益——甲的行为构成受贿罪（间接故意）。

4. 间接故意、过失犯罪，没有造成危害结果的，不以犯罪论处。因此，犯罪的未完成形态（犯罪未遂、中止）是针对直接故意犯罪而言的，不是针对其他罪过形式的犯罪。

5. 犯罪故意的认识因素、意志因素必须是现实的、确定的。易言之，如果行为人还没有确定实现何种内容，就缺乏故意的认识因素与意志因素，不成立故意犯罪。

例如，甲在与乙发生冲突时，立即取出手枪，但究竟只是威胁乙，还是要伤害抑或杀害乙，尚处于未决定的状态，而此时子弹便射中乙，造成死亡结果。这种现象在理论上称为"未确定的故意"，但实际上并不存在故意，只能认定为过失致人死亡罪。

6. 不同罪过形式反映了行为人的主观恶性程度的差异，过失、间接故意、直接故意，反映了主观恶性呈现递增的趋势。

2019年真金题：(1) 在所有的故意犯罪中，不可能存在只能由间接故意构成而不能由直接故意构成的犯罪。

(2) 如果故意和过失存在位阶关系，那么在认定犯罪时，只能由故意降格为过失，而不能由过失升格为故意。

（四）犯意转化、另起犯意

1. 犯意提升（降低）。是指在实行犯罪的过程中犯意改变，导致此罪与彼罪的转化。犯意提升的特点在于：行为对象同一，并且侵害的法益同类。

例如，甲在故意伤害他人的过程中，改变犯意，意图杀死他人（成立故意杀人罪）。

又如，乙见他人携带装有现金的提包，起抢夺之念头，在抢夺过程中转化为对人使用暴力（抢劫），抢走提包（成立抢劫罪）。

又如，甲敲诈勒索乙，告知乙3天内筹集3万元给甲，否则将对乙实施暴力。乙对甲的敲诈勒索行为完全不予理会，甲大怒，使用暴力将乙控制后，当场从乙身上劫取了2万元，后放乙回家。甲的行为成立抢劫罪一罪。

再如，丙本欲杀死他人，在杀害过程中，由于某种原因改变犯意，认为造成伤害即可，停止了杀害行为，造成他人伤害（故意杀人罪中止）。

[处理方式] 犯意升高的情况下，从高者；犯意降低的，从旧（高）者，仅以一罪论处。

2. 另起犯意。在前一犯罪已经既遂、未遂或中止后，又另起犯意实施另一犯罪行为，因而应数罪并罚。其特点在于：对象不同一，或者侵害的法益不同类。或者说，行为对象或侵害的法益较之原计划发生了转变。

例如，A以伤害故意举刀砍B，适逢仇人C出现在现场，A转而杀死C。A的行为成立故意伤害罪、故意杀人罪，并罚。

又如，甲以强奸故意对乙实施暴力之后，因为乙正值月经期而放弃奸淫，便另起犯意实施抢劫行为，应以强奸罪中止与抢劫罪并罚。

又如，乙为了抢劫普通财物而对X实施暴力，在强取财物时，发现X的提包内不仅有财物而且有枪支，便使用强力夺取了枪支。乙的行为成立抢劫罪中止与抢劫枪支罪既遂（并罚）。

再如，甲为了强奸A女，在A女的饮食中投放了麻醉药。事后，甲发现A女与B女均昏迷，且B女更美丽，于是仅奸淫了B女。甲的行为成立对A女的强奸中止和对B女的强奸既遂，由于同种数罪不并罚，仅定强奸罪一罪。

［处理方式］ 原则上是数罪，应并罚；但如果是同种数罪，则不需要并罚。

二、犯罪过失

《刑法》第15条：应当预见自己的行为可能发生危害社会的结果，因为疏忽大意而没有预见，或者已经预见而轻信能够避免，以致发生这种结果的，是过失犯罪。

过失犯罪，法律有规定的才负刑事责任。

（一）过失犯罪概说

1. 刑法以处罚故意犯罪为原则，处罚过失犯罪为例外。并且，过失犯罪的法定刑轻于相对应的故意犯罪的法定刑。

题干如果使用了犯罪分子过失、玩忽职守、不注意、不慎、不料、不认真负责、违反操作规则等之类的表述，一般认为是过失犯罪。题干中使用了“突然”“意外”等，一般认为是意外事件。

2. 刑法中只有两个地方要求犯罪是故意犯罪。

（1）累犯要求前后犯罪都是故意犯罪；

（2）死缓期间“故意犯罪，情节恶劣”的要执行死刑；实施一般故意犯罪的，死缓考验期重新计算。

（二）疏忽（马虎）大意的过失（无认识的过失）

1. 概念。“应当预见”自己的行为会发生危害社会的结果，而没有预见。

成立相应的过失犯罪，必须对具体结果有预见可能性。例如，成立过失致人重伤罪，行为人必须对“重伤”结果有预见可能性。成立过失致人死亡罪，行为人必须对“死亡”结果有预见可能性。

2. 如何认定行为人是否“应当预见”——行为人是否违反了基本的生活规则、业务规则、行业规则等。

理由：因为所有的规则，无论是生活规则、业务规则、行业规则还是其他规则，其目的就是为了防范社会风险，只要行为人违反了规则，就说明其有可能预见到自己的行为会因为违反规则而发生危害结果。相反，如果行为人认真遵守规则，仍然造成了严重后果的，对行为人归责就没有必要了，就属于意外事件，不宜以犯罪论处。这说明“规则”需要修改了，而不能惩罚遵守规则的人。

例如，司机在封闭的高速公路上驾驶汽车时，因合理信赖行人不会横穿公路而正常行驶，如果行人违反交通规则横穿公路而被汽车撞死的，司机不承担过失犯罪的刑事责任。这是合理信赖原则的体现，“合理信赖”的实质在于：相信所有人，司机、行人都会遵守规则。

又如，从事科学试验的人预见了试验失败的可能性，但只要他们遵循了科学试验规则，即使试验失败造成了损失，也不能认为是犯罪。科学试验是为了人类的进步发展，行为人即使预料到有可能会造成危害社会的结果，但从有利于社会发展的角度看，只要遵守了规则，人类应当容许这种风险。

3. 疏忽大意的过失与意外事件的区别：是否违反了相关的规则。

意外事件是指，行为虽然在客观上造成了损害结果，但由于不是出于故意或者过失，而是由于不能预见、不可避免的原因引起的，不是犯罪。意外事件中，行为人已经遵守了特定的规则，尽了必要的注意义务。换言之，当一个人已经认真遵守规则（法律）还造成了结果，惩罚他还有意义吗？这说明规则本身不合理，应该修改规则；或者说，有些风险，规则本身也无法防范，必然发生、必须接受。

例如，住在高层的甲朝楼下扔下一个酒瓶，砸死了一个人。应该说，日常生活常识就告诉我们，不能随便扔东西。甲的行为成立过失致人死亡罪。

又如，A开车正常行驶，车轮压起石子，该石子碰巧砸中路旁骑车人B的脑袋，导致其摔倒后脑溢血死亡。A已经遵守了必要的规定仍然造成了他人死亡结果，对死亡结果没有具体预见可能性，不成立过失犯罪。

又如，甲、乙激烈争吵，甲欲以硫酸泼乙，但情急之下未能拧开杯盖，后甲因追乙离开教室。丙到教室，误将甲的水杯当作自己的杯子，拧开杯盖时硫酸淋洒一身，灼成重伤——本案中，对于丙的重伤，甲主观上存在过失，因为甲不谨慎处置危险物质的行为违反了危险品的存放规则。

又如，甲、乙是马戏团演员，甲表演飞刀精准，从未出错。某日甲表演时，乙突然移动身体位置，飞刀掷进乙胸部致其死亡。甲并没有违反规则，甲的行为属于意外事件。

再如，2019年真金题：法官知识储备不足，将无罪的人判处了3年有期徒刑，不构成过失犯罪。

（三）过于自信的过失（有认识的过失）

1. 概念。已经预见自己的行为可能发生危害社会的结果，但轻信能够避免，以致发生这种结果的——明知山有虎，偏向虎山行，亦可称为骄傲自满的过失。

行为人在预见到结果可能发生的同时，不相信危害结果发生，原因在于：凭借一定的主、客观条件，相信自己能够避免结果的发生，但所凭借的主、客观条件并非真实可靠。

2. 如何理解“轻信能够避免”——过于相信自己的判断、能力等，包括：

（1）过高估计自己的能力；

（2）不当地估计了现实存在的客观条件对避免危害结果的作用；

（3）误以为结果发生的可能性较小，因而可以避免结果发生。

例如，2004年卷二12. 朱某因婚外恋产生杀害妻子李某之念。某日晨，朱在给李某炸油饼时投放了可以致死的“毒鼠强”。朱某为防止其6岁的儿子吃饼中毒，将其子送到幼儿园，并嘱咐其子等他来接。不料李某当日提前下班后将其子接回，并与其子一起吃油饼。朱某得知后，赶忙回到家中，其妻、子已中毒身亡——朱某对其妻子李某的死亡持直接故意。对于其子，朱某已经预料到其行为可能会造成死亡的结果，但显然朱某并不希望出现死亡结果。朱某已经采取了一定的措施来避免死亡结果的出现，如题中所指出的，“将其子送到幼儿园，并嘱咐其子等他来接”，只是由于朱某太过于相信其所采取的该措施能够防止危害结果发生，实际上这种措施不足以防止小孩死亡结果的出现。

又如，卡车司机甲在行车途中，被一吉普车超过，甲顿生不快，便加速超过该车。不一会儿，该车又超过了甲，甲又加速超过该车。当该车再一次试图超车行至甲车左侧时，甲对坐在副座的乙说，“我要吓他一下，看他还敢超我。”随即将方向盘向左边一打，吉普车为躲避碰撞而翻下路基，司机重伤，另有一人死亡。甲驾车逃离——本案中，作为专业的卡车司机，完全可能预料到猛打方向盘会有危险，之所以这样做，是过高估计了自己的能力（驾驶技术），应属过于自信的过失。

[案例] 甲、乙、丙三人周末相约到野外山林野炊。三人打了一只野兔，进行烧烤。正在这时，天空突然阴云密布，雷电交加，眼看就要下大雨了。甲提议赶快下山避雨；乙说先把火灭掉，不然会起火；丙说马上要下雨了，不灭也没有关系，还是躲雨要紧。经丙这样一说，三人扔下燃烧的火堆，慌忙向山下奔跑。结果刚到山下，云就散开了，不仅没有下雨，反倒起了一阵大风，将整个火堆吹得四散开来，结果引起了森林大火，造成严重损失。行为人主观上具有过于自信的过失。

3. 过于自信的过失与间接故意的区别：对发生结果的态度不同。

（1）过于自信的情形下，行为人预见到行为可能会造成危害结果，主观上排斥结果的发生，采取了一定的、看上去还可以的措施来避免危害结果的发生，或者相信一定的凭藉可以避免危害结果的发生。

（2）间接故意的情形下，放任结果的发生。行为人预见到行为可能会造成危害结果，但听之任之，不采取任何措施去避免危害结果，或者采取的措施微不足道。

例如，行为人虽然也“排斥”危害结果的发生，但主、客观上没有任何依据，是间接故意。甲男欲毒死他的妻子，可能毒死他的小孩，但杀人心切，还是投毒，最后小孩也死了。结合日常生活经验，甲男对其小孩死亡似乎是“排斥”的，但他没有采取任何防止危害结果的措施，因此，只能定间接故意。

又如，行为人客观上虽然采取了一定的防止结果发生的措施，但该措施微不足道，主观上对危害结果的发生还是无所谓的心理，也只能认定为是间接故意。例如，甲瓜地的瓜老是被人偷，于是甲就给瓜打了农药，并插了一面小白旗，上面标明“瓜内有毒，请勿食用”，此外，甲又到村里到处说，“我的瓜打了农药，偷吃出事我不负责”。如果真的导致了被害人死亡的，直接认定为是故意杀人罪（间接故意）。

三、犯罪目的与犯罪动机

（一）犯罪目的——你犯罪是为了什么

1. 目的。是指犯罪人主观上通过犯罪行为所希望达到的结果，即是以观念形态预先存在于犯罪人大脑中的犯罪行为所预期达到的结果。

2. 目的的种类。

（1）直接故意中的意志因素。即明知自己的行为会发生危害社会的结果，而希望该结果发生，其中，“希望结果发生”就是目的。

例如，故意杀人罪，行为人的目的是杀害被害人，这一目的有其具体的杀人行为与之对应。

（2）目的犯中的目的。即在故意犯罪中，行为人通过实现行为的直接危害结果后，所进一步追求的某种非法利益或者结果。目的犯中的目的，不要求存在与之相对应的客观事实，只要存在于行为人的内心即可，也被称为“主观的超过要素”。

例如，绑架罪主观上除了控制人质之外，还应有勒索财物的目的，但勒索财物的目的实现与否并不影响绑架罪的成立，只要基于勒索财物的目的，实施了控制、拘禁人质的行为就构成绑架罪既遂。

3. 目的犯中的“目的”的意义。

（1）罪与非罪的区分。贷款诈骗罪中的“以非法占有为目的”；赌博罪中的“以营利为目的”；走私淫秽物品罪中的“以牟利或传播”为目的。

（2）区分此罪与彼罪。“牟利目的”是区分传播淫秽物品罪与传播淫秽物品牟利罪的关键。

（3）影响量刑。定不同的罪，当然会影响到刑罚适用的不同。例如，传播淫秽物品罪与传播淫秽物品牟利罪的法定刑就不同。

（二）犯罪动机——你为什么会犯罪（犯罪原因）

1. 动机。是指刺激、促使犯罪人实施犯罪行为的内心起因或思想活动。

2. 动机的机能。

（1）影响定罪。《刑法》第399条徇私枉法罪中“徇私”动机，《刑法》第423条投降罪中的“贪生怕死”动机，缺乏此“动机”就不构成该罪。

（2）影响量刑。动机的不同，一般对犯罪成立与否不产生影响。但绝大多数犯罪，动机不同对量刑会产生不同影响。

［知识提升］由于犯罪动机是实施犯罪行为的内心起因，犯罪目的是行为人希望通过实施犯罪行为追求某种危害结果发生的心理态度。因此，在实施行为时，行为人对行为的非法性质是已有认识的，故犯罪目的、犯罪动机仅存在于直接故意犯罪中。

2006年卷二13. D. 甲以为杀害妻子乙后，乙可以升天，在此念头支配下将乙杀死。后经法医鉴定，甲具有辨认与控制能力。虽然甲的行为出于愚昧无知，但仍构成故意杀人罪——甲想让妻子升天，是他犯罪的动机，不影响故意杀人罪的成立。

四、事实认识错误——理想与现实存在差距

事实认识错误是指，行为人的主观认识与客观结果不一致。根据这种“不一致”的不同，在同一犯罪构成要件内的认识错误，属于具体的事实错误；跨越不同构成要件的认识错误，属于抽象的事实错误。

（一）具体的事实错误——中小型错误

具体的事实错误，是指行为人认识的事实与实际发生的事实虽然不一致，但没有超出同一犯罪构成的范围，即行为人主观上意欲侵害的对象与实际侵害的对象属于“同一犯罪”的保护法益（对象）。主要包括：

1. 对象错误。是指行为人误把甲对象当作乙对象加以侵害，而甲、乙对象处于“同一犯罪构成”内。这种错误可以认为是认错“人”了，是一种主观错误。

例如，甲欲杀乙，丙、乙长得非常相似，甲将丙认作乙，把丙杀死，即属对象错误——行为人意欲侵害的具体对象在案件中从未出现过（我要的菜没来）。

又如，甲欲走私枪支（武器），但误将子弹当作枪支进行走私，甲的行为亦属对象错误，成立走私弹药罪。理由：刑法规定的“走私武器、弹药罪”是选择性罪名，该罪的对象是“武器、弹药”，误将“弹药”当作“武器”，虽然从生活观念看似乎超出了对象的种类，但是，无论是“武器”还是“弹药”，均属于该罪的保护对象。

再如，甲欲拐卖妇女，误将儿童当作妇女出卖，甲的行为亦属对象错误，成立拐卖儿童罪。理由：无论“妇女”还是“儿童”，均属拐卖妇女、儿童罪的对象。

[处理方式]

(1) 具体符合说认为，行为人主观上意欲侵害的对象必须与客观上实际侵害的对象具体地一致时，才能成立故意犯罪的既遂。由于主观上意欲侵害的对象乙与客观上实际侵害的对象丙不一致，甲成立对乙的故意杀人罪未遂与对丙的过失致人死亡罪的想象竞合，应以故意杀人罪未遂论处。

但需要注意的是，现今在对象错误这一问题上，具体符合说的学者已经“修正”了自己的观点，与法定符合说的学者保持结论上的一致性。认为这种对象错误并不重要，因而不影响故意犯罪既遂的成立。故针对本案，具体符合说也认为成立故意杀人罪的既遂。①

(2) 法定符合说：（抛开具体的细节，只看刑法的规定）行为人所认识的事实与实际发生的事实，只要在犯罪构成范围内是一致的，就成立故意的既遂犯。

法定符合说认为，乙、丙均是故意杀人罪的对象“人”（二者的最大公约数“人”），刑法上只有“人”这一概念，而无具体的乙、丙的概念，因此，只要在“人”这一问题上，行为人的主观想法与客观结果保持一致，甲就成立故意杀人罪的既遂。

例如，2007年卷二5. 甲为杀害仇人林某在偏僻处埋伏，见一黑影过来，以为是林某，便开枪射击。黑影倒地后，甲发现死者竟然是自己的父亲。事后查明，甲的子弹并未击中父亲，其父亲患有严重心脏病，因听到枪声后过度惊吓死亡——甲构成故意杀人罪既遂。行为人意欲侵害的对象在本案中根本没有出现过。无论是持具体符合说还是法定符合说，均成立故意杀人罪的既遂。

[生活事实解读认识错误] 不少同学初学刑法，觉得很难理解具体符合说与法定符合说。其实用通俗的话来理解就是：我叫你帮我去买一瓶矿泉水解渴（农夫山泉），你却帮我买了一瓶矿泉水（依云）。如果我是一个很较真的人，凡事要求细节都具体一致（具体符合说），那你确实没有完成我的任务，属于未遂。如果我并不要求具体一致，我是一个比较大气的人，认为只要你买到了“水”，我叫你买的东西与你帮我买的东西虽然不是具体一致，但至少都是“水”，如果认为只要大概一致（符合“水”这一本质，法定符合说），那可以认为你完成了我的任务（犯罪既遂）。这个问题上，我们普通人可能都认为不宜太过较真，基本上应该认为你完成了任务，故法定符合说是通说的观点。

2. 打击错误——由于行为本身的误差，导致行为人所欲攻击的对象与实际受害的对象不一致，这种不一致没有超出同一犯罪构成。这种错误不是主观认识上的错误，而是客观上的行为错误（客观错误）。打击错误又称方法错误、行为误差。

例如，甲欲杀害乙，由于枪法不准，击中了乙身边的丙，造成了丙死亡——对象看清楚了，但枪法不准，行为人意欲侵害的对象在案件中出现了（我要的菜来了）。

(1) 具体符合说：由于客观上所造成的结果与行为人的主观认识没有具体符合，行为人是一行为触犯数罪名（故意杀人罪未遂、过失致人死亡罪），以一重罪（故意杀人罪未

① 针对对象错误，现在具体符合说的观点认为，尽管行为人的认识和实际结果之间存在细节上的不同，行为人虽然意欲杀害张三，但由于认识错误，行为当时指向的对象是处于现场的“那个人”（李四），结果也杀死了在现场的“那个人”（李四），行为“当时”的认识和现实发生的结果之间并没有细节上的不同，因此，应当承担故意杀人罪既遂的刑事责任。换言之，现在的具体符合说也不要求“那么具体”了。

遂）论处。

（2）法定符合说：行为人主观上具有杀人故意、客观上的行为也导致他人死亡，定故意杀人罪既遂，即便被害的对象与主观上意欲杀害的对象不是具体的一致，也不影响故意犯罪既遂的成立，因为意欲杀害的对象与实际侵害的对象在法律规定的层面上都是"人"——法定符合说是通说，考试时如果没有特别说明，按照法定符合说做题。①

［几个重要案例］

2015年卷二56. 甲在乙骑摩托车必经的偏僻路段精心设置路障，欲让乙摔死。丙得知甲的杀人计划后，诱骗仇人丁骑车经过该路段，丁果真摔死——甲的行为属对象错误，构成故意杀人罪既遂。因为行为指向的对象与行为人意欲侵害的对象不一致。我要的菜没来。

2014年卷二7.A. 甲本欲电话诈骗乙，但拨错了号码，对接听电话的丙实施了诈骗，骗取丙大量财物。甲的行为属于对象错误，成立诈骗既遂，我要的菜没来。

2011年卷二53.C. 丙打算将含有毒药的巧克力寄给王某，但因写错地址而寄给了汪某，汪某吃后死亡——丙的行为属于对象错误，成立故意杀人罪，我要的菜没来。

典型真题

1. 甲、乙共同对丙实施严重伤害行为时，甲误打中乙致乙重伤，丙乘机逃走。关于本案，下列哪些选项是正确的？（2016年·卷二·52题）②

A. 甲的行为属打击错误，按照具体符合说，成立故意伤害罪既遂

B. 甲的行为属对象错误，按照法定符合说，成立故意伤害罪既遂

C. 甲误打中乙属偶然防卫，但对丙成立故意伤害罪未遂

D. 不管甲是打击错误、对象错误还是偶然防卫，乙都不可能成立故意伤害罪既遂

2. 甲、乙合谋杀害丙，计划由甲对丙实施砍杀，乙持枪埋伏于远方暗处，若丙逃跑则伺机射杀。案发时，丙不知道乙的存在。为防止甲的不法侵害，丙开枪射杀甲，子弹与甲擦肩而过，击中远处的乙，致乙死亡。关于本案，下列哪些选项是正确的？（2017年·卷二·53题）③

A. 丙的行为属于打击错误，依具体符合说，丙对乙的死亡结果没有故意

B. 丙的行为属于对象错误，依法定符合说，丙对乙的死亡结果具有故意

C. 不论采取何种学说，丙对乙都不能构成正当防卫

D. 不论采用何种学说，丙对甲都不构成故意杀人罪未遂

---

① 可能有同学会问，为什么在对象错误这一问题上，具体符合说修改了自己的观点，与法定符合说保持一致。而在打击错误这一问题上，具体符合说、法定符合说的观点不一致。其主要原因在于：对象错误的情况下，错误不是太大。虽然你想杀张三，误将李四认成张三，但至少你开枪的时候，想杀眼前的"这个人"（李四），实际上死的也是眼前的"这个人"（李四），这个错误并不是很大。所以，具体符合说的学者也认为这种错误不重要，可以忽略。故行为人成立故意杀人罪既遂。打击错误的情况下，你想杀眼前的"这个人"（张三），并且用枪瞄准了张三，而因枪法不准，实际上死的是眼边的"那个人"（王五）。就此意义而言，你的错误还是有点大的，故具体符合说认为，这就是错了，你的犯罪行为就是没有完成，成立犯罪未遂。在打击错误这一问题上，具体符合说的学者拒绝妥协，认为成立未遂。

② 答案：CD。

③ 答案：AD。

3. 因果关系的错误。

（1）概念。侵害的对象没有错误，但造成侵害的因果关系的发展过程与行为人所预想的发展过程不一致，以及侵害结果推后或者提前发生的情况。即，对因果关系的具体样态的认识错误。对于这种细微的错误，可以忽略不计，不影响故意犯罪既遂的成立。

（2）因果关系的错误为什么可以忽略，不影响故意犯罪既遂的认定？

因果关系的错误，是指对因果进程中的具体样态的认识错误，因果关系的大体方向、流程并没有根本性的错误，换言之，这种错误并不“异常”，是正常范围内的错误，故不影响故意犯罪既遂的认定。即便行为人对于因果流程存在认识错误，但只要结果“保持在根据普遍的生活经验可以预见的范围之内……所设想的和实际发生的因果经过之间的不一致便属于‘非本质性’的”。因此，因果关系错误在刑法评价上无关紧要。

实际上，当行为人实行行为终了的那一刻起，因果历程的发展便已经如“脱缰的野马”，不再可能完全按照行为人预想的因果流程进行，更何况，以目前一般人的认知，对很多自然因果流程的具体作用仍然处于模糊状态（如下毒致死的工作机理和行为人想象的毒药工作机理并不一致），因此，在规范的归责上，我们不可能要求行为人对因果流程的认知达到完全具体、科学的程度，只要行为人制造了法益侵害的风险，并且风险最后也确实实现，同时结果的发生与行为人对于自己行为制造风险的流程想象“大体一致”时，便成立故意犯罪既遂。

例如，甲对站在悬崖边的乙猛开数枪，意欲杀乙，乙受惊吓后，慌乱中掉下悬崖而死。虽然乙的死亡结果并不符合甲的原来预想，但在当时情况下，乙掉下悬崖并不异常，大体符合因果流程。甲的行为成立故意杀人罪既遂。

又如，甲杀害乙之后，将乙的“尸体”掩埋，事实上乙是死于“掩埋”行为。虽然乙的死亡结果并不符合甲的原先预想，但甲事后的“毁尸灭迹”行为并不异常，大体符合因果流程。甲的行为成立故意杀人罪既遂。

再如，2019年真金题31. 甲冒充家电维修人员，想把王某家的冰箱骗到手。某日，甲来到王某家，开门的却是王某家保姆余某。甲误把保姆余某当成王某，说家电搞活动正在以旧换新，保姆以为甲事前跟王某商量好了，就把冰箱给了甲——甲是事实认识错误中的因果关系错误，甲构成诈骗罪既遂。就本案而言，甲诈骗的标的物是“那台冰箱”，最后获取的也是“那台冰箱”，就具体标的物而言，不存在任何认识错误。甲预想的因果流程与实际发生的情况有些变化，甲是想通过A途径（欺骗主人）拿到这个冰箱，但实际上是通过B途径（欺骗保姆）拿到这个冰箱，但都是骗，都是这个冰箱，因此，属于因果关系的错误。

（3）因果关系的错误的类型。

狭义的因果关系错误	事前的故意（结果推后实现） （死晚了）	结果的提前实现 （死早了）
定义：是指结果的发生不按照行为人对因果关系的发展所预见的进程来实现的情况	定义：行为人误以为第一个行为已经造成结果，出于“其他目的”实施第二个行为，实际上是第二个行为才导致预期的结果的情况	定义：指提前实现了行为人所预想的结果

续表

狭义的因果关系错误	事前的故意（结果推后实现）（死晚了）	结果的提前实现（死早了）
例如，甲为了使乙溺死水中，而将乙推进井中，实际上乙是摔死的。又如，甲以杀人的故意向乙开枪射击，乙为了避免子弹打中自己而后退，结果坠入悬崖而死亡	例如，甲以杀人的故意对乙实施暴力（第一个行为），造成乙休克后，甲以为乙已经死亡，为了隐匿罪迹，将乙扔至水中（第二个行为），实际上乙是溺死于水中	例如，甲欲杀乙，计划先用毒药搞昏乙，然后再用绳子勒死乙。但因投放的毒药剂量过大，乙喝完毒药就"提前"死了，甲的行为成立故意杀人罪既遂。但是，不能死得"太早"。甲买了毒药，准备下午3点回家毒死妻子，甲1点钟回家时，先出去玩，其妻子提前下班，1点半左右时，翻开甲的钱包，找到毒药，自己喝了，并死亡（故意杀人罪的预备与过失致人死亡罪）
处理：成立故意犯罪既遂	处理：通说认为，成立故意犯罪既遂	处理：如果危害结果是实行行为导致的，则成立故意犯罪的既遂；如果不是，则否认故意犯罪的既遂

对于上述"事前的故意"，理论上存在不同的观点。

第一种观点认为，行为人的第一行为成立故意杀人罪未遂，第二行为成立过失致人死亡罪；其中有人认为成立想象竞合犯，有人主张成立数罪。

第二种观点认为，如果在实施第二行为之际，对于死亡持未必的故意（或间接故意），则整体上成立一个故意杀人既遂；如果在实施第二行为之际，相信死亡结果已经发生，则成立故意杀人未遂与过失致人死亡罪。

第三种观点认为，将两个行为视为一个行为，将支配行为的故意视为概括的故意，只成立一个故意杀人既遂。

第四种观点认为（通说），将前后两个行为视为一体，视为对因果关系的认识错误处理，只要因果关系的发展过程是在相当的因果关系之内，就成立一个故意杀人既遂。

4. 其他重要问题。

（1）在对象错误、打击错误、因果关系的错误中，原则上行为人仅实施了一个犯罪行为，只能认定为是一罪。即使是在因果关系错误中的"事前的故意"中，行为人有两个行为，后一行为（事后不可罚）也是附属于前一行为的，因此，只能定一罪。但如果行为人基于数个罪过形式，分别实施了数个犯罪行为，应数罪并罚。

例如，2003年卷二4. 甲为上厕所，将不满1岁的女儿放在外边靠着篱笆站立，刚进入厕所，就听到女儿的哭声，急忙出来，发现女儿倒地，疑是站在女儿身边的4岁男孩乙所为。甲一手扶起自己的女儿，一手用力推乙，导致乙倒地，头部刚好碰在一块石头上，流出鲜血，并一动不动。甲认为乙可能死了，就将其抱进一个山洞，用稻草盖好，正要出山洞，发现稻草动了一下，以为乙没死，于是拾起一块石头猛砸乙的头部，之后用一块磨盘压在乙的身上后离去。案发后，经法医鉴定，甲在用石头砸乙之前，乙已经死亡。甲的行为构成过失致人死亡罪与故意杀人罪（未遂）数罪——该案定两罪，是因为行为人先有一个过失致人死亡的行为，后来又实施了一个故意杀人的行为，分别有两个独立的犯罪行为。①

（2）认识错误的前提是，行为人主观上有犯罪的故意，如果没有犯罪故意，不是认识错误要解决的问题。

例如，误将熟睡的孪生妻妹当成妻子，与其发生性关系——本案中，行为人没有犯罪的故意，不属于认识错误问题，不应以犯罪论处。行为人既然是“误将”孪生妻妹当作妻子，说明行为人主观上没有强奸故意的心态，主观上只想和自己妻子发生性关系。

又如，乙掉入河中，甲虽发现，但误以为掉入河中的不是自己的儿子乙，而是与自己无关的丙，因而没有救助，导致乙死亡——甲连事实都没有认识清楚，行为人主观上没有犯罪的故意，不构成犯罪。

（二）抽象的事实错误——大型错误

行为人所认识的事实与现实所发生的事实，分别属于不同的犯罪构成。抽象的事实错误之错误程度更大，跨越了不同犯罪的保护对象，包括（大）对象错误与（大）打击错误。抽象的事实错误由于跨越两个犯罪构成，则必然出现实际导致的结果与行为人主观上预想的犯罪构成在危害性上的差异。

1.（大）对象错误（客体错误）。行为人误把甲对象当作乙对象加以侵害，而甲对象与乙对象分属不同的犯罪构成。

例如，行为人本欲盗窃一般财物，却误将枪支当作一般财物实施盗窃。行为人主观上是想实施盗窃罪，但客观上却侵犯了盗窃枪支罪的对象。行为人没有盗窃枪支的故意，不能认定为是盗窃枪支罪，只能认定为盗窃罪。由于枪支也具有财物的属性，因此，本案也可以认为是盗窃罪（既遂）。即枪支与财物在具有“财物”属性这一点上是共同的。

2.（大）打击错误。由于行为本身的误差，导致行为人所欲攻击的对象与实际受害的对象不一致，而且这种不一致超出了同一犯罪构成。

例如，甲对乙开枪射击，欲杀死乙，但子弹却击中了乙旁边的珍贵文物。甲对乙成立故意杀人罪的未遂，对文物应成立过失损毁文物罪，择一重罪处罚。

3. 处理原则：法定符合说。

即，对不同对象分别判断，择一重罪处罚。例如，行为人主观上想杀人，实际上损坏了珍贵文物，分别判断就是故意杀人罪的未遂、过失损毁文物罪，由于只有一个行为，择一重罪，即故意杀人罪未遂。

［三个经典案例］

［例1］A出于盗窃财物（轻罪）的故意实际上却盗窃了枪支（重罪）时。成立盗窃罪既遂。

［例2］B将他人占有的财物误以为是遗忘物而据为己有。定侵占罪。

---

① 实践中，常常将行为人出于杀人的故意，误把刚死不久的尸体当作活人加以杀害的行为，认定为故意杀人罪的未遂犯。这种做法是有一定道理的。因为，人的生死之间的界限并不是黑白分明的，存在一个灰色的过渡阶段，处在这个阶段上的生命到底是生还是死，法医学也难以做出准确的判断；同时，生命是刑法最为重要的保护法益之一，为了体现这一点，从刑事政策的角度来考虑，也有必要将这种行为作为犯罪考虑。只是因为行为当时，被害人生死不明，从有利于被告人的角度考虑，所以，将这种情况作为未遂犯从宽处罚。（黎宏：《刑法学》，法律出版社2012年版，第636页）

[例 3] C 以为是尸体而实施奸淫行为，但事实上被害人并未死亡。成立侮辱尸体罪既遂。①

典型真题

丁某盗窃了农民程某的一个手提包，发现包里有大量现金和一把手枪。丁某将真情告诉崔某，并将手枪交给崔某保管，崔某将手枪藏在家里。关于本案，下列哪些选项是正确的？(2007 年 · 卷二 · 61 题)②

A. 丁某构成盗窃罪

B. 丁某构成盗窃枪支罪

C. 崔某构成窝藏罪

D. 崔某构成非法持有枪支罪

2008 年四川卷二 16. 甲在 8 楼阳台上浇花时，不慎将金镯子（价值 3 万元）甩到了楼下。甲立即让儿子在楼上盯着，自己跑下楼去捡镯子。路过此处的乙看见地面上有一只金镯子，以为是谁不慎遗失的，在甲到来之前捡起镯子迅速逃离现场。甲经多方询查后找到乙，但乙否认捡到金镯子——乙的行为构成侵占罪。

五、违法性认识错误

违法性认识错误，又称法律认识错误，即对自己的行为在法律上的评价发生错误。法律认识错误原则上不影响对行为人的定罪量刑，行为人实施了犯罪行为，即便其认为该行为是合法的，原则上也不能阻却行为的犯罪性。但在特定情形下，如果行为人产生法律认识错误是基于不可避免的原因造成的，从责任的角度来看，由于行为人不可能认识到自己行为的违法性，不宜以犯罪论处。所以，本部分要解决的问题是：（1）法律认识错误的类型包括哪些；（2）如何认定行为人的法律认识错误是不可避免的，即缺乏违法性认识的可能性，从而阻却行为的犯罪性。

（一）违法性认识错误的类型

1. 直接禁止的错误（不知法律的存在）：误以为违法犯罪行为是合法的。

2. 间接禁止的错误（对法律的规定认识到了，但对违法性阻却事由没有认识准确）：行为人虽然认识到行为被法律所禁止，但错误地认为，在具体案件中存在正当化规范，因而不违法。

例如，失主甲空手追赶小偷乙，乙逃至河边，为摆脱甲的追赶而跳河，欲游到对岸。

① “尸体”和“活人”虽然在刑法上是两种不同的犯罪对象，体现的是两种不同的保护法益，但是在都属于人体或者说是人的肉体这一点上，均没有什么差别。在行为人出于侮辱尸体的故意，而对误以为是尸体但实际上是活人的人体加以侮辱的时候，虽说实际侮辱的并非尸体，而是活人，但在性质上也可以看作对他人的肉体进行侮辱，并且也达到了该种效果。因此虽说行为人由于没有侵害活人的认识而不能构成有关对活人的犯罪，但其行为已经造成了比对死人更加受到保护的活人的实际侵害，从处罚的必要性的角度来看，应该认定为侮辱尸体罪既遂。有学者指出：“将强奸行为评价为侮辱行为，不存在障碍。此外，既然奸淫真正的尸体都成立侮辱尸体罪，那么，没有理由认为本案成立侮辱尸体罪未遂。况且，本案并不缺乏‘尸体’这一要素，而是存在多于‘尸体’的要素”。参见张明楷：《刑法学》，法律出版社 2011 年版，第 256 页。

② 答案：AD。

乙游至河心时因体力不支，向甲呼救。甲心想："淹死也算活该。"甲未对乙施救，乙溺亡。本案中，甲误以为自己在实施防卫行为，即便小偷乙死亡，也不构成犯罪。但实际上，即便追赶小偷，也不应超过必要限度，本案中甲的行为构成不作为犯的故意杀人罪。

3. 涵摄的错误（对概念理解的错误）：对构成要件要素的错误理解。

例如，行为人将他人的笼中小鸟放出，但误以为其行为不属于"毁坏财物"。这种情形不影响故意毁坏财物罪的成立。

又如，行为人明知刑法禁止毁坏他人财物，但误以为动物不属于刑法上的财物。于是将他人饲养的宠物杀害（价值20余万元），这属于对法律概念"财物"的理解错误，仍然成立故意毁坏财物罪。

又如，2018年真金题，误以为猎杀的对象"猫头鹰"不属于"濒危野生动物"而去捕杀，仍然构成非法猎捕、杀害珍贵、濒危野生动物罪。

再如，2016年卷二4. 农民甲醉酒在道路上驾驶拖拉机，其认为拖拉机不属于《刑法》第133条之一规定的机动车——甲对危险驾驶事实有认识，具有危险驾驶的故意。认为拖拉机不属于机动车，是对"机动车"这一法律概念的错误认识，属于法律认识错误，不影响危险驾驶罪的成立。

4. 有效性的错误：对法律的有效性发生错误认识。即行为人知道法律所规定的禁止性规范，但误以为该法律规范已经失效。

［案例］ 赵春华非法持枪案。赵春华系51岁老妇，2016年8月至10月12日间，摆设射击摊位谋生。10月12日晚，赵春华被抓。公安机关在巡查过程中将赵春华抓获归案，当场查获枪状物9支及相关枪支配件、塑料弹，经天津市公安局物证鉴定中心鉴定，涉案9支枪状物中的6支为能正常发射以压缩气体为动力的枪支。赵春华的女儿王艳玲在接受新京报采访时表示，"我们就觉得这是一个玩具枪，被鉴定为枪支，想都不敢想。就是1.8焦耳每平方厘米，是这个标准，我母亲那个所谓的枪，鉴定出来的数值都是二点几，二点零几"。二审判处赵春华有期徒刑3年，缓刑3年——针对该案，多数观点认为，赵春华是对法律概念"枪支"的范围存在错误认识，是法律认识错误，不影响定罪。当然，该法律认识错误在一定程度上确实"情有可原"，可以从宽处理，遂判处了缓刑。

（二）如何认定行为人具有违法性认识的可能性

原则上，凡是有严重社会危害性的行为，法律就将其规定为是违法犯罪行为，或者说，法律所规定的违法犯罪行为，原则上都是有严重社会危害性的行为。因此，行为人如果能认识到其行为可能是有害的、有社会危害性的，就推定其认识到了行为的违法性。

例如，行为人认识到杀人是有危害性的，那么就可以推定其认识到自己杀人的行为是违法的。但的确存在例外，行为人虽然实施了危害社会的行为，但基于特殊原因，不可能认识到行为是违法的，不可避免地产生了法律认识错误。可以成为责任阻却事由，进而阻却行为的犯罪性。

1. 对法的状况产生了疑问时。如果行为人没有认真地考虑疑问，实施了违法行为时，就属于可以避免的违法性认识错误，应当成立故意犯罪。但如果行为人向官方进行了认真的咨询后，得知行为不违法才去实施，即使行为实际上违法，也不成立犯罪。

（1）信任官方的意见而产生了法律认识错误，可以阻却犯罪。

行为人遵从最高人民法院的判例产生了违法性的认识错误；在判例有分歧的时候，遵从了上级法院的判例而产生了错误；信赖了主管机关的意见而产生了违法性的认识错误。这些均认为是不可避免的错误，即行为人不具有违法性认识的可能性，不成立故意犯罪。

（2）信赖专家的意见而产生了违法性的认识错误时，原则上，成立故意犯罪。

专家一般只是作为某个领域的专家，对于自己领域内的问题发表看法，虽然具有一定的权威性，但这代表不了公信力。未得到司法机关授权或委托，专家意见一般只是代表个人观点，并不是官方意见表达。

2. 知道要在法的特别规制领域进行活动时，行为人必须努力收集相关法律情报，如果没有认真收集，认为自己的行为是合法的，但实施的行为实际上是违法的，应当成立故意犯罪。

例如，在金融证券犯罪领域、在招投标过程中，行为人没有熟悉相关的法律法规而贸然行动，自认为行为是合法的，但实际上是犯罪行为，应以犯罪论处。

3. 知道其行为侵害基本的个人、社会利益时，此种情形下，即使违法性的认识发生了错误，也成立故意犯罪。

例如，把小偷抓回来打一顿，基于大义灭亲把自己小孩杀了，这些侵犯基本人权的行为，千百年来都是犯罪，即便是3岁小孩子也都应该知道是违法的，如果产生了法律认识错误，认为该行为是合法的，即便是受到了他人的误导，也应该以犯罪论处。

（三）实践中常见的缺乏违法性认识可能性的情形（行为人不可能认识到行为的违法性）

1. 由于通讯不发达、所处地区过于偏僻等原因，行为人不知法律的存在。但这种法律规定的都是极为特殊的法定犯，而不可能是自然犯。例如，对于故意杀人罪这种自然犯，任何人都不得以没有看过刑法为由而否定犯罪。

2. 由于国家相关法律宣传、行政管理职能部门的懈怠，行为人对自己的行为是否违反特定领域的行政、经济法规，完全没有意识。

3. 刑法法规的突然改变。原来某行为一直是为刑法所允许的，但刑法突然将此行为规定为是犯罪。

4. 法律规范体系完全不同的外国人进入中国时间过短，对自己的行为可能违反法规范一无所知。

5. 知道刑法法规的存在，但由于法规之间有抵触，错误地解释刑法，使行为人误以为自己的行为合法。

6. 从值得信赖的权威机构（如司法机关）那里获得值得信赖的信息，或者阅读以前法院作出的判决，根据相关结论，认为自己的行为合法。

7. 行为人知道他人以前曾经实施类似行为，并没有得到刑法的否定性评价，从而坚信自己的违法行为是合法的。

2008年卷二4. 甲在从事生产经营的过程中，不知道某种行为是否违法，于是以书面形式向法院咨询，法院正式书面答复该行为合法。于是，甲实施该行为，但该行为实际上违反刑法。甲没有违法性认识的可能性，所以不成立犯罪。

典型真题

关于故意与违法性的认识，下列哪些选项是正确的？（2015年·卷二·55题）①

A. 甲误以为买卖黄金的行为构成非法经营罪，仍买卖黄金，但事实上该行为不违反《刑法》。甲有犯罪故意，成立犯罪未遂

B. 甲误以为自己盗窃枪支的行为仅成立盗窃罪。甲对《刑法》规定存在认识错误，因而无盗窃枪支罪的犯罪故意，对甲的量刑不能重于盗窃罪

C. 甲拘禁吸毒的陈某数日。甲认识到其行为剥夺了陈某的自由，但误以为《刑法》不禁止普通公民实施强制戒毒行为。甲有犯罪故意，应以非法拘禁罪追究刑事责任

D. 甲知道自己的行为有害，但不知是否违反《刑法》，遂请教中学语文教师乙，被告知不违法后，甲实施了该行为。但事实上《刑法》禁止该行为。乙的回答不影响甲成立故意犯罪

六、期待可能性（法律不强人所难）

（一）概说

1. 概念：根据具体情况，有可能期待行为人不实施违法行为而实施其他适法行为，即能期待行为人守法。如果存在这种可能性，则应当负刑事责任；如果不存在这种可能性则可成为排除责任的事由，免除或减轻刑事责任。其道理是：法不仅仅是人们“应当”（或被期待）遵从的东西，而且是人们“能够”（或有被期待可能性）遵从的东西。

（1）期待可能性说明的问题是：行为人客观上实施了危害社会的行为，主观上也能认识到其行为的危害性。但是，从行为当时的情况来看，行为人迫不得已，必须这样做，所以不应该以犯罪论处。通俗的话来解读就是：不管司法机关说我的行为是如何与犯罪吻合，我都承认。但我在当时的情况下不可能实施合法行为，而是必须实施犯罪行为。即，没有实施合法行为的期待可能。

（2）期待可能性不仅仅是有无的问题，还存在程度的问题，程度的强弱会对量刑产生影响。

例如，一个人拿枪指着你，要你去伤害别人，你真的这么干了，不宜以犯罪论处。但如果一个人以揭发你的隐私为由，要你去实施犯罪行为，一般认为还是应该以犯罪论处，只是应当从轻或者减轻处罚。从这一意义上看，刑法对于胁从犯从宽处罚，就是运用了期待可能性理论。

又如，甲杀人之后，将自己杀人的刀扔进大海。甲的杀人行为成立故意杀人罪不存在疑问，但是，其毁灭、伪造证据的行为（把杀人的刀扔进大海）不宜再作为犯罪处理。理由是：犯罪分子在犯罪后，毁灭、伪造自己的犯罪证据是出于本能，我们不能指望犯罪分子犯罪之后还把自己犯罪的证据立即上交司法机关。

2. 来由：期待可能性的基本精神是法不应该要求人们做办不到的事情。其效果是当人在实施犯罪行为面前没有守法或避免违法的能力或条件时，尽管存在故意或过失的心

① 答案：CD。

理，也可考虑排除或减轻责任。

很早以来的法谚就说：法律不强人所难。只有当一个人具有期待可能性时，才有可能对行为人作出谴责。如果不能期待行为人实施妥当的行为，也就不存在对其加以谴责的可能性。期待可能性是就一个人的意志而言的，意志是人选择自己行为的能力，这种选择只有在具有期待可能性的情况下，才能体现行为人的违法意志。有无期待可能性是可否阻却责任的事由，它不是由法律明确规定的，所以被称为“超法规的阻却责任事由”，其是否存在需由法官具体判断。

期待可能性理论来自德国法院1897年对“癖马案”所作的判决：行为人多年以来受雇驾驶双匹马车，其中一匹马具有以其尾绕住缰绳并用力压低马车的癖性。车夫多次要求换一匹马，但是，雇主没有答应他的要求。某日该马劣性发作，车夫采取了所有紧急措施，但马仍然撞伤他人。法院判决车夫无罪，理由是很难期待被告人坚决违抗雇主的命令，不惜失去职业而履行避免其已预见的伤害行为的结果发生的义务。应当说，在本案中，车夫对于事件是有认识的，也预料到了结果可能发生，但是，在此种情形下，虽然其主观上具有故意或者过失，但他作为一个车夫，不可能违抗主人的命令而不出车，否则他将丢失这份工作。

3. [结论] 期待可能性是刑法根据人性的弱点，洒的同情泪。

期待可能性理论与刑法中的其他理论存在关系，如事后不可罚行为，正当化行为如正当防卫、紧急避险，之所以不再另外成立犯罪，也都是从期待可能性的角度出发的。

又如，《刑法》第28条规定：“对于被胁迫参加犯罪的，应当按照他的犯罪情节减轻处罚或者免除处罚。”期待可能性实际上已经被广泛运用于刑事立法、司法的全过程，只要我们觉得这个立法、司法判决是考虑了当时特定背景下“情有可原”，实际上就是运用了期待可能性理论。

（二）期待可能性的运用

具有刑事责任能力的人，故意、过失地实施行为，原则上成立犯罪。期待可能性仅仅是在特殊情况下需要考虑。（也就是说，只要是具有责任能力、精神正常的人，就应该实施合法行为，而不应该去实施犯罪行为；仅仅在非常例外的情况下，没有办法，必须实施刑法规定的犯罪行为，这种情形下，不以犯罪论处）如下均是期待可能性的运用：

1.《刑法》第307条第2款（帮助毁灭、伪造证据罪）。“帮助当事人毁灭、伪造证据，情节严重的，处三年以下有期徒刑或者拘役”。不包括当事人本人毁灭、伪造证据——人的自我保护、趋利避害是本能。

2. 基于自然灾害、生活严重困难的已婚妇女，流落他地而不能独立生活，与他人重婚的，不以犯罪论处。司法实践中，“因自然灾害、被拐卖或者其他客观原因而流落外地，为生活所迫而与他人结婚的；因强迫、包办婚姻或因遭受虐待，与原配偶没有感情，无法继续维持夫妻生活而外逃，由于生活无着，又与他人结婚的；因配偶长期外出下落不明，造成家庭生活严重困难，又与他人结婚的，可以认为不构成重婚罪。”

3. 最高人民法院《关于审理交通肇事刑事案件具体应用法律若干问题的解释》第7条规定：“单位主管人员、机动车辆所有人或者机动车辆承包人指使、强令他人违章驾驶造成重大交通事故……”审判实践一般认为，驾驶人不成立交通肇事罪，或者处罚应当更轻。

4.《刑法》第 28 条规定："对于被胁迫参加犯罪的，应当按照他的犯罪情节减轻处罚或者免除处罚。"

5. 许霆盗窃案。2007 年，ATM 机出现故障，许霆利用该故障取款 17 万余元。虽然许霆客观上实施了不法行为，主观上对自己的行为也具备完全的认知。但在当时的情形下，多数人都无法抵制这样的诱惑，所以，对许霆的行为应从宽处罚。

此外，亲属间对犯罪的包庇，也是欠缺期待可能性，应从宽处罚。大量、恶意购买假币而使用，犯罪人的责任重，量刑相对重；而误收假币后，为减少自己的损失而使用，因为期待可能性较低，所以处罚相对较轻。

典型真题

关于期待可能性，下列哪一选项是错误的？（2008 年·四川卷二·5 题）①

A. 行为人是否具有故意、过失，与是否具有期待可能性，是两个不同的问题。换言之，具有故意、过失的人，也可能没有期待可能性

B. 行为人犯罪后毁灭自己犯罪的证据的行为之所以不构成犯罪，是因为缺乏期待可能性

C. 在司法实践中，对于因遭受自然灾害外流谋生而重婚的，之所以不以重婚罪论处，是因为缺乏期待可能性

D. 身无分文的乞丐盗窃他人财物得以维持生存的，因为缺乏期待可能性，不应认定为盗窃罪

① 答案：D。

专题八

排除犯罪性的事由（违法性阻却事由）

知识体系

- 排除犯罪性的事由（违法性阻却事由）
  - 正当防卫
    - 正当防卫的成立条件
    - 特殊防卫（无过当防卫）
  - 紧急避险
    - 成立条件
    - 正当防卫与紧急避险的区别
  - 其他违法性阻却事由
    - 正当业务行为
    - 被害人承诺
    - 自救行为
    - 义务冲突
    - 危险接受

相关法理

排除犯罪性的事由是指一些貌似犯罪，但实际上并无社会危害性甚至是有利于社会的行为。排除犯罪性的事由包括违法性阻却事由、责任阻却事由。违法性阻却事由主要是指，行为人虽然看似在客观上实施了不法行为，但这种行为基于实质判断并没有客观上的违法性，反而是有利于社会的，如正当防卫、紧急避险。责任阻却事由是指，行为人虽然在客观上实施了不法行为，但应阻却责任，主要包括：行为人在行为当时不可能认识到自己行为的违法性（缺乏违法性认识的可能性），或者行为人虽然客观上实施了不法行为，但在行为当时确实没有实施合法行为的期待可能（缺乏期待可能性）。国家法律职业资格考试层面，排除犯罪性的事由主要考查正当防卫、紧急避险、被害人承诺等。

一、正当防卫

《刑法》第20条：为了使国家、公共利益、本人或者他人的人身、财产和其他权利免受正在进行的不法侵害，而采取的制止不法侵害的行为，对不法侵害人造成损害的，属于正当防卫，不负刑事责任。

正当防卫明显超过必要限度造成重大损害的，应当负刑事责任，但是应当减轻或者免除处罚。

对正在进行行凶、杀人、抢劫、强奸、绑架以及其他严重危及人身安全的暴力犯罪，采取防卫行为，造成不法侵害人伤亡的，不属于防卫过当，不负刑事责任。

（一）正当防卫的成立条件

1. 条件一：起因条件，现实的“不（违）法”侵害。

（1）不法侵害必须是来源于“人的行为”（包括人唆使动物实施的侵害行为）。

单纯的来自动物的不法侵害，不能成为正当防卫的对象。动物伤人，只有是在人的唆使之下，或者主人没有管理好的情形下，才认为是“人的不法侵害”，可以成为正当防卫的对象。

（2）“不法侵害”既包括违法行为，也包括犯罪行为；既包括作为犯，亦包括不作为犯。

违法行为与犯罪行为的界限是不明确的，对于面临不法侵害的人而言，不可能很容易判断不法侵害究竟是违法行为还是犯罪行为。因此，只要是紧迫性的侵害，无论是违法行为，还是犯罪行为，均可以成为正当防卫的对象。

2019 年真金题：甲将乙撞伤，并想要逃离现场。乙想让甲将自己送去医院，并对其实施暴力——乙的行为也是一种正当防卫，防卫的“不法侵害”是甲的不救助行为（不作为）。

（3）不法侵害仅限于那些具有进攻性、破坏性、紧迫性的不法侵害。即不法侵害原则上必须是对人身或财产具有紧迫的侵害，即主要是针对有具体受害人的不法侵害。

对贪污、行贿、受贿之类的犯罪行为，就不能进行正当防卫，行为人采用检举、揭发等方式，请求有关部门采取相应措施，也完全能解决问题。在不法侵害所针对的是没有具体受害人的抽象的国家、公共利益时，正当防卫的适用范围应当有所限制。因为，对国家以及公共利益的保护是专属于国家机关的任务，如果将保护国家和公共利益的任务委托给私人的话，会造成人人都以“警察”自居的局面，反而不利于保护国家和公共利益。

当然，如果侵害国家利益和公共利益，同时涉及到个人的利益的时候，可以对之实施正当防卫，例如，甲用炸药炸政府办公大楼，其行为既危害公共安全，同时亦可能侵犯人身权利，乙使用暴力制止甲的不法侵害，仍然成立正当防卫。

（4）“不法”应从客观理解。只要是面临客观上的不法侵害，就可以实施正当防卫。理由在于，防卫人对于不法侵害的认识，只能看到其“客观”面，而不可能看到不法侵害人的主观罪过、是否具有责任能力等。

未达到法定责任年龄、不具有责任能力的人的侵害行为，没有故意或过失的侵害行为，属于不法侵害，也可以对之实施正当防卫。此种情况，由于防卫行为所针对的对象（未成年人、精神病人）较为特殊，需慎重处理，不宜采取过激的防卫行为。

例如，甲在倒车时，没有预料到（也不可能预料到）车底下的小孩子，在倒车快要轧死小孩时，旁边的乙见状，为了避免孩子受伤，赶紧将甲从车中推出，造成甲轻伤。针对甲无故意、过失的行为，乙可以实施正当防卫。

（5）不法侵害必须是现实上的不法侵害。现实上不存在不法侵害，行为人误以为存在的，属于假想防卫（“好”心办“坏”事）。假想防卫的行为，有过失的，成立过失犯罪；无过失的，按意外事件处理。

例如，张某遭遇歹徒的殴打，后来又来了一便衣警察，没有亮明身份。张某以为是和歹徒一伙的，朝该警察打了一拳，造成伤害结果。此种情况下，张某以为是不法侵害，但实际上是警察来了。关键问题是，张某是否能够预见来的是警察。如果不能的话，则是意外事件。如果有可能预见而没有预见，则可以认为存在过失。

假想防卫不可能构成故意犯罪，因为假想防卫的行为人不具有构成要件的故意，其对自己的行为会发生危害社会的后果缺乏认识，其主观上是基于防卫（好）的想法，而非犯罪故意。在假想防卫的情况下，如果行为人主观上存在过失，应当以过失犯罪论处。如果行为人主观上没有罪过，其危害结果是由于不能预见的原因引起的，则是意外事件，行为人不负刑事责任。

2013年卷四案例分析：逃跑中，因身上有血迹，甲被便衣警察程某盘查。程某上前拽住甲的衣领，试图将其带走。甲怀疑遇上劫匪，与程某扭打。甲的朋友乙开黑车经过此地，见状停车，和甲一起殴打程某。程某边退边说："你们不要乱来，我是警察。"甲对乙说："别听他的，假警察该打。"程某被打倒摔成轻伤（事实二）——假想防卫。当警察程某已经将自己的真实身份告知了甲，甲至少对程某的真实身份有预见可能性，因此，甲的行为至少在主观上有过失。

2. 条件二：时间条件，不法侵害"正在进行"。是指已经开始（"着手"），尚未结束。即不法侵害人在"攻"，防卫人才谈得上是"防"。

（1）已经开始：原则上以不法侵害人着手实行犯罪为已经开始。一般认为，如果犯罪行为还没有"着手"时，不法侵害难以说得上是具有紧迫性，行为人还可以采取其他救济方式如拨打110等，而不需要采取对不法侵害造成侵害的所谓防卫方法。

（2）不法侵害结束的判断：法益不再处于紧迫、现实的侵害、威胁之中；或者说不法侵害已经不可能继续侵害或者威胁法益。

属于不法侵害已经结束的情形包括：不法侵害人已被制服、不法侵害人已经丧失了侵害能力、不法侵害人已经自动中止了不法侵害、不法侵害人已经逃离现场、不法侵害已经造成了危害结果并且不可能继续造成更严重的后果。在不法侵害结束后实施的反击行为，属于事后防卫，不属于"防卫"行为，更不属于"防卫过当"。①

［注意］对于不法侵害是否已经开始或者结束，应当立足防卫人在防卫时所处情境（感同身受），按照社会公众的一般认知，依法作出合乎情理的判断，不能苛求防卫人。

例如，孟某等4个彪形大汉围住弱女子马某，欲对其实施强奸行为。马某紧张、害怕，拿起手中的水果刀朝4人乱捅，造成1人轻伤、2人重伤。马某的行为成立正当防卫。

（3）不法侵害虽然已经结束，但还可以进一步挽回损失，或者避免更严重的损害时，可以实施防卫行为。

例如，在财产型违法犯罪的情况下，行为虽然已经既遂，但在"现场"还来得及挽回

① 例如，2019年9月28日晚，钱某应朋友邀请在嵊州市长乐镇某餐馆与被害人马某某等人一起吃饭。其间，钱某与马某某因敬酒发生争吵，马某某不满钱某喝酒态度，持玻璃酒杯用力砸向钱某头部，致其额头受伤流血。钱某随后从餐馆门口其电瓶车内取出一把折叠刀，在厮打过程中刺中马某某胸部、腹部。马某某随即被送往医院救治，经医治无效于同年11月27日死亡——本案中，被告人钱某激愤之下报复伤害的犯罪故意明显，不属于针对不法侵害实施的防卫行为，更不属于防卫过当。防卫过当的前提是，行为本身的性质是"防卫"。参见钱某故意伤害案，检例第82号。

损失的，应当认为不法侵害尚未结束，可以实行正当防卫。防卫的时间可以一直延续到不法侵害人将其所取得的财物藏匿至安全场所为止，或者说可以延伸至追捕过程。但需要说明的是，对于财产型犯罪的延长时间防卫，由于不法侵害人对被害人不存在人身危险，不宜实施造成不法侵害人"死亡"这一严重后果的防卫。

又如，人身权利遭受犯罪行为侵害结束后，原则上不能实施正当防卫。但如果可以通过防卫避免更进一步的严重危害结果时，可以实施防卫行为。甲对乙实施严重伤害行为后，甲离开，乙血流不止，乙使用暴力殴打甲，要甲开车送其去医院治疗，乙的行为可以认为是正当防卫。

（4）事前安装具有杀伤性的防卫装置的行为，亦属防卫行为。

虽然防卫装置的设置时间较早，在不法侵害尚未发生时就已经安装了，但防卫装置起作用的时间是不法侵害正在进行时，符合防卫的时间条件。

类似的是，审判实务中，提前为防卫做好准备的，待不法侵害来临时再实施防卫行为的，也被认定为是防卫行为。例如，杨建伟故意伤害、杨建平正当防卫案中，彭某某与杨建伟兄弟二人并不相识，突发口角，彭某某扬言要找人报复时，杨建伟回应"那你来打啊"，该回应不能认定杨建伟系与彭某某相约打斗。行为人为防卫可能发生的不法侵害，准备防卫工具的，不必然影响正当防卫的认定。杨建伟在彭某某出言挑衅，并扬言报复后，准备刀具系出于防卫目的。彭某某带人持械返回现场，冲至杨建伟家门口拳击其面部，杨建伟才持刀刺向彭某某胸腹部，该行为是为了制止正在进行的不法侵害，应当认定为防卫行为。参见《最高人民法院、最高人民检察院、公安部关于依法适用正当防卫制度的指导意见》相关案例。

典型真题

关于正当防卫的论述，下列哪一选项是正确的？（2012年·卷二·7题）①

A. 甲将罪犯顾某扭送派出所途中，在汽车后座上死死摁住激烈反抗的顾某头部，到派出所时发现其已窒息死亡。甲成立正当防卫

B. 乙发现齐某驾驶摩托车抢劫财物即驾车追赶，2车并行时摩托车撞到护栏，弹回与乙车碰撞后侧翻，齐某死亡。乙不成立正当防卫

C. 丙发现邻居刘某（女）正在家中卖淫，即将刘家价值6000元的防盗门砸坏，阻止其卖淫。丙成立正当防卫

D. 丁开枪将正在偷越国（边）境的何某打成重伤。丁成立正当防卫

3. 条件三：主观条件，具有防卫意识。是指，防卫人对正在进行的不法侵害有明确的认识，并希望以防卫手段制止不法侵害，保护合法权益的心理状态。包括：

（1）防卫认识，认识到不法侵害正在进行，即看到有人在干坏事。

（2）防卫意志，防卫人出于保护国家、公共利益、本人或者他人的人身、财产和其他权利免受正在进行的不法侵害的目的，即你打坏人并不是为了泄愤，而是为了保护特定的利益。

[注意] 第一，"黑吃黑"的情况下仍然可以实施正当防卫。例如，甲运输毒品，乙

① 答案：B。

明知甲实施犯罪行为，认为自己"黑吃黑"，甲也不敢报案，就着手实施暴力抢劫甲的毒品，乙的行为属于不法侵害，甲能够进行正当防卫。如果允许"黑吃黑"存在，司法权在将来的行使就会受到影响，社会秩序就会受到破坏。

第二，偶然防卫能否成立正当防卫，存在不同观点。

偶然防卫，是指无防卫意识的行为，即行为人故意或者过失侵害他人法益的行为，偶然地符合了正当防卫的客观条件。例如，甲故意枪击乙时，此时乙刚好在瞄准丙实施故意杀人行为，但甲对乙的行为不知情，甲将乙杀害，但偶然地保护了丙——坏心办好事。

结果无价值论多认为偶然防卫不成立犯罪。理由：偶然防卫行为所造成的结果，在客观上被法律所允许，而且事实上保护了另一种法益，因此不成立犯罪。

行为无价值论认为，偶然防卫成立故意犯罪（通说观点）。理由：类似行为重复上演，就没有这么幸运了，出现好的结果，完全是偶然，对这类行为应予以规范。

例如，2016年卷二52. 甲、乙共同对丙实施严重伤害行为时，甲误打中乙致乙重伤，丙乘机逃走——甲误打中乙属偶然防卫，但对丙成立故意伤害罪未遂。

又如，2017年卷二53. 甲、乙合谋杀害丙，计划由甲对丙实施砍杀，乙持枪埋伏于远方暗处，若丙逃跑则伺机射杀。案发时，丙不知道乙的存在。为防止甲的不法侵害，丙开枪射杀甲，子弹与甲擦肩而过，击中远处的乙，致乙死亡——如果认为正当防卫主观上必须有防卫意识，本案中，丙射杀乙并没有防卫意识，就不成立正当防卫；如果认为正当防卫主观上不需要有防卫意识，丙在客观上射杀了不法侵害人乙，则丙的行为成立正当防卫。

4. 条件四：对象条件。针对不法侵害人本人。

（1）可以针对不法侵害人的人身进行防卫，也可以针对不法侵害人的财产进行正当防卫。

例如，2016年卷二6. B. 为制止正在进行的不法侵害，使用第三者的财物反击不法侵害人，导致该财物被毁坏的，对不法侵害人不可能成立正当防卫——错误，只要是针对"不法侵害人"本人（人身或财产）实施防卫行为，均可以成立正当防卫。当然，本案中，行为人借他人之力来与不法侵害作斗争，损害了第三者的利益（财物），也可谓紧急避险。本案系正当防卫与紧急避险的竞合。

（2）防卫行为必须在客观上能被视为是犯罪的客观行为。行为在客观上根本不可能被视为犯罪的行为时，可以直接否认犯罪的成立，不需要利用正当防卫这一违法阻却事由。

例如，甲进入乙的家里盗窃，乙发现后喊了一声"谁"，就把甲给吓跑了，乙的这种行为虽然制止了不法侵害，但不能认为是正当防卫行为。

5. 条件五：限度条件，没有"明显"超过必要限度造成重大损害。

（1）正当防卫的"限度"要求要宽于紧急避险的"限度"要求。

正当防卫所造成的侵害可以小于、等于、适当大于不法侵害行为所造成的损害。正当防卫针对的对象是"不法侵害人"，立法上对其限度没有进行特别严格的限制。但相比较的是，紧急避险行为损害的是"无辜第三者"的利益，立法对其限度要求就更为严格。

（2）防卫行为是否过当，应以防卫人当时的立场进行判断，而不应以一个冷静的第三人的事后立场看。

要立足防卫人防卫时的具体情境，综合考虑案件发生的整体经过，结合一般人在类似情境下的可能反应，依法准确把握防卫的时间、限度等条件。要充分考虑防卫人面临不法侵害时的紧迫状态和紧张心理，防止在事后以正常情况下冷静理性、客观精确的标准去苛刻地评判防卫人。

实践中，个别案件的处理结果与社会公众的认知出现较大偏差，很大程度上是由于办案人员脱离防卫场景进行事后评判，而没有充分考虑防卫人面对不法侵害时的特殊紧迫情境和紧张心理。这就势必导致对正当防卫的认定过于严苛，甚至脱离实际。因此，必须坚持一般人的立场作事中判断，即还原到防卫人所处的具体情境，设身处地思考“一般人在此种情况下会如何处理”，坚持综合判断原则，不能对防卫人过于严苛，不能强人所难，更不能做“事后诸葛亮”。

2018年法考真金题：甲、乙二人是水果摊主，因琐事发生矛盾，甲用水果刀捅乙，乙顺手抄起一个扁担打甲的腿部，甲倒在地上，乙担心甲起来继续伤害自己，用扁担猛击甲的头部数下，导致甲重伤抢救无效死亡。后经查明，甲第一次倒地后已经昏迷——该案中，乙的行为成立正当防卫。虽然甲第一次已经被乙打倒，但甲手持“水果刀”而乙仅持扁担，乙即便第一次将甲打昏，为了防止甲的继续侵害而再次用扁担击打甲，是可以理解的。当然，也有观点认为，既然不法侵害已经结束，就不宜再实施正当防卫。但是，从当前对公民防卫权扩张解释，以及对防卫者当时的紧张、恐惧的角度看，肯定正当防卫似乎更妥当。

（3）防卫过当的判断应坚持整体判断标准。防卫行为是否明显超过必要限度造成重大损害，应以防卫行为所造成的最终结果来评价，而不应以防卫行为当时造成的结果作为判断防卫行为是否过当的标准。

例如，2013年卷二7. 甲对正在实施一般伤害的乙进行正当防卫，致乙重伤（仍在防卫限度之内）。乙已无侵害能力，求甲将其送往医院，但甲不理会而离去。乙因流血过多死亡——本案中，虽然当时仅造成了重伤，似乎在限度之内，但最终造成了死亡结果，应整体评价为防卫过当。

（4）明显超过必要限度、造成重大损害，二者同时具备，才能认定为是防卫过当。

认定防卫过当应当同时具备“明显超过必要限度”和“造成重大损害”两个条件，缺一不可；判断是否“明显超过必要限度”，要立足防卫人防卫时所处情境，结合社会公众的一般认知作出判断；“造成重大损害”是指造成不法侵害人重伤、死亡。造成轻伤及以下损害的，一般认为不属于重大损害。

质言之，防卫行为是否过当，不能唯结果论。行为与结果的同时过当，才能认定为是防卫过当。

第一，行为过当，但结果不过当，仍属正当防卫。例如，甲赤手空拳殴打乙，乙完全可以打败甲，但乙掏出手枪朝甲射击，未能击中甲，甲逃离。乙的行为不属于防卫过当。

第二，行为适当，但结果过当的，仍属正当防卫。例如，在车流量多的街道，甲抓住乙欲殴打乙，乙推了甲一把，导致甲倒地，撞上来往的车辆而身亡。乙的行为没有过当，但结果似乎过当了，仍然成立正当防卫。

第三，行为过当，且结果过当的，属于防卫过当。例如，甲用木棍殴打乙，乙完全有能力打败甲，但乙却掏出手枪直接将甲击毙，乙的行为属于防卫过当。

第四，对于非暴力犯罪，但属于持续性的侵害（如传销组织对他人的持续拘禁），对被害人造成了很大的精神压力的，即便造成不法侵害人死亡而逃跑的，仍然成立正当防卫。例如，传销组织的成员甲，关押大学生乙长达 2 个月之久，乙精神几近崩溃，杀害甲后逃离关押地点，乙的行为仍有成立正当防卫的余地。

［实务案例］盛春平正当防卫案。该案中，多名传销组织人员对盛春平实施人身控制，盛春平在多次请求离开被拒并遭唐某某等人逼近时，拿出随身携带的水果刀予以警告，同时提出愿交付随身携带的钱财以求离开，但仍遭拒绝。其后，又有多名传销人员来到客厅，其中成某某等人陆续向盛春平逼近，并意图夺刀。此种情形下，盛春平持刀挥刺，划伤成某某右手腕及左颈，刺中成某某的左侧胸部，致心脏破裂。成某某受伤后经住院治疗，已经出院，但未遵医嘱继续进行康复治疗，导致心脏在愈合过程中继续出血，最终于出院一周后因心包填塞而死亡。法院认定为正当防卫。参见《最高人民法院、最高人民检察院、公安部关于依法适用正当防卫制度的指导意见》相关案例。

（二）特殊防卫（无过当防卫）

《刑法》第 20 条第 3 款：对正在进行行凶、杀人、抢劫、强奸、绑架以及其他严重危及人身安全的暴力犯罪，采取防卫行为，造成不法侵害人伤亡的，不属于防卫过当，不负刑事责任。

1. 前提条件。

（1）必须针对暴力犯罪。不法侵害是使用和平方式如投毒杀人、麻醉方式实施的抢劫等，则不能实施特殊防卫。

（2）这些犯罪严重危及人身安全。暴力犯罪一般性地危及人身安全的，即造成死亡或者严重的重伤的危险性并不紧迫时，不属于严重危及人身安全。例如，行为人以抢劫故意采用麻醉方法取得他人财物的，属于抢劫罪，但这种行为并非严重危及人身安全的暴力犯罪，对之进行防卫的，不适用特殊正当防卫的规定。

（3）暴力犯罪不限于刑法所列举的行凶、杀人、抢劫、强奸，还包括其他的任何可能严重危及人身安全的犯罪。例如，武装叛乱、武装暴乱、暴力劫持航空器、暴力劫持船只、汽车等直接严重危及人身安全的犯罪。

2. 性质：法律注意规定。

（1）关于特殊防卫的性质的不同观点。

一种观点认为（通说的观点），这一规定属于法律注意规定。即这种行为本来就是正当防卫行为，立法者为了突出强调又重申一次。根据这一观点，特殊防卫并不“特殊”，其属于正当防卫，仍然需要符合正当防卫的各项成立条件。

另一种观点认为，这一规定属于法律拟制规定。认为这是立法者将本不属于正当防卫的行为（过当行为），特别拟制为属于正当防卫。

（2）特殊防卫的立法理由：防止防卫过当认定中的纯结果导向。

以往司法实践中，对于防卫行为，一旦造成不法侵害人死亡的案件，司法人员为了平息死者家属的情绪，多将本该属于正当防卫的行为认定为防卫过当，此种做法明显背离了法治。也正基于此，1997 年刑法重申，对于特殊防卫行为，针对严重暴力犯罪，造成不法侵害人伤亡的，本来就是符合正当防卫的行为，绝对不能以缓和死者（不法侵害人）家属的情绪之需要而将之认定为防卫过当。

2020 年 9 月 3 日，最高人民法院、最高人民检察院、公安部《关于依法适用正当防卫制度的指导意见》指出，对于符合正当防卫成立条件的，坚决依法认定，切实矫正“谁能闹谁有理”“谁死伤谁有理”的错误倾向，坚决捍卫“法不能向不法让步”的法治精神。实践中，“人死为大”的观念在社会上仍然根深蒂固。电梯劝阻吸烟猝死、私自爬树摘杨梅坠亡等事件之所以会成为诉讼案件，明显是受到这一观念的影响；有的涉正当防卫案件在处理时之所以出现偏差甚至严重失当，也与此有关。这种不问是非、不分对错一味强调“人死为大”的观念显然与法治原则不相符。

3. 防卫限度的理解。针对严重危及人身安全的暴力犯罪，防卫人采取正当防卫对不法侵害人造成的最严重的损害后果可以是死亡，但这并不意味着防卫行为可以不受任何约束。当暴力侵害的现实危险性降低至不足以致人重伤、死亡的程度时，防卫人不得采取致命的防卫手段伤害不法侵害人并致其死亡，否则，应当认定为防卫过当并追究责任。

［经典案例：昆山反杀案］2018年8月27日晚，江苏省昆山市震川路与顺帆路交叉路口发生一起命案，一辆宝马车驶入非机动车道险些与一辆自行车剐蹭，宝马车驾驶人刘海龙持刀追砍骑车男子于海明，之后刘海龙反被砍身亡。9月1日，昆山市公安机关认为，于海明的行为属于正当防卫、不负刑事责任，对此案作出撤销案件决定。公安机关依法撤销于海明案件的主要理由包括：

（1）刘海龙的行为属于刑法意义上的“行凶”。根据刑法第二十条第三款规定，判断“行凶”的核心在于是否严重危及人身安全。司法实践中，考量是否属于“行凶”，不能苛求防卫人在应急反应情况下作出理性判断，更不能以防卫人遭受实际伤害为前提，而要根据现场具体情景及社会一般人的认知水平进行判断。本案中，刘海龙先是徒手攻击，继而持刀连续击打，其行为已经严重危及于海明人身安全，其不法侵害应认定为“行凶”。

（2）刘海龙的不法侵害是一个持续的过程。纵观本案，在同车人员与于海明争执基本平息的情况下，刘海龙醉酒滋事，先是下车对于海明拳打脚踢，后又返回车内取出砍刀，对于海明连续数次击打，不法侵害不断升级。刘海龙砍刀甩落在地后，又上前抢刀。刘海龙被致伤后，仍没有放弃侵害的迹象。于海明的人身安全一直处在刘海龙的暴力威胁之中。

（3）于海明的行为出于防卫目的。本案中，于海明夺刀后，7秒内捅刺、砍中刘海龙的5刀，与追赶时甩击、砍击的两刀（未击中），尽管时间上有间隔、空间上有距离，但这是一个连续行为。另外，于海明停止追击，返回宝马轿车搜寻刘海龙手机的目的是防止对方纠集人员报复、保护自己的人身安全，符合正当防卫的意图。

类似案件，在审判实践中一般难以认定正当防卫，审判实务中，一旦出现了不法侵害人死亡的案件，防卫人都会承担一定的刑事责任，正当防卫被过度地严格限制适用。审判实务的既往做法在相当程度上是背离了正当防卫的设置初衷，不当地限制了公民的防卫权。本案司法机关在“舆论”的“支持”下勇敢地认定了正当防卫，其积极意义是值得肯定的，为未来正确认定正当防卫树立了典范。

典型真题

关于正当防卫的说法，下列正确的有？（2019年真金题·6题）①

① 答案：AC。

A. 父亲撞见歹徒持刀抢劫女儿，与歹徒发生激斗，最终将歹徒反杀，父亲的行为成立正当防卫

B. 身材高大的郑某深夜在家中听到厨房有动静走去一看，发现一身材瘦小的小偷吴某正试图从窗口爬进他家盗窃，下半身还卡在窗外，于是拿起菜刀把吴某砍成重伤。郑某成立正当防卫

C. 某男与妻子在河边散步，并坐在河边玩手机游戏，后其妻失足跌入水中并大声呼叫，而某男一直沉迷游戏充耳不闻，其妻淹死，某男成立故意杀人罪（不作为犯）

D. 李某驾驶机动车把周某撞伤，情况危殆，车也坏了不能动。为了尽快将重伤的周某送去医院，李某拦住了王某的车，要求王某帮忙送医院，王某拒绝。情急之下，李某将王某打致重伤并抢走车辆将周某送去医院，李某成立正当防卫

二、紧急避险

《刑法》第21条：为了使国家、公共利益、本人或者他人的人身、财产和其他权利免受正在发生的危险，不得已采取的紧急避险行为，造成损害的，不负刑事责任。

紧急避险超过必要限度造成不应有的损害的，应当负刑事责任，但是应当减轻或者免除处罚。

第一款中关于避免本人危险的规定，不适用于职务上、业务上负有特定责任的人。

（一）成立条件

1. 起因条件：合法权益面临现实危险。

（1）危险的来源：大自然的自发力量造成的危险；动物的袭击造成的危险；疾病、饥饿等特殊情况形成的危险；人的危害行为造成的危险等。

例如，2016年卷二6. C. 为摆脱合法追捕而侵入他人住宅的，考虑到人性弱点，可认定为紧急避险——错误，对于他人的合法行为，因无危险可言，所以不能主张紧急避险以保护其利益。

（2）假想避险。不存在面临的现实危险，行为人误以为存在危险，进而对无辜的第三者实施了避险行为。对于假想避险，有过失的按过失犯罪，无过失的按意外事件处理。

例如，甲拿刀正准备杀鸡，乙以为甲是来杀自己的，推倒正在骑摩托车的吃瓜群众丙，造成丙轻伤，乙骑上该摩托车逃跑。乙的行为成立假想避险。

（3）紧急避险，原则上不适用于职务上、业务上有特定责任的人。

例如，警察、消防人员，这些人在面临罪犯的不法侵害或危险时，一般认为，不能为了自己的利益进行紧急避险，必须面对，这是基于其特定的职务、业务要求。当然，法律亦不能强人所难，如果面临太大、无法面对的危险，这类有特定责任的人，也可以实施紧急避险。

2. 时间条件：危险正在发生。

3. 对象条件：损害了无辜第三者的利益。

例如，2016年卷二6. D. 为保护个人利益免受正在发生的危险，不得已也可通过损害公共利益的方法进行紧急避险——正确。紧急避险是以损害无辜第三者的利益来避免自己面临的危险，其中，无辜第三者的利益包括国家的利益。例如，行为人面临歹徒的追杀，

情急之下夺过警察的摩托车就跑，造成摩托车（公共财产）损毁，成立紧急避险。

4. 限制条件：出于不得已损害另一法益。当既可以采取正当防卫，又可以采取紧急避险的情况下，不能实行紧急避险，应优先适用正当防卫。因为紧急避险是侵害了无辜的第三者的利益，适用的时候应该更加受到限制。

5. 主观条件：必须有避险意识，即行为人要认识到自己是为了挽救合法权益进行避险。"避险意识"包括避险认识和避险意志：

（1）避险认识：认识到危险正在发生。即行为人认识到国家、公共利益、本人或者他人的人身、财产和其他权利面临正在发生的危险，认识到只有损害另一较小合法权益才能保护较大的合法权益。

（2）避险意志：出于保护特定利益的目的而损害了其他利益。行为人出于保护国家、公共利益、本人或者他人的人身、财产和其他权利免受正在发生危险的目的。

偶然避险：是指行为人主观上无避险意识，行为符合紧急避险的客观要件的行为。例如，甲故意砸破乙的车窗（无避险意识），但乙的孩子丙被闷在车内（丙自己玩耍被关在车内），甲的行为偶然地保护了丙。对于偶然避险，理论上通说观点认为成立犯罪（行为无价值论的观点），另一种观点认为不成立犯罪（结果无价值论的观点）。

需要说明的是，刑法学者一般对相同问题采纳相同的立场。例如，某一学者，如果认为正当防卫不需要防卫意识，偶然防卫也成立正当防卫，那么，对紧急避险也应认为不需要避险意识，偶然避险也属于紧急避险。

6. 限度条件：必须没有超过必要限度造成不应有的损害。

（1）原则上，所造成的损害"不超过"所避免的损害，并且，所造成的损害也只是足以排除危险所必需的限度，但仍然需要具体判断。

例如，在发生森林火灾之际，为了防止火灾蔓延，不得已砍伐树木形成隔离带时，根据当时情况，只要有 10 米的隔离带即可，但甲却下令大量砍伐树木形成 50 米的隔离带——虽然所保护的森林面积远远大于所砍伐的森林面积，但仍然可以认为避险行为超过了必要限度，系避险过当。

（2）不得已损害同等法益的，也不一定超过了必要限度，这种行为充其量只能认为没有实质意义。如果避险行为造成的损害太大，所谓的"保护法益"将变得没有意义。

（二）正当防卫与紧急避险的区别

	正当防卫	紧急避险
起因条件	人为的不法侵害	危险来源多样：包括自然力破坏、动物侵袭、人生理病理造成的危险以及人所实施的违法犯罪行为
限制条件	并无不得已的规定	不得已而为之（更严格）
对象条件	不法侵害者本人（人身或财产）	无辜的第三人的合法权益
限度条件	可以等于或者大于不法侵害可能造成的损害，只要不过于悬殊	通常情况下，所造成的损害必须小于或等于所避免的损害（更严格）
主体条件	行为主体范围上无特殊限制	一般认为，不包括职务、业务上负有特定责任的人

2018年真金题：甲的邻居乙家中着火，甲便冲入乙家救火。因火势太大，甲无法将位于乙家中的婴儿丙（1岁）带出，甲便将丙从二楼窗户扔下。后甲自己从大火中逃出，赶紧将被摔伤的丙送往医院，最终造成丙轻伤——甲不属于紧急避险。紧急避险是排除犯罪性事由，即客观上符合犯罪构成要件，但不构成犯罪。本案中，甲并没有创造不被法律所允许的风险，相反，甲降低了丙的风险。再者，紧急避险是将风险转嫁给无辜的第三者，本案中，小孩子本身就是面临风险的人，并不是把小孩的风险转嫁给了其他无辜的第三者。

典型真题

鱼塘边工厂仓库着火，甲用水泵从乙的鱼塘抽水救火，致鱼塘中价值2万元的鱼苗死亡。仓库中价值2万元的商品因灭火及时未被烧毁。甲承认仓库边还有其他几家鱼塘，为报复才从乙的鱼塘抽水。关于本案，下列哪一选项是正确的？（2015年·卷二·4题）①

A. 甲出于报复动机损害乙的财产，缺乏避险意图

B. 甲从乙的鱼塘抽水，是不得已采取的避险行为

C. 甲未能保全更大的权益，不符合避险限度要件

D. 对2万元鱼苗的死亡，甲成立故意毁坏财物罪

三、其他违法性阻却事由

（一）正当业务行为

正当业务的行为是指，虽然没有法律、法令、法规的直接规定，但在社会生活上被认为是正当的业务上的行为。包括：

1. 职业性的体育活动。只要遵守了正常的规则，即便造成了人员伤亡，也不认为是犯罪，如拳击运动。

2. 医疗行为。如医生割病人的腿、器官。治疗行为在医学上是被承认的方法，其实质是具有安全性、有效性与必要性；必须有患者的承诺或推定的承诺；必须以医治疾病为目的。人体实验不属于正当业务行为。

3. 律师的辩护行为。为了帮助当事人辩护，可能会揭发被害人的隐私，也不宜以犯罪论处。

4. 正常的新闻报道。如记者为了揭露违法犯罪行为，通过非正常拍摄手段，如暗访、卧底等。

（二）被害人承诺

被害人承诺（同意）是指，基于被害人允许他人侵害自己可支配的权益的承诺而实施的阻却犯罪的损害行为，其对于行为人的刑事责任的承担具有重要意义，可以降低行为的可责性，甚至可以排除行为人的违法性。

1. 承诺者对被侵害的法益具有处分权。

被害人仅能承诺个人利益，被害人对于个人以外的利益如国家、公共、社会利益无承

① 答案：B。

诺权。个人利益的犯罪主要是指刑法分则侵犯财产罪，侵犯公民人身权利、民主权利罪中的部分犯罪。

第一，对财产的承诺没有限制。

第二，对人身权利的承诺仅限于轻伤以下的，人身自由也可以承诺。

第三，名誉可以承诺。实践中有的明星特意雇用一些人来炒作自己的绯闻，炒作者不成立侮辱、诽谤罪。

2014 年卷二 61. D. 甲经过犯罪嫌疑人乙的同意，毁灭了对乙有利的无罪证据，成立帮助毁灭证据罪。

2015 年卷二 86. 甲送给国有收费站站长吴某 3 万元，与其约定：甲在高速公路另开出口帮货车司机逃费，吴某想办法让人对此不予查处，所得由二人分成。后甲组织数十人，锯断高速公路一侧隔离栏、填平隔离沟（恢复原状需 3 万元），形成一条出口。路过的很多货车司机知道经过收费站要收 300 元，而给甲 100 元即可绕过收费站继续前行——锯断隔离栏的行为，即使得到吴某的同意，也构成故意毁坏财物罪，这是公共财产。此外，锯断隔离栏属破坏交通设施，危及交通安全时，还触犯破坏交通设施罪。

2. 承诺者必须对所承诺的事项的意义、范围具有理解能力。

（1）幼儿、精神病人的承诺无效。

（2）未成年人具有与其年龄相当的承诺能力。例如，17 周岁的人对自己的财物具有承诺能力，但对出卖自己的器官没有承诺能力。摘取不满 18 周岁的人的器官的行为，成立故意伤害罪。

3. 承诺必须出于被害人的真实意志，戏言性的承诺、基于强制或者威压做出的承诺，不阻却违法性。

（1）承诺动机错误，承诺仍然有效。（没人逼你，没人骗你，你的承诺是自由意志选择的结果，侵害人的行为不构成犯罪）

例如，妇女以为与对方发生性关系，对方便可以将其丈夫从监狱中释放，但发生性关系后，对方并没有释放其丈夫。此种情形下不能认为违背了妇女的意志自由，行为人的行为不成立强奸罪。根据"法益关系错误"说，妇女的错误仅仅与承诺的动机有关，故不影响其承诺效力，对方的行为不成立强奸罪——骗得不够狠，就算这样被骗，被害人也完全可以不放弃权利的，即被害人有自由选择权。

（2）因受骗而承诺的，承诺无效。（侵害人的行为成立犯罪）

即如果因为受骗而对所放弃的法益的种类、范围或者危险性发生了错误认识（法益关系的错误，重大错误），其所做出的承诺则无效。

例如，行为人冒充妇女的丈夫实施奸淫行为时，黑夜中的妇女以为对方是自己的丈夫而同意发生性关系的，其承诺无效。此种情形下，违背了妇女的意志自由，应以强奸罪论处——骗得够狠，如果被骗内容属实的话，一般被害人面临这样的情境，都会同意。

（3）"承诺动机错误"与"受骗的承诺"区分的案例。

［案例一］甲为灾民募捐，一般人捐款几百元。富商经过募捐地点时，甲称："不少人都捐 1、2 万元，您多捐点吧。"富商信以为真，捐款 2 万元——甲的行为不构成犯罪，

理由：富商的财产原计划是给灾民，最终也是给了灾民，这个方向并没有错。①

[案例二] 甲假装为灾民募捐，收到巨额捐款后，将该款项据为己有。甲的行为构成诈骗罪，理由：捐助者原计划是将款项交给灾民，但却被甲拿走了，方向错了。

[案例三] 甲欺骗乙说："把你的肾捐出来吧，我会移植给你喜爱的明星丙。"但甲事实上将该肾捐给了其讨厌的丁。甲的行为构成故意伤害罪，理由：方向错了，原计划乙的肾是给丙，但事实上给了丁。

[案例四] 电梯司机甲在被害人乙进入电梯后，突然将电源关闭，谎称电梯事故，使被害人乙同意自己被关在电梯内，甲仍然成立非法拘禁罪。理由：方向错了，乙原以为自己的自由被限制、剥夺是因为电梯故障，但实际上是甲"偷走了"乙的自由。

4. 必须存在现实的承诺。

(1) 只要被害人具有现实的承诺，即使没有表示于外部，也是有效的承诺。

(2)"推定的承诺"也视同现实的承诺。

现实上没有被害人的承诺，但如果被害人知道事实真相后当然会承诺，在这种情况下，推定基于被害人的意志所实施的行为，就是基于推定的承诺的行为。行为人基于推定的承诺实施了有利于他人的行为，即使他人事后反对，也认为是符合推定的承诺，不构成犯罪。

例如，在钱某家发生火灾之际，乙独自闯入钱某的住宅搬出贵重物品，保护了钱某的财产。即便事后钱某对乙的行为表示反对，但乙是基于一个善良人的立场推定其行为当时钱某应该会"承诺"让其这样做，乙的行为不构成犯罪。

5. 承诺至迟必须存在于结果发生时。事后承诺无效，如果可以事后承诺的话，国家追诉权会受到被害人意志的左右。

例如，甲违反妇女乙的意志实施了强奸行为，甲被司法机关刑事拘留后，乙事后同意与甲之前的性行为，如果认为乙的事后承诺有效，甲就会被释放，国家对甲的追诉取决于乙的不同意，这显然是不合适的。

此外，如果被害人的"承诺"存在反复的，以行为时最后一次承诺为准。

例如，甲女同意与乙男在下周末发生性关系，但两天后又反悔，而乙坚持要求甲履行承诺，强行与甲发生性关系的，成立强奸罪。

6. 承诺的对象是符合构成要件的事实。包括对结果、行为主体、行为方式的同意，如果没有同意，则不能阻却行为的犯罪性。

(1) 同意的对象错误，构成犯罪。在被害人错以为他人是自己的丈夫或者情人而同意

---

① 德国巴伐利亚州高等法院曾处理过一起案件：被告人在向被害人征集捐款时，向后者展示了他伪造的其他人捐款数目的名单，以激起被害人的攀比欲，后者果真支付了高额捐款（"攀比捐款案"）。法院判决该案成立诈骗罪，理由是造成了被害人的经济损失，如果被告人不展示那个名单，被害人就不会支付这么高的捐款。这一建立在经济的财产说上的判决，遭到了主流学说几乎一致的抵制。例如，德国学者拉克纳（Lackner）即指出，诈骗罪并不保护财产权人的攀比欲望，被害人在攀比捐款案中完全是自我答责的。

因此，仅当被告人没有将捐款用于正当救济的目的，而将之据为己有，也就是说，捐助的"社会目的"未能兑现，进而使得捐助者的捐助行为在客观上失去应有意义时，才能成立诈骗罪。此即德国刑法界主流学说中所谓的目的失败论（Zweckverfehlungslehre）。依照这种目的失败论，尽管被害人发生了经济财物上的价值减少，也有可能不构成诈骗罪，因为被害人对财物价值减少是有意识的；仅当捐助、补助的社会目的失败时，才能否定被害人在处分财产上的自我答责，进而认定诈骗罪。

与其发生性关系的时候，尽管被害人对侵害自己性自由的结果表示了同意，但由于这种同意是针对特定行为主体（被害人的丈夫或者情人）发出的，因此，行为人的行为构成强奸罪。

（2）对结果没有同意，不能认为已经承诺，相对方的行为构成犯罪。

例如，乙、丙、丁都认识到甲醉酒驾驶机动车，却仍然坐在甲驾驶的机动车上，甲过失导致事故，乙、丙、丁3人均受重伤。如果说同意的对象只是“行为”就可以了，那么，既然被害人乙、丙、丁同意了甲醉酒驾驶行为，甲对3人的重伤便不负刑事责任，因而不成立交通肇事罪（或过失致人重伤罪），仅成立危险驾驶罪。但是，如果认为同意的内容必须包含“结果”，由于乙、丙、丁只是同意了醉酒驾驶的行为，而没有同意重伤的结果，所以，甲要承担交通肇事罪（或过失致人重伤罪）的刑事责任，这是通说的观点。

又如，当杂技演员向美女身旁投掷飞刀时，美女只是接受了危险，而不会容忍飞刀刺中自己的身体。被害人只是同意了危险行为，并没有同意实害结果的发生，因而不能认为被害人放弃了自己的法益。①

（三）自救行为

1. 概念：法益受到侵害的人，在通过法律程序、依靠国家机关不可能或者明显难以恢复的情况下，依靠自己的力量救济法益的行为。

例如，盗窃罪的被害人，在盗窃犯即将毁损物品或者逃往外地等场合，来不及通过司法机关挽回损失，使用暴力等手段迅速从盗窃犯手中夺回财物的，属于自救行为，不构成犯罪。

2. 正当防卫行为与自救行为的差异。

（1）正当防卫：针对“正在进行”的不法侵害采取的“自卫”行为，是防卫性质（场内自救）。

（2）自救行为：在法益“已经受害”后运用自己的力量“恢复其权益”的行为，是自救性质。即自救行为不符合正当防卫的“当场性”时间要件，而是“事后”（场外自救）。

（四）义务冲突

1. 概念：存在两个以上不兼容的义务，为了履行其中的某种义务，而不得已不履行其他义务的情况。但是，行为人必须履行其中的一个义务，否则便成立犯罪。

例如，律师为了在法庭上维护被告人的法益，不得已泄露他人的隐私。

又如，甲自己的两个小孩均溺水，甲在当时的情况下只有能力救其中一个，如果甲救了其中的一个而不能救另外一个，则属于义务冲突，不构成犯罪。但如果甲最后考虑一个也不救，成立不作为犯的故意杀人罪。

2015年卷二52. C. 甲在火灾之际，能救出母亲，但为救出女友而未救出母亲。如无排除犯罪的事由，甲构成不作为犯罪——理由在于：对女友没有法定的救助义务，只是有道德上的救助义务，而对于母亲则是法定的救助义务。换言之，这两种义务之间并不存在冲突，因为法定的救助义务应优先于道德上的救助义务而履行。

① 张明楷：《刑法学中危险接受的法理》，《法学研究》2012年第5期。

2. 如果义务冲突是由负有义务的人造成，则不能将义务冲突作为违法阻却事由。

例如，夜晚值班的医生甲擅离职守，第一个受伤者A被送到医院半个小时后，甲才回到值班室，此时另一受伤者B被送到医院。此种情形下，甲只能救助其中一人，而无法同时救助两人。但这种义务冲突是甲擅离职守造成的，原本只要半个小时就可以抢救受伤者A，不会形成义务冲突。

（五）危险接受

1. 自己危险化的参与。被害人的行为是导致侵害结果发生的直接原因，或者说，被害人自己“支配”了结果的发生，行为人的行为不构成犯罪。

例如，在校大学生甲、乙、丙相约来到一河边渡口游泳，丙提出到水最深的地方看河水到底有多深，甲、乙表示同意。因害怕危险，3人决定手牵手试水，由于3人手未拉稳，乙、丙2人被水冲至沙滩边后获救，甲沉入水中死亡。本案中，3人牵手试水的行为，对各自都是一种危险行为，甲、乙、丙的行为均不构成犯罪。

2. 基于合意的他者危险化。即危害结果的掌控权不在被害人支配之下，行为人支配了结果，仍然应以犯罪论处。

例如，甲与乙（女）冬天驾驶轿车到某水库南侧游玩。为了近距离观赏野鸭子，甲查看冰层约有30公分，又在冰面上向前走了大约七八十米，便提议驾车穿过冰面到对岸，乙表示同意。甲即驾驶该车载乙向水库北岸行驶，当车行至河岔中心偏北侧时，汽车落入冰下水中，乙溺水死亡——甲的行为构成过失致人死亡罪，因为危险完全掌控在甲手中，甲的过失行为支配了侵害结果的发生。

［结论］谁支配、控制风险，谁对危害结果承担责任。自己参与了风险的支配，自己负责。

专题九

故意犯罪的停止形态

知识体系

- 故意犯罪的停止形态
  - 犯罪预备
    - 预备犯的成立条件
    - 预备犯和犯意表示的区别
    - 犯罪预备与犯罪未遂的区分
    - 预备行为实行化
  - 犯罪未遂
    - 犯罪未遂的成立条件
    - 未遂犯的类型
  - 犯罪中止
    - 成立条件
    - 犯罪中止的主要表现
    - 犯罪中止与犯罪未遂的主要区别
    - 中止犯的刑事责任

相关法理

故意犯罪的停止形态是指犯罪进行过程中停止下来的不同形态，不同的停止形态，反映了行为人的主观恶性及客观危害性的不同，处罚原则也各不相同。因此，弄清具体的犯罪停止形态有利于更清楚地界定犯罪，进而更好地定罪量刑。

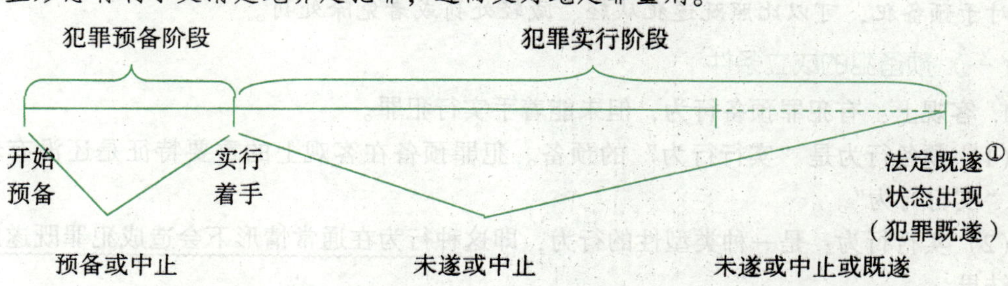

1. 犯罪停止形态是针对直接故意犯罪而言的。

① 犯罪行为结束与犯罪既遂结果的出现，通常情况下是同步的。例如，开枪射击被害人，枪击行为结束，被害人当场死亡。但有的犯罪，犯罪行为结束与既遂结果出现之间可能会存在时间差，例如，以投毒的方式致他人死亡，投毒行为结束之后，被害人可能还要经过一两个小时才会死亡，犯罪行为结束与死亡结果出现之间就存在时间差。图中的虚线就是表明，有的犯罪可能在犯罪行为结束与既遂结果出现之间有时间差。在这段时间内，既遂结果出现前，行为人主动防止既遂结果发生的，仍然可能成立犯罪中止。

（1）一般认为，间接故意犯罪、过失犯罪，必须造成结果才能定罪处罚，没有造成结果的不处罚，也就不存在犯罪未遂、中止等未完成形态。

（2）犯罪停止形态不具有可转换性，即这种停止不是暂时性的停顿，而是结局性的停止，如成立既遂后不可能再回到中止。

历年真题中经常出现，盗窃、抢夺他人财物既遂之后，又将财物返还他人的，也不成立犯罪中止。但同时需要明白的是，出现了任何一种犯罪停止形态（预备、未遂、中止、既遂），都不可能再回到其他犯罪停止形态，从这一意义上看，犯罪停止形态具有不可转换性。

2003 年卷二 42. C. 丙对仇人王某猛砍 20 刀后离开现场。2 小时后，丙为寻找、销毁犯罪工具回到现场，见王某仍然没有死亡，但极其可怜，即将其送到医院治疗——本案中，丙当时没有杀死人，但其已经停止犯罪，主观上也认为犯罪已经结束，就是犯罪未遂。即便后续再次回来，也不可能再成立犯罪中止。除非另外实施了一个新的犯罪行为，对新的犯罪行为可成立犯罪中止。①

2. 对于一个具体的犯罪行为而言，只要出现了任何犯罪停止形态，都不可能出现其他犯罪停止形态。

就同一起犯罪而言，不可能并存两个犯罪形态，犯罪形态之间是排斥关系，而非并存关系。例如，出现了犯罪既遂形态，不可能回到犯罪中止；出现了犯罪未遂，也不可能再出现犯罪既遂。犯罪停止形态的要件是：

（1）主观上：犯意消除。行为人"自认为"自己的犯罪行为实施完毕了（如自己停止下来，或者被他人制止后停止下来），结果也出现了或者不可能继续向前发展，事态不会继续向前发展。

（2）客观上：行为人的行为停止了。

一、犯罪预备

《刑法》第 22 条：为了犯罪，准备工具、制造条件的，是犯罪预备。

对于预备犯，可以比照既遂犯从轻、减轻处罚或者免除处罚。

（一）预备犯的成立条件

1. 客观上：有犯罪预备行为，但未能着手实行犯罪。

（1）预备行为是"实行行为"的预备。犯罪预备在客观上的重要特征是还没有着手实施"实行行为"。

（2）实行行为：是一种类型性的行为，即这种行为在通常情形下会造成犯罪既遂所要求的结果。

① 理由：例如，甲在现场着手对乙实施杀害行为，犯罪行为在实行阶段形成被害人没有死亡的结局，该结局的出现事实上违背行为人的本意，所以甲成立犯罪未遂。在甲离开现场的当时，故意杀人未遂的结局已经出现。在该结局"固定"下来之后，即使甲事后回到现场因为同情而将被害人送到医院，也不能成立另外的结局（犯罪中止形态），而只属于犯罪未遂结局出现之后的悔罪行为。对于甲将乙送医院的行为，在量刑时作为酌定从轻处罚的情节加以考虑。

类似的真题是：2014 年卷二 54. D. 甲、乙共同杀害丙，以为丙已死，甲随即离开现场。一个小时后，乙在清理现场时发现丙未死，持刀杀死丙。本案中，甲、乙的第一个行为成立故意杀人罪未遂，后来乙的行为单独成立一个新的犯罪，故意杀人罪既遂，乙实施了两罪。

例如，用刀杀人行为就是故意杀人罪的实行行为，因为用刀总是能够杀死人。但为了杀人犯罪，前往犯罪地点或者准备犯罪工具，不具有法益侵害的紧迫性，因此，不属于实行行为，而是预备行为。

又如，劝他人坐飞机，通常不可能导致被害人死亡，因此，不是类型化的行为，不是实行行为，不构成犯罪。

再如，基于杀人的故意，劝说他人雨天在树林里漫步，希望被害人被雷劈死，果然造成被害人死亡的，这种“劝说”行为不是实行行为。因为劝说行为本身不具有导致他人死亡的通常性、类型性。

2. 未能着手实行犯罪是由于犯罪分子意志以外的原因。

（二）预备犯和犯意表示的区别

1. 犯意表示不成立预备犯，不应以犯罪论处。犯意表示是指，行为人流露出某种犯罪的意思。犯罪预备对刑法保护的法益构成了现实的威胁；犯意表示对法益没有构成现实的威胁，属犯罪思想的表达。

2. “语言表示”一般认为是犯意表示，不应以犯罪论处。但是，部分犯罪本身就是通过言语实施的，因此，这种情形下的语言表示成立犯罪。“语言表示”可能存在：

（1）成立预备犯：语言的表示或文字的表示实际上是为了实施某种犯罪而采取的预备行为，而不仅仅是犯意流露。例如，为了犯罪，“勾结”共同犯罪人。

（2）成立实行犯：言语本身是一种实行行为。例如，通过语言敲诈勒索他人（敲诈勒索罪），或通过语言辱骂他人（侮辱罪）。

（三）犯罪预备与犯罪未遂的区分

形式上，行为是否着手（动手）；实质上，法益侵害的紧迫性是否临近。“着手”要同时符合如下两项：

1. 犯罪对象出现。

2. 行为人开始实施刑法分则所要求的动词。即考察行为人的行为是否已经直接作用于、针对于具体的犯罪对象。例如，故意杀人罪的着手，一般要求被害人已经出现，行为人开始实施了“杀”（如开枪、砍杀）这一实行行为。

特殊情形：

（1）如诬告陷害罪，只要实施了诬告陷害行为并足以使被害人面临被追诉的风险就认为是该罪的犯罪既遂。

（2）有的情形下，即使对象没有出现，如果具有法益侵害紧迫性、严重性，也认为是已经着手了。例如，以杀人故意朝被害人家里扫射多枪，但被害人碰巧不在家，成立故意杀人罪未遂。

（3）在刑法分则所规定的实行行为包含多个环节或者多种形式时，行为人开始实施其中任何一个环节或者任何一种形式的行为，原则上也应认定为着手。例如，抢劫罪中，行为人开始实施暴力或者胁迫等行为（手段行为）时，就是已经着手实施抢劫行为。拐卖妇女、儿童罪中，行为人以出卖为目的，开始拐骗、绑架、收买妇女、儿童时，就是拐卖妇女、儿童罪的着手，而不是待行为人开始贩卖时才是着手。

典型真题

下列哪一行为成立犯罪未遂？（2015 年 · 卷二 · 5 题）[①]

A. 以贩卖为目的，在网上订购毒品，付款后尚未取得毒品即被查获

B. 国家工作人员非法收受他人给予的现金支票后，未到银行提取现金即被查获

C. 为谋取不正当利益，将价值 5 万元的财物送给国家工作人员，但第二天被退回

D. 发送诈骗短信，受骗人上当后汇出 5 万元，但因误操作汇到无关第三人的账户

（四）预备行为实行化

1. 概念。如果刑法分则将预备行为规定为独立的犯罪并配置了独立的法定刑，则原来我们认为的预备行为就因为立法者的规定成为实行行为。这种情况下，就没有必要再适用预备犯的处罚原则，直接按照刑法分则的规定适用刑罚即可。换言之，预备行为“分家”出来了，有自己独立的新罪名。

例如，用虚假的身份证明骗领信用卡，这种行为往往是信用卡诈骗罪的预备行为，但刑法将此种行为规定为独立的罪名：妨害信用卡管理罪（《刑法》第 177 条之一）。

又如，日本刑法中规定了杀人预备罪，因此，故意杀人在预备阶段就被停止下来的，成立独立的杀人预备罪，该行为即为“杀人预备罪”的实行行为。

2. 立法将预备行为实行化的原因：对部分犯罪的“预备行为”要严惩。

对于部分较为严重的犯罪，其预备行为如果不规定为独立的犯罪，根据刑法总则规定认定为预备犯就“可以比照既遂犯从轻、减轻处罚或者免除处罚”，从宽的力度可能非常大。为了防止司法人员滥用自由裁量权，就对部分严重犯罪的预备行为规定为独立的犯罪并设定独立的法定刑，即原本属于预备行为的，现在有独立的罪名及刑罚（即有自己的小王国了）。

例如，《刑法》第 107 条（资助危害国家安全犯罪活动罪），将帮助行为（资助）正犯化，规定为独立的罪名，只要实施了资助行为的，不再作为帮助犯（共犯）论处，而是作为独立的罪名，即资助危害国家安全犯罪活动罪。

2016 年卷二 53. D. 丁资助林某从事危害国家安全的犯罪活动，但林某尚未实施相关犯罪活动即被抓获。丁属于资助危害国家安全犯罪活动罪（既遂）。

二、犯罪未遂

《刑法》第 23 条：已经着手实行犯罪，由于犯罪分子意志以外的原因而未得逞的，是犯罪未遂。

对于未遂犯，可以比照既遂犯从轻或者减轻处罚。

（一）犯罪未遂的成立条件

1. 行为人已经着手实行犯罪。

2. 犯罪没有既遂。

（1）犯罪既遂（完成）与否的标准，不是以犯罪分子的主观想法为标准，而是以刑

① 答案：D。

法的规定为标准。

例如，绑架罪中，犯罪分子控制了人质，但没有勒索到财物，虽然他本人认为犯罪行为还没有最终完成，但该罪是侵犯人身权利的犯罪，成立绑架罪的犯罪既遂。

又如，拐卖妇女、儿童罪，只要控制人质就是犯罪既遂，即只需要具备拐骗、绑架、收买、贩卖、接送、中转行为之一即认为成立犯罪既遂。

又如，对于一些违禁品、危险品的流转型犯罪，只要完成了交付就成立犯罪既遂，如贩卖毒品罪，只要完成了毒品的交付，就是犯罪既遂。

典型真题

关于犯罪停止形态的论述，下列哪些选项是正确的？（2012年·卷二·54题）①

A. 甲（总经理）召开公司会议，商定逃税。甲指使财务人员黄某将1笔500万元的收入在申报时予以隐瞒，但后来黄某又向税务机关如实申报，缴纳应缴税款。单位属于犯罪未遂，黄某属于犯罪中止

B. 乙抢夺邹某现金20万元，后发现全部是假币。乙构成抢夺罪既遂

C. 丙以出卖为目的，偷盗婴儿后，惧怕承担刑事责任，又将婴儿送回原处。丙构成拐卖儿童罪既遂，不构成犯罪中止

D. 丁对仇人胡某连开数枪均未打中，胡某受惊心脏病突发死亡。丁成立故意杀人罪既遂

（2）犯罪既遂要求行为与结果之间具有因果关系。虽然造成了既遂犯所要求的结果，但由于与行为之间没有因果关系，只能认定为犯罪未遂。

例如，甲对胡某实施诈骗行为，被胡某识破骗局。但胡某觉得甲穷困潦倒，实在可怜，就给其3000元，甲得款后离开现场——甲的行为成立诈骗罪未遂。

又如，甲将自己的汽车藏匿，以汽车被盗为由向保险公司索赔。保险公司认为该案存有疑点，随即报警。在掌握充分证据后，侦查机关安排保险公司向甲“理赔”。甲到保险公司二楼财务室领取20万元赔偿金后，刚走到一楼即被守候的多名侦查人员抓获——甲的行为成立保险诈骗罪的未遂，甲事实上并没有控制财物，被害人亦未对财物失控。

3. 未得逞是由于意志以外的原因所造成的——欲达目的而“不能”。

行为人主观上还是希望犯罪既遂所要求的结果能够出现，但行为人本人主观上认为“不能”达到既遂，进而停止犯罪行为的，是犯罪未遂。对于“能”或“不能”的判断，应以犯罪分子本人的主观判断为标准，即使行为人本人的判断是错误的。

例如，甲在实施盗窃行为时，听到警车响，以为是来抓他的，便迅速逃离现场。事实上根本没有警车，从当时的情况来看，是可以将犯罪行为实施完毕的，但甲当时认为犯罪行为不能实施下去，进而放弃犯罪的，成立犯罪未遂。

又如，在有各种证据表明，行为人具有洁癖，看见血就产生恶心厌恶感，或者胆量极小害怕被熟人举报，或者行为人具有某种迷信心理，担心和行经中的妇女性交会染上晦气等心理上的原因，被迫抑制了其犯罪意念的时候。应当说，上述情形也能成为阻止犯罪人完成犯罪的“犯罪分子意志以外的原因”，行为人停止犯罪的，成立犯罪未遂。

2009年卷二52. 甲欲枪杀仇人乙，但早有防备的乙当天穿着防弹背心，甲的子弹刚好

① 答案：ABCD。

打在防弹背心上，乙毫发无损。甲见状一边逃离现场，一边气呼呼地大声说："我就不信你天天穿防弹背心，看我改天不收拾你！"甲构成故意杀人未遂。①

2012年卷二8. 甲欲杀乙，将乙打倒在地，掐住脖子致乙深度昏迷。30分钟后，甲发现乙未死，便举刀刺乙，第一刀刺中乙腹，第二刀扎在乙的皮带上，刺第三刀时刀柄折断。甲长叹"你命太大，整不死你，我服气了"，遂将乙送医，乙得以保命。经查，第一刀已致乙重伤。甲成立故意杀人罪未遂。

（二）未遂犯的类型

1. 实行终了的未遂、未实行终了的未遂。

（1）实行终了的未遂：犯罪人已将其认为达到既遂所必需的全部行为实行终了，但由于意志以外的原因未得逞。

（2）未实行终了的未遂：由于意志以外的原因，犯罪人未能将他认为达到既遂所必需的全部行为实行终了。

2. 能犯未遂与不能犯未遂。

（1）能犯未遂：有既遂的可能性，只是由于遇到了意志以外的原因而没有既遂。在能犯未遂的情况下，犯罪行为本身是可以既遂的，只是由于行为人自身的原因导致犯罪没有成功———手好牌被你打烂了。

例如，甲拿一把有子弹的枪射击被害人乙，由于甲自身的枪法不准，没有导致被害人死亡，但客观上，枪支本身是有致人死亡的可能性的。

（2）不能犯未遂：由于行为人对有关犯罪事实的认识错误，而使该犯罪行为在当时不可能达到既遂的情况。分为对象不能犯与手段（工具）不能犯——巧妇难为无米之炊。

对象不能犯，是指由于行为人的错误认识，使得其犯罪行为所指向的犯罪对象在行为当时不存在。例如，将稻草人作为仇人开枪，属于对象不能犯。

手段（工具）不能犯，是指行为人具有实现犯罪的意思，但使用的手段方法根本不可能导致结果的发生。如误将白糖当作毒药去毒杀他人，误以为枪支（空枪）有子弹而对他人实施枪击行为，都属于手段（工具）不能犯。

[不能犯未遂的处罚] 原则上，不能犯是成立犯罪未遂的（亦称可罚的不能犯、相对不能犯）。但对于法益侵害危险性几乎可以忽略的不能犯，理论上的多数观点认为还是不应作为犯罪处理（亦称不可罚的不能犯、绝对不能犯）。需要说明的是，不少考生认为，在故意犯罪中，只要犯罪对象没有出现，这种情形下的不能犯未遂就不应该作为犯罪处理，这是非常荒谬的观点。试想，以杀人的故意持枪进入被害人家里横扫几十枪，如果被害人不在家，难道就不作为犯罪处理？行为人的犯意已经外化为行为，行为人主观上也具有明显的犯罪故意，仅仅因为方法不当或者目标错误而未能发生法定之危害结果。尽管行为人的危害行为在当时的具体条件下不会发生危害结果，但是一般人依据自然因果法则抽象地判断，行为人不发生事实认识错误，行为具有发生法定危害结果的危险性，而一般人

① 有的同学可能会问，即使穿了防弹衣，也还是可以杀的啊，比如打被害人的头啊，这样放弃的，应该成立犯罪中止。但问题是，"能"与"不能"不是我们来判断的，你得看犯罪分子当时自己的感受，他认为能不能，如果他认为"能"的话，他为什么还要再过几天杀呢？他当时就会杀了。因此，犯罪分子自己认为是"不能"既遂的，成立犯罪未遂。当然，为什么"不能"，或许是因为当时枪里只有一颗子弹，或许是因为行为人的枪法不好，根本不可能打中头部，但这都不需要我们关注。

对于行为人的行为也会感到恐惧，因而有必要动用刑法加以处罚。毕竟法律（刑法）也是一种行为规范，需要防范于未然。

考试层面，严格区分了可罚的不能犯、不可罚的不能犯，前者当然构成犯罪，后者不构成犯罪。不能犯是否可罚（构成犯罪），需要综合判断行为造成法益侵害的可能性大小、行为本身对国民造成的不安感、类似行为他人如果继续效仿有无可能侵害法益等。一般认为，只有行为绝对没有造成法益侵害的可能性的不能犯，可以考虑不作为犯罪处理。如在荒山野外，误将稻草人当作仇人而开枪射击，也不可能导致他人伤亡的，不成立犯罪未遂，此属于绝对不能，无罪。再比如，误将保健品当作砒霜毒害他人，也应是无罪。从历年国家法律职业资格考试真题反馈的信息看：没有考过不构成犯罪的绝对不能犯。

3. 迷信犯与不能犯。

（1）迷信犯：是指由于行为人愚昧无知，因而采用在任何情况都不可能造成实际损害结果的迷信方法来意图实现自己所追求的某种危害结果的行为。

例如，甲愚昧地以为用针扎小人的方式可以致他人死亡，于是实施此行为。因为此种行为不可能致人死亡，并且甲主观上也如此愚昧地认为，就不应以犯罪论处——绝对不构成犯罪。（主观上愚昧无知，客观上无害）

（2）不能犯与迷信犯的区分：不能犯是行为人认识错了，如果行为人知道事实真相，则可能改变犯罪方法、计划。而迷信犯中行为人是愚昧的，他就是这么认为的，即使你告诉他这种愚昧的方法不可能达到犯罪既遂，他也不会改变自己的“愚昧”计划。

2012 年卷二 53. 因乙移情别恋，甲将硫酸倒入水杯带到学校欲报复乙。课间，甲、乙激烈争吵，甲欲以硫酸泼乙，但情急之下未能拧开杯盖，后甲因追乙离开教室。丙到教室，误将甲的水杯当作自己的杯子，拧开杯盖时硫酸淋洒一身，灼成重伤——甲未能拧开杯盖，其行为属于可罚的不能犯。甲对乙的伤害行为仍然应该以犯罪论处。虽然因为其对犯罪工具的使用不恰当，未能实际造成被害人的伤害结果，但此种情况下的不能犯仍有以犯罪论处的必要，即有法益侵害的可能性。

2005 年卷二 7. 甲深夜潜入乙家行窃，发现留长发穿花布睡衣的乙正在睡觉，意图奸淫，便扑在乙身上强脱其衣。乙惊醒后大声喝问，甲发现乙是男人，慌忙逃跑被抓获——甲的行为属于强奸未遂。①

三、犯罪中止

《刑法》第 24 条：在犯罪过程中，自动放弃犯罪或者自动有效地防止犯罪结果发生

① 甲已经使用暴力，即已经着手实施犯罪行为，但由于意志以外的原因，不能将犯罪行为实施完毕，故成立犯罪未遂。甲的行为属于对象不能犯未遂，应以犯罪论处。在一般公众看来，甲的行为会使一般公众产生不安感，应以犯罪论处。可能有同学认为，事后判断甲的行为，由于没有女性这一犯罪对象出现，所以，不应该以犯罪论处。这种理解是错误的，所有的未遂犯，如果采取事后判断标准的话，都没有造成结果，那就都没有法益侵害的危险性，从而不能以犯罪论处，这显然是不妥当的。理论上有一种观点（少数观点，绝对的结果无价值论）采取绝对的客观未遂论，认为本案无罪，但没有成为国家法律职业资格考试答案。即便未来的国家法律职业资格考试考这种无罪的观点，也是考两种观点时，将无罪作为观点之一。又如，甲与邻居丙有仇，基于杀害的意思，唆使丙的儿子乙（3 岁小孩）用手去抓从墙上电源插座中伸出的裸露电线，及时赶来的丙将电线从乙的手中夺下，将乙抱走。事后查明该房间的 5 个插座都有电，但就是该电线外露的插座无电，对于甲也应该肯定其成立故意杀人罪的未遂，因为无论是考虑事前的一般人标准，还是按照积极一般预防的需要，都应该肯定该行为的高度危险性——如果类似行为再次重演，就不会有运气这么好的被害人！也就是说，无论是基于行为无价值，还是结果无价值，上述行为都应该定罪。

的，是犯罪中止。

对于中止犯，没有造成损害的，应当免除处罚；造成损害的，应当减轻处罚。

（一）成立条件

1. 时间条件：发生在犯罪过程中。

（1）包括犯罪预备阶段、实行阶段。

（2）犯罪既遂以后，返还原物、赔偿损失，只能算犯罪后的悔罪表现，不能成立犯罪中止。

2008年卷二15. 甲乘在路上行走的妇女乙不注意之际，将乙价值12000元的项链一把抓走，然后逃跑。跑了50米之后，甲以为乙的项链根本不值钱，就转身回来，跑到乙跟前，打了乙两耳光，并说："出来混，也不知道戴条好项链"，然后将项链扔给乙——甲的行为成立抢夺罪（既遂）。

2. 主观条件：中止的自动性——"能"达目的而"不欲"。

"自动"应理解为：行为人认识到（无论行为人的认识是否有错）客观上可能继续实施犯罪或者可能既遂，但自愿放弃原来的犯罪意图。其中，"能"与"不能"应以行为人的主观认识为标准。

（1）行为人主观上认为"能"完成犯罪，但主动停止下来的，成立犯罪中止。

虽然存在客观障碍，但行为人没有认识到，而自愿中止犯罪的，成立犯罪中止；行为人认识到了客观障碍，但同时认为该客观障碍并不足以阻止其继续犯罪，而是由于其他原因放弃犯罪的，也应认定为是成立犯罪中止。

例如，甲为了杀乙而向乙的食物中投放毒药，见乙神态痛苦而反悔，将乙送往医院抢救脱险。即使甲投放的毒药没有达到致死量，不送往医院乙也不会死亡，甲也成立犯罪中止。因为甲主观上自认为自己的犯罪行为"能"导致既遂结果出现，因而主动停止下来的，就属于犯罪中止——甲在主观上已经"改恶从善"，需要给他点个赞。

（2）行为人主观上认为"不能"完成犯罪，进而停止下来的，成立犯罪未遂。

例如，丙在实施抢劫行为时听到警车声便逃走的，成立抢劫未遂。即使并非警车而是救护车，丙也不是犯罪中止。虽然从客观实际情况看，丙的行为是"能"成功的，但丙自己主观上认为警察到了，其犯罪行为"不能"成功，属于欲达目的而"不能"，成立犯罪未遂——丙主观上并没有"改恶从善"，无需给其"点赞"。

3. 客观条件：必须有中止行为。

（1）中止行为在客观上要做得够、做得妥当（尽力）。只要行为人对于防止结果发生有适当的努力，或者实施了与防止结果相匹配的积极行为，有希望借此避免犯罪结果实现的意思的，中止行为就应该被承认。

例如，甲出于杀害用菜刀砍伤乙后，将乙送到了医院，即便其谎称自己不是凶手，拒绝承担医疗费用的，甲客观上的中止行为是适当和足够的，因为基于对医生的信赖，能够将被害人送医，就意味着被害人有脱离死亡危险的高度可能性，由此可以认定甲属于中止。

又如，甲向乙投放毒药后，心生悔悟，立即拨打120急救电话。但邻居丙在急救车到来之前将乙送往医院，乙经抢救脱险。甲的行为成立犯罪中止，因为，甲做了防止既遂结果出现所应做的努力，换言之，打这个电话对于救人是有意义的。

又如，甲向丈夫乙投放毒药后，见乙呕吐不止心生悔意但不知所措，便打电话将真相告诉父母。邻居丙发现后将乙送往医院，经抢救脱险。甲的行为不成立犯罪中止，因为甲将真相告诉父母的行为，并不能防止既遂结果的出现，即便打一百个这样的电话都没有用。

再如，甲意图杀乙，投放毒物致乙昏迷，甲心生悔悟，将乙送到医院门口，放下后即偷偷离开。过了一段时间医生发现乙，但因为医生无从判断乙昏迷的原因，导致需要花费近3个小时才弄清楚，进而采取抢救措施才将乙救活。甲不成立犯罪中止。

（2）中止不等于暂停，中止要求行为人彻底地放弃此犯罪，迷途知返。

2016年卷二53. B. 乙持刀拦路抢劫周某。周某说“把刀放下，我给你钱”。乙信以为真，收起刀子，伸手要钱。周某乘乙不备，一脚踢倒乙后逃跑。乙属于犯罪未遂。虽然乙暂时中止了自己的犯罪行为，但是，如果周某不给钱，乙仍然会继续自己的犯罪行为。乙的行为并没有终局性的停止下来，不成立犯罪中止。

（3）自动中止可重复侵害的行为，成立犯罪中止。

例如，甲枪中有10发子弹，第一弹未打中乙，在还可以继续重复开枪的情况下，甲停止了射击，甲的行为成立犯罪中止。主要理由在于：孤立地看，似乎第一枪并没有打中，成立未遂。但对甲的行为应该整体把握，甲可以继续开枪杀乙而没有实施枪击行为，当然成立犯罪中止。

又如，乙以杀人故意掐住妻子X的脖子。在X脸色青紫、小便失禁时，乙便以为X已经死亡，进而松手“观望”。随后X苏醒要水喝，乙倒水喂给X喝，放弃杀X的念头。乙成立犯罪中止。

4. 有效性条件：没有导致既遂结果的出现。

（1）有效防止犯罪结果的发生，不以行为人单独实施为必要。

行为人将被害人送至医院，在医生的努力下防止了既遂结果的发生，也成立犯罪中止。但是，行为人必须作出了真挚的努力（尽力），其行为对防止犯罪结果发生起到了决定性作用，否则不成立犯罪中止。

例如，行为人在其放火行为还没有既遂的情况下，喊了一声“救火啊”，然后便逃走了，即使他人将火扑灭，也不成立犯罪中止。

（2）只要你实施了中止行为，危害（既遂）结果也没有出现，就是犯罪中止；如果出现了危害（既遂）结果，就是犯罪既遂——以成败论英雄。

例如，2004年卷二2. 药店营业员李某与王某有仇。某日王某之妻到药店买药为王某治病，李某将一包砒霜混在药中交给王妻。后李某后悔，于第二天到王家欲取回砒霜，而王某谎称已服完。李某见王某没有什么异常，就没有将真相告诉王某。几天后，王某因服用李某提供的砒霜而死亡——李某的行为属于犯罪既遂。行为人已经着手实行犯罪，虽然为犯罪结果不发生作出了一定的努力，但最终还是发生了致人死亡的结果，因此，成立犯罪既遂。

又如，2016年卷二53. A. 甲以杀人故意将郝某推下过街天桥，见郝某十分痛苦，便拦下出租车将郝某送往医院。但郝某未受致命伤，即便不送医院也不会死亡。甲属于犯罪中止。

理由：第一，这是从有利于被告的角度出发，只要你作出了努力，既遂结果没有发生即可成立犯罪中止。

第二，这也可以通过“能达目的而不欲”来说明，行为人主观上认为还是“能”造成被害人死亡，但还是中止了行为。即行为人主观上“迷途知返”“改恶从善”。

第三，或许有同学会问，要成立犯罪既遂，除了要造成既遂结果之外，还要求行为与既遂结果之间存在因果关系。而本案中，认定行为成立犯罪中止，但中止行为与结果不出现之间并不存在因果关系，为什么犯罪中止的认定不需要因果关系？其理由在于，犯罪既遂是不利于被告人的犯罪停止形态，应从严认定，要求因果关系。而犯罪中止是有利于被告人的规定，没有必要这么严格要求。

（3）在实施中止行为的过程中，如果介入因素独立（100%）地导致了危害结果（既遂结果），则由介入因素对既遂结果承担责任，前行为依然可以成立犯罪中止。

当然，如果介入因素并不独立（100%）地导致了危害结果，则说明前行为与既遂结果之间存在因果关系，那么前行为应成立犯罪既遂。

例如，2010年卷二57. D. 甲向乙的饮食投放毒药后，乙呕吐不止，甲顿生悔意急忙开车送乙去医院，但由于交通事故耽误一小时，乙被送往医院时死亡。医生证明，早半小时送到医院乙就不会死亡。甲的行为成立故意杀人罪的犯罪既遂。本案中，交通事故耽误一个小时对死亡结果虽然有作用，但达不到100%的作用，可以认为是前行为（投毒）与交通事故的耽误时间共同导致了死亡结果的出现，也即前行为（投毒）与死亡结果之间存在因果关系，甲的行为成立故意杀人罪的既遂。

又如，2015年卷二6. 甲以杀人故意放毒蛇咬乙，后见乙痛苦不堪，心生悔意，便开车送乙前往医院。途中等红灯时，乙声称其实自己一直想死，突然跳车逃走，三小时后死亡。后查明，只要当时送医院就不会死亡——行为人在中止的过程中，介入了“被害人突然跳车逃走”这一异常因素，导致了乙的死亡结果，甲当然不对乙的死亡结果承担责任。甲成立犯罪中止。

（二）犯罪中止的主要表现

1. 真诚悔悟，良心发现而停止。

2. 因被害人的哀求、对被害人怜悯、第三人的劝说而停止。

3. 因为害怕受到法律制裁、神的处罚、鬼怪的纠缠而停止。但是，如果行为人极度迷信，认为盗窃时遇到关公像会遭天谴，在盗窃时遇到关公像的，成立犯罪未遂。

4. 害怕受到刑法处罚。

（1）法律处罚是日后起作用的，成立犯罪中止。如果是害怕日后受法律处罚，由于法律处罚是具有不确定性的，此种情形下，即使将犯罪行为实施完毕，也不一定会必然受到法律处罚，如果停止犯罪行为的，可以认为遇到的障碍并不足以阻止犯罪行为的继续，应成立犯罪中止。或者，在盗窃时听见警车声，害怕被发现的，成立犯罪中止。

（2）法律处罚是即将起作用的，成立犯罪未遂。如果认为这时的警车声就是来抓你的，停止下来，成立犯罪未遂。

5. 基于目的物障碍。

（1）在侵犯财产权利的犯罪中。

针对特定物（如字画）实施犯罪，如果特定物不存在，即便存在其他财物（如黄金），也仅成立犯罪未遂，因为行为人的预期利益根本不能实现。例如，甲想到乙家中偷特定物（齐白石的画），但进入乙家后，发现乙家中根本没有这个画，仅有价值5000元的黄金。甲放弃了犯罪行为，应成立犯罪未遂。因为甲进入乙家是带着特定目的（偷齐白石的画）而来的，特定目的落空之后，甲的行为不可能既遂。

但针对可替代物（如现金）实施犯罪，如果存在具有可替代性的对象（如黄金），不继续实施犯罪的，成立犯罪中止。如果甲是以图财为目的进入乙家盗窃，发现乙家中根本没有钱，但有价值5000元的黄金，甲没有拿走黄金而离开了现场，甲的行为则成立犯罪中止。甲是基于图财的主观故意而实施盗窃，没有现金，黄金也可以替代现金，拿走黄金也完全能够满足甲的主观想法，甲没有实施该行为而停止下来的，成立犯罪中止。

在侵犯财产权的犯罪中，行为人仅想盗窃一般的财物嫌财物"少"而放弃的，属于犯罪中止。此种情形下，行为人的犯罪行为完全可以既遂，即便按其自己的主观想法来看，其犯罪行为是可以继续进行的，停止下来，成立犯罪中止。但行为人如果嫌钱"太少"了的，成立犯罪未遂，如发现仅有5元，没有拿的，属于犯罪未遂。①

（2）针对人身权利或者其他权利的犯罪中，对象没有出现而放弃的，属于犯罪未遂。②

例如，甲的女儿乙（9岁）睡在床上，甲以为是仇人（前妻丙）而持刀杀乙，共砍9刀。听到是女儿的喊声便立即停止，女儿重伤未死，甲期待利益（杀仇人）不可能实现，认定为未遂。

6. 基于嫌恶之情、遇到熟人而放弃犯罪的，成立犯罪中止。

例如，强奸犯嫌弃被害妇女过于丑陋而放弃强奸的，这种放弃不是基于外部的强制，仍然可以成立中止。

又如，在实施抢劫的过程中突然发现对方是自己的熟人而放弃的，成立犯罪中止，由于犯罪以熟人为对象并非不可能，在实践中反而大量存在，"熟人"本身不足以阻止犯罪的继续，所以行为人因为对方是"熟人"而停止的，一般成立中止。

再如，抢劫过程中，如果发现对方是太熟的人，如父母、兄弟，进而停止犯罪的，可以认为成立犯罪未遂。这种情形下，从一般人的感情看，障碍实在太大，停止下来的，成立犯罪未遂。

[结论]　若考题仅指明犯罪分子遇到了障碍，一般可以认为这个障碍不是特别大，犯罪行为应可以继续，他停止下来的，成立犯罪中止。如果题目特别指明了，在遇到障碍时，犯罪分子自己都明确表态"障碍太大，犯罪无法继续进行"，停止下来的，成立犯罪未遂。

---

① 这种情形下之所以成立犯罪未遂，主要原因在于，如果被害人家里只有5元的情况下，即使犯罪行为人将5元取走，也跟没有拿一样，没有达到盗窃罪既遂所要求的数额，也仅成立犯罪未遂。换言之，该案在行为当时根本就没有既遂的可能性，所以，仅成立犯罪未遂。

② 2009年卷二5. 甲因父仇欲重伤乙，将乙推倒在地举刀便砍，乙慌忙抵挡喊着说："是丙逼我把你家老汉推下粪池的，不信去问丁。"甲信以为真，遂松开乙，乙趁机逃走。甲的行为成立犯罪中止——行为人甲因父仇欲重伤乙，其主观目的就是为了报仇，这一目的是明确的。但乙说"是丙逼我把你家老汉推下粪池的"，即使乙的话是真实的，也说明乙实施了将甲的父亲推下粪池的行为，乙仍然是甲的仇人，只是仇恨没有甲原先预想的那么大。甲此时还是可以继续报仇，实现其犯罪目的，但甲自动放弃实施，成立犯罪中止。

当然，如果甲将丁认为是乙，丁说："你搞错人了，推你父亲进粪池的是乙，我是丁，你父亲被推下粪坑与我没有任何关系。"甲信以为真，按照甲的想法，丁与其父亲的死亡无任何关系，甲放走丁的行为成立犯罪未遂，因为甲的复仇目的在当时的情况下无法实现。

站在家长主义、国家的立场来理解犯罪未遂、犯罪中止：犯罪分子在犯罪过程中遇到了障碍，在犹豫不决，是否继续前行的时候，只要这个障碍不是特别大，而是有可能完成犯罪的，作为国家（家长），应该以更包容的心态教导犯罪分子回头是岸，给予更大的优惠政策，停止犯罪的，应认定为是犯罪中止。

典型真题

关于犯罪中止，下列哪些选项是正确的？（2010年·卷二·57题）①

A. 甲欲杀乙，埋伏在路旁开枪射击但未打中乙。甲枪内尚有子弹，但担心杀人后被判处死刑，遂停止射击。甲成立犯罪中止

B. 甲入户抢劫时，看到客厅电视正在播放庭审纪实片，意识到犯罪要受刑罚处罚，于是向被害人赔礼道歉后离开。甲成立犯罪中止

C. 甲潜入乙家原打算盗窃巨额现金，入室后发现大量珠宝，便放弃盗窃现金的意思，仅窃取了珠宝。对于盗窃现金，甲成立犯罪中止

D. 甲向乙的饮食投放毒药后，乙呕吐不止，甲顿生悔意急忙开车送乙去医院，但由于交通事故耽误一小时，乙被送往医院时死亡。医生证明，早半小时送到医院乙就不会死亡。甲的行为仍然成立犯罪中止②

（三）犯罪中止与犯罪未遂的主要区别

1. 犯罪未完成是否符合行为人的意愿。

（1）犯罪未遂，未完成犯罪违背了行为人的意愿。

（2）犯罪中止，未完成犯罪符合行为人的意愿。

2. 处罚上是否需要“嘉奖”。

（1）犯罪未遂：不需要“嘉奖”。犯罪分子内心还是期待完成犯罪的，因此，从宽处罚的力度较小。

（2）犯罪中止：需要对之“嘉奖”。犯罪分子主动放弃犯罪，迷途知返，因而需要“嘉奖”，从宽处罚的力度较大。

[提示] 如何认定犯罪中止，应提倡“规范主观说”，以确定值得奖励的责任减少是否存在，从而肯定自动性。要肯定中止自动性，就必须同时满足以下两个条件：一方面，行为人在内心作出放弃犯罪或防止结果发生的自由选择，其主观意思足以被评价为一定程度上的责任减少，这是中止判断的心理学尺度；另一方面，将这种意思认定为“基于己意”有助于实现预防目的，这是中止自动性判断的规范维度。③

（四）中止犯的刑事责任

《刑法》第24条第2款：对于中止犯，没有造成损害的，应当免除处罚；造成损害的，应当减轻处罚。

1. 如何理解《刑法》第24条第2款所规定的中止犯“造成损害”？

① 答案：AB。

② 本案中交通堵塞（事故）对死亡的作用力并非十分大，即交通事故并不能独立地导致被害人死亡结果的出现，前行为（投毒）与死亡结果之间仍然存在因果关系，甲的行为成立犯罪既遂。

③ 周光权：《刑法总论》，中国人民大学出版社2016年版，第303页。

（1）“造成损害”应理解为中止前的犯罪行为造成损害，不是中止行为（抢救行为）本身造成了损害。

（2）这种损害是值得刑法处罚的损害。例如，对人身的损害至少应达轻伤。

例如，甲以杀人的故意朝被害人乙的头部开枪，仅打中了乙的头发。后主动放弃犯罪。甲的行为成立犯罪中止，没有造成损害。

又如，甲以杀人的故意朝被害人乙的头部开枪，仅打中了乙的耳朵。后主动放弃犯罪。甲的行为成立犯罪中止，其犯罪行为（开枪）造成了损害（打中耳朵，造成轻伤），应认定为是中止犯造成了损害。

再如，甲将被害人锁在屋内并打开天然气后，离开现场。但后来又产生中止之意，在室外将被害人家的门窗砸破，挽救了被害人的生命，却给被害人造成价值近万元的财产损失。对此不能认定为犯罪行为“造成损害”，其犯罪行为并没有造成损害，应当免除处罚——这是抢救行为造成了被害人损害。

2. 加重构成与犯罪既遂、未遂、中止。

（1）“质变”的加重构成：刑法分则条文因为行为、对象等构成要件要素的特殊性使行为类型发生变化，进而导致违法性增加，并加重法定刑时，才属于加重的犯罪构成。例如，入户抢劫、在公共交通工具上抢劫，就属于普通抢劫罪的加重构成。

多数学者认为“质变”的加重构成存在既、未遂的区分，少数学者否定。犯罪既遂、未遂、中止不仅仅是针对基本犯罪而言，对于这种类型的加重犯，也应承认其犯罪未遂（中止）形态。

例如，甲在公共交通工具上抢劫，即便分文未抢到，也应成立抢劫罪的加重犯（在公共交通工具上抢劫）的犯罪未遂，而非抢劫罪基本犯的未遂。

（2）“量变”的加重构成：刑法分则条文单纯以情节（特别）严重（恶劣）、数额（特别）巨大、首要分子、多次、违法所得数额巨大、犯罪行为孳生之物数量（数额）巨大作为法定刑升格条件时，只能视为量刑规则。例如，盗窃他人2000元（数额较大）、5万元（数额巨大）、50万元（数额特别巨大）的行为类型或特征是完全相同的，所不同的只是违法程度。既然是“量刑规则”就不存在既遂、未遂的区分，以结果来定罪量刑。例如，行为人主观上想盗窃500万元，但是客观上仅得5000元，可以认为是盗窃罪“数额较大”，而不认定为是“数额特别巨大”的未遂。

但是，理论上不少学者主张，对于“量变”的加重构成，也应承认其存在既、未遂的区分，上述案件中，应认定为是盗窃罪数额特别巨大（500万元）的未遂。司法解释亦持此观点。

典型真题

1. 孙某向赵某敲诈勒索价值800万的名画，但实际上只得8000元的赝品。关于法定刑的适用与犯罪形态的认定，可能存在哪几种观点？（2016年·卷四）

一种观点认为，对孙某应当按800万元适用数额特别巨大的法定刑，同时适用未遂犯的规定，并将取得价值8000元的赝品的事实作为量刑情节，这种观点将数额巨大与特别巨大作为加重构成要件。

另一种观点认为，对孙某应当按8000元适用数额较大的法定刑，认定为犯罪既遂，不适用未遂犯的规定，这种观点将数额较大视为单纯的量刑因素或量刑规则。

2. 甲冒充房主王某与乙签订商品房买卖合同，约定将王某的住房以220万元卖给乙，乙首付100万元给甲，待过户后再支付剩余的120万元。办理过户手续时，房管局工作人员识破甲的骗局并报警。根据司法解释，关于甲的刑事责任的认定，下列哪一选项是正确的？（2017年·卷二·5题）[①]

A. 以合同诈骗罪220万元未遂论处，酌情从重处罚

B. 以合同诈骗罪100万元既遂论处，合同诈骗120万元作为未遂情节加以考虑

C. 以合同诈骗罪120万元未遂论处，合同诈骗100万元既遂的情节不再单独处罚

D. 以合同诈骗罪100万元既遂与合同诈骗罪120万元未遂并罚

2011年最高人民法院、最高人民检察院《关于办理诈骗刑事案件具体应用法律若干问题的解释》第6条规定："诈骗既有既遂，又有未遂，分别达到不同量刑幅度的，依照处罚较重的规定处罚；达到同一量刑幅度的，以诈骗罪既遂处罚。"司法解释的实质在于：部分既遂、部分未遂的案件，分别计算既遂、未遂部分所处的量刑档次，以重的为主、轻的为辅。本案应认定为合同诈骗100万元既遂，未遂的120万元作为量刑情节。该案来源于王新明合同诈骗案（最高人民法院指导案例62号）。

---

① 答案：B。

专题十

共同犯罪

知识体系

- 共同犯罪
  - 共同犯罪概述
    - 特征
    - 共同犯罪与犯罪构成的关系
    - “部分犯罪共同说”视阈下的共同犯罪的认定
  - 共同犯罪的认定
    - 成立标准
    - 间接正犯与共同犯罪
    - 不成立共同犯罪的情形
  - 片面共犯
    - 片面的共同实行犯（正犯）
    - 片面的教唆犯
    - 片面的帮助犯
  - 共同犯罪的形式
    - 任意的共犯、必要的共犯
    - 事前通谋的共同犯罪、事前无通谋的共同犯罪
    - 简单共犯、复杂共犯
    - 一般共同犯罪、特殊共同犯罪
  - 共同犯罪人的分类和刑事责任
    - 主犯
    - 从犯
    - 胁从犯
    - 教唆犯
    - 帮助犯
  - 共同犯罪与身份
    - 真正身份犯的共同犯罪
    - 不真正身份犯的共同犯罪
  - 共同犯罪与认识错误
  - 共犯人的作为义务
  - 共同犯罪与犯罪停止形态
    - 原则：部分行为全部责任
    - 特殊：共犯（结果）的脱离

相关法理

共同犯罪是刑法总则部分最为复杂、考试难度最大的一部分，共犯理论也出现了很大的变化。例如，我国传统刑法学关于共同犯罪理论更多地强调共同犯罪是犯罪的共同，即各共犯人是构成刑法意义上的犯罪的。如果甲（19周岁）与乙（11周岁）共同实施了杀人行为，虽然乙客观上实施了杀人的实行行为，但因为其不具备责任要件，不成立犯罪，故甲、乙二人不应以共同犯罪论处。其实共同犯罪所要解决的核心问题是，各行为人“共同”到什么程度，才需要对整体（共同）的结果承担责任。

现今的刑法理论及国家法律职业资格考试的观点更多地认为，共同犯罪是一种客观行为的共同，或者说是客观不法层面的共犯，与责任无涉。即“违法（客观不法行为）是连带（共同）的，责任是个别的”。

例如，甲（19周岁）与乙（11周岁）共同实施杀人行为，两人都在客观上实施了不法行为，共同造成了被害人死亡结果，就应成立共犯，即因果共犯论。至于乙未达刑事责任年龄而不构成犯罪，那属于责任层面的问题，与共犯无关。共犯理论的这种转变，应当说是有积极意义的。被害人的死亡结果，不是甲、乙中某一个人的行为孤立地造成的，而是二者客观行为“共同”导致了死亡结果，从这个意义上看，有必要承认甲、乙二人成立共同犯罪，二人均需要对整体的结果（死亡）承担责任，即，违法是共同的。但是，甲达到了责任年龄，可以承担责任，乙未达责任年龄，承担不起责任，乙无罪，从这一意义上看，责任（年龄）是分别的。①

一、共同犯罪概述

《刑法》第25条：共同犯罪是指二人以上共同故意犯罪。

二人以上共同过失犯罪，不以共同犯罪论处；应当负刑事责任的，按照他们所犯的罪分别处罚。

（一）特征

1. 主客观统一性。

（1）二人以上。“人”既可以是自然人，也可以是单位，还可以是自然人与单位。但单位犯罪时，单位与其直接负责的责任人员之间不成立共同犯罪，因为直接负责的责任人员本身就是单位的代表。

（2）共同故意（意思交互）。各行为人主观上都认识到不是在“孤军奋战”，而是你中有我，我中有你。

（3）共同行为。各自的行为不是孤立地发挥作用而造成结果，各行为之间在客观上具有“共同性”。

“共谋”也属于共同行为，行为包括作为、不作为。例如，丈夫甲偶然发现妻子乙和丙之间存在不正当男女关系，乙不得已向甲承认：已经5岁的儿子丁实际上是乙、丙所生。甲盛怒之下，暴打儿子丁。乙坐在一旁，一言不发。2小时后，甲将丁打成重伤，然

① 不承认甲、乙二人成立共犯，就会出现悖论：如果甲、乙二人都达到刑事责任年龄，共同实施犯罪行为，甲、乙二人成立共犯，需要对整体的结果承担刑事责任。如果乙未达到刑事责任年龄，就否认甲、乙二人成立共犯，那甲就不需要对整体的结果承担刑事责任，似乎并不妥当。

后自行离家出走。事后，邻居将丁送到医院，丁经抢救无效死亡。甲以作为的方式实施故意伤害行为，乙负有作为义务，但其不救助被害人丁可以认为是以不作为方式和甲共同犯罪。

2010 年卷二 2. 看守所值班武警甲擅离职守，在押的犯罪嫌疑人乙趁机逃走，但刚跑到监狱外的树林即被抓回——本案中，甲主观上是过失，乙是故意，二者不成立共同犯罪。

2. 共同犯罪的整体性：部分行为，全部责任。

（1）共同犯罪中，二人以上在共同故意的支配下形成的一个整体，不是个人行为的简单相加，因此，各共犯人应该对整体的结果承担刑事责任。即每个人都需要对“我们”的行为造成的结果负责。

例如，甲、乙、丙、丁单个人都不敢去实施盗窃，但如果 4 人一起，就敢共同去实施犯罪，从这一意义上看，共同的力量可以完成孤立的个人完全不敢实施的犯罪行为，所以，立法者对之要严惩。

2018 年真金题：甲、乙、丙、丁四人预谋杀戊，甲、乙用铁棒打，丙徒手，丁拿着刀在一边助威呐喊。最后造成戊死亡，尸检报告表明，只有一处头部致命伤，且是遭利器所致。无法证明是甲、乙二人谁的行为导致了被害人死亡，但肯定不是丙、丁的行为导致——四人均需要对死亡结果承担责任，即成立故意杀人罪（既遂）。

（2）如果不是共同犯罪，各行为人只需要对自己所实施的行为及其所造成的结果单独承担刑事责任。即每个人只需要对自己的行为所造成的结果负责。如果行为人的行为查不清而有多种可能性的，则选择最利于行为人的那种可能给其行为定性（事实存疑采有利于被告的原则）。

2008 年四川卷二 6. 甲、乙上山去打猎，在一茅屋旁的草丛中，见有动静，以为是兔子，于是一起开枪，不料将在此玩耍的小孩打死。在小孩身上，只有一个弹孔，甲、乙所使用的枪支、弹药型号完全一样，无法区分到底是谁所为——甲、乙不构成犯罪。

解析：本案中，甲、乙二人没有犯罪的“故意”，因此不成立共同犯罪，每个人只需要对自己的行为单独承担刑事责任。甲的过失行为存在两种可能：第一，打中了小孩，那就成立过失致人死亡罪；第二，没有打中小孩，那甲的行为就无罪。由于查不清楚甲的行为是否打中了被害人，故甲的行为无罪。同样，乙也是无罪。可能有同学会认为，如果甲、乙二人都无罪，那小孩就死得冤枉。但问题是，在现有证据不清楚的情况下，如果追究甲、乙二人的刑事责任，则会冤枉甲、乙二人其中一人，而且还不知道冤枉了哪个人。事实存疑应采取有利于被告的原则，故二人都无罪。

［本题提升］ 如果将来在立法修改中，承认共同过失犯罪也是共同犯罪，那么，甲、乙可以成立共同犯罪，均需要对“共同”的结果承担刑事责任，甲、乙二人均成立过失致人死亡罪。

2010 年卷二 6. A. 甲、乙应当预见但没有预见山下有人，共同推下山上一块石头砸死丙。只有认定甲、乙成立共同过失犯罪，才能对甲、乙以过失致人死亡罪论处——该选项错误。甲、乙二人“应当预见而没有预见”，并且均实施了推石头的行为，因此，二人主观上均有过失，客观上又实施了行为且造成了死亡结果，二人行为与危害结果之间均存在刑法上的因果关系，故此二人均可以成立过失致人死亡罪。本案中，本来就可以追究二人过失致人死亡罪的刑事责任，无需附加条件“只有认定甲、乙成立共同过失犯罪”。

3. 共同故意的时间。只要前行为人的犯罪行为还没有结束，中途加入进来的人可以成立共同犯罪。但中途加入进来的人不对前行为人先前所造成的加重结果（重伤、死亡）承担刑事责任。

例如，甲以劫取财物为目的将被害人打昏，正在从被害人身上取财，乙经过此地，甲告知乙情况，二人共同取走了被害人身上的财物，二人成立抢劫罪的共犯。

又如，甲以劫取财物为目的将被害人打昏，正在从被害人身上取财，乙经过此地，甲欺骗乙说被害人昏倒在此处，二人共同取走了被害人身上的财物，甲构成抢劫罪、乙构成盗窃罪，二人在盗窃的范围内成立共犯。

再如，在甲抢劫的过程中，甲将被害人打成重伤、昏迷状态后，正在取被害人身上的财物，此时乙加入进来，乙的行为成立抢劫罪的共犯，但乙不对甲之前实施的重伤结果承担责任，因为乙的行为与重伤结果之间没有因果关系。

典型真题

关于共同犯罪的论述，下列哪一选项是正确的？（2012 年 · 卷二 · 10 题）①

A. 甲为劫财将陶某打成重伤，陶某拼死反抗。张某路过，帮甲掏出陶某随身财物。2 人构成共犯，均须对陶某的重伤结果负责

B. 乙明知黄某非法种植毒品原植物，仍按黄某要求为其收取毒品原植物的种子。2 人构成非法种植毒品原植物罪的共犯

C. 丙明知李某低价销售的汽车系盗窃所得，仍向李某购买该汽车。2 人之间存在共犯关系

D. 丁系国家机关负责人，召集领导层开会，决定以单位名义将国有资产私分给全体职工。丁和职工之间存在共犯关系

（二）共同犯罪与犯罪构成的关系

关于共同犯罪的学说，各行为人要“共同”到何种程度，才成立共同犯罪，理论上存在完全犯罪共同说、部分犯罪共同说、行为共同说等不同学说。②

1. 完全犯罪共同说。完全犯罪共同说认为，共同犯罪必须是数人共同实行特定的犯罪，或者说二人以上只能就完成相同的犯罪成立共同犯罪。

例如，甲以杀人的故意、乙以伤害的故意共同对丙实施暴力行为导致丙死亡。持此观点的一部分学者认为，由于甲和乙都是正犯，但各自触犯的罪名不同，因而不成立共同正犯，只能分别以单独犯论处。这样的结论虽然严格限定了共同正犯的成立范围，却没有考虑法益侵害的事实。于是，一般通说主张，甲和乙成立故意杀人罪的共同正犯，但对乙只判处故意伤害致死的刑罚。这一方面导致没有杀人故意的乙也成立故意杀人罪，另一方面导致刑罚与罪名分离。因此，完全犯罪共同说基本上被淘汰。

2. 部分犯罪共同说。部分犯罪共同说认为，二人以上虽然共同实施了不同的犯罪，

① 答案：B。

② 张明楷著：《刑法学》（第五版），法律出版社 2016 年版，第 393-394 页。

但当这些不同的犯罪之间具有重合的性质时，则在重合的限度内成立共同犯罪。法考采此观点。

例如，甲以杀人的故意、乙以伤人的故意共同加害于丙时，只在故意伤害罪的范围内成立共同正犯。但由于甲有杀人的故意与行为，对甲应认定为故意杀人罪，乙成立故意伤害（致人死亡）罪。

3. 行为共同说。行为共同说认为，共同犯罪是指数人共同实施了行为，而不是共同实施特定的犯罪。也就是说，在“行为”方面，不要求共同实施特定的犯罪，只要行为具有共同性就可以成立共同犯罪；在“意思联络”方面，也不要求数人必须具有共同实施犯罪的意思联络，只要就实施行为具有意思联络（甚至过失的意思联络，例如，二人相约去实施危险行为）就可以成立共同犯罪。

例如，甲、乙两人相约在一阳台上，选中离阳台8.5米左右处一个树干上的废瓷瓶为目标比赛枪法（共用一支JW-20型半自动步枪）。两人轮流各射击子弹3发，均未打中，但其中一发子弹穿过树林，将离阳台100余米的行人丙打死，无法查清是谁的子弹造成了被害人死亡。根据行为共同说，只要二人在客观上共同实施了不法行为，二者就可以成立共同犯罪，至于行为人主观上是故意还是过失，则不是需要考虑的问题。故甲、乙二人成立共同犯罪，二人均需要对死亡结果负责，即二人均成立过失致人死亡罪。

（三）“部分犯罪共同说”视阈下的共同犯罪的认定

成立共同犯罪，更多地要求“客观不法行为”层面二人是共同的即可，与责任无涉，更不要求各共犯人的罪名完全一致。

1. 二人以上在同一犯罪构成的前提下，分别具有不同的加重情节或者减轻情节的，不影响共同犯罪的成立。

例如，甲教唆乙去路边抢劫，乙实施了入户抢劫，甲成立抢劫罪、乙成立抢劫罪（入户抢劫），二人在普通抢劫的范围内成立共犯。

2. 如果二人以上持不同的故意共同实施了某种行为，只就他们所实施的性质相同的部分（或重合部分）成立共同犯罪，即便罪名不同，也成立共同犯罪。[①]

（1）法条竞合：甲以抢劫枪支的故意，乙以抢劫普通财物的故意，共同对丙实施了抢劫行为。甲构成抢劫枪支罪，乙构成抢劫罪，二者在抢劫的范围内成立共同犯罪。

（2）犯罪之间具有包容关系的，可以在重合的范围内成立共犯。

例如，绑架罪包容了非法拘禁罪，甲以绑架的故意（非法控制人质后，向人质家属索要财物），乙以非法拘禁的故意，共同对丙实施了拘禁行为，甲、乙二人在非法拘禁罪的范围内成立共犯。

（3）两罪侵犯的法益相同，严重犯罪包含了非严重犯罪的内容时：故意杀人罪与故意

① 成立共同犯罪不要求各行为人所构成的罪名完全相同，可以通过如下两个案例来说明。

案例一：甲、乙两人共同盗窃，甲在楼下放风，乙在楼上盗窃，乙得到5000元，即便甲一分钱没有分到，甲、乙也是共同犯罪，甲、乙的盗窃金额均是5000元。

案例二：甲、乙两人共同盗窃，甲在楼下放风，乙在楼上盗窃，乙得到5000元，甲知道乙盗窃成功后告知乙要先行离去。乙下楼时被主人发现后将主人打成轻伤，乙成立抢劫罪。但甲、乙在盗窃罪的范围内成立共同犯罪。如果不承认二者成立共同犯罪，甲仅对自己的盗窃行为负责任，但甲本人实际上是没有拿到钱的，其盗窃金额就会变成0元，这显然是不合理的。二人在前半程成立盗窃罪的共同犯罪，二人的犯罪数额均是5000元。

伤害罪，强奸罪与强制猥亵、侮辱罪，抢劫罪与抢夺罪，抢劫罪与盗窃罪，抢劫罪与敲诈勒索罪。

例如，甲以杀害的故意、乙以伤害的故意，共同对丙实施暴力，造成丙死亡，二人在故意伤害罪的范围内成立共犯，甲成立故意杀人罪，乙成立故意伤害（致死）罪。

（4）两种犯罪侵犯的法益不完全相同，但一种犯罪所侵犯的法益包含了另一种犯罪侵犯的法益：为境外窃取、刺探收买、非法提供国家秘密、情报罪与非法获取国家秘密罪，当然在非法获取国家秘密罪的范围内成立共犯。

例如，甲、乙应丙的要求帮丙非法获取国家秘密，甲知道丙是境外人员，而乙以为丙是我国公民。甲、乙二人共同去非法获取国家秘密，甲构成为境外窃取国家秘密罪，乙构成非法获取国家秘密罪，二人在非法获取国家秘密罪的范围内成立共同犯罪。

（5）在法定转化犯的情况下，部分人实施了转化行为的，就转化前的犯罪成立共同犯罪。

例如，甲、乙共同实施盗窃行为，但乙后来使用暴力抗拒抓捕，转化为抢劫罪，二者在盗窃罪的范围内成立共同犯罪。

典型真题

下列哪些情形成立共同犯罪？（2000年·卷二·70题）①

A. 甲与乙共谋共同杀丙，但届时乙因为生病而没有前往犯罪地点，由甲一人杀死丙

B. 甲在境外购买了毒品，乙在境外购买了大量淫秽物品，然后，二人共谋共雇一条走私船回到内地，后被海关查获②

C. 甲发现某商店失火后，便立即叫乙："现在是趁火打劫的好时机，我们一起去吧？"乙便和甲一起跑到失火地点，窃取了商品后各自回到自己家中

D. 医生甲故意将药量加大10倍，护士乙发现后请医生改正，医生说："那个家伙（指患者）太坏了，他死了由我负责"。乙没有吭声，便按甲开的处方给患者用药，导致患者死亡

二、共同犯罪的认定

（一）成立标准

1. 各行为人的"客观上的不法行为"是共同的，不存在谁支配谁、谁控制谁，即"人格独立"。

2. 各行为人主观上对行为的意义能够基本了解（有"大是大非"的辨别能力，相互之间意思交换、彼此帮助）。

例如，甲（19周岁）、乙（11周岁）共同实施了故意杀人行为，虽然乙没有达到刑事责任年龄，但乙主观上对杀人行为的基本意义是能够理解的，也知道自己在和甲"共同"犯罪；客观上，甲、乙的地位相对平等，不存在甲支配、操纵乙的行为。故甲、乙二

① 答案：ABCD。

② 甲、乙成立走私毒品罪、走私淫秽物品罪两罪的共犯。但是若双方均不知道对方走私的具体物品，仅存在共谋雇船走私的行为，则在"普通走私"的范围内成立共同犯罪。

人成立共同犯罪，犯罪是二人“共同”的杰作。

（二）间接正犯与共同犯罪

1. 间接正犯，是“直接正犯”的对称，是指行为人以自己的犯罪意图，利用无责任能力的人或无犯罪意思的人实施犯罪行为，以达到自己的犯罪目的的人。例如，利用精神病人或未达到刑事责任年龄的儿童实施犯罪；利用不知情的人实施犯罪行为等。

2. 如果达到刑事责任年龄的人与未达刑事责任年龄的人在共同实行犯罪的情况下，未达刑事责任年龄的人处于被利用（支配）的状态，二者也不成立共同犯罪，而是间接正犯。间接正犯的情况下，犯罪不能认为是各行为人“共同”的杰作，而是利用者（支配者、操控者）的杰作。

例如，甲（19周岁）教唆乙（3周岁）实施了故意杀人行为，但乙年龄太小，对自己行为的基本意义不能够理解，可以认为，甲在“操纵、支配”乙的行为，甲成立故意杀人罪的间接正犯。

又如，甲（39周岁）欺骗乙（19周岁）说：“外面晒的衣服都是我的，你帮我去拿过来吧。”乙信以为真，帮甲将外面晾晒的他人衣服拿回。由于乙完全不明白甲的故意，甲实际上是利用、支配了乙的行为，乙不懂甲的“坏心”，甲的行为属于盗窃罪的间接正犯，犯罪是甲的杰作，而非甲、乙“共同”的杰作。

又如，上一案例中，如果乙识破了甲的骗局，便直接告诉甲说：“外面晒的根本不是你的衣服，拿别人的衣服是构成犯罪的。”甲说：“实话告诉你吧，那不是我的衣服，你帮我去拿，好吗？”乙说：“好吧，为了你，我愿意！”随后，乙将外面晾晒的衣服取回后交给甲。这种情况下，甲、乙彼此都明白各自、共同行为的意义，不存在支配、操纵、欺骗对方，故甲、乙成立盗窃罪的共同犯罪，犯罪是二人“共同”的杰作。

又如，A出于杀害B的目的，知道B当时正处于某屏风的后面，就指使C向该屏风开枪，不知情的C一枪打坏了屏风，同时也打死了B。C尽管有毁坏财物的故意，但没有杀人的意思。因此A构成故意杀人罪的间接正犯，但A、C成立故意毁坏财物罪的共犯。

再如，甲基于绑架丙的故意（非法拘禁丙，并向丙的母亲丁非法索要财物），欺骗乙说：“丙欠我50万元，你帮我把他关押起来，我们再打电话向他母亲丁要50万元。”乙信以为真，与甲一起拘禁了丙，并打电话要丁给50万元。甲有绑架罪的故意（非法拘禁罪+敲诈勒索罪），乙有非法拘禁罪的故意，二人在非法拘禁罪的范围内成立共同犯罪。但甲的绑架罪的故意，乙并不懂，甲成立绑架罪的间接正犯。

［结论］共同犯罪是心连心、手拉手，两相情愿；共同犯罪不要求“天长地久”，只要求“曾经拥有”（行为重合）。间接正犯是“你不懂我的心”“借刀杀人”。

典型真题

甲（15周岁）求乙（16周岁）为其抢夺作接应，乙同意。某夜，甲抢夺被害人的手提包（内有1万元现金），将包扔给乙，然后吸引被害人跑开。乙害怕坐牢，将包扔在草丛中，独自离去。关于本案，下列哪一选项是错误的？（2012年·卷二·9题）①

A. 甲不满16周岁，不构成抢夺罪

① 答案：D。

B. 甲与乙构成抢夺罪的共犯

C. 乙不构成抢夺罪的间接正犯

D. 乙成立抢夺罪的中止犯

（三）不成立共同犯罪的情形

1. 过失犯罪不成立共同犯罪。

例如，大夫开药开错了，药剂师也审错了，最终造成了病人死亡的结果，二人分别追究医疗事故罪的刑事责任，不成立共同犯罪。

例外：司法解释规定，交通肇事罪虽然是过失犯罪，但交通肇事后，车主、乘客、承包人、单位的主管人员指使肇事司机逃逸致被害人因得不到救助而死亡的，以交通肇事罪的共犯论处。主要理由：肇事行为与共同逃逸行为造成了被害人死亡的后果，指使者和肇事者对肇事后的逃逸且造成“被害人因得不到救助而死亡”具有共同的故意，故指使者应与肇事者共同对这一后果承担刑事责任。属于交通肇事（因逃逸致人死亡）罪的共同犯罪。

2. 同时犯（同时不同心）不成立共同犯罪。

同时犯是指，不同犯罪行为人均有实施犯罪的故意，但他们相互间并没有“共同的故意”，在同一时间点实施了犯罪行为。同时犯中各行为人并没有共同的故意，因此不以共同犯罪论处。

例如，甲、乙二人在没有意思联络的情形下同时从不同的方向故意朝丙开一枪，丙死亡，身上只有一颗子弹，无法查明是甲的还是乙的枪击行为所致——甲、乙不成立共同犯罪，每个人只对自己的行为负责，而各自的行为是否打中了被害人查不清楚，故甲、乙分别成立故意杀人罪未遂。

3. 实行过限（共犯过剩）。

实行过限，指在共同犯罪中，原共同犯罪中某一或数个共同犯罪人，实施了超过原共同谋定的故意范围以外的犯罪行为。

（1）非重合性过限（质的过剩）。是指预谋的犯罪（盗窃罪）与过限行为构成的犯罪（强奸罪）之间不具有重合性。

例如，甲、乙共同盗窃，甲在盗窃过程中又临时起意强奸了女主人。甲成立强奸罪、盗窃罪，乙仅成立盗窃罪，二者成立盗窃罪的共同犯罪。

（2）重合性过限（结果加重犯，量的过剩）。是指预谋的犯罪（伤害）与过限行为（伤害致死或杀人）构成的犯罪之间具有重合性。A［故意伤害罪］——A+［故意伤害罪（致人死亡）］

例如，甲、乙共谋伤害丙，甲在楼下望风，乙在实施故意伤害行为时，过失导致了被害人的死亡结果，乙的行为过限了，成立故意伤害（致人死亡）罪这一结果加重犯。甲虽然没有实施“致死”的行为，但甲、乙二人共同的“伤害”行为本身是一种具有致人死亡的高度危险性的行为。质言之，伤害行为本身蕴含着“死亡结果”的种子。甲应该对共同“伤害”行为所可能衍生出的“死亡”结果有预见可能性，还和乙共同实施伤害行为，甲当然需要对该衍生结果（死亡）负责，甲亦构成故意伤害（致人死亡）罪。

又如，A以强奸的故意、B以抢劫的故意共同对C实施暴力，由A的行为导致C死亡。A、B成立共同正犯，均对C的死亡承担责任（A承担强奸致死的责任，B承担抢劫致死的责任）。因为强奸=暴力+奸淫；抢劫=暴力+取财；从这个意义上看，两行为人具有共同实施暴力（伤害）的故意，那么就需要对共同暴力（伤害）所导致的结果承担责任。

典型真题

甲、乙、丙共同故意伤害丁，丁死亡。经查明，甲、乙都使用铁棒，丙未使用任何凶器；尸体上除一处致命伤外，再无其他伤害；可以肯定致命伤不是丙造成的，但不能确定是甲造成还是乙造成的。关于本案，下列哪一选项是正确的？（2016年·卷二·7题）①

A. 因致命伤不是丙造成的，尸体上也没有其他伤害，故丙不成立故意伤害罪

B. 对甲与乙虽能认定为故意伤害罪，但不能认定为故意伤害（致死）罪

C. 甲、乙成立故意伤害（致死）罪，丙成立故意伤害罪但不属于伤害致死

D. 认定甲、乙、丙均成立故意伤害（致死）罪，与存疑时有利于被告的原则并不矛盾

4. 间接正犯原则上不构成共同犯罪。

间接正犯是指利用他人作为犯罪工具来实施犯罪，自己不参与实行行为。间接正犯的正犯性，主要表现在处于优势地位的间接正犯对于被利用者（行为媒介）的支配性，隐身于幕后的操纵者。换言之，虽然没有直接实施正犯行为，但实际上起到了正犯的效果。

一般来说，利用者强制、操纵、说服、支配欠缺责任能力者犯罪的，被利用者对于犯罪没有添加自己的理解，没有自己的意志，受利用者的决定性影响，利用者将他人作为工具实现自己的犯罪目的，就是间接正犯。相反，在一定程度上受到利用者控制的人，如果具有规范意识和意思能力，对犯罪有自己的认识和理解，具备有目的地实施犯罪的能力，犯罪时并没有受到强制的，二者之间成立共同犯罪。间接正犯主要有以下类型：

（1）利用无责任能力者的身体活动。例如，甲教唆3岁的小孩盗窃。

（2）利用没有意志力的他人身体活动。

例如，乙的身后站着丙，丙搬着一珍贵文物，甲与丙是仇人，甲用针刺了一下乙，乙受惊吓猛地往后一退，撞碎了身后站着的丙手里的珍贵文物。甲的行为成立故意损毁文物罪的间接正犯。

（3）利用缺乏故意的行为，致使不知情者实施损害行为。

例如，医生利用不知情的护士给他人注射毒药，由护士给他人注射后导致被害人死亡。

又如，A将一把装有子弹的手枪交给B，并谎称枪中没有子弹只是用手枪吓唬C，B在利用手枪吓唬C时打中了C，造成C死亡。无论B是否有过失，A都成立故意杀人罪的间接正犯。

（4）利用者对被利用者进行强制。

例如，甲用枪指着乙，要乙去抢丙的财物，乙实施了抢劫行为，甲构成抢劫罪的间接正犯。

① 答案：D。

(5) 利用行为时承担刑事责任的人。[①] 此种情形下，被利用者可能也构成犯罪，承担刑事责任。但被利用者不构成利用者想犯的那个罪，换言之，被利用者对利用者的犯罪行为、主观想法不是完全（100%）知情，仅知道部分。

例如，甲欲实施传播淫秽物品牟利罪，但欺骗乙说仅实施传播淫秽物品（无牟利目的）的行为，利用乙传播淫秽物品。乙并不知道甲有“牟利目的”，仅就“传播淫秽物品牟利罪”而言，甲是间接正犯，乙是被利用者。但是，这并不否认甲、乙二人在“传播淫秽物品罪”的范围内成立共同犯罪。

(6) 利用他人缺乏违法性认识的可能性的行为。

例如，甲欺骗乙说，“捕杀麻雀是完全合法的行为，你可以大量捕杀。”乙信以为真，实施捕杀行为。

(7) 利用他人的合法行为。

例如，A为了使B死亡，以如不听命将杀害B相威胁，迫使B攻击Y，A提前告诉Y，B将要来杀他，Y正当防卫杀害了B。A属于故意杀人罪的间接正犯。

(8) 利用被害人自身的行为。

例如，甲强迫乙自杀的，甲成立故意杀人罪的间接正犯。

又如，甲明知前方有陷阱，欺骗乙说，前面道路正常，乙掉入陷阱死亡，甲成立故意杀人罪的间接正犯。

三、片面共犯

共同犯罪是“两相情愿”“心心相印”（全面战略合作伙伴），而片面共犯是“一厢情愿”“单相思”（做好事不留名）。片面共犯是指，参与同一犯罪的人中，一方认识到自己是在和他人共同犯罪，而另一方没有认识到有他人和自己共同犯罪。

片面共犯中，各行为人没有“共同”的故意，但客观行为“共同”导致了危害结果，能否以共同犯罪论处，理论上还存在一定的争议。如果肯定共同犯罪的物理的因果性，那么，片面共犯也可以在客观上共同引起法益侵害，因而成立共同犯罪。如果认为共同犯罪必须要“交互”意思联络，认为共同犯罪的归责原则是“交互”归责，那么，片面共犯就不成立共同犯罪。片面共犯主要有如下情形：

1. 片面的共同实行犯（正犯）。即，实行的一方没有认识到另一方的实行行为，即彼此之间没有“意思交互”。

例如，甲对乙实施砍杀行为（实行行为），在甲中途休息时，丙为了使甲的杀人行为能够更快完成，亦对乙砍了两刀，后甲将乙砍死。丙虽然参与了故意杀人罪的实行行为，但甲并不知情。

观点一：如果肯定片面共同正犯是共同犯罪，丙需要对其主观上认识到的全部行为负责任，即丙需要对整体行为承担责任，丙的行为成立故意杀人罪既遂。

---

① 2015年卷二56. 甲在乙骑摩托车必经的偏僻路段精心设置路障，欲让乙摔死。丙得知甲的杀人计划后，诱骗仇人丁骑车经过该路段，丁果真摔死。D. 丙利用甲的行为造成丁死亡，可能成立间接正犯——正确，本案中，虽然被利用者甲主观上也有杀人的故意，但甲并没有杀丁的故意，甚至甲都不知道自己在杀丁，甲完全是被丙利用了，丙是知情者，故丙的行为成立故意杀人罪。在间接正犯的情况下，被利用者完全也可能是需要承担责任的人，但利用者的故意内容被利用者完全不知情。

观点二：如果否认片面共同正犯是共同犯罪，丙只需要对自己的行为单独承担责任，丙只砍了两刀，丙的行为成立故意杀人罪未遂。

事实上，无论是肯定还是否定片面共同正犯成立共同犯罪，都不至于放纵“片面者”丙，丙毕竟参与了实行行为（直接侵害法益），丙的行为本身亦可以构成犯罪。

2. 片面的教唆犯。被教唆者没有意识到自己被教唆的情况。刑法理论上多否认片面的教唆犯。

例如，甲将乙的妻子丙与他人通奸的照片和一支枪放在乙的桌子上，欲教唆乙杀害丙。乙发现后立即产生杀人故意，将丙杀死。但乙并没有认识到自己是被甲“教唆”而实施犯罪。

3. 片面的帮助犯。即实行的一方没有认识到另一方的“帮助”行为（非实行行为）。

例如，甲明知乙正在追杀丙，由于甲与丙有仇，甲便暗中设置障碍物将丙绊倒，从而“帮助”乙顺利地杀害丙。乙并不知道甲在帮助他，没有与甲共同犯罪的故意。对乙单独定故意杀人罪，不适用共同犯罪的规定，不认定为主犯、从犯。

观点一：如果肯定甲的片面帮助行为也是共犯，甲需要对共同的整体行为承担责任，甲构成故意杀人罪既遂。（通说）

观点二：如果否认片面帮助犯成立共犯，甲仅需要对自己的行为单独承担责任，但单纯的将丙绊倒行为本身，似乎难以被追究刑事责任。从这一意义上看，否认片面的帮助犯，意味着甲无从被追究刑事责任，这并不妥当，毕竟，甲对乙的杀人行为确实有“贡献”。

[问题之思考] 为什么片面的帮助犯必须认定为是共同犯罪?

帮助行为与实行行为不同，帮助行为并没有直接侵害法益，孤立地看帮助行为本身，较为中立，似乎不构成犯罪。例如，乙进入丙的住宅实施盗窃，甲在该小区散步时，发现了乙的盗窃行为，同时发现，被害人丙正从外面回到小区。为了帮助乙顺利地实施盗窃而不被丙发现，甲拖着丙聊天长达4个小时，最后乙顺利盗窃而离去。本案中，甲实施了帮助行为（与丙聊天），客观上确实对乙的盗窃行为起了帮助作用，是片面的帮助犯。如果否认片面的帮助犯是共同犯罪，那么，单独的帮助行为（聊天）将无从定罪。但甲的帮助（聊天）行为确实对乙的盗窃实行行为起到了帮助、促进作用，不以犯罪论处，似乎并不合适。从这一意义上看，承认片面的帮助犯是共同犯罪，对片面的帮助者追究刑事责任，有积极意义。

从生活道理来解释这个问题就是，片面的帮助行为，孤立地看，与日常生活行为并无二致，只有将片面的帮助行为与被帮助者的行为（实行行为）结合起来“共同”看，才能看出其危害性（狐狸尾巴），因此，必须承认片面的帮助犯是共同犯罪。但是，对于片面的实行犯，无论是对其进行孤立地考查，还是整体（共同）的考查，都能看出其行为的危害性。

典型真题

甲知道乙计划前往丙家抢劫，为帮助乙取得财物，便暗中先赶到丙家，将丙打昏后离去（丙受轻伤）。乙来到丙家时，发现丙已昏迷，以为是丙疾病发作晕倒，遂从丙家取走

价值5万元的财物。关于本案的分析，下列哪些选项是正确的？（2017年·卷二·54题）①

A. 若承认片面共同正犯，甲对乙的行为负责，对甲应以抢劫罪论处，对乙以盗窃罪论处

B. 若承认片面共同正犯，根据部分实行全部责任原则，对甲、乙二人均应以抢劫罪论处

C. 若否定片面共同正犯，甲既构成故意伤害罪，又构成盗窃罪，应从一重罪论处

D. 若否定片面共同正犯，乙无须对甲的故意伤害行为负责，对乙应以盗窃罪论处

四、共同犯罪的形式

（一）任意的共犯、必要的共犯

1. 任意的共犯。刑法分则规定的一人能够单独实施的犯罪由二人以上共同故意实施时，就是任意共同犯罪。例如，故意杀人罪，一人也可以实施，但也可以由二人以上共同故意实施。

2. 必要的共犯。刑法分则规定必须由二人以上共同故意实施的犯罪。刑法中规定的部分聚众类犯罪一般认为属于必要的共犯。例如，《刑法》第317条第2款（暴动越狱罪、聚众持械劫狱罪）。对合型犯罪也属于必要的共犯。

［对合型犯罪］对合（向）型犯罪中，只要对合双方的行为在客观上是刑法所禁止的“不法行为”，双方就属于共犯。对合型犯罪之所以原则上成立共犯，主要原因在于，对合双方都明知对方的“心”，二者共同故意推进了犯罪的进行。例如，行贿人、受贿人对于相对方的行为都明知，二者成立共犯。对合型犯罪包括：

（1）各方行为在法律上均被规定为犯罪，但罪名不同。例如，出售假币罪与购买假币罪；拐卖妇女、儿童罪与收买被拐卖的妇女、儿童罪；受贿罪与行贿罪。

（2）各方行为在法律上均被规定为犯罪，且罪名相同。例如，非法买卖枪支、弹药、爆炸物罪；非法买卖危险物质罪；串通投标罪；重婚罪。

（3）一方行为在法律上没有被明文规定为犯罪（不属于共同犯罪）。例如，销售侵权复制品罪与购买侵权复制品行为；倒卖文物罪与购买文物行为；贩卖淫秽物品牟利罪与购买淫秽物品行为。买方的行为在客观上不构成犯罪，刑法仅惩罚卖方，由于一方行为在客观上都不是刑法所禁止的不法行为，所以不以共同犯罪论处。

典型真题

下列哪些选项中的双方行为人构成共同犯罪？（2012年·卷二·55题）②

A. 甲见卖淫秽影碟的小贩可怜，给小贩1000元，买下200张淫秽影碟

B. 乙明知赵某已结婚，仍与其领取结婚证

C. 丙送给国家工作人员10万元钱，托其将儿子录用为公务员

D. 丁帮助组织卖淫的王某招募、运送卖淫女

① 答案：ACD。

② 答案：BCD。

（二）事前通谋的共同犯罪、事前无通谋的共同犯罪

1. 事前通谋的共同犯罪。在着手实行犯罪之前，各共犯人已经形成共同犯罪故意，就实行犯罪进行了策划或商议。

2. 事前无通谋（事中达成共同犯罪意思）的共同犯罪。在刚着手实行或者实行犯罪的过程中形成共同犯罪的故意。

（三）简单共犯、复杂共犯

1. 简单共犯。所有共犯人均在实施实行行为，即共同正犯。

2. 复杂共犯。共同犯罪人中除实行犯外，还有教唆或者帮助分工的共同犯罪。

（四）一般共同犯罪、特殊共同犯罪

1. 一般共同犯罪。是指没有组织的共同犯罪，二人既可构成没有组织、没有首要分子、不存在众人可能随时参与状态的共同犯罪，也可以是由首要分子组织、策划、指挥众人所实施的共同犯罪，即聚众共同犯罪。

2. 特殊共同犯罪（集团犯罪）。三人以上有组织地实施的共同犯罪。组织成员比较严密、有较为严密的纪律——对于一般共同犯罪中的“聚众型犯罪”，刑法一般仅仅处罚首要分子和积极参加者，而对于集团性犯罪，全体成员都处罚。

五、共同犯罪人的分类和刑事责任

共同犯罪人，根据各行为人在共同犯罪中所起的作用，可以分为主犯、从犯与胁从犯。根据各行为人在共同犯罪中的分工（角色），可以将其分为组织犯、实行犯、帮助犯、教唆犯。

1. 同一分类下面，人物之间是排斥关系。例如，主犯本身不可能是从犯，因为这是同一种分类（作用分类），同样，教唆犯不可能是实行犯，因为这也是同一种分类（分工分类）。

2. 不同分类下面，人物之间可能存在交叉。例如“教唆犯”可能是“主犯”。

（一）主犯

1. 主犯的种类。

（1）组织、领导犯罪集团的首要分子。

（2）其他在共同犯罪中起主要作用的犯罪分子。包括：犯罪集团中除首要分子以外其他起主要作用的犯罪分子，非集团性共犯中起主要作用的犯罪分子。

2. 主犯与首要分子的关系。

首要分子是刑法中所确定的一个概念，主要是针对人数众多型犯罪而设定的，不是严格意义上的共同犯罪人的分类中的一种。《刑法》第 97 条规定：“本法所称首要分子，是指在犯罪集团或者聚众犯罪中起组织、策划、指挥作用的犯罪分子。”

（1）首要分子不一定是（通常是）主犯。

首要分子在犯罪中起的作用比较大，通常情况下是主犯。但有的聚众类犯罪中（尤其是危害性不是特别大的聚众犯罪，如《刑法》第 291 条的聚众扰乱公共场所秩序罪），基

于法不责众，刑法规定仅惩罚首要分子，其他人（积极参加者、其他参加者等）不用承担刑事责任，如果只有首要分子一个人承担刑事责任的话，连共同犯罪都谈不上，也就无所谓主犯与从犯的划分。

（2）主犯不一定是首要分子。

主犯只是起的作用比较大，而首要分子主要是一种“官”，或者说“首长”。有的情形下，虽然你干活比较积极，属于主犯，但就不是“官”（首要分子）。

（3）犯罪集团的首要分子是主犯。

在犯罪集团中，肯定不是一个人在犯罪，而是多个人犯罪，这种情况下，犯罪集团的首要分子与其他犯罪分子当然成立共同犯罪，那么，他当然是主犯。

3. 主犯的责任。

（1）对于犯罪集团的首要分子，应当按照集团所犯的全部罪行处罚。对于犯罪集团成员单独实施的集团犯罪计划以外的犯罪行为，由实施者本人承担罪责，犯罪集团的首要分子不承担罪责。

（2）其他主犯，也应当对其所组织、指挥、参与的全部罪行负刑事责任。

（二）从犯

1. 类型。

（1）起次要作用的实行犯。

（2）起辅助作用的帮助犯。

2. 几个注意问题。

（1）帮助犯都是（100%）从犯。

（2）帮助行为独立化（正犯化）。有的情况下刑法将帮助行为、从犯规定为独立的犯罪（协助组织卖淫罪），此种情况下，协助组织卖淫行为就不能再被认为是组织卖淫罪的帮助犯（或者从犯）。

（3）在共同犯罪中，只有主犯没有从犯的现象是存在的，只有从犯没有主犯的现象是不存在的。因为如果各共犯人均是从犯（如盗窃案件中大家都望风），没有人起主要作用，那将是不可思议的，共同犯罪一定要有主犯、“主心骨”。

3. 处罚：对于从犯，应当从轻、减轻或者免除处罚。但从犯仍然应当对全部犯罪承担刑事责任。

例如，二人一起去实施盗窃行为，乙在楼下望风，甲偷到了5000元后，欺骗乙说只偷到了3000元，甲、乙的盗窃数额都认为是5000元，乙是从犯，应当从轻、减轻或者免除处罚。

（三）胁从犯

1. 从犯与胁从犯的区别：从犯的意志完全自由，而胁从犯意志受到了部分胁迫。当然，胁从犯还有一定的意志自由，如果完全没有意志自由而被强制实施犯罪，就不应该作为犯罪处理。

2. 胁从犯本身不是主犯，但可以转为主犯。如果行为人起先是因为被胁迫而参加犯罪，但后来积极主动地实施犯罪行为，在共同犯罪中起主要作用，可以转为主犯。

（四）教唆犯

《刑法》第29条：教唆他人犯罪的，应当按照他在共同犯罪中所起的作用处罚。教唆不满十八周岁的人犯罪的，应当从重处罚。

如果被教唆的人没有犯被教唆的罪，对于教唆犯，可以从轻或者减轻处罚。

1. 教唆犯是“点燃”他人犯意，使他人犯罪意图从无到有。

（1）强化犯意不是教唆犯，是帮助犯。在他人已有犯意的情况下教唆他人犯罪，属于强化犯意，是帮助犯，而非教唆犯。

（2）降低了他人的犯意，则更不应该成立教唆犯，不宜作为犯罪处理。虽然不排除“降低”的行为成立帮助犯，但在具体案件中，完全可能因为其行为减轻了法益侵害而否认结果归属。

例如，甲欲杀丙，乙极力劝说甲不要杀害丙，甲不顾乙的强烈反对，仍然实施杀人行为，乙无力制止甲的杀人行为。后乙说：“给我最后一点面子吧，不要杀害丙，造成伤害总行吧！”后甲将丙打成轻伤。乙的唆使行为也是出于无奈、紧急情况下作出的，对乙的行为不宜以犯罪论处。

（3）教唆犯必须是“加重”了被教唆者的犯罪故意。

例如，乙已有强奸犯意，行为人唆使他实施加重构成要件行为的（轮奸或当众强奸），成立加重犯的教唆犯。①

又如，乙仅有普通抢劫的犯意，甲唆使其入户抢劫或者持枪抢劫的，甲成立入户抢劫或持枪抢劫的教唆犯。

（4）教唆对象、内容必须特定：必须针对特定的人实施教唆；教唆行为必须是唆使他人实施较为特定的犯罪行为。让他人实施完全不特定的犯罪的，难以认定为教唆行为。

教唆行为不同于煽动行为，煽动行为不能认为是刑法上的教唆犯。即如果是煽动实施泛泛而谈的犯罪，一般不认为成立教唆犯，但如果煽动实施特殊的犯罪如分裂国家，则成立相应的煽动分裂国家罪，这是刑法的特别规定。

2. 教唆的对象合格：教唆的对象是具有规范意识，可能形成反对动机的人，应具有基本的规范意识（用通俗的话来说，明白大是大非）。一般认为，被教唆者应年满14周岁，如果被教唆者年龄太小，可以认为教唆者操控、支配了被教唆者，因而成立间接正犯。

（1）被唆使的人虽未达到刑事责任年龄、没有刑事责任能力，但事实上具有一定的辨认、控制能力，能够随机应变实施犯罪时，其也可以成为被教唆的对象。

例如，教唆15周岁的人实施盗窃的，可以认为成立教唆犯。但是，成年人唆使严重精神病患者杀人的，成立故意杀人罪的间接正犯；成年人唆使8周岁儿童窃取他人财物的，成立盗窃罪的间接正犯。因为精神病人、8周岁的儿童，都没有规范意识，没有大是大非的判断能力，在共同犯罪中一般认为是处于被支配、被利用的状态。

（2）为什么被教唆者原则上应达到14周岁以上？

在共同实行犯罪的情形下，即使有人未达到刑事责任年龄，只要该人对其行为的基本意义能够理解，意志不是受他人操控，各行为人之间就可能成立共同犯罪。例如，16周

① 张明楷教授认为，他人有普通抢劫的故意，教唆他人实施“持枪抢劫”的，应认为是教唆犯。笔者持此观点。但周光权教授认为这是帮助犯。例如，乙早有携带管制刀具抢劫的意思，善于察言观色的甲建议乙持枪抢劫，乙果然听从甲的建议，甲的劝说行为并非教唆，而只是使得乙的抢劫行为更容易实施，所以甲应当成立抢劫罪的帮助犯。周光权：《刑法总论》，中国人民大学出版社2011年版，第230页。

岁的甲和13周岁的乙共同抢夺的案件，也成立抢夺罪的共犯。

但是，在教唆犯的情形下，一般认为被教唆者达到一定的年龄（年满14周岁），二者才成立共同犯罪。理由：在教唆的情况下，毕竟教唆犯是犯罪意图的推动者，如果被教唆者起初连犯罪意图都没有，被教唆者还未达刑事责任年龄或者没有刑事责任能力的话，教唆者本人对犯罪的推动作用就相当大，可以认为是其支配、操控了这个犯罪，被教唆者就相当于教唆者的工具，教唆者是间接正犯（非教唆犯），二者非共犯关系。

3. 教唆犯的责任。

（1）按照其在共同犯罪中所起的作用处罚。

（2）教唆不满18周岁的人犯罪，从重处罚（《刑法》第29条第1款规定）。

其中，不满18周岁的人，一般应理解为包括不满14周岁的人。虽然教唆不满14周岁的人犯罪的情形下，由于其规范、意志能力因年龄较小而更弱，教唆者应属于间接正犯。但从当然解释的角度看，既然教唆17周岁的人犯罪都要从重处罚，教唆不满14周岁的犯罪从重处罚的必要性就更大。

典型真题

《刑法》第29条第1款规定："教唆他人犯罪的，应当按照他在共同犯罪中所起的作用处罚。教唆不满十八周岁的人犯罪的，应当从重处罚。"对于本规定的理解，下列哪一选项是错误的？（2013年·卷二·9题）①

A. 无论是被教唆人接受教唆实施了犯罪，还是二人以上共同故意教唆他人犯罪，都能适用该款前段的规定

B. 该款规定意味着教唆犯也可能是从犯

C. 唆使不满14周岁的人犯罪因而属于间接正犯的情形时，也应适用该款后段的规定

D. 该款中的"犯罪"并无限定，既包括一般犯罪，也包括特殊身份的犯罪，既包括故意犯罪，也包括过失犯罪

4. 教唆未遂：如果被教唆的人没有犯被教唆的罪，对于教唆犯可以从轻或者减轻处罚。（《刑法》第29条第2款）

（1）如果被教唆的人着手实行了犯罪，但由于意志以外的原因未得逞，教唆者当然属于教唆未遂，应受刑法处罚。

（2）如果被教唆的人没有着手实施犯罪，能否适用《刑法》第29条第2款之规定，将教唆者认定为教唆未遂？存在两种观点：

第一种观点认为，教唆犯的行为仍然成立犯罪，属于教唆未遂（行为无价值论者多主张此观点）。这种观点的理论依据是"共犯独立性"，行为人的危险性一旦通过一定的行为流露出来，即可认定其有实行行为，所以教唆、帮助行为原本就是行为人自己犯意的遂行表现，教唆犯、帮助犯等共犯本身就有实行行为性，这就是独立的犯罪行为。

第二种观点认为，教唆犯的行为无罪（结果无价值论者多主张此观点，国家法律职业资格考试中此种观点是主流）。这种观点的理论依据是"共犯从属性"，只有单纯的教唆、帮助行为，并不构成犯罪；必须是被教唆、被帮助的人着手实施犯罪时，共犯才成立。根

① 答案：D。

据共犯从属性理论，如果被教唆者没有实施“实行行为”，教唆、帮助行为便失去了凭借，对法益便不具有侵害的现实危险，不构成犯罪。应当说，共犯从属性理论限制了犯罪的成立范围，缩小了刑法的处罚面，对于推进刑罚轻缓化是有其积极意义的。

5. 教唆犯与传授犯罪方法罪。(《刑法》第295条)

区别	教唆犯	传授犯罪方法罪
是否唆使他人产生犯罪的故意	使无犯罪意思的人产生犯罪的决意	将犯罪的方法、技巧传给他人，至于他人是否产生犯罪的故意，在所不问
侵犯的法益不同	侵害的法益是不确定的，取决于被教唆犯罪的性质	该罪是妨害社会管理秩序（扰乱公共秩序）的犯罪
对象不同	具有相应的规范意识的人	被传授者是否为具有刑事责任能力、达到刑事责任年龄的人，并不重要
是否成立共同犯罪	教唆者与被教唆者成立共同犯罪，教唆犯是共同犯罪人的一种	二者不成立共同犯罪，传授者只要传授了犯罪方法，无论其主观上是否希望被传授者实施犯罪，也不论被传授者是否实施了犯罪，二者都不成立共犯。即使被传授者实施犯罪行为，由于二者没有“共同犯罪”的故意，也不成立共同犯罪
适用的罪名和法定刑	按所教唆的罪定罪量刑	根据《刑法》第295条的“传授犯罪方法罪”定罪量刑
教唆犯与传授犯罪方法罪的竞合：行为人实施传授犯罪方法行为，对传授的对象也具有目的性，希望他从“良民”变成“犯罪分子”，这时候他就既构成传授犯罪方法罪，同时也是特定犯罪的教唆犯。从这一意义上看，带着“目的性”“责任感”去传授犯罪方法的行为，既成立传授犯罪方法罪，也成立具体犯罪的教唆犯，二者之间可能存在竞合		

6. 教唆犯与间接正犯的区别。

（1）教唆犯没有直接支配犯罪。教唆犯是使他人产生犯罪意思的人，是参与他人犯罪，对犯罪进程不能控制，对他人的犯罪不能进行实质上的行为支配、意思支配或者功能性支配。

（2）间接正犯中，利用者支配犯罪，支配了被利用者。间接正犯是处于幕后，作为优势支配者，通过其意思支配控制犯罪进程的人，所以对其行为能够以直接正犯看待。

（3）教唆犯与间接正犯并非绝对排斥关系，而是可能存在竞合。

间接正犯除了具有教唆犯的基本特征（客观上引起了他人的犯罪行为），还多出了一个特征（控制、支配、欺骗他人实施不法行为）。而在教唆犯的情况下，教唆者是如实向被教唆者表达了犯罪的想法。可以认为，间接正犯较之教唆犯性质更为严重，间接正犯是欺骗型、逼迫型、控制型的教唆。

基于这种认识，行为人主观上想教唆他人犯罪，但实际上起了间接正犯的效果，仅成立低位的教唆犯。行为人主观上想利用他人犯罪（间接正犯），但实际上起到了教唆犯的效果，仅成立低位的教唆犯。例如，甲教唆乙说：“丙是坏人，你将这个毒药递给他喝。”乙却听成了“丙是病人，你将这个土药给他喝”，于是将毒药递给丙，丙喝下毒药后死亡。

甲有教唆的故意，但却起到了间接正犯的效果，应以教唆犯论处。

7. 未遂的教唆与教唆未遂。

（1）未遂的教唆犯，是指教唆他人实施根本就不可能既遂的行为，不以犯罪论处。

例如，甲将空枪交给乙，叫乙去射杀丙，由于该行为一开始就不可能既遂，故属于未遂的教唆犯。

此外，陷害教唆实际上也是一种未遂的教唆。如行为人以使他人受到刑事处罚为目的，诱使他人犯罪，而被教唆人着手实行后，抓捕被教唆人，使其难以达到既遂的，就是陷害教唆。

（2）教唆未遂，是指教唆他人实施有可能既遂的犯罪，只是因为意志以外的原因而未遂。

例如，甲将有子弹的枪交给乙，叫乙去射杀丙，但乙因枪法不准而未能成功，甲属于教唆未遂。

（五）帮助犯

帮助犯，是指帮助正犯的情况。帮助行为必须是实行行为以外的行为，对实行行为起促进作用。

1. 帮助的方式。

（1）帮助行为包括物理性帮助和心理性帮助。前者如提供凶器、排除障碍；后者如改进作案方针、撑腰打气、呐喊助威。

（2）帮助行为包括作为方式和不作为方式。

例如，公司法务部经理甲与公司客户乙相勾结，欲诈骗公司财物，乙提供有陷阱的合同，甲审查时未作说明。甲便是不作为的帮助犯。

又如，剧场负责人，目睹演员演出淫秽节目，而不制止，就成立不作为的帮助犯。

（3）帮助行为包括事前帮助和事中帮助，不包括事后帮助。事后帮助，也即既遂后帮助，属于窝藏、包庇罪，掩饰、隐瞒犯罪所得罪，不是共同犯罪（帮助犯）。

2. 帮助行为正犯化。

如果刑法分则对特定的帮助行为已经作了专门规定，规定了独立的罪名与法定刑，将帮助行为正犯化，则直接依据该特别规定定罪量刑。

例如，刑法对帮助恐怖活动行为作了专门规定，即《刑法》第 120 条之一（帮助恐怖活动罪）。因此，只要实施了“帮助”行为，就成立“帮助恐怖活动罪”的既遂，适用该独立的罪名及法定刑。即便被帮助者没有实施恐怖活动犯罪，帮助者也构成此罪。《刑法》第 120 条之一将帮助恐怖活动的行为规定为独立的罪名，并规定了较重的法定刑（比恐怖活动犯罪的从犯要重很多），主要是为了突出对这类行为的打击，将其规定为独立的正犯（实行犯），而不需要以共犯（帮助犯）论处，适用共犯从属性理论。

相关司法解释也说明了这一观点，2009 年 11 月 4 日最高人民法院《关于审理洗钱等刑事案件具体应用法律若干问题的解释》第 5 条、2010 年 5 月 7 日最高人民检察院、公安部《关于公安机关管辖的刑事案件立案追诉标准的规定（二）》第 1 条均规定：刑法第一百二十条之一规定的“资助”，是指为恐怖活动组织或者实施恐怖活动的个人筹集、提供经费、物资或者提供场所以及其他物质便利的行为。刑法第一百二十条之一规定的“实施恐怖活动的个人”，包括预谋实施、准备实施和实际实施恐怖活动的个人。根据这一规定，被帮助者是否实施恐怖活动，不影响对帮助者定罪。

3. 中立的帮助行为。

中立的帮助行为，是指貌似日常生活行为，但客观上对他人犯罪起到了帮助作用。对于这种行为能否以犯罪（帮助犯）论处。例如，面包店老板知道夫妻关系紧张的女邻居可能将面包用于毒杀其夫而仍向其出售面包，可否构成故意杀人罪的帮助犯？五金店老板琢磨小偷模样的顾客可能将螺丝刀用于入室盗窃而向其出售螺丝刀，能否构成盗窃罪的帮助犯？日用品商店的老板估计刚在马路上与人争执的顾客可能将菜刀用于杀人仍然向其出售菜刀，是否构成故意杀人罪的帮助犯？

中立的帮助行为有其特殊性，即具有反复持续性、日常性、可替代性，且大多是履行民事义务或从事民事活动的行为，如果把这些行为都纳入犯罪的行列，势必会造成社会经济秩序的混乱，人人岌岌可危的状态。因此，一方面要实现法益保护的目的，另一方面又要维护社会的发展，在法益保护和自由保障之间如何妥当地划定中立的帮助行为的可罚性范围，一直是理论和实务中富有争议的课题。一般认为，该类帮助行为，对他人的犯罪起到了重要性、紧迫性、不可或缺性的作用，才宜以共同犯罪论处（帮助犯）。

（1）出租车司机甲明确得知乘客乙要前往附近某地杀人，仍将其运往目的地，甲构成帮助犯。

（2）商店老板甲看到大街上乙丙在打架，乙突然进到商店要求买把菜刀。甲明知乙拿菜刀要行凶仍卖给乙，乙果然拿刀将丙砍成重伤，甲构成帮助犯。

（3）甲、乙、丙组成盗窃团伙，租住在出租屋，每天到附近饭馆吃饭。饭馆老板丁明知他们吃完饭要外出盗窃仍给他们提供服务。丁不构成帮助犯。

4. 未遂的帮助犯与帮助犯未遂。

（1）“未遂的帮助犯”，是指帮助者一开始就以被帮助者的实行行为未遂而告终来实施帮助的。换言之，这种帮助行为本身根本就不可能让被帮助者成功地完成犯罪。

例如，甲欲前往张某家中盗窃。乙送甲一把擅自配制的张家房门钥匙，并告甲说，张家装有防盗设备，若钥匙打不开就必须放弃盗窃，不可入室。甲用钥匙开张家房门，无法打开，本欲依乙告诫离去，但又不甘心，思量后破窗进入张家窃走数额巨大的财物。本案中乙提供的钥匙根本就不可能起到作用，这是一把没用的钥匙。故乙的行为成立“未遂的帮助犯”，应以犯罪论处。

（2）“帮助犯未遂”，是指帮助行为本身是有可能使被帮助的犯罪行为达到既遂的，但是，因为意志以外的原因导致犯罪未遂。

例如，乙欲杀人，甲提供一把装有子弹的枪给乙，但乙带上这把枪后，仍然没有将被害人丙给杀害，被害人趁机逃走了。应该说，提供“装有子弹的枪”是有可能使被帮助的行为既遂的，应认定为帮助犯未遂。

六、共同犯罪与身份

（一）真正身份犯的共同犯罪

1. 无身份者与有身份者（定罪身份）的共同犯罪。

无身份者可以成为身份犯的共犯（教唆犯、帮助犯），但不能成为身份犯的正犯（直接正犯、间接正犯）。即此种身份可以与他人“共享”。

例如，普通公民不可能成为贪污罪的实行犯（正犯），但在有身份的人（国家工作人员）实施贪污行为时，可以成为贪污罪的教唆犯、帮助犯。

2013年卷二55.D. 甲极力劝说丈夫乙（国家工作人员）接受丙的贿赂，乙坚决反对，甲自作主张接受该笔贿赂。甲构成受贿罪的间接正犯——该选项错误，甲不具备国家工作人员这一身份，不能成立受贿罪的正犯（间接正犯）。甲非法获取他人财产，可能涉嫌侵占罪或诈骗罪。

2. 具有不同构成身份的人共同犯罪。

（1）原则上：具有不同构成身份的人共同犯罪，择一重罪处罚，即以高身份者定罪。

例如，国家工作人员甲利用职务上的便利收受他人财物，成立受贿罪。甲的妻子乙利用甲职务行为收受他人财物，成立利用影响力受贿罪。但如果甲、乙共同收受他人财物，应成立受贿罪的共犯。

（2）例外：应以主犯的行为定性。

例如，非国有公司的工作人员甲（职务侵占罪的身份）与国有公司委派到该非国有公司从事公务的国家工作人员乙（贪污罪的身份）共同侵占该非国有公司的财产时。根据司法解释规定，按照主犯的性质定罪。主犯是国家工作人员，二人均定贪污罪；主犯是非国家工作人员，二人均定职务侵占罪。如果仍无法区分主从犯的，按高（重）身份即国家工作人员身份，均定贪污罪。

（二）不真正身份犯的共同犯罪

不真正身份（又称加减身份）是指身份不影响定罪，仅影响量刑。不具有加减身份的人与具有加减身份的人共同实施不真正身份犯时，成立共同犯罪。但是，刑法关于刑罚加减的规定仅适用于具有加减身份的人，而不适用于不具有加减身份的人——即该类身份不能“共享”。

例如，根据《刑法》第238条的规定，国家机关工作人员利用职权实施非法拘禁行为的，从重处罚。据此，“国家机关工作人员”这一身份对于非法拘禁罪而言，仅是影响量刑的身份。

又如，甲（国家机关工作人员）与乙（普通公民）共同实施了非法拘禁行为，二人成立非法拘禁罪的共同犯罪，根据《刑法》第238条的规定，应对甲从重处罚，而不需要对乙从重处罚。

［知识提升］除了身份以外，对其他特定的主观要素与共同犯罪的关系，也应按上述结论处理。

例如，刑法中所规定的必须具备特定目的才成立的犯罪，不具有此目的的人，明知他人有此种目的而与之共同实施犯罪行为的，成立以该特定目的为主观要素的犯罪的共犯。如甲以“牟利目的”传播淫秽物品，乙虽然不具有牟利目的，但明知甲以牟利为目的传播淫秽物品而仍然帮助甲传播淫秽物品，乙同样构成传播淫秽物品牟利罪。

七、共同犯罪与认识错误

共同犯罪中的认识错误主要是指，在共同犯罪中部分人产生了认识错误的情况下，对其他人应该如何处理。共同犯罪中的认识错误较之一般的认识错误，并无更多特别之处。具体而言：

1. 各共同犯罪人，如果在构成要件的范围内一致，则不影响犯罪成立。（同一构成要件内的错误）

例如，甲教唆乙故意杀害丙，乙将丁误认为丙而杀害了，甲的行为成立故意杀人罪的教唆犯。

又如，甲误以为乙利用网络诈骗，实施了帮助行为。实际上，乙利用网络传播淫秽视频。甲构成帮助信息网络犯罪活动罪。因为，通过网络平台无论是帮助他人实施诈骗，还是帮助他人传播淫秽物品，均是帮助信息网络犯罪活动罪的对象，这属于同一构成要件内的错误，不影响故意犯罪既遂的成立。（2020 年真金题）

2. 各共犯人的行为，部分一致部分不一致时，在重合（一致）的限度内可以成立共同犯罪。

例如，甲教唆乙盗窃丙，乙实施了抢劫丙（转化型抢劫，即盗窃后又使用暴力抗拒抓捕）的行为。甲、乙在盗窃罪的范围内成立共同犯罪，乙成立抢劫罪。

3. 关于间接正犯、教唆犯的认识错误。

（1）以间接正犯的故意，实际上产生了教唆犯的效果，以教唆犯论处。

例如，甲认为乙只有 8 周岁而唆使乙抢劫，欲起到间接正犯的效果，但是，乙已满 14 周岁，实际上起到了教唆犯的效果。甲的行为成立抢劫罪的教唆犯。

（2）以教唆犯的故意，而实际上产生了间接正犯的效果，以教唆犯论处。

例如，甲以为乙已满 14 周岁而唆使乙抢劫，欲起到教唆犯的效果，但是，乙实际未满 14 周岁，起到了间接正犯的效果，对甲按抢劫罪的教唆犯处理。

上述两种情形在认识错误的情形下，之所以都以教唆犯论处，在于间接正犯比教唆犯更严重，在重合的范围内，以教唆犯论处。间接正犯是高度危害行为，教唆犯是低度危害行为。

八、共犯人的作为义务

行为人的犯罪行为使被害人处于危险境地，其他人利用“前犯罪行为”对被害人所造成的危险处境，对被害人实施了新的犯罪行为时，前行为人有阻止的义务。

1. 在甲的犯罪行为使被害人处于不能反抗等（使被害人陷入需要保护的）状态下，乙继而对被害人实施相同或者不相同犯罪行为，甲不阻止乙的犯罪行为的，应对乙行为造成的犯罪结果承担责任。

例如，甲以强奸故意使用暴力致丙女昏迷后奸淫了丙女，随后乙到现场也要奸淫昏迷的丙女。由于甲的先前行为使丙女处于不能反抗的状态，导致丙女的法益处于紧迫的危险中，因而产生了作为义务。如果甲不阻止乙的强奸行为，则甲应承担轮奸的责任。倘若乙到现场后发现丙女昏迷便要窃取丙女的财物，甲不阻止乙的行为的，也要承担盗窃罪的刑事责任。

2018 年真金题：甲乙共同入户抢劫丙，进入被害人丙家，甲将丙捆绑后，二人共同实施了抢劫行为。之后，乙临时起意杀了丙，甲站在一旁观看没有制止——乙的杀人行为成立故意杀人罪，甲对此构成不作为犯的故意杀人罪。因为甲之前的行为使被害人处于一种危险境地（被捆绑），乙利用了这一状态实施了故意杀人行为，甲具有排除这一危险状态的义务。

2. 如果共同犯罪行为并没有使被害人或法益陷入更为危险的状态，则共犯人对于他人的进一步侵害行为，没有制止的义务。

例如，甲、乙二人共同来到被害人丙家中盗窃，丙处于熟睡状态。甲、乙盗窃准备离开时，乙临时起意对丙实施了杀害行为，甲没有制止。甲的先前行为并没有使丙“陷入”更加危险的境地，甲不需要对乙的杀人行为承担责任。

九、共同犯罪与犯罪停止形态

共同犯罪与犯罪停止形态所要解决的问题是，在共同犯罪中，部分人的犯罪行为停止下来了，其他共犯人的犯罪停止形态应该如何认定。例如，甲、乙二人共同实施杀人行为，甲中途退出，乙单独将被害人杀死，乙的行为成立故意杀人罪既遂不存在疑问，而甲是否成立犯罪中止，符合何种条件可以成立犯罪中止。以往刑法理论一般认为，在共同犯罪中，一人既遂，全体共犯人均以犯罪既遂论处。这种观点有其合理性，但如果在所有案件中都贯彻这种观点，可能会有违责任主义的原则，尤其是如果甲退出共同犯罪的同时，消除了自己在共同犯罪中的后续影响力，还以犯罪既遂论处就不合适。

（一）原则：部分行为全部责任

1. 概念。部分行为全部责任是指，部分人的行为使犯罪行为达到既遂，全体共犯人均构成犯罪既遂。犯罪行为进行的程度对全体共犯人有约束力，所以，全体共犯人的犯罪停止形态基本上是一致的。

但是，由于行为人主观上对于犯罪停止的心态不同，会导致对共犯人的犯罪停止形态的认定不同，例如，甲、乙二人共同实施杀人行为，在犯罪过程中，甲主动停止自己的行为，并且阻止了乙的行为，甲是故意杀人罪的犯罪中止，乙是犯罪未遂。

2. 共同犯罪中，犯罪中止的认定。

（1）全体共犯人均中止犯罪时，符合中止犯的条件的，均成立犯罪中止。

（2）部分共犯人欲中止犯罪，要成立犯罪中止，不仅仅要中止自己的行为，还要阻止同案犯实施的共同的犯罪行为达到既遂。

例如，甲、乙、丙三人共谋杀害丁，后三人在杀丁的过程中，甲主动放弃犯罪，并阻止了乙、丙的行为，甲的行为成立犯罪中止，乙、丙的行为成立犯罪未遂。

（3）在亲手犯中也是否应当贯彻“部分行为全部责任”原则，存在争议。

亲手犯，是指犯罪构成要件中规定的实行行为只能由正犯亲自实施，而不能利用他人为工具，以间接正犯的方式实施的犯罪。一般是指必须由行为人亲自实施犯罪构成的实行行为才能实现的犯罪形态，主体与行为之间具有不可分割性或不可替代性是亲手犯的核心内容。典型的如强奸罪、脱逃罪。

例如，甲、乙、丙共同强奸A，甲、乙实施强奸行为完毕之后，丙主动中止强奸行为。对于丙的行为如何认定，存在两种观点：

一种观点认为，丙的行为成立强奸罪的犯罪中止。陈兴良教授、最高人民法院1993年发布的案例也支持这一观点。

另一种观点认为，一人既遂，全体行为人都成立犯罪既遂，故丙的行为成立犯罪既遂。最高人民法院亦有案例支持这一观点，《刑事审判参考》第128号、第790号。法考持此观点。

（二）特殊：共犯（结果）的脱离

1. 共犯脱离的基本理论。

（1）概念：共同犯罪中，行为人虽然参与实施了“共犯”（教唆或帮助）行为，但如果中途切断了与共同犯罪的联系，即使其他人的行为达至犯罪既遂，也不影响其成立犯罪中止（未遂），也就是不需要对犯罪既遂承担责任。

（2）意义：鼓励共犯人退出共同犯罪。

以往的观点认为，共同犯罪中，一人既遂，全体既遂。即便个别人中途停止犯罪，其他共犯人将犯罪完成了，全体人都成立犯罪既遂。这样一来，中途单独停止下来的人，也成立犯罪既遂，并不能获得刑法上的从宽处理，其他共犯人也会“瞧不起”他。这样，不利于鼓励部分行为人停止犯罪。

而共犯脱离理论的提出，是为了更好地让部分犯罪行为人主动退出共同犯罪，只要你退出来，退得比较“干净”，消除在共同犯罪中的后续物理上（客观）、心理上（主观）影响力，即便其他人将犯罪完成，退出来的人，也可以成立犯罪中止。这样，有利于鼓励共犯人退出共同犯罪。

2. 共犯脱离的条件：同时消除已经实施的共犯行为与结果之间的物理的因果性与心理的因果性。脱离人不对结果承担刑事责任，成立犯罪中止（未遂）。但是脱离者与其他人之前的共犯关系的存在是不容否认的客观事实，只是不对后续的既遂结果承担责任。

（1）消除物理上的因果性，是指脱离者必须将其提供的物理上的“资助”撤回，使该物理上的“资助”对其他共犯人的后续犯罪行为没有因果作用力。例如，撤回曾经提供的犯罪工具、图纸等——将看得见、摸得着的“资助”撤回。

2018 年真金题：甲、乙、丙、丁四人共谋盗窃，甲还提供了作案用的汽车。后甲谎称母亲生病，表示不能前往盗窃，并将该意思告知乙、丙、丁，得到了乙、丙、丁的同意。后乙、丙、丁利用甲提供的汽车盗窃成功。事后，甲开车经过盗窃现场，见乙、丙、丁盗窃成功后出来，开车将乙、丙、丁送回家中——甲的行为成立盗窃罪既遂，该案中，甲曾经提供的汽车并没有撤回。

（2）消除心理上的因果性，是指脱离者必须让其他同案犯认识到，接下来其他人是“孤军奋战”。

例如，甲邀请乙一同前往杀害丙，在去往杀人的途中，乙明确告诉甲表示反悔，不再参与共同犯罪，甲当然认识到接下来是“孤军奋战”。即便甲后来将丙杀害，乙的行为依然成立犯罪中止。

又如，甲为盗窃乙的财物而委托丙望风，在甲入室之后的第 5 分钟，丙因为心脏病发作陷入昏厥。不知情的甲在 30 分钟后盗窃既遂。丙虽然因为身体的原因，事实上无法为甲望风，但其帮助行为对甲的心理影响仍然存在，盗窃既遂和其望风行为之间存在关联性，应当成立盗窃罪既遂的帮助犯。

3. 共犯脱离的具体情形。

（1）在教唆犯的情形下，由于教唆犯是“犯意”的引起者，教唆者欲脱离共犯而成立犯罪中止，除了要中止自己的行为，还应阻止同案犯成立犯罪既遂。

例如，教唆他人犯罪之后，仅告知被教唆者中止犯罪，而被教唆者将犯罪完成的，教唆者仍然成立犯罪既遂。理由在于：教唆者点燃了被教唆者这把“火”（犯意），欲中止犯罪，必须将火扑灭。

（2）“共同共谋”型共同犯罪的情况下，部分行为人退出共犯，并告知其他共犯人，可以不对后续既遂结果承担责任。

一般认为，只要参与了“共谋”，说明各行为人对共同犯罪的主观影响力都存在，犯罪意图被推动了，所以，中途退出也不能脱离共同犯罪。除非是共谋实施犯罪后，已经明确告知其他共犯人自己不想再参与了，此种情形下的退出可以成立犯罪中止，即使他人的行为已经既遂。

例如，甲、乙共谋实施抢劫，甲后来欲中止，便对乙说：“我不干了，你自己去吧！”乙同意，独自一人抢劫既遂，甲的行为成立抢劫罪的犯罪中止。

又如，甲、乙共谋傍晚杀丙，甲向乙讲解了杀害丙的具体方法。傍晚乙如约到达现场，但甲却未去。乙按照甲的方法杀死丙。甲的行为成立犯罪既遂，虽然甲没有到达现场实施犯罪，但甲对乙讲解的犯罪方法，被乙实际用来杀害丙，甲的影响力依然存在。

（3）在帮助犯的情形下，帮助行为（火上浇油型）只要被撤出并告知被帮助者，帮助犯的行为与后续的结果之间就没有刑法上的因果关系，不需要对后续结果负责。

例如，甲欲盗窃，乙为了讨好甲，将万能钥匙借给甲。后乙反悔，从甲处要回钥匙，甲用其他方法盗窃成功。乙的帮助行为提前撤出，并且在后来没有起到实质作用，乙的行为成立盗窃罪中止。

又如，乙欲盗窃汽车，让甲将用于盗窃汽车的钥匙放在乙的信箱。甲同意，但错将钥匙放入丙的信箱，后乙用其他方法将车盗走。甲的行为成立盗窃罪未遂，甲将钥匙投错了地方，客观上没有对乙的盗窃行为起到任何帮助作用，并且，乙还是用其他方法盗窃了汽车。同时，主观上，乙的盗车意图并不是甲唆使的，而是乙已经有了盗窃意图（题干中“乙欲盗窃汽车”）。

2008年卷二19. 甲与乙共谋盗窃汽车，甲将盗车所需的钥匙交给乙。但甲后来向乙表明放弃犯罪之意，让乙还回钥匙。乙对甲说：“你等几分钟，我用你的钥匙配制一把钥匙后再还给你”，甲要回了自己原来提供的钥匙。后乙利用自己配制的钥匙盗窃了汽车（价值5万元）——甲与乙构成盗窃罪（既遂）的共犯。本案中，虽然甲提出不干了，但其在共同犯罪中的影响力仍然没有消除，虽然甲要回了自己的钥匙，但乙用甲的钥匙配了一把钥匙，说明甲的钥匙的影响力仍然存在。故甲没有完全消除其在共同犯罪中的影响力，成立犯罪既遂。

典型真题

1. 甲欲去乙的别墅盗窃，担心乙别墅结构复杂难以找到贵重财物，就请熟悉乙家的丙为其标图。甲入室后未使用丙提供的图纸就找到乙价值100万元的珠宝，即携珠宝逃离现场。关于本案，下列哪些说法是正确的？（2009年·卷二·51题）[①]

A. 甲构成盗窃罪，入户盗窃是法定的从重处罚情节

① 答案：CD。

B. 丙不构成犯罪，因为客观上没能为甲提供实质的帮助

C. 即便甲未使用丙提供的图纸，丙也构成盗窃罪的共犯①

D. 甲、丙构成盗窃罪的共犯，甲是主犯，丙是帮助犯

2. 高某找到密友夏某和认识钱某的宗某，共谋将钱某诱骗至湖边小屋，先将其掐昏，然后扔入湖中溺死。事后，高某给夏某、宗某各20万元作为酬劳。按照事前分工，宗某发微信将钱某诱骗到湖边小屋。但宗某得知钱某到达后害怕出事后被抓，给高某打电话说："我不想继续参与了。一日网恋十日恩，你也别杀她了。"高某大怒说："你太不义气啦，算了，别管我了！"宗某又随即打钱某电话，打算让其离开小屋，但钱某手机关机未通。最终，钱某被高某、夏某杀害——从犯罪意图上看，宗某参与了共谋，主观影响力是存在的；客观上，其已经实施了"将钱某诱骗到湖边小屋"的行为。无论是主观上、客观上均存在影响力。因此，宗某的行为成立犯罪既遂。(2015年·卷四)

3. 甲欲前往张某家中盗窃。乙送甲一把擅自配制的张家房门钥匙，并告甲说，张家装有防盗设备，若钥匙打不开就必须放弃盗窃，不可入室。甲用钥匙开张家房门，无法打开，本欲依乙告诫离去，但又不甘心，思量后破窗进入张家窃走数额巨大的财物。关于本案的分析，下列哪一选项是正确的？(2017年·卷二·6题)②

A. 乙提供钥匙的行为对甲成功实施盗窃起到了促进作用，构成盗窃罪既遂的帮助犯

B. 乙提供的钥匙虽未起作用，但对甲实施了心理上的帮助，构成盗窃罪既遂的帮助犯

C. 乙欲帮助甲实施盗窃行为，因意志以外的原因未能得逞，构成盗窃罪的帮助犯未遂

D. 乙的帮助行为的影响仅延续至甲着手开门盗窃时，故乙成立盗窃罪未遂的帮助犯

① 二者成立共犯不存在争议，因为二人曾经具有共同的故意。存在的问题是，丙是否成立盗窃罪既遂？一种观点认为，即便没有使用图纸，丙仍然具有心理上的影响力。周光权教授指出，丙所绘制的图纸，甲虽然没有使用，但丙的帮助行为使得甲盗窃时，心理上更为从容，故丙的精神帮助行为仍然存在。另一种观点认为，图纸事实上没有起到作用，连心理上的影响力也不存在，因为被害人家里结构非常简单，图纸连备用的作用都没有，因此，丙的行为成立犯罪未遂。

② 答案：D。

专题十一

单位犯罪

知识体系

- 单位犯罪
  - 单位犯罪成立条件
  - 单位犯罪的类型
    - 纯正的单位犯罪、不纯正的单位犯罪
    - 一般单位犯罪、特殊单位犯罪
  - 对单位犯罪的处罚
  - 不以单位犯罪论处的情形
  - 单位行为主体变更的处理
  - 单位犯罪的其他问题

相关法理

从我国现行刑事立法的规定来看，刑法对单位犯罪原则上采取双罚制，既处罚单位，也处罚单位的相关自然人。也有的单位犯罪实行单罚制，仅处罚单位中的自然人。单位犯罪中，对单位中自然人的处罚相对较轻，例如，行贿罪的法定最高刑为无期徒刑，而单位行贿罪中，对自然人（单位的主管人员、直接责任人员）的处罚最高为5年有期徒刑。也正基于此，应严格限定单位犯罪的范围，防止将一些本不是单位犯罪的行为认定为单位犯罪，导致放纵特定的自然人。

一、单位犯罪成立条件

1. 主体：合法性。必须是依法成立，拥有一定财产或者经费，能以自己名义承担责任的公司、企业、事业单位、机关、团体。

（1）任何单位，包括司法机关、行政机关都可以成为单位犯罪的主体。

审判实践中，有政府被认定为单位犯罪的案件。例如，被告单位黑龙江省佳木斯市前进区人民政府、被告人王恒勋、刘维国为给单位谋取不正当利益，给予国家工作人员以财物，情节严重，其行为已构成单位行贿罪。参见（2015）向刑初字第168号。

（2）私营、独资企业要成为单位犯罪的主体，必须具有“法人资格”。

理由：部分私营企业结构比较散乱，难以分清是单位行为还是企业主的个人行为。如果独资、私营企业要成为单位犯罪的主体，必须具备法人资格，即将企业行为与个人行为

区分。

(3) 单位的内部机构或者分支机构，可以成为单位犯罪的主体。

2. 主观：为了单位的利益（或单位的全体成员的利益、或者单位的绝大多数成员的利益）实施犯罪行为。

(1) 盗用单位名义，违法所得归个人所有的，不是为了单位利益实施的行为，因此，不能认定为成立单位犯罪。

(2) 罪过形式包括：故意、过失。单位犯罪不排除过失犯罪的可能性。如《刑法》第229条第3款规定的出具证明文件重大失实罪，《刑法》第137条规定的工程重大安全事故罪。

3. 客观：该行为由单位的决策机构按照单位的决策程序决定，并由直接责任人员以单位名义实施犯罪，犯罪所得为单位所有。但不排除以各种理由将非法所得分配给单位全体成员享有，例如，《刑法》第396条私分国有资产、私分罚没财物罪。

单位犯罪中，其行为范围不限于和单位的职务或业务活动相关，有时甚至是和单位的职务或业务活动完全无关，例如，食品生产企业以单位名义实施走私犯罪，也成立单位犯罪。

4. 法律特征——法定性。即只有刑法明文规定可以由单位构成的犯罪，才是单位犯罪。

(1) 传统型犯罪（自然犯）的主体一般是自然人。例如，盗窃罪、诈骗罪、拐卖儿童罪等。

(2) 金融诈骗罪中，贷款诈骗罪、信用卡诈骗罪、有价证券诈骗罪的主体只能由自然人构成，其他类型的金融诈骗犯罪，其犯罪主体既可以是自然人，也可以是单位。

(3) 单位实施了非单位犯罪（犯罪主体不包括单位的犯罪），直接追究直接责任人员的刑事责任。2014年立法解释（全国人民代表大会常务委员会关于《中华人民共和国刑法》第30条的解释）规定：公司、企业、事业单位、机关、团体等单位实施刑法规定的危害社会的行为，刑法分则和其他法律未规定追究单位的刑事责任的，对组织、策划、实施该危害社会行为的人依法追究刑事责任。

例如，单位实施贷款诈骗的，由于刑法规定贷款诈骗罪的主体是自然人，不包括单位，因此，追究直接责任人员贷款诈骗罪的刑事责任。

又如，单位实施盗窃行为，由于盗窃罪的主体不包括单位，应对自然人以盗窃罪论处。

(4) 2015年《刑法修正案（九）》将如下犯罪的主体增设包括单位：虐待被监护、看护人罪，拒不执行判决、裁定罪。

二、单位犯罪的类型

(一) 纯正的单位犯罪、不纯正的单位犯罪

1. 纯正的单位犯罪：是指只能由单位实施而不可能由自然人单独实施的犯罪。例如，单位受贿罪，违规制造、销售枪支罪，妨害清算罪。

纯正的单位犯罪虽然只能由单位构成，但犯罪行为还必须由自然人实施，这种情况下，仍然要处罚自然人。

2. 不纯正的单位犯罪：是指在某种犯罪既可以由单位实施也可以由自然人实施的情况下，由单位所实施的犯罪。例如，生产、销售伪劣产品罪，集资诈骗罪，票据诈骗罪，金融凭证诈骗罪，信用证诈骗罪，保险诈骗罪。

（二）一般单位犯罪、特殊单位犯罪

1. 一般单位犯罪：是指任何公司、企业、事业单位、机关、团体都可能实施的犯罪。例如，任何单位都可以成为《刑法》第347条规定的走私、贩卖、运输、制造毒品罪的主体。

2. 特殊单位犯罪：是指刑法对作为犯罪主体的单位作出特殊限制的单位犯罪。

（1）单位所有制性质。第327条非法出售、私赠文物藏品罪的主体为国有博物馆、图书馆等单位。

（2）单位具有特定的职能性质。第137条工程重大安全事故罪的主体为建设单位、设计单位、施工单位、工程监理单位。

（3）单位具有特定义务。逃税罪的主体是纳税人、扣缴义务人。

三、对单位犯罪的处罚

1. 原则上：双罚制。

（1）对单位判处罚金，并对其直接负责的主管人员和其他直接责任人员判处刑罚。

双罚制中，对犯罪单位本身判处刑罚：只能判处罚金刑。对单位犯罪中单位的处罚不能判"没收财产"的原因在于，对一个单位没收财产，意味着彻底瓦解这个单位，这会损害单位普通员工的利益。

（2）单位与其负责人，可能呈现不同的犯罪停止形态。

例如，2012年卷二54. A. 甲（总经理）召开公司会议，商定逃税。甲指使财务人员黄某将1笔500万元的收入在申报时予以隐瞒，但后来黄某又向税务机关如实申报，缴纳应缴税款——单位属于犯罪未遂，黄某属于犯罪中止。

2. 例外：单罚制——我国刑法的单罚制仅对单位的直接负责人员判处刑罚。

例如，工程重大安全事故罪、私分国有资产罪、提供虚假财会报告罪、强迫劳动罪、雇用童工从事危重劳动罪、妨害清算罪、消防责任事故罪、重大劳动安全事故罪、资助危害国家安全犯罪活动罪。

四、不以单位犯罪论处的情形

1. 个人为进行违法犯罪活动而设立的公司、企业、事业单位（打着单位的幌子，行个人犯罪之实）——单位本身不具有合法性，不应以犯罪论处。

单位成立或运行过程中虽然有些瑕疵（如公司成立时虚报注册资本，或者公司成立后逃税），但只要不是以犯罪为主要活动，均不影响其可以成立单位犯罪。

2. 公司、企业、事业单位设立后，以实施犯罪为主要活动的——单位本身虽具有合法性，但主要是实施违法犯罪活动，这种情形下，如果认定为是单位犯罪，对自然人的处罚会相对较轻，会放纵犯罪分子。

3. 盗用单位名义实施犯罪，违法所得由实施犯罪的个人私分的，依照刑法有关自然人犯罪的规定定罪处罚——此种情形下，利益并没有归单位所有，因此，不成立单位犯罪。

4. 法律没有规定可以由单位构成的犯罪。

五、单位行为主体变更的处理

1. 涉嫌犯罪的单位被撤销、注销、吊销营业执照或者宣告破产的，对直接负责的主管人员和其他直接责任人员予以追诉，对该单位不再追诉——此种情形下，虽然单位本身不存在，但是，当时单位犯罪中实施违法犯罪行为的自然人是存在的，就追究自然人的刑事责任。

2. 单位被合并的，既追究单位责任，也追究自然人的责任。被告只列原单位的名字，这样处理的理由在于，单位并非消失了，而是被合并了（即换了另外一个存在的方式），既应追究单位的刑事责任，也应追究自然人的刑事责任。

人民法院审判时，对被告单位应列原犯罪单位名称，但注明已被并入新的单位，对被告单位所判处的罚金数额以其并入新的单位的财产及收益为限。

六、单位犯罪的其他问题

1. 一个单位犯罪内部主要成员之间的定罪量刑。

（1）单位内部成员之间，可以区分主、从犯，也可以不区分。司法解释规定，在审理单位故意犯罪案件时，对其直接负责的主管人员和其他直接责任人员，可不区分主犯、从犯，按照其在单位犯罪中所起的作用判处刑罚。也就是说，对其成员可以区分主犯、从犯，认定为是共同犯罪。

（2）但单位本身和其内部成员之间不是共同犯罪，因为成员本身就是单位的一份子。

2. 两个以上单位以共同故意实施的犯罪，应根据各单位在共同犯罪中的地位，作用大小，确定犯罪单位的主、从犯。

典型真题

1. 某电器公司与其子公司物流公司涉嫌共同非法吸收公众存款5亿元。下列关于单位犯罪的说法正确的是？（2019年真金题）①

A. 如果电器公司能成立单位犯罪。那么，物流公司实施违法行为且获得违法所得，就可认为物流公司构成单位犯罪

B. 如果电器公司能构成单位犯罪，无法认定物流公司构成单位犯罪。那么，可以对物流公司中按照电器公司要求实施犯罪行为的人员，作为其他直接责任人员，追究该自然人的刑事责任

C. 如果无法认定电器公司但可认定物流公司构成单位犯罪，那么电器公司中的策划人员可以认定为共犯

D. 如果因证据问题不能认定物流公司、电器公司构成单位犯罪，那么可以追究两公司的直接责任人员的刑事责任

2. 关于单位犯罪，下列哪些选项是错误的？（2010年·卷二·53题）②

A. 单位只能成为故意犯罪的主体，不能成为过失犯罪的主体

① 答案：ABCD。
② 答案：ABCD。

B. 单位犯罪时，单位本身与直接负责的主管人员、直接责任人员构成共同犯罪①

C. 对单位犯罪一般实行双罚制，但在实行单罚制时，只对单位处以罚金，不处罚直接负责的主管人员与直接责任人员

D. 对单位犯罪只能适用财产刑，既可能判处罚金，也可能判处没收财产

① 单位犯罪时，只存在一个主体，即单位，单位的组成人员实际上是具体实施单位犯罪的人，他们是单位的组成部分。不能认为单位犯罪中单位和单位的自然人成立共同犯罪。

专题十二

罪数论

知识体系

- 罪数论
  - 实质的一罪
    - 继续犯（持续犯）
    - 想象竞合犯
    - 结果加重犯
  - 法定的一罪——立法上的一罪
    - 结合犯：甲罪+乙罪=丙罪
    - 集合犯
  - 处断的一罪（裁判的一罪）——司法上的一罪
    - 连续犯
    - 牵连犯
    - 吸收犯
  - 罪数论的相关总结
    - 原则上：一行为一罪，数行为数罪
    - 部分特殊情形

相关法理

罪数论是刑法中较为复杂、难度较大的一个知识点。罪数论要解决的问题是，行为人实施犯罪行为之后如何定罪，存在疑问、不是那么标准的一罪应如何处理。例如，甲偷正在使用中的电线，仅有一个行为，但可能同时触犯了盗窃罪、破坏电力设备罪，究竟定一罪还是两罪，定一罪的话定哪个罪？

罪数的区分，即行为是成立一罪还是数罪，其标准是行为符合几个犯罪构成。标准的一罪是：一个犯意、一个行为、造成一个结果、侵害一个法益、具备一个犯罪构成。但需要注意如下问题：

1. 行为人仅实施了一个行为，原则上只能定一罪。

（1）行为是一个还是数个，应以法律的规定为标准，而不应该以我们的眼睛为标准。

例如，甲基于非法获取乙财物的故意，将乙打昏后，取走乙身上的财物，甲的行为在刑法上只能评价为“一个”抢劫行为。

又如，甲套取金融机构信贷资金后又高利转贷他人的，行为人仅实施了法律上的一个行为，构成高利转贷罪。

（2）例外，一行为定数罪。

例如，《刑法》第204条规定，骗取出口退税行为同时触犯了逃税罪的，应以骗取出口退税罪和逃税罪数罪并罚。

又如，走私过程中，如果针对的是不同种类的物品的，应数罪并罚。如走私的对象同时包含普通货物与淫秽物品的，应数罪并罚。

2. 禁止重复评价（处罚）。一个行为只能在一个构成要件中评价一次。

例如，以杀人为手段将被害人杀害，然后取财的案件，不能认定为是故意杀人罪与抢劫罪数罪，因为杀人行为已经作为抢劫罪的手段行为了，只能认定为抢劫罪（致人死亡），而不能又认定为故意杀人罪。

又如，绑架后，又抢走被控制的人质身上的钱财，不能以绑架罪与抢劫罪数罪并罚，应择一重罪处罚。因为绑架（控制）被害人，要么作为绑架罪的手段进行评价，要么作为抢劫罪的手段进行评价，而不能认定为绑架罪、抢劫罪并罚，即不宜进行双重评价。

3. 我国刑法原则上是不承认同种数罪的。因此，实施了多次盗窃行为，即使每个盗窃行为都可以独立成罪，也仅成立一个盗窃罪。

但是，判决宣告以后，无论再犯新罪，还是发现漏罪，即便是与已经判决的罪同种类的，也应该数罪并罚。例如，甲因盗窃5000元财物被判处有期徒刑2年，在判决宣告后刑罚执行期间，甲又实施了盗窃5000万元财物的行为，虽然新犯罪与已经判处的罪是同一罪名，但不可能因为前罪已经是盗窃罪，后行为就不并罚。毕竟，后行为没有受到刑法应有的制裁。应将前盗窃罪所剩余的刑期，与新犯的盗窃罪并罚。

4. 行为仅侵犯了一个法益，定一罪。

（1）财产犯罪如果针对普通财物，事后处理赃物的行为不成立新罪。

例如，盗窃普通财物之后，又故意毁坏财物的，仅定盗窃罪一罪。

（2）但如果是针对特殊物品（如枪支、文物）等实施财产犯罪，事后又处分这些特殊物品的，则应数罪并罚。因为这些物品不仅仅是代表财产权利，还代表了社会利益、公共安全，后续处分这些特殊物品的，侵犯了新的法益，应数罪并罚。

例如，盗窃枪支后又非法买卖枪支的，应以盗窃枪支罪与非法买卖枪支罪数罪并罚。

5. 如果没有刑法、司法解释的特别规定，原则上实施了两个行为应该定两罪。

例如，《刑法》第240条规定，拐卖妇女的过程中，奸淫被拐卖的妇女的，仅定拐卖妇女罪一罪。但是，对于拐卖妇女过程中，猥亵妇女的，《刑法》没有作专门规定，那就应数罪并罚。

典型真题

关于罪数的判断，下列哪一选项是正确的？（2017年·卷二·8题）[①]

A. 甲为冒充国家机关工作人员招摇撞骗而盗窃国家机关证件，并持该证件招摇撞骗。甲成立盗窃国家机关证件罪和招摇撞骗罪，数罪并罚

B. 乙在道路上醉酒驾驶机动车，行驶20公里后，不慎撞死路人张某。因已发生实害结果，乙不构成危险驾驶罪，仅构成交通肇事罪

① 答案：A。

C. 丙以欺诈手段骗取李某的名画。李某发觉受骗，要求丙返还，丙施以暴力迫使李某放弃。丙构成诈骗罪与抢劫罪，数罪并罚

D. 已婚的丁明知杨某是现役军人的配偶，却仍然与之结婚。丁构成重婚罪与破坏军婚罪的想象竞合犯

一、实质的一罪

行为人仅实施了一个行为，实质上是一罪，但貌似数罪。

（一）继续犯（持续犯）

犯罪既遂以后，不法状态、不法行为一直持续。典型的继续犯如非法拘禁罪，非法拘禁行为一直在持续，被害人人身自由遭受剥夺的状态也一直在持续。

1. 继续犯的特点。

（1）行为、不法状态一直持续。

（2）继续犯仅侵害了一个法益。

2. 继续犯与状态犯的区别。

（1）继续犯中犯罪行为与犯罪状态一直处于持续状态，如非法拘禁罪，行为人的拘禁行为与被害人人身自由遭受剥夺的状态一直处于持续中。即：行为与不法状态一直处于持续过程中。

（2）状态犯中，犯罪行为一经既遂（完成），犯罪行为所造成的后果一直处于持续状态，如盗窃罪中，犯罪既遂后，被害人的财产损失一直处于持续状态，但盗窃行为已经结束了。即：行为结束后，不法状态一直处于持续状态。

3. 相关法律效果。

（1）追诉时效：从犯罪行为终了之日起计算，不是从犯罪成立时起计算。非法拘禁罪，你哪天放人，哪天开始算追诉时效。

（2）犯罪既遂后，犯罪行为与不法状态仍在继续进行，所以，可以对之进行正当防卫。

（3）继续期间，加入进来的人可以成立共同犯罪。

4. 常见的继续犯。

（1）侵犯人身自由的犯罪：如拐卖妇女、儿童罪，重婚罪，绑架罪都是继续犯。

（2）不作为犯罪：如遗弃罪，拒不执行判决、裁定罪，拒绝提供间谍犯罪证据罪，丢失枪支不报罪，不解救被拐卖、绑架妇女罪。

（3）持有型犯罪：如持有假币罪，非法持有毒品罪，非法持有毒品原植物罪。

（4）窝藏类的犯罪：如窝藏毒品、毒赃罪，掩饰、隐瞒犯罪所得、犯罪所得收益罪，洗钱罪。

典型真题

甲以出卖为目的，将乙女拐骗至外地后关押于一地下室，并曾强奸乙女。甲在寻找买主的过程中因形迹可疑被他人告发。国家机关工作人员前往解救时，甲的朋友丙却聚众阻

碍国家机关工作人员的解救行为。对本案应如何处理？(2002 年・卷二・46 题)①

A. 对甲的行为以拐卖妇女罪论处

B. 由于甲尚未出卖乙女，对拐卖妇女罪应认定为犯罪未遂

C. 对丙应以聚众阻碍解救被收买的妇女罪论处

D. 对丙应以拐卖妇女罪的共犯论处

(二) 想象竞合犯

1. 特点。

(1) 行为人仅实施了一个行为。

(2) 触犯了数个罪名，造成了多个危害结果。原因在于一个行为造成了两个以上的结果，或者说侵犯了两个以上的法益。

(3) 数罪名所在的数个法条之间在逻辑上不存在着包容与被包容或者交叉关系。

例如，盗窃正在使用中的电线，既触犯了盗窃罪，又触犯了破坏电力设备罪（异种竞合）。又如，甲以杀人的故意对乙开枪，子弹不仅打中乙致乙死亡，同时又击中了乙身旁的丙。甲的行为成立故意杀人罪与过失致人死亡罪的想象竞合。

2. 处罚原则：原则上，从一重罪处罚。

(1) 择一重罪处罚的依据。行为人仅实施了一个行为，如盗窃正在使用中的电线，虽然触犯了多个罪名（盗窃罪、破坏电力设备罪），但仍然只能定一罪。当然，究竟定哪个罪，从责任的角度来看，行为人两个罪都触犯了，定重罪更能实现对行为的完整化的评价。

(2) 只需要知道“择一重罪处罚”即可。因为想象竞合犯的情况下，一行为触犯了数罪名，究竟哪一个罪是重罪较难判断，不仅仅是查找刑法条文本身，而且要根据案件事实等进行较为综合的判断。

典型真题

甲盗割正在使用中的铁路专用电话线，在构成犯罪的情况下，对甲应按照下列哪一选项处理？(2006 年・卷二・10 题)②

A. 破坏公用电信设施罪

B. 破坏交通设施罪

C. 盗窃罪与破坏交通设施罪中处罚较重的犯罪

D. 盗窃罪与破坏公用电信设施罪中处罚较重的犯罪

3. 想象竞合与法条竞合。

(1) 法条竞合。是指由于立法的错综复杂的规定，导致一行为会触犯多个刑法条文，但仅定一罪。如诈骗罪与贷款诈骗罪、信用卡诈骗罪、保险诈骗罪等，即一般法与特别法的关系。

① 答案：AD。本案中，之所以要对丙的行为以拐卖妇女罪的共犯论处，主要原因在于，拐卖妇女罪属于继续犯，拐卖妇女罪=非法拘禁+出卖的目的，只要甲的拘禁行为一直在持续，中途加入的丙可以成立拐卖妇女罪的共犯。丙的行为亦触犯了妨害公务罪，是拐卖妇女罪与妨害公务罪的竞合。

② 答案：C。

（2）法条竞合的处理原则。通说观点认为，法条竞合应优先适用特别法；少数学者认为，特殊情形下，如果特别法太轻，可以选择适用重法（一般法）。

部分刑法条文或司法解释明确规定，法条竞合的情形下，应选择重法优先：

例如，《刑法》第149条第2款规定，行为同时触犯第141—148条的具体生产、销售伪劣产品犯罪，同时又构成第140条的生产、销售伪劣产品罪，依处罚较重的规定定罪处罚。

又如，司法解释规定，冒充国家机关工作人员骗取财物，原则上定招摇撞骗罪；但如果数额特别巨大的，定诈骗罪能实现罪刑相适应。

（3）想象竞合犯与法条竞合犯的区别。

	想象竞合	法条竞合
相同点	一行为触犯数罪名（行为的竞合）	一行为触犯数罪名（法条的竞合）
不同点	所触犯的两个罪名之间原来没有任何关系，如盗窃罪与破坏电力设备罪，只是由于行为人实施了特殊的行为，例如盗窃正在使用中的电力设备，才使我们将此二罪联系起来——偶然的竞合	两个罪名之间天然就存在交叉或者包容关系，一眼就能够看出来，或者稍作分析就能够看出来——必然的竞合。 例如，贷款诈骗罪与诈骗罪，我们一看就知道，贷款诈骗罪是诈骗罪的“儿子”，二者之间存在包容关系； 又比如，交通肇事罪与过失致人死亡罪，交通肇事罪的案件绝大多数是致人死亡的，稍作分析我们就知道，交通肇事案件有相当一部分属于过失致人死亡罪，二者之间存在交叉关系
	想象竞合是行为人的一行为偶然地符合多个罪名，它与法律条文如何规定本身无关，而与犯罪人实施犯罪的行为有关，所以是一种动态竞合。对于想象竞合，行为人的行为究竟符合哪些犯罪的构成要件，需要在判决书中明确列举出来，以便让人判断行为人所触犯的多个罪名孰轻孰重，以及法官对从一重罪处罚的把握是否准确——临时的竞合	法条竞合，形式上存在竞合关系，但在适用法律时，一旦选择甲罪，就排斥乙罪的适用，判决中只需要列举适用的罪名即可，对于没有适用的罪名，可以不予理会。例如，在道路上开车过失撞死他人，仅适用交通肇事罪就可以，无需解释为什么不适用过失致人死亡罪，因为特别法优于一般法——永恒的竞合
	损害的一般是两个客体。如盗窃正在使用中的电力设备。如果定盗窃罪，那么破坏电力危害公共安全的属性则没有评价。如果定破坏电力设备罪，仅评价了破坏电力设备危害公共安全的属性，并没有评价行为的侵财属性	用一个罪评价就可以了。例如，行为人实施贷款诈骗行为，虽然既符合诈骗罪的构成要件，也符合贷款诈骗罪的构成要件，但仅以特别法贷款诈骗罪一罪就足以评价该行为，而不会出现想象竞合犯中以一罪论处，会出现评价上的不完整。 例如，国家工作人员甲非法为境外机构提供国家秘密的，甲构成为境外机构非法提供国家秘密罪和故意泄露国家秘密罪的法条竞合（2020年真金题）

典型真题

关于想象竞合犯的认定，下列哪些选项是错误的？（2013年·卷二·56题）①

A. 甲向乙购买危险物质，商定4000元成交。甲先后将2000元现金和4克海洛因（折抵现金2000元）交乙后收货。甲的行为成立非法买卖危险物质罪与贩卖毒品罪的想象竞合犯，从一重罪论处

B. 甲女、乙男分手后，甲向乙索要青春补偿费未果，将其骗至别墅，让人看住乙。甲给乙母打电话，声称如不给30万元就准备收尸。甲成立非法拘禁罪和绑架罪的想象竞合犯，应以绑架罪论处

C. 甲为劫财在乙的茶水中投放2小时后起作用的麻醉药，随后离开乙家。2小时后甲回来，见乙不在（乙喝下该茶水后因事外出），便取走乙2万元现金。甲的行为成立抢劫罪与盗窃罪的想象竞合犯

D. 国家工作人员甲收受境外组织的3万美元后，将国家秘密非法提供给该组织。甲的行为成立受贿罪与为境外非法提供国家秘密罪的想象竞合犯

（三）结果加重犯

法律规定的一个犯罪行为（基本行为），由于发生了“严重结果”（超出犯罪既遂所要求的结果）而加重其法定刑的情况。其基本结构为：基本犯罪+加重结果=结果加重犯。具体而言，结果加重犯的特征为：

1. 行为人实施了基本犯罪行为，但造成了加重结果（超出犯罪既遂所要求的结果），基本犯罪行为与加重结果之间具有直接因果关系。

（1）“基本犯罪行为”既可能是单一行为，亦可能是复合行为。

有的犯罪，基本行为是单一的，如故意伤害（致人死亡）罪，其基本犯罪行为就是伤害。有的犯罪，其基本犯罪行为是复合型的，例如，抢劫罪中，基本犯罪行为由两部分组成：手段行为（排除被害人的反抗）、目的行为（劫取财物），只要是二者之一导致了被害人重伤、死亡的，都属于抢劫罪的结果加重犯，即抢劫（致人死亡）罪。

例如，2007年卷二12. A. 甲欲强奸某妇女遭到激烈反抗，一怒之下卡住该妇女喉咙，致其死亡后实施奸淫行为——甲的行为不构成强奸罪的结果加重犯，因为甲“一怒之下卡住妇女的喉咙”并不是为了更好地实施奸淫，即不是强奸的手段行为，而是出于泄愤，所以，该行为应独立评价为故意杀人罪，而不宜作为强奸罪的结果加重犯。

（2）基本犯罪行为与加重结果之间具有“直接”因果关系。

“直接”强调加重结果是基本犯罪行为本身所导致的，如抢劫的手段行为或者目的行为所导致的，并且，加重结果是基本行为内在的高度危险的直接现实化。如下情形不能认定为是结果加重犯：

第一，行为人在实施基本行为之时或之后，被害人自杀自残或因自身过失等造成严重结果的，因缺乏直接性要件，不应认定为结果加重犯。

第二，基本行为结束后，行为人的其他行为导致严重结果发生的，不应认定为结果加

① 答案：ABCD。

重犯。

第三，在故意伤害等暴力案件中，伤害行为只是造成轻伤，但由于医生的重大过失行为导致死亡的，不应认定为结果加重犯。

例如，2020年真金题（多选）陈某一个人持刀去超市抢劫，店员刘某与其扭打起来，期间刀不慎滑落，刘某将刀捡起丢向另一名店员张某，但是由于失误伤到张某头部，致其重伤。陈某眼见不能成功就往外跑，并骑上一辆自行车逃跑，刘某往外追，追上后将陈某抱摔在地，导致自己重伤，陈某轻伤——本案中，陈某不需要对刘某、张某的重伤结果负责，不是抢劫致人重伤的结果加重犯。

2. 行为人对基本犯罪一般持故意，但也有可能是过失（如《刑法》第132条铁路运营安全事故罪）；对加重结果至少持过失（故意伤害致人死亡），也有可能持故意（抢劫致人重伤、死亡）。

3. 法定性：刑法就发生的“加重结果”规定了加重的刑罚。

（1）刑法除了规定基本罪的刑罚，还另规定了加重结果及加重刑罚，即刑法规定了两个法定刑幅度。

例如，根据《刑法》第263条第1款的规定，普通抢劫罪的法定刑为“三年以上十年以下有期徒刑”，抢劫致人重伤、死亡的法定刑为“十年以上有期徒刑、无期徒刑或者死刑”，此即为结果加重犯。

如果刑法仅规定了情节加重的，并规定了加重的刑罚，也不认为是结果加重犯，而是情节加重犯。如强奸罪（《刑法》第236条）的情节加重犯，强奸妇女多人的、轮奸的。此外，既然结果加重犯有加重的法定刑，所以一般认为，结果加重犯是重罪。

（2）刑法如果没有对某一加重结果明确予以加重评价，即使该结果实际发生，该犯罪也不可能是结果加重犯。例如，诈骗行为致人死亡的，不成立结果加重犯。

（3）结果加重犯所定的罪名还是基本罪的罪名。例如，抢劫致人死亡，其罪名还是抢劫罪。故意伤害致人死亡，其罪名还是故意伤害罪。

一般认为，刑法中大量的手段涉“暴力”的犯罪，其均有造成被害人重伤、死亡的可能，如刑讯逼供罪、暴力取证罪、虐待被监管人罪、聚众斗殴罪、妨害公务罪等，但这些犯罪的法定刑普遍较低（多数法定刑最高为3年有期徒刑），在实施这类犯罪行为导致被害人重伤、死亡的，应转化为故意伤害罪、故意杀人罪，这就不是结果加重犯。因为，其罪名已经发生了变化。

4. 规定结果加重犯的立法理由。

（1）基本犯罪行为本身具有导致加重结果的高度可能。

例如，伤害行为易导致死亡结果，故规定了故意伤害（致人死亡）罪这一结果加重犯。

又如，放火行为容易造成超出既遂（目的物独立燃烧）之外的严重结果（人员伤亡、财产损失），故刑法规定了放火罪的结果加重犯。

《刑法》第234条规定了故意伤害罪的结果加重犯——故意伤害（致人死亡）罪，其法定刑为“十年以上有期徒刑、无期徒刑或者死刑”，比故意伤害罪与过失致人死亡罪的法定刑相加还要重，主要是考虑到行为人实施这类伤害行为具有造成死亡结果的高度可能性，即实施的是高度危险性的伤害行为，这种行为的法定刑当然偏重。

(2) 结果加重犯的基本罪通常系“重罪”。

例如，抢劫致人死亡、放火造成严重后果，其基本罪抢劫罪、放火罪本身就是重罪。

2016年卷二13. 陈某欲制造火车出轨事故，破坏轨道时将螺栓砸飞，击中在附近玩耍的幼童，致其死亡。陈某的行为被及时发现，未造成火车倾覆、毁坏事故——陈某的行为构成破坏交通设施罪的基本犯与过失致人死亡罪的想象竞合犯。虽然陈某的破坏交通设施行为造成了幼童的死亡这一加重结果，但是，该结果并不是由于交通工具倾覆、毁坏所致，不能认定为破坏交通设施罪的结果加重犯，只能认定为破坏交通设施罪（基本犯）与过失致人死亡罪的想象竞合。该案中的行为造成他人死亡，实属偶然，而结果加重犯强调的是高度可能性的结果。

典型真题

关于结果加重犯，下列哪一选项是正确的？(2015年·卷二·8题)①

A. 故意杀人包含了故意伤害，故意杀人罪实际上是故意伤害罪的结果加重犯

B. 强奸罪、强制猥亵妇女罪的犯罪客体相同，强奸、强制猥亵行为致妇女重伤的，均成立结果加重犯

C. 甲将乙拘禁在宾馆20楼，声称只要乙还债就放人。乙无力还债，深夜跳楼身亡。甲的行为不成立非法拘禁罪的结果加重犯

D. 甲以胁迫手段抢劫乙时，发现仇人丙路过，于是立即杀害丙。甲在抢劫过程中杀害他人，因抢劫致人死亡包括故意致人死亡，故甲成立抢劫致人死亡的结果加重犯

二、法定的一罪——立法上的一罪

本来是多个罪，但法律硬性地规定为一罪。

(一) 结合犯：甲罪+乙罪=丙罪

数个原本独立的犯罪行为，根据刑法分则的明文规定，结合成另一独立的新罪的情况。结合犯的特征：

1. 所结合的数罪，原本为刑法上数个独立的犯罪。

2. 典型的结合犯是将数个原本独立的犯罪，结合成为另一个独立的新罪。

《刑法》第239条规定，绑架他人并杀害被绑架人的，仍以绑架罪论处，也可谓结合犯。

3. 数个原本独立的犯罪被结合为另一新罪后，就失去原有的独立犯罪的意义，成为新罪的一部分。规定结合犯的意义在于，刑法规定了加重的法定刑，有利于对犯罪分子的严惩；而如果不规定为结合犯，只能数罪并罚，就有可能放纵犯罪行为人。

(二) 集合犯

犯罪构成预定了数个同种类行为的犯罪。集合犯是连续实施刑法上数个并不独立成罪的同种行为，刑法将其规定为一罪，所以是法定的一罪。主要有三种类型：

1. 常习犯：具有常习性的行为人反复多次实施行为的。(我国刑法无规定)

① 答案：C。

2. 职业犯：将一定的犯罪作为职业或业务反复实施的。

例如，《刑法》第336条规定的非法行医罪，行为人单纯的一次非法行医不构成此罪，应以具有反复、多次行医的故意为必要，才成立非法行医罪。

3. 营业犯：以营利为目的反复实施一定犯罪的。

例如，《刑法》第303条第1款（赌博罪）：以营利为目的，聚众赌博或者以赌博为业的，处三年以下有期徒刑、拘役或者管制，并处罚金。

三、处断的一罪（裁判的一罪）——司法上的一罪

行为人实施了数个犯罪行为，法律也没有规定为一罪，但实践处理上通常作为一罪。包括连续犯、牵连犯、吸收犯。

（一）连续犯

基于一个犯罪故意（同一的或者概括的故意）连续实施性质相同的数个行为，触犯同一罪名的情况。数行为具有连续性，不仅仅是客观上具有连续性，主观上也具有连续性。

例如，连续一段时间内杀死了10个人；或者连续1个月，每天实施盗窃行为。

（二）牵连犯

行为人实施了多个犯罪行为，多个犯罪行为之间具有手段与目的、原因与结果之间的牵连关系。犯罪的手段行为或者结果行为，与目的行为或者原因行为分别触犯不同罪名，在司法实践中，一般从一重罪处罚。

1. 牵连关系。

（1）手段行为与目的行为的牵连：如以伪造印章的方法冒充国家机关工作人员骗取公私财物，伪造国家机关印章罪与招摇撞骗罪之间就属于手段行为与目的行为的牵连。

（2）原因行为与结果行为的牵连：如盗窃财物（原因行为）后，为了销赃而伪造印章（结果行为）。

牵连犯中，行为人实施了两个行为，但由于具有“牵连关系”才以一罪论处。如果行为人只有一个行为不能认为是牵连犯。例如，盗窃枪支再去杀人，刚盗窃枪支就被抓获，此种情形下，行为人仅有一个行为，应成立盗窃枪支罪与故意杀人罪（预备）的想象竞合犯。再者，以保险诈骗为目的，实施放火行为，如果仅有放火行为，还未来得及实施保险诈骗的，也仅成立放火罪与保险诈骗罪（预备）的想象竞合犯。

2. “牵连关系”的认定应进行缩小解释，行为之间应具有“高度伴随性”。

牵连犯的情形下，行为人毕竟实施了多个犯罪行为，最终被认定为一罪，这在一定程度上违反了罪刑相适应原则。基于此，刑法理论上主张严格限制牵连犯的成立范围，只有各行为之间具有高度伴随性，才能认定为是牵连犯。

（1）如何认定牵连的各行为之间的“高度伴随性”？

所谓高度伴随性，是指在现实生活中，前后两个牵连的行为之间具有通常性。只有当某种手段通常用于实施某种犯罪，或者某种原因行为通常导致某种结果行为时，才宜认定为牵连犯。

例如，伪造国家机关印章后去实施诈骗行为，在实践中具有通常性，就是牵连犯。但是，如果将军区司令员杀害后偷走他的印章，再冒充军人招摇撞骗的，这种类型的犯罪在

现实生活中不具有通常性，通常人们实施招摇撞骗不会将司令员杀害，因此，不属于牵连犯。

现今刑法理论要严格限制牵连犯的成立范围，一般认为，牵连犯以法律、司法解释的明确规定为标准。司法部指定用书案例：为了抢劫银行而盗窃枪支，然后利用所盗窃枪支抢劫银行的，应认定为数罪，不应认定为牵连犯；为了冒充军人招摇撞骗而盗窃军车，然后驾驶冒充军人招摇撞骗的，应当认定为数罪，而不能认定为牵连犯。

（2）认定牵连犯的具体情形。

可以认定为牵连犯的：侵入住宅和杀人、侵入住宅和盗窃、侵入住宅和放火、侵入住宅和强奸、伪造公文和诈骗等是牵连犯，因为，侵入住宅、伪造公文行为通常被用作以上所列犯罪的手段。

不能认定为牵连犯的：放火和诈骗保险金、杀人和侮辱尸体、滥用职权和受贿等之间，不是牵连犯，而是数罪。因为，上述两个行为之间，从社会生活的一般经验来看，并不具有“通常如此”的关系。

从应对历年国家法律职业资格考试真题的角度看，牵连犯已经非常少见了，两个行为一般都是数罪并罚，几乎不存在认定为牵连犯而择一重罪处罚。理论上亦有学者指出，牵连犯本质上就应该是数罪。对牵连关系的判断，不同的人有不同的标准，但都难以得出令人信服的结论，彻底取消牵连犯概念，或许才是解决问题之道。

2016年卷二54. C. 丙先后三次侵入军人家中盗窃军人制服，后身穿军人制服招摇撞骗。对丙应按牵连犯从一重罪处罚——错误，应数罪并罚。

典型真题

刘某利用到国外旅游的机会，购买了手枪1支、子弹若干发自用，并经过伪装将其邮寄回国内。后来刘某得知丁某欲搞一支枪抢银行，即与丁某协商，以1万元将其手枪出租给丁某。丁某使用该手枪抢劫银行时被抓获。对刘某的行为应如何处理？（2008年·四川卷二·11题）①

A. 以非法买卖危险物质罪与抢劫罪实行并罚

B. 以非法买卖危险物质罪与非法出租枪支罪实行并罚

C. 以走私武器、弹药罪与抢劫罪实行并罚

D. 以走私武器、弹药罪、非法出租枪支罪、抢劫罪实行并罚

（三）吸收犯

事实上存在数个不同的行为，一行为吸收其他行为，仅成立吸收行为一个罪名的情况。例如，盗窃枪支后，私藏在家中，盗窃枪支罪吸收了非法持有枪支罪，仅定盗窃枪支罪一罪。

1. 吸收关系的类型。

（1）重行为吸收轻行为。如：伪造货币后又使用、出售该货币的，定伪造货币罪。

（2）实行行为吸收预备行为。如：入户抢劫行为，非法侵入他人住宅本身就是一个犯

① 答案：C。

罪行为，属于抢劫罪的预备行为，但仅定抢劫罪一罪。

(3) 主行为吸收从行为。如：甲、乙共同犯罪，甲先是起“帮助”作用，后来参与进来“实行”，对甲就认定为实行行为即可。

2. 不可罚的事后行为与吸收犯。

不可罚的事后行为：是指在状态犯的场合，利用该犯罪行为的结果的行为，如果孤立地看，符合其他犯罪的构成要件，具有可罚性，但由于被综合评价在该状态犯中，故没有必要另认定为其他犯罪，其理由在于：行为没有侵害新的、独立的法益。主要包括两种：

(1) 实施财产犯罪后针对赃物的毁坏、销售等行为。例如，行为人侵占了代为保管的他人财物后，谎称财物被盗而使被害人免除其返还财物的义务的，后一欺骗行为属于不可罚的事后行为，不另成立诈骗罪。

(2) 实施犯罪之后毁灭证据的行为。

不可罚的事后行为，该行为本身就不构成犯罪。而吸收犯中，一罪吸收另一罪，两行为都是犯罪，只是最终因为“吸收”而被认定为一罪。

3. 吸收犯与牵连犯。

(1) 吸收犯是更为紧密的牵连犯。吸收犯中，两罪之间的联系性非常紧密，分也分不开。例如，盗窃枪支罪必须吸收非法持有枪支罪，即盗窃枪支必然持有枪支。

(2) 吸收犯中，两罪侵犯的客体、对象具有同一性。例如，盗窃枪支又持有枪支的，虽然两行为分别触犯了盗窃枪支罪、非法持有枪支罪，但由于行为人有两个行为，触犯了两罪罪名，针对的也是同一个对象，属于吸收犯，应择一重罪处罚。

典型真题

下列哪些情形属于吸收犯？(2010 年 · 卷二 · 55 题)①

A. 制造枪支、弹药后又持有、私藏所制造的枪支、弹药的

B. 盗窃他人汽车后，谎称所盗汽车为自己的汽车出卖他人的

C. 套取金融机构信贷资金后又高利转贷他人的

D. 制造毒品后又持有该毒品的

四、罪数论的相关总结

(一) 原则上：一行为一罪，数行为数罪

(二) 部分特殊情形

1. 一行为被认定为数罪。

(1)《刑法》第 204 条：骗取出口退税，同时触犯逃税罪的，数罪并罚。

(2) 针对不同对象实施同一走私行为的，数罪并罚。

2. 数行为被认定为一罪。

(1)《刑法》第 239 条：绑架过程中杀害被绑架人或者故意伤害致人重伤、死亡的，仅定绑架罪一罪。

① 答案：AD。

（2）《刑法》第240条：拐卖妇女过程中强奸妇女的，仅定拐卖妇女罪一罪。

（3）《刑法》第241条：收买被拐卖的妇女、儿童后，又出卖的，仅定拐卖妇女、儿童罪一罪。

（4）《刑法》第318、321、347条：组织、运送他人偷越国（边）境、走私毒品过程中，妨害公务的，不需要数罪并罚。其他犯罪过程中妨害公务的，则应并罚。

（5）中介组织收受他人贿赂后提供虚假证明文件的，仅定提供虚假证明文件罪一罪，作为加重量刑情节。

（6）针对假币、假发票、假货（如假冒注册商标的商品、侵犯著作权的作品）实施了一连串行为的，只要这些行为之间具有关联性，原则上仅定一罪。

专题十三

刑罚的体系

知识体系

- 刑罚的体系
  - 管制
  - 拘役
  - 有期徒刑
  - 无期徒刑
  - 死刑
    - 死刑的适用条件
    - 不得适用死刑的犯罪人——包括死刑立即执行和死刑缓期二年执行
    - 死缓制度
  - 罚金刑
  - 没收财产
  - 剥夺政治权利
  - 驱逐出境
  - 非刑罚处罚措施
    - 禁止令
    - 从业禁止
    - 社区矫正

相关法理

刑罚论主要从两个角度讨论刑罚问题，首先，从静态的角度要对各刑种进行学习。其次，从动态的角度看如何适用刑罚，尤其是各种刑罚制度。例如，自首、立功、缓刑、假释等问题。刑罚论的知识不是特别复杂，但近年来随着《刑法修正案（八）》《刑法修正案（九）》的出台，已经发生了很大的变化，需要认真对待。

区别	管制	拘役	有期徒刑	无期徒刑	死刑	
					死刑缓期二年执行	死刑立即执行
执行机关	社区矫正	公安机关就近执行	监狱（剩余刑期在3个月以下的，由看守所代为执行；对未成年犯在未成年犯管教所执行刑罚）	监狱或其他执行场所	监狱	法院
是否关押	否	关押，每月可以回家1-2天	关押	关押	关押	关押
待遇	同工同酬	参加劳动的，可以酌量发给报酬	无偿参加劳动	无偿参加劳动	无偿参加劳动	
刑期的起算及折抵	从判决执行之日起计算；先前羁押的，1日折抵2日	从判决执行之日起计算；先前羁押的，1日折抵1日	从判决执行之日起计算；先前羁押的，1日折抵1日	无期徒刑被减为有期徒刑的，刑期从被裁定减刑之日起计算	从判决确定之日起计算考验期，先前羁押期限不折抵考验期	
是否适用假释制度	否	否	是	是	被减为无期徒刑、有期徒刑的，可以假释	
期限	3个月以上，2年以下；数罪并罚不超过3年	1个月以上6个月以下，数罪并罚不超过1年	6个月以上15年以下，数罪并罚不超过20年①			
最低实际执行刑期	不少于1/2	不少于1/2	不少于1/2	不少于13年	不少于15年，不含死刑缓期两年的考验期。（限制减刑的死缓有特别规定）	

① 数罪中，总和刑期达到35年以上的，数罪并罚的上限为25年。

[总结] 1. 刑罚执行机关：法院管“要钱和要命”的（罚金刑、没收财产、死刑立即执行）；公安机关管剩余刑期3个月以下、拘役、剥夺政治权利；监狱管剩余刑期在3个月以上的。但是，缓刑犯、假释犯、管制犯、暂予监外执行的要实行社区矫正，被剥夺政治权利的人，可以自愿接受社区矫正。

2. 所有的判决原则上都从判决执行之日起计算。但死缓与有期徒刑、拘役的缓刑考验期从判决确定之日起计算，独立适用剥夺政治权利的，期限从判决确定之日起计算。

一、管制

1. 概念：对罪犯不予关押，但限制其一定自由，依法实行社区矫正。

2. 管制犯应遵守的规定。

（1）遵守法律、行政法规，服从监督；

（2）未经执行机关批准，不得行使言论、出版、集会、结社、游行、示威自由的权利；

（3）按照执行机关规定报告自己的活动情况；

（4）遵守执行机关关于会客的规定；

（5）离开所居住的市、县或者迁居，应当报经执行机关批准；

（6）可以适用禁止令。可以在判决时同时禁止犯罪分子在执行期间从事特定活动，进入特定区域、场所，接触特定的人。违反禁止令的，由公安机关依照《中华人民共和国治安管理处罚法》的规定处罚。

3. 刑期的起算及折抵：从判决执行之日起计算；判决执行以前先行羁押的，羁押1日折抵刑期2日。

二、拘役

1. 概念：短期剥夺犯罪人自由，就近实行劳动的刑罚方法。

2. 期限：1个月以上6个月以下，数罪并罚不得超过1年。

3. 执行：公安机关就近执行，如公安机关在附近的拘役所、看守所或者其他监管场所。

4. 刑期的起算及折抵：从判决执行之日起计算；判决执行以前先行羁押的，羁押1日折抵刑期1日。

三、有期徒刑

1. 概念：剥夺犯罪人一定期限的自由，实行强制劳动改造的刑罚方法——剥夺自由，无偿劳动。

2. 期限。

（1）一罪：6个月以上15年以下。

（2）数罪并罚：不超过20年；但各罪刑期相加超过35年的，数罪并罚不超过25年。

3. 执行机关：监狱或者其他执行场所。剩余刑期3个月以下的由看守所代为执行，未成年人在未成年犯管教所执行。

4. 刑期的起算及折抵：从判决执行之日起计算；判决执行以前先行羁押的，羁押1日折抵刑期1日。

四、无期徒刑

1. 概念：剥夺犯罪人终身自由，实行强制劳动改造的刑罚方法。

2. 执行：在监狱或者其他执行场所执行；凡具有劳动能力的，应当参加劳动。

3. 未成年犯只有罪行极其严重的，才可以适用无期徒刑；对已满14周岁不满16周岁的人犯罪一般不判处无期徒刑。参见2006年1月11日最高人民法院《关于审理未成年人刑事案件具体应用法律若干问题的解释》第13条。

五、死刑

（一）死刑的适用条件

1. 死刑（含死缓）只适用于罪行极其严重的犯罪分子。

2. 对于应当判处死刑的犯罪分子，如果不是必须立即执行的，可以判处死刑同时宣告缓期二年执行。

（二）不得适用死刑的犯罪人——包括死刑立即执行和死刑缓期二年执行

1. 犯罪的时候不满18周岁的人——审判的时候未满18周岁更不能适用死刑。

2. 审判的时候怀孕的妇女——犯罪的时候怀孕的妇女可能适用死刑。[①]

（1）“审判的时候”扩大解释为“羁押期间”——侦查阶段、提起公诉期间、审判结束后，执行前发现怀孕的，也不适用死刑。

（2）“怀孕的妇女”扩大解释为“流产的妇女”。

甲（女，19岁）因涉嫌故意杀人罪被逮捕，并在羁押期间流产，由于证据不足予以释放。后来发现新的证据再起诉的，根据案件情节，不可以判处其死刑。理由：如果第一次逮捕当时证据确凿都不能适用死刑，那么，第一次证据不足、后来发现新的证据，就更不应该适用死刑。

（3）当怀孕妇女因涉嫌犯罪在羁押期间自然流产后，若因“另一事实”被起诉或交付审判的，可能适用死刑。

例如，甲因为抢劫被逮捕，在羁押期间流产，流产后在看守所杀了10人，对此故意杀人行为，是有可能适用死刑的。

3. 老年人犯罪限制适用死刑：审判的时候已满75周岁的人，不适用死刑，但以特别残忍手段致人死亡的除外。

（三）死缓制度

1. 考验期内“故意犯罪且情节恶劣的”，执行死刑。

如果因故意犯罪而核准死刑立即执行的不需要必须等到二年期满，原则上发现“故意犯罪且情节恶劣的”并经查证属实的，即可报请最高人民法院核准执行。

2. 实施“一般故意犯罪”的，死缓考验期重新计算。

---

① 例如，甲在怀孕的时候故意杀人，犯罪行为结束后第10年因故意杀人罪被拘留、逮捕并接受审判，此时已经离其怀孕10年了，对甲进行特殊保护的必要性已经不存在了，对甲可能适用死刑。

3. 只要没有故意犯罪的，两年考验期满后，减为无期徒刑。即使有一般的违法行为甚至是过失犯罪行为，也应当减为无期徒刑。

4. 有重大立功表现的，减为有期徒刑25年。从考验期满后计算有期徒刑的刑期——之后，如果再有立功表现的，可以继续减刑，但经过若干次减刑后，最低不得少于15+2=17年。

5. 死缓犯的限制减刑——2011年《刑法修正案（八）》规定。

（1）适用对象：对被判处死刑缓期执行的累犯以及因故意杀人、强奸、抢劫、绑架、放火、爆炸、投放危险物质或者有组织的“暴力性犯罪”被判处死刑缓期执行的犯罪分子，人民法院根据犯罪情节等情况可以同时决定对其限制减刑。

（2）内容：实际执行刑期不能少于25+2年；有重大立功表现的，也不能少于20+2年。

6. 死缓犯的终身监禁——2015年《刑法修正案（九）》规定。

（1）适用对象：2015年11月1日《刑法修正案（九）》规定，对贪污罪、受贿罪的终身监禁，贪污、受贿数额特别巨大，并使国家和人民利益遭受特别重大损失的，被判处死刑缓期执行的，人民法院根据犯罪情节等情况可以同时决定在其死刑缓期执行二年期满依法减为无期徒刑后，终身监禁，不得减刑、假释。

（2）时间效力：死缓限制减刑、不得减刑的规定可以适用于《刑法修正案（八）》《刑法修正案（九）》生效之前的犯罪行为。因为这类规定是有利于被告的规定，是死刑立即执行的替代方式，也是国家基于减少死刑执行的立法。即：死缓犯终身监禁、死缓犯限制减刑不是“死缓”的“升级”，而是“死刑立即执行”的“降级”，是有利于行为人的规定。

例如，2016年10月9日，河南省安阳市中级人民法院公开宣判全国人大环境与资源保护委员会原副主任委员白恩培受贿、巨额财产来源不明案，白恩培被以受贿罪、巨额财产来源不明罪判处死刑，缓期二年执行，剥夺政治权利终身，并处没收个人全部财产，在其死刑缓期执行二年期满依法减为无期徒刑后，终身监禁，不得减刑、假释。这一刑罚宣告，就是针对白恩培在《刑法修正案（九）》之前的犯罪行为。

又如，2020年7月31日，天津市第一中级人民法院公开宣判赵正永受贿案，对被告人赵正永以受贿罪判处死刑，缓期二年执行，剥夺政治权利终身，并处没收个人全部财产，在其死刑缓期执行二年期满依法减为无期徒刑后，终身监禁，不得减刑、假释。

六、罚金刑

作为一种财产刑，无论是罚金刑还是没收财产，都是针对其个人合法的财产，而不是针对犯罪分子的犯罪所得、犯罪工具。

理由：罚金刑、没收财产都是刑罚，刑罚是一种惩罚性的措施，是要给犯罪分子带来痛苦的。如果将犯罪分子的犯罪所得予以没收，并没有给其带来痛苦，不能算是一种惩罚性的措施。因此，罚金刑、没收财产针对的都是犯罪分子个人合法所有的财产。

1. 罚金刑的判处方式。

（1）选处罚金：与主刑作为并列刑种，选择适用。

例如，《刑法》第275条（故意毁坏财物罪）：“故意毁坏公私财物，数额较大或者有其他严重情节的，处三年以下有期徒刑、拘役或者罚金；数额巨大或者有其他特别严重情节的，处三年以上七年以下有期徒刑。”

（2）单处罚金：只判处罚金。

（3）并处罚金：即判处主刑的同时附加适用罚金。包括必须判处罚金、可以判处罚金。

例如，《刑法》第326条第1款（倒卖文物罪）：“以牟利为目的，倒卖国家禁止经营的文物，情节严重的，处五年以下有期徒刑或者拘役，并处罚金；情节特别严重的，处五年以上十年以下有期徒刑，并处罚金。”

（4）并处或单处罚金：人民法院既可以在判处主刑的同时附加适用罚金，也可以只适用罚金。（必须判罚金）

例如，《刑法》第216条（假冒专利罪）：“假冒他人专利，情节严重的，处三年以下有期徒刑或者拘役，并处或者单处罚金。”

2. 罚金刑的适用依据。

（1）以刑法规定为依据，判处罚金刑。

人民法院根据犯罪情节，如违法所得数额、造成损失的大小等，并综合考虑犯罪分子缴纳罚金的能力判处罚金。但在是否适用罚金这一问题上，必须以刑法的规定为准。

例如，当刑法对某一犯罪规定了必须判处罚金刑，不能因为犯罪分子的经济状况不佳而不判处罚金刑。否则容易导致犯罪分子转移财产，以无任何财物为由不履行罚金刑。形成“坐牢一阵子，快活一辈子”“杀了我一个，幸福几代人”的心理。

（2）罚金刑的缴纳。

罚金在判决指定的期限内一次或者分期缴纳。期满不缴纳的，强制缴纳。对于不能全部缴纳罚金的，人民法院在任何时候发现被执行人有可以执行的财产，应当随时追缴。由于遭遇不能抗拒的灾祸等原因缴纳确实有困难的，经人民法院裁定，可以延期缴纳、酌情减少或者免除。

3. 判处罚金的数额。

（1）刑法分则有规定具体数额的，依照刑法分则的规定。

（2）刑法分则只规定了判处罚金，但没有规定具体数额的：成年人，不得少于1000元；未成年人，不得少于500元，其监护人或者其他人自愿代为垫付的，人民法院应予准许。

4. 罚金刑的执行：承担民事赔偿（因犯罪行为给被害人造成损害，应承担的民事赔偿）的犯罪分子，又被判处罚金的，其财产先承担民事赔偿，实行“先民后刑”原则。

七、没收财产

1. 没收财产与没收犯罪物品的区别。

（1）没收财产，是没收犯罪人合法所有，并且没有用于犯罪的财产。

（2）没收犯罪物品、违法所得，是指非法财产。

根据《刑法》第64条的规定，犯罪分子违法所得的一切财物，应当予以追缴或者责令退赔；对被害人的合法财产，应当及时返还；违禁品和供犯罪所用的本人财物，应当予以没收。

典型真题

《刑法》第64条前段规定："犯罪分子违法所得的一切财物，应当予以追缴或者责令退赔"。关于该规定的适用，下列哪一选项是正确的？（2016年·卷二·8题）①

A. 甲以赌博为业，但手气欠佳输掉200万元。输掉的200万元属于赌资，应责令甲全额退赔

B. 乙挪用公款炒股获利500万元用于购买房产（案发时贬值为300万元），应责令乙退赔500万元

C. 丙向国家工作人员李某行贿100万元。除向李某追缴100万元外，还应责令丙退赔100万元

D. 丁与王某共同窃取他人财物30万元。因二人均应对30万元负责，故应向二人各追缴30万元

2. 没收财产的类型：没收全部财产、没收部分财产。

没收部分财产会列明具体数额，如果没有列明具体金额的没收财产，一般是指没收全部财产。

3. 执行中的问题。

（1）没收全部财产的，应当对犯罪分子个人及其扶养的家属保留必需的生活费用。其扶养的家属既包括未成年人，也包括部分成年人（如父母等老年人）。

（2）在判处没收财产的时候，不得没收属于犯罪分子家属所有或者应有的财产。

（3）没收财产以前（是指判决生效以前）犯罪分子所负的"正当债务"，需要以没收的财产偿还的，经债权人请求，应当偿还。

（4）执行机关：第一审人民法院。

［细小的差别］承担民事赔偿的犯罪分子（是指在刑事附带民事诉讼中），又被判处"罚金"的，其财产先承担民事赔偿。在民事责任和刑事责任发生竞合时，为了保护被害人的合法权益，法律规定在犯罪分子财产不足时，实行"先民后刑"原则。这从形式上看似乎不需要"经被害人请求"，但因为是"民事赔偿"，说明了行为人已经通过刑事附带民事诉讼提出了赔偿请求。

八、剥夺政治权利

1. 剥夺政治权利的内容。（《刑法》第54条）

（1）选举权和被选举权，另外，《村民委员会组织法》规定，依照法律被剥夺政治权利的人没有参加村委会的选举权和被选举权；

（2）言论、出版、集会、结社、游行、示威自由的权利；

（3）担任国家机关职务的权利；

（4）担任国有公司、企业、事业单位和人民团体领导职务的权利。

2. 适用情形。

（1）死刑、无期徒刑的犯罪分子，应当附加剥夺政治权利终身。死缓减为有期徒刑或

① 答案：B。

者无期徒刑减为有期徒刑的，应当把附加剥夺政治权利的期限改为：3 年以上 10 年以下。

（2）危害国家安全的犯罪分子，应当附加剥夺政治权利。

（3）对于故意杀人、强奸、放火、爆炸、投毒、抢劫等严重破坏社会秩序的犯罪分子，可以附加剥夺政治权利。

（4）部分轻微犯罪，独立适用附加剥夺政治权利——这是作为一种不剥夺罪犯人身自由的轻刑，适用于罪行较轻、不需要判处主刑的罪犯。独立适用或者判处有期徒刑、拘役附加适用剥夺政治权利的期限：1 年以上 5 年以下。

（5）判处管制附加剥夺政治权利的：期限与管制期限相同，同时开始、同时结束。

3. 剥夺政治权利的效力。

（1）附加剥夺政治权利的，其效力当然施用于主刑执行期间，期限从主刑执行完毕之日起计算。

例如，甲被判处有期徒刑 3 年，附加剥夺政治权利 5 年，那在有期徒刑 3 年期间及释放后的 5 年内均无政治权利。

（2）被判处有期徒刑、拘役、管制而没有附加剥夺政治权利的，在刑罚执行期间仍然享有政治权利。判处主刑未附加剥夺政治权利的，罪犯准予行使选举权，但其他权利受限制。

4. 剥夺政治权利的起算。

独立适用剥夺政治权利	管制附加剥夺政治权利	有期徒刑、拘役附加剥夺政治权利	死刑、无期徒刑附加剥夺政治权利终身	原判死缓减为无期徒刑	死刑缓期二年执行、无期徒刑减为有期徒刑附加剥夺政治权利
为 1 年以上 5 年以下。从判决确定之日起计算	从判决执行之日起计算，与管制的刑期相同	附加剥夺政治权利 1 年以上 5 年以下。从有期徒刑、拘役执行完毕之日起或自有期徒刑假释之日起计算，剥夺政治权利的效力及于主刑执行期间（例如，某人被判处有期徒刑 5 年，附加剥夺政治权利 5 年，他实际上被剥夺政治权利 10 年）	应当剥夺政治权利终身，不存在起算问题	其附加剥夺政治权利期限不变，仍为终身	期限相应减为 3－10 年。从减刑后有期徒刑执行完毕之日或假释之日起计算，剥夺政治权利效力及于减刑后有期徒刑执行期间

［总结］附加剥夺政治权利，从罪犯离开羁押场所起计算。例如，被假释的犯罪分子，其被判处剥夺政治权利的，从其被释放出来之日起计算

九、驱逐出境

强迫犯罪的外国人（外国国籍和无国籍的人）离开中国国（边）境的刑罚方法。

《刑法》第 35 条规定："对于犯罪的外国人，可以独立适用或者附加适用驱逐出境。"对犯罪的外国人，不是"应当"驱逐出境，而是"可以"驱逐出境。独立适用驱逐出境的，从判决确定之日起执行；附加适用驱逐出境的，从主刑执行完毕之日起执行。

十、非刑罚处罚措施

(一) 禁止令

1. 性质：是一种非刑罚处罚措施（或者说，刑罚执行监管措施）——2011 年 5 月 1 日《刑法修正案（八）》规定。

人民法院根据犯罪情况，认为从促进犯罪分子教育矫正，有效维护社会秩序的需要出发，确有必要禁止其在管制、缓刑期间从事特定活动，进入特定区域、场所，接触特定的人，可以在判处管制、缓刑的同时，宣告禁止令。

法院在适用禁止令时，应当根据犯罪分子的犯罪原因、犯罪性质、犯罪手段、犯罪后的悔罪表现、个人一贯表现等情况，充分考虑与犯罪分子所犯罪行的关联程度，有针对性地决定禁止其在管制执行期间、缓刑考验期内“从事特定活动，进入特定区域、场所，接触特定的人”的一项或者几项内容。

2. 期限。

（1）既可以与管制执行、缓刑考验的期限相同，也可以短于管制执行、缓刑考验的期限。

（2）但判处管制的，禁止令的期限不得少于 3 个月，宣告缓刑的，禁止令的期限不得少于 2 个月。

（3）判处管制的犯罪分子在判决执行以前先行羁押以致管制执行的期限少于 3 个月的，禁止令的期限不受前述规定的最短期限的限制。

3. 禁止令的对象、执行期限。

（1）禁止令仅适用于管制犯、缓刑犯。

（2）从管制、缓刑之日起计算。

（3）假释的犯罪分子不适用禁止令。理由：禁止令是在法院初始判决时就结合犯罪特点确定的，并且判处的刑罚是在监狱外（如缓刑、管制），所以，可以颁发一定的禁止令对其在外的活动进行禁止。而被假释的犯罪分子，其被判处刑罚（有期徒刑或无期徒刑）时，就必须被监禁，何需禁止令。即使其以后有机会被假释出来，至少，判决当时根本不知道，只是其在监狱表现突出，执行一半以上刑罚才可能假释。法院初始判决的时候，怎么可能给他适用禁止令呢。

（4）禁止令可以适用于《刑法修正案（八）》生效之前（即 2011 年 5 月 1 日之前）的犯罪行为。

4. 与未成年人相关的禁止令。

对于未成年人因上网诱发犯罪的，可以禁止其在一定期限内进入网吧等特定场所。性侵未成年人案件的犯罪行为人，对于判处刑罚同时宣告缓刑的，可以根据犯罪情况，同时宣告禁止令，禁止犯罪分子在缓刑考验期内从事与未成年人有关的工作、活动，禁止其进入中小学校区、幼儿园园区及其他未成年人集中的场所，确因本人就学、居住等原因，经执行机关批准的除外。

[案例] 最高人民法院指导案例 14 号，董某某、宋某某抢劫案。被告人董某某、宋某某（时年 17 周岁）迷恋网络游戏，平时经常结伴到网吧上网，时常彻夜不归。2010 年 7 月 27 日 11 时许，因在网吧上网的网费用完，二被告人即伙同王某（作案时未达到刑事责

任年龄）到河南省平顶山市红旗街社区健身器材处，持刀对被害人张某某和王某某实施抢劫，抢走张某某5元现金及手机一部。后将所抢的手机卖掉，所得赃款用于上网。法院认定被告人董某某、宋某某犯抢劫罪，分别判处有期徒刑二年六个月，缓刑三年，并处罚金人民币1000元。同时禁止董某某和宋某某在36个月内进入网吧、游戏机房等场所。

（二）从业禁止

1. 概念。

《刑法修正案（九）》规定，因利用职业便利实施犯罪，或者实施违背职业要求的特定义务的犯罪被判处刑罚的，人民法院可以根据犯罪情况和预防再犯罪的需要，禁止其自刑罚（主刑）执行完毕之日或者假释之日起从事相关职业。（特殊预防性措施）

2. 期限。

（1）一般情形：期限为3年至5年。

（2）其他法律、行政法规对其从事相关职业另有禁止或者限制性规定的，从其规定。

例如，《证券法》第221条规定：违反法律、行政法规或者国务院证券监督管理机构的有关规定，情节严重的，国务院证券监督管理机构可以对有关责任人员采取证券市场禁入的措施。

前款所称证券市场禁入，是指在一定期限内直至终身不得从事证券业务、证券服务业务，不得担任证券发行人的董事、监事、高级管理人员，或者一定期限内不得在证券交易所、国务院批准的其他全国性证券交易场所交易证券的制度。

3. 时间效力。

该规定只能适用于《刑法修正案（九）》生效之后的犯罪行为，即2015年11月1日以后的犯罪行为。因为这是一个不利于被告人的规定，加重了被告人在刑罚执行完毕后的负担。

4. 司法解释的规定。

2015年最高人民法院《关于办理危害生产安全刑事案件适用法律若干问题的解释》第16条规定：对于实施危害生产安全犯罪适用缓刑的犯罪分子，可以根据犯罪情况，禁止其在缓刑考验期限内从事与安全生产相关联的特定活动（禁止令）；对于被判处刑罚的犯罪分子，可以根据犯罪情况和预防再犯罪的需要，禁止其自刑罚执行完毕之日或者假释之日起三年至五年内从事与安全生产相关的职业（从业禁止）。

典型真题

1. 关于职业禁止，下列哪一选项是正确的？（2016年·卷二·9题）①

A. 利用职务上的便利实施犯罪的，不一定都属于“利用职业便利”实施犯罪②

B. 行为人违反职业禁止的决定，情节严重的，应以拒不执行判决、裁定罪定罪处罚

C. 判处有期徒刑并附加剥夺政治权利，同时决定职业禁止的，在有期徒刑与剥夺政治权利均执行完毕后，才能执行职业禁止

D. 职业禁止的期限均为3年至5年

---

① 答案：B。

② 利用职务上的便利实施犯罪，当然属于“利用职业便利”实施犯罪，“职务”本身就是源于一定的“职业”，“利用职业便利实施犯罪包括利用职务便利实施犯罪”。

2. 关于禁止令，下列哪些选项是错误的？（2012年·卷二·56题）①

A. 甲因盗掘古墓葬罪被判刑7年，在执行5年后被假释，法院裁定假释时，可对甲宣告禁止令

B. 乙犯合同诈骗罪被判处缓刑，因附带民事赔偿义务尚未履行，法院可在禁止令中禁止其进入高档饭店消费

C. 丙因在公共厕所猥亵儿童被判处缓刑，法院可同时宣告禁止其进入公共厕所

D. 丁被判处管制，同时被禁止接触同案犯，禁止令的期限应从管制执行完毕之日起计算

（三）社区矫正

1. 社区矫正是一种不使罪犯与社会隔离并利用社区资源教育改造罪犯的方法，是所有在社区环境中管理教育罪犯方式的总称。

2. 立法背景。

2011年《刑法修正案（八）》对管制、缓刑和假释的罪犯规定实行社区矫正，改变了过去由公安机关执行或者监督、考察的规定。这次的调整，实际上是我们在非监禁的刑罚执行方式方面的一个重要改革。这个改革的目的，是为了更好地对这部分犯罪人采取更有效的监督管理方法，也便于这些人更好地融入社会。

3. 适用对象。

（1）罪行比较轻微的罪犯，包括被判处管制、缓刑的服刑人员。

（2）罪行虽然比较严重，但是经过改造证明确有悔改，不致再危害社会的服刑人员，例如，被假释的服刑人员。

（3）有特殊情况，暂予监外执行的服刑人员。对于前两类服刑人员实行社区矫正，就体现了对犯罪分子的区别对待。

（4）单独被剥夺政治权利的人，可自愿（不是必须）选择接受社区矫正。

① 答案：ACD。

专题十四

刑罚的裁量

知识体系

- 刑罚的裁量
  - 法定量刑情节
    - 刑法总则中的法定量刑情节
    - 刑法分则中重要的法定量刑情节
  - 酌定量刑情节
  - 累犯——屡“教”不改
    - 一般累犯
    - 特别累犯
    - 累犯的法律后果
    - 毒品犯罪的特别再犯规定
  - 自首
    - 一般自首的构成要件
    - 特别自首（余罪自首）
    - 自首的其他问题
  - 立功
    - 立功从宽处罚的理由及类型
    - 立功的具体内容
    - 不能认定为是立功的情形
    - 其他问题
  - 数罪并罚
    - 数罪并罚之“数罪”的理解
    - 数罪并罚的原则
    - 有期徒刑数罪并罚的具体情形：限制加重原则的具体适用
  - 缓刑制度
    - 缓刑的适用条件
    - 缓刑的基本问题
    - 考验期限与考验的内容
    - 撤销缓刑的原因
    - 缓刑与死缓、战时缓刑的区别

相关法理

刑罚的裁量主要是结合行为的社会危害性及其程度来综合适用刑罚，例如，自首、立功、累犯制度等。主要是解决具体的量刑问题，学习的主要内容也是量刑情节。量刑情节是指在某种行为已经构成犯罪的前提下，人民法院对犯罪人裁量刑罚时应当考虑的，据以决定量刑轻重或者免除刑罚的各种情况。可以分为法定量刑情节、酌定量刑情节。

一、法定量刑情节

又称法定情节，是指刑法明文规定的量刑情节。包括从轻、减轻、免除处罚、从重处罚。主要可以归纳为如下：

（一）刑法总则中的法定量刑情节

1. 犯罪主体。

（1）未成年人、老年人犯罪。

《刑法》第 17 条第 3 款：对依照前三款规定追究刑事责任的不满十八周岁的人，应当从轻或者减轻处罚。

《刑法》第 17 条之一：已满七十五周岁的人故意犯罪的，可以从轻或者减轻处罚；过失犯罪的，应当从轻或者减轻处罚。

（2）精神病人。

《刑法》第 18 条第 3 款：尚未完全丧失辨认或者控制自己行为能力的精神病人犯罪的，应当负刑事责任，但是可以从轻或者减轻处罚。

（3）聋哑人或盲人。

《刑法》第 19 条：又聋又哑的人或者盲人犯罪，可以从轻、减轻或者免除处罚。

2. 犯罪停止形态。

（1）预备犯。《刑法》第 22 条第 2 款：对于预备犯，可以比照既遂犯从轻、减轻处罚或者免除处罚。

（2）未遂犯。《刑法》第 23 条第 2 款：对于未遂犯，可以比照既遂犯从轻或者减轻处罚。

（3）中止犯。《刑法》第 24 条第 2 款：对于中止犯，没有造成损害的，应当免除处罚；造成损害的，应当减轻处罚。

3. 共同犯罪。

（1）从犯。《刑法》第 27 条第 2 款：对于从犯，应当从轻、减轻处罚或者免除处罚。

（2）胁从犯。《刑法》第 28 条：对于被胁迫参加犯罪的，应当按照他的犯罪情节减轻处罚或者免除处罚。

（3）教唆未成年人犯罪。《刑法》第 29 条第 1 款：……教唆不满十八周岁的人犯罪的，应当从重处罚。

（4）教唆未遂。《刑法》第 29 条第 2 款：如果被教唆的人没有犯被教唆的罪，对于教唆犯，可以从轻或者减轻处罚。

4. 犯罪后的表现。

（1）自首。《刑法》第 67 条第 1 款：……对于自首的犯罪分子，可以从轻或者减轻处罚。其中，犯罪较轻的，可以免除处罚。

（2）立功。《刑法》第68条：犯罪分子有揭发他人犯罪行为，查证属实的，或者提供重要线索，从而得以侦破其他案件等立功表现的，可以从轻或者减轻处罚；有重大立功表现的，可以减轻或者免除处罚。

（3）坦白。《刑法》第67条第3款：犯罪嫌疑人虽不具有前两款规定的自首情节，但是如实供述自己罪行的，可以从轻处罚；因其如实供述自己罪行，避免特别严重后果发生的，可以减轻处罚。

5. 其他。

（1）刑法的消极承认。《刑法》第10条：……依照本法应当负刑事责任的，虽然经过外国审判，仍然可以依照本法追究，但是在外国已经受过刑罚处罚的，可以免除或者减轻处罚。

（2）防卫过当。《刑法》第20条第2款：正当防卫明显超过必要限度造成重大损害的，应当负刑事责任，但是应当减轻或者免除处罚。

（3）避险过当。《刑法》第21条第2款：紧急避险超过必要限度造成不应有的损害的，应当负刑事责任，但是应当减轻或者免除处罚。

（4）累犯。《刑法》第65条：……累犯，应当从重处罚……

（二）刑法分则中重要的法定量刑情节

1. 行贿罪、介绍贿赂罪的从宽处罚。

《刑法》第164条第4款（对非国家工作人员行贿罪）：行贿人在被追诉前主动交待行贿行为的，可以减轻处罚或者免除处罚。

《刑法》第390条第2款（行贿罪）：行贿人在被追诉前主动交待行贿行为的，可以从轻或者减轻处罚。其中，犯罪较轻的，对侦破重大案件起关键作用的，或者有重大立功表现的，可以减轻或者免除处罚。

《刑法》第392条第2款（介绍贿赂罪）：介绍贿赂人在被追诉前主动交待介绍贿赂行为的，可以减轻处罚或者免除处罚。

2. 伪造货币罪的从重处罚。

《刑法》第171条第3款：伪造货币并出售或者运输伪造的货币的，依照本法第一百七十条（伪造货币罪）的规定定罪从重处罚。

3. 国家机关工作人员实施非法拘禁行为的，从重处罚。

《刑法》第238条（非法拘禁罪）：……具有殴打、侮辱情节的，从重处罚……国家机关工作人员利用职权犯前三款罪的，依照前三款的规定从重处罚。

4. 收买被拐卖的妇女、儿童罪的从宽情节。

《刑法》第241条第6款（收买被拐卖的妇女、儿童罪）：收买被拐卖的妇女、儿童，对被买儿童没有虐待行为，不阻碍对其进行解救的，可以从轻处罚；按照被买妇女的意愿，不阻碍其返回原居住地的，可以从轻或者减轻处罚。

5. 诬告陷害罪的从重处罚。

《刑法》第243条第2款（诬告陷害罪）：国家机关工作人员犯前款罪的，从重处罚。

6. 招摇撞骗罪的从重处罚。

《刑法》第279条第2款（招摇撞骗罪）：冒充人民警察招摇撞骗的，依照前款的规定从重处罚。

7. 非法种植毒品原植物罪的从重处罚。

《刑法》第351条第3款（非法种植毒品原植物罪）：非法种植罂粟或者其他毒品原植物，在收获前自动铲除的，可以免除处罚。

典型真题

假如甲罪的法定刑为"三年以上十年以下有期徒刑"，下列关于量刑的说法正确的是？（2004年·卷二·85题）①

A. 如果法官对犯甲罪的被告人判处7年以上10年以下有期徒刑，就属于从重处罚；如果判处3年以上7年以下有期徒刑，就属于从轻处罚②

B. 法官对犯甲罪的被告人判处3年有期徒刑时，属于从轻处罚与减轻处罚的竞合

C. 由于甲罪的法定最低刑为3年以上有期徒刑，所以，法官不得对犯甲罪的被告人宣告缓刑

D. 如果犯甲罪的被告人不具有刑法规定的减轻处罚情节，法官就不能判处低于3年有期徒刑的刑罚，除非根据案件的特殊情况，报经最高人民法院核准

二、酌定量刑情节

虽然不是刑法明文规定的情节，但对量刑仍然起着重要影响作用。主要种类有：

1. 犯罪的手段。
2. 犯罪的时空及环境条件。
3. 犯罪的对象。
4. 犯罪行为造成的危害结果。
5. 犯罪的动机。
6. 犯罪后的态度。
7. 犯罪人的一贯表现。
8. 前科。

[注意] 仅仅具有酌定量刑情节，而无法定减轻处罚情节，原则上不能在法定刑以外判处刑罚，除非经最高人民法院核准。例如，《刑法》规定，盗窃数额巨大的，处"三年以上十年以下有期徒刑"，那么，如果行为人仅具有酌定从重或从宽情节，也不能突破这一幅度。《刑法》第63条第2款规定：犯罪分子虽然不具有本法规定的减轻处罚情节，但是根据案件的特殊情况，经最高人民法院核准，也可以在法定刑以下判处刑罚。

三、累犯——屡"教"不改

《刑法》第65条第1款：被判处有期徒刑以上刑罚的犯罪分子，刑罚执行完毕或者赦

① 答案：D。

② 从重处罚、从轻处罚是相对于该行为如果没有从重、从轻情节应该如何判处，在这个基础上再从重或从轻。例如，《刑法》规定盗窃数额巨大的，处三年以上十年以下有期徒刑。如果盗窃行为刚达"数额巨大"的标准，那么其量刑应该是3年左右，如果这时有从重情节（如累犯），即便判处4年，也是从重处罚。

免以后，在五年以内再犯应当判处有期徒刑以上刑罚之罪的，是累犯，应当从重处罚，但是过失犯罪和不满十八周岁的人犯罪的除外。

《刑法》第66条：危害国家安全犯罪、恐怖活动犯罪、黑社会性质的组织犯罪的犯罪分子，在刑罚执行完毕或者赦免以后，在任何时候再犯上述任一类罪的，都以累犯论处。

（一）一般累犯

1. 条件一：主观条件，前后两罪都是故意犯罪。

注意一些难以发现的过失犯罪，例如妨害传染病防治罪；传染病菌种、毒种扩散罪；妨害国境卫生检疫罪；为他人提供书号出版淫秽书刊罪。这些犯罪罪名貌似故意犯罪，实则过失犯罪。

2. 条件二：刑度条件，前罪、后罪均是有期徒刑以上的犯罪。

3. 条件三：时间条件，后罪发在前罪的刑罚（主刑）执行完毕或赦免以后5年之内。

（1）前罪主刑执行完毕。前罪被免予刑罚处罚或者被判处缓刑的都不成立累犯。累犯之所以要从重处罚，是因为罪犯在监狱里服刑时经过监狱干警的一番教导之后仍然要实施犯罪行为，枉费干警的一番苦心，因此，应该从重处罚。而被免予刑罚处罚或者被判处缓刑的犯罪分子，都没有实际执行刑罚。

（2）后罪的“犯罪时”应是前罪主刑执行完毕后的5年以内。

（3）后罪如果是连续犯的，只要实施的犯罪行为有部分行为在“5年以内”即可。

例如，张某因犯盗窃罪被判处有期徒刑8个月，并于2013年5月4日刑满释放。2018年2月5日、4月7日、5月20日连续3次分别盗窃价值700元、828元和930元的手机。其于2018年5月20日实施盗窃后被公安机关抓获。张某后因“多次盗窃”，已涉嫌构成盗窃罪。其后罪中，前两笔盗窃事实发生在刑满释放5年之内，第三笔盗窃事实发生在刑满释放5年后，仍然可认为其构成累犯。

4. 例外：不满18周岁的人犯罪，不构成累犯（包括特别累犯）。

（1）前、后两罪只要有一个罪是在不满18周岁的时候犯的，就不成立累犯。

（2）当然，如果前后两罪均不满18周岁，则更不构成累犯。

5. 缓刑犯、假释犯与累犯。

（1）缓刑考验期内或期满再次犯罪的，或者假释考验期内再犯罪的，不构成累犯。理由在于，原判刑罚还没有实际执行。

（2）假释考验期满后再次犯罪的，成立累犯。理由在于，假释考验期满的法律效果是原判刑罚视同执行完毕，再次犯罪的，成立累犯。

典型真题

2009年1月，甲（1993年4月生）因抢劫罪被判处有期徒刑1年。2011年3月20日，甲以特别残忍手段故意杀人后逃跑，6月被抓获。关于本案，下列哪一选项是正确的？（2011年·卷二·9题）①

A. 根据从旧兼从轻原则，本案不适用《刑法修正案（八）》

B. 对甲故意杀人的行为，应当从轻或者减轻处罚

① 答案：B。

C. 甲在审判时已满18周岁，可以适用死刑

D. 甲构成累犯，应当从重处罚

[延伸阅读] 累犯在服刑期间犯新罪，对新罪能否再次评价为累犯——能。

例如，被告人潘某曾因犯A罪（诈骗罪）被判处有期徒刑7年，2017年6月30日刑满释放。又因犯B罪（盗窃罪），于2017年11月被认定为累犯，判处有期徒刑10个月，同年12月在监服刑。服刑的某日晚，故意伤害张某致其重伤。对潘某所实施的C罪（故意伤害罪），仍可以认定为是累犯。

理由：累犯在客观上表现为再次犯罪，是对再次犯罪从重处罚的刑罚制度。该规定更多的是强调犯罪人的人身特征，将累犯视为人身危险性较大的一种犯罪人类型，对此类人进行从重处罚。5年内出现多次犯罪，证明其人身危险性大，因此每次犯罪均要与第一次犯罪进行评价，符合累犯的均认定为累犯从重处罚，才符合累犯制度内在精神。我国刑法没有5年内只能适用一次累犯，其后的犯罪就不能再适用的规定，这样更符合宽严相济的刑事司法政策要求，有利于从严惩治屡教不改的犯罪分子。

（二）特别累犯

1. 前、后犯罪都是危害国家安全犯罪、恐怖活动犯罪、黑社会性质组织犯罪。

（1）特别累犯所要求的犯罪，是指犯罪类型。例如，甲参与了某黑社会性质组织的一次抢劫罪，也认为是实施了黑社会性质组织犯罪。

（2）有的罪名虽然冠以“国家”之名，但并非危害国家安全犯罪。例如，非法获取国家秘密罪（属妨害社会管理秩序罪）、故意泄露国家秘密罪（属渎职罪）。

2. 时间及刑度都没有特别要求。

（1）前后犯罪的间隔时间没有要求。

（2）对前后犯罪所判处的刑罚也没有特别要求。

3. 特别累犯的时间效力。

恐怖活动犯罪、黑社会性质的组织犯罪，是2011年5月1日《刑法修正案（八）》新增设的特别累犯。要成立该新的特别累犯，只要求后罪（再次犯的罪）发生在2011年5月1日以后即可，若前、后罪均发生在2011年5月1日以后，则更可以。意即：2011年5月1日后，不能“再次”实施上述犯罪，否则，就成立特别累犯。

[案例一] 甲犯A罪（黑社会性质组织犯罪）于2000年刑罚执行完毕，并于2010年犯了B罪（恐怖活动犯罪），此种情形下，不成立特别累犯。因为B罪发生在《刑法修正案（八）》生效之前。

[案例二] 甲于2011年6月实施A罪（危害国家安全犯罪），2013年刑罚执行完毕，甲于2014年又犯新罪B罪（黑社会性质组织犯罪），甲的行为成立特别累犯。因为前后两罪均在《刑法修正案（八）》生效后实施。

[案例三] 甲犯A罪（危害国家安全犯罪）于2000年刑罚执行完毕，甲于2012年又实施了B罪（恐怖活动犯罪），甲的行为成立特别累犯。虽然本案中甲的前罪实施的时间较早（2000年之前），但甲的A罪刑罚执行完毕之后，《刑法修正案（八）》于2011年5月1日已经明确告知他不能“再次”实施三类犯罪（危害国家安全犯罪、恐怖活动犯罪、黑社会性质组织犯罪）。甲于2012年再次实施B罪（恐怖活动犯罪），因此，甲的行为成立特别累犯。

典型真题

关于累犯，下列哪一选项是正确的？（2015年·卷二·10题）①

A. 对累犯和犯罪集团的积极参加者，不适用缓刑

B. 对累犯，如假释后对所居住的社区无不良影响的，法院可决定假释

C. 对被判处无期徒刑的累犯，根据犯罪情节等情况，法院可同时决定对其限制减刑

D. 犯恐怖活动犯罪被判处有期徒刑4年，刑罚执行完毕后的第12年又犯黑社会性质的组织犯罪的，成立累犯

（三）累犯的法律后果

1. 应当从重处罚。

2. 不能适用缓刑。

3. 不能适用假释。

4. 如累犯被判处死缓，人民法院“可以”对其限制减刑。

缓刑犯、假释犯都是放归社会，不剥夺人身自由，而累犯的人身危险性很大，不能将他们随便放归社会，因此，累犯不能适用缓刑、假释。

典型真题

王某因犯盗窃罪被判处有期徒刑，执行完毕后第四年，再次犯盗窃罪被人民法院判处二年零九个月有期徒刑。人民法院不能对王某适用下列哪些制度？（2003年·卷二·40题）②

A. 减刑　　B. 缓刑　　C. 假释　　D. 保外就医③

（四）毒品犯罪的特别再犯规定

《刑法》第356条：因走私、贩卖、运输、制造、非法持有毒品罪被判过刑，又犯本节（刑法第六章第七节“走私、贩卖、运输、制造毒品罪”）规定之罪的，从重处罚。

1. 毒品犯罪后，5年内又实施毒品犯罪的，既是毒品犯罪再犯，也是累犯。

行为人实施的前后两罪是毒品犯罪，并且前后两罪间隔的时间又在5年以内，既符合《刑法》第356条的毒品犯罪的再犯，需要从重处罚，同时又符合《刑法》第65条规定的累犯，需要从重处罚。

但这并不意味着对行为人要从重处罚两次。而是因为，符合累犯的，必须列明是“累犯”。如果不列明是累犯，犯罪行为人就有可能被适用缓刑、假释，这显然是不妥当的。参见2008年12月1日最高人民法院《全国部分法院审理毒品犯罪案件工作座谈会纪要》。

① 答案：D。

② 答案：BC。

③ 解析：D错误，无论是任何人犯罪，只要是符合条件的，如身体健康状况不好，正在哺乳期，均可以保外就医，这是刑罚人道化的表现。

2. 毒品犯罪再犯的成立条件。

(1) 前罪仅限于5种具体犯罪：走私、贩卖、运输、制造、非法持有毒品罪。

(2) 后罪的范围较广：刑法分则第六章第七节“走私、贩卖、运输、制造毒品罪”中的所有罪名。

(3) 前后犯罪没有时间间隔、刑罚轻重的要求。

3. 未满18周岁的人不构成累犯，基于当然解释，也不构成毒品犯罪的再犯。

根据刑法的规定，不满18周岁的人，哪怕前后犯罪是非常严重的犯罪（如故意杀人罪），也不认为是累犯，不需要从重处罚。从处罚的必要性上来看，如果不满18周岁的人，前后犯罪都是毒品犯罪，更没有从重处罚的必要性，因此，不满18周岁的人，也不适用《刑法》第356条所规定的毒品犯罪的再犯。

[案例]《刑事审判参考》指导案例第1034号，姚某贩卖毒品案——不满18周岁的人因毒品犯罪被判处5年有期徒刑以下刑罚，其再次实施毒品犯罪的，不能认定为毒品再犯而予以从重处罚。具体理由如下：

(1) 符合立法精神和本意。未成年人轻罪犯罪记录消灭制度作为人民法院一项重要的改革项目和措施被确定下来。从中央政法委和最高法院的相关文件中可见，实现未成年人轻罪犯罪记录的消灭是改革和立法的本意，未成年人轻罪犯罪记录封存制度的建立不仅仅是为了使犯罪记录暂时处于保密状态，不允许查询、限制查询，更是为了在实质上禁止对未成年人轻罪犯罪记录的重复使用，从而避免其以罪犯身份出现在公众面前，帮助未成年人尽快回归社会，健康成长。

(2) 符合未成年人轻罪犯罪记录封存制度的本质特征和设立目的。被封存的犯罪记录应当保密这一前提决定了该犯罪记录所反映的犯罪行为应当免于被重复利用和评价，否则保密便无从谈起。如果被封存的犯罪记录能够被重复利用和评价，封存制度实际上就被虚化，制度设立的目的也难以实现。即使未成年犯罪人再犯罪，司法机关也不得引用其前科犯罪记录，其前科亦不能作为适用累犯或者再犯的原因而对其从重或者加重处罚。

四、自首

《刑法》第67条：犯罪以后自动投案，如实供述自己的罪行的，是自首。对于自首的犯罪分子，可以从轻或者减轻处罚。其中，犯罪较轻的，可以免除处罚。

被采取强制措施的犯罪嫌疑人、被告人和正在服刑的罪犯，如实供述司法机关还未掌握的本人其他罪行的，以自首论。

犯罪嫌疑人虽不具有前两款规定的自首情节，但是如实供述自己罪行的，可以从轻处罚；因其如实供述自己罪行，避免特别严重后果发生的，可以减轻处罚。

（一）一般自首的构成要件

1. 条件一：自动投案。想将自己置于司法机关的合法控制之下，并不要求悔过性，投案动机的高尚与否不影响自动投案的成立。

自动投案客观上要求犯罪嫌疑人投案之时人身处于自由状态，尚未受到司法机关控制。自动投案之所以能够得到法律上的从轻处罚，一个重要原因是这种行为能够节约司法机关的抓捕成本——“我想坐牢”。

(1) 投案对象及投案方式、动机：没有限制。

犯罪嫌疑人向其所在单位、城乡基层组织或者其他有关负责人员投案的；职务犯罪中，犯罪分子向所在单位等办案机关以外的单位、组织或者有关负责人员投案的，应当视为自动投案——只要是行为人想将自己置于法律的控制之下，就是自动投案，犯罪分子本人不可能清楚地知道犯罪行为应属于哪个机关管辖，所以，对其投案对象没有严格要求。

犯罪嫌疑人因病、伤或者为了减轻犯罪后果，委托他人先代为投案，或者先以信电投案的；并非出于犯罪嫌疑人主动，而是经亲友规劝、陪同投案的；公安机关通知犯罪嫌疑人的亲友，或者亲友主动报案后，将犯罪嫌疑人送去投案的，均属于自动投案。

例如，2015 年卷二 11. A. 甲挪用公款后主动向单位领导承认了全部犯罪事实，并请求单位领导不要将自己移送司法机关——本案不成立自首，因为行为人并不想将自己置于司法机关的控制之下。

又如，徐勇酒后作案，准备回家与亲属告别后再去投案，但回家后即醉倒，最终被公安人员抓获的，也被认定为“自动投案”。参见《刑事审判参考》第 1078 号指导案例。

再如，《刑事审判参考》第 381 号指导案例，董保卫、李志林、董曙光共同盗窃，董曙光因为分赃很少，又听说举报能领奖金，遂向被盗单位举报自己与其他人盗窃该单位物品的情况，并由被盗单位人员带至公安机关报案。法院认定为自首。

(2) 仅因“形迹可疑”（面相不像好人）被盘问后，交代罪行的，成立自首；因“犯罪嫌疑”（有事实和证据）而被司法机关盘问，交代罪行的，不成立自首。

第一，形迹可疑人的地位具有随机性，而犯罪嫌疑人与怀疑他的侦查人员的地位不具有随机性。有关组织或者司法机关工作人员认为某人形迹可疑，是偶然接触对方，因其举止神态不正常而产生怀疑，因而不会，也不可能将可疑人与特定的案件相联系。

例如，如果与犯罪有关的物品是通过正常工作方法难以发现的，如某人运输毒品时发现前方 500 米处有检查站，即将毒品埋在路边，该人在检查站因神色慌张而被盘问，即交代了犯罪事实并带领公安人员找到了埋藏的毒品，可以认定为自动投案。

第二，盘问、讯问的性质不同。对“形迹可疑人”的盘问，如果被盘问人应答没有破绽，盘问就无法持续下去，原来产生的疑问就会被冲淡或打消；对犯罪嫌疑人的讯问，讯问人要弄清事实真相，如果嫌疑人否认犯罪但又不能用事实说明、解脱其与某项特定犯罪的联系，讯问就不会停止，侦查工作就要深入。

第三，司法机关将行为人确定为“犯罪嫌疑人”的情况下，即便不交代，有关部门仍可据此掌握犯罪证据，行为人的交代不具有实质意义，一般不能认定为自动投案。“犯罪嫌疑”，是指司法机关能够将行为人与某一或某种具体的犯罪联系在一起的物品，如来路不明的财物、毒品等违禁品、沾有血迹的物品等。这种联系不需要具有明确的针对性，只要足以令人合理怀疑行为人实施了与该物品有关的犯罪即可，不需要明确指向某一具体、特定的犯罪事实。

例如，边防武警甲例行检查时，发现行为人乙神色慌张、形迹可疑，遂对其进行盘问，发现其随身携带的尖刀上有疑似新鲜血迹，此人难以自圆其说，遂交代了其持刀抢劫致人死亡的犯罪事实。虽然边防武警并不掌握相关抢劫犯罪事实，带血尖刀不能将行为人与其实施的具体犯罪联系起来，但足以确定其涉嫌与杀人有关的犯罪，仍属于“与犯罪有关的物品”。乙的行为不成立自首。

(3) 能逃而不逃的情况下，是有意识地将自己置于司法机关的控制之下，属自动投案。

第一，犯罪后主动报案，虽未表明自己是作案人，但没有逃离现场，在司法机关询问时交代自己罪行的；

第二，犯罪后，行为人明知他人报案而在现场等待，抓捕时无拒捕行为，供认犯罪事实的。

(4) 任何犯罪，只要在被司法机关抓捕之前，均有成立自首的余地。

(5) 被亲友绑送归案的，不成立自首；但如果是亲友陪同归案的，成立自首。

犯罪嫌疑人被亲友采用捆绑等手段送到司法机关，或者在不明知的情况下被亲友带领侦查人员前来抓获的，由于犯罪嫌疑人并无投案的主动性和自愿性，完全是被动归案，因此，不宜认定为自动投案。当然，量刑时可酌情从轻处罚。

(6) 被动归案后逃跑，然后又回司法机关投案的，不成立自首（理由：没有节约国家司法资源）；主动归案后逃跑，又回到司法机关投案的，成立自首（理由：节约了国家司法资源）。

被采取强制措施后逃跑然后再"投案"的，相对于被采取强制措施的犯罪而言，不能认定为自动投案，但对新犯之罪（脱逃之后所犯之罪）仍能成立自动投案。

例如，乙因犯盗窃罪被取保候审，之后逃往外地，又犯抢劫罪，然后向司法机关投案，如实供述抢劫事实的，只成立抢劫罪的自动投案，不成立盗窃罪的自动投案。参见《刑事审判参考》第1081号指导案例，吴某强奸、故意伤害案。

2. 条件二：如实供述自己的罪行——自己涉案、参与的犯罪事实。

[问题之思考] 如何理解如实供述自己"参与的犯罪事实"？如实供述自己罪行的目的是节约司法资源，司法机关的终极目的是"结案"，即作出一个正确的判决书。而一个正确的判决书，需要定罪、量刑准确。如果犯罪行为人的交代，导致正确判决书无法作出，导致定罪、量刑错误，则不能认定其"如实供述自己的罪行"，不能认定为自首。正确的判决书的作出，定罪、量刑的准确，依赖于两个方面：一是事实清楚，二是法律适用正确。犯罪分子只懂事实，只要交代其所参与的事实就可以了。

(1) 如实供述的是事实问题（题干），而非法律问题（选项）。被告人对行为性质的辩解，是对法律问题的认识，不影响自首的成立。

第一，事实问题与法律问题的界限。事实是可以通过回忆还原的，而法律适用是需要认真学习法律才知道的。

例如，甲开车撞死多人，他对于自己喝酒开车的基本事实作了如实供述，但其行为究竟是故意（构成以危险方法危害公共安全罪）还是过失（构成交通肇事罪），甲本人不可能"回忆"出来，法官需要结合法律来判决其行为究竟属于刑法上的故意还是过失。

第二，行为性质是法律问题，被告人对行为性质的辩解，不影响自首的成立。

例如，行为是否构成犯罪、是否属于正当防卫等，这是法律问题，行为人的辩解都不重要，是由专业人士法官来判断的。在现代诉讼注重程序公正的前提下，赋予和保护被告人的辩解权，既是各国的普遍做法，也是我国刑事司法工作的重要内容之一。

《刑事审判参考》第42号指导案例，张杰故意杀人案中，张杰与被害人争吵过程中拿菜刀砍对方颈部导致死亡。被告人有自动投案的情节，实际上是自己从厨房拿刀行凶的。

供述时谎称是被害人从自家拿菜刀砍自己，自己被迫夺刀自卫。本案中被告人只有自动的投案行为，之后却隐瞒事实真相，推诿责任，不能成立自首。该案不是对行为性质的辩解，而是对事实本身都进行了隐瞒，进而导致了对行为定性的不同。

（2）要求交代主要犯罪事实。

第一，犯罪行为人犯罪后，不可能对所有的犯罪事实都能回忆清楚，原则上，只要交代“主要犯罪事实”，即承认自己犯了这个罪即可。

例如，在故意杀人案件中，只要如实交代自己实施了故意杀人行为的，就属于已经交代了“主要”的犯罪事实。历年真题曾经指出，在故意杀人案件中，犯罪行为人供述了自己的杀人行为，但对于凶器的藏匿地点拒不说明的，也不影响自首的成立，因为凶器是否找到对认定犯罪并不是必须的。

第二，部分事实，即便交代错误，只要不影响对案件定罪量刑的，也认为如实供述自己的罪行。

除供述自己的主要犯罪事实外，还应包括姓名、年龄、职业、住址、前科等情况。犯罪嫌疑人供述的身份等情况与真实情况虽有差别，但不影响定罪量刑的，应认定为如实供述自己的罪行。犯罪嫌疑人自动投案后隐瞒自己的真实身份等情况，影响对其定罪量刑的，不能认定为如实供述自己的罪行。

虽然被告人亲历犯罪，但是我们也要实事求是地承认被告人的个体差异，突发性犯罪、高度紧张下的犯罪等会导致被告人认识上发生偏差，记忆上出现失误。只要交代主要犯罪事实，作案的情节与证据不相吻合的，不影响如实供述的成立。《刑事审判参考》第363号指导案例，周文友故意杀人案中，被告人周文友持尖刀与拿砍刀的受害人对打，将受害人右侧胸肺、左侧腋、右侧颈部等处刺伤导致对方死亡，自己也身受重伤。被告人只承认捅了死者胸部一刀，明显与尸检结论不符。法院认为被告人归案后，供述了持刀杀害被害人的事实，供述一直稳定。犯罪的性质和主要情节清楚，犯罪的动机也讲明，应当认定对主要事实做了供述。

第三，实施了多个同种犯罪行为时，供述内容应超过50%。

犯罪嫌疑人多次实施同种罪行的，应当综合考虑已交代的犯罪事实与未交代的犯罪事实的危害程度，决定是否认定为如实供述主要犯罪事实。虽然投案后没有交代全部犯罪事实，但如实交代的犯罪情节重于未交代的犯罪情节，或者如实交代的犯罪数额多于未交代的犯罪数额，一般应认定为如实供述自己的主要犯罪事实。无法区分已交代的与未交代的犯罪情节的严重程度，或者已交代的犯罪数额与未交代的犯罪数额相当，一般不认定为如实供述自己的主要犯罪事实。

（3）共同犯罪中，除如实供述自己的罪行外，还应当供述所知的同案犯。

第一，犯罪分子提供“同案犯”姓名、住址、体貌特征、联络方式等信息，属于被告人应当供述的范围。

不交代同案犯的基本信息，正确的判决书就无法作出。同案犯的情况，就包括同案犯的姓名、性别、年龄、住址、手机号、QQ号等个人信息，这是自首应该交代的内容。

第二，提供“犯罪前（预备阶段）、犯罪中（实行阶段）”掌握、使用的同案犯“联络方式、藏匿地址”是自首应交代的内容。交代同案犯犯罪后的去向，属于立功。①

鉴于同案犯的基本情况（包括同案犯的姓名、住址、体貌特征等信息）属于犯罪分子应当供述的范畴，而犯罪前、犯罪中掌握、使用的同案犯联络方式、藏匿地址，则属于预谋、实施犯罪的范畴，也是犯罪分子应当供述的内容，司法机关据此抓捕同案犯的，不能认定为协助抓捕同案犯（不能认定为是立功）。

但是，如果按照司法机关的安排，将同案犯约至指定地点、当场指认同案犯，或者带领侦查人员抓获同案犯的，则可认定为立功。因为此类协助，犯罪分子完全可以不予配合，而其一旦主动、积极协助，个人则要承受一定压力、承担一定风险，因此应当通过认定为立功予以“鼓励”。

（4）如实供述自己的罪行的时间。

第一，一审判决之前，必须如实交代。如实供述自己的罪行后又翻供的，不能认定为是自首；但在一审判决前又能如实供述的，应当认定为自首——理由在于，如果一审判决时说假话，二审判决时说真话，那一审判决就因为假话而是错误的，行为人视法院一审判决如儿戏。

第二，自动投案后，犯罪嫌疑人自动投案时虽然没有交代自己的主要犯罪事实，但在司法机关掌握其主要犯罪事实之前主动交代的，应认定为如实供述自己的罪行。

典型真题

关于自首，下列哪一选项是正确的？（2017年·卷二·9题）②

A. 甲绑架他人作为人质并与警察对峙，经警察劝说放弃了犯罪。甲是在“犯罪过程中”而不是“犯罪以后”自动投案，不符合自首条件

B. 乙交通肇事后留在现场救助伤员，并报告交管部门发生了事故。交警到达现场询问时，乙否认了自己的行为。乙不成立自首

---

① 交代同案犯的“藏匿地址”，司法机关据此抓获同案犯的，如何处理：

（1）提供“犯罪前、犯罪中”所掌握的同案犯“联系方式、藏匿地址”的，属于自首应供述的内容，不成立立功。例如，易翔等人盗窃一案，法院认为，2014年11月初至2014年11月12日，被告人易翔与被告人李明连续共同盗窃作案5次，期间，二被告人一直共同居住，是共同犯罪行为的延续状态，故被告人易翔供述的被告人李明藏匿地址，不属于犯罪后掌握的同案犯的藏匿地址，属如实供述共同犯罪事实的范畴，不构成立功。（2015）晋市法刑终字第243号。《刑事审判参考》指导案例第1169号指出，公安机关根据赵双江供述将赵文齐抓获，赵文齐的藏匿地点属于赵双江在犯罪中掌握的同案犯藏匿地址，不能认定为协助司法机关抓捕同案犯，赵双江不构成立功。

（2）提供“犯罪后”同案犯的去向（藏匿地址），司法机关据此抓获同案犯的，成立立功。

例如，陈三平、董湘东犯盗窃案的判决指出：原审被告人陈三平在关押期间提供同案人陈玲珑犯罪后的新的藏匿地址，陈玲珑系共同犯罪的主犯，批捕在逃，其犯罪后藏匿在新的住址，公安机关一直未将其抓获归案，公安机关现据陈三平举报的陈玲珑的新的藏匿地址得以将其抓获。陈三平提供的同案人陈玲珑的藏匿地址不是犯罪前、犯罪中掌握、使用的，而是犯罪后的新的藏匿地址，其行为应当认定为立功。（2011）株中法刑二终字第36号。（以上问题，由我的研究生刘英锐提供，查阅了大量案例。在此表示感谢！）

又如，被告人梁延兵因毒品犯罪被抓获后，如实供述同案犯陈光虎共同贩卖毒品的犯罪事实，并提供陈光虎可能藏匿在其姐姐家的线索，公安机关据此将陈光虎抓获的，梁延兵成立立功。对于本案，一、二审法院认定梁延兵不能成立立功，认为其对同案犯藏匿地点的交代，只是其如实供述同案犯的行为。最高人民法院在对本案进行复核时，认定梁延兵成立立功。最高人民法院认为，同案犯陈光虎藏匿在其姐姐家这一事实，不是共同贩卖毒品的事实，该地点也并非贩毒地点，而是陈光虎的下落，其提供的同案犯藏匿地址精确、具体、详细，司法机关据此抓捕同案犯的，应该认为梁延兵协助抓捕同案犯，成立立功。《刑事审判参考》指导案例第249号。

② 答案：B。

C. 丙故意杀人后如实交代了自己的客观罪行，司法机关根据其交代认定其主观罪过为故意，丙辩称其为过失。丙不成立自首

D. 丁犯罪后，仅因形迹可疑而被盘问、教育，便交代了自己所犯罪行，但拒不交代真实身份。丁不属于如实供述，不成立自首

（二）特别自首（余罪自首）

特别自首的主体，是已经被采取强制措施的人，即行为人已经在司法机关的控制之下。行为人实施的其他犯罪行为，即便司法机关当时并不知道，但很可能、很容易被司法机关"顺藤摸瓜"而查获、发现，行为人的主观交代对司法机关的意义、对节约司法资源而言是有限的。因此，成立特别自首，较之一般自首而言，难度更大。行为人的交代必须对司法机关有意义，或者说，必须交代司法机关短期之内发现不了的其他罪行，才能成立特别自首。

1. 主体：被采取强制措施的犯罪嫌疑人、被告人和正在服刑的罪犯。

特别自首不具备一般自首的自动投案特征。因为在特别自首的情况下，行为人已经被采取强制措施或者正在服刑，已经丧失了人身自由，不可能向司法机关投案。但行为人如实供述司法机关尚未掌握的其他罪行，实际上就是将自己交付司法机关处置。因此，特别自首虽然不具备自动投案的形式特征，但却符合投案的实质内容，所以，法律对这种情形也以自首论。

2. 供述的内容：司法机关尚未掌握的其他异种罪行（罪名不同）。

第一，为什么供述同种罪行的，不能成立特别自首？

理由：我国刑法，同种数罪不并罚，仅定一罪。那么，行为人如果因为盗窃罪被抓获，后又如实交代了另外一起盗窃案件，最终还是定盗窃罪一罪。而之前的盗窃罪本来不是自首，不能因为交代了后面的盗窃罪，就对最终判决的盗窃罪（总罪）认定为自首。相反，如果后来交代了强奸罪，行为人最终被判处盗窃罪、强奸罪两罪，完全可以对强奸罪认定自首，仅对强奸罪从轻、减轻处罚。

第二，如何认定"司法机关还未掌握"？

如果该罪行已被通缉，一般应以该司法机关是否在通缉令发布范围内作出判断，不在通缉令发布范围内的，应认定为还未掌握，在通缉令发布范围内的，应视为已掌握；如果该罪行已录入全国公安信息网络在逃人员信息数据库，应视为全国公安司法机关已掌握。

例如，犯罪嫌疑人甲因为A罪被公安机关抓获，但甲的B罪已经列入了公安部网上在逃人员名录，即便办案机关当时没有掌握B罪，通过将甲的个人信息在网上对比，也能很快发现其所犯的B罪。从这一意义上看，B罪作为公安部已经发布通缉令的案件，应视同全国公安机关已经掌握。

第三，如实交代的"异种罪行"必须与已经被抓获、掌握的罪行，没有法律上、事实上的密切联系。

理由：司法机关已经掌握前罪，即便行为人不供述后罪，司法机关也能"顺藤摸瓜"找出后罪，行为人的供述对司法机关意义有限。两个犯罪在法律、事实上有密切关联，作案人均有义务如实交代，这几个不同的犯罪是同一犯罪过程中连续实施、衔接紧密的不同部分，犯罪嫌疑人、被告人在供述司法机关已经掌握的部分时，有义务供述同一犯罪过程

中密切关联的其他部分。

“事实上密切关联”，是指已掌握的犯罪与未掌握的犯罪之间存在手段与目的等关系，且易结合发生的情形。如因持枪杀人被采取强制措施后，又交代其盗窃或私自制造枪支的行为。因为有枪才能实施持枪杀人行为，且枪支本身属于违禁品，故交代枪支来源而另行构成的涉枪犯罪，应当认定为与故意杀人罪属于同种罪行。例如，司法实践中，涉及人身、财产的犯罪，如在敲诈勒索、绑架、故意杀人、抢劫、故意伤害、交通肇事等案件中，被害人的人身，其随身携带财物的下落，作案工具的来源、去向等事实，均是与行为人实施的犯罪行为紧密关联的事实。

“法律上密切关联”，是指不同犯罪的构成要件有交叉或者不同犯罪之间存在对合（对向）关系、因果关系、目的关系、条件关系等牵连关系。例如，行贿罪与受贿罪，收买被拐卖的妇女、儿童罪与拐卖妇女、儿童罪，洗钱罪与毒品犯罪、黑社会性质组织犯罪等上游犯罪，掩饰、隐瞒犯罪所得、犯罪所得收益罪与为获得赃物而实施的抢劫罪、盗窃罪等犯罪。

（三）自首的其他问题

1. 自首从宽处罚。

《刑法》第67条规定，自首的，可以从轻或减轻处罚；犯罪较轻的，可以免除处罚。

2. 自首与坦白的区别。

（1）坦白：是指犯罪人被动归案后（如被司法人员当场抓获，被群众扭送至司法机关等不具备自动投案情节的情形），如实供述自己罪行的行为。

（2）刑法对坦白的规定：犯罪嫌疑人虽不具有自首情节，但是如实供述自己罪行的，可以从轻处罚；因其如实供述自己罪行，避免特别严重后果发生的，可以减轻处罚。

3. 单位犯罪的自首。

单位犯罪案件中，单位集体决定或者单位负责人决定而自动投案，如实交代单位犯罪事实的，或者单位直接负责的主管人员自动投案，如实交代单位犯罪事实的，应当认定为单位自首。

（1）单位自首的，直接负责的主管人员和直接责任人员未自动投案，但只要如实交代自己知道的犯罪事实的，可以视为自首——单位自首的效果可以及于个人，但要求个人如实交代。

（2）单位自首的，直接负责的主管人员和直接责任人员未自动投案，也拒不交代自己知道的犯罪事实或者逃避法律追究的，不应当认定为自首。

（3）单位没有自首，直接责任人员自动投案并如实交代自己知道的犯罪事实的，对该直接责任人员应当认定为自首，单位不是自首——个人自首的效果不能及于单位。

4. 刑法分则规定的特定犯罪自首减免处罚。

行贿、受贿犯罪具有一定的隐蔽性，司法机关难以破获。基于刑事政策的考虑，只要行为人能够主动交代，就可以获得比一般自首更从宽的处罚。

（1）《刑法》第164条（对非国家工作人员行贿罪）规定，行贿人在被追诉前主动交待行贿行为的，可以减轻处罚或者免除处罚。

（2）《刑法》第390条（行贿罪）规定，行贿人在被追诉前主动交待行贿行为的，可以从轻或者减轻处罚。其中，犯罪较轻的，对侦破重大案件起关键作用的，或者有重大立功表现的，可以减轻或者免除处罚。

五、立功

《刑法》第68条：犯罪分子有揭发他人犯罪行为，查证属实的，或者提供重要线索，从而得以侦破其他案件等立功表现的，可以从轻或者减轻处罚，有重大立功表现的，可以减轻或者免除处罚。

（一）立功从宽处罚的理由及类型

1. 从宽处罚的理由。

（1）从法律上看，行为人能揭发或阻止他人犯罪，表明其人身危险性、再犯可能性降低。

（2）从政策上看，行为人能揭发或阻止他人犯罪，有利于节约司法资源。

需要指出的是，本部分讲的立功针对的是法院量刑之前要考虑的立功。《刑法》第78条所称的立功则是针对法院判决后，刑罚执行过程中，行为人所实施的一些有利于社会的行为，将其认定为立功，从而可以减刑。

2. 主要类型。

（1）与查获、制裁、预防犯罪有关。立功分为检举揭发型、提供线索型、协助抓捕型、阻止犯罪型和其他贡献型。

（2）“其他贡献型”立功，是指与刑事案件无关的，在日常生产生活中做出的有益于国家和社会的突出表现行为。例如，行为人在案件审理期间积极救助意欲自杀人员的行为，属于“具有其他有利于国家和社会的突出表现”，应构成立功。

（二）立功的具体内容

1. 到案后检举、揭发他人“犯罪行为”（包括揭发同案犯的其他与本人不相关的犯罪行为）。

（1）“犯罪行为”应理解为他人“客观上的犯罪行为”。例如，揭发了他人的“犯罪行为”，但他人在行为时并没有故意与过失，而是意外事件，也应认定为立功。或者，甲揭发了乙（11周岁）的故意杀人行为，虽然该故意杀人行为因主体未达责任年龄而不构成犯罪，但甲的行为仍然构成重大立功。

（2）检举揭发“他人”的犯罪行为属实，但“他人”未能被抓获的，也应认定为是立功。《刑事审判参考》第753号魏光强等走私运输毒品案中，提供线索并协助查获大量案外毒品，但无法查明毒品持有人的，构成立功。

2. 提供侦破其他案件的重要线索。

3. 阻止他人犯罪活动。

4. 协助司法机关抓捕其他犯罪嫌疑人（包括同案犯）。包括：

（1）按照司法机关的安排，以打电话、发信息等方式将其他犯罪嫌疑人（包括同案犯）约至指定地点的；

（2）按照司法机关的安排，当场指认、辨认其他犯罪嫌疑人（包括同案犯）的；

（3）带领侦查人员抓获其他犯罪嫌疑人（包括同案犯）的；

（4）提供司法机关尚未掌握的其他案件犯罪嫌疑人的联络方式、藏匿地址的，等等。

5. 其他有利于国家和社会的突出表现。

（三）不能认定为是立功的情形

1. 亲友代为立功的，不能认定为是立功。犯罪分子的亲友直接向有关机关揭发他人犯罪行为，提供侦破其他案件的重要线索，或者协助司法机关抓捕其他犯罪嫌疑人的，不应当认定为犯罪分子的立功表现。检举揭发他人犯罪行为，实际上就是强调犯罪线索的来源问题，只要司法机关的犯罪线索来源于犯罪行为人，就认定为是立功——立功强调亲为性。

［案例一］被告人曹某伙同他人涉故意伤害致人死亡案，后到公安机关投案，曹某并让其哥哥曹某某寻找、劝说在逃人员张某和杨某进行归案，法院未认定为立功。参见《刑事审判参考》指导案例第1170号。

［案例二］甲在5年前曾经听其父亲说，甲的叔叔8年前强奸过小芳。今年，甲因涉嫌盗窃罪被逮捕，向司法机关检举揭发了其5年前曾经听过的上述强奸案，经查证属实。甲的行为成立立功，因为是甲向司法机关提供线索，甲获知该犯罪线索也没有通过非法手段。

2. 检举、揭发的事实或提供的线索不属实，不认为是立功。犯罪分子揭发他人犯罪行为时没有指明具体犯罪事实的；揭发的犯罪事实与查实的犯罪事实不具有关联性的；提供的线索或者协助行为对于其他案件的侦破或者其他犯罪嫌疑人的抓捕不具有实际作用的，不能认定为立功表现——立功强调有效性。

3. 通过非法方式、职务行为立功的，不能认定为是立功——立功强调合法性。

司法实践中，犯罪分子为获得从宽处罚，有时会不择手段地以贿买、暴力、胁迫、引诱犯罪等非法手段，或者通过违反监管规定获取他人犯罪线索，对上述情形若认定为立功，违背了立功制度的初衷。

（1）本人通过非法手段或者非法途径获取的。（非法方式）例如，犯罪分子通过贿买、暴力、胁迫等非法手段，或者被羁押后与律师、亲友会见过程中违反监管规定，获取他人犯罪线索并“检举揭发”的，不能认定为有立功表现。

（2）本人因原担任的查禁犯罪等职务获取的。犯罪分子将本人以往查办犯罪职务活动中掌握的，或者从负有查办犯罪、监管职责的国家工作人员处获取的他人犯罪线索予以检举揭发的，不能认定为有立功表现。其理由在于，职务行为本身所获取的犯罪线索，本来就应该交由相关部门。（职务行为）

4. 揭发具有对向（对合）关系的犯罪中的他人犯罪行为，是交代共犯人的犯罪事实，不能认定为是立功，属于自首应交代的内容。

对于存在对合关系的犯罪而言，一方犯罪的实施或者完成以另一方的对应行为为条件，如果没有行贿，受贿就无法完成。具有对合关系的犯罪，其构成要件相互涵摄了对方的犯罪行为，任何一方在如实供述本人犯罪事实时也必然涉及对方的犯罪行为，交代对方的行为亦是交代自己的行为。

例如，被告人刘凯供述其使用部分受贿款向他人行贿，必然要供述对方收受其贿赂的犯罪事实，不属于检举揭发他人犯罪，不能认定为立功，属于交代自己的犯罪行为。《刑事审判参考》第1020号。

又如，张三将自己持有的吸食毒品带去司法机关，交代自己持有毒品的事实，可以成立非法持有毒品罪的自首。如果张三还能交代是谁贩卖毒品给他，则超出了“如实供述自己的罪行”（非法持有毒品）的范围，属于交代他人的贩卖毒品罪，成立立功。

再如，甲（民营企业销售经理）因合同诈骗罪被捕。在侦查期间，甲主动供述曾向国家工作人员乙行贿9万元，司法机关遂对乙进行追诉。后查明，甲的行为属于单位行贿，行贿数额尚未达到单位行贿罪的定罪标准——甲的行为是立功。本案中，甲交代的并不是自己的犯罪事实，虽然他交代了自己曾向国家工作人员乙行贿9万元，但本案中，甲代表单位行贿的行为（单位行贿）并不构成犯罪，因为该案并没有达到单位行贿的定罪标准。但国家工作人员乙的行为构成受贿罪，从这一意义上看，甲实际上是交代了他人（乙）的犯罪行为，应属于立功。

典型真题

下列哪些选项不构成立功？（2012年·卷二·57题）①

A. 甲是唯一知晓同案犯裴某手机号的人，其主动供述裴某手机号，侦查机关据此采用技术侦查手段将裴某抓获

B. 乙因购买境外人士赵某的海洛因被抓获后，按司法机关要求向赵某发短信“报平安”，并表示还要购买毒品，赵某因此未离境，等待乙时被抓获

C. 丙被抓获后，通过律师转告其父想办法协助司法机关抓捕同案犯，丙父最终找到同案犯藏匿地点，协助侦查机关将其抓获

D. 丁被抓获后，向侦查机关提供同案犯的体貌特征，同案犯由此被抓获

（四）其他问题

1. 一般立功和重大立功的区别。

（1）重大立功所针对的对象是“犯罪嫌疑人、被告人可能被判处无期徒刑以上刑罚或者案件在本省、自治区、直辖市或者全国范围内有较大影响等情形”。

（2）可能被判处无期徒刑以上刑罚，是指根据犯罪行为的事实、情节可能判处无期徒刑以上刑罚。案件已经判决的，以实际判处的刑罚为准。但是，根据犯罪行为的事实、情节应当判处无期徒刑以上刑罚，因被判刑人有法定情节依法从轻、减轻处罚而被判处有期徒刑的，应当认定为重大立功。

2. 立功的法律后果。

（1）“自首”或者“一般立功”的：可以从轻、减轻处罚。自首中，犯罪较轻的，可以免除处罚。

（2）有“重大立功”表现的：可以减轻或者免除处罚。

3. 自首的法律效果仅及于自首的罪，而立功的法律效果可以及于行为人所实施的所有犯罪行为。

例如，犯罪人张某实施了甲、乙二罪，因甲罪被抓获，羁押期间，张某如实交代了司法机关尚未掌握的乙罪。张某就乙罪成立自首。那么，乙罪可以享受自首的法律效果“可以从轻、减轻处罚”。甲罪不成立自首，“不能从轻、减轻处罚”。

① 答案：ACD。

但是，如果张某到案后还检举、揭发了李某的丙罪，属于立功。立功的法律效果及于立功人所犯的所有罪，即只要是张某所实施的任何犯罪行为，都可以享受立功从宽处理的法律规定，张某的甲罪、乙罪都能享受到立功的效果“可以从轻、减轻处罚”。

六、数罪并罚

《刑法》第69条：判决宣告以前一人犯数罪的，除判处死刑和无期徒刑的以外，应当在总和刑期以下、数刑中最高刑期以上，酌情决定执行的刑期，但是管制最高不能超过三年，拘役最高不能超过一年，有期徒刑总和刑期不满三十五年的，最高不能超过二十年，总和刑期在三十五年以上的，最高不能超过二十五年。

数罪中有判处有期徒刑和拘役的，执行有期徒刑。数罪中有判处有期徒刑和管制，或者拘役和管制的，有期徒刑、拘役执行完毕后，管制仍须执行。（《刑法修正案（九）》增加）

数罪中有判处附加刑的，附加刑仍须执行，其中附加刑种类相同的，合并执行，种类不同的，分别执行。

《刑法》第70条：判决宣告以后，刑罚执行完毕以前，发现被判刑的犯罪分子在判决宣告以前还有其他罪没有判决的，应当对新发现的罪作出判决，把前后两个判决所判处的刑罚，依照本法第六十九条的规定，决定执行的刑罚。已经执行的刑期，应当计算在新判决决定的刑期以内。

《刑法》第71条：判决宣告以后，刑罚执行完毕以前，被判刑的犯罪分子又犯罪的，应当对新犯的罪作出判决，把前罪没有执行的刑罚和后罪所判处的刑罚，依照本法第六十九条的规定，决定执行的刑罚。

（一）数罪并罚之“数罪”的理解

数罪并罚部分，要解决的是量刑的问题。即一个人犯有数个罪时，如何量刑。是把各个罪所应判处的刑罚简单相加，还是应遵循一定的原则确定最终所判处的刑罚。

1. 判决宣告前的数罪，必须是异种的数罪才能数罪并罚。如果是同种数罪，仅认定为一罪，不能数罪并罚。

例如，行为人在判决前分别3次故意杀害3人，由于是同种数罪，仅定故意杀人罪一罪，不需要数罪并罚。

2. 判决宣告后，无论是发现漏罪，还是再犯新罪，也不论是与原判之罪是否属于同种犯罪，均需要并罚。

例如，甲因故意杀人被判有期徒刑10年，执行8年后（剩余刑期2年），在监狱又犯新罪（故意杀人罪），即使新罪与已经判决的罪是同种类的，也应该数罪并罚。否则，只执行原判决的故意杀人罪的刑罚2年有期徒刑，对新犯的罪不予以惩罚，就会放纵犯罪。

（二）数罪并罚的原则

1. 吸收原则。根据重刑吸收轻刑原则，对犯罪分子所犯数罪分别定罪判刑，选择其中最重一种刑罚作为应执行刑罚。对一人所犯数罪，有判处死刑或无期徒刑的，其他主刑

（如有期徒刑、拘役）被死刑、无期徒刑吸收，只执行死刑或无期徒刑，其他刑罚不再执行。

2. 并科原则（又称相加原则）。

（1）主刑与附加刑。行为人犯了数罪，分别被判处主刑、附加刑的，应该采取并科原则。

（2）附加刑之间一般也主要是并科。有数个附加刑的，应当实行并罚，即：依法对犯罪人所犯数罪分别判处罚金的，应当实行并罚，将所判处的罚金数额相加，执行总和数额；一人犯数罪依法同时并处罚金和没收财产的，应当分别执行。但是判处没收全部财产和没收部分财产的，只执行没收全部财产刑，此时采取的是吸收原则。

3. 限制加重原则。

（1）行为人犯数罪，被判处的刑罚为有期徒刑（或管制、拘役）的，如果刑种相同（如各罪均判处有期徒刑），应当在数罪的刑罚的总和刑期以下，数罪中个罪的最高刑以上，决定执行的刑罚。

（2）但是，需要限制加重：有期徒刑并罚后最高不得超过20年；多个犯罪中，各罪有期徒刑总和刑期在35年以上的，并罚后最高不能超过25年；各罪为拘役的，并罚后拘役不得超过1年；各罪为管制的，并罚后管制不得超过3年。

（三）有期徒刑数罪并罚的具体情形：限制加重原则的具体适用

1. 判决宣告以前一人犯数罪的并罚。（《刑法》第69条）

例如，甲犯盗窃罪、抢劫罪，分别应当判处5年、7年有期徒刑，那么，甲应当数罪并罚，即应当在单个的最高刑以上、总和刑期以下［7，12］这一幅度内确定刑罚。

又如，甲犯盗窃罪、抢劫罪、强奸罪，分别被判处10年、11年、12年有期徒刑。应当在12年以上，20年以下［12，20］，确定适用的刑罚。理由：总和刑期33年，那么并罚的上限不得超过20年。

再如，甲犯盗窃罪、抢劫罪、强奸罪，分别被判处10年、12年、14年有期徒刑。应当在14年以上，25年以下［14，25］，确定应适用的刑罚。理由：如果总和刑期超过35年的，数罪并罚的上限是25年。

［注意］数罪中有判处有期徒刑和拘役的，执行有期徒刑；数罪中有判处有期徒刑和管制，或者拘役和管制的，有期徒刑、拘役执行完毕后，管制仍须执行。理由：有期徒刑可以吸收拘役，但有期徒刑、拘役不能吸收管制。因为有期徒刑、拘役都属于监禁刑，二者具有相似性，故有期徒刑可以吸收拘役。而管制属于非监禁刑罚，与监禁刑如有期徒刑、拘役的惩罚改造方式不同，有期徒刑、拘役都不能吸收管制。

2. 漏罪并罚：先并后减。判决宣告（判决发生法律效力）后，刑罚执行完毕以前，发现行为人有漏罪（判决宣告之前所犯的罪）的，应采取“先并后减”的原则实行数罪并罚。（《刑法》第70条）

例如，甲犯有ABCD四个罪，法院先发现了A（8年）、B（10年）两罪，判决宣告13年有期徒刑。刑罚执行3年后，发现甲还有C（5年）、D（7年）两个漏罪。

并罚的方法应该是：将法院已经就A、B罪并罚所宣告的刑罚（13年）与C罪（5年）、D罪（7年）并罚，即在13年以上20年以下，假定确定刑罚为17年，然后减去已经执行的3年，意味着甲还须在监狱服刑14年。①

3. 新罪并罚：先减后并。新罪，是指判决宣告以后，刑罚执行完毕以前又犯新罪的。“先减”是指将前罪（已经宣判的罪）减去已经执行的刑罚得出前判决的剩余刑期，再将前剩余刑期与新罪并罚。②（《刑法》第71条）

（1）经典案例。

例如，甲犯A罪，被判处有期徒刑12年，已经执行刑罚7年后被假释，假释后的第3年又犯B罪（10年）。那么，并罚的方法是：先减，即先计算出已判刑罚的剩余期限（12-7=5年），再将之与B罪（10年）按《刑法》第69条的规定并罚，即在［10，15］这一幅度内确定应当适用的刑罚，那么意味着还将在监狱里面待［10，15］。

（2）先减后并，“减”掉的是已经实际执行的刑罚。

［注意］无论是“先并后减”还是“先减后并”，减掉的都是已经实际执行的刑罚。假释考验期、缓刑考验期本身，并没有执行刑罚，所以，不属于“减”的对象。

例如，甲在2000年犯A罪被判处有期徒刑3年缓刑3年，在缓刑考验期内2002年犯B罪被判处有期徒刑5年，因为A罪缓刑并没有实际执行，只需要撤销缓刑，3年和5年合并，就是在5年以上8年以下判处有期徒刑。

（3）再犯新罪与发现漏罪的数罪并罚在处理效果上的差异：新罪“先减后并”比漏罪“先并后减”更为严格，因为，前者针对的是行为人在刑罚执行期间还不守规矩，主观恶性大。

例如，甲于2000年因A罪被判15年有期徒刑，2004年，甲曾经在1998年所犯的罪（B罪，也即漏罪）应被判10年有期徒刑，对此漏罪，应采取“先并后减”的处理模式，即A罪（15年）与B罪（10年）并罚，应在15年以上20年以下确定实际执行的刑罚，假定确定最高限也就是20年，再减去已经执行的4年，其在监狱里面还需要度过16年（20-4）。其在监狱里的总共刑期也就是20年。

但如果是新罪，情况就不一样了。例如，甲于2000年因A罪被判15年有期徒刑，2004年，甲在监狱又犯B罪（新罪）应被判10年有期徒刑。对于新罪，应采取“先减后并”的并罚模式，即A罪的15年减掉已经执行的4年为11年，将11年再和B罪（10年）并，应为11年以上20年以下确定一个刑罚，假定取最高限即为20年，意味着其还应该在监狱里面呆20年。而这之前，他已经在监狱里面呆了4年，实际上他在监狱待的总和刑期已经达到了24年。

---

① 之所以对漏罪采取“先并后减”，其理由在于，漏罪早就应该处理的，只是被犯罪分子隐瞒了。所以，发现了，就应该回到第一次判决时的立场，先将漏罪C罪（5年）、D罪（7年）与原判决确定的刑罚（13年）并罚，最低不少于13年，最高不超过20年。可能有人会问，为什么不是C罪、D罪和A罪、B罪并，这是因为，法院已经就A罪、B罪作出了一个判决13年，要尊重法院已经作出的判决的权威性。如果行为人在第一次审判前就交代自己的C罪、D罪，那当时就可以将A（8年）B（10年）C（5年）D（7年）四个罪并罚，这四个罪并罚，最低应是10年，最高不超过20年。这样一看，是不是行为人提前交代可能更有利呢？如果犯罪分子在判决时不交代C、D罪，法院已经就A、B罪合并作出了13年的判决，那么C、D罪是和13年的判决并罚，最低就要判处13年，最高20年。这意味着，早交代的话，单个刑罚中最高刑就会低一点，刑法也是鼓励犯罪分子一开始就交代。

② 漏罪要“先并后减”，是因为漏罪是被告人在宣判以前就已经犯的罪，当然应该和原来的罪一起并罚，这样才符合事物的本来面貌。即“先并后减”是“恢复原貌”。

新罪为何“先减后并”？因为在前罪宣判前、宣判时，被告并没有犯此罪（新罪），如果和宣判前的罪与新罪并罚，则表示被告那时已犯此罪，这显然违背事实。应将前罪的剩余刑期与新罪并，这才合理。

4. 行为人在判决宣告后，刑罚执行完毕以前，既发现判决宣告前的漏罪，又在刑罚执行期间犯新罪，如何处理——先算老账，再算新账，即先处理漏罪，再处理新罪。

例如，甲犯A罪被人民法院判处刑罚10年，在刑罚执行3年后，发现甲还有漏罪B罪（8年），并且又犯了新罪C罪（12年），那对此的处理方法是：

（1）先处理漏罪（先并后减法）：将A罪与B罪并罚，那么应当在［10，18］幅度内适用刑罚，假设确定为15年。

（2）再处理新罪（先减后并法）：即将上述确定的15年刑罚，减去已经执行的3年，剩12年，再将12年刑罚与新罪C罪（12年）并罚，即在［12，20］这一幅度内确定刑罚，假设确定16年，那么说明，甲还应当在监狱里待16年，也即甲在监狱的全部时间为19年（含已经执行的3年）。

5. 附加刑的并罚。附加刑种类相同的，合并执行；种类不同的，分别执行。其实无论是合并执行，还是分别执行，其本质都是强调附加刑要“全部执行到位”，不打折。

例如，甲因为A罪被判罚金3万元、B罪被判罚金5万元，这属于种类相同的，合并执行8万元。

又如，甲因为A罪被判罚金3万元、B罪被判没收财产5万元，这属于不同种类的，应分别执行，即罚金刑3万元、没收财产5万元，共8万元均应全部执行。①

再如，甲因A罪被判罚金3万元、B罪被判没收全部财产，这属于种类不同的，应分别执行，即没收全部财产不能吸收罚金刑。

典型真题

1. 关于数罪并罚，下列哪些选项是符合《刑法》规定的？（2011年·卷二·57题）②

A. 甲在判决宣告以前犯抢劫罪、盗窃罪与贩卖毒品罪，分别被判处13年、8年、15年有期徒刑。法院数罪并罚决定执行18年有期徒刑

B. 乙犯抢劫罪、盗窃罪分别被判处13年、6年有期徒刑，数罪并罚决定执行18年有期徒刑。在执行5年后，发现乙在判决宣告前还犯有贩卖毒品罪，应当判处15年有期徒刑。法院数罪并罚决定应当执行19年有期徒刑，已经执行的刑期，计算在新判决决定的刑期之内

C. 丙犯抢劫罪、盗窃罪分别被判处13年、8年有期徒刑，数罪并罚决定执行18年有期徒刑。在执行5年后，丙又犯故意伤害罪，被判处15年有期徒刑。法院在15年以上20年以下决定应当判处16年有期徒刑，已经执行的刑期，不计算在新判决决定的刑期之内

D. 丁在判决宣告前犯有3罪，被分别并处罚金3万元、7万元和没收全部财产。法院不仅要合并执行罚金10万元，而且要没收全部财产

2. 关于数罪并罚，下列哪些选项是正确的？（2017年·卷二·55题）③

A. 甲犯某罪被判处有期徒刑2年，犯另一罪被判处拘役6个月。对甲只需执行有期

① 可能有人会问，两案均是相加执行8万元，为什么前案是合并、后案是分别执行。主要原因在于，前案两罪均是罚金刑，同一种类的刑罚，其执行方式、程序是相同的，所以称之为“合并”。后案中，罚金、没收财产属于不同种类的刑罚，其执行方式、程序是不同的，应“分别”执行。

② 答案：ABCD。

③ 答案：ABCD。

徒刑

B. 乙犯某罪被判处有期徒刑2年，犯另一罪被判处管制1年。对乙应在有期徒刑执行完毕后，继续执行管制

C. 丙犯某罪被判处有期徒刑6年，执行4年后发现应被判处拘役的漏罪。数罪并罚后，对丙只需再执行尚未执行的2年有期徒刑

D. 丁犯某罪被判处有期徒刑6年，执行4年后被假释，在假释考验期内犯应被判处1年管制的新罪。对丁再执行2年有期徒刑后，执行1年管制

七、缓刑制度

（一）缓刑的适用条件

1. 被判处拘役或者3年以下有期徒刑的人。

（1）针对的是宣告刑，即实际判处的刑罚，而非法定刑。

（2）适用缓刑，对犯罪性质没有特别要求。即使是故意杀人、故意伤害等暴力犯罪，危害国家安全犯罪，只要实际判处的刑罚是有期徒刑3年以下，就有可能适用缓刑。

（3）无论是一罪还是数罪并罚，只要被判处3年以下有期徒刑，均可适用缓刑。

2. 根据犯罪人的犯罪情节和悔罪表现，适用缓刑确实不致再危害社会。

3. 不是累犯和犯罪集团的首要分子。

4. 宣告缓刑对所居住社区没有重大不良影响。

对“审判的时候”不满18周岁的人、怀孕的妇女和已满75周岁的人，符合前述4个条件的，应当宣告缓刑。其他主体，如果符合前述4个条件，只是“可以”宣告缓刑。

（二）缓刑的基本问题

1. 缓刑的效力不及于附加刑，被宣告缓刑的犯罪分子，如果被判附加刑，附加刑仍须执行。

2. 缓刑不是独立刑种，只是一种刑罚执行方式。

3. 缓刑犯可适用禁止令。宣告缓刑，“可以”根据犯罪情况，同时禁止犯罪分子在缓刑考验期限内从事特定活动，进入特定区域、场所，接触特定的人。

4. 对于强奸未成年人的成年犯罪分子、食品安全犯罪判处刑罚时，一般不适用缓刑。（司法解释规定）

典型真题

关于缓刑的适用，下列哪些选项是错误的？（2017年·卷二·56题）①

A. 甲犯抢劫罪，所适用的是“三年以上十年以下有期徒刑”的法定刑，缓刑只适用于被判处拘役或者3年以下有期徒刑的罪犯，故对甲不得判处缓刑

B. 乙故意伤害罪与代替考试罪，分别被判处6个月拘役与1年管制。由于管制不适用缓刑，对乙所判处的拘役也不得适用缓刑

C. 丙犯为境外非法提供情报罪，被单处剥夺政治权利，执行完毕后又犯帮助恐怖活

① 答案：ABD。

动罪，被判处拘役6个月。对丙不得宣告缓刑

D. 丁17周岁时犯抢劫罪被判处有期徒刑5年，刑满释放后的第4年又犯盗窃罪，应当判处有期徒刑2年。对丁不得适用缓刑

（三）考验期限与考验的内容

1. 期限。

(1) 拘役：原判刑期以上，1年以下，但不得少于2个月。即：原判刑期≤缓刑考验期限≤1年（但不得少于2个月）。

(2) 有期徒刑：原判刑期以上，5年以下，但不得少于1年。即：原判刑期≤缓刑考验期限≤5年（但不得少于1年）。

2. 起算。

(1) 缓刑考验期从"判决确定之日"起计算。

(2) 被判缓刑之前先行羁押（如被拘留、逮捕）的期限，不能折抵缓刑考验期。理由在于：先行羁押期间也是人民法院考虑行为人是否有悔罪表现从而决定是否适用缓刑；如果先行羁押的可以折抵，对行为人的考察就变得没有意义了，尤其是先行羁押时间过长来折抵考验期的话，那基本上都不用考验了。

(3) 如果缓刑被撤销了而要收监执行的，先行羁押的期限是可以折抵刑期的。

3. 在缓刑考验期限内，实行社区矫正。

（四）撤销缓刑的原因

缓刑考验期，没有违规行为，原判刑罚（主刑）不再执行，但附加刑必须执行。因为缓刑是对主刑（有期徒刑、拘役）的"缓"。如下情形，应撤销缓刑：

1. 在缓刑考验期内犯新罪。① 只要是在缓刑考验期内"再犯新罪"，无论"新罪"何时被发现，无论"新罪"是否过了追诉时效，都应该撤销原先罪的缓刑，且不得再次宣告缓刑。

例如，甲于2000年犯A罪被判有期徒刑3年缓刑3年，在缓刑考验期内（2002年）又犯B罪（应被判5年有期徒刑），即便B罪在2005年（A罪的缓刑考验期满后）才被发现，也应该撤销A罪的缓刑。因为甲是"在A罪的缓刑考验期内犯新罪"，所以A罪的缓刑应该被撤销。

此外，如果在"被判处缓刑后的上诉期内"，再犯新罪的，也应撤销未判决生效的缓刑。缓刑的适用如同给行为人戴上一个"紧箍咒"，促使其自我约束和良好改造，避免收监执行成为现实。行为人在"缓刑判决尚未生效时"又犯新罪，足以说明初判缓刑已失去威慑和教育功能，应予以撤销缓刑。参见《刑事审判参考》指导案例第1073号，包武伟

---

① 被宣告缓刑的犯罪分子，在缓刑考验期限内，实施轻微犯罪，数罪并罚决定执行拘役或者3年以下有期徒刑，且符合其他条件的，能否再宣告缓刑？答案是否定的，既然被宣告缓刑的犯罪分子，在缓刑考验期内仅违反行政法律或者禁止令，就必须执行原判刑罚，那么，当其实施了更为严重的犯罪时，就更应执行原判刑罚，结局是不可能再宣告缓刑。（张明楷：《刑法学中的当然解释》，《现代法学》2012年第4期。）

需要说明的是，2005年卷二64. 2000年8月21日，甲因犯诈骗罪被人民法院判处有期徒刑3年，缓刑5年。2005年6月20日，甲又犯盗窃罪。当年司法部的官方答案认为，对于新犯的盗窃罪，还可能适用缓刑，现在应该修正这一答案。

危险驾驶案——被判处缓刑后在上诉期内又犯新罪的法律适用。

2. 在缓刑考验期内发现漏罪。

例如，甲于2000年犯A罪被判有期徒刑3年缓刑3年。甲在1999年曾经实施过B罪（漏罪），应被判处5年有期徒刑。如果司法机关在A罪的缓刑考验期内（即2000—2003年）发现了B罪（漏罪），那么，应撤销A罪的缓刑，这属于在“缓刑考验期内发现漏罪”。

但是，如果司法机关在A罪的缓刑考验期满后（如2005年）才发现漏罪（B罪），则只需追究漏罪（B罪）的刑事责任，A罪的缓刑不需要撤销。理由：隐瞒自己的过去是人的本能，所以，漏罪经过了一段时间（缓刑考验期）才被发现，就不需要再撤销原来的缓刑了。

3. 在缓刑考验期内有违法行为情节严重的。

4. 在缓刑考验期内违反国务院有关部门关于缓刑的监督管理规定，或者违反人民法院判决中的禁止令，情节严重的。

典型真题

关于缓刑的适用，下列哪些选项是正确的？（2015年·卷二·59题）①

A. 甲犯重婚罪和虐待罪，数罪并罚后也可能适用缓刑

B. 乙犯遗弃罪被判处管制1年，即使犯罪情节轻微，也不能宣告缓刑

C. 丙犯绑架罪但有立功情节，即使该罪的法定最低刑为5年有期徒刑，也可能适用缓刑

D. 丁17岁时因犯放火罪被判处有期徒刑5年，23岁时又犯伪证罪，仍有可能适用缓刑

（五）缓刑与死缓、战时缓刑的区别

战时缓刑，是指在战时，对被判处3年以下有期徒刑没有现实危险宣告缓刑的犯罪军人，允许其戴罪立功，确有立功表现时，可以撤销原判刑罚，不以犯罪论处的制度。

1. 缓刑与死缓的区别。

（1）缓刑是经过考验期后，不执行刑罚；（从未进过监狱）

（2）死缓是经过2年后，如果无故意犯罪，不再执行死刑，转成无期徒刑。（一直在监狱）

2. 缓刑与战时缓刑的区别。战时缓刑制度是特殊的缓刑制度，战时缓刑制度适用于特定时间和特定对象。战时缓刑期间，如果有立功表现，行为人根本不构成犯罪，也即没有污点。而一般缓刑中，即使缓刑考验期无违规行为，也是构成犯罪，只是不执行刑罚，也即还有污点。

① 答案：ABCD。

专题十五

刑罚的执行

知识体系

- 刑罚的执行
  - 减刑
    - 减刑的适用对象
    - 减刑的条件
    - 减刑的限度
    - 关于减刑、假释的几个对比
  - 假释
    - 假释的条件
    - 不得适用假释的条件
    - 假释的考验期及其法律后果

相关法理

刑罚的执行部分是指判决后刑罚交付执行中的问题，在刑罚执行过程中，要结合犯罪分子的表现情况，进行减刑、假释，从而更好地发挥刑罚改造罪犯的机能，促使罪犯更好地回归社会。

一、减刑

（一）减刑的适用对象

被判处管制、拘役、有期徒刑（缓刑）、无期徒刑的犯罪人——减刑的对象：是对自由刑的减刑。减刑不等于减去刑罚，减刑是一种改造制度。下列情形不属于《刑法》第78条所规定的减刑：

1. 对于死缓犯依法减为无期徒刑、有期徒刑的，不是《刑法》第78条所规定的减刑。（这是刑种的变更）

2. 附加刑的减刑也不是《刑法》第78条所规定的减刑。

3. 缓刑犯，一般不适用减刑。罪犯在缓刑考验期限内有重大立功表现的，可以参照《刑法》第78条的规定，予以减刑，同时应依法缩减其缓刑考验期限。

4. 被假释的罪犯，除有特殊情况，一般不得减刑，其假释考验期也不能缩短。

（二）减刑的条件

1. 可以减刑的条件。

（1）执行期间，如果认真遵守监规，接受教育改造，确有悔改表现的；

（2）或者有立功表现的。

2. 应当减刑的条件：重大立功表现。

［注意］在量刑中，有重大立功表现的，可以减轻或者免除处罚；在行刑中，有重大立功表现的，应当减刑。本部分的内容是行刑过程中的减刑，而非量刑过程中的减轻处罚，量刑中的减轻处罚已经在自首、立功等部分专门论述了。

3. 减刑无禁止性的规定。

（1）不论是否属于累犯，不论是长期徒刑犯还是短期徒刑犯，不论是一般普通犯罪还是性质恶劣、情节严重的罪犯，都可能依法获得减刑（例外的是，贪污数额特别巨大，并使国家和人民利益遭受特别重大损失的，人民法院可以适用终身监禁，不得减刑、假释）。

（2）但缓刑、假释是将罪犯放归社会，所以，应该更慎重一些，附有一定的条件。例如，累犯不能适用缓刑、不得假释。

（三）减刑的限度

减刑以后实际执行的最低刑期 ［注意］减刑的次数没有限制。

1. 判处管制、拘役、有期徒刑的，不能少于原判刑期的二分之一；

2. 判处无期徒刑的，不能少于13年；①

3. 一般的死缓（非限制减刑的死缓）：不能少于15年（不含死缓二年的考验期）。②

4. "限制减刑的死缓"的犯罪分子，缓期执行期满后依法减为无期徒刑的，不能少于25年（不含死缓二年的考验期），缓期执行期满后依法减为25年有期徒刑的（有重大立功表现的），不能少于20年（不含死缓二年的考验期）。

（四）关于减刑、假释的几个对比

1. 不履行财产性判项的罪犯，减刑幅度从严掌握。

对符合减刑条件的职务犯罪罪犯，破坏金融管理秩序和金融诈骗犯罪罪犯，组织、领导、参加、包庇、纵容黑社会性质组织犯罪罪犯，危害国家安全犯罪罪犯，恐怖活动犯罪罪犯，毒品犯罪集团的首要分子及毒品再犯，累犯等，确有履行能力而不履行或者不全部履行生效裁判中财产性判项的罪犯，减刑幅度应从严掌握—— 2016年最高人民法院《关于办理减刑、假释案件具体应用法律的规定》（以下简称《规定》）第11条。

2. 对拒不认罪悔罪的，或者确有履行能力而不履行或者不全部履行生效裁判中财产性判项的，不予假释，一般不予减刑。（参见2019年最高人民法院《关于办理减刑、假释案件具体应用法律的补充规定》第1条）

3. 对职务犯罪、破坏金融管理秩序和金融诈骗犯罪、组织（领导、参加、包庇、纵容）黑社会性质组织犯罪等罪犯，不积极退赃、协助追缴赃款赃物、赔偿损失，或者服刑期间利用个人影响力和社会关系等不正当手段意图获得减刑、假释的，不认定其"确有悔

---

①《规定》第23条第2款：被判处无期徒刑的罪犯假释时，刑法中关于实际执行刑期不得少于十三年的时间，应当从判决生效之日起计算。判决生效以前先行羁押的时间不予折抵。

②《规定》第23条第3款：被判处死刑缓期执行的罪犯减为无期徒刑或者有期徒刑后，实际执行十五年以上，方可假释，该实际执行时间应当从死刑缓期执行期满之日起计算。死刑缓期执行期间不包括在内，判决确定以前先行羁押的时间不予折抵。

改表现”。(参见《规定》第3条第2款) 即不得假释，原则上也不得适用减刑(除非有立功表现)。理由在于：“确有悔改表现”是假释必备的条件；“确有悔改表现”或“立功”是减刑的条件。

可以这样理解：减刑是罪犯的基本权利，只要改造好就可以减刑，相当于“吃稀饭”的权利；而假释则是优等的权利，是将罪犯放出去，相当于“吃红烧肉”的权利。而“不退赃”是严重错误，“不履行财产性判项”“拒不认罪悔罪”是一般错误。据此可以认为，无论是严重错误(不退赃)，还是一般错误(不履行财产性判项或者拒不认罪悔罪)，都不能享受假释(吃红烧肉)这一优等的权利。犯一般错误，基本权利“减刑”只是受到一定限制，即减刑的幅度应有所限制；犯严重错误，不能认定为确有悔改表现，减刑的权利被剥夺一半，因为减刑的理由是“确有悔改表现”或“立功表现”。实际上，其他司法解释对于减刑、假释的规定，基本上也都是贯彻了这一精神。

	不退赃(大错误)	不履行财产性判项、拒不认罪悔罪(小错误)
能否减刑	√。不认为有悔改表现。如果行为人确有立功表现，可以减刑	√。行为人有悔改表现或立功表现，均可减刑，只是减刑的幅度会放缓
能否假释	×	×

典型真题

关于减刑、假释的适用，下列哪些选项是错误的?(2013年·卷二·57题)①

A. 对所有未被判处死刑的犯罪分子，如认真遵守监规，接受教育改造，确有悔改表现，或者有立功表现的，均可减刑

B. 无期徒刑减为有期徒刑的刑期，从裁定被执行之日起计算②

C. 被宣告缓刑的犯罪分子，不符合“认真遵守监规，接受教育改造”的减刑要件，不能减刑

D. 在假释考验期限内犯新罪，假释考验期满后才发现的，不得撤销假释

二、假释

假释，是对被判处有期徒刑、无期徒刑的犯罪分子，在执行一定刑期之后，因其遵守监规，接受教育和改造，确有悔改表现，不致再危害社会，而附条件地将其予以提前释放的制度。

(一) 假释的条件

1. 对象条件：被判处有期徒刑、无期徒刑的罪犯。如果原判死缓的犯罪分子，除非刑法特别规定了不得减刑、假释外，被减为无期徒刑或有期徒刑的，仍然可以假释。

2. 实质条件：确有悔改表现，不致再危害社会。根据《监狱法》的规定，有重大立

① 答案：ABCD。

② 应从“裁定之日”，而非“裁定执行之日”。

功表现的，“应当”假释。

3. 执行刑期的限制：被判处有期徒刑的犯罪分子，执行原判刑期二分之一以上，被判处无期徒刑的犯罪分子，实际执行13年以上。

(1) 如有“特殊情况”，可以不受实际执行期限的限制，但要经最高人民法院核准。《规定》第24条，“特殊情况”，是指有国家政治、国防、外交等方面特殊需要的情况。即国家战略需要。

(2) 特定人群适用假释应从宽掌握。①

(二) 不得适用假释的条件

1. 累犯。

2. 因故意杀人、强奸、抢劫、绑架、放火、爆炸、投放危险物质或者有组织的暴力性犯罪被判处10年以上有期徒刑、无期徒刑、死缓的犯罪分子，不得假释。

(1) 是指上述列举的犯罪中的一罪或数罪被判处10年以上有期徒刑、无期徒刑。

例如，故意杀人罪被判8年、抢劫罪被判6年，数罪并罚11年，不能假释。

但是，如果故意杀人罪被判8年，盗窃罪被判6年，数罪并罚11年，则可以假释，因为盗窃罪不属于上述犯罪之列。

(2) 即使减刑后低于10年有期徒刑，也不得假释。

3. 其他不予假释的情形。

(1) 对于生效裁判中有财产性判项，罪犯确有履行能力而不履行或者不全部履行的，不予假释②——《规定》第27条。

(2) 没有悔改表现的，不予假释。

根据《规定》第3条第2款：对职务犯罪、破坏金融管理秩序和金融诈骗犯罪、组织（领导、参加、包庇、纵容）黑社会性质组织犯罪等罪犯，不积极退赃、协助追缴赃款赃物、赔偿损失，或者服刑期间利用个人影响力和社会关系等不正当手段意图获得减刑、假释的，不认定其“确有悔改表现”，即不得假释。

(三) 假释的考验期及其法律后果

1. 假释考验期。

(1) 假释期间认定遵守规定的效果：原判刑罚视同执行完毕。事后再犯罪的，可能成立累犯。

(2) 有期徒刑：没有执行完毕的刑罚。

(3) 无期徒刑：10年。

[注意] 第一，被判处无期徒刑的罪犯，如果没有被减刑，执行13年后被假释的，假释考验期为10年；

第二，如果无期徒刑被减为有期徒刑，之后再假释的，其有期徒刑尚未执行完毕的刑

① 《规定》第26条第1款：对下列罪犯适用假释时可以依法从宽掌握：（一）过失犯罪的罪犯、中止犯罪的罪犯、被胁迫参加犯罪的罪犯；（二）因防卫过当或者紧急避险过当而被判处有期徒刑以上刑罚的罪犯；（三）犯罪时未满十八周岁的罪犯；（四）基本丧失劳动能力、生活难以自理，假释后生活确有着落的老年罪犯、患严重疾病罪犯或者身体残疾罪犯；（五）服刑期间改造表现特别突出的罪犯；（六）具有其他可以从宽假释情形的罪犯。

② “财产性判项”是指判决罪犯承担的附带民事赔偿义务判项，以及追缴、责令退赔、罚金、没收财产等判项。

期多于10年的，其考验期限为10年；

第三，对于无期徒刑减为有期徒刑后再被假释的，如果其有期徒刑尚未执行完毕的刑期少于10年的，其考验期限为剩余刑期。①

司法实践中，第一、二种情况很少见，因为被判处无期徒刑的人，执行13年后，没有被减刑或者减刑后剩余刑期还超过10年以上的，基本上不可能。

2. 撤销假释的原因。

(1) 假释考验期内犯新罪。(即使假释考验期满后才发现所犯的新罪的，也应该撤销假释)

(2) 假释考验期内发现漏罪。[注意] 假释考验期满后发现漏罪的，不能撤销假释。

(3) 假释考验期内，有违反法律、行政法规或者国务院有关部门关于假释的监督管理规定的行为。

典型真题

1. 关于假释的撤销，下列哪一选项是错误的？(2015年·卷二·12题)②

A. 被假释的犯罪分子，在假释考验期内犯新罪的，应撤销假释，按照先减后并的方法实行并罚

B. 被假释的犯罪分子，在假释考验期内严重违反假释监督管理规定，即使假释考验期满后才被发现，也应撤销假释

C. 在假释考验期内，发现被假释的犯罪分子在判决宣告前还有同种罪未判决的，应撤销假释

D. 在假释考验期满后，发现被假释的犯罪分子在判决宣告前有他罪未判决的，应撤销假释，数罪并罚

2. 在符合“执行期间，认真遵守监规，接受教育改造”的前提下，关于减刑、假释的分析，下列哪一选项是正确的？(2017年·卷二·11题)③

A. 甲因爆炸罪被判处有期徒刑12年，已服刑10年，确有悔改表现，无再犯危险。对甲可以假释

B. 乙因行贿罪被判处有期徒刑9年，已服刑5年，确有悔改表现，无再犯危险。对乙可优先适用假释

C. 丙犯贪污罪被判处无期徒刑，拒不交代贪污款去向，一直未退赃。丙已服刑20年，确有悔改表现，无再犯危险。对丙可假释

D. 丁因盗窃罪被判处有期徒刑5年，已服刑3年，一直未退赃。丁虽在服刑中有重大技术革新，成绩突出，对其也不得减刑

① 例如，被告人余胜素，曾因犯抢劫罪于1996年7月11日被汕尾市中级人民法院判处无期徒刑，剥夺政治权利终身，1999年1月10日减为有期徒刑20年，后又被减刑，2008年1月24日假释（此时剩余刑期为3年多），假释考验期自2008年1月24日起至2011年10月9日止。参见广东省汕尾市XX监狱《假释证明书》[（2008）狱假释字第19号]。

② 答案：D。

③ 答案：B。

专题十六

刑罚消灭制度

知识体系

- 刑罚消灭制度
  - 追诉时效
    - 设立目的
    - 追诉时效的期限
    - 追诉期限的计算
  - 赦免

相关法理

刑罚的消灭，是指由于法定的或事实的原因，致使代表国家的司法机关不能对犯罪人行使具体的刑罚权。刑罚消灭的事由主要包括：(1) 超过追诉时效的；(2) 经特赦令免除刑罚的；(3) 告诉才处理的犯罪，没有告诉或者撤回告诉的；(4) 犯罪嫌疑人、被告人死亡的；(5) 其他事由。其中，追诉时效是本专题需要解决的核心问题。

一、追诉时效

(一) 设立目的

追诉时效：是刑法规定的追究犯罪人刑事责任的有效期限；在此期限内，司法机关有权追究犯罪人的刑事责任；超过了此期限，司法机关就不能再追究刑事责任。刑法设立追诉时效制度的目的在于：

1. 能够使一些企图逃避刑罚处罚的犯罪分子，在追诉时效期限内及时受到刑事制裁。

2. 对已经超过追诉时效规定期限的犯罪分子不再追究刑事责任，体现了我国刑罚改造罪犯和警戒他人的目的。犯罪分子在追诉期限内没有再犯新罪，说明其已有改恶从善的表现，不致再危害社会，在这种情况下，追究其刑事责任就失去了实际意义。

3. 有利于集中力量打击现行犯罪活动，提高办案效率，有效地发挥司法机关的作用；同时也避免因陈年旧案难以查清，给侦查、起诉和审判工作带来困难，影响对现行犯罪的打击。

4. 有利于安定团结，稳定社会，使改过自新的罪犯放下包袱，安心工作。

(二) 追诉时效的期限

1. 法定最高刑为不满 5 年有期徒刑的，经过 5 年。
2. 法定最高刑为 5 年以上不满 10 年有期徒刑的，经过 10 年。

3. 法定最高刑为10年以上有期徒刑的，经过15年。

4. 法定最高刑为无期徒刑、死刑的，经过20年。如果20年以后认为必须追诉的，须报请最高人民检察院核准。

[如何理解上述规定]

(1)"法定最高刑"不是指实际判处的刑罚，是指判定应当适用的刑法条款的相应量刑幅度的最高刑，即法定刑。

例如，普通抢劫罪的法定刑为"3年以上10年以下"，其法定最高刑就是10年有期徒刑。而加重构成的抢劫罪的法定刑为"10年以上有期徒刑至死刑"，那么其法定最高刑就是死刑。

(2)"以上""以下"是包括本数在内，"不满"不包括本数在内。

例如，甲犯普通抢劫罪，普通抢劫罪的法定最高刑为10年有期徒刑，其追诉时效为15年有期徒刑。

(3)常见故意犯罪法定刑：[3年以下]、[3，10]、[10，死刑]三个量刑幅度；常见过失犯罪的法定刑：[3年以下]，[3年以上，7年以下]。

(三)追诉期限的计算

1. 一般犯罪的追诉时效的计算：从犯罪成立之日起计算。

2. 连续犯或继续犯的计算。

(1)从犯罪行为终了之日起计算。例如，非法拘禁罪的追诉时效，从犯罪结束之日，也就是释放被害人之日，开始计算。

(2)理论上认为，对于惯犯，也应从最后一次犯罪之日起计算。

3. 共同犯罪的追诉时效：不同犯罪人，结合其自身的法定刑，分别计算追诉时效。

4. 追诉时效的延长——无限延长。

(1)司法机关立案或受理后，行为人逃避侦查或者审判。

"逃避侦查与审判"，应限于积极的、明显的致使侦查、审判工作无法进行的逃避行为，主要是指在司法机关已经告知其不得逃跑、藏匿甚至采取强制措施后而逃跑或者藏匿。

例如，2019年主观题中，洪某1995年犯罪（抢劫致人死亡），虽然公安机关立案，但不知道该犯罪事实是洪某实施的，洪某并没有积极逃避侦查与审判，洪某的行为不属于不受追诉时效限制的犯罪事实，2016年公安机关抓获洪某。该案即便已经经公安机关立案，也不能延长追诉时间，就此意义上而言，该案经过了追诉时效。当然，如果在追诉时效期间之内，实施了新的犯罪，可以重新计算追诉时效。

(2)被害人在追诉期限内提出控告，司法机关应当立案而不予立案的，不受追诉期限的限制。

(3)经最高人民检察院核准。必须是法定最高刑为无期徒刑、死刑的；必须经过20年；必须由最高人民检察院核准。

5. 追诉时效的中断——重新计算。

在追诉期限以内又犯新罪的，前罪追诉的期限从犯后罪之日起重新计算。再犯的新罪的追诉时效，结合自身的法定刑来适用追诉时效。

例如，甲2000年犯一般抢劫罪，追诉时效是15年，但甲在2005年的时候又犯盗窃罪，数额较大，那么，甲的盗窃罪的追诉期限是从2005年起经过5年，即至2010年为止。抢劫罪的追诉时效期限应从2005年时开始重新计算，至2020年。

［案例］乙于2011年1月1日伪造国家机关证件（情节一般，法定最高刑为3年有期徒刑），2011年6月1日利用该伪造的证件骗取数额较大的财物（法定最高刑为3年有期徒刑），两罪是牵连关系。由于乙在伪造国家机关证件后又犯了诈骗罪，所以，伪造国家机关证件罪的追诉时效也应从2011年6月1日起开始计算，二者属于牵连犯，最后择一重罪处罚即可。

6. 新旧刑法关于追诉时效的适用问题——适用新刑法。

关于追诉时效这一问题，新、旧刑法规定的时间并不一致。究竟应采用“从旧兼从轻”还是“从新”原则，理论上存在争议。刑法理论与审判实务中，多主张适用新法。司法解释似乎也贯彻了这一精神。

（1）2019年最高人民法院研究室《关于如何理解和适用1997年刑法第十二条第一款规定有关时效问题征求意见的复函》（法研［2019］52号）表明：

第一，1997年刑法施行以前实施的犯罪行为，1997年刑法施行以后仍在追诉时效期限内，具有“在人民检察院、公安机关、国家安全机关立案侦查或者在人民法院受理案件以后，逃避侦查或者审判”或者“被害人在追诉期限内提出控告，人民法院、人民检察院、公安机关应当立案而不予立案”情形的，适用1997年刑法第八十八条的规定，不受追诉期限的限制。

第二，1997年刑法施行以前实施的犯罪行为，1997年刑法施行时已超过追诉期限的，是否追究行为人的刑事责任，应当适用1979年刑法第七十七条的规定。

（2）此外，最高人民法院发布《关于认真学习宣传贯彻修订的〈中华人民共和国刑法〉的通知》（法发〔1997〕3号，以下称《通知》），其中明确：“三、修订的刑法实施后，各级人民法院必须坚决贯彻执行。对于修订的刑法实施前发生的行为，10月1日实施后尚未处理或者正在处理的案件，依照修订的刑法第十二条的规定办理；对于修订的刑法施行前，人民法院已审结的案件，实施后人民法院按照审判监督程序重新审理的，适用原审结时的有关法律规定。”此《通知》表明，对犯罪行为追诉时效适用的是从新原则。

典型真题

1. 关于追诉时效，下列哪一选项是正确的？（2016年·卷二·10题）①

A.《刑法》规定，法定最高刑为不满5年有期徒刑的，经过5年不再追诉。危险驾驶罪的法定刑为拘役，不能适用该规定计算危险驾驶罪的追诉时效

B. 在共同犯罪中，对主犯与从犯适用不同的法定刑时，应分别计算各自的追诉时效，不得按照主犯适用的法定刑计算从犯的追诉期限

C. 追诉时效实际上属于刑事诉讼的内容，刑事诉讼采取从新原则，故对刑法所规定的追诉时效，不适用从旧兼从轻原则

D. 刘某故意杀人后逃往国外18年，在国外因伪造私人印章（在我国不构成犯罪）被通缉时潜回国内。4年后，其杀人案件被公安机关发现。因追诉时效中断，应追诉刘某故意杀人的罪行

① 答案：B。

2. 关于追诉时效，下列哪些选项是正确的？（2015年·卷二·60题）[①]

A. 甲犯劫持航空器罪，即便经过30年，也可能被追诉

B. 乙于2013年1月10日挪用公款5万元用于结婚，2013年7月10日归还。对乙的追诉期限应从2013年1月10日起计算

C. 丙于2000年故意轻伤李某，直到2008年李某才报案，但公安机关未立案。2014年，丙因他事被抓。不能追诉丙故意伤害的刑事责任

D. 丁与王某共同实施合同诈骗犯罪。在合同诈骗罪的追诉期届满前，王某单独实施抢夺罪。对丁合同诈骗罪的追诉时效，应从王某犯抢夺罪之日起计算

[案例]《刑事审判参考》指导案例1278号，张丽荣脱逃案——死刑缓期执行期间犯脱逃罪的，追诉时效及死缓执行期间的计算问题：

（1）被告人张丽荣在死刑缓期执行期间，趁羁押场所司法工作人员不备而逃跑，其行为构成脱逃罪，但因没有对张丽荣正式立案侦查，亦未采取强制措施，其脱逃犯罪行为已超过追诉期限，不应追究刑事责任。

（2）其死刑缓期执行的期间不能重新计算，但其脱逃期间不能计入死刑缓期执行的期间。修订前的刑法第七十七条“在人民法院、人民检察院、公安机关采取强制措施以后，逃避侦查或者审判的，不受追诉期限的限制”。前述“强制措施”应理解为人民法院、人民检察院、公安机关采取的拘留、逮捕等法定刑事强制措施，不能扩大解释为一切被限制人身自由的状态。张丽荣脱逃时虽被羁押，但被羁押的依据是前罪的生效判决，属于服刑而非被采取刑事强制措施。

二、赦免

国家宣告对犯罪人免除其罪、免除其刑的一种法律制度，包括大赦和特赦。

1. 大赦：既赦其刑，亦赦其罪。国家对某一时期内犯有一定罪行的不特定犯罪人免予追诉和免除刑罚执行的制度——法律效果：罪与刑同时免除。我国无此规定。

2. 特赦：只赦其刑，不赦其罪。国家对较为特定的犯罪人免除执行全部或者部分刑罚的制度。法律效果：免除刑罚，不免除有罪宣告。特赦由全国人大常委会决定，国家主席发布特赦令，最高人民法院执行。

3. 我国特赦制度的特点。

（1）特赦对象。除第一次包括反革命罪犯和普通刑事罪犯外，都是战争罪犯。

（2）特赦的范围。仅限于全国各地某类罪犯中的一部分人，而不是对某类罪犯全部实行特赦，更不是对个人实行特赦。

（3）特赦的条件。罪犯经过服刑改造，确已改恶从善。对于尚未宣告刑罚或者刑罚虽已宣告但尚未开始执行的罪犯，不赦免。

（4）特赦的效力。只及于刑罚，不及于罪行。

（5）特赦的程序。一般由党中央或国务院提出建议，经全国人大常委会审议决定，由国家主席发布特赦令，并授权最高人民法院和高级人民法院执行。

---

① 答案：AC。

第二部分

分则

专题十七

刑法分则概说

知识体系

- 刑法分则概说
  - 刑法分则的条文结构
    - 罪状
    - 罪名
    - 法定刑
  - 注意规定与拟制规定
    - 法律注意规定
    - 法律拟制规定
    - 区分二者的意义
    - 认定中的疑难问题

相关法理

刑法分则共有十大类罪名，本书根据侵犯法益不同，分为三大类：侵犯个人法益、侵犯社会法益、侵犯国家法益的犯罪。现行刑法共有469个罪名，但并非每个罪名都是国家法律职业资格考试的核心。从应对考试的角度看，侵犯个人法益的犯罪是考试的重心，占据刑法分则一半以上分值，尤其是财产犯罪。刑法分则部分，有相当一部分知识点的理解有难度，尤其是财产犯罪，涉及到具体个罪的认定及此罪与彼罪的区分。刑法分则的学习，主要是要注重定性问题的学习，例如，抢劫罪中的“暴力”“胁迫”“当场”等构成要件要素的具体认定，而对于具体的定量层面的内容（法定刑的轻重、犯罪数额的大小等），则不是学习的重心。刑法分则的学习，不是孤立地学习个罪本身，而应该结合刑法总则相关知识来进行具体的、系统性的学习。

一、刑法分则的条文结构

（一）罪状

罪状是分则罪行规范对犯罪具体状况的描述，指明适用该罪行规范的条件，行为只有符合某罪行规范的罪状，才能适用该规范。

1. 根据罪状反映的构成要件的内容，可以分为基本罪状与加重、减轻罪状。

（1）基本罪状：对具体犯罪成立条件的描述。

（2）加重、减轻罪状：对加重或减轻法定刑的适用条件的描述。

例如，《刑法》第232条（故意杀人罪）规定：“故意杀人的，处死刑、无期徒刑或者十年以上有期徒刑（基本罪状）；情节较轻的，处三年以上十年以下有期徒刑（减轻罪状）。”

又如，《刑法》第263条（抢劫罪）规定：“以暴力、胁迫或者其他方法抢劫公私财物的，处三年以上十年以下有期徒刑，并处罚金（基本罪状）；有下列情形之一的，处十年以上有期徒刑、无期徒刑或者死刑，并处罚金或者没收财产：（一）入户抢劫的；（二）在公共交通工具上抢劫的……（加重罪状）。”

2. 根据刑法分则条文对基本罪状的描述方式，可以分为简单罪状、叙明罪状、引证罪状、空白罪状。

（1）简单罪状：仅写出犯罪名称，没有具体描述犯罪特征。如故意杀人罪、盗窃罪、诈骗罪。

《刑法》第232条（故意杀人罪）规定，“故意杀人的，处死刑、无期徒刑或者十年以上有期徒刑；情节较轻的，处三年以上十年以下有期徒刑。”

《刑法》第264条（盗窃罪）规定，“盗窃公私财物，数额较大的，或者多次盗窃、入户盗窃、携带凶器盗窃、扒窃的，处三年以下有期徒刑、拘役或者管制，并处或者单处罚金……”

（2）叙明罪状：对具体犯罪的构成特征作了较为详细的规定。

例如，《刑法》第305条（伪证罪）：“在刑事诉讼中，证人、鉴定人、记录人、翻译人对与案件有重要关系的情节，故意作虚假证明、鉴定、记录、翻译，意图陷害他人或者隐匿罪证的，处三年以下有期徒刑或者拘役；情节严重的，处三年以上七年以下有期徒刑。”

（3）引证罪状。引用刑法的其他条款来说明和确定某一犯罪的构成特征，即引用其他条款。如刑法中大量的过失犯罪中规定的“过失犯前款罪的……”本条刑法没有规定，但需要引用刑法中的其他条文。

例如，《刑法》第115条第1款规定了放火罪、决水罪、爆炸罪、投放危险物质罪、以危险方法危害公共安全罪的罪状和法定刑，第2款又规定：“过失犯前款罪的，处三年以上七年以下有期徒刑；情节较轻的，处三年以下有期徒刑或者拘役。”第2款的规定即引证罪状。

（4）空白罪状。没有具体说明某一犯罪的构成特征，但指明了必须参照的其他法律、法令，规定空白罪状的法条也称为空白刑法或白地刑法。

《刑法》第345条第2款（滥伐林木罪）：“违反森林法的规定，滥伐森林或者其他林木，数量较大的，处三年以下有期徒刑、拘役或者管制，并处或者单处罚金……”根据这一规定，认定行为是否构成滥伐林木罪，适用刑法时还应参考《森林法》的规定。

（二）罪名

有广义与狭义之分，广义罪名包括类罪名（如财产犯罪、人身犯罪），狭义罪名仅指具体罪名（如故意杀人罪、抢劫罪），一般意义上的罪名是指具体罪名。

（三）法定刑

是指刑法分则条文对具体犯罪所确定的适用刑罚的种类和刑罚幅度。刑罚种类通常称为“刑种”，如有期徒刑、无期徒刑、死刑等，刑罚幅度通常称为“刑度”。法定刑，是刑法分则条文重要的组成部分。它表明罪与罚的因果性联系和量的相适应关系，是审判机关对犯罪人适用刑罚的依据。对犯罪人判处刑罚时，除其具备法定的减轻情节外，必须在法定刑的幅度范围内进行。

法定刑不同于宣告刑。法定刑是立法机关针对具体犯罪的性质和危害程度所确定的量刑标准，它着眼于该罪的共性；宣告刑是法定刑的实际应用，是审判机关对具体犯罪案件中的犯罪人依法判处并宣告的应当实际执行的刑罚，它着眼于具体犯罪案件及犯罪人的特殊性。

1. 绝对确定的法定刑。即刑法条文对犯罪规定单一、固定的刑种和刑度，司法机关没有自由选择裁量的余地。这种方式过于机械绝对，不便于根据案件具体情况选择轻重适当的刑罚。

目前我国刑法中绝对确定的法定刑只有一个，《刑法》第121条（劫持航空器罪）规定："以暴力、胁迫或者其他方法劫持航空器的，处十年以上有期徒刑或者无期徒刑；致人重伤、死亡或者使航空器遭受严重破坏的，处死刑。"其中，该条后半段的规定即属于绝对确定的法定刑，仅判处"死刑"。

2. 绝对不确定的法定刑。即刑法条文对犯罪不规定具体的刑种和刑度，只规定处以刑罚，如何处罚完全由司法机关掌握。这种方式过于灵活，不利于法治统一，而且容易造成司法擅断。我国刑法中没有规定绝对不确定的法定刑。

3. 相对确定的法定刑。即刑法条文规定一定的刑种与刑度，司法机关可以在限度内根据案件具体情况判处适当的刑罚。例如，我国刑法对大量犯罪规定了一定的量刑幅度，如"三年以上十年以下"等，这种方式既有确定性，又有灵活性，因此为现代各国刑法所普遍采用。

二、注意规定与拟制规定

（一）法律注意规定

注意规定的设置，并不改变相关规定的内容，只是对相关规定内容的重申；换言之，即使刑法不设置该注意规定，也是这样处理的。

例如，《刑法》第156条规定："与走私罪犯通谋，为其提供贷款、资金、帐号、发票、证明，或者为其提供运输、保管、邮寄或者其他方便的，以走私罪的共犯论处。"该条规定是关于走私犯罪的共同犯罪的注意规定，即便没有《刑法》第156条的规定，根据共同犯罪的基本理论，"与走私罪犯通谋"的，也应该以走私罪的共犯论处。

又如，《刑法》第382条第3款（贪污罪的共犯）规定："与前两款所列人员勾结，伙同贪污的，以共犯论处。"即便没有《刑法》第382条第3款的规定，伙同他人贪污的，也应该以贪污罪的共同犯罪论处。

再如，《刑法》第244条（强迫劳动罪）第2款规定："明知他人实施前款行为，为其招募、运送人员或者有其他协助强迫他人劳动行为的，依照前款的规定处罚"。这一规定是强迫劳动罪的共犯的规定，换言之，即便没有这款规定，明知他人强迫劳动而提供帮助的，也应该以强迫劳动罪的共同犯罪论处。

（二）法律拟制规定

法律拟制，是指将原本不符合某种规定的行为也按照该规定处理。也就是说，刑法对这一问题作了特别规定。换言之，在法律拟制的场合，尽管立法者明知T2与T1在事实上并不完全相同，但出于某种目的仍然对T2赋予与T1相同的法律效果，从而指示法律适用者，将T2视为T1的一个事例，对T2适用T1的法律规定。

例如，《刑法》第269条规定："犯盗窃、诈骗、抢夺罪，为窝藏赃物、抗拒抓捕或者毁灭罪证而当场使用暴力或者以暴力相威胁的，依照本法第二百六十三条（抢劫罪）的规定定罪处罚。"此即法律拟制。因为该条规定的行为（T2）原本并不符合《刑法》第263条（抢劫罪）的构成要件（T1），但第269条对该行为（T2）赋予与抢劫罪（T1）相同的法律效果；如果没有第269条的规定，对上述行为就不能以抢劫罪论处，而只能对前一阶段的行为分别认定为盗窃、诈骗、抢夺罪，对后一阶段的行为视性质与情节认定为故意杀人罪、故意伤害罪。

又如，《刑法》第267条第2款规定："携带凶器抢夺的，依照本法第二百六十三条（抢劫罪）的规定定罪处罚。"携带凶器抢夺（T2）与《刑法》第263条规定的抢劫罪（T1）在事实上并不完全相同，或者说，携带凶器抢夺的行为原本并不符合抢劫罪的构成要件，"携带凶器抢夺"的本质还是"抢夺"，但立法者将该行为（T2）赋予与抢劫罪（T1）相同的法律效果。如果没有《刑法》第267条第2款的法律拟制这一规定，对于单纯携带凶器抢夺的行为，只能认定为抢夺罪，而不能认定为抢劫罪。

再如，《刑法》第382条第2款规定，受国家机关、国有公司、企业、事业单位、人民团体委托管理、经营国有财产的人员，利用职务上的便利，侵吞、窃取、骗取或者以其他手段非法占有国有财物的，以贪污论。而"受国家机关、国有公司、企业、事业单位、人民团体委托管理、经营国有财产的人员"并非国家工作人员，并不属于贪污罪的主体。但《刑法》第382条第2款改变了贪污罪的构成要件，将非国家工作人员（也即"受国家机关、国有公司、企业、事业单位、人民团体委托管理、经营国有财产的人员"）纳入贪污罪的主体范围。换言之，如果没有《刑法》第382条第2款的规定，这类人员是不构成贪污罪的。

（三）区分二者的意义

1. 在于明确该规定是否修正或补充了相关规定或基本规定，是否导致将不同的行为等同视之。换言之，将某种规定视为法律拟制还是注意规定，会导致适用条件的不同，因而形成不同的认定结论。

2. 注意规定的内容属理所当然，因而可以"推而广之"；而法律拟制的内容并非理所当然，只是立法者基于特别的理由才将某种规定的情形（行为）赋予该规定的法律效果，因而对法律拟制的内容不能"推而广之"。

3. 对于注意规定，应当按照基本规定作出解释；对于法律拟制，应当按照该拟制规定所使用的用语的客观含义进行解释。总之，区分法律拟制与注意规定直接关系到罪与非罪、此罪与彼罪的界限问题。[1]

（四）认定中的疑难问题

刑法中的规定，究竟属于法律注意规定还是法律拟制规定，有些是很容易判断的，如

① 张明楷：《如何区分注意规定与法律拟制》，《人民法院报》2006年1月11日。

前述的相关规定。但部分规定，究竟是法律注意规定还是法律拟制规定，理论上可能存在不同的观点。例如，《刑法》第 247 条前段规定了刑讯逼供罪与暴力取证罪，该条规定，“致人伤残、死亡的，依照本法第二百三十四条、第二百三十二条的规定定罪从重处罚。”类似的规定还有，《刑法》第 238 条第 2 款（非法拘禁罪）规定，非法拘禁过程中，使用暴力致人伤残、死亡的，以故意伤害罪、故意杀人罪论处。

1. 如果认为本规定属于法律拟制，那么，只要是刑讯逼供或者暴力取证致人死亡的，无论行为人主观上是“故意”还是“过失”导致被害人死亡的，均应转化为故意杀人罪，换言之，尽管“过失导致被害人死亡的行为”原本不符合故意杀人罪的成立条件，但法律仍然赋予其故意杀人罪的法律效果。国家法律职业资格考试认为该规定为法律拟制规定，而非注意规定。但这种观点在审判实践中并没有得到认同，刑法理论上也有不少学者对此提出反对意见。

2. 如果认为本规定属于注意规定，那么，刑讯逼供过程中过失致人死亡的，仅能认定为过失致人死亡罪。不能改变故意杀人罪、过失致人死亡罪的认定规则。

审判实践中，对于在非法拘禁过程中致人死亡，如果对死亡结果没有故意的，不能拟制为故意杀人罪。《刑事审判参考》指导案例第 1276 号。判决指出：被告人宋某胜、李某英等人，在得知其未成年女儿与成年男子王某发生性关系之后，基于气愤将被害人王某长时间非法控制之后，对王某进行殴打，向王某及其家人索取赔偿款。后多次殴打王某，致王某创伤性休克死亡。根据本案事实，在王某生命处于危险状态时，有被告人给王某服药，并找来村医给王某治疗。各被告人当然不希望王某死亡，不具有非法剥夺他人生命的故意，依法应当认定各被告人的行为构成故意伤害（致人死亡）罪。判决认为，非法拘禁过程中，只有使用暴力故意致人死亡的，才以故意杀人罪论处，如果对死亡结果没有故意的，不能认定为故意杀人罪。

专题十八

侵犯个人法益之犯罪：侵犯财产罪（上）

知识体系

- 侵犯个人法益之犯罪：侵犯财产罪（上）
  - 侵犯财产罪中的几个共性问题
    - 财产犯罪的保护法益
    - 非法占有目的——打破原占有，建立新占有
    - 对个别财产的犯罪与对整体财产的犯罪
  - 抢劫罪
    - 普通抢劫罪
    - 普通抢劫罪的加重构成——10年以上有期徒刑、无期徒刑、死刑
    - 准抢劫罪——携带凶器抢夺的，以抢劫罪论处
    - 转化型抢劫（事后抢劫）
    - 抢劫罪认定中的其他具体问题
  - 盗窃罪
    - 对象
    - 客观行为
    - 认定中的若干问题

相关法理

财产犯罪是国家法律职业资格考试刑法分则部分最重要的内容。财产犯罪中具体个罪的认定、此罪与彼罪的区分成为考试的重点、难点。财产犯罪的学习中，有些问题是具有共通性的，例如，财产犯罪的保护法益、财产犯罪的主观目的（非法占有目的）等，而具体犯罪的认定及区分，则具有特殊性，需要特别掌握。

一、侵犯财产罪中的几个共性问题

（一）财产犯罪的保护法益

1. 所有权及其他本权（占有权）。

（1）财产犯罪的保护法益，不仅仅是保护财产所有权，还保护其他权利，典型的如占有权。意即，自己所有的财物，处于他人的合法占有之下，通过非法的方式取回来的，由于破坏了他人对财物的合法占有（占有权），也成立财产犯罪——＊＊不仅保护所有权，还保护合法占有。

例如，甲的汽车处于国家机关的管理过程中，甲将本属于自己所有的汽车偷回来的，

也侵犯了国家机关对该汽车的占有，如果认为财产罪的保护法益包括占有，可以成立盗窃罪。

（2）理论上另一种观点认为，财产犯罪的保护法益为所有权，单纯的占有权并不值得刑法保护。该案仅侵犯了占有权而没有侵犯他人的财产所有权，不应以盗窃罪论处。这种观点主要是考虑到，如果以盗窃罪论处，可能会量刑畸重，并不合适。这种观点也得到了审判实践的有力支持。

2. 需要法定程序改变现状的占有，即非法占有。意即，即便他人非法占有财物，对财物的占有本身是不合法的，我们也不能通过非法的方式取走他人非法占有的财物，也就是不允许黑吃黑，他人的非法占有是需要通过警察力量（法定程序）去改变，而不能由其他人随意改变——＊＊黑吃黑，刑法要管。

例如，乙非法持有假币20万元，甲抢夺乙的假币，依然成立抢夺罪。

又如，乙窃取摩托车，准备骑走。甲觉其可疑，装成摩托车主人的样子说："你想把我的车骑走啊？"乙弃车逃走，甲将摩托车据为己有。甲成立诈骗罪（可能与敲诈勒索罪存在竞合）。

3. 所有权人对财物的所有权，可以对抗他人的非法占有——＊＊白吃黑，刑法不管（自救行为）。

例如，甲盗窃了乙的手机，甲对该手机是非法占有，原则上，其他人从甲处再非法取走该手机的，也成立财产犯罪。但所有权人乙将它再从甲处偷回来，就不构成犯罪，乙的所有权可以对抗甲的非法占有。

（二）非法占有目的——打破原占有，建立新占有

财产犯罪多要求"以非法占有为目的"，我国刑法规定的财产犯罪中，仅有故意毁坏财物罪、挪用资金罪等个别不具有非法占有目的。所谓非法占有目的，是指行为排除权利人对财物的占有（打破原占有），将他人的财物作为自己的所有物进行支配，并遵从财物的可能用途进行利用、处分的意思（建立新占有）。具体而言：

1. "排除意思"（打破原占有），是让原物占有人无法使用（占有）该财产，将权利人"撇在一边"。所谓排除意思是达到了可罚程度的妨害他人（原占有人）利用财产的意思。

用通俗的话说，"排除意思"是指，排除占有人对财物的占有。即：把他人的东西拿走，不让他人用，当时拿他人的东西不想还；即使还给被害人也没有啥意义，损失太大。以下三种情形应认定具有排除意思：

（1）行为人虽然只有一时使用的意思，但没有返还的意思，相反，具有在使用后毁弃、放置的意思而窃取、骗取财物的，由于具有持续性地侵害他人对财物的利用可能性的意思，应认定存在排除意思，成立财产犯罪——这属于"弃置型"的财产犯罪。

例如，行为人盗开他人汽车，开到目的地后，将轿车抛弃在目的地的，存在排除意思，可以成立盗窃罪。

（2）行为人虽然具有返还的意思，但具有侵害相当程度的利用可能性的意思时，由于存在可罚的法益侵害的危险，应肯定排除意思的存在，认定为构成财产犯罪。也即此种情形下，虽然行为人在非法取得财物时具有返还的意思，但这种"返还"对被害人而言已经没有太大的意义，财产的价值已经耗尽。

例如，甲在国家法律职业资格考试前偷乙正在使用的当年的国家法律职业资格考试辅导用书，在国家法律职业资格考试结束之后两年才将该书返还给乙。将这些书两年之后再返还给乙已经没有实际价值了，甲的行为成立盗窃罪。

(3) 行为人虽然具有返还的意思，而且对被害人的利用可能性的侵害相对轻微，但具有消耗财物中的价值的意思时，由于对作为所有权的内容的利益造成了重大侵害，应认定具有排除意思，成立财产犯罪。

例如，为了伪装退货、取得商品对价，而从超市拿出商品的，应认定具有排除意思。

又如，骗取他人的手机，以便短时间内让被害人用金钱赎回的，存在排除的意思。

这类案件中，行为人盗窃、骗取财物后，虽然有返还的意思，但返还的前提是要求被害方提供相应的“对价”，从这个意义上看，返还对被害人而言已经没有意义了，实质上造成了被害人的财产损失。

2. 利用意思（建立新占有）的机能在于使盗窃、诈骗等取得型犯罪与故意毁坏财物罪相区别。

(1) 利用意思不限于遵从财物的经济用途进行利用、处分的意思。例如，个别有特别癖好的男性，偷女性内衣；偷别人的家具作为木头取火。这种情形下，虽然没有遵从物的经济用途来使用，但仍然认为具有利用的意思，成立盗窃罪——怎么用都行，哪怕是一时使用也行。(不需要“物尽其用”)

例如，2014 年卷二 88. 郑某等人多次预谋通过爆炸抢劫银行运钞车。为方便跟踪运钞车，郑某等人于 2012 年 4 月 6 日杀害一车主，将其面包车开走。后郑某等人制作了爆炸装置，并多次开面包车跟踪某银行运钞车，了解运钞车到某储蓄所收款的情况。郑某等人摸清运钞车情况后，于同年 6 月 8 日将面包车推下山崖——郑某等人在利用面包车后毁坏面包车的行为，不影响非法占有目的的认定，虽然郑某等人仅对面包车进行了一时的使用。郑某等人对面包车的行为成立抢劫罪。

又如，2019 年真金题：甲将上锁的共享单车（仅供城市使用），偷偷运到村里，供村民扫码付费使用。甲有非法占有目的，成立盗窃罪。

(2) 一般来说，凡是以单纯毁坏、隐匿意思以外的意思而取得他人财物的，都可能评价为具有遵从财物可能具有的用法进行利用、处分的意思，即具有利用的意思。例如，甲盗窃他人的手机后，放在家中闲置而未使用，仍然认为具有利用意思，成立盗窃罪。

典型真题

1. 下列哪些选项的行为人具有非法占有目的？(2011 年 · 卷二 · 61 题)①

A. 男性基于癖好入户窃取女士内衣

B. 为了燃柴取暖而窃取他人木质家具

C. 骗取他人钢材后作为废品卖给废品回收公司

D. 杀人后为避免公安机关识别被害人身份，将被害人钱包等物丢弃

2. 下列哪些行为属于盗窃？(2019 年真金题 · 9 题)②

A. 小明将共享单车放置自家门口，不破坏自行车锁，便于自己扫码付费使用

① 答案：ABC。

② 答案：BCD。

B. 小红将上锁的共享单车（仅供城市使用），偷偷运到村里，供村民扫码付费使用

C. 小孟将共享单车停到自家院里，不破坏自行车锁，供自己扫码付费使用

D. 小张将已上锁的共享单车锁破坏，用自己的锁将共享单车锁上供自己使用

[提示] 财产犯罪所要求的“非法占有目的”本质在于侵犯了被害人对财物的占有，但是，随着共享经济的到来，共享财物的所有权人对财物的占有也并不是绝对的、排他性的。例如，共享单车公司对自行车所需要的占有是一种可随时支配、发现、非独断的占有，意即，共享单车公司可以随时发现、控制自行车，但其他人亦可付费随时使用该自行车。消费者即便要使用自行车，也应该遵守共享单车公司对自行车的占有要求。共享单车不同于我们个人所有的自行车，我们对自己的自行车的占有是绝对地、排他性的，任何人都不能改变自行车的特定位置、状态。

（三）对个别财产的犯罪与对整体财产的犯罪

第一，就对整体财产的犯罪而言，应当将财产的丧失与取得作为整体进行综合评价，如果没有损失，则否认犯罪的成立。即被害人经济总量没有损失，就不认为行为人构成财产犯罪。

第二，就对个别财产的犯罪而言，只要存在个别的财产丧失就认定为财产损失，成立财产犯罪。至于被害人在丧失财产的同时，是否取得了财产或是否存在整体的财产损失，则不是认定犯罪所要考虑的问题。

一般认为，盗窃罪、抢劫罪属于对个别财产的犯罪。诈骗罪是对个别财产的犯罪还是对整体财产的犯罪，存在争议，我国审判实践认为是针对整体财产的犯罪。

1. 甲在进入乙的办公室盗窃乙价值5000元的手机时，将自己的5000元现金放在乙的桌上，作为对乙的补偿，甲的行为成立盗窃罪。

理由：盗窃手机的行为违反了乙的意志，乙对手机的占有是值得刑法保护的。虽然整体上看，似乎乙没有财产损失，但盗窃罪是针对个别财产的犯罪，故只要针对个别财产的侵害违反了乙的意志，甲的行为就成立盗窃罪————有钱也不能如此“任性”。

2. 甲去商店买手机时，店员不在场，甲将标价2000元的手机拿走，同时将自己的2000元现金放在柜台的，甲的行为不成立盗窃罪。

理由：甲的行为并不违反被害人的意志，因而不成立盗窃罪，即便针对这个个别财产，亦没有违反店员的意志。

3. 最高人民法院认为，诈骗罪是针对整体财产的犯罪，只要被害人整体上没有财产损失，就不成立诈骗罪。但是，理论上部分学者（张明楷等）认为，诈骗罪是针对个别财产的犯罪。

例如，甲将一个按摩椅卖给乙，过度地夸大了该按摩椅的功能，但销售价格基本上接近成本价（2万元），乙的整体财产并没有遭受损失，虽然付出了2万元，但也得到了2万元的按摩椅，甲的行为不构成诈骗罪。其理由在于：诈骗罪中，犯罪行为人与被害人进行了“沟通”，而其他财产犯罪则没有这种“沟通”，既然“沟通”过，被害人处分财产就是“自愿”的，不宜轻易认定为诈骗罪。

最高人民法院对任梦迪案的评析指出，从理论上分析，应把诈骗罪理解为对整体财产的犯罪，即在认定诈骗数额时，应把被害人获得的财产利益从诈骗数额中扣除，以被害人

实际遭受的财产损失为标准计算诈骗数额。(2008)南刑初字第541号。

例如,2020年真金题:甲、乙、丙三人经商定后,从淘宝店购买了某品牌的最新款手机30部,收到手机后,三人拆下新手机的主板,换上事先准备好的废旧主板,然后利用七天无理由退货的规则,将手机退货,从店主处获得全额退款80000元——该案中,如果认为诈骗罪是针对整体财产(财产损失)的犯罪,诈骗对象应认定为财产损失,即手机主板。如果认为诈骗罪是针对个别财产的犯罪,骗的是"那个"财产,则诈骗对象是手机货款80000元。法考坚持了后一种观点。

二、抢劫罪

(一)普通抢劫罪(《刑法》第263条)

1. 抢劫罪的对象:不仅仅包括合法财产,还包括非法财产。

例如,以毒品、假币、淫秽物品等违禁品为对象,实施抢劫的,以抢劫罪定罪。如果刑法已经专门规定了抢劫相关违禁品的犯罪,按特别罪来处理:如刑法规定了抢劫枪支、弹药、爆炸物、危险物质罪,抢劫枪支的行为就不能成立抢劫罪,而是成立抢劫枪支罪。

[注意] 基于抢劫罪的法定刑偏重,司法解释、审判实践中对抢劫罪的对象进行了限制解释:

(1)行为人仅以其"所输赌资"或"所赢赌债"为抢劫对象,一般不以抢劫罪论处。①

(2)为个人使用,抢劫其家庭成员或者近亲属财产的,一般不以抢劫罪论处;教唆或者伙同他人采取暴力、胁迫等手段劫取家庭成员或近亲属财产的,可按抢劫罪定罪。

(3)未成年人强拿硬要少量物品,情节显著轻微、危害不大的行为,可不认为构成抢劫罪。

2. 客观行为:以暴力、胁迫或者其他方法,劫取公私财物。

(1)条件一:手段行为:暴力、胁迫或者其他方法,排除被害人的反抗(侵犯人身权利)。

第一,暴力。暴力必须针对人实施(不包括对物使用暴力)。

暴力必须达到"足以抑制被害人反抗的程度",暴力的程度是对手段的要求,不是对结果的要求,只要暴力压制了被害人的反抗即可,不要求必须达到轻伤、重伤结果。以不足以抑制对方反抗的轻微暴力取得他人财物的,应认定为敲诈勒索罪。②

暴力的对方不限于财物的直接持有者,也包括对有权处分财物的人以及其他妨碍劫取财物的人使用暴力。例如,乙抢劫妇女高某的财物,路人曾某前来上前制止,乙用自制火

① 由于赌博活动是一种违法活动,赌博参与者的赌资依法应予没收,在法律意义上属于国家所有。但是对于仅以所输赌资或所赢赌债为抢劫对象的,行为人主观上对于所输赌资或所赢赌债的性质毕竟不像抢劫罪中对于"他人财物"的性质认识得那样清晰和明确,其主观故意的内容与抢劫"他人财物"有所不同,综合考虑其主观故意和客观危害性,一般不以抢劫罪定罪处罚。最高人民法院研究室顾保华:《〈关于审理抢劫、抢夺刑事案件适用法律若干问题的意见〉的理解与适用》。

② 例如,甲经常勾引乙的老婆去其家中打麻将,一天,乙非常生气,打了甲两个耳光,"你必须赔我5000元,否则我打烂你家里的东西"。甲给了乙5000元,乙的行为成立敲诈勒索罪。

药枪打死了曾某，乙的行为成立抢劫罪（致人死亡）。①

在财物的交付者和暴力、胁迫的承受者不一致但处于“同一场所”的情况下，也成立抢劫罪。例如，对商场的保安实施暴力，然后从营业员手中夺取金银首饰的，也是抢劫罪。

第二，胁迫。是指以“当场”对人使用暴力相威胁（如行为人将刀挂在自己的脖子上，进而以此威胁被害人），使被害人产生恐惧心理因而不敢反抗的行为。

如果行为人当着财物的所有者、保管者或者持有者的面，而对其在场的近亲属或者其他利益关系人进行暴力打击，迫使财物的所有者、保管者、持有者交出财物的，也成立抢劫罪，这种情形下的暴力对于财物的所有者、保管者、持有者而言，主要是一种胁迫。

以将来实施暴力相威胁的，以及以当场立即实现损毁名誉、毁坏财物等非暴力内容进行威胁的，由于不足以当场抑制被害人的反抗，不成立抢劫罪。

第三，其他方法。是指暴力、胁迫之外的，足以抑制被害人反抗的方法。

例如，用药物麻醉、用酒灌醉、使用催眠术或用毒药毒昏等，致使被害人处于不知反抗或不能反抗的状态。对于利用财物的所有人或者保管人在屋内并且不备之机或者将被害人骗进屋内将屋门锁上、拧住、堵住，在财物所有人或者保管人知晓的情况下，非法拿走在屋外的财物的，也应认定为抢劫罪。

但是，如果行为人仅仅利用被害人熟睡、酣醉、昏迷等不能反抗状态而秘密窃取财物的，应以盗窃罪论处，因为此种情形下其并没有实施抢劫罪的手段行为——“其他方法”。

典型真题

甲、乙、丙、丁共谋诱骗黄某参赌。四人先约黄某到酒店吃饭，甲借机将安眠药放入黄某酒中，想在打牌时趁黄某不清醒合伙赢黄某的钱。但因甲投放的药品剂量偏大，饭后刚开牌局黄某就沉沉睡去，四人趁机将黄某的钱包掏空后离去。上述四人的行为构成何罪？（2009 年 · 卷二 · 19 题）②

A. 赌博罪　　B. 抢劫罪　　C. 盗窃罪　　D. 诈骗罪

（2）条件二，目的行为：劫取财物，包括抢回欠条（财产性利益）等。

例如，抢回借条、逼迫被害人填写虚假的收条等，均可认为是劫取财物。

但是，如果债务人将债权人直接杀害，并不抢回借条的，由于没有消灭债权债务关系，不构成抢劫罪，只成立故意杀人罪。

《刑事审判参考》指导案例第 1063 号指出：习海珠在拖欠被害人彭桂根钱款情况下，习海珠等人以暴力、胁迫手段迫使彭桂根书写 75 万元的收条，改变了原有的财产权利关系，导致彭桂根丧失 75 万元的债权，应当认定为抢劫犯罪既遂。

① 但是，对于无关的第三者实施暴力的，不宜认定为抢劫罪。例如，甲误将站在摩托车旁边的乙当作车主，对乙使用暴力后取走该摩托车的，虽然甲主观上有抢劫的故意，但其客观上实施的行为实属盗窃（客观上连抢劫的可能性都没有，因为没有人妨害甲取得财物），基于客观主义的立场（通说）应成立盗窃罪。如果对乙造成伤害，则应认定为故意伤害罪，与盗窃罪并罚。当然，主观主义的刑法观更多地强调行为人主观上想实施抢劫，而认定为抢劫罪（未遂）。

② 答案：B。

典型真题

赵某与钱某原本是好友，赵某受钱某之托，为钱某保管一幅名画（价值800万元）达三年之久。某日，钱某来赵某家取画时，赵某要求钱某支付10万元保管费，钱某不同意。赵某突然起了杀意，为使名画不被钱某取回进而据为己有，用花瓶猛砸钱某的头部，钱某头部受重伤后昏倒，不省人事，赵某以为钱某已经死亡。刚好此时，赵某的朋友孙某来访。赵某向孙某说“我摊上大事了”，要求孙某和自己一起将钱某的尸体埋在野外，孙某同意。问题：关于赵某杀害钱某以便将名画据为己有这一事实，可能存在哪几种处理意见？(2016年·卷四)

可能存在两种处理意见：

其一，认定为侵占罪与故意杀人罪，实行数罪并罚（对各行为分别判断）。理由是，赵某已经占有了名画，不可能对名画实施抢劫行为，杀人行为同时使得赵某将名画据为己有，所以，赵某对名画成立（委托物）侵占罪，对钱某的死亡成立故意杀人罪。

其二，认定成立抢劫罪一罪（对前后行为进行整体判断）。理由是，赵某杀害钱某是为了使名画不被返还，钱某对名画的返还请求权是一种财产性利益，财产性利益可以成为抢劫罪的对象。

(3) 条件三：因果关系——手段行为与获取财物行为之间必须具有因果关系，钱必须是你“抢”来的。

抢劫案件中，如果钱不是行为人“抢”来的，只能成立抢劫罪的未遂。

例如，2008年卷二12. 甲持西瓜刀冲入某银行储蓄所，将刀架在储蓄所保安乙的脖子上，喝令储蓄所职员丙交出现金1万元。见丙故意拖延时间，甲便在乙的脖子上划了一刀。刚取出5万元现金的储户丁看见乙血流不止，于心不忍，就拿出1万元扔给甲，甲得款后迅速逃离——甲的行为成立抢劫罪既遂。①

(4) 两个“当场”：要求“当场”使用暴力或者以当场使用暴力相威胁，“当场”取财。

“当场”的理解不能过于狭窄，暴力、胁迫手段或者其他方法与取得财物之间虽持续一定时间，也不属于同一场所，但从整体上看行为并无间断的，也应认定为当场强行劫取财物。

例如，甲用枪威逼在家的乙去单位给自己拿钱，尽管威胁实施的场所和取得财物的场所有一定距离，但仍是抢劫罪——“当场”即时间、空间不中断的延续。②

又如，2009年卷四案例：甲去情妇丙家抢劫，将丙杀害后得到一个保险柜，甲不知密

---

① 本案中，甲对保安、储蓄所职员的行为，实际上已经对储户丁产生了一种胁迫心理。因此，甲是基于胁迫手段取财，成立抢劫罪的既遂。

② 暴力、胁迫或者其他方法与取得财物之间虽间隔一段时间，也不属于同一场所，但从整体上看，只要取财行为仍然是在前面所实施的暴力、胁迫行为的支配下实施的，特别是行为人采取借口，当场对被害人使用暴力或以暴力相威胁，强行扣留被害人的财物或证件作“抵押”，迫使被害人在指定期限内交出财物，才将被扣押的财物或证件交还被害人的，或者采取借口，对被害人当场使用暴力后，强迫被害人在其指定的期限内交出财物的场合，由于被害人当场承诺或者以实际行动承诺交付财物，因此，也应视为“当场”取财，成立抢劫罪。也有一种观点认为这不属于“当场取财”，此种情形下应属于抢劫罪未遂与敲诈勒索罪的想象竞合。

码打不开保险柜。甲回家后想到乙会开保险柜，即套问乙开柜方法，但未提及杀丙一事。甲将丙的储蓄卡和身份证交乙保管，声称系从丙处所借。两天后甲又到丙家，按照乙的方法打开保险柜，发现柜内并无钱款——本案打开保险柜的行为属于“当场”取财，成立抢劫罪。

又如，2006年卷二53. 甲、乙、丙共谋犯罪。某日，三人拦截了丁，对丁使用暴力，然后强行抢走丁的钱包，但钱包内只有少量现金，并有一张银行借记卡。于是甲将丁的借记卡抢走，乙、丙逼迫丁说出密码。丁说出密码后，三人带着丁去附近的自动取款机上取钱。取钱时发现密码不对，三人又对丁进行殴打，丁为避免遭受更严重的伤害，说出了正确的密码，三人取出现金5000元——甲、乙、丙的行为成立抢劫罪既遂。

再如，为了继承遗产而杀害被继承人的其他继承人，成立故意杀人罪而非抢劫罪——谋财害命，但不是当场从被害人控制之下取得财物，而是将来获取财物或者财产性利益的，应当认定为故意杀人罪。

（二）普通抢劫罪的加重构成——10年以上有期徒刑、无期徒刑、死刑（《刑法》第263条）

《刑法》第263条对如下8种加重构成的抢劫罪，规定了较重的法定刑。刑法理论和审判实践中，为了更好地实现罪刑均衡，对抢劫罪的加重构成要件多主张进行缩小解释，防止过度扩张加重情节的适用。

1. 入户抢劫。

（1）对“户”进行缩小解释。“户”（住所、家）的特征：

首先，供他人家庭生活——功能特征（主要是考虑到户是一个涉及隐私、住宅安宁的地方）。

其次，与外界相对隔离——场所特征（被害人得到救助的可能性较小）。

根据司法解释规定，“户”包括封闭的院落、牧民的帐篷、渔民作为家庭生活场所的渔船、为生活租用的房屋等。集体宿舍、旅店宾馆、临时搭建工棚等不应认定为“户”，但在特定情况下，如果确实具有上述两个特征的，也可以认定为“户”。大学生宿舍不是供家庭生活的，不能视为户。理由：集体宿舍的人员流动性比较频繁，不宜认为是相对隔离的场所。从实质上看，在集体宿舍抢劫，被害人得到救助的可能性较大。[①]

对于部分时间从事经营、部分时间用于生活起居的场所，行为人在非营业时间强行入内抢劫或者以购物等为名骗开房门入内抢劫的，应认定为“入户抢劫”。对于部分用于经营、部分用于生活且之间有明确隔离的场所，行为人进入生活场所实施抢劫的，应认定为“入户抢劫”；如场所之间没有明确隔离，行为人在营业时间入内实施抢劫的，不认定为“入户抢劫”，但在非营业时间入内实施抢劫的，应认定为“入户抢劫”。

[延伸阅读案例]《刑事审判参考》指导案例第1180号，韦猛抢劫案：进入无人居住

① 当然，对于大学生集体宿舍是否属于“户”需要具体判断，如果在寒假期间，整栋宿舍楼都只有一两个学生在，此时进入大学生宿舍抢劫的可以认为是入户抢劫。2004年卷四第6题，案情：甲男与乙男于2004年7月28日共谋入室抢劫某中学暑假留守女教师丙的财物。该案属于入户抢劫。

的"待租房"实施抢劫，不属于"入户抢劫"。最高人民法院对该案评析指出：该房屋虽系待租，却是封闭的，需要王某某拿钥匙开启方能进入，显然是与外界相对隔离的，故符合"户"的场所特征。但该房屋不具备"户"的功能特征。该房屋既不是供受害人王某某本人或者其家人生活居住使用的，也不是有他人正在居住使用的房屋，而是等待他人租住的房屋，被告人作案时无人在此居住，因此不具有"户"的功能特征。

(2) 对"入"进行缩小解释。"入户"的目的必须以侵害户内人员的人身、财产为目的，入户后实施抢劫，包括入户实施盗窃、诈骗等犯罪而转化为抢劫的，应当认定为"入户抢劫"。

出于其他合法的或者不是以侵害户内人员的人身、财产为目的（如赌博、卖淫嫖娼等）进入他人住宅，临时起意当场实施抢劫行为的，一般不能认定为"入户抢劫"。例如，因访友办事等原因经户内人员允许入户后，临时起意实施抢劫，或者临时起意实施盗窃、诈骗等犯罪而转化为抢劫的，不应认定为"入户抢劫"。

(3) 如果要转化为"入户抢劫"（非普通抢劫），要求全程发生在户内。即前行为（盗窃、诈骗、抢夺）与后行为（使用暴力抗拒抓捕）必须全程发生在户内。

例如，2017 年卷二 60. B. 乙潜入周某家盗窃，正欲离开时，周某回家，进屋将乙堵在卧室内。乙掏出凶器对周某进行恐吓，迫使周某让其携带财物离开——乙构成入户抢劫，该案中，前行为"盗窃、诈骗、抢夺"及后行为"暴力、胁迫"均发生在户内。

2. 在公共交通工具上抢劫。

(1) "公共交通工具"的范围，不含小型出租车。包括从事旅客运输的各种公共汽车，大、中型出租车，火车，地铁，轻轨，轮船，飞机等。①

对于虽不具有商业营运执照，但实际从事旅客运输的大、中型交通工具，可认定为"公共交通工具"。接送职工的单位班车、接送师生的校车等大、中型交通工具，视为"公共交通工具"。

(2) 是指在处于"运营状态"的公共交通工具上对旅客及司售、乘务人员实施抢劫，不包括在"未运营"的公共交通工具上针对司售、乘务人员实施抢劫。

(3) 如果要转化为"在公共交通工具上抢劫"（非普通抢劫），要求前行为（盗窃、诈骗、抢夺）与后行为（暴力、胁迫手段）均发生在公共交通工具上。

2018 年真金题：在公交车上，歹徒甲看中乘客乙价值 5000 元的手包，在公交车到站准备开门的时候，夺过手包就跑下车，乘客乙追着不放，好心的乘客丙也帮忙下车追赶甲。跑出 200 米后，甲拿起旁边水果摊的水果刀威胁丙："再过来我就不客气了。"丙毫不示弱，拼死抢回手包——该案中，甲前行为是抢夺（发生在公共交通工具上），后行为是使用暴力相威胁而抗拒抓捕（发生在公共交通工具外），应成立《刑法》第 269 条的转化

① 刑法规定"在公共交通工具上抢劫"判处重刑的立法目的，主要是打击车匪路霸欺压旅客、抢劫财物，扰乱运输秩序的犯罪活动，以保护旅客在旅途中的财产和人身安全。从车匪路霸实施犯罪活动的特点看，一般集中在火车、长途汽车、旅游出租车、轮船等大中型公共交通工具上，而且侵犯的是不特定多数旅客的财产安全，社会影响十分恶劣。在小型出租汽车上发生的抢劫案件多是抢劫司机个人的财物，数额一般不大，受害人的范围较窄，不宜将在小型出租汽车上抢劫的行为认定为"在公共交通工具上抢劫"。参见孙军工：《〈关于审理抢劫案件具体应用法律若干问题的解释〉的理解与适用》，最高人民法院刑事审判庭主办：《中国刑事审判指导案例——危害国家安全罪、危害公共安全罪、侵犯财产罪、危害国防利益罪》，法律出版社 2009 年版，第 786 页。

型抢劫（事后抢劫），但该案不构成“在公共交通工具上抢劫”。

3. 抢劫银行或者其他金融机构。

是指抢劫银行或者其他金融机构的经营资金、有价证券和客户的资金等，即金融物资。包括抢劫ATM机、运钞车等。

4. 多次抢劫或者抢劫数额巨大。

（1）“多次”是指3次以上，应以行为人实施的每一次抢劫行为均已“构成犯罪”为前提，综合考虑犯罪故意的产生、犯罪行为实施的时间、地点等因素，客观分析、认定。

（2）“多次预备”不属于“多次”。

《刑事审判参考》指导案例第1226号指出：对于多次抢劫预备行为，由于行为人尚未着手实施犯罪，惯犯特征并不明显，况且“多次抢劫”的起点刑为十年有期徒刑以上的重刑，故不宜将社会危害性并不十分严重的多次抢劫预备行为纳入其中。

（3）基于“同一犯意”实施的行为，仅应认定为“一次”。

对于行为人基于一个犯意实施犯罪的，如在同一地点同时对在场的多人实施抢劫的，或基于同一犯意在同一地点实施连续抢劫犯罪的，如在同一地点连续地对途经此地的多人进行抢劫的，或在一次犯罪中对一栋居民楼房中的几户居民连续实施入户抢劫的，一般应认定为一次犯罪。

5. 抢劫致人重伤、死亡。

（1）基本原理：只要是出于更好地“劫取他人财物”的目的，即服务于“抢劫”这一目的的行为而致人重伤、死亡的，或者在这类行为的直接影响下致人重伤、死亡的，就属于抢劫致人重伤、死亡。

（2）抢劫行为的“附随”行为致人重伤、死亡的，也应认定为是抢劫致人重伤、死亡。

例如，抢劫后毁灭、伪造证据的行为致人死亡的，这是抢劫后的“自然延续”行为，成立抢劫致人死亡。重伤、死亡的对象包括：财物的占有者、所有者、阻止行为人取得财物的人。

（3）行为人主观上对于重伤、死亡结果既可以是故意，也可以是过失。

例如，行为人为了劫取被害人的财物，先行杀害被害人的，定抢劫罪。但是，如果是抢劫后，为了灭口而杀害被害人的，应以抢劫罪和故意杀人罪实行并罚。

（4）抢劫实行行为影响下导致的重伤、死亡结果，也认为是抢劫致人重伤、死亡。

例如，抢劫过程中被害人试图逃离现场时不慎跌下山涧或遭遇车祸丧生的情形下，行为人的抢劫行为在逻辑上可归为被害人死亡的必要条件，也可以认定为抢劫致人死亡。

又如，为了抢劫捆绑被害人，逃走时忘了为被害人松绑，导致被害人停止血液循环或者饿死的，应认定为抢劫致人死亡。

再如，在危险的路段或场所，胁迫行为造成被害人因逃避而摔伤或者摔死的，则可以认定为抢劫致人重伤、死亡。

2016年卷二16. 贾某在路边将马某打倒在地，劫取其财物。离开时贾某为报复马某之前的反抗，往其胸口轻踢了一脚，不料造成马某心脏骤停死亡。设定贾某对马某的死亡具有过失——贾某构成抢劫罪的基本犯，应与过失致人死亡罪数罪并罚。

2019年真金题23. 甲在公交车上抢夺孟某的钱包，夺下钱包后就跑下公交车。正好路过该处的民警乙看到甲在逃跑，便追赶甲。之后甲、乙两人扭打在一起，甲逃往马路对面，民警乙在追赶过程中被车辆撞身亡——甲的行为构成抢劫罪，不需要对乙的死亡结果负责。理由：谁支配风险，谁对危害结果负责。本案中，追赶者乙的风险更多地是取决于乙本人，乙本人是风险的直接掌控者。

典型真题

下列哪些情形可以成立抢劫致人死亡？（2009年·卷二·58题）①

A. 甲冬日深夜抢劫王某财物，为压制王某的反抗将其刺成重伤并取财后离去。三小时后，王某被冻死

B. 乙抢劫妇女高某财物，路人曾某上前制止，乙用自制火药枪将曾某打死

C. 丙和贺某共同抢劫严某财物，严某边呼救边激烈反抗。丙拔刀刺向严某，严某躲闪，丙将同伙贺某刺死

D. 丁盗窃邱某家财物准备驾车离开时被邱某发现，邱某站在车前阻止丁离开，丁开车将邱某撞死后逃跑

6. 冒充军警人员抢劫。包括：无此身份的人冒充军警人员；此种军警人员身份的冒充另一军警人员的身份，如士兵冒充警察。

2006年卷二65. B选项认为，真正军警人员抢劫不属于冒充军警人员抢劫。最高人民法院在2016年颁布的《关于审理抢劫刑事案件适用法律若干问题的指导意见》中明确指出：军警人员利用自身的真实身份实施抢劫的，不能认定为“冒充军警人员抢劫”，应依法从重处罚。

[经典案例] 仅仅是口头宣称是警察，不属于冒充军警人员抢劫。《刑事审判参考》指导案例第1184号：被告人肖建美在抢劫时，仅仅是口头宣称系警察，既没有穿着警察制服，也没有驾驶警用交通工具或使用警用械具等，更没有出示警察证件，以普通人的辨识能力能够轻易识破其假警察身份。案发后，被害人每天晚上去案发现场，试图抓住对其实施抢劫的两名男子，由此也可以看出，被害人在案发当时根本不相信二被告人是警察，二被告人的冒充行为明显没有达到应有的程度和效果，也没有损害警察的形象，社会危害性与一般抢劫无异，不认定“冒充军警人员抢劫”为宜。

7. 持枪抢劫。

（1）枪支必须是真枪。是否要求装有子弹，存在不同的看法，张明楷教授持否定说。

（2）让被害人感受到了枪支的存在。即行为人必须是实际上使用了枪支，至少显示了真枪。如果行为人仅仅是携带了枪支，藏在包内，并没有让被害人发觉，而是准备待被害人反抗而使用枪支的，不能认定为是持枪抢劫。

8. 抢劫军用物资或者抢险、救灾、救济物资。

[注意] 8种加重情节的犯罪既遂、未遂的认定。根据司法解释规定，除了抢劫致人

① 答案：ABCD。

重伤、死亡不存在犯罪未遂之外，其他加重情节都存在犯罪既遂、未遂的区分。[①]

典型真题

甲深夜进入小超市，持枪胁迫正在椅子上睡觉的店员乙交出现金，乙说“钱在收款机里，只有购买商品才能打开收款机”。甲掏出100元钱给乙说“给你，随便买什么”。乙打开收款机，交出所有现金，甲一把抓跑。事实上，乙给甲的现金只有88元，甲“亏了”12元。关于本案，下列哪一说法是正确的？（2013年·卷二·8题）[②]

A. 甲进入的虽是小超市，但乙已在椅子上睡觉，甲属于入户抢劫

B. 只要持枪抢劫，即使分文未取，也构成抢劫既遂

C. 对于持枪抢劫，不需要区分既遂与未遂，直接依照分则条文规定的法定刑量刑即可

D. 甲虽“亏了”12元，未能获利，但不属于因意志以外的原因未得逞，构成抢劫罪既遂

（三）准抢劫罪——携带凶器抢夺的，以抢劫罪论处（《刑法》第267条第2款）

1. 该规定的性质：法律拟制规定。该行为本是抢夺罪，但刑法特别规定为抢劫罪。（认定抢劫罪的“绿色通道”）

2. 关于“凶器”的理解。

包括管制刀具以外的其他具有杀伤力的凶器，如铅球、浓硫酸。但如果将凶器解释为包括“汽车”，将驾驶汽车抢夺的行为认定为是携带凶器抢夺，就属于类推解释。具体而言：

（1）凶器是用来杀伤他人的物品，即凶器是准备用来侵犯他人人身权利的。例如，为了盗窃而携带的划破他人提包的刀片，不属于该款中的凶器。

（2）凶器的种类包括性质上的凶器（国家管制刀具），也包括用法上的凶器（铅球、砖头）。

司法解释规定，“携带凶器抢夺”是指行为人随身携带枪支、爆炸物、管制刀具等国家禁止个人携带的器械进行抢夺或者“为了实施犯罪”而携带其他器械进行抢夺的行为。如何理解这一规定：

第一，携带国家禁止个人携带的器械本身就是一种违法行为，携带这些器械实施抢夺行为的，应当认定为“携带凶器抢夺”，以抢劫罪定罪。之所以这样理解，是因为国家禁止个人携带的器械一般情形下民众是不会携带这些东西的，只要是携带这些器械，司法解释就推定行为人有实施犯罪的意图，从而认定为是携带凶器抢夺，进而认定为是抢劫罪。

---

① 2005年最高人民法院《关于审理抢劫、抢夺刑事案件适用法律若干问题的意见》第10条指出：抢劫罪侵犯的是复杂客体，既侵犯财产权利又侵犯人身权利，具备劫取财物或者造成他人轻伤以上后果两者之一的，均属抢劫既遂；既未劫取财物，又未造成他人人身伤害后果的，属抢劫未遂。据此，刑法第二百六十三条规定的八种处罚情节中除“抢劫致人重伤、死亡的”这一结果加重情节之外，其余七种处罚情节同样存在既遂、未遂问题，其中属抢劫未遂的，应当根据刑法关于加重情节的法定刑规定，结合未遂犯的处理原则量刑。

② 答案：D。

第二，行为人“为了实施犯罪”而携带其他器械（国家禁止个人携带的器械之外的器械，如菜刀、铅球）进行抢夺的。此种情况下，司法机关只有能够证明行为人为了实施犯罪而携带其他器械进行抢夺的行为，才能认定为抢劫罪。因为在这种情况下，携带这些器械本身虽然不能反映出违法性，但如果能证实行为人有实施犯罪的意图，就可以推定携带这些器械具有作为“凶器”使用的本性。即使最终未能使用，也符合刑法规定的“携带凶器抢夺”的特征。

3. 携带。“携带”=“暗藏”（备用）。如何理解“携带”应坚持从如下两方面出发：

（1）行为人主观上有随时使用凶器的想法。

如果行为人携带其他器械的本意不是为了实施犯罪，就不能认定为“携带凶器抢夺”，只能认定为是一般抢夺。例如，化学老师放学后，其背包里面放了上课用的化学试验品，临时起意抢夺，此种情形下，如果不能证明其携带化学试验品的目的是为了抢夺，就不能认定为是“携带凶器抢夺”，从而不能认定成立抢劫罪。

（2）客观上携而未（对人）用，并且没有（对人）显示（没有使用凶器对被害人实施暴力、胁迫）。

如果行为人携带管制刀具尾随他人，突然使用管制刀具将他人背着的背包等剪（划）断，取得他人背包的，应适用《刑法》第267条第2款，而不能直接适用《刑法》第263条的规定，因为此种情形下，凶器没有对人身产生威胁。

如果直接使用或者显示凶器，那至少对被害人造成了胁迫心理，直接认定《刑法》第263条的抢劫罪。

（3）包括直接携带，也包括间接携带。

携带是一种现实上的支配，行为人随时可以使用自己所携带的物品，如手持凶器、怀中藏着凶器、将凶器置于衣服口袋、将凶器置于随身的手提包等容器中的行为，使随从者实施这些行为的，也属于携带凶器。例如，甲使乙手持凶器与自己同行，即使由甲亲手抢夺丙的财物，也应认定甲的行为是携带凶器抢夺。

（四）转化型抢劫（事后抢劫）——《刑法》第269条

1. 性质：法律拟制规定。该行为不是抢劫罪，但刑法特别规定为是抢劫罪。（抢劫罪的“绿色通道”）。

《刑法》第269条规定：犯盗窃、诈骗、抢夺罪，为窝藏赃物、抗拒抓捕或者毁灭罪证而当场使用暴力或者以暴力相威胁的，依照本法第二百六十三条（抢劫罪）的规定定罪处罚。

立法理由在于：普通抢劫罪（《刑法》第263条）是先侵犯人身权利，再侵犯财产权利。而转化型抢劫是先侵犯财产权利，再侵犯人身权利。二者所侵犯的法益并无差异。

2. 条件一，前提条件：犯盗窃、诈骗、抢夺罪。

（1）包括其他具有侵犯财产性质的盗窃、诈骗、抢夺罪，如盗伐林木罪、信用卡诈骗罪。

例如，盗伐林木罪可以成为转化型抢劫的前提，因为该罪不仅仅具有破坏环境资源的性质，同时与一般的盗窃罪在侵犯财产的属性上并无差别。但是，盗窃国有档案罪则不能转化成抢劫，因为该罪根本没有侵犯财产的属性。

（2）成立《刑法》第269条的转化型抢劫，通常要求前行为达到犯罪的标准，但并不是必须要求前行为“盗窃、诈骗、抢夺”完全达到犯罪既遂的标准（只要求有盗窃、诈骗、抢夺的行为即可）——《刑事审判参考》第109期案例：张红军抢劫、盗窃案。

理由有二：第一，如果严格要求转化前的“盗窃、诈骗、抢夺”行为构成犯罪，则可能出现仅因盗窃等行为的数额未达到构罪标准，而放纵使用较强暴力拒捕的行为或者出现对造成严重犯罪后果的行为难以适当追责的情形。

第二，《刑法》第269条的转化型抢劫与《刑法》第263条的普通抢劫罪，虽然获取财物与实施暴力的前后顺序不同，但两者均以抢劫罪定罪处罚，即刑法对两种行为的否定性评价是一致的，二者的罪质是相同的。因此，既然第263条普通抢劫罪的构成要件中没有数额的要求，那么对《刑法》第269条转化型抢劫也不应该有数额的要求。

（3）如果前行为没有达到“盗窃罪、抢夺罪、诈骗罪”的定罪标准，那么，后行为要“补充”，即后行为应造成被害人轻微伤以上。（先天不足，后天补）

3. 条件二，主观条件：为了窝藏赃物、抗拒抓捕、毁灭罪证。

（1）为了逃避被害人或者法律的制裁而使用暴力——使用暴力具有“被动性”，不使用暴力“当时”你走不了。

（2）如果使用暴力的目的是为了取财，直接认定为《刑法》第263条的抢劫罪。如果行为人在实行盗窃、诈骗、抢夺过程中，尚未取得财物时被他人发现，为了非法取得财物，而使用暴力或者以暴力相威胁的，进而取走被害人的财物，应直接认定为《刑法》第263条的抢劫罪。

2017年卷二60. C. 丙窃取刘某汽车时被发现，驾刘某的汽车逃跑，刘某乘出租车追赶。途遇路人陈某过马路，丙也未减速，将陈某撞成重伤——丙不构成抢劫致人重伤，其前行为是盗窃，后行为单独评价为故意伤害罪。

2013年卷四：甲与余某有一面之交，知其孤身一人。某日凌晨，甲携匕首到余家盗窃，物色一段时间后，未发现可盗财物。此时，熟睡中的余某偶然大动作翻身，且口中念念有词。甲怕被余某认出，用匕首刺死余某，仓皇逃离——甲的行为应以盗窃罪与故意杀人罪并罚。此案中，并没有人“追捕”甲，甲也不认为有人追捕他，故不成立转化型抢劫。

4. 条件三，客观条件：“当场”使用暴力或者以暴力相威胁。

（1）当场：是指实施犯罪的现场，包括现场的延伸。即使行为人在被抓捕过程中乘机藏匿于一隐蔽处或者混入人群，暂时脱离了追捕人的视线，但是，追捕人立即进行搜索，并发现行为人的，仍应视为当场。

典型真题

李某乘正在遛狗的老妇人王某不备，抢下王某装有4000元现金的手包就跑。王某让名贵的宠物狗追咬李某。李某见状在距王某50米处转身将狗踢死后逃离。王某眼见一切，因激愤致心脏病发作而亡。关于本案，下列哪一选项是正确的？（2015年·卷二·17题）①

A. 李某将狗踢死，属事后抢劫中的暴力行为

B. 李某将狗踢死，属对王某以暴力相威胁

C. 李某的行为满足事后抢劫的当场性要件

D. 对李某的行为应整体上评价为抢劫罪

① 答案：C。

(2) 暴力或暴力相威胁对象：被害人或者其他抓捕者。

行为人对自己实施暴力，如自杀，从而防止被害人的追捕的，不成立转化型抢劫。因为转化型抢劫之所以以抢劫罪论处，就是因为这种行为已经对被害人造成了再度的威胁或侵害，即又造成了新的法益侵害与威胁。

(3) 暴力的程度：足以使他人不敢反抗、不能反抗的程度，即与普通抢劫罪的暴力程度相当。

首先，"暴力"是对手段、程度的要求，并不是对结果的要求，并不需要造成被害人轻伤或者轻微伤以上。

其次，以"摆脱"方式逃避抓捕，即"被动"的以"被动"方式使用暴力，必须造成"轻伤"以上，才能转化成抢劫。参见《刑事审判参考》指导案例第1186号、2016年最高人民法院《关于审理抢劫刑事案件适用法律若干问题的指导意见》。

(4) 转化型抢劫罪的共同犯罪。

第一，共同盗窃后，部分人使用暴力抗拒抓捕的，其余人基于一定意思联络，对实施暴力或者以暴力相威胁的行为人提供帮助或实际成为帮凶的，可以抢劫共犯论处。

第二，单个人实施盗窃后，使用暴力抗拒抓捕，其他人中途加入进来，与之共同使用暴力的，亦可成立转化型抢劫的共犯。

[案例] 2018年1月1日，刘某单独潜入一居民小区实施入室盗窃，在窃得几百元现金后被户主发现而逃离现场，户主陈某在后紧追，在逃至楼下花园边时，刘某回头对陈某实施打击，陈某边回击边呼喊抓小偷，此时刘某的老乡王某路过，担心其老乡刘某被抓而过来一起帮忙打击陈某，将陈某打倒在地致轻微伤，帮助刘某逃离现场。该案例中，后行为人王某虽然没有犯盗窃罪，但其参与了抗拒抓捕行为，实施了转化抢劫行为，故与前行为人成立转化型抢劫。但在王某加入之前，系刘某已经造成的陈某的伤势，王某不应负责。王某应对加入之后，和刘某一起实施行为过程中造就陈某的伤势负责。参见《刑事审判参考》指导案例第1187号。

典型真题

《刑法》第二百六十九条对转化型抢劫作出了规定，下列哪些选项不能适用该规定？(2008年·卷二·62题)①

A. 甲入室盗窃，被主人李某发现并追赶，甲进入李某厨房，拿出菜刀护在自己胸前，对李某说："你千万别过来，我胆子很小。"然后，翻窗逃跑

B. 乙抢夺王某的财物，王某让狼狗追赶乙。乙为脱身，打死了狼狗

C. 丙骗取他人财物后，刚准备离开现场，骗局就被识破。被害人追赶丙。走投无路的丙从身上摸出短刀，扎在自己手臂上，并对被害人说："你们再追，我就死在你们面前。"被害人见丙鲜血直流，一下愣住了。丙迅速逃离现场

D. 丁在一网吧里盗窃财物并往外逃跑时，被管理人员顾某发现。丁为阻止顾某的追赶，提起网吧门边的开水壶，将开水泼在顾某身上，然后逃离现场

① 答案：ABC。

5. 着手及既、未遂的认定。

（1）“着手”的认定：应以“转”时为着手，即实施“暴力”时为着手。

2018 年真金题：犯盗窃、诈骗、抢夺罪，事后使用暴力的，转化成抢劫罪。虽然盗窃、诈骗、抢夺行为可谓事后抢劫实行行为的一部分，但盗窃、诈骗、抢夺的着手不是事后抢劫的着手。换言之，由于行为人出于窝藏赃物等特定目的使用暴力或者以暴力相威胁，才使得先前的盗窃行为成为事后抢劫行为的一部分。

（2）既、未遂的判断。

一种观点认为，转化型抢劫，一旦使用暴力，就是着手，也是既遂，认为转化型抢劫不存在未遂形态。转化型抢劫罪是一种独立的犯罪形态，作为法律拟制的转化犯，其犯罪构成要件不同于一般抢劫罪，并不存在因犯罪分子意志以外的原因而未得逞的情形，只要发生转化即应为既遂，并不存在未遂形态。

另一种观点认为（审判实践的观点），转化型抢劫也存在既、未遂的区分，只有造成被害人轻伤以上或者抢得财物，才能认定为是犯罪既遂。

（五）抢劫罪认定中的其他具体问题

1. 抢劫罪的数额的认定。

（1）抢劫信用卡后使用、消费的，以行为人实际使用、消费的数额为抢劫数额。由于行为人意志以外的原因无法实际使用、消费的部分，虽不计入抢劫数额，但应作为量刑情节考虑。通过银行转账或者电子支付、手机银行等支付平台获取抢劫财物的，以行为人实际获取的财物为抢劫数额。①

（2）为抢劫其他财物，劫取机动车辆当作犯罪工具或者逃跑工具使用的，被劫取机动车辆的价值计入抢劫数额；为实施抢劫以外的其他犯罪劫取机动车辆的，以抢劫罪和实施的其他犯罪实行数罪并罚。

2. 抢劫罪与飞车抢夺。对于飞车抢夺行为，原则上以抢夺罪从重处罚。

2013 年《最高人民法院、最高人民检察院关于办理抢夺刑事案件适用法律若干问题的解释》规定：驾驶机动车、非机动车夺取他人财物，具有下列情形之一的，应当以抢劫罪定罪处罚：

（1）夺取他人财物时因被害人不放手而强行夺取的；

（2）驾驶车辆逼挤、撞击或者强行逼倒他人夺取财物的；

（3）明知会致人伤亡仍然强行夺取并放任造成财物持有人轻伤以上后果的。②

上述情形之所以认定为抢劫罪，是因为侵犯了被害人的人身权利或者具有侵犯被害人人身权利的高度危险性。

3. 绑架过程中又当场劫取被害人随身携带财物的，同时触犯绑架罪和抢劫罪两罪名，

---

① 2016 年 1 月 6 日最高人民法院《关于审理抢劫刑事案件适用法律若干问题的指导意见》。

② 第（3）项行为似乎是“单一”（抢夺）行为，但司法解释规定以抢劫罪论处。最高人民法院指出：在上述情况下，行为人明知其强行夺取他人财物的手段会造成他人身体伤害的后果，仍然实施抢夺并造成财物持有人轻伤以上后果的，这种暴力并不是抢夺罪中针对他人财物而实施的暴力。而是同时针对受害人人身安全的、足以抑制对方反抗的暴力，已成为劫取他人财物的手段。因此，其行为符合抢劫罪的特征，应以抢劫罪定罪处罚。如果行为人以抢夺财物为目的，实施夺取他人财物的行为，构成抢夺罪，同时因过失造成被害人重伤、死亡等后果，构成过失致人重伤罪、过失致人死亡罪的，依照处罚较重的规定定罪处罚。

应择一重罪定罪处罚。主要理由在于：

第一，绑架勒赎本身就是以获取被绑架人或其亲友财物为目的，因此，在控制被绑架人后掳走其随身携带的财物，无论数额大小，对绑架人（包括共犯）而言，是再自然不过的事。

第二，对这种情况如以抢劫罪和绑架罪并罚，实质上是将一个"暴力劫持或拘禁行为"既用作绑架罪的构成要件，又用作抢劫罪的构成要件，有违"禁止重复评价"的刑法原理。

第三，此种情况下，仅定绑架一罪，把掳财的行为作为量刑情节考虑，与定两罪相比，也不至于轻纵犯罪人。

三、盗窃罪

（一）对象

1. 对象：他人占有（非法或合法占有）的财物。自己所有的财物，只要在他人的合法占有之下，偷回来的，如果认为盗窃罪的保护法益是占有权，这种行为，也成立盗窃罪。

（1）自己所有的财物被公务机关占有或被他人合法占有时，视为他人占有的财物，是盗窃罪的对象。[①]

2003年卷二10. 李某花5000元购得摩托车一辆，半年后，其友王某提出借用摩托车，李同意。王某借用数周不还，李某碍于情面，一直未讨还。某晚，李某乘王某家无人，将摩托车推回。次日，王某将摩托车丢失之事告诉李某，并提出用4000元予以赔偿。李某故意隐瞒真情，称："你要赔就赔吧。"王某于是给付李某摩托车款4000元。后李某恐事情败露，又将摩托车偷偷卖给丁某，获得款项3500元——李某的行为构成盗窃罪。[②]

（2）他人非法占有的财物，也应成为财产犯罪的保护对象，当然非法占有的财物不能对抗所有权人的救济行为。

例如，甲盗窃了乙的手机，甲对该手机系非法占有，丙从甲处偷该手机的，成立盗窃罪，但所有权人乙从甲处偷回该手机的，不成立盗窃罪。

［经典案例］《刑事审判参考》指导案例第339号，叶文言、叶文语等盗窃案——窃取被交通管理部门扣押的自己所有的车辆后进行索赔的行为如何定性？

2000年10月5日，被告人叶文言驾驶与叶文语、林万忠共同购买的浙CD3587号桑塔纳轿车进行非法营运，轿车被苍南县灵溪交通管理所查扣，存放在三联汽车修理厂停车场。后叶文言、叶文语与被告人王连科、陈先居、叶启惠合谋将该车盗走，并购置了两套

① 该观点在国家法律职业资格考试中有重要地位。理论上有不同意见，"财产的所有人、保管人窃取被司法机关查封、扣押、冻结的本人财产的行为，符合非法处置、扣押冻结的财产罪的构成要件。但行为人是妨害司法活动、其主观上没有非法占有的目的，因而不构成盗窃罪。"参见陈兴良：《判例刑法学》下卷，中国人民大学出版社2009年版，第289页。

② 本案之所以仅定盗窃罪一罪，其重要的原因在于，行为仅侵犯了一个法益。可能有人认为，此种情形应以盗窃罪与诈骗罪并罚，理论上亦有部分学者持此观点，但这丝毫不影响国家法律职业资格考试，命题老师会回避这一争议，该题被设置成单选题。实际上，我国刑法学界的主流观点还是认为，行为侵犯了占有，最终侵犯了他人的财产所有权，才能认定为是财产犯罪，如果仅仅是取回自己所有的财物，而没有后续索赔行为，没有侵犯被害人的财产所有权，一般不以犯罪论处。

与交通管理部门制服类似的服装。10日晚，将汽车偷走，并予以销赃。2001年1月8日，被告人叶文言、叶文语以该车被盗为由，向灵溪交通管理所申请赔偿。经多次协商，获赔11.65万元——判决指出，被告人取回了自己所有但被交通管理所合法占有的财物，并且进行了索赔行为，侵犯了交通管理所的财产所有权。因此，应以盗窃罪论处。

2. 具体内容。

（1）包括无体物、财产性利益。实践中盗窃无形财物的，如电力、煤气、上网流量、网络域名等的案件逐渐增多，财物的概念也呈现出扩张趋势。

例如，甲利用木马程序从航空公司网站、通信公司网站为自己的账户获得了很多积分。甲利用这些积分多次免费乘坐飞机，免费拨打了几十个小时的电话，如果这些服务都付费的话，甲需要支付3万元。甲的行为成立盗窃罪。

（2）电信码号、电信卡、上网账号、密码。（《刑法》第265条）

将电信卡非法充值后使用，造成电信资费损失数额较大的，定盗窃罪。

明知是非法制作的IC电话卡而使用或者购买并使用，造成电信资费损失数额较大的，定盗窃罪。

3. ［重要争议问题解说］“机器不能成为被骗的对象”应被修正。针对机器实施的非法获取财物的行为，理论上虽然主张以盗窃罪论处，但现在也不绝对。

理论上不少学者反对“机器不能成为被骗的对象”这一观点，关于信用卡犯罪的立法及相关法律解释更是直接、明确反对这一观点。请参考如下案例，“欺骗”机器的，仍然可以成立诈骗罪。

案情介绍：北京市海淀区人民法院经公开审理查明：被告人王彩坤利用北京骏网在线电子商务有限公司网络交易平台的技术漏洞，采用虚报商品利润、自买自卖进行虚假交易的手段，欺骗骏网公司，在其账户内虚增骏网交易资金76万元（折合人民币76万元）。后王彩坤将该笔虚增资金转入张娟的私人账户。后被告人张娟将76万元骏币全部用于从骏网公司购买游戏点卡，再将游戏点卡出售以兑换现金。后王彩坤将人民币53万元用于个人挥霍。张娟分得人民币23万元。法院认定：被告人王彩坤犯诈骗罪，张娟犯销售赃物罪（现为掩饰、隐瞒犯罪所得罪）。

北京大学车浩教授指出：类似案件之所以能够以诈骗罪论处，不是由于人工智能系统能够成为被骗的对象，而是由于智能系统背后的人，能够成为被骗的对象。骏网公司设置了网络交易平台，通常情况下，能够满足网络平台交易条件的交易，都被推定为是真实有效的交易，因而这些满足网络平台交易条件的交易，都是得到骏网公司同意的（预设的同意），得到他人同意的行为，不可能构成盗窃罪。但是，本案中，虽然王彩坤所实施的交易满足了网络交易平台的条件，但恰恰不是一种真实的交易，而是一种虚假的自我交易，骏网公司管理者没有通过网络平台将其甄别，而是误以为其为真实有效的交易，因此仍然给予其同意，允许其获取骏币，这是陷入错误的财产处分，因而构成诈骗罪。一般认为，诈骗罪中的引起错误只能是指人的错误，也只有人能够被欺骗。随着技术进步，以往出现在人与人之间的信息交通往来，开始越来越多地出现在人机之间，按照传统的诈骗罪理论，由于欠缺欺诈和错误的要素，而无法被包含进诈骗罪中。

如果行为人冒用他人的真卡且输对密码后取钱，由于已经满足了机器设置者在机器上设定的同意条件，因而不构成盗窃。在这种情况下，从机器设置者的角度来看，只要持卡者满足了预设同意的条件，该持卡者就会被认为是有用卡权限的。但是，实际上持卡者是无权、非法地使用信用卡，机器设置者对这种真实的情况陷入错误认识，且基于错误认识而处分了财物，对此应当认定为构成信用卡诈骗罪。从根本上来讲，冒用他人信用卡在 ATM 机上使用与在柜台上使用是一样的，都是针对机器背后的人进行欺骗（如果一定要与以人为直接沟通对象的传统诈骗相区别，则在立法上设置为计算机诈骗就可以了）。由此可见，“机器不能被骗”的说法，只是在强调机器本身不能陷入错误判断，但是并不意味着机器背后的人不能成为诈骗罪的对象，也并不意味着所有针对机器实施的取财行为都不能构成诈骗类犯罪。

（二）客观行为

1. 理论观点一：通说的观点：秘密窃取（广义）。盗窃罪的秘密性应从三个角度来理解：

第一，特定性。是指相对于财物的所有人或保管人来说，是一种隐藏性的行为。

第二，主观性。行为人自以为采取了一种背着财物的所有人或保管人的行为。因此，这种秘密具有主观性。例如，甲进入乙家盗窃，看见乙正在睡觉，事实上乙已经发现了甲，但仍然继续假装睡觉。甲主观上自认为没有被乙发现，虽然客观上已经被乙发现，仍然认为是秘密窃取而成立盗窃罪。

第三，相对性。秘密与公然之间是相对的，秘密窃取之秘密，仅意味着行为人意图在财物所有人或保管人未觉察的情况下将财物据为己有，但这并不排除盗窃罪也可能是在光天化日之下而实施。例如，甲在公交车上趁乘客乙熟睡之际，拿走乙身上的财物。虽然公交车上其他乘客注意到了甲的行为，但甲的行为相对于乙而言是秘密的，仍不失为秘密窃取，成立盗窃罪。

通说的观点认为，当着被害人的面公开拿走财物的，应该成立抢夺罪。盗窃罪、抢夺罪区分的关键在于，行为是秘密还是公开。盗窃罪的秘密性，说明犯罪行为人不想让自己的犯罪行为被被害人知悉，主观上对被害人心存“敬畏”之心；而抢夺案件中，犯罪行为人公然拿走被害人财物，对被害人、法秩序毫无“敬畏”之心。（参见：陈兴良：《判例刑法学》下卷，中国人民大学出版社 2009 年版，第 345 页。）

有兴趣的同学可以上中国知网查找关于盗窃、抢夺的专业学术论文，发表在核心期刊以上的论文，几乎无一例外地支持该观点。如下是刘明祥教授的论文摘要：按我国传统的通说，盗窃与抢夺的区别在于是秘密窃取还是公然（或公开）夺取他人财物，这是由“盗窃”和“抢夺”的字面含义得出的当然结论，具有科学合理性。不从字面含义理解“盗窃”与“抢夺”的“新说”，认为盗窃与抢夺的区别在于对象是否属于他人紧密占有的财物，行为是否构成对物暴力。这种主张不仅无法合理说明，为何不能采取通说却要采用这样的标准来区分盗窃与抢夺，而且增添了区分的难度，在司法实践中难以掌握执行。（刘明祥：《也谈盗窃与抢夺的区分》，《国家检察官学院学报》2019 年第 5 期）

2. 理论观点二：近年来有一种观点认为，盗窃罪既可以是秘密的，也可以是公开的，只要是采取和平的方式（没有造成被害人伤害的可能性）取走他人财物，均成立盗窃。当然，这都是个别学者所提出的观点。我国审判实践中目前还没有出现公开取走他人财物的，以盗窃罪论处的判决。

有部分学生存在误读，认为抢夺必须公开对物使用暴力。其实，《刑法》第 267 条并没有要求抢夺必须对物使用暴力，刑法理论上的多数观点也认为抢夺是公然进行即可。

需要说明的是，刑法理论上专门就盗窃与抢夺的学术论文共有十余篇，这些学术论文都对这一问题进行了深入研究，应该说，对于盗窃罪是秘密还是公开，是最有发言权的，截至本书完成之时，学术论文中仅有个别学者赞同盗窃可以是公开的。有人认为，公开可以成立盗窃是通说的观点，这是误读、误导。有兴趣的学者可以直接上中国知网查找学术论文，切不可盲目听信谣言。

3. 审判实务的观点：坚持盗窃罪是秘密窃取。

实践中，公然、当面取走被害人财物的案件非常多，但审判实践中无一例外地都认定为抢夺罪，个别判决书中提出了公开可以成立盗窃罪的观点。但截至本书稿完成时，未出现过将公开、当面取走他人财物成立盗窃罪的判决。退一步讲，实务中公然取走他人财物的案件，即便有个别被认定为盗窃罪，也说明这种观点有极少数案例支持。从这一意义上看，几千年来形成的"明抢暗偷"的观点在实践中是根深蒂固的，也具有实践理性。德国、日本刑法中没有规定抢夺罪，所以认为盗窃可以是公开的。但中国刑法中规定了盗窃罪、抢夺罪，不能盲目照搬照抄德国、日本的做法。法律是地方性知识，脱离本土文化观念、司法实践而学习刑法，是不可取的。

我国台湾审判实践中，亦是绝对坚持了通说观点，尊重了传统文化，有兴趣的同学可以直接查阅台湾的相关判决书。"所谓窃取，就是乘人不觉而秘密取走他人财物，盗窃的手段必须是秘密的，如果行为人乘人不备公然夺取就构成抢夺罪，而非盗窃罪。"参见赵琛著：《刑法分则实用》（下），第13版，第769页；韩忠谟著：《刑法各论》，第400页，台湾版，1982年。

最高人民法院指导案例第27号臧进泉案，判决书原文内容如下：盗窃是指以非法占有为目的，"秘密窃取"公私财物的行为；诈骗是指以非法占有为目的，采用虚构事实或者隐瞒真相的方法，骗取公私财物的行为。臧进泉、郑必玲获取财物时起决定性作用的手段是"秘密窃取"，诱骗被害人点击"1元"的虚假链接系实施盗窃的辅助手段，只是为盗窃创造条件或作掩护，被害人也没有"自愿"交付巨额财物，获取银行存款实际上是通过隐藏的事先植入的计算机程序来窃取的，符合盗窃罪的犯罪构成要件。

2014年最高人民法院的《刑事审判参考》（总第92集）李培峰抢劫、抢夺案，行为人在加油站加油后不付款逃跑的案件，法院认定了抢夺罪，并且裁判理由明确反对"公然盗窃"。可以认为，"盗窃是秘密、抢夺是公开"的通说观点更符合国民几千年来"明抢暗偷"的法律文化观念，有其合理性。

法学初学入门的学生一定要切记，不要认为自己掌握了一种所谓的"新观点"就目空一切，一种观点，能否被实践采纳，是否符合我国本土实践及文化，是需要经得起历史的检验。我国历史上对域外法律的诸多移植，如果不结合本土文化展开，最终都是"昙花一现"而以失败告终。

不少同学误以为，审判实务中有案件支持公开的可以成立盗窃罪，并列举了判决书文号，例如，广东省珠海市金湾区人民法院刑事判决书（2018）粤0404刑初289号，南通市港闸区人民法院刑事判决书（2014）港刑二初字第16号，这都是没有认真看过判决书原文后的个人猜想。这两个案件，认定盗窃罪仍然是坚持了秘密窃取，只是提及了公开也可以成立盗窃罪是一种观点。①

4. 法考观点：应掌握两种观点。2019年司法部司法考试司官方组织了命题核心专家编写《司法考试试题选编（2002-2017）》（法律出版社），原文如下：

通说认为，成立盗窃罪，行为人必须实施了秘密窃取行为。如果行为人是当着被害人的面取得财物，不是秘密窃取财物的，该行为就不是盗窃行为。通说以否认公然盗窃构成盗窃罪为前提，但是，在互联网年代，借助互联网力量，人人都可能具有通天眼，"公然盗窃"的情形将时常发生，将此一概认定为抢夺罪并不合适。当然，在司法考试（现为"法考"）中，不能刻意"推销"某一种学说。司法考试重在考查考生是否理解了某一学说，具体案件中能否具体运用该学说。

典型真题

1. 甲骑摩托车搭着乙过山路，路面崎岖泥泞，甲便下车推着摩托车前行。这时乙提出帮忙把车骑过去，甲同意，并且紧跟其后，双眼一直注视乙。不料过了山路乙骑着摩托扬长而去。乙的行为构成何罪？（2018年真金题）②

A. 盗窃罪　　B. 侵占罪　　C. 抢夺罪　　D. 抢劫

2. 乙女在路上被铁丝绊倒，受伤不能动，手中钱包（内有现金5000元）摔出七八米外。路过的甲捡起钱包时，乙大喊"我的钱包不要拿"，甲说"你不要喊，我拿给你"，乙信以为真没有再喊。甲捡起钱包后立即逃走。关于本案，下列哪一选项是正确的？（2016年·卷二·18题）③

A. 甲以其他方法抢劫他人财物，成立抢劫罪

B. 甲以欺骗方法使乙信以为真，成立诈骗罪

C. 甲将乙的遗忘物据为己有，成立侵占罪

D. 只能在盗窃罪或者抢夺罪中，择一定性甲的行为

3. 菜贩刘某将蔬菜装入袋中，放在居民小区路旁长条桌上，写明"每袋20元，请将钱放在铁盒内"。然后，刘某去3公里外的市场卖菜。小区理发店的店员经常好奇地出来看看是否有人偷菜。甲数次公开拿走蔬菜时假装往铁盒里放钱。关于甲的行为定性（不考虑数额），下列哪一选项是正确的？（2015年·卷二·19题）④

A. 甲乘人不备，公然拿走刘某所有的蔬菜，构成抢夺罪

B. 蔬菜为经常出来查看的店员占有，甲构成盗窃罪

C. 甲假装放钱而实际未放钱，属诈骗行为，构成诈骗罪

---

① 两个案件的判决书原文如下：2017年7月起，被告人谢某、谢某均、杨某等人在珠海市、中山市、江门市等地物色被害人，谎称系香港、台湾等地的外来商人，以手机无法拨打为由，借用被害人手机拨打电话。在取得被害人信任后，被告人谢某、谢某均、杨某等人拿着被害人手机拨打事先确定好的电话号码，趁被害人不备拿着手机逃离现场。被告人的行为构成盗窃罪，带走手机被害人毫不知情，是秘密窃取。

甲、乙两被告人与被害人闻某素不相识，事发当天经过被害人家门前临时起意盗窃，虽然当时被害人家中已无人居住，但从花木所处的位置、长势以及被告人为避免户主追究选择其中价值相对较小的花木作为犯罪对象等因素分析，被告人应当知晓所窃花木属于他人支配管理的财物。甲、乙二人的行为成立盗窃罪，被害人家中是没有人，家中的财物亦归主人占有，甲、乙取走他人财物，是秘密窃取。

② 答案：C。如果该题设置成为多选题，可选A、C。这一问题，理论上有两种观点，但成立抢夺罪是通说的观点。

③ 答案：D。

④ 答案：D。

D. 刘某虽距现场3公里，但仍占有蔬菜，甲构成盗窃罪

4. 甲潜入他人房间欲盗窃，忽见床上坐起一老妪，哀求其不要拿她的东西。甲不理睬而继续翻找，拿走一条银项链（价值400元）。关于本案的分析，下列哪些选项是正确的？（2013年·卷二·60题）①

A. 甲并未采取足以压制老妪反抗的方法取得财物，不构成抢劫罪

B. 如认为区分盗窃罪与抢夺罪的关键在于是秘密取得财物还是公然取得财物，则甲的行为属于抢夺行为；如甲作案时携带了凶器，则对甲应以抢劫罪论处

C. 如采取B选项的观点，因甲作案时未携带凶器，也未秘密窃取财物，又不符合抢夺罪"数额较大"的要件，无法以侵犯财产罪追究甲的刑事责任②

D. 如认为盗窃行为并不限于秘密窃取，则甲的行为属于入户盗窃，可按盗窃罪追究甲的刑事责任

5. 下列说法正确的是？（模拟题）③（财产犯罪 盗窃罪、抢夺罪）

A. 甲进入乙家盗窃，发现乙在家中，当着乙的面，直接拿走了乙家中的5000元钱。如果认为盗窃是可以公开进行的，甲的行为成立盗窃罪

B. 如果认为盗窃仅限于秘密窃取，A选项中甲的行为成立抢夺罪

C. 在火车车厢，甲使用暴力、当面夺取了乙手中的500元钱后逃离现场，甲的行为成立抢夺。抢夺罪要求数额较大才能成立，由于甲的行为没有达到数额标准，甲的行为不能认定为是抢夺罪

D. 在火车车厢，甲趁乙睡觉的时候，乙并不知情，甲取走了乙口袋中的500元钱，甲的行为是扒窃。扒窃入罪没有数额的要求，甲的行为成立盗窃罪

（三）认定中的若干问题

1. 定罪的标准：数额较大，或者多次盗窃、入户盗窃、携带凶器盗窃、扒窃。

《刑法修正案（八）》规定3种新型盗窃："入户盗窃""携带凶器盗窃""扒窃"，并没有"数额"与"次数"的要求，主要是考虑到这3种新型盗窃有侵犯被害人人身权利的潜在可能。例如，"扒窃"的对象是被害人贴身的财物，很可能惊动被害人，就可能引发人身冲突。又如，入户盗窃的情形下，被害人可能随时回家，发现犯罪行为人的盗窃行为，二者之间就可能引发冲突。

（1）数额较大。

第一，对于轻罪"数额较大"的未遂，由于情节轻微，认定为犯罪应慎重。对于重罪的未遂，如以数额巨大的财物为盗窃目标的未遂，仍然应作为犯罪处理。

第二，对于盗窃罪中所要求的"数额较大"应作主客观相统一的理解，即行为人主观上应认识到财物的数额大小。

例如，行为人主观上应认识到财物价值"数额较大"，客观上行为所针对的对象也应达到价值"数额较大"。如果行为人主观上认为财物价值非常小，并且这种认识是有依据的，即便

① 答案：ABCD。

② 坚持通说的观点，甲的行为属于抢夺，又由于根据《刑法》第267条规定，成立抢夺罪应达到"数额较大"或"多次抢夺"，甲仅得400元，所以不能定抢夺罪。当然，如果抢夺金额达到4000元、40000元，当然成立抢夺罪。

③ 答案：ABCD。

财物的价值实际上远超“数额较大”，也不能认为是盗窃“数额较大”从而构成盗窃罪。

天价葡萄案：2003年8月，4名外地来京民工，进入北京农林科学院林业果树研究所葡萄研究园内偷摘葡萄约47斤。殊不知此葡萄系科研新品种，民工的行为导致研究所研究数据断裂。北京物价部门对被偷的葡萄评估金额为1.122万元。因各行为人主观上无法认识到该葡萄数额巨大，后各行为人被无罪释放。

天价手机案：保姆盗窃了主人的一部手机，该手机实际金额为30万元（数额特别巨大），但保姆不可能认识到该手机数额特别巨大，仅能认识到该手机数额较大（价值几千元）。法院认定为盗窃罪，仅对其主观上能认识到的“数额较大”负责。

典型真题

2010年某日，甲到乙家，发现乙家徒四壁。见桌上一块玉坠，断定是不值钱的仿制品，甲便顺手拿走。后甲对丙谎称玉坠乃秦代文物，值5万元，丙以3万元买下。经鉴定乃清代玉坠，市值5000元。关于本案的分析，下列哪一选项是错误的？（2013年·卷二·6题）①

A. 甲断定玉坠为不值钱的仿制品具有一定根据，对“数额较大”没有认识，缺乏盗窃犯罪故意，不构成盗窃罪

B. 甲将所盗玉坠卖给丙，具有可罚性，不属于不可罚的事后行为

C. 不应追究甲盗窃玉坠的刑事责任，但应追究甲诈骗丙的刑事责任

D. 甲诈骗丙的诈骗数额为5万元，其中3万元既遂，2万元未遂

（2）多次盗窃。2年内盗窃3次以上的，应当认定为“多次盗窃”。多次盗窃的认定，不要求每次都达到“数额较大”的标准。

（3）扒窃。对象是与被害人“贴身”的财物，包括口袋内、外与被害人贴身的财物。

第一，行为发生在公共场所。不特定人可以进入的场所以及有多数人在内的场所，如公共汽车、地铁、火车、公园、影剧院、大型商场等，只要行为发生在公共场所，即使公共场所的人不是很多，也不影响扒窃的成立。

第二，所窃取的应是他人随身携带的财物，亦即他人带在身上的“贴身”的财物，扒窃的财物不限于体积微小的财物。②

（4）“携带凶器”盗窃。不要求行为人显示、暗示凶器，更不要求行为人对被害人使用凶器，否则，成立抢劫罪。

（5）入户盗窃。非法进入供他人家庭生活，与外界相对隔离的住所盗窃的，应当认定

---

① 答案：D。

② 最高人民法院认为，扒窃所窃取的随身携带的财物，应当限缩解释为未离身的财物，即被害人的身体应当与财物有接触，即“贴身”，如装在衣服口袋内的手机、钱包，手提、肩背的包，坐、躺、倚靠时与身体有直接接触的行李等。胡云腾、周加海、周海洋：《〈关于办理盗窃刑事案件适用法律若干问题的解释〉的理解与适用》，《人民司法》2014年第15期。

《刑法修正案（八）》增设入户盗窃、携带凶器盗窃、扒窃3种新型盗窃，这3种新型盗窃成立犯罪没有数额标准要求，从这一意义上看，立法已经极度扩张了盗窃罪的范围。我国审判实践中的刑事犯罪，盗窃罪的比例超过20%以上，在立法已经对盗窃罪的范围作扩张规定的情况下，刑法理论上如果还扩张解释盗窃罪，扩张解释“扒窃”，将会使司法机关不堪重负处理这些案件。从这一意义上看，最高人民法院适当限制解释“扒窃”的对象为“贴身”的财物，有其合理性。

为"入户"盗窃。

[延伸阅读] 利用入户盗窃所得车辆钥匙在户外窃取摩托车的，应认定为是入户盗窃，车辆应认定为入户盗窃的数额。具有使用价值的物品和关联的财物共同构成了一个整体性的财产权益。通过控制具有使用价值的物品占有关联财物时（形式占有），财物和部分财产权益可能会存在地点分离。就一般认识而言，车辆之所以能安心放在户外公共场所，是因为车辆上锁后钥匙已经被权利人安全控制在户内。一旦获取钥匙，就意味着可以相对轻易的在户外实现对车辆的控制，在整体行为中，获取钥匙的行为较启动车辆的行为更为重要，据此，车钥匙应视为载体。参见《刑事审判参考》指导案例第1175号。

2. 盗窃罪"犯罪成立"与"犯罪既遂"的区别。

（1）"犯罪成立"（进入跑道）没有数额的要求。"多次盗窃""入户盗窃""携带凶器盗窃""扒窃"行为成立盗窃罪，没有数额上的要求。这除了是因为这几种犯罪常见多发，有必要采取特别方式予以制止外，还因为其与人身有关，极易转化为抢劫等严重犯罪，社会危害性较大，认为有定罪处罚的必要。

（2）"犯罪既遂"（冲向终点），要求行为人窃取到具有一定价值的财物，仍以行为人取得了值得刑法保护的财物为"既遂"标准。如果行为人窃取到的财物极为低廉，不应认定为盗窃罪既遂，只能认定为盗窃罪未遂，如行为人扒窃得到了10元，虽然成立盗窃罪，但只能认定为是盗窃罪未遂。①

典型真题

关于盗窃罪的理解，下列哪一选项是正确的？（2011年·卷二·16题）②

A. 扒窃成立盗窃罪的，以携带凶器为前提

B. 扒窃仅限于窃取他人衣服口袋内体积较小的财物

C. 扒窃时无论窃取数额大小，即使窃得一张白纸，也成立盗窃罪既遂

D. 入户盗窃成立盗窃罪的，既不要求数额较大，也不要求多次盗窃

3. 盗窃数额的计算。

（1）有价支付凭证、有价证券：以给被害人造成的实际损失作为盗窃数额。质言之，财产凭证被盗后，对财产凭证的内容的支配权，如果还在被害人手中（如银行卡），其卡内金额就不能认定为损失金额。

例如，盗窃他人银行卡后，并不必然使用他人银行卡，且卡是被害人名义办理的，被害人完全可以通过挂失挽回损失，所以，盗窃金额应以犯罪行为人实际使用的数额为准。

又如，盗窃他人的商场购物券的，由于购物券一般不能挂失，购物券的金额应认定为盗窃数额。

（2）盗窃后销售的，原则上仅成立盗窃罪一罪。

首先，盗窃违禁品（如枪支弹药、毒品、淫秽物品等）后销售的，要数罪并罚。

① 2016年卷二53. C. 丙见商场橱柜展示有几枚金锭（30万元/枚），打开玻璃门拿起一枚就跑，其实是值300元的仿制品，真金锭仍在。丙属于犯罪未遂。该案中，300元的仿制品本身在"量"上并不值得刑法保护，仅成立盗窃罪的未遂。

② 答案：D。

其次，如果已经超出了销赃意义上的欺诈，即销赃数额远远高于被盗窃物品价格的(不等价交换)，销赃行为另成立诈骗罪。

例如，甲盗窃了一个 SEIKO 手表（2 万元），后将该手表伪装成 0MEGA 手表以 20 万元的价格卖给他人，甲的行为成立盗窃罪、诈骗罪，并罚。此种情形下，之所以 2 万元的财物能够卖出 20 万元的价格，起主要作用的不是财物本身，而是“欺诈”行为。

（3）违禁品数额的计算。不计数额，根据情节轻重量刑。2008 年最高人民法院《全国部分法院审理毒品犯罪案件工作座谈会纪要》指出：盗窃、抢夺、抢劫毒品的，应当分别以盗窃罪、抢夺罪或者抢劫罪定罪，但不计犯罪数额，根据情节轻重予以定罪量刑。

2003 年卷二 7. 钱某持盗来的身份证及伪造的空头支票，骗取某音像中心 VCD 光盘 4000 张，票面金额 3.5 万元。物价部门进行赃物估价鉴定的结论为：“盗版光盘无价值”——钱某的行为构成票据诈骗罪的既遂，数额按票面金额计算。虽然通过票据骗取了 4000 张盗版的 VCD 光盘，但票据实际上是发挥了 3.5 万元的作用的。

4. 盗窃既、未遂的判断标准：采控制说。只要行为人取得（控制）了财物，就是盗窃既遂。

（1）一般来说，只要被害人丧失了对财物的控制，就应认定为行为人取得了财物。

例如，行为人以非法占有为目的，从火车上将他人财物扔到偏僻的轨道旁，打算下车后再捡回该财物。不管行为人事后是否捡回了该财物，均应认定为犯罪既遂。

又如，通过网上银行盗窃他人存款，已经将现金转入支付宝的，应认定为盗窃既遂。

再如，盗窃机动车的，应以已经发动车辆开始移动时为既遂。被害人是否对财物设置了报警系统，不影响既、未遂的认定。

（2）对具体案件中盗窃的既遂与否，应当结合财物的性质、形状、他人占有财物的状态、窃取行为的样态与社会生活的一般见解作个别考察：

第一，对容量大的财物，搬出较为困难的，一般以搬出时为既遂。他人对财物支配力较强的，例如进入他人住所、商店内盗窃体积较大的财物，将其搬出屋外为既遂；在警戒严密的工厂内，将不容易搬动的财物从仓库中拿出，并藏在院墙边准备伺机搬出院墙的，是盗窃的未遂；他人支配力较弱的，准备搬出时即为既遂，例如用车辆将他人财物加以装运，装妥就是既遂。

第二，对形状较小、容易搬动的财物而言，接触该财物并控制的就是既遂，即使行为人、被窃财物还处在被害人能够一般地加以支配的空间内也不影响既遂成立。

例如，2013 年卷二 54. 甲在珠宝柜台偷拿一枚钻戒后迅速逃离，慌乱中在商场内摔倒。保安扶起甲后发现其盗窃行为并将其控制。甲虽然未能离开商场，但仍属于盗窃罪既遂。

第三，警方事先控制下的盗窃行为，仅成立犯罪未遂。

例如，某首饰商场近日多次被盗，警方遂加强店内监控。某日午后，警方发现店内有一顾客（申某）鬼鬼祟祟，形迹可疑，于是布置多名警员对其密切监视。待申某成功偷得一枚价值 2 万元的钻戒后，附近布线的警员才一拥而上，抓了申某一个现行。后被盗钻戒当场交还给了商场。申某的行为成立犯罪未遂。

又如，2008 年卷二 6. 甲潜入乙的住宅盗窃，将乙的皮箱（内有现金 3 万元）扔到院墙外，准备一会儿翻墙出去再捡。偶尔经过此处的丙发现皮箱无人看管，遂将其拿走，据为己有。15 分钟后，甲来到院墙外，发现皮箱已无踪影。甲成立盗窃罪（既遂），丙成立侵占罪。

专题十九

侵犯个人法益之犯罪：侵犯财产罪（中）

知识体系

- 侵犯个人法益之犯罪：侵犯财产罪（中）
  - 诈骗罪
    - 如何理解“处分财产”的行为
    - 如何理解“财产上的损失”
    - 诈骗罪认定的若干问题
    - 诈骗罪与盗窃罪的区别
  - 抢夺罪
  - 侵占罪
    - 侵占罪的对象
    - 客观特征
    - 侵占罪与盗窃罪、诈骗罪之间的区分——财物占有状态的类型
    - 侵占罪认识错误的处理

一、诈骗罪

基本结构：虚构事实、隐瞒真相的欺诈行为→→被害人陷于认识错误→→被害人“自愿处分”财物→→被告人受益→→被害人受损。

（一）如何理解“处分财产”的行为

1. 被害人应对财物有“处分权”。原则上，只要占有财产的人就有处分权，不限于财产所有权人。①

例如，甲来到董事长乙的家门口，欺骗董事长的妻子丙说：“我是新来的董事长秘书，

① 对于部分争议案件，特定的人是否具有处分权，可能会有不同的观点。2014年卷二19. 乙购物后，将购物小票随手扔在超市门口。甲捡到小票，立即拦住乙说：“你怎么把我购买的东西拿走？”乙莫名其妙，甲便向乙出示小票，两人发生争执。适逢交警丙路过，乙请丙判断是非，丙让乙将商品还给甲，有口难辩的乙只好照办。该题的A选项指出，如认为交警丙没有处分权限，则甲的行为不成立诈骗罪。如果认定交警丙有处分权，则案件成立诈骗罪——该选项正确，当然，交警对财物是否有处分权，理论上存在争议。该案是发生在德国的真实案例，德国第二国营电视台（ZDF）播出，用以警告民众，购物后不要乱丢购物凭证。台湾刑法学者林东茂教授认为，警察并没有处分权，甲的行为不成立诈骗罪。参见林东茂：《一个知识论上的刑法学思考》，中国人民大学出版社2009年版，第135页。

请把董事长的包交给我，我给他带去办公室。”丙信以为真，将该包交给甲——该案中，丙虽然不是包的所有权人，但事实上占有着该包，对包仍有处分权。甲的行为成立诈骗罪。

之所以只要占有财产的人就有处分权，而不严格限制为所有权人，主要理由：当前社会财产关系异常复杂，财物的占有人与所有权人通常是分离的，犯罪分子在诈骗他人财物的时候，根本无法判断财物的持有人是否是财物的所有权人。据此，只要占有财产的人均有处分权。再者，“处分”也并非要求处分所有权，处分“占有”即可，所以，只要占有财产的人，就有处分权。

2018年真金题：某法院将扣押的车辆放在停车场，甲对该停车场的保管员乙谎称自己是法院的人，受法院的委托过来把车开走。保管员乙信以为真，并收取了甲给的保管费后，让甲把汽车开走——甲的行为构成诈骗罪，该案中，保管员乙对其保管、占有的车辆有处分权。

2016年卷二59. D. 顾客购物时将车钥匙遗忘在收银台，收银员问是谁的，丁谎称是自己的，然后持该钥匙将顾客的车开走——虽然丁对收银员实施了欺骗行为，并基于该欺骗行为取得了钥匙，但收银员并不具备处分汽车的权限与地位，也没有处分汽车的意思，故不能认为收银员处分了该汽车。无论钥匙是否遗失，汽车均为主人（顾客）占有。丁在汽车主人不知情的情况下开走了汽车，应成立盗窃罪。

2. 被害人应有“处分能力”。精神病人、小孩没有这个能力。

[案例] 张某发现王某夫妇外出，家中只有其6岁的女儿璐璐一人。张某走进王某家中，对璐璐谎称自己是其父同事，她爸爸求自己帮忙，把家中的彩电拿到公司用一下。璐璐信以为真，让张某将彩电搬走。本案中，璐璐作为无民事行为能力人，根本不具有处分财产的能力或权限。张某的行为应以盗窃罪论处。

3. 被害人客观上实施了“处分行为”。即被害人“自愿”放弃原占有，放弃对财物“站岗”。

(1)“处分”不等于交付，处分是将自己占有的财产交给被告人独自地、排他性地占有，脱离被害人本人的占有（控制、视线）。

例如，甲以欺骗手段借用乙的手机拨打电话，当乙交付手机给甲拨打时，乙并没有放弃对手机的占有，相反，乙双眼注视着正在使用手机的甲。不能认定乙处分了财产，甲趁乙不注意时，悄悄将手机带走，甲的行为成立盗窃罪。

又如，在商场以购物为名义欺骗售货员的案件，虽然售货员把财物交给了行为人，但售货员对财物保持高度警惕，没有处分财产（脱离占有）的行为及意思，行为人趁售货员不注意取走财物的，成立盗窃罪。

再如，2013年卷二17. 乙驾车带甲去海边游玩。到达后，乙欲游泳。甲骗乙说：“我在车里休息，把车钥匙给我。”趁乙游泳，甲将该车开往外地卖给他人——被害人乙虽然自愿“交付”了钥匙给甲，但没有自愿将汽车交给甲独自占有、脱离本人占有的意思。从这一意义上来看，被害人乙没有“处分”自己的财产。

(2) 对“处分行为”应作扩张解释，可以表现为直接交付财产，承诺使行为人取得财产，或者承诺转移财产性利益，或者承诺免除行为人的债务。

(3) 行为人实施欺骗行为，使他人放弃财物，行为人拾取该财物的，也宜认定为诈骗罪。

例如，2015 年卷二 63. B. 甲对持有外币的乙说：“你手上拿的是假币，得扔掉，否则要坐牢。”乙将外币扔掉，甲乘机将外币捡走——甲的行为成立诈骗罪。

4. 主观上：处分意识（知道自己处分的财产）。即被害人对于财物从自己占有之下转移至他人占有之下这一过程是明知的，或者，行为人与被害人就财物的转移、脱离被害人的占有进行过“沟通”。

2017 年卷二 17. 郑某冒充银行客服发送短信，称张某手机银行即将失效，需重新验证。张某信以为真，按短信提示输入银行卡号、密码等信息后，又将收到的编号为 135423 的“验证码”输入手机页面。后张某发现，其实是将 135423 元汇入了郑某账户。A. 郑某将张某作为工具加以利用，实现转移张某财产的目的，应以盗窃罪论处——该选项正确，因为被害人在输入“135423”时，主观上并没有意识到自己在转移 135423 元财产，即主观上没有处分意识。

典型真题

关于诈骗罪的认定，下列哪一选项是正确的（不考虑数额）？（2016 年 · 卷二 · 17 题）①

A. 甲利用信息网络，诱骗他人点击虚假链接，通过预先植入的木马程序取得他人财物。即使他人不知点击链接会转移财产，甲也成立诈骗罪

B. 乙虚构可供交易的商品，欺骗他人点击付款链接，取得他人财物的，由于他人知道自己付款，故乙触犯诈骗罪

C. 丙将钱某门前停放的摩托车谎称是自己的，卖给孙某，让其骑走。丙就钱某的摩托车成立诈骗罪

D. 丁侵入银行计算机信息系统，将刘某存折中的 5 万元存款转入自己的账户。对丁应以诈骗罪论处

[争议问题] 关于“处分意识”的不同观点。

（1）概括（抽象）的处分意识说认为，只要行为人主观上大致认识到自己交付的财产的种类（如衣服、酒、手机），就认为行为人具有处分意识。

（2）具体的处分意识说认为，只有行为人清楚地认识到自己交付的财产的全部内容（种类、数量、质量、价格、外形等），才能认为其有处分意识。

例如，甲去商场购买西服，其将两件分别标有 1000 元、10000 元的西服的价格标签进行调换，甲仅付款 1000 元就买走了实际价格为 10000 元的西服，被害人（售货员）乙并没有发现甲调换价格标签的行为——本案中，售货员知道自己交付了西服，但对于西服的价格没有认识到，如果持概括的处分意识，可以认为售货员处分了财产，行为人的行为成立诈骗罪；如果持具体的处分意识，售货员确实没有认识清楚，其没有处分意识，行为人的行为成立盗窃罪。

审判实务最近更多地坚持“概括的处分意识说”，如果要求被害人要有具体的处分意识，在很多案件中并不现实。如果要求犯罪行为人与被害人进行充分沟通，被害人清楚地认识到自己处分的财产，被害人又怎么会处分财产呢？参见《刑事审判参考》第 1048 号葛玉友等诈骗案。该案中，被告人葛玉友、姜闯在德清恒运纺织有限公司收购碎布料期

① 答案：B。

间，经事先商量，采用事先偷偷在运输车辆上装入1.5吨重的石头，同林祥云一起给“空车”过磅，随后偷偷把石头卸掉才去装载碎布料，再同林祥云一起满载车辆过磅，然后根据两次过磅结果计算车上碎布料重量，再和林祥云进行现金交易的方法，在林祥云没有察觉的情况下，每次交易均从德清恒运纺织有限公司额外多运走1.5吨碎布料。自2011年4月至2011年8月，葛玉友、姜闯采用上述方法，先后7次骗得碎布料共计10.5吨，共计价值人民币5.25万元。该案被认定为诈骗罪，判决认为，虽然被害人没有准确认识到财物（碎布）的重量，但对于碎布的外形有大致的认识，可以认为其有处分意识，成立诈骗罪。

（二）如何理解“财产上的损失”

1. 无效债权的丧失不能视为财产损失。

例如，采取欺骗行为使妓女免收嫖资的，不成立诈骗罪，这实际上是骗“色”。当然，如果已经交付了嫖资，又从卖淫女手中骗回来的，成立诈骗罪。

2. 行为人即使提供了相当对价，但如果没有实现被害人的交换目的，能否认定为有财产损失，进而认定为诈骗罪，存在不同观点。

例如，行为人将某产品卖给被害人，夸大了产品的功效，虽然被害人交付的钱财与产品的价值相当，但由于被害人将财物买回来对被害人而言没有任何效用。较为典型的案例就是实践中经常出现的，欺骗老年人购买一些对其并没有作用的药品、保健品，行为人给付的药品、保健品与被害人交付的金钱在价值上基本相等，但这些药品、保健品对被害人并无作用。

一种观点认为，诈骗罪是针对个别财产的犯罪，上述行为实际上是侵害了被害人的财产权（金钱给付），应成立诈骗罪。

另一种观点认为（多数观点），这种案件不构成犯罪，或者已经交付的药品、保健品应从犯罪数额中扣除。这种观点认为诈骗罪是针对整体财产的犯罪，只要被害人的财产整体（总量）没有减少，就不认为存在财产损失。

3. 行为人实施欺骗行为，导致受骗者就所交付财产的用途、财产的接受者存在法益关系的认识错误时，即使受骗者没有期待相当给付，也认为存在财产损失，行为人的行为成立诈骗罪。

例如，声称将募捐的钱交给灾民，但事实上将募捐的钱交给父母的，成立诈骗罪。在捐款型诈骗案件中，捐款者本身并不图财产上获利，他就是要“放弃”自己的财产。但是，其对捐款还是具有目的性的，如期待所捐款项给予特定的人，如果这一目的落空了的话，当然属于被骗了，相对方成立诈骗罪。

又如，2015年卷二63.C. 甲为灾民募捐，一般人捐款几百元。富商经过募捐地点时，甲称：“不少人都捐1、2万元，您多捐点吧。”富商信以为真，捐款2万元——甲的行为不构成犯罪。本案中，富商捐款的目的（为灾民）并没有落空。但如果这笔捐款并没有最后交付灾民，而是被甲占有，那么富商捐款的目的就落空了，甲的行为成立诈骗罪。

4. [延伸阅读] 对于偷换商家“二维码”从而获取财物的案件，如何定性？

例如，张某利用自己所学的计算机技术，偷偷将某西餐厅收款的二维码换成自己的，致使一些顾客在该西餐厅消费支付时，直接将钱款转到张某的账户内。

（1）多数观点认定为成立盗窃罪。理由：

一方面，其在本质上并不符合诈骗罪“骗取他人财物”的本质特征，缺乏成立诈骗罪所必需的处分意识和处分行为，被害人对于其财产被非法转移占有完全没有意识，根本没有想到其财产将进入行为人账户。

另一方面，虽然顾客的钱款并未首先进入商家账户而是直接进入行为人账户，但是至少在顾客扫码支付的那一瞬间，无论在社会观念上还是在所有权上，该钱款都属于商家所有和占有，行为人通过秘密手段取得对该钱款的非法占有，本质上属于秘密窃取行为，构成盗窃罪，至于其仅实施偷换二维码行为而未进一步实施其他行为，并不影响其在本质上是通过秘密窃取手段取得他人财物的事实，正是他设定了整个盗窃行为的因果流程。①

（2）少数观点认为成立诈骗罪。认为行为人虚构事实即偷换商家二维码的行为，致使顾客产生错误认识，基于错误认识而处分财产，导致商家产生损失，成立诈骗罪，即顾客处分了商家的财产（商家对顾客的债权）。

（3）审判实践中，对于偷换二维码的案件，认定为盗窃罪。

例如，吴某、张某利用购买的微信账号生成微信收款二维码，打印成微信收款二维码贴纸，然后二人在临街的面包店、奶茶店、快餐店等店铺内，由张某负责跟工作人员聊天转移对方注意力，吴某趁此机会将自备的微信收款二维码粘贴覆盖在商家原有的微信收款二维码上，然后离开。顾客到商家消费后以微信付款，货款即支付到两被告人作案的微信账号中。法院认定其行为构成盗窃罪。参见（2017）粤0604刑初550号。

（4）关联真题。2018年真金题：甲用乙的淘宝账号从网上买了一个手机，用甲自己的银行卡付了款，留的是自己的号码。手机卖家核实信息时，按照淘宝账号信息打电话给乙，乙骗商家说手机是他买的，并告知商家更改收货地址，商家把手机发货给乙。该题有两种观点：

一种观点，乙的行为构成对商家的诈骗罪，乙并没有欺骗所有权人甲，而是欺骗了卖家。卖家对该财物当然具有处分权，而且，卖家对于将财产（手机）转移给乙是知情的，可以认为是处分了财产。

另一种观点，乙成立盗窃罪。如果整体来看这个案件，似乎最终遭受损失的是甲，而甲并没有处分财产的行为、意识，同时，该案中，甲并没有委托商家占有其财产，商家也无处分甲财产的权利，从这一意义上看，乙对甲的行为成立盗窃罪，盗窃的是债权（即甲对商家的债权）。

司法实践中，对于这类案件，商家本身一般不承担责任，而且商家的做法也完全符合规范，商家没有进一步审查行为人身份信息的义务，甚至都不能认为商家“被骗”，最终损失应该由甲来承担，而甲并没有处分财产的行为及意识。从这一意义上看，乙的行为成立盗窃罪更为妥当。

（三）诈骗罪认定的若干问题

1. 多次诈骗（连环诈骗）的数额认定：以实际没有归还的数额为限。

例如，甲第一次骗了乙6万元，第二次骗了乙12万元，并且将第二次骗乙的钱归还了第一次骗乙的6万元。本案中，乙实际受损失的数额应该是12万元，甲的诈骗金额是：

① 周铭川：《偷换商家支付二维码获取财物的定性分析》，《东方法学》2017年第2期。

6+12-6=12 万元。①

2. 使用伪造、变造、盗窃的武装部队车辆号牌，骗免养路费、通行费等各种规费，数额较大的，定诈骗罪。（如果骗免车辆购置税的，定逃税罪）

3. 以欺诈、伪造证明材料或者其他手段骗取养老、医疗、工伤、失业、生育等社会保险金或者其他社会保障待遇的，成立诈骗罪——参见 2014 年《全国人民代表大会常务委员会关于〈中华人民共和国刑法〉第二百六十六条的解释》。实践中，不符合条件，骗取经济适用房指标的，被认定为诈骗罪。

4. 诈骗近亲属的财物，近亲属谅解的，一般可不按犯罪处理。确有追究刑事责任必要的，也应酌情从宽。

（四）诈骗罪与盗窃罪的区别

诈骗罪中，犯罪分子是使用了诈术，使被害人“自愿交付”财产，即被害人对于财产的“转移”是知情的，即犯罪行为人与被害人就财物的处分、转移是进行过“沟通”的。

盗窃罪中，被害人对于自己占有的财物怎么从自己占有之下转移至犯罪分子占有之下，是不知情的，犯罪行为人与被害人就财物的处分、转移没有进行过“沟通”。

1. 三角诈骗。是指利用欺骗方法，使他人处分财物，财产处分人和被害人不同一，即行为人欺骗的是不知情的、财产所有权人以外的第三人。

（1）如果该不知情的人是有处分权利的，行为人成立诈骗罪。

2008 年四川卷二 59. 丙是乙的妻子。乙上班后，甲前往丙家欺骗丙说：“我是乙的新任秘书，乙上班时好像忘了带提包，让我来取。”丙信以为真，甲从丙手中得到提包（价值 3300 元）后逃走。甲的行为成立诈骗罪。

2008 年卷二 14. 甲在某银行的存折上有 4 万元存款。某日，甲将存款全部取出，但由于银行职员乙工作失误，未将存折底卡销毁。半年后，甲又去该银行办理存储业务，乙对甲说：“你的 4 万元存款已到期。”甲听后，灵机一动，对乙谎称存折丢失。乙为甲办理了挂失手续，甲取走 4 万元。甲的行为构成诈骗罪。

2015 年卷二 63. A. 甲对李某家的保姆说：“李某现在使用的手提电脑是我的，你还给我吧。”保姆信以为真，将电脑交给甲。甲的行为成立诈骗罪。

（2）如果该不知情的人是没有处分权利的（未占有财物），行为人成立盗窃罪。

例如，洗衣店经理 A 发现 B 家的走廊上晒着西服，便欺骗本店临时工 C 说：“B 要洗西服，

---

① 需要指出的是，我国审判实践中，对诈骗罪的犯罪数额是进行了较为严格的限制，司法解释及审判实践都认为，诈骗他人财物后，在案发前返还的，返还的部分应从犯罪数额中扣除。这种规定及做法似乎违反了刑法的基本原理，但却得到了认同。1996 年《关于审理诈骗案件具体应用法律的若干问题的解释》第 9 条规定，对于多次进行诈骗，并以“后骗还前骗”的，在计算诈骗数额时，应当将案发前已经归还的数额扣除，按实际未归还的数额认定，量刑时可将多次行骗的数额作为从重情节。2001 年《全国法院审理金融犯罪案件工作座谈会纪要》指出，认定金融诈骗犯罪数额时，应将案发前已归还的数额扣除。上述文件都将案发前已经归还的数额从诈骗数额中予以扣除。

广东省法院网在 2017 年发布“廖绪金诈骗案”专门讨论案发前退还的赃款能否抵除诈骗犯罪数额。一审法院持否定观点，而二审法院认为在认定诈骗犯罪数额时，应把案发前已被追回的被骗款额扣除，按最后实际诈骗所得数额计算。一审：汕头市潮南区人民法院（2015）汕南法刑初字第 90 号；二审：汕头市中级人民法院（2015）汕中法刑二终字第 69 号。又如李和潜诈骗案，裁判理由指出，行为人在案发前以租金、押金等名义归还了 14000 元，上述数额应在诈骗数额中予以扣除；案发后归还的 25000 元，不应在诈骗数额中扣除。参见（2016）浙 02 刑终 105 号——该注释内容由我的学生张添明整理。

但没有时间送来；你到B家去将走廊上晒的西服取来。”C信以为真，取来西服交给A，A将西服据为己有。C显然受骗了，但他只是A盗窃的工具而已，并不具有将B的西服处分给A占有的权限或地位，因为C从未占有过这些衣服——A成立盗窃罪（间接正犯）。

2. 暗中调包的（是指调被害人的包），成立盗窃罪。理由：被害人根本不知道自己的东西被调包了，没有认识到自己处分了财产，主观上完全没有处分意识。

2009年卷二59. 欣欣在高某的金店选购了一条项链，高某趁欣欣接电话之际，将为其进行礼品包装的项链调换成款式相同的劣等品（两条项链差价约3，000元）。欣欣回家后很快发现项链被“调包”，即返回该店要求退还，高某以发票与实物不符为由拒不退换。高某的行为构成盗窃罪。

2008年四川卷二62. 甲系某股份制电力公司所属某供电所抄表组抄表员。在一次抄表时，甲与某金属加工厂承包人乙合谋少记载该加工厂用电量，并将电表上的数字回拨，使加工厂少交3万元电费。事后甲从乙处索取好处费1万元——甲的行为构成非国家工作人员受贿罪、盗窃罪。

例如，甲从乙的柜台处购买了一条真项链，刚离开柜台不远就回去声称项链的款式不行，要求退货。在退货的时候，甲用假项链换得了货款。甲的这种行为就构成诈骗，诈骗所得的财物是退货的货款而非金项链。参见陈兴良、陈子平：《两岸刑法案例比较研究》，北京大学出版社2010年版，第21页。

3. 调虎离山的，原则上成立盗窃罪。

（1）虽然对老虎实施了欺骗行为使老虎离开了山，但由于老虎并没有处分财产，犯罪分子是在老虎不知情的情况下取走财产的，因此，仅成立盗窃罪。

（2）但如果调虎离山，不仅把老虎骗走了，而且让老虎自愿处分财产，则成立诈骗罪。

例如，A打电话欺骗在家休息的老人B：“您的女儿在前面马路上出车祸了，您赶快去。”B连门也没有锁便急忙赶到马路边，A趁机取走了B的财物。虽然A实施了欺骗行为，但B没有因为受骗而产生处分财产的认识错误，更没有基于认识错误处分财产，只是由于外出导致对财物占有的弛缓；A取走该财产的行为，只能成立盗窃罪。

2008年四川卷二15. 甲与乙一起乘火车旅行。火车在某车站仅停2分钟，但甲欺骗乙说：“本站停车12分钟”，乙信以为真，下车购物。乙刚下车，火车便发车了。甲立即将乙的财物转移至另一车厢，然后在下一站下车后携物潜逃。甲的行为构成盗窃罪。

4. 以欺骗方式借用财物的处理。

（1）如果被害人没有放弃对财物的占有（站岗），行为人趁被害人不注意而取走财物的，应成立盗窃罪。

实践中出现的借他人手机打电话，然后趁被害人不知情的情况而悄悄逃走的，定盗窃罪。理由在于：

第一，借手机打电话的，被害人就在手机旁边，即使行为人在使用手机，手机也是由被害人占有，被害人并没有处分其财产，而是一直注视、控制着自己的手机。被害人虽然将手机交付给他人，却并没有终局性转移的意思，而是在其监督下有条件地使用手机。

第二，行为人之非法占有手机，还是秘密窃取的结果。如果认为该案中行为人的行为成立诈骗罪，则意味着甲借到手机时便成立诈骗既遂；即便甲打完电话后将手机返还给乙，也属于诈骗既遂后的返还行为，这恐怕难以被人接受。

（2）如果被害人自愿脱离对财物的占有（站岗），说明被害人处分了占有，应成立诈骗罪。

例如，甲以欺骗方式借用乙的手机打电话，并征得乙的同意后携该手机去远处，乙表示同意。此时，乙放弃了对手机的占有，甲的行为成立诈骗罪。

5. 先实施盗窃、侵占、抢夺行为占有他人财物后，使用欺骗手段欺骗他人的，定盗窃罪、侵占罪、抢夺罪。

理由：行为人先前实施的犯罪行为已经达到了犯罪既遂，事后的欺骗行为没有侵犯新的法益，也不能改变原行为的性质。

2005年卷二11. 甲到乙的办公室送文件，乙不在。甲看见乙办公桌下的地上有一活期存折（该存折未设密码），便将存折捡走。乙回办公室后找不着存折，但看见桌上的文件，便找到甲问是否看见其存折，甲说没看到。甲下班后去银行将该存折中的5000元取走——甲的行为构成盗窃罪，事后的欺骗行为也不另成立诈骗罪。

6. 在商场实施的试穿试戴类案件。

（1）如果售货员并没有自愿处分财产，没有让财物脱离自己的占有，行为人趁售货员不注意而取走财产的，成立盗窃罪。

实践中经常出现的伪装去商场购物，让售货员拿出商品试穿试戴类的案件，被害人虽然将财物交给行为人试穿试戴，但这种交付不宜认定为是诈骗罪中的处分。因为在商场中试穿试戴的时候，商场都是进行了较为严格的监控的，有监控仪器在监视着，工作人员也一直在监督着试穿试戴的顾客。并且，根据商业惯例，试穿试戴的人也只能在特定的区域即商场工作人员所能监控的范围之内试穿试戴，而不能超出此范围。即使被害人（售货员）没有站在试衣人的旁边，而忙于接待其他客人，也不宜认为被害人处分了财产。此种情形下，行为人趁售货员不注意，带走财产的，成立盗窃罪。

（2）如果售货员自愿放弃了对财产的占有，则认为其处分了财产，行为人成立诈骗罪。

例如，倘若A穿上西服后，向售货员B说："我买西服需征得妻子的同意，我将身份证押在这里，如妻子同意，我明天来交钱；如妻子不同意，我明天还回西服。"B同意A将西服穿回家，但A使用的是假身份证，次日根本没有送钱或西服给B。那么，A的行为构成诈骗罪。因为B允许A将西服穿回家，实际上已将西服转移给A支配与控制。

7. 无钱饮食、住宿。

（1）原本没有支付饮食、住宿费用的意思，而伪装具有支付费用的意思，欺骗对方，使对方提供饮食、住宿的，如果数额较大，成立诈骗罪——行为人一开始就具有欺骗的意思，就相当于骗吃骗喝、骗烟骗酒，当然成立诈骗罪，诈骗罪的对象就是消费的物品。

（2）行为人原本具有支付饮食、住宿费用的意思，但在饮食、住宿后，采取欺骗手段不支付费用的。由于被害人并没有因此而免除行为人的债务，即没有处分行为（没有免单），故对该行为难以认定为诈骗，无罪——这种行为的本质其实是"赖账"，"赖账"只是一种民事纠纷，不成立刑法上的犯罪。

典型真题

关于诈骗罪的理解和认定，下列哪些选项是错误的？（2013年·卷二·61题）①

A. 甲曾借给好友乙1万元。乙还款时未要回借条。一年后，甲故意拿借条要乙还款。乙明知但碍于情面，又给甲1万元。甲虽获得1万元，但不能认定为诈骗既遂

B. 甲发现乙出国后其房屋无人居住，便伪造房产证，将该房租给丙住了一年，收取租金2万元。甲的行为构成诈骗罪

C. 甲请客（餐费1万元）后，发现未带钱，便向餐厅经理谎称送走客人后再付款。经理信以为真，甲趁机逃走。不管怎样理解处分意识，对甲的行为都应以诈骗罪论处②

D. 乙花2万元向甲购买假币，后发现是一堆白纸。由于购买假币的行为是违法的，乙不是诈骗罪的受害人，甲不成立诈骗罪

8. 文物、古董买卖与诈骗罪。

文物、古董的价值本身就是不确定的，同一文物、古董，在不同的地方、经不同的拍卖师，价格可能存在很大差异，其交易价格取决于买卖双方的自愿（主观价值）。

（1）标高文物、古董的价格的，不成立诈骗罪。

（2）如果对文物、古董本身的重要信息（客观属性）予以隐瞒、欺骗的，如年代、作者等，成立诈骗罪。

（3）如果文物的“价格”是比较确定的，故意压低价格欺骗他人的，可能涉嫌诈骗罪。

例如，2007年卷二62. A. 收藏家甲受托为江某的藏品进行鉴定，甲明知该藏品价值100万，但故意贬其价值后以1万元收买。甲的行为构成诈骗罪。

典型真题

甲将一只壶的壶底落款“民國叁年”磨去，放在自己的古玩店里出卖。某日，钱某看到这只壶，误以为是明代文物。甲见钱某询问，谎称此壶确为明代古董，钱某信以为真，按明代文物交款买走。又一日，顾客李某看上一幅标价很高的赝品，以为名家亲笔，但又心存怀疑。甲遂拿出虚假证据，证明该画为名家亲笔。李某以高价买走赝品。请回答第86—87题。（2011年·卷二·86-87题）

86. 关于甲对钱某是否成立诈骗罪，下列选项错误的是？③

A. 甲的行为完全符合诈骗罪的犯罪构成，成立诈骗罪

B. 钱某自己有过错，甲不成立诈骗罪

C. 钱某已误以为是明代古董，甲没有诈骗钱某

D. 古玩投资有风险，古玩买卖无诈骗，甲不成立诈骗罪

87. 关于甲对李某是否成立诈骗罪，下列选项正确的是？④

A. 甲的行为完全符合诈骗罪的犯罪构成，成立诈骗罪

① 答案：BCD。

② 餐厅经理同意甲离开是以为甲送朋友，餐厅经理并未同意免除甲的餐费，亦未同意甲日后再来支付餐费。换言之，餐厅经理同意甲离开时，并无任何处分意识，未进行任何财产处分，故甲不构成诈骗罪。

③ 答案：BCD。

④ 答案：AB。

B. 标价高不是诈骗行为，虚假证据证明该画为名家亲笔则是诈骗行为

C. 李某已有认识错误，甲强化其认识错误的行为不是诈骗行为

D. 甲拿出虚假证据的行为与结果之间没有因果关系，甲仅成立诈骗未遂

二、抢夺罪

《刑法》第267条：抢夺公私财物，数额较大的，或者多次抢夺的，处三年以下有期徒刑、拘役或者管制，并处或者单处罚金；数额巨大或者有其他严重情节的，处三年以上十年以下有期徒刑，并处罚金；数额特别巨大或者有其他特别严重情节的，处十年以上有期徒刑或者无期徒刑，并处罚金或者没收财产。

携带凶器抢夺的，依照本法第二百六十三条的规定定罪处罚。

	抢夺罪	抢劫罪
1. 暴力的对象	(1) 对物使用暴力；或者 (2) 不对物使用暴力，但公然取走他人财物	对人使用暴力
2. 暴力的程度	被害人来不及抗拒，不是暴力压制使被害人不能抗拒，也不是被害人受胁迫不敢抗拒	足以抑制被害人的反抗

[注意]

(1) 实践中，有些人乘被害人不备，夺取被害人的财物，但造成被害人身体伤亡的，例如，直接抢走妇女的耳环，造成妇女出血；或者飞车抢夺时，造成被害人摔倒，应当认定为是抢夺罪与过失致人重伤罪、过失致人死亡罪的想象竞合，应择一重罪处罚。

2006年卷二60.B. 甲见乙迎面走来，担心自己的手提包被乙夺走，便紧抓手提包。乙见甲紧抓手提包，猜想包中有贵重物品，在与甲擦肩而过时，当面用力夺走甲的手提包。乙的行为成立抢夺罪。

(2) 如果行为人在抢夺时，被害人顽强反抗，行为人为了获取财物，摆脱被害人的反抗而对被害人使用暴力的，成立抢劫罪

典型真题

1. 根据犯罪构成理论，并结合刑法分则的规定，下列哪些说法是正确的？(2003年·卷二·35题)①

A. 甲某晚潜入胡某家中盗窃贵重物品时，被主人发现。甲夺门而逃，胡某也没有再追赶。甲就躲在胡某家墙根处的草垛里睡了一晚，第二天早上村长高某路过时，发现甲行踪诡秘，就对其盘问。甲以为高某发现了自己昨晚的盗窃行为，就对高某进行打击，致其重伤。甲构成盗窃罪、故意伤害罪，应数罪并罚

B. 乙在大街上见赵某一边行走一边打手机，即起歹意，从背后用力将其手机抢走。但因用力过猛，致使赵某绊倒摔成重伤。乙同时构成抢夺罪、过失致人重伤罪，但不应数罪并罚②

C. 丙深夜入室盗窃，被主人李某发现后追赶。当丙跨上李某家院墙，正准备往外跳

① 答案：ABD。

② 单一的抢夺行为造成被害人重伤的，不能认定为抢劫罪，因为抢劫罪是复合行为，故仅能认定为抢夺罪与过失致人重伤罪的想象竞合。

时，李某抓住丙的脚，试图拉住他。但丙顺势踹了李某一脚，然后逃离现场。丙构成抢劫罪

D. 丁骑摩托车在大街上见妇女田某提着一个精致皮包在行走，即起歹意，从背后用力拉皮包带，试图将皮包抢走。田某顿时警觉，拽住皮包带不放。丁见此情景，突然对摩托车加速，并用力猛拉皮包带，田某当即被摔成重伤。丁构成抢劫罪而不构成抢夺罪

2. 关于抢夺罪，下列哪些判断是错误的？（2010 年 · 卷二 · 59 题）①

A. 甲驾驶汽车抢夺乙的提包，汽车能致人死亡属于凶器。甲的行为应认定为携带凶器抢夺罪

B. 甲与乙女因琐事相互厮打时，乙的耳环（价值 8，000 元）掉在地上。甲假装摔倒在地迅速将耳环握在手中，乙见甲摔倒便离开了现场。甲的行为成立抢夺罪②

C. 甲骑着摩托车抢夺乙的背包，乙使劲抓住背包带，甲见状便加速行驶，乙被拖行十多米后松手。甲的行为属于情节特别严重的抢夺罪

D. 甲明知行人乙的提包中装有毒品而抢夺，毒品虽然是违禁品，但也是财物。甲的行为成立抢夺罪

三、侵占罪

（一）侵占罪的对象

1. 代为保管的他人财物。

（1）对“保管”应该作广义的理解。包括：基于委托关系而占有的他人财物，委托关系发生的原因多种多样，如租赁、担保、借用、委任、寄存等。

（2）只要是没有基于明显的违法行为而控制的他人的财物，此时的财物就可以视为代为保管的财物。

例如，甲家中的衣服被风吹到了乙的家中，乙基于此而占有甲的衣服，就属于代为保管的他人财物，乙将其据为己有的，成立侵占罪。

又如，甲在给自己的手机充值时，不小心将 10000 元话费充到了乙的手机上，乙明知有人往自己手机里误充了 10000 元，多次拨打国际长途电话，马上就用完这笔话费。乙的行为成立侵占罪。

（3）如果是基于业务上的关系代为保管的财物（代表单位保管他人财物），行为人将此财物据为已有的，成立职务侵占罪。

（4）基于不法原因替他人保管财物，如保管他人用于行贿的财物、犯罪所得等，事后拒不返还的，能否以侵占罪论处，存在肯定说、否定说两种观点。

2017 年卷二 18. D. 丁分期付款购买汽车，约定车款付清前汽车由丁使用，所有权归卖方。丁在车款付清前将车另售他人。该案中，丁将并不属于自己的、“代为保管”的他人汽车处分了，成立侵占罪。

---

① 答案：ABC。

② 甲把乙掉在地上的耳环拿走，当时被害人乙也在身边，该财物是属于被害人乙占有的财物。盗窃罪与抢夺罪区分的关键在于是秘密的还是公开的，如果甲是当着乙的面，乙也发现了甲，甲拿走该耳环的，成立抢夺罪无疑。但本案中，乙并不知道财物被甲拿走的事实，甲仍然是“秘密窃取”，成立盗窃罪。

典型真题

1. 不计数额，下列哪一选项构成侵占罪？（2012 年 · 卷二 · 18 题）①

A. 甲是个体干洗店老板，洗衣时发现衣袋内有钱，将钱藏匿

B. 乙受公司委托外出收取货款，隐匿收取的部分货款

C. 丙下飞机时发现乘客钱包掉在座位底下，捡起钱包离去

D. 丁是宾馆前台服务员，客人将礼品存于前台让朋友自取。丁见久无人取，私吞礼品

2. 在甲、乙被起诉后，甲父丙为使甲获得轻判，四处托人，得知丁的表兄刘某是法院刑庭庭长，遂托丁将 15 万元转交刘某。丁给刘某送 15 万元时，遭到刘某坚决拒绝。丁告知丙事情办不成，但仅退还丙 5 万元，其余 10 万元用于自己炒股。在甲被定罪判刑后，无论丙如何要求，丁均拒绝退还余款 10 万元。丁的行为是否成立侵占罪，存在两种不同的观点。（2013 年 · 卷四）②

2. 无人占有的财产：遗忘物与埋藏物。

[问题之思考] 为什么刑法对侵占罪如此宽容？我国刑法中的侵占罪属于自诉案件，且法定刑较之其他财产犯罪轻了很多。主要是考虑到：

（1）侵占罪的前提是行为人起初占有财物并没有通过非法手段，例如，通过代为保管的方式，或者拿走的是无人占有的财物，即没有破坏他人对财物的占有。事后再产生了非法据为己有的目的。即机会“到手上来了”来侵吞财产。

（2）盗窃罪、诈骗罪等其他财产犯罪，侵害的是他人占有的财物，危害性较大。即没有机会而创造机会去实施侵犯他人财产的行为。

（二）客观特征

1. 第一步：合法持有。

2. 第二步：非法占为己有。“非法占为己有”的表现形式：赠与、转让、消费、出卖、出借、交换、抵偿、加工等。

[注意] 如果行为人第一步就有非法占有目的，则成立其他犯罪（如盗窃、诈骗），而非侵占罪。

例如，2017 年卷二 18. A. 张某欲向县长钱某行贿，委托甲代为将 5 万元贿赂款转交钱某。甲假意答应，拿到钱后据为己有。甲一开始就具有非法占有目的，通过虚假欺骗方式占有了 5 万元，应成立诈骗罪。

---

① 答案：A。

② （1）构成。理由：①丁将代为保管的他人财物非法占为己有，数额较大，拒不退还，完全符合侵占罪的犯罪构成。②无论丙对 10 万元是否具有返还请求权，10 万元都不属于丁的财物，因此该财物属于“他人财物”。③虽然民法不保护非法的委托关系，但刑法的目的不是确认财产的所有权，而是打击侵犯财产的犯罪行为，如果不处罚侵占代为保管的非法财物的行为，将可能使大批侵占赃款、赃物的行为无罪化，这并不合适。

（2）不构成。理由：①10 万元为贿赂款，丙没有返还请求权，该财物已经不属于丙，因此，丁没有侵占“他人的财物”。②该财产在丁的实际控制下，不能认为其已经属于国家财产，故该财产不属于代为保管的“他人财物”。据此，不能认为丁虽未侵占丙的财物但侵占了国家财产。③如认定为侵占罪，会得出民法上丙没有返还请求权，但刑法上认为其有返还请求权的结论，刑法和民法对相同问题会得出不同结论，法秩序的统一性会受到破坏。

（三）侵占罪与盗窃罪、诈骗罪之间的区分——财物占有状态的类型

侵占罪与盗窃罪、诈骗罪等财产犯罪区分的关键在于，“财物是否在被害人的占有之下”：刑法中的其他财产犯罪的特点是将被害人占有的财物通过窃取、骗取、暴力的方式据为己有，“横刀夺爱”型，其犯罪对象是有人占有的财物；而侵占罪的对象是行为人代为保管的财物、无人占有的财物，即财物并不处于被害人的占有之下。

行为人获取财物时，财物是否处于被害人“占有”状态之下，是判断行为人是否构成侵占罪的关键。占有，不仅仅是依据物理上的占有，而且包括观念上的占有。物理上的占有，是指行为人在客观上实际控制着这个财物，行为人手握财物等。观念上的占有是指，行为人虽然没有客观上、实际上控制着财物，但社会观念一般认为财物仍处于其占有之下。例如，甲停在路边的汽车、自行车，即便甲离开了，也归甲占有，其他人取走该财物的，成立盗窃罪。之所以认为，财物即便处于客观上无人看守的状态，也认为可能处于观念上有人占有的状态，其理由在于：占有更多地是一种财产秩序，而良好财产秩序的维持，并不仅仅依靠客观上的人的“看守”“站岗”，还依靠社会公众约定俗成的财产秩序观念。例如，主人的汽车停在路边，即便主人离开汽车很远，但这种财物状态必须得到较好地维持，社会一般公众也都是这样放置自己的汽车的，公众已经形成了这种观念。当然，观念上的占有在更大范围能被接受，就说明社会越有秩序，财物都不需要主人在旁边“站岗”。

一般认为，“有人占有”的东西就意味着，这个财物这样放置是比较安全的，这种财产秩序需要维持，其他人不能随意拿走，否则，成立盗窃罪。而“无人占有”的财物，意味着这个财物现处于无人支配、控制的状态，处于不安全的状态，其他人基于此而重新建立占有、支配关系的，也应返还被害人，否则成立侵占罪。用更通俗的观念来说，“无人占有”的财物，我们拿走叫“捡”（侵占）；有人占有的财物，我们拿走叫“偷”（盗窃）。在判断行为是“偷”还是“捡”，如果存在模糊，即财物是否处于“有人占有”的状态存在模糊之处时，更应倾向于认定为是“偷”，肯定财物是有人占有的，这样有助于构建整个社会的财产秩序。

1. 事实支配领域内的占有（我的地盘我做主）。只要是在他人事实支配领域内的财物，即使他人没有现实地握有或监视，也属于他人占有的财物。

例如，他人家中角落的财物、他人果园里的果实、农民地里的作物、他人鱼池中的水产品，即使没有围墙、栏杆，也属于他人占有。

又如，挂在他人门上、窗户上的财物，都由他人占有。他人住宅内、车内的财物，即使他人完全忘记其存在，也属于他人占有的财物。

又如，游人向公园水池内投掷的硬币，属于公园管理者占有的财物。

又如，即使房屋主人出差后，由他人看守房屋，但房屋内的财物仍然由房屋主人占有，而非由看守人占有，看守人充其量是占有辅助者。

再如，商场送货人员将顾客订购的家电放在其门外提前离去，该顾客虽不在家，也不妨碍其对财产享有占有权。

2. 事实支配领域外的占有。虽然处于他人支配领域之外，但存在可以推知由他人事

实上支配的状态时，也属于他人占有的财物。

例如，汽车、自行车，即便主人不在身边，也推定是有人占有的，其他人取走该财物的，成立盗窃罪。

又如，大学生在校园食堂先用自己的钱包、手提电脑等占座位，然后购买饭菜时，该钱包、电脑依然由大学生占有。

又如，甲将汽车停在自家楼下，忘记拔车钥匙，匆匆上楼取文件，被恰好路过的乙发现。乙发动汽车刚要挂档开动时，甲正好下楼，将乙抓获。乙的行为构成盗窃罪（未遂）。

再如，旅客将行李放在托运柜台旁，到相距20余米的另一柜台问事时，机场清洁工丙将该行李拿走据为己有。丙的行为构成盗窃罪。

3. 特定场所的占有。

例如，飞机上的乘客的手提行李，不管其放在何处，都由乘客占有。

又如，乙提着行李去甲家中做客，行李是由乙占有，即使与甲一起到户外聊天、短暂离开甲家，乙放置在甲家的包也由乙占有。

又如，在教室上课，包放在桌上，即使人短暂离开，也是主人占有的财物，其他人拿走，成立盗窃罪。

又如，甲在餐馆就餐时，将提包放在座位上，付款时忘记拿提包，或者离店时忘了拿提包，但只要时间短暂，就仍应认定甲仍然占有着自己的提包。

又如，2018年真金题：甲拿着包坐在公园长椅上，乙看着就默默坐他旁边。甲离开时忘记将自己的包拿走，乙见甲离开，迅速将包拿走。甲走出十米突然想起了自己的包，返回原处未看见包与乙——乙的行为构成盗窃罪，即便甲短暂离开，也应推定该包由甲占有。

再如，特殊事件（火灾、水灾、雪灾、车祸）不改变占有关系。大海发生沉船事故后，即使货主或者运输者离开原地，也应该认为该船舶以及船中的货物由货主或者运输者占有。2017年卷二18.C. 丙发现洪灾灾区的居民已全部转移，遂进入居民房屋，取走居民来不及带走的贵重财物。丙的行为成立盗窃罪。

典型真题

乙全家外出数月，邻居甲主动帮乙照看房屋。某日，甲谎称乙家门口的一对石狮为自家所有，将石狮卖给外地人，得款1万元据为己有。关于甲的行为定性，下列哪一选项是错误的？（2015年·卷二·18题）①

A. 甲同时触犯侵占罪与诈骗罪

B. 如认为购买者无财产损失，则甲仅触犯盗窃罪

C. 如认为购买者有财产损失，则甲同时触犯盗窃罪与诈骗罪

D. 不管购买者是否存在财产损失，甲都触犯盗窃罪

4. 特定动物的占有。主人饲养的具有回到原处能力或习性的宠物，不管宠物处于何

① 答案：A。

处，都应认定为饲主占有。

例如，农村里家家户户都养鸡，但这个鸡肯定是要放养的，不可能放在家里，如果看到别人家的鸡在外面，自己拿走的，当然成立盗窃罪，因为社会一般观念认为，鸡是有人占有的财物，而不是无人占有的财物。

5. 转移占有。即使原占有者丧失了占有，但当该财物转移为建筑物的管理者或者第三者占有时，也应认定为他人占有的财物。

（1）如果某一空间是他人的家中，家是相对封闭的系统，主人对物的占有是独立的、排他性的，其他人不可能随意进入他人的家中。这类财物可以认为是由特定的空间管理者占有。

例如，在出租车上落下的物品、在宾馆房间落下的物品，属于有人占有的财物。

又如，他人遗忘在银行储蓄所内的桌上的现金等财物，由银行管理者占有。

又如，甲遗忘在乙家的财物，由乙占有。

又如，游人向公园水池内投掷的硬币，属于公园管理者占有。

再如，高尔夫运动员抛弃在高尔夫球场内的高尔夫球，属于球场管理者占有。

（2）如果是遗忘在公共场所的东西，可以认为是无人占有的财物。理由：由于公共场所人员进出比较频繁，公共场所的管理人、所有人也不可能实现对其内的他人落下的物品排他性的占有，此时财物就处于不太安全的状态。

例如，乘客下车后，其遗忘在公共汽车、地铁上的财物，不再由乘客占有，由于是公共场所，也不能认定由司机占有。尽管公交车厢是一个较为狭小的空间，但该财物的占有并不自然转归公交车的司机或者公交车公司的责任人。因为，公交车在开行过程中，客人上下频繁，难以保证放在货架上的物品不被其他人乘机拿走，因此，难说公交车司机对车厢内的财物具有排他性的支配。

6. 意识占有（气场占有）。

例如，A不慎从阳台将钱包掉在道路上后，一直在阳台上看守着该钱包时，该钱包仍然由A占有。B当着A的面拿走该钱包的，属于拿走了被害人占有的财物。

7. 共同管理物，上位者占有。

（1）当数人共同管理某种财物，而且数人之间存在主从关系时，原则上应当认定为是上位者占有财物，下位者基于非法占有目的取走财物的，成立盗窃罪。一般认为，上位者为财物的所有权人，或是对财物的支配权更大的人。

例如，商店的店员拿走商店里的东西的，成立盗窃罪。因为此种情形下，推定店主（上位者）占有商店的财物，店员（下位者）只是辅助占有者，其取走该财物的，侵犯了上位者的占有，成立盗窃罪。

又如，酒店服务员甲在帮客人拎包时，将包中的手机放入自己的口袋据为己有。甲的行为构成盗窃罪。

又如，客人在小饭馆吃饭时，将手机放在收银台边上充电，请服务员乙帮忙照看。乙假意答应，却将手机据为己有。乙的行为构成盗窃罪。

再如，单位司机与单位会计一同到银行取款后，现金是会计（上位者）占有，而不是司机占有。即使会计中途短暂下车，放在车里的现金也由会计占有，司机将该财物取走的，成立盗窃罪。

(2) **但如果上位者与下位者具有高度的信赖关系，下位者被授予某种程度的处分权时，就应承认下位者的占有，下位者任意处分财物的，成立侵占罪。**

例如，老板叫员工乙独自去讨债，乙要债之后将财物据为己有，不交给其老板，成立侵占罪。原因在于：老板对员工乙具有高度的信赖关系，让乙一个人去讨债，乙将债要回来了，钱就一直处于乙的占有之下，乙将其据为己有的，成立侵占罪。

8. **封缄物内的财物，归主人占有，受托人取走该内容物的，成立盗窃罪。**

例如，甲将自己的保险柜交给乙保管，但告知乙不能打开该保险柜，并设置了密码。乙在帮甲保管该保险柜时，打开保险柜取走里面财物的，成立盗窃罪。

又如，2017 年卷二 86. 某小区五楼刘某家的抽油烟机发生故障，王某与李某上门检测后，决定拆下搬回维修站修理。刘某同意。王某与李某搬运抽油烟机至四楼时，王某发现其中藏有一包金饰，遂暗自将之塞入衣兜——王某的行为成立盗窃罪。①

9. 死者对财物的占有：有限度地承认死者的占有。

死了很久	其身上（边）财产是无人占有的
死者刚死时	(1) 肯定占有说。多数观点认为，身上（边）的财物是有人占有的，取走该财物的，成立盗窃罪②
	(2) 否定占有说。也有观点认为，死者身上（边）的财物是无人占有的，取走该财物的成立侵占罪

2015 年卷四：高某（杀害钱某后）回到小屋时，发现了钱某的 LV 手提包（价值 5 万元），包内有 5000 元现金、身份证和一张储蓄卡，高某将现金据为己有。关于拿走钱某的手提包和 5000 元现金的行为性质：如果认为死者不能占有，则成立侵占罪；如果肯定死者占有的，则成立盗窃罪。

10. 共同占有。

(1) **有观点认为，数人共同保管财物并处于对等地位时，其中一人未经过他人的同意，将财物据为己有的行为，成立盗窃罪。理由：任何人的占有都值得刑法保护，任何侵害他人的占有包括对共同占有的侵害都成立盗窃罪（多数观点）。**

(2) **另一种观点认为，共同占有的情况下每个人都占有财物，每个人也都信赖对方的占有，其中一人取走财物显然违反了对方的信任，构成侵占罪。**

---

① 问题之思考：2012 年卷二 18. A. 甲是个体干洗店老板，洗衣时发现衣袋内有钱，将钱藏匿，甲的行为成立侵占罪。可能有同学会进行对比，为什么两个相似的案件，2017 年是盗窃罪，2012 年是侵占罪。可以这样来理解，2017 年的试题中，该金饰是被害人有意放置在抽油烟机里面的，被害人并无放弃、遗忘的意思，犯罪行为人主观上对此也应是这种认识，取走该财物的当然成立盗窃罪。这就好比日常生活中，被害人到 4S 店修车或洗车，修理工将车内东西取走的，当然成立盗窃罪。但是，2012 年真题中，被害人将衣服交给洗衣店，显然是忘记了该衣服里的钱，无论是被害人还是洗衣店老板，都应知道这是行为人"遗忘"的财物。并且，洗衣时，必须将钱财取出，所以，钱财暂时由洗衣店老板占有。而修（洗）车时，修（洗）车工人并不需要将车内财物取出，车内财物仍然由主人占有，修（洗）车工取走车内财物的，成立盗窃罪。

② 司法解释亦肯定死者刚死，生前的占有可以延续一段时间。2005 年 6 月 8 日最高人民法院《关于审理抢劫、抢夺刑事案件适用法律若干问题的意见》第 8 条（关于抢劫罪数的认定）规定了，行为人实施故意杀人犯罪行为之后，临时起意拿走他人财物的，应以此前所实施的具体犯罪与盗窃罪实行数罪并罚。

典型真题

1. 甲的下列哪些行为属于盗窃（不考虑数额）？（2014年·卷二·60题）①

A. 某大学的学生进食堂吃饭时习惯于用手机、钱包等物占座后，再去购买饭菜。甲将学生乙用于占座的钱包拿走

B. 乙进入面馆，将手机放在大厅6号桌的空位上，表示占座，然后到靠近窗户的地方看看有没有更合适的座位。在7号桌吃面的甲将手机拿走

C. 乙将手提箱忘在出租车的后备箱。后甲搭乘该出租车时，将自己的手提箱也放进后备箱，并在下车时将乙的手提箱一并拿走

D. 乙全家外出打工，委托邻居甲照看房屋。有人来村里购树，甲将乙家山头上的树谎称为自家的树，卖给购树人，得款3万元

2. 关于侵占罪的认定（不考虑数额），下列哪些选项是错误的？（2011年·卷二·62题）②

A. 甲将他人停放在车棚内未上锁的自行车骑走卖掉。甲行为构成侵占罪

B. 乙下车取自己行李时将后备厢内乘客遗忘的行李箱一并拿走变卖。乙行为构成侵占罪

C. 丙在某大学食堂将学生用于占座的手机拿走卖掉。丙行为成立侵占罪

D. 丁受托为外出邻居看房，将邻居锁在柜里的手提电脑拿走变卖。丁行为成立侵占罪

[总结] 整体而言，审判实务中已经逐步扩大“占有”的范围，越来越多的案件被认定为盗窃罪。例如，车主遗忘在电动车储物槽内的财物系车主占有。田阳县人民法院（2017）桂1021刑初159号：2017年7月20日15时许，被告人黄国恩路过“民乐网吧”门前时，见到蒙某1放置的一部OPPO牌R9SK型手机（价值2300元）在电动车头下的储物槽里，即趁四周无人注意之机，将该手机盗走后逃离现场。法院认定为盗窃罪。

[延伸阅读] 对于银行卡内的存款，究竟是由银行占有，还是由卡的名义人占有？

被告人丁杨健以其向银行贷款需银行卡现金流转记录为由，通过章某找到被害人朱某，双方商定，由被害人朱某为丁杨健的华夏银行卡刷一千余万的现金流转记录，其向被害人朱某支付一定的好处费，并将该银行卡、其本人的身份证、安全U盾及相关密码等交给了被害人朱某。同日，被害人朱某开始把资金注入该银行卡进行现金流转。同年11月4日上午，被告人丁杨健通过领取临时居民身份证挂失补办银行卡的方式，私自将该银行卡内的728900元现金全部取走，其中717200元系被害人朱某所有。

一种观点认为，该银行卡内的钱由丁杨健（卡的名义人）占有，丁杨健的行为成立侵占罪。

另一种观点认为，该银行卡内的钱由银行占有，丁杨健取走该卡内的钱款的，应成立盗窃罪。判决亦持此观点，法院认为，被告人丁杨健以非法占有为目的，秘密窃取他人财物，数额特别巨大，其行为已构成盗窃罪。

（四）侵占罪认识错误的处理

1. 事实上是有人占有的财物，行为人误以为是无人占有的，将其拿走，成立侵占罪。

---

① 答案：ABCD。

② 答案：ABCD。

例如，甲看见公园长凳上有一个手包，未发现手包的主人乙，其实乙就站在该手包旁边。甲将该手包拿走的，成立侵占罪。

2. 事实上是无人占有的财物，行为人误以为是有人占有的，由于客观上不可能侵害他人对财物的占有，亦成立侵占罪。

例如，甲看见公园长凳上有一个手包，乙站在手包旁边，甲误以为乙是手包的主人，事实上手包是他人遗忘在此处的。甲在乙未注意的情况下，将该手包拿走，甲的行为成立侵占罪。

典型真题

甲乘坐长途公共汽车时，误以为司机座位后的提包为身边的乙所有（实为司机所有）；乙中途下车后，甲误以为乙忘了拿走提包。为了非法占有该提包内的财物（内有司机为他人代购的13部手机，价值2.6万元），甲提前下车，并将提包拿走。司机到站后发现自己的手提包丢失，便报案。公安人员发现甲有重大嫌疑，便询问甲，但甲拒不承认，也不交出提包。关于本案，下列说法正确的是？（2004年·卷二·88题）①

A. 由于甲误认为提包为遗忘物，所以，甲的认识错误属于事实认识错误

B. 由于甲误认为提包为遗忘物，因而没有盗窃他人财物的故意，根据主客观相统一的原则，甲的行为成立侵占罪

C. 由于提包实际上属于司机的财物，所以，甲的行为成立盗窃罪

D. 由于提包实际上属于司机的财物，而甲又没有盗窃的故意，所以，甲的行为不成立盗窃罪；又由于甲具有侵占遗忘物的故意，但提包事实上不属于遗忘物，所以，甲的行为也不成立侵占罪

2003年卷二47. A. 某游戏厅早上8点刚开门，甲就进入游戏厅玩耍，发现6号游戏机上有一个手机，甲马上装进自己口袋，然后逃离。事后查明，该手机是游戏厅老板打扫房间时顺手放在游戏机上的。甲被抓获后称其始终以为该手机是其他顾客遗忘的财物——甲的行为构成盗窃罪。

问题是：本案中，该空间属于相对封闭、人流量较少的空间，空间内的任何财物，均属有人占有的财物，甲取走财物的行为成立盗窃罪。甲被抓获后始终以为该手机是其他顾客遗忘的财物，但其他顾客遗忘在游戏厅的财物是否属于刑法上的"遗忘物"呢？刑法上的"遗忘物"即"脱离他人占有的财物"。根据甲的主观认识，甲认为该手机是其他顾客的遗忘物，甲也知道该手机被遗忘在游戏厅，这均是甲认识到的事实。但其他顾客遗忘在游戏厅的手机是否属于法律上"脱离占有的财物"或者说"无人占有的财物"呢？这种情形下，由于游戏厅属于相对封闭的空间，基本上没有人员流动，即使事实上是其他顾客遗忘的手机，仍然由游戏厅老板占有，即是属于"游戏厅老板占有的他

① 答案：AB。解析：提包在公共汽车上，而公共汽车是人员出入比较频繁的地方，属于公共空间。甲主观上认为该包是乙遗忘在公交车上的，如果是乙遗忘在公交车上的财物，应当属于"脱离他人占有的财物"，甲基于此拿走提包的，当然成立侵占罪。但事实上，提包是属于公交车司机的，即"他人占有的财物"，甲客观上拿的是"他人占有的财物"，但由于甲主观上并没有拿走"他人占有的财物"的故意，因此，不成立盗窃罪。该案中，甲将"司机的财物"（有人占有的财物）误以为是"乘客乙遗忘在公交车上的财物"（无人占有的财物），这两种财物体现了不同的犯罪构成所保护的法益，因此，属于抽象的事实认识错误。

人财物”。①

［实务案例］杭州市拱墅区人民法院（2015）杭拱刑初字第303号：2015年1月11日凌晨5时27分许，被告人洪某在拱墅区星海网吧上网时，趁被害人朱某睡着不备之机，盗窃其掉落在网吧地上的价值人民币1715.49元的三星N7100手机一部，并将涉案手机予以销赃，赃款已被其花用。被告人洪某提出其系在网吧里捡了一只手机，不是盗窃手机。

法院认为：关于被告人提出系捡手机不是盗窃手机、辩护人提出本案被告人不构成盗窃的辩护意见，经查，综合涉案手机所处的位置、被害人尚在现场睡觉的状态及案发时间，根据一般生活经验和社会观念，涉案手机应属于被害人占有，被告人洪某在公安机关的供述也予以印证。被告人洪某趁被害人睡着不备之机，将被害人占有的财物拿走的行为构成盗窃。

① 试分析如下案例：（1）游戏厅晚上8点刚关门，甲就破门进入游戏厅玩，看到一部手机，以为是其他顾客遗忘在这里的，实为正在睡觉的游戏厅老板的手机，甲将该手机拿走。甲的行为成立盗窃罪——本案中，虽然甲认为该东西是他人遗忘的，但他人遗忘的东西并不等同于刑法上的“遗忘物”，刑法上的“遗忘物”是无人占有的财产、不安全的财产，本案中即便是他人遗忘的财物，也不等同于刑法概念中的“遗忘物”，故不成立侵占罪。可能会有人认为，甲认为这个“安全”的手机就是其他顾客遗忘的，甲就认为是“遗忘物”，那只能说甲对法律概念“遗忘物”没有学好，这属于对法律概念的认识错误，即法律认识错误，不影响定罪量刑。需要提醒的是：生活中所谓的“遗忘的财物”，并不等同于刑法上的“遗忘物”，只有当财物遗忘在很不安全的公共空间时，才属于刑法上的“遗忘物”，如果遗忘在安全的地方，该财物仍然是有人占有的财物。也就是说，刑法上的“遗忘物”的范围，比生活概念中所理解的“遗忘物”要小很多。

（2）毛毛家里早上8点刚开门，三毛就溜进毛毛家，见毛毛家客厅的茶几上有一个手机，以为是他人遗忘的手机，将该手机拿走，实际上该手机就是毛毛本人的手机。三毛的行为成立盗窃罪——本案与前一案例完全相同，无论是毛毛本人的手机，还是他人遗忘在毛毛家的手机，该手机都处于一个封闭、安全的场所，是处于毛毛的占有之下，三毛将该手机拿走的，成立盗窃罪。

专题二十

侵犯个人法益之犯罪：侵犯财产罪（下）

知识体系

- 侵犯个人法益之犯罪：侵犯财产罪（下）
  - 敲诈勒索罪
    - 客观表现
    - 敲诈勒索罪与相关犯罪的区别
  - 职务侵占罪
    - 客观表现：利用职务上的便利，窃取、骗取、侵吞单位财产
    - 主体：公司、企业或者其他单位的工作人员，但国家工作人员除外
  - 故意毁坏财物罪
  - 挪用资金罪
  - 挪用特定款物罪
  - 拒不支付劳动报酬罪

一、敲诈勒索罪

基本结构：行为人对他人实施威胁或要挟→致使被害人产生恐惧心理→被害人基于恐惧心理而处分财产→行为人取得财产→对方财产权受到损害

（一）客观表现

1. 方法行为：威胁、要挟——没有达到抑制对方反抗的程度。

（1）威胁、要挟的内容不具有当场实施性，而只能以事后付诸实施为必要。恐吓的内容不一定直接针对被害人本人，告知他人要对其亲属、朋友等第三者实现恶害内容的，也是恐吓。

（2）威胁、要挟的内容不要求是真实的事情，也包括虚假的事情。

（3）威胁、要挟的内容可以是非法的，但也可以是合法的。

例如，行为人知道他人的犯罪事实，向司法机关告发是合法的，但行为人以向司法机关告发进行威胁索取财物的，也成立敲诈勒索罪。

（4）威胁的内容必须是由行为人本人或行为人所能控制的第三人来实现。即，必须让被害人对犯罪行为人本人感到害怕。行为人所告知的恶害是将由行为人自己实现，还是将由第三者实现，也在所不问；但由第三者实现时，行为人必须使被害人知道行为人能够影响第三者，或者让被害人推测到行为人能影响第三者。

2005 年卷二 19. 乙与丙因某事发生口角，甲知此事后，找到乙，谎称自己受丙所托带口信给乙，如果乙不拿出 2000 元给丙，丙将派人来打乙。乙害怕被打，就托甲将 2000 元

带给丙。甲将钱占为己有——甲的行为构成诈骗罪，而非敲诈勒索罪，因为，乙对甲本人并不感到害怕。

2. 目的行为：非法索要财物。

[问题之思考] 正当维权与敲诈勒索罪的界限。具体而言：有理由要钱，哪怕要得过多都不构成犯罪，但别侵犯被害人的人身权利；没有理由要钱而非法索要的，原则上成立敲诈勒索罪。

（1）方式方法正当的，即使索要过多，也不成立本罪。

例如，黄静案：2006 年，黄静购买了一台华硕电脑，在使用过程中多次出现异常现象，经过华硕售后几次检修后，发现该笔记本电脑机内原装正式版 Pentium-m7602. 0GCPU 被更换为工程测试样品 ES2. 13GCPU，而英特尔公司明确规定其不能用于最终用户产品。黄静发现之后，委托代理人与华硕公司进行多次和解谈判。谈判中，其代理人周成宇提出了要求华硕公司按照其年营业额 0. 05%进行惩罚性赔偿，数额为 500 万美元。此后，华硕公司向警方报案称其受到敲诈勒索。海淀检察院以证据不足为由，对黄静作出不起诉决定。

（2）索要的数额合理，但方式方法违法的，也不成立敲诈勒索罪，但是不排除行为人因其方式方法本身成立其他犯罪。例如，采取故意伤害、非法拘禁的方式维权的，应成立故意伤害罪、非法拘禁罪。

（3）明显超出了据以维权事由的范围，以暴力或毁损他人名誉相威胁，索要巨额财物的，可以认定为敲诈勒索罪。

（二）敲诈勒索罪与相关犯罪的区别

1. 敲诈勒索罪与抢劫罪。

	敲诈勒索罪	抢劫罪
暴力的程度不同	（1）原则上不对人使用暴力； （2）即便对人使用暴力，程度也较为轻微，不足以抑制被害人的反抗	（1）暴力或暴力威胁的对象是针对人； （2）暴力的程度应达到足以抑制被害人反抗的程度
威胁的方式	可以当着被害人的面发出，也可以通过书信、电话或者第三者传达	当着被害人的面直接发出的
胁迫的内容不同	威胁的内容包括实施暴力、揭发隐私、毁坏财物、阻止正当权利的行使、不让对方实现某种正当要求等等	是以当场实施暴力相威胁
暴力、威胁内容的实现时间	如果不满足行为人的要求，暴力、威胁的内容会在将来的某个时间实现	如果要求得不到满足，便会当场实施
暴力和取财的时间	不要求两个当场，包括： （1）以当场对人使用暴力相威胁，要求被害人日后交付财物； （2）以对被害人日后使用暴力相威胁，要求被害人日后交付财物	要求两个当场： （1）当场使用暴力，或者以当场使用暴力相威胁； （2）当场取得财物
敲诈勒索罪中的处分自由，是一种不充分的、有瑕疵的自由：面对行为人的压迫，被害人仍有保卫财产的可能。相对于抢劫罪是反抗无用且不敢反抗，敲诈勒索罪就是反抗有用且应能反抗①		

① 车浩：《抢劫罪与敲诈勒索罪之界分：基于被害人的处分自由》，《中国法学》2017 年第 6 期。

典型真题

张某乘坐出租车到达目的地后，故意拿出面值100元的假币给司机钱某，钱某发现是假币，便让张某给10元零钱，张某声称没有零钱，并执意让钱某找零钱。钱某便将假币退还张某，并说："算了，我也不要出租车钱了"。于是，张某对钱某的头部猛击几拳，还吼道："你不找钱我就让你死在车里"。钱某只好收下100元假币，找给张某90元人民币。张某的行为构成何罪？（2002年 · 卷二 · 12题）①

A. 使用假币罪　　B. 敲诈勒索罪　　C. 抢劫罪　　D. 强迫交易罪

2. 敲诈勒索罪与绑架罪。

	敲诈勒索罪	绑架罪 = 非法拘禁 + 敲诈勒索等（不法目的）
使用的方法	使用扣押人质以外的方式勒索财物，不侵犯人身权利	实施了控制人质的行为
索取财物的对象	向敲诈的对象本人勒索财物（只存在一方受害人）	向第三人索要财物或实现其他目的（存在两方受害人：人质、第三人）

2003年卷二50. 甲、乙合谋勒索丙的钱财。甲与丙及丙的儿子丁（17岁）相识。某日下午，甲将丁邀到一家游乐场游玩，然后由乙向丙打电话。乙称丁被绑架，令丙赶快送3万元现金到约定地点，不许报警，否则杀害丁。丙担心儿子的生命而没有报警，下午7点左右准备了3万元后送往约定地点。乙取得钱后通知甲，甲随后与丁分手回家——甲、乙的行为构成敲诈勒索罪（与诈骗罪存在竞合）。

审判实践中亦有相应的案例，例如，被告人言某某在被害人汪某某上学的路上，以汪某某父亲出车祸为由，将汪某某骗至医院，后又以汪某某父亲在做手术为由，将汪某某骗至网吧上网等候。在此期间，言某某不停地通过手机短信匿名以汪某某的人身安全来要挟汪某某的父亲，索要赎金30万元。法院认定其行为构成敲诈勒索罪。参见湖南省株洲市石峰区人民法院刑事判决书，（2014）株石法刑初字第30号。

2007年卷二63. A. 甲将王某杀害后，又以王某被绑架为由，向其亲属索要钱财。甲除构成故意杀人罪外，还构成敲诈勒索罪与诈骗罪的想象竞合犯——该案来源于《刑事审判参考》指导案例第259号，被告人杀害被害人后，又以被害人被绑架为由向其家属索要财物，家属为被害人的人身安危而担忧，精神上受到了强制，应以敲诈勒索罪论处。可以认为，最高人民法院更多地强调，如果"骗局"对被害人的精神强制较为明显的，应以敲诈勒索罪论处，因为被害人主要是基于害怕而交付财产。但考试真题亦承认该案存在与诈骗罪的竞合。

2017年卷四：乙将赵某的孩子杀害之后，打电话给赵某，威胁赵某赶快向指定账号打款30万元，不许报警，否则撕票——乙的后续打电话给赵某的行为成立诈骗罪与敲诈勒索罪的想象竞合。

① 答案：C。

3. 绑架罪与抢劫罪。

	绑架罪	抢劫罪
暴力和取财的时间不同	绑架人质后，并不当场取得财物	暴力胁迫和取财行为均在当场
针对的对象	三面关系：绑架人质后，利用第三人对被绑架人安危的担忧，向第三人索要财物（挟天子以令诸侯，诸侯很担心）。人质和第三人一般处于“不同场所”	两面关系：直接向暴力胁迫的对象（被害人本人）索要财物。在财物的交付者和暴力、胁迫的承受者不一致但处于“同一场所”的情况下，本罪的成立也不受影响。 例如，对商场的保安实施暴力，然后从营业员手中夺取金银首饰的，也是抢劫罪

通说及司法解释观点认为，抢劫罪是两面关系，犯罪行为人与被害人；绑架罪是三面关系，犯罪行为人、被挟持的人质、人质的亲友等。如果在抢劫的过程中，加入了第三方当事人的出现，则视犯罪行为人主观上是否想将其控制人质的事实告诉第三方当事人，而认定为绑架罪或抢劫罪。

（1）例如，甲控制乙后，抢劫乙的财物，但乙身上的钱并不多，甲要求乙给妻子丙打电话打钱过来，并要求乙将“甲、乙之间的故事，即乙被甲控制”告诉丙，甲的行为成立绑架罪。

（2）又如，甲控制乙后，抢劫乙的财物，但乙身上的钱并不多，甲要求乙给妻子丙打电话打钱过来，并要求乙不要将“甲、乙之间的故事，即乙被甲控制”告诉丙，甲的行为成立抢劫罪。

质言之：绑架罪是抢劫罪的“升级版”。在甲对乙实施抢劫的过程中，如果甲想将甲控制乙的事实告诉乙的妻子丙，让丙基于担忧而转账给甲，即让事态升级，甲的行为成立绑架罪；但如果甲并不想将甲控制乙的事实告诉丙，只是想让乙通知丙转账，甲的行为仍成立抢劫罪。

2006年卷二14. 甲使用暴力将乙扣押在某废弃的建筑物内，强行从乙身上搜出现金3000元和1张只有少量金额的信用卡，甲逼迫乙向该信用卡中打入人民币10万元。乙便给其妻子打电话，谎称自己开车撞伤他人，让其立即向自己的信用卡打入10万元救治伤员并赔偿。乙妻信以为真，便向乙的信用卡中打入10万元，被甲取走，甲在得款后将乙释放——甲的行为构成抢劫罪。本案中，甲并没有让乙的妻子对乙人身安全产生忧虑，乙只是欺骗了其妻子，将财物打入信用卡。此种情形下，仍然是甲使用暴力向乙要钱，只是乙采取了向第三人要钱的方式给予甲财物。

2010年卷二16. 甲持刀将乙逼入山中，让乙通知其母送钱赎人。乙担心其母心脏病发作，遂谎称开车撞人，需付五万元治疗费，其母信以为真——甲的行为构成绑架罪。①

① 行为人一开始就具有勒索乙的母亲财物的目的，乙在本案中只是作为一个人质，从此意义上而言，甲的行为应该成立绑架罪（既遂）。绑架罪较之抢劫罪是重罪，即便事后乙并没有告诉其母亲自己被控制的事实，也不否认绑架罪的成立，绑架罪既遂后更不可能转化为抢劫罪。

4. [知识提升] 抢劫罪与绑架罪是对立还是竞合关系？

(1) 通说及司法解释观点认为，抢劫罪与绑架罪是对立的（非此即彼，不能是亦此亦彼）。

抢劫罪是两面关系，犯罪行为人与被害人；绑架罪是三面关系，犯罪行为人、被挟持的人质、人质的亲友等。这种观点认为，如果行为人在银行里挟持顾客，同时喝令银行工作人员给钱，应成立抢劫罪。顾客与行员是共同被挟持的对象，一起遭到控制，因此没有三面关系。

例如，2017 年卷二 15. B. 乙闯入银行营业厅挟持客户王某，以杀害王某相要挟，迫使银行职员交给自己 20 万元。根据通说及司法解释的观点，该案是两面关系，应成立抢劫罪，不构成绑架罪。

(2) 有学者认为，抢劫罪与绑架罪是竞合关系（可能亦此亦彼）。这种观点认为，既然三面关系的都成立绑架罪，两面关系的更应成立绑架罪，亦构成抢劫罪，二者存在竞合。或者说，抢劫是现场型的绑架罪。

例如，甲以勒索财物为目的绑架乙后，打电话威胁远在外地的乙的亲属丙说，"如果不交付赎金便杀害乙"，甲的行为成立绑架罪。但是，如果丙来到甲、乙所在的现场，甲将丙控制住，则更应该成立绑架罪，同时亦触犯了抢劫罪。

2017 年卷二 15. B. 乙闯入银行营业厅挟持客户王某，以杀害王某相要挟，迫使银行职员交给自己 20 万元——根据绑架罪与抢劫罪的竞合论的观点，既然绑架人质后，劫取财物不具有当场性的，应认定为绑架罪。那么，绑架人质后，当场劫取财物的，认定为绑架罪也未尝不可，但这可能与抢劫罪存在竞合。

典型真题

下列哪种行为构成敲诈勒索罪？（2006 年 · 卷二 · 15 题）①

A. 甲到乙的餐馆吃饭，在食物中发现一只苍蝇，遂以向消费者协会投诉为由进行威胁，索要精神损失费 3000 元。乙迫于无奈付给甲 3000 元

B. 甲到乙的餐馆吃饭，偷偷在食物中投放一只事先准备好的苍蝇，然后以砸烂桌椅进行威胁，索要精神损失费 3000 元。乙迫于无奈付给甲 3000 元

C. 甲捡到乙的手机及身份证等财物后，给乙打电话，索要 3000 元，并称若不付钱就不还手机及身份证等物。乙迫于无奈付给甲 3000 元现金赎回手机及身份证等财物

D. 甲妻与乙通奸，甲获知后十分生气，将乙暴打一顿，乙主动写下一张赔偿精神损失费 2 万元的欠条。事后，甲持乙的欠条向其索要 2 万元，并称若乙不从，就向法院起诉乙

[总结] 不同财产犯罪的区别（抢劫、敲诈勒索、盗窃、诈骗、抢夺、侵占）。

长期以来，不少同学在学具体财产犯罪时，总是通过公式化的记忆来掌握各个财产犯罪的构成要件及其特征，例如，认为抢劫罪要使用暴力、突出两个当场（当场对人使用暴力或以当场对人使用暴力相威胁，当场取得财物），而没有深刻领悟为什么抢劫罪要具备

① 答案：B。

这些特征。透过现象看本质：不同财产犯罪，其共同点在于取走了被害人的财产，而其区别在于，对被害人的影响各不相同：

1. 抢劫罪与敲诈勒索罪。抢劫罪对被害人的控制程度是100%，使被害人不知反抗、不敢反抗、不能反抗、反抗无用，必须交付财产。抢劫罪所要求的对人使用严重暴力、胁迫，两个当场，就是“对被害人的控制程度是100%”的具体展开。而敲诈勒索罪，对被害人的控制程度没有达到100%，被害人不是“必须”交付财产，被害人保卫自己的财产仍有可能，被害人可以反抗、反抗有用。敲诈勒索罪所要求的不对人使用严重暴力、不需要两个当场，其实就是“对被害人的控制程度没有达到100%”的具体展开。

2. 盗窃与诈骗。盗窃的实质在于（通说观点），取走被害人的财物没有和被害人进行沟通，被害人并不知道自己财产被犯罪行为人取走，犯罪分子取走财物是秘密的。诈骗的实质在于，被害人知道自己处分财产，犯罪行为人与被害人就财物的转移进行过沟通。

3. 盗窃与抢夺。盗窃是秘密的（通说观点），其秘密性是相对被害人而言的，犯罪行为人主观上并不想让被害人知道财物转移的事实，说明犯罪行为人对被害人心存“敬畏”之心。而抢夺是公开的，相对被害人而言是公开的，那么犯罪分子对被害人毫无“敬畏”之心，而是“藐视”被害人。

4. 侵占罪与其他财产犯罪。侵占罪的对象是行为人代为保管的财物、无人占有的财物，即财物并不处于被害人的占有之下。其他财产犯罪（盗窃罪、诈骗罪、抢夺罪、抢劫罪）的对象是他人占有的财物。

二、职务侵占罪

《刑法》第271条：公司、企业或者其他单位的工作人员，利用职务上的便利，将本单位财物非法占为己有，数额较大的，处三年以下有期徒刑或者拘役，并处罚金；数额巨大的，处三年以上十年以下有期徒刑，并处罚金；数额特别巨大的，处十年以上有期徒刑或者无期徒刑，并处罚金。[本款经《刑法修正案（十一）》修正]

国有公司、企业或者其他国有单位中从事公务的人员和国有公司、企业或者其他国有单位委派到非国有公司、企业以及其他单位从事公务的人员有前款行为的，依照本法第三百八十二条、第三百八十三条的规定定罪处罚。

（一）客观表现：利用职务上的便利，窃取、骗取、侵吞单位财产

1. 职务侵占罪中的“职务”，既包括管理性工作，也包括单纯劳务性工作。

（1）将“在从事单纯劳务性工作过程中侵吞单位财物”的行为作为职务侵占罪，而不以盗窃罪来论处，并不是对这种行为的放纵。

因为，从事单纯劳务性事务的普通员工和公司、企业单位之间，存在一种高度的人身信赖关系，对侵犯高度信赖关系的场合处罚较轻，乃是因为其以人身信任为基础，委托者在委托时负有谨慎注意义务，其对自己选人、用人不当，未尽必要的注意义务，须就此承担一定责任；同时，考虑到在经手财物时，偶怀觊觎之心而侵吞财物，与一般的“没有条件而拼命创造条件”的盗窃犯罪相比，无论是在主观恶性上还是从人身危险性方面来看，都要轻一点。正是基于上述两方面的考虑，立法者对作为受托一方的普通劳务人员由此获得一定程度的刑事豁免，是完全符合刑法正义原则的。

（2）职务本身的非法性并不影响职务侵占罪的成立。

例如，甲所在的公司安排其从事的业务是到乙公司收取走私货物的销售款，业务本身具有违法性，但并不丧失业务的性质，甲将此货款占为己有的，仍然构成本罪。

2. 本单位管理、使用或者运输中的私人财物，应以单位财物论。

例如，公司、企业对他人交来的遗忘物、埋藏物有保管义务，单位成员对其加以不法占为己有的，构成职务侵占罪。

典型真题

甲系私营速递公司卸货员，主要任务是将公司收取的货物从汽车上卸下，再按送达地重新装车。某晚，乘公司监督人员上厕所之机，甲将客户托运的一台价值一万元的摄像机夹带出公司大院，藏在门外沟渠里，并伪造被盗现场。关于甲的行为，下列哪一选项是正确的？（2009 年 · 卷二 · 18 题）①

A. 诈骗罪　　B. 职务侵占罪　　C. 盗窃罪　　D. 侵占罪

3. 应对“利用职务上的便利”进行限制解释。

我国刑法中盗窃罪的最低立案标准为 1000 元，职务侵占罪为 60000 元，区分行为人是否利用了职务上的便利，将会带来重大差异，审判实践中的做法并不完全统一。鉴于职务侵占罪的立案标准过高，刑法理论与审判实务主张限制解释“利用职务上的便利”，进而限制适用职务侵占罪。只有行为人对所掌握的财物，具有实际支配权时，才宜认定为是利用了职务上的便利。如果仅仅是“过手”，没有现实地掌握、支配财物，不能认为利用了职务上的便利。

2018 年真金题：某快递公司快递员甲在分拣包裹的过程中，把不属于自己负责的传送带上的包裹，放入自己的快递车内，然后离开公司送货途中，拆开包裹，据为已有——本案中，甲拿走的是公司专门的监督人员保管的财物，即他人保管的财物，不认为其利用了职务上的便利，仅成立盗窃罪。

2018 年真金题：甲销售公司的司机徐某负责把货物运送到乙公司之后，乙公司就将货款当面交付甲公司的司机带回交给甲公司的老板。后来，徐某从甲公司辞职了，甲公司遂聘请 A 为新的司机。但甲公司老板对新司机 A 不太放心，就对 A 说：“你把货物运到乙公司之后，就不要带货款回来了，我让乙公司直接把货款汇到咱们公司的账户来。”。但甲公司的老板忘了和乙公司的老板说明这一情况。A 将货物运到乙公司后，就主动和乙公司的老板说：“我们老板让我把货款带回去。”由于以前一直是这样操作的，乙公司老板信以为真，将 8 万元货款交给了 A，A 拿到这 8 万元之后逃跑。后案发。问：A 的行为该如何认定——行为人是否具有代理权以及是否构成表见代理，对于行为人占有、处分被害人所交付的财物，是构成诈骗罪还是职务侵占罪，没有刑法上的意义。判断行为人占有、处分被害人财物的行为性质，必须看该财产是否处于行为人所在单位占有和控制下。如果是，那么行为人的行为性质属于职务侵占；如果不是，那么行为人的行为性质属于诈骗。本案中，A 事实上并没有收取货款的职权，成立诈骗罪是妥当的。

[案例]《刑事审判参考》指导案例第 1218 号。2013 年至 2015 年，被告人杨涛在担

① 答案：C。

任湖北省武汉统建城市开发有限公司东方雅园项目售楼部销售经理期间，为骗取他人财物，明知公司并未决定对外销售东方雅园项目二期商铺，对到项目部咨询的杨小莉等9人虚构了商铺即将对外销售的事实，要求被害人将订购商铺的款项汇入其个人银行账户，还利用其保管的购房合同、房屋销售专用章、副总经理印章与被害人签订房屋买卖合同，骗取共计1011万元用于赌博等挥霍。法院判处诈骗罪，裁判要旨指出：行为人是否具有代理权以及是否构成表见代理，对于行为人占有、处分被害人所交付的财物，是构成诈骗罪还是职务侵占罪，没有刑法上的意义。判断行为人占有、处分被害人财物的行为性质，必须看该财产是否处于行为人所在单位占有和控制下。如果是，那么行为人的行为性质属于职务侵占；如果不是，那么行为人的行为性质属于诈骗。

（二）主体：公司、企业或者其他单位的工作人员，但国家工作人员除外

即使是通过不正当手段成为公司、企业或者其他单位的人员，或者是单位临时请来处理事务的人员，也可以成为本罪的主体。此外，还包括临时雇用的工作人员。只要行为人事实上在从事公司、企业或者其他单位的员工所从事的事务，原则上就应认定为本罪的行为主体。

2008年四川卷二18. 甲在某公司招聘司机时，用假身份证应聘并被录用。甲在按照公司安排独自一人将价值7万元的货物从北京运往山东途中，在天津将该货物变卖后潜逃，得款2万元。甲的行为构成职务侵占罪。

三、故意毁坏财物罪

1. 毁坏的含义。

（1）物理上的毁坏：从物理上变更或者消灭财物的形体。

（2）效用上的毁坏：丧失或者减少财物的效用的一切行为。所谓的丧失与减少（使他人鱼池的鱼游失、将他人的戒指扔入海中），包括因为心理上、感情上的缘故而导致财物的效用丧失或者减少（如将粪便投入他人餐具，使他人不再使用餐具）；不仅包括财物本身的丧失，而且包括被害人对财物占有的丧失（如将他人财物隐藏，为了报复泄愤将他人的现金扔入水沟）等情况。

此外，向他人的美术作品泼洒脏物，涂黑他人的广告牌内容的，也属于毁坏财物。放走他人的笼中鸟，对汽车轮胎放气，对汽车喷漆，在他人的字画上题字，都是故意毁坏财物。将尿液投入食器中，是公认的毁坏行为。将他人豢养的动物开栏放走的，也是故意毁坏财物的行为。

2. "非法占有目的"与"毁坏目的"的区分。

（1）非法占有：不仅表现为行为人对他人财物在物理意义上的实际控制，通常也表现为行为人遵从财物的本来用途进行利用和处分，以实现财物的价值或取得相应的利益。所谓本来用途就是财物自身具有的价值和使用价值，不仅包括经济价值，还包括审美等其他价值。

（2）非法毁坏：行为人出于毁坏公私财物的经济用途的目的实际控制他人财物后予以毁损或消灭。虽然行为人也实际控制了他人财物，排除了权利人合法占有财物的可能性，但其控制该财物的目的并不是依照其本来的用途进行利用和处分，而是变更财物性质和价值或使其灭失——损人不利己。

[案例]《刑事审判参考》指导案例第310号，孙静故意毁坏公私财物案，被告人孙

静于2001年9月应聘到海浪乳品公司南京分公司担任业务员。出于为该公司经理孙建华创造经营业绩的动机，于2002年10月8日起向该公司虚构了南京市三江学院需要供奶的事实，并于2002年12月1日利用伪造的“南京市三江学院”行政章和“石国东、陈宝全、蔡斌”三人印章，与该公司签订了“供货合同”，牛奶送至孙静家中，由其母亲倒掉，致使公司相当部分款项未能追回。法院认定为故意毁坏财物罪。

四、挪用资金罪

《刑法》第272条：公司、企业或者其他单位的工作人员，利用职务上的便利，挪用本单位资金归个人使用或者借贷给他人，数额较大、超过三个月未还的，或者虽未超过三个月，但数额较大、进行营利活动的，或者进行非法活动的，处三年以下有期徒刑或者拘役；挪用本单位资金数额巨大的，处三年以上七年以下有期徒刑；数额特别巨大的，处七年以上有期徒刑。

国有公司、企业或者其他国有单位中从事公务的人员和国有公司、企业或者其他国有单位委派到非国有公司、企业以及其他单位从事公务的人员有前款行为的，依照本法第三百八十四条的规定定罪处罚。

有第一款行为，在提起公诉前将挪用的资金退还的，可以从轻或者减轻处罚。其中，犯罪较轻的，可以减轻或者免除处罚。[本条经《刑法修正案（十一）》修正]

1. 挪用资金罪的表现形式。

（1）归个人使用或者借贷给他人，数额较大、超过三个月未还。

（2）数额较大、进行营利活动。

（3）进行非法活动。

筹建公司的工作人员在公司登记注册前，利用职务上的便利，挪用准备设立的公司在银行开设的临时账户上的资金，符合上述形式的，也认定为挪用资金罪。

2. 行为方式：必须是“挪用本单位资金归个人使用或者借贷给他人”，即“归个人使用”。包括：

（1）挪用本单位资金归本人或者其他自然人使用；

（2）挪用人以个人名义将所挪用的资金借给其他自然人和单位；

（3）个人决定以单位名义将本单位资金供其他单位使用，谋取个人利益的。

3. 从宽处罚事由：在提起公诉前将挪用的资金退还的，可以从轻或者减轻处罚。其中，犯罪较轻的，可以减轻或者免除处罚。

五、挪用特定款物罪

《刑法》第273条：挪用用于救灾、抢险、防汛、优抚、扶贫、移民、救济款物，情节严重，致使国家和人民群众利益遭受重大损害的，对直接责任人员，处三年以下有期徒刑或者拘役；情节特别严重的，处三年以上七年以下有期徒刑。

1.“挪用”的理解：“挪作他用（公用）”，因“公”犯罪——挪用行为违反了专款专用的财经纪律。

2. 本罪的主体是特定的，即主管、经手特定款物的工作人员，但不限于国家工作人员。

六、拒不支付劳动报酬罪[①]

《刑法》第276条之一：以转移财产、逃匿等方法逃避支付劳动者的劳动报酬或者有能力支付而不支付劳动者的劳动报酬，数额较大，经政府有关部门责令支付仍不支付的，处三年以下有期徒刑或者拘役，并处或者单处罚金；造成严重后果的，处三年以上七年以下有期徒刑，并处罚金。

单位犯前款罪的，对单位判处罚金，并对其直接负责的主管人员和其他直接责任人员，依照前款的规定处罚。

有前两款行为，尚未造成严重后果，在提起公诉前支付劳动者的劳动报酬，并依法承担相应赔偿责任的，可以减轻或者免除处罚。

1. 入罪的标准（同时符合）：

（1）逃避支付“或者”有能力支付而不支付；[②]

（2）数额较大；

（3）经政府有关部门责令支付仍不支付。

2. 可以减轻或者免除处罚的条件（同时符合）：

（1）尚未造成严重后果；

（2）在提起公诉前支付劳动者的报酬；

（3）依法承担赔偿责任。

3. 主体：负有支付劳动报酬义务的自然人和单位。

（1）不具备用工主体资格的单位或者个人（包工头），违法用工且拒不支付劳动者报酬，数额较大，经政府有关部门责令支付仍不支付的，应当以拒不支付劳动报酬罪追究刑事责任。

（2）不具备用工主体资格的单位或者个人（包工头）拒不支付劳动报酬，即使其他单位或者个人在刑事立案前为其垫付了劳动报酬的，也不影响追究该用工单位或者个人（包工头）拒不支付劳动报酬罪的刑事责任。

最高人民法院指导案例28号，胡克金案：胡克金逃匿后，工程总承包企业按照有关规定清偿了胡克金拖欠的民工工资，其清偿拖欠民工工资的行为属于为胡克金垫付，这一行为虽然消减了拖欠行为的社会危害性，但并不能免除胡克金应当支付劳动报酬的责任，因此，对胡克金仍应当以拒不支付劳动报酬罪追究刑事责任。

[立法背景说明] 拒不支付劳动报酬行为，其实质是一种劳资双方的民事纠纷。但之

---

① 每年都有农民工因讨薪被打的事件见诸报端，为了更有力地保护劳动者获得报酬的权利，2011年《刑法修正案（八）》将“恶意欠薪”正式入罪。劳动者的劳动报酬依照法律规定是必须支付的。不支付劳动者的劳动报酬，直接侵害了劳动者的合法权利。还会造成社会不稳定，有时还引发一些讨薪人被打等恶性事件。增加这一犯罪，并将它作为政府有关部门采取措施，责令欠薪者支付劳动者报酬的后盾，将为劳动监察部门提供更加有力的工作方面的保证。这里的“造成严重后果”，指的是造成的社会影响、经济方面的损失等。将“恶意欠薪”界定为犯罪行为，对改变当前“拖欠是正常现象”的错误观念有重大意义，其威慑作用是肯定的。中国人民大学劳动关系研究所副所长彭光华同时表示，刑法应该谨慎介入劳资纠纷，劳动行政、监察应发挥更多作用。

② 用工主体在未支付劳动者劳动报酬的情况下出于躲债目的逃匿，脱离有关行政机关的有效监管，既损害了劳动者的劳动报酬权，又扰乱了劳动监管部门的依法处置，因而，其有无支付能力不影响拒不支付劳动报酬罪的构成。参见江苏省宝应县人民法院刑事判决书，(2013)宝刑初字第0336号。该案是最高人民法院指导案例。

所以《刑法修正案（八）》将其规定为是犯罪，在于这种民事纠纷在实践中经常导致流血冲突，有必要规定为是犯罪。当然，将一种危害性较大的民事纠纷上升到犯罪的高度，立法者亦非常慎重，强调了入罪的诸多条件，并且规定了可以减轻或者免除处罚的条件。

典型真题

老板甲春节前转移资产，拒不支付农民工工资。劳动部门下达责令支付通知书后，甲故意失踪。公安机关接到报警后，立即抽调警力，迅速将甲抓获。在侦查期间，甲主动支付了所欠工资。起诉后，法院根据《刑法修正案（八）》拒不支付劳动报酬罪认定甲的行为，甲表示认罪。关于此案，下列哪一说法是错误的？（2012年·卷二·1题）①

A.《刑法修正案（八）》增设拒不支付劳动报酬罪，体现了立法服务大局、保护民生的理念

B. 公安机关积极破案解决社会问题，发挥了保障民生的作用

C. 依据《刑法修正案（八）》对欠薪案的审理，体现了惩教并举，引导公民守法、社会向善的作用

D. 甲已支付所欠工资，可不再追究甲的刑事责任，以利于实现良好的社会效果

① 答案：D。

专题二十一

侵犯个人法益之犯罪：侵犯公民人身权利、民主权利罪（上）

知识体系

- 侵犯个人法益之犯罪：侵犯公民人身权利、民主权利罪（上）
  - 故意杀人罪
    - 对象
    - 涉“自杀”案件认定中的若干问题
    - 罪数的认定
  - 过失致人死亡罪
  - 故意伤害罪
  - 组织出卖人体器官罪

相关法理

侵犯公民人身权利、民主权利罪也是刑法分则中的重要内容，尤其是诸多犯罪，既侵犯人身权利，也侵犯财产权利，如抢劫罪。如何厘清部分财产犯罪、人身犯罪之间的关系，亦显得特别重要。

一、故意杀人罪

（一）对象

1. 必须是具有生命的人，不包括本人。

2. 母体腹中的胎儿不是刑法意义上的人，对胎儿的伤害、杀害行为不能成立故意伤害罪、故意杀人罪，可能成立对母亲的伤害罪。

（二）涉“自杀”案件认定中的若干问题

［法理解读］**“自杀”行为本身并不构成犯罪，自杀是被害人对重大利益“生命”的放弃。那么，与“自杀”相关联的行为，如教唆、帮助、相约、欺骗、逼迫他人自杀的行为，能否成立故意杀人罪，关键是看这些行为是否达到了可以支配、决定被害人自杀的程度。**

1. 安乐死。

（1）积极安乐死。是指医务人员为解除身患不治之症的临终患者死亡过程的痛苦而采

取某种措施促使病人死亡，即加速被害人死亡。一般认为，成立故意杀人罪。[①]

（2）消极安乐死。是指医务人员对身患绝症而濒临死亡的患者，为解除其痛苦，中止维持其生命的医治措施，不积极救治，也不加速被害人死亡。一般认为，不构成犯罪。

2. 教唆他人自杀，是指故意采用引诱、怂恿等方法，使他人产生自杀意图并进而实行自杀的行为，不成立故意杀人罪。

之所以教唆他人自杀的，不成立故意杀人罪，其理由在于："自杀"与否的决定权在自杀者自己手中，而不在教唆者手中，故教唆者不成立故意杀人罪。

2012年卷二5. A. 他人欲跳楼自杀，围观者大喊"怎么还不跳"，他人跳楼而亡。围观者的行为不成立故意杀人罪。

3. 帮助自杀，是在他人已有自杀意图的情况下，实施了帮助行为（非实行行为），不成立故意杀人罪。

（1）例如，行为人提供针剂、药物或者其他自杀工具，帮助他人自杀。在这种情况下，尽管帮助行为与自杀之间具有因果关系，也不能按照故意杀人罪处理，自杀与否的决定权在自杀者本人手中。

（2）但是，行为人对自杀者实施了具体的杀人"实行行为"的，应定故意杀人罪。

例如，乙希望甲帮助自己自杀，向甲借来菜刀一把，但乙没有勇气自杀，要求甲将自己砍死，甲遂将乙砍死，甲的行为成立故意杀人罪。

4. 相约自杀（两个人都想死）。两人以上相互约定自愿共同自杀的行为，各行为人对自己的自杀行为负责，不成立故意杀人罪。

理由：相约自杀的情形下，自杀的意愿是自己就有的，而且自杀行为是本人亲自实施的，他人不对此负责。

例如，甲、乙二人均有自杀的想法，二人相约跳江后，甲被他人救起，乙溺亡，甲的行为不构成犯罪。

5. 欺骗他人自杀的，使被害人对"生命"这一法益存在错误认识，应成立故意杀人罪。

（1）欺骗不能理解死亡意义的儿童或者精神病患者等人，使其自杀的，属于故意杀人罪的间接正犯。

（2）行为人的欺骗行为使被害人对法益的有无、程度、情况等产生错误认识，其对死亡的同意无效时，也应认定为故意杀人罪。

例如，医生欺骗可能治愈的患者说："你得了癌症，只能活两周了。"进而使其自杀的，对医生应认定为故意杀人罪。

6. 逼迫他人自杀的，使被害人无自由选择权，应成立故意杀人罪。

例如，凭借某种权势或者利用某种特殊关系，以暴力、威胁或者其他心理强制方法，使他人自杀身亡的，成立故意杀人的间接正犯。

---

① 我国第一起"安乐死"案：1986年6月23日，54岁的妇女夏素文因患肝硬化、肝脑综合症而住进汉中市医院；6月27日晚，患者出现烦躁不安症状，时发惊叫，经安定处理后入睡。第二天，夏素文的儿子王明成在得知母亲已经再也无法康复后，向该院院长请求为免除其母的痛苦，结束其母的生命，但遭到了院长的拒绝。随后，其子及小女儿又转向住院部肝炎部主任濮连生反复提出同样请求，并愿意承担一切责任。在濮开具处方并注射之后，患者于6月29日凌晨5时死亡。濮连生被认定为故意杀人罪。

7. 引起他人自杀，即行为人所实施的某种行为引起他人自杀身亡，引起者原则上不成立故意杀人罪。但是：

（1）严重不法行为引起他人自杀身亡，将严重不法行为与引起他人自杀身亡的后果进行综合评价，其法益侵害达到犯罪程度时，应以相关犯罪论处。

例如，诽谤他人，行为本身的情节并不严重，但引起他人自杀身亡，便可综合起来认定行为的情节严重，将该行为以诽谤罪论处。

（2）犯罪行为引起他人自杀身亡，不符合故意杀人罪构成要件的，应按该犯罪行为定罪并可从重处罚。

例如，强奸妇女引起被害妇女自杀的，应以强奸罪从重处罚。

（3）极少数犯罪的结果加重犯，刑法特别规定包括了“自杀”的，应按结果加重犯的法定刑处罚。

例如，暴力干涉婚姻自由引起被害人自杀的，长期虐待导致被害人不堪忍受而自杀的，均应认定为结果加重犯。

[总结] 第一，教唆、帮助、相约自杀行为，不构成故意杀人罪。因为这些行为并不能直接决定被害人是否自杀，是否自杀的决定权、选择权仍然在自杀者本人。生命是非常重大的法益，受外界的影响相对较小，自杀的决定权主要取决于自杀者本人。

第二，逼迫、欺骗他人自杀，或亲手杀害被害人的，成立故意杀人罪。理由在于：逼迫、欺骗、亲手杀人的，导致被害人（自杀者）别无选择，则应以故意杀人罪论处。质言之，谁在决定、选择自杀，谁对死亡结果负责。

典型真题

关于自伤，下列哪一选项是错误的？（2011 年・卷二・13 题）①

A. 军人在战时自伤身体、逃避军事义务的，成立战时自伤罪

B. 帮助有责任能力成年人自伤的，不成立故意伤害罪

C. 受益人唆使 60 周岁的被保险人自伤、骗取保险金的，成立故意伤害罪与保险诈骗罪

D. 父母故意不救助自伤的 12 周岁儿子而致其死亡的，视具体情形成立故意杀人罪或者遗弃罪

（三）罪数的认定

实施了刑法中的其他犯罪，同时又故意致人死亡的，有如下三种情形：

1. 将故意杀人行为作为其他犯罪的手段，认定为结果加重犯。

例如，以杀人为手段劫取他人财物的，应认定为抢劫致人死亡的结果加重犯。

2. 转化犯（想象竞合）。

例如，刑讯逼供罪、暴力取证罪、虐待被监管人罪、聚众斗殴罪、非法拘禁罪中，杀害被害人的，转化为故意杀人罪一罪。

3. 数罪并罚。行为人在实施其他犯罪行为完毕之后，为了杀人灭口的，将原罪与故

① 答案：C。

意杀人罪并罚。

例如，抢劫、强奸后，再实施杀人行为的，应以前行为与之后的故意杀人罪并罚。例外的是，《刑法》第239条规定，绑架后杀害被绑架人的，仅定绑架罪一罪。

典型真题

下列哪些行为构成故意杀人罪？（2000年·卷二·71题）[①]

A. 甲在实施抢劫之后，为了灭口，将被害人杀死

B. 乙强奸某女，引起某女自杀

C. 丙与丁通奸多年，某日，丙要丁杀死其夫，丁不同意。丙毒打丁，并砸毁其家中物品，扬言如果丁2日内不能杀死其夫，就要丁自杀，丁因不忍心杀夫而自杀身亡

D. 某男与某女相约自杀，欺骗某女先自杀后，该男逃走

二、过失致人死亡罪

注意过失致人死亡罪与故意伤害致人死亡的区别。

1. 相同点：行为人主观上对他人死亡均是出于过失。

2. 不同点：行为人是否有伤害的故意。

生活中的“殴打”故意不能简单等同于刑法上的“伤害”故意。行为人只具有一般殴打的意图，并无刑法上“伤害”的故意，由于某种原因或条件引起了被害人死亡的，不能认定为故意伤害致死，如果行为人对死亡结果具有过失，就应认定为过失致人死亡罪。司法实践中，经常出现推人一把或者打人一拳，他人倒地因头部磕在石块或者其他硬物上而导致死亡的情形，应以过失致人死亡罪论处。总之，刑法中的“伤害、杀害”，较之生活中的“伤害、杀害”范围要小，程度更严重。

典型真题

1. 张某和赵某长期一起赌博。某日两人在工地发生争执，张某推了赵某一把，赵某倒地后后脑勺正好碰到石头上，导致颅脑损伤，经抢救无效死亡。关于张某的行为，下列哪一选项是正确的？（2007年·卷二·14题）[②]

A. 构成故意杀人罪

B. 构成过失致人死亡罪

C. 构成故意伤害罪

D. 属于意外事件

2. 甲与素不相识的崔某发生口角，推了他肩部一下，踢了他屁股一脚。崔某忽觉胸部不适继而倒地，在医院就医时死亡。经鉴定，崔某因患冠状粥样硬化性心脏病，致急性心力衰竭死亡。关于本案，下列哪一选项是正确的？（2012年·卷二·6题）[③]

A. 甲成立故意伤害罪，属于故意伤害致人死亡

---

① 答案：ACD。

② 答案：B。

③ 答案：C。

B. 甲的行为既不能认定为故意犯罪，也不能认定为意外事件

C. 甲的行为与崔某死亡结果之间有因果关系，这是客观事实

D. 甲主观上对崔某死亡具有预见可能性，成立过失致人死亡罪

三、故意伤害罪

《刑法》第234条：故意伤害他人身体的，处三年以下有期徒刑、拘役或者管制。

犯前款罪，致人重伤的，处三年以上十年以下有期徒刑；致人死亡或者以特别残忍手段致人重伤造成严重残疾的，处十年以上有期徒刑、无期徒刑或者死刑。本法另有规定的，依照规定。

1. 保护法益：他人生理机能的健全。包括：

（1）破坏他人身体组织的完整性，如砍掉手指、刺破肝脏。

（2）使身体器官机能受到损害或者丧失，如视力、听力降低或者丧失、精神错乱等。

（3）伤害行为不限于有形力，包括无形力，如装神弄鬼吓唬人，造成被害人精神失常。

剃除他人的毛发、剪掉他人的指甲的行为，不成立故意伤害罪。如果剃除他人毛发情节严重的，可以以侮辱罪定罪。

2. 定罪标准——原则上必须达到“轻伤”以上。①

（1）“轻微伤”是指各种致伤因素所致的原发性损伤，造成组织器官结构轻微损害或者轻微功能障碍。

（2）“轻伤”是指使人肢体或者容貌损害，听觉、视觉或者其他器官功能部分障碍或者其他对于人身健康有中度伤害的损伤，包括轻伤一级和轻伤二级。

（3）“重伤”是指使人肢体残废、毁人容貌、丧失听觉、丧失视觉、丧失其他器官功能或者其他对于人身健康有重大伤害的损伤，包括重伤一级和重伤二级。

重伤害的未遂应以犯罪未遂论处，轻伤害的未遂，一般不以犯罪论处。如果行为人有致人重伤的故意，客观上所使用的工具、方法也足以致人重伤，但实际上连轻伤害也没有达到，一般也按故意伤害罪（未遂）处理。行为人主观上只想造成轻伤结果，而实际上未造成轻伤结果的，不以犯罪论处，这种情形下实际上是轻罪的未遂，危害性较小，一般不以犯罪论处。

3. 故意伤害（致人死亡）罪与故意杀人罪的区别。

（1）故意伤害（致人死亡）罪，行为人主观上具有伤害他人的故意，对于造成被害人死亡是出于过失。

（2）故意杀人罪中，行为人具有致人死亡的故意，无论实际上是否造成被害人死亡。

要正确地判断行为人的故意内容是伤害故意还是杀人故意，必须查明犯罪的起因、经过和结果，犯罪的手段、工具，打击部位和强度，犯罪的时间、地点、环境与条件，犯罪人犯罪前后的表现，犯罪人与被害人之间的关系等案件事实，全面分析，综合判断。

① 伤残等级参见2014年最高人民法院、最高人民检察院、公安部、国家安全部、司法部《人体损伤程度鉴定标准》。

(3) 故意杀人罪与故意伤害(致人死亡)罪存在竞合。故意杀人罪包容了故意伤害(致人死亡)罪,前者的故意程度更重,二者存在竞合关系。

典型真题

1. 甲以伤害故意砍乙两刀,随即心生杀意又砍两刀,但四刀中只有一刀砍中乙并致其死亡,且无法查明由前后四刀中的哪一刀造成死亡。关于本案,下列哪一选项是正确的?(2015年·卷二·16题)①

A. 不管是哪一刀造成致命伤,都应认定为一个故意杀人罪既遂

B. 不管是哪一刀造成致命伤,只能分别认定为故意伤害罪既遂与故意杀人罪未遂

C. 根据日常生活经验,应推定是后两刀中的一刀造成致命伤,故应认定为故意伤害罪未遂与故意杀人罪既遂

D. 根据存疑时有利于被告人的原则,虽可分别认定为故意伤害罪未遂与故意杀人罪未遂,但杀人与伤害不是对立关系,故可按故意伤害(致死)罪处理本案

2. 关于法条关系,下列哪一选项是正确的(不考虑数额)?(2016年·卷二·11题)②

A. 即使认为盗窃与诈骗是对立关系,一行为针对同一具体对象(同一具体结果)也完全可能同时触犯盗窃罪与诈骗罪

B. 即使认为故意杀人与故意伤害是对立关系,故意杀人罪与故意伤害罪也存在法条竞合关系

C. 如认为法条竞合仅限于侵害一犯罪客体的情形,冒充警察骗取数额巨大的财物时,就会形成招摇撞骗罪与诈骗罪的法条竞合

D. 即便认为贪污罪和挪用公款罪是对立关系,若行为人使用公款赌博,在不能查明其是否具有归还公款的意思时,也能认定构成挪用公款罪

4. 故意伤害(致人死亡)罪这一结果加重犯,要求伤害行为本身是具有造成他人死亡的高度可能性,即该伤害是"严重伤害"。

(1) [法理依据] 构成故意伤害(致人死亡)罪的行为,应当在客观上具有高度的致死危险性。既然加重结果发生有着"客观的预见可能性",则意味着基本行为应当具有引发严重伤害甚至可能导致死亡结果发生的高度危险性。从立法上看,刑法对故意伤害致死行为规定了"有期徒刑十年以上、无期徒刑或者死刑"这样严厉的法定刑,其处罚的对象也理应是在客观上具有高度危险性的暴力行为,而不可能是轻微的暴力行为。

(2) [实务案例] 《刑事审判参考》指导案例第1080号:2013年5月13日14时许,被告人张润博在北京市西城区白纸坊东街十字路口东北角,因骑电动自行车自南向北险些与自西向东骑自行车的被害人甘永龙(男,殁年53岁)相撞,两人为此发生口角。其间,甘永龙先动手击打张润博,张润博使用拳头还击,打到甘永龙面部致其倒地摔伤头部。甘永龙于同月27日在医院经抢救无效死亡。经鉴定,甘永龙系重度颅脑损伤死亡。判决认为,殴打他人面部,不具有致人死亡的高度可能性,不成立结果加重犯,并且,殴打他人面部也不是刑法意义上的伤害行为,最终认定张润博的行为成立过失致人死亡罪。

---

① 答案:D。
② 答案:D。

四、组织出卖人体器官罪

《刑法》第234条之一：组织他人出卖人体器官的，处五年以下有期徒刑，并处罚金；情节严重的，处五年以上有期徒刑，并处罚金或者没收财产。(组织出卖人体器官罪)

未经本人同意摘取其器官，或者摘取不满十八周岁的人的器官，或者强迫、欺骗他人捐献器官的，依照本法第二百三十四条（故意伤害罪）、第二百三十二条（故意杀人罪）的规定定罪处罚。

违背本人生前意愿摘取其尸体器官，或者本人生前未表示同意，违反国家规定，违背其近亲属意愿摘取其尸体器官的，依照本法第三百零二条（盗窃、侮辱、故意毁坏尸体、尸骨、骨灰罪）的规定定罪处罚。

1. 本罪性质。

(1) 对象：活人的器官。

(2) 主观上：不需要以营利为目的。该罪非经济犯罪、财产犯罪，即便行为人出卖人体器官没有牟利，也不影响该罪的成立。

2. 行为："组织出卖"。

(1) 组织的对象：可以是一人，也可以是多人。

(2) 组织行为的性质：只要是有帮助作用的行为，都可以解释为组织出卖。从立法意图来看，是要严惩这类犯罪行为，应该对该罪进行扩张解释，扩大处罚范围。

(3) 未经本人同意，摘取他人器官：成立故意伤害罪或故意杀人罪。即使经过未成年人同意，摘取其器官的，也成立故意伤害罪、故意杀人罪。①

典型真题

关于故意伤害罪与组织出卖人体器官罪，下列哪一选项是正确的？(2011年·卷二·14题)②

A. 非法经营尸体器官买卖的，成立组织出卖人体器官罪

B. 医生明知是未成年人，虽征得其同意而摘取其器官的，成立故意伤害罪

C. 组织他人出卖人体器官并不从中牟利的，不成立组织出卖人体器官罪

D. 组织者出卖一个肾脏获15万元，欺骗提供者说只卖了5万元的，应认定为故意伤害罪

① 2007年3月国务院《人体器官移植条例》第9条规定，不得摘取未满18周岁公民的活体器官用于移植。

② 答案：B。

专题二十二

侵犯个人法益之犯罪：侵犯公民人身权利、民主权利罪（中）

知识体系

- 侵犯个人法益之犯罪：侵犯公民人身权利、民主权利罪（中）
  - 强奸罪
    - 对象
    - “加重”处罚情节
    - 与未成年的被监护人发生性关系罪、强奸罪之比较
  - 强制猥亵、侮辱罪，猥亵儿童罪
    - 对象
    - 猥亵、侮辱行为
    - “在公共场所当众”的理解
    - 猥亵与强奸不是对立关系，而是竞合关系
  - 非法拘禁罪
    - 保护法益：人身自由
    - 行为方式：拘禁
    - 非法拘禁过程中致人重伤、死亡的定性
    - 为索取债务而非法扣押、拘禁他人的，以非法拘禁罪论处
  - 绑架罪
    - 绑架罪的类型
    - 绑架行为的认定
    - 如何理解“杀害被绑架人”这一加重情节
    - 绑错人的，应成立犯罪未遂

一、强奸罪

（一）对象

1. 强奸妇女：违背“妇女”意志与其发生性行为。包括暴力、胁迫和其他手段。①

① 从刑法条文的表述看，强奸罪的对象“妇女”并没有排除妻子，因此，至少从文理解释上看，强奸罪的对象是包括妻子的。当然，审判实践中，对于强奸罪的对象妇女进行了适度的限制解释，一般认为，丈夫“强奸”妻子的，不构成强奸罪，除非夫妻关系已经名存实亡。

（1）胁迫：可以是暴力胁迫，也可以是精神胁迫。包括以扬言行凶报复、揭发隐私、加害亲属等相威胁，利用迷信进行恐吓、欺骗，利用教养关系、从属关系、职权以及孤立无援的环境条件，进行挟制、迫害等。

例如，恋爱关系存续期间，男方以女方的裸照相威胁，企图发生性关系，属违背妇女意志的胁迫行为，应认定为存在强奸故意。

但是，以对行为人自身的利益造成侵害为内容进行胁迫的，不是强奸罪中的胁迫。例如，甲男对乙女说："如果你不让我强奸你，我就自杀。"甲男的行为不属于强奸罪中的胁迫。

（2）其他手段：是指利用暴力、胁迫以外的，使被害妇女不知抗拒或者无法抗拒的手段。

例如，利用妇女患重病、熟睡之机进行奸淫；以醉酒、药物麻醉，以及利用或者假冒治病，利用催眠术使妇女不知反抗等方法对妇女进行奸淫。

（3）对于无性防护能力的妇女应特别保护：明知妇女是精神病患者或者痴呆者（程度严重的）而与其发生性行为的，不管犯罪分子采取什么手段，都应以强奸罪论处。

（4）手段行为：必须达到使妇女明显难以反抗的程度。

例如，当女子将要离开男子住宅时，男子以轻微力量拉住女子的手，要求发生性关系的，不能认定为暴力手段；

又如，当考生感觉可能不及格，而要求考官关照时，考官说"如果不和我发生关系，就不给你及格"的，不能认定为胁迫手段；

再如，男子对女子说"我是警察"，进而要求发生性关系的，不能认定为其他手段。行为人利用职权引诱女方，女方基于互相利用与之发生性行为的，不定为强奸罪。

2. 奸淫幼女。

（1）无论被害幼女是否同意，只要行为人知道或者应当知道其为幼女并且与之发生性行为的，以强奸罪论处。

（2）已满14周岁不满16周岁的人偶尔与幼女发生性关系，情节轻微、未造成严重后果的，不认为是犯罪。

（3）行为人确实不知对方是不满14周岁的幼女，双方自愿发生性关系，未造成严重后果，情节显著轻微的，不认为是犯罪。

（4）奸淫幼女的，从重处罚。

3. 婚内强奸。

（1）原则上：不以强奸罪论处。

（2）例外：审判实践中，只有在婚姻关系处于非正常存续期间，婚内强奸才有限度地被认定为构成强奸罪。

例如，离婚诉讼期间、婚姻关系已经进入法定的解除程序等。并且，这些作有罪判决的案件均是发生在比较发达的城市，如上海、北京等，造成了被害人轻伤甚至重伤结果的案件。

（二）"加重"处罚情节

1. 强奸妇女、奸淫幼女情节恶劣的；

2. 强奸妇女、奸淫幼女多人的；

3. 在公共场所"当众"强奸妇女、奸淫幼女的；

只要在不特定或者众人可能看到、感觉到的公共场所强奸妇女，就属于在公共场所"当众"强奸妇女。

司法解释规定：在校园、游泳馆、儿童游乐场等公共场所对未成年人实施强奸、猥亵犯罪，只要有其他多人在场，不论在场人员是否实际看到，均可以认定为在公共场所"当众"强奸妇女，强制猥亵、侮辱妇女，猥亵儿童。参见2013年最高人民法院、最高人民检察院、公安部、司法部:《关于依法惩治性侵害未成年人犯罪的意见》。

4. 二人以上轮奸的。只要在客观上二人共同强奸，就属于轮奸，至于行为人是否达到刑事责任年龄，并不影响轮奸的成立。

例如，一个16周岁的人与一个12周岁的人轮奸妇女的，成立轮奸。

5. 奸淫不满10周岁的幼女或者造成幼女伤害的——此为《刑法修正案（十一）》增设。

[注意] "奸淫幼女"不是加重情节，14周岁以下都属于幼女，只是从重情节。而奸淫不满10周岁的幼女或者造成幼女伤害的，才属于加重情节。

6. 致使被害人重伤、死亡或者造成其他严重后果的。

（1）"致人重伤、死亡"：是指强奸行为本身导致被害人性器官严重损伤，或者造成其他严重伤害，甚至当场死亡或者经抢救无效死亡（原则上不包括被害人事后自杀身亡）。

（2）对于强奸犯出于报复、灭口等动机，在实施强奸的过程中或强奸后，杀死或者伤害被害人的，应分别认定为强奸罪、故意杀人罪或故意伤害罪，实行数罪并罚。

（3）明知是"痴呆女"而与之发生性关系导致被害人怀孕的情形，认定为强奸"造成其他严重后果"。

一般认为，强奸导致被害妇女怀孕的，不认为是"造成严重后果"。但是，造成无性防卫能力的人（如精神病人、痴呆女）怀孕的，是否属于造成严重后果的，存在不同观点，法考答案持肯定说，审判实务亦有不同看法，参见（2014）南刑初字第123号，（2014）泉刑终字第542号。

典型真题

关于强奸罪及相关犯罪的判断，下列选项正确的是？（2007年·卷二·12题）①

A. 甲欲强奸某妇女遭到激烈反抗，一怒之下卡住该妇女喉咙，致其死亡后实施奸淫行为。甲的行为构成强奸罪的结果加重犯②

B. 乙为迫使妇女王某卖淫而将王某强奸，对乙的行为应以强奸罪与强迫卖淫罪实行数罪并罚

C. 丙在组织他人偷越国（边）境过程中，强奸了被组织的妇女李某。丙的行为虽然触犯了组织他人偷越国（边）境罪与强奸罪，但只能以组织他人偷越国（边）境罪定罪量刑

① 答案：BD。

② A错误，行为人的暴力（一怒之下卡住该妇女喉咙）并不是为了排斥妇女的反抗，进而强奸妇女，而是出于报复，即该行为不是强奸罪的手段行为，因此，不成立强奸致人重伤的结果加重犯。B正确，原《刑法》第358条规定，组织、强迫卖淫，又奸淫被害对象的，仅作为一加重情节。根据2015年《刑法修正案（九）》的规定，组织、强迫卖淫并强奸妇女的，应数罪并罚。

D. 丁在拐卖妇女的过程中，强行奸淫了该妇女。丁的行为虽然触犯了拐卖妇女罪与强奸罪，但根据刑法规定，只能以拐卖妇女罪定罪量刑

（三）与未成年的被监护人发生性关系罪、强奸罪之比较

《刑法修正案（十一）》增设了第236条之一：对已满十四周岁不满十六周岁的未成年女性负有监护、收养、看护、教育、医疗等特殊职责的人员，与该未成年女性发生性关系的，处三年以下有期徒刑；情节恶劣的，处三年以上十年以下有期徒刑。

有前款行为，同时又构成本法第二百三十六条（强奸罪）规定之罪的，依照处罚较重的规定罪处罚。

1. 性质：与14—16周岁的被监护者，自愿发生性关系。如果是强行与该类对象发生性关系，直接认定为强奸罪。

2. 立法背景：主要是考虑到，“为人师表”，作为负有监护、收养、看护、教育、医疗等特殊职责的人员，其本职工作就是“照顾”好未成年人，应具有更大的责任感，即便是自愿与其发生性关系的，也应该认定为是犯罪。

近年来发生的一系列性侵害未成年人案件激起社会各界强烈愤慨，也亟需法律给予更强有力的严惩。针对监护、收养等人员伸向孩子的“黑手”，《刑法修正案（十一）》专门增加特殊职责人员性侵犯罪。负有监护、收养等特殊职责人员利用其优势地位实施性侵，社会危害严重，被害人面临的风险更高，由刑法作出针对性规定很有必要。14至16岁女性的社会阅历尚浅，“性同意能力”仍然有限，规定充分考虑了她们的心智发育情况。

[延伸阅读] 为抢劫、强奸同一被害人，穿插实施多种多次暴力犯罪行为，致使被害人跳楼逃离过程中造成重伤以上后果的，应认定为结果加重犯。《刑事审判参考》指导案例第814号：刘某抢劫、强奸案。

在抢劫、强奸等暴力犯罪中，行为人实施的暴力行为通常会引起被害人的反抗或者逃离行为。本案中，被害人唐某作为一名女性，独自面对身体素质远强于自己的刘某，在刘某不停地穿插对其实施一系列殴打、强奸等暴力行为的情况下，其跳楼逃离的行为符合常识、常情。我们认为，唐某在刘某已将房门反锁的情况下为躲避侵害只有跳楼逃跑一条途径。换言之，在此情况下，刘某的暴力侵害行为与唐某的介入行为（跳楼逃离行为）之间存在必然关联性，由此造成的被害人重伤后果与刘某的暴力行为之间存在必然、直接的联系，刘某的暴力行为能够合乎规律地引发唐某的跳楼逃跑行为，唐某的跳楼逃离行为未中断刘某的暴力行为与唐某重伤后果之间刑法上的因果关系。因此，刘某应当对唐某逃离过程中造成的重伤结果承担刑事责任。

二、强制猥亵、侮辱罪　猥亵儿童罪

《刑法》第237条：以暴力、胁迫或者其他方法强制猥亵他人或者侮辱妇女的，处五年以下有期徒刑或者拘役。

聚众或者在公共场所当众犯前款罪的，或者有其他恶劣情节的，处五年以上有期徒刑。

猥亵儿童的，处五年以下有期徒刑；有下列情形之一的，处五年以上有期徒刑：①

（一）猥亵儿童多人或者多次的；

（二）聚众猥亵儿童的，或者在公共场所当众猥亵儿童，情节恶劣的；

（三）造成儿童伤害或者其他严重后果的；

（四）猥亵手段恶劣或者有其他恶劣情节的。[本款经《刑法修正案（十一）》修正]

1. 对象。

（1）强制猥亵罪的对象是他人，包括男性、女性（年满14周岁）。

（2）强制侮辱罪的对象是妇女。妇女，即年满14周岁的女性。

（3）猥亵儿童罪的对象：不满14周岁的儿童（男童、女童）。

2. 猥亵、侮辱行为。

（1）只要侵犯了对方的性意义上的决定权即可，不要求有满足性欲的目的。

例如，甲（女）基于愤怒在超市剥光了乙（女）的衣服，引起群众围观，甲主观上虽然没有（也不可能有）满足性欲的目的，但侵犯了乙（女）的性羞耻心，其行为仍然属于猥亵。

（2）通过网络形式猥亵、侮辱的，构成本罪。行为人以满足性刺激为目的，以诱骗、强迫或者其他方法要求儿童拍摄裸体、敏感部位照片、视频等供其观看，严重侵害儿童人格尊严和心理健康的，构成猥亵儿童罪。参见骆某猥亵儿童案（检例第43号）。

（3）不以公然实施为前提，即使在非公开的场所也可以。

刑法理论上多数学者主张，该罪中的"猥亵""侮辱"内容是相同的，行为具有同一性。猥亵行为包括了侵害他人性的决定权的一切行为，而侮辱行为不可能超出这一范围。猥亵和侮辱都是性交以外的侵害妇女的性的自由、伤害妇女的性的羞耻心的行为，二者之间没有本质上的区别。（张明楷、黎宏）

[案例] 强迫情侣当面发生性行为成立强制猥亵、侮辱罪。

犯罪嫌疑人张某、李某、王某预谋抢劫，三人于某日深夜在公园中寻找作案目标，遇到正在此处谈恋爱的钱某（女）和谭某（男），张某、李某、王某持刀对谭某进行威胁，并从钱某、谭某二人身上抢走现金及手机等物品。后张某见二人并未反抗，就要求二人将衣服脱光并发生性关系，谭某、钱某不从。张某对谭某说："你要是不和她发生性关系，我就把她干了。"李某、王某二人也上前对钱某进行扯拽，谭某、钱某无奈之下，只得脱下衣服在三人面前发生了性关系。本案还同时构成强奸罪的间接正犯，与强制猥亵、侮辱罪存在竞合。

3. "在公共场所当众"的理解。

行为人在教室、集体宿舍等场所实施猥亵行为，只要当时有多人在场，即使在场人员

① 《刑法修正案（十一）》对猥亵儿童罪增设了加重情节处"五年以上有期徒刑"，突出了对儿童的特别保护。

经典案例：王振华猥亵儿童案。2020年6月16日，上海市普陀区人民法院依法不公开开庭审理被告人王振华、周燕芬猥亵儿童案。法院根据两名被告人的犯罪事实、性质、情节及社会危害程度等，经合议庭评议，于6月17日当庭对被告人王振华、周燕芬作出判决，以猥亵儿童罪分别判处被告人王振华有期徒刑五年，被告人周燕芬有期徒刑四年。王振华猥亵女童的行为发生于6月29日下午，地点为上海万航渡路一家五星级酒店。被猥亵女童事后向在江苏的母亲打电话哭诉，母亲即赴上海报警，王振华随即被采取强制措施。女童已验伤情，构成轻伤。

该案发生在《刑法修正案（十一）》出台之前，按当时的刑法规定，法定最高刑为五年有期徒刑，法院判处了最高刑。

未实际看到，也应当认定犯罪行为是在“公共场所当众”实施。参见齐某强奸、猥亵儿童案（检例第42号）

4. 猥亵与强奸不是对立关系，而是竞合关系。即，强奸是程度更为严重的“猥亵”。

（1）女性强奸男性儿童的，不能认定为强奸罪，可以成立猥亵儿童罪。

（2）女性强奸男性（非儿童）的，不能认定为强奸罪，可以成立强制猥亵罪。

2016年卷二58. D. 丁和朋友为寻求刺激，在大街上追逐、拦截两位女生。丁的行为构成强制侮辱罪——错误，丁的行为应成立寻衅滋事罪。

典型真题

关于侮辱罪与诽谤罪的论述，下列哪一选项是正确的？（2013年·卷二·16题）①

A. 为寻求刺激在车站扒光妇女衣服，引起他人围观的，触犯强制猥亵、侮辱妇女罪，未触犯侮辱罪

B. 为报复妇女，在大街上边打妇女边骂“狐狸精”，情节严重的，应以侮辱罪论处，不以诽谤罪论处

C. 捏造他人强奸妇女的犯罪事实，向公安局和媒体告发，意图使他人受刑事追究，情节严重的，触犯诬告陷害罪，未触犯诽谤罪

D. 侮辱罪、诽谤罪属于亲告罪，未经当事人告诉，一律不得追究被告人的刑事责任

三、非法拘禁罪

《刑法》第238条：非法拘禁他人或者以其他方法非法剥夺他人人身自由的，处三年以下有期徒刑、拘役、管制或者剥夺政治权利。具有殴打、侮辱情节的，从重处罚。

犯前款罪，致人重伤的，处三年以上十年以下有期徒刑；致人死亡的，处十年以上有期徒刑。使用暴力致人伤残、死亡的，依照本法第二百三十四条、第二百三十二条的规定定罪处罚。

为索取债务非法扣押、拘禁他人的，依照前两款的规定处罚。

国家机关工作人员利用职权犯前三款罪的，依照前三款的规定从重处罚。

1. 保护法益：人身自由。

（1）一种观点认为（国家法律职业资格考试持此观点），是现实的人身自由。换言之，如果某人没有认识到自己被剥夺自由，就表明行为没有妨害其意思活动，因而没有侵犯其人身自由。

（2）另一种观点认为（通说），是“可能的人身自由”。

例如，甲在房间睡觉期间，乙将房间门反锁，又在甲醒来之前将房间门打开，乙虽然没有实际上侵犯甲的人身自由，但可能会侵犯被害人的人身自由，如果持“可能的人身自由”说，乙的行为成立非法拘禁罪。

2. 行为方式：拘禁。只要限制了他人的人身自由，都属于拘禁行为。包括：

（1）直接拘束他人的身体（如捆绑他人四肢，使用手铐拘束他人双手）。

（2）间接拘束他人的身体（如将他人监禁于一定场所，使其不能或明显难以离开、

① 答案：B。

逃出)。例如，在被害人周围放上狼狗、把被害人放上高速行驶的汽车等。

3. 非法拘禁过程中致人重伤、死亡的定性。

(1) 非法拘禁罪的转化犯——转化为故意杀人罪、故意伤害罪。非法拘禁过程中，使用暴力致人伤残、死亡的，转化为故意伤害罪、故意杀人罪（第238条第2款后半段）。

(2) 结果加重犯。非法拘禁过程中“拘禁行为本身”过失致人重伤、死亡的，仅定非法拘禁罪一罪，作为该罪的结果加重犯（第238条第2款前半段）。

第一，致人重伤，是指在非法拘禁过程中，由于捆绑过紧，长期囚禁、进行虐待等致使被害人身体健康受到重大伤害的；被害人在被非法拘禁期间不堪忍受，自伤自残。

第二，致人死亡，是指在非法拘禁过程中，由于捆绑过紧、用东西堵住嘴导致窒息等，致使被害人死亡的，以及被害人在被非法拘禁期间“不堪忍受”而自杀身亡的。

第三，非法拘禁会引起警方的解救行为，故正常的解救行为造成被害人伤亡的，具备直接性要件，应将伤亡结果归责于非法拘禁者，成立结果加重犯。

2017年卷四：丙非法拘禁小孩后，小孩哭闹不止要离开，丙恐被人发觉，用手捂住小孩口、鼻，然后用胶带捆绑其双手并将嘴缠住，致其机械性窒息死亡。丙的行为成立故意杀人罪（或过失致人死亡罪），该行为已经超出了“拘禁”行为，没有认定为非法拘禁罪的加重犯。但该题答案当年存在一定的争议，也有观点认为，捆绑并将被害人嘴缠住，就是为了更好地拘禁，造成被害人死亡的，可以认定为是结果加重犯。

4. 为索取债务而非法扣押、拘禁他人的，以非法拘禁罪论处。

(1) 债务的性质：不仅仅限于合法债务，还包括非法债务，如赌债、高利贷等法律不予保护的债务。

2000年《最高人民法院关于对为索取法律不予保护的债务，非法拘禁他人行为如何定罪问题的解释》规定：“行为人为索取高利贷、赌债等法律不予保护的债务，非法扣押、拘禁他人的，依照刑法第二百三十八条的规定定罪处罚。”

司法解释之所以将此种行为解释为“索债”而认定为非法拘禁罪，主要是基于中国刑法中的绑架罪的法定刑过重，限制绑架罪的范围。只要找到一定的理由拘禁他人，如索取非法债务，也以非法拘禁罪论处。

(2) 行为人索取的数额如果超过债务部分数额很大，则应将超出部分以绑架罪论处。

(3) 索债时，扣押与债务人没有共同财产关系、扶养、抚养关系的第三者作为人质的，成立绑架罪。之所以认定为绑架罪，重要原因在于，此种情形下的索债行为危害性特别严重，已经超出了一般的索债。即索债（非法债务）行为太“过火”了，成立绑架罪。

2009年卷二59. 甲为要回30万元赌债，将乙扣押，但2天后乙仍无还款意思。甲等5人将乙押到一处山崖上，对乙说：“3天内让你家人送钱来，如今天不答应，就摔死你。”乙勉强说只有能力还5万元。甲刚说完“一分都不能少”，乙便跳崖。众人慌忙下山找乙，发现乙已坠亡——甲的行为成立非法拘禁，但不属于非法拘禁致人死亡。

典型真题

《刑法》第二百三十八条第一款与第二款分别规定：“非法拘禁他人或者以其他方法非法剥夺他人人身自由的，处三年以下有期徒刑、拘役、管制或者剥夺政治权利。具有殴打、侮辱情节的，从重处罚。”“犯前款罪，致人重伤的，处三年以上十年以下有期徒刑；

致人死亡的，处十年以上有期徒刑。使用暴力致人伤残、死亡的，依照本法第二百三十四条、第二百三十二条的规定定罪处罚。”关于该条款的理解，下列哪些选项是正确的？（2011年·卷二·60题）①

A. 第一款所称“殴打、侮辱”属于法定量刑情节

B. 第二款所称“犯前款罪，致人重伤”属于结果加重犯

C. 非法拘禁致人重伤并具有侮辱情节的，适用第二款的规定，侮辱情节不再是法定的从重处罚情节

D. 第二款规定的“使用暴力致人伤残、死亡”，是指非法拘禁行为之外的暴力致人伤残、死亡

[延伸阅读] 对“索债”范围进行扩张解释，以扩张非法拘禁罪、限制绑架罪的适用。

如果不是基于索债目的，而是为了非法勒索财物的目的而拘禁他人，并向第三人索要金钱的，成立绑架罪。从这一意义上看，行为人如果是有理由（如索债）而扣押他人的，当然不成立绑架罪，而成立非法拘禁罪。但是，审判实践中，对于“索债”的范围进行了过度扩张的解释，即过度扩张解释了非法拘禁罪的范围，限制了绑架罪的范围。这主要是考虑到绑架罪的法定刑畸重，需要适当限制绑架罪的范围。审判实践中，如下情形均认为是索债，进而认定为非法拘禁罪：

（1）给付定金方违约后为索回定金而非法扣押对方当事人子女，索要违约后无理要回的定金的。

（2）男女朋友分手后，拘禁对方索要分手费的。

（3）被骗传销后关押“上线”索要“入伙费”。

（4）索要不确定状态或毫无理由的债，例如，合伙经营失败后还未结算，关押其他合伙人索要财物或出资款。

（5）债的数额未定的情况下索要明显超出应有债务也被认为是索债，如被他人殴打后关押他人索要巨额医药费。

（6）在无法查清被害人是否存在债务的情况下，行为人自以为被害人欠其债务，进而拘禁他人“索债”的。

（7）委托银行客服经理理财，亏损了，关押客服经理索要损失的。②

[阅读案例] 因分赃不均意图拘禁他人“讨债”，构成非法拘禁罪。

吴某等原与被害人李某合谋，通过劫持、拘禁等犯罪手段向他人勒索钱财。其间，吴某等人约定由李某出面接收所勒索的全部钱款，再以“安家费”等名目分给吴某等人。因李某私自扣留部分赃款，引发吴某不满，吴某等人遂以“讨债”的名义，纠集朱某等人，商定通过暴力劫持并拘禁李某的手段“讨债”500万元。2017年10月14日，吴某等4人携带匕首、辣椒水、电击棍等工具，至李某居住的小区地下车库守候，拟控制李某后将其带至事先确定的偏僻地点拘禁“讨债”。后因李某反抗、呼救惊动他人，吴某等人纷纷逃

① 答案：ABD。

② 徐光华：《“以刑制罪”视阈下绑架罪的定性与量刑——对大样本绑架释放人质案件的实证考察》，《政法论坛》2018年第5期。

离现场。法院认定吴某等人是基于“索债”目的而拘禁、扣押他人，成立非法拘禁罪。

四、绑架罪

《刑法》第239条：以勒索财物为目的绑架他人的，或者绑架他人作为人质的，处十年以上有期徒刑或者无期徒刑，并处罚金或者没收财产；情节较轻的，处五年以上十年以下有期徒刑，并处罚金。

犯前款罪，杀害被绑架人的，或者故意伤害被绑架人，致人重伤、死亡的，处无期徒刑或者死刑，并处没收财产。①

以勒索财物为目的偷盗婴幼儿的，依照前两款的规定处罚。

1. 绑架罪的类型。

（1）以勒索财物为目的绑架他人；

（2）出于政治性和其他目的绑架他人作为人质；

（3）以勒索财物为目的偷盗婴幼儿。

2. 绑架行为的认定。

（1）实力控制人质即可，不要求必须转移场所；

（2）使被害人滞留在本来的生活场所但使其丧失行动自由的绑架案件，也可以成立绑架罪（既遂）；

（3）既遂标准：只要完成绑架行为即为既遂，而不以是否实现勒索财物的目的或者其他目的作为未遂与既遂的区分标准；

（4）绑架罪可以包容：故意杀人、故意伤害致人重伤。绑架后杀害被绑架人的，或者故意伤害被绑架人，致人重伤、死亡的，处无期徒刑或者死刑，并处没收财产。

3. 如何理解“杀害被绑架人”这一加重情节？

第一，主观上必须是“故意”杀害被害人。

第二，“杀害”行为必须存在于绑架过程之中。脱离于绑架之外的杀害行为，应独立评价为故意杀人罪，不能认定为是绑架罪的加重犯。

第三，“杀害”行为不要求必须造成被害人死亡结果。可以造成被害人死亡结果，也可以没有造成死亡结果。主要是考虑到，“杀害被绑架人”与“故意伤害被绑架人，致人重伤、死亡的”并列适用相同法定刑。根据刑法规定，绑架过程中，即便故意伤害被害人仅造成重伤结果的，也应适用加重法定刑。那么，绑架过程中，“杀害被绑架人的”就不必解释为必须造成被害人死亡。

4. 绑错人的，应成立犯罪未遂。绑架过程中，误将无关的人当作人质进行了错误绑架，即便控制了人质，但不可能实现勒索的目的，也仅能认定为绑架罪未遂。

典型真题

1. 甲、乙欲绑架钱某的小孩，向钱某勒索财物。误将赵某的小孩当作钱某的小孩进

① 2015年《刑法修正案（九）》将加重情节由“致使被绑架人死亡或者杀害被绑架人”修改为“杀害被绑架人的，或者故意伤害被绑架人，致人重伤、死亡”，也即适用条件更为严格，更注重强调行为人的主观恶性（故意）。同时，将该加重情节的刑罚由“处死刑，并处没收财产”修改为“处无期徒刑或者死刑，并处没收财产”，适度降低了刑罚。

行绑架，后乙给钱某打电话："你的儿子在我们手上，赶快交50万元赎人，否则撕票！"钱某看了一眼身旁的儿子，回了句："骗子！"便挂断电话，不再理睬。乙感觉异常，将情况告诉甲。甲来到丙处发现这个孩子不是钱某的小孩而是赵某的小孩。甲、乙的行为成立绑架罪未遂。（2017年·卷四）

2. 下列哪项构成了绑架罪中的"杀害被绑架人"？（2020年真金题）①

A. 以勒索财物为目的控制被害人之后，故意伤害被害人，被害人因重伤而死亡

B. 绑架被害人之后，为防止被害人出声，用毛巾塞住其嘴后离开，被害人窒息死亡

C. 为勒索财物而着手绑架被害人，遭到被害人的激烈反抗，用绳子直接勒死被害人

D. 取得赎金后，已经释放被害人，因担心被害人报警，开车追了3公里，杀死被害人

---

① 答案：C。

专题二十三

侵犯个人法益之犯罪：侵犯公民人身权利、民主权利罪（下）

知识体系

- 侵犯个人法益之犯罪：侵犯公民人身权利、民主权利罪（下）
  - 拐卖妇女、儿童罪
    - 对象
    - 行为方式
    - 加重处罚情形
    - 认定中的几个问题
  - 收买被拐卖的妇女、儿童罪
    - 主观：出于收买的目的，并且不具有出卖的目的
    - 罪数问题
    - 从宽处罚的情形
    - 如何区分收买被拐卖的妇女、儿童罪与拐卖妇女、儿童罪的共犯？
  - 拐骗儿童罪，组织残疾人、儿童乞讨罪，组织未成年人进行违反治安管理活动罪
    - 拐骗儿童罪与拐卖儿童罪的区别
    - 组织残疾人、儿童乞讨罪
    - 组织未成年人进行违反治安管理活动罪
  - 诬告陷害罪
    - 保护法益：人身权利
    - 对象
    - 客观要件
    - 主观目的：意图使他人受刑事追究
    - 诬告陷害罪为什么必须要“捏造事实”？
  - 侮辱罪、诽谤罪
    - 侮辱与诽谤
    - 其他问题
    - 相近似犯罪的区别
  - 刑讯逼供罪、暴力取证罪
    - 对象
    - 主体：司法工作人员
    - 转化犯
    - 行为方式：肉刑或者变相肉刑
  - 暴力干涉婚姻自由罪
    - 本罪的性质
    - 如何理解“致使被害人死亡”这一结果加重犯？

- 侵犯个人法益之犯罪：侵犯公民人身权利、民主权利罪（下）
  - 重婚罪
    - 主观
    - 重婚的类型
    - 事实重婚行为的认定
    - 不以重婚罪论处的情形——客观条件所迫
  - 遗弃罪，虐待罪，虐待被监护、看护人罪
  - 雇用童工从事危重劳动罪，强迫劳动罪
    - 立法背景
    - 强迫劳动罪与非法拘禁罪的区别
    - 罪数
  - 聚众阻碍解救被收买的妇女、儿童罪
    - 对不同主体的处罚
    - 对象
  - 非法侵入住宅罪
    - “住宅”的理解
    - 行为方式：侵入
    - 罪数
  - 侵犯通信自由罪，私自开拆、隐匿、毁弃邮件、电报罪
  - 侵犯公民个人信息罪
    - 公民个人信息的界定
    - 行为类型
    - 数量的计算
    - 罪数

一、拐卖妇女、儿童罪

1. 对象。

（1）年满14周岁的妇女、不满14周岁儿童。

（2）年满14周岁的男性不能成为本罪的对象。

2. 行为方式。

（1）只要是以出卖为目的，有拐骗、绑架、收买、贩卖、接送、中转、窝藏妇女、儿童的行为之一的，不论拐卖人数多少，是否获利，均以拐卖妇女、儿童罪追究刑事责任，并且是犯罪既遂。上述行为即便没有将妇女、儿童卖出，也认为是侵犯了妇女、儿童的人身自由，应以犯罪既遂论处。

（2）但是，出卖捡拾儿童的，出卖亲生子女的，收买被拐卖的妇女、儿童后才产生出卖犯意进行出卖妇女、儿童的，应以出卖了被害人为既遂标准。因为此种情形下，儿童早就处于行为人的控制之下，只有实际卖出才能认定为是犯罪既遂。

3. 加重处罚情形。

（1）拐卖妇女、儿童集团的首要分子；

（2）拐卖妇女、儿童三人以上的；

（3）奸淫被拐卖的妇女的；

（4）诱骗、强迫被拐卖的妇女卖淫或者将被拐卖的妇女卖给他人迫使其卖淫的；

（5）以出卖为目的，使用暴力、胁迫或者麻醉方法绑架妇女、儿童的；

(6) 以出卖为目的，偷盗婴幼儿的；①

(7) 造成被拐卖的妇女、儿童或者其亲属重伤、死亡或者其他严重后果的。包括直接、间接地造成被拐卖的妇女、儿童或者其亲属重伤、死亡或者其他严重后果。

例如，由于犯罪分子采取拘禁、捆绑、虐待等手段，致使被拐卖妇女、儿童重伤、死亡或者其他严重后果；由于犯罪分子的拐卖行为和拐卖过程中的侮辱、殴打等行为引起被拐卖妇女、儿童或者其亲属自杀、精神失常或者其他严重后果等。

质言之，拐卖妇女、儿童致人重伤、死亡这一结果加重犯，包括：

第一，在拐卖过程中，由拐卖行为本身过失导致妇女重伤。

第二，在拐卖过程中，为了实现拐卖目的，故意造成妇女重伤。例如，妇女反抗时，为了制服妇女而对其实施暴力，致其重伤。

(8) 将妇女、儿童卖往境外的。

4. 认定中的几个问题。

(1) 介绍婚姻：通过介绍婚姻、介绍他人收养儿童索取财物的，不成立本罪。

理由：介绍婚姻索取钱财，虽然行为人也有获利行为，但其是在明知男女双方自愿及地位平等的基础上，为促成婚姻的缔结而居间介绍、联系，没有违反妇女的意志。

(2) 任何人都无权出卖儿童。父母出卖亲生子女，医疗机构、社会福利机构等单位的工作人员以非法获利为目的，将所诊疗、护理、抚养的儿童贩卖给他人的，以拐卖儿童罪论处。

(3) 具有抚养义务的主体（如父母）出卖儿童的，同时也触犯了遗弃罪，与拐卖儿童罪存在竞合。

(4) 经妇女同意的拐卖行为，能否成立拐卖妇女罪？

一种观点认为，不成立拐卖妇女罪。认为本罪是侵犯妇女、儿童人身自由与身体安全的犯罪，如果行为得到了妇女的同意，不应以犯罪论处。

另一种观点认为，拐卖妇女罪是侵犯社会利益的犯罪，即便被害妇女同意将自己拐卖，也不阻却拐卖行为的犯罪性。2016 年最高人民法院《关于审理拐卖妇女儿童犯罪案件具体应用法律若干问题的解释》更多地强调尊重妇女的自愿，对于妇女自愿同意的拐卖行为，不宜以拐卖妇女罪追究行为人的刑事责任。

二、收买被拐卖的妇女、儿童罪

1. 主观：出于收买的目的，并且不具有出卖的目的。

(1) 如果以出卖为目的而收买的，构成拐卖妇女、儿童罪；

(2) “出卖目的”不同于“营利目的”。

2017 年卷二 15. C. 丙为报复周某，花 5000 元路费将周某 12 岁的孩子带至外地，以 2000 元的价格卖给他人。丙虽无获利目的，也构成拐卖儿童罪

2. 罪数问题。

(1) 收买被拐卖的妇女、儿童后，又实施了强奸、非法拘禁、故意伤害、侮辱等行

① 对婴幼儿采取“欺骗、利诱”等手段使其脱离监护人或者看护人的，视为“偷盗婴幼儿”。2016 年最高人民法院《关于审理拐卖妇女儿童犯罪案件具体应用法律若干问题的解释》第 1 条。

为，构成犯罪的，应当数罪并罚。

（2）收买被拐卖的妇女、儿童后，事后又另起犯意出卖的，也只定拐卖妇女、儿童罪一罪。（《刑法》第241条明文规定）——实质：犯意提升，仅定拐卖妇女、儿童罪一罪。

（3）行为人收买被拐卖的妇女、儿童后，对其实施了强奸、非法拘禁等行为，后来又将其出卖的，应当认定拐卖妇女罪一罪。

3. 从宽处罚的情形。

（1）对被买儿童没有虐待行为，不阻碍对其进行解救的，可以从轻处罚。

（2）按照被买妇女的意愿，不阻碍其返回原居住地的，可以从轻或者减轻处罚。

收买被拐卖的妇女，业已形成稳定的婚姻家庭关系，解救时被买妇女自愿继续留在当地共同生活的，可以视为"按照被买妇女的意愿，不阻碍其返回原居住地"。参见2016年最高人民法院《关于审理拐卖妇女儿童犯罪案件具体应用法律若干问题的解释》第5条。

4. 如何区分收买被拐卖的妇女、儿童罪与拐卖妇女、儿童罪的共犯？

（1）如果行为人既教唆他人拐卖妇女，又收买该妇女的，应以拐卖妇女罪（教唆犯）与收买被拐卖的妇女罪并罚。

（2）行为人并没有教唆他人拐卖妇女，仅具有收买的故意，仅定收买被拐卖的妇女罪一罪。

三、拐骗儿童罪　组织残疾人、儿童乞讨罪　组织未成年人进行违反治安管理活动罪

《刑法》第262条：（拐骗儿童罪）拐骗不满十四周岁的未成年人，脱离家庭或者监护人的，处五年以下有期徒刑或者拘役。

第262条之一：（组织残疾人、儿童乞讨罪）以暴力、胁迫手段组织残疾人或者不满十四周岁的未成年人乞讨的，处三年以下有期徒刑或者拘役，并处罚金；情节严重的，处三年以上七年以下有期徒刑，并处罚金。

第262条之二：（组织未成年人进行违反治安管理活动罪）组织未成年人进行盗窃、诈骗、抢夺、敲诈勒索等违反治安管理活动的，处三年以下有期徒刑或者拘役，并处罚金；情节严重的，处三年以上七年以下有期徒刑，并处罚金。

1. 拐骗儿童罪与拐卖儿童罪的区别。

（1）目的不同。拐卖儿童罪是基于出卖的目的（卖给别人用）；拐骗儿童罪主要是基于收养等目的（骗来自己用，不想卖），使儿童脱离家庭或者监护。

（2）以抚养为目的偷盗婴幼儿或者拐骗儿童，之后予以出卖的，以拐卖儿童罪一罪论处。

2004年卷二82. 甲拐骗了5名儿童，偷盗了2名婴儿，并准备全部卖往A地。在运送过程中甲因害怕他们哭闹，给他们注射了麻醉药。由于麻醉药过量，致使2名婴儿死亡，5名儿童处于严重昏迷状态，后经救治康复——甲的行为成立拐卖儿童罪的结果加重犯，在运送儿童的过程中，为了防止儿童哭闹而注射麻醉药致人重伤、死亡的，是出于出卖目的。

2. 组织残疾人、儿童乞讨罪。（组织儿童乞讨罪是拐骗儿童罪的特别法）

（1）使用的行为手段必须是以暴力、胁迫。

(2) 如果以利诱、欺骗等非强制手段组织儿童乞讨的，不成立本罪，成立拐骗儿童罪。

2008年四川卷二14. 甲以从事杂技表演的名义欺骗多名农村儿童。儿童均信以为真，便随甲进城。甲将这些儿童带至大城市，利用儿童从事乞讨活动。其间，甲曾与儿童的家属电话联系，称小孩生活得很好——甲的行为构成拐骗儿童罪。

3. 组织未成年人进行违反治安管理活动罪。

(1) 组织的内容：从事"违反治安管理活动"的行为，不包括犯罪行为，如盗窃几百元。之所以这种组织行为要以犯罪论处，是因为被组织的对象是"祖国的希望与未来"，侵犯了被害人的人身权利。

(2) 如果组织未成年人进行犯罪活动（如盗窃10万元、故意杀人），成立盗窃罪、故意杀人罪。

四、诬告陷害罪

1. 保护法益：人身权利。

(1) 基于被害人承诺的诬告，不成立诬告陷害罪，因为人身自由可以得到被害人承诺。

(2) 得到被害人承诺的诬告行为，可能妨害了司法活动的正常进行，成立妨害司法类的犯罪。

2. 对象。

(1) 特定的自然人——即必须"指名道姓"。

2016年卷二20. 甲杀丙后潜逃。为干扰侦查，甲打电话让乙将一把未留有指纹的斧头沾上丙的鲜血放到现场。乙照办后报案称，自己看到"凶手"杀害了丙，并描述了与甲相貌特征完全不同的"凶手"情况，导致公安机关长期未将甲列为嫌疑人——乙只是诬告了凶手的类型特征，没有针对特定的人，不成立诬告陷害罪。

(2) 诬告单位犯罪，将使单位的直接责任人员承担刑事责任，如果行为人对此存在故意，也成立诬告陷害罪。

(3) 诬告没有刑事责任能力的人，也成立诬告陷害罪。因为对这些人进行诬告，虽然司法机关查明真相后不会对这些人科处刑罚，但将他人作为侦查的对象，使他人卷入刑事诉讼，就侵犯了其人身权利。

3. 客观要件。

(1) 捏造他人犯罪事实。

首先，"捏造"，是无中生有。如果被告发者存在较轻微的犯罪事实，或者对此种犯罪事实，告发者因为认识错误而不是基于诬告陷害的意思，向有关机关指控为较重的犯罪事实、其他犯罪事实的，都不属于捏造事实。例如，发现他人猥亵妇女而向司法机关指控为强奸的，不是捏造事实。

其次，"犯罪事实"不包括嫖娼、包二奶、吸毒等行为，这类行为不是刑法上的犯罪，故捏造他人的这类行为，不应以诬告陷害罪论处。不限于写举报信，还包括伪造自己被强奸的现场等。

再次，还必须是自发（主动）诬告。在公安、司法机关调查取证时，作虚假陈述的，并不成立诬告陷害罪，可能成立包庇罪或者伪证罪。

（2）向司法机关及相关机关告发。告发的机关通常是公安、司法机关，或其他足以引起刑事追诉的机构，如向监察、纪检部门告发他人有贪污贿赂的犯罪事实。

例如，甲在候车室候车时发现自己的钱包不见了，怀疑邻座的乙偷了，但是没有证据，于是甲又偷偷的把自己的手机放在乙的包里并报警，警察到了之后在乙包里发现甲的手机，但并没有钱包，甲知道自己弄错了，但害怕说出真相对自己不利，就没有说明事实，后乙被判1年的缓刑。甲的行为构成诬告陷害罪。（2020年真金题）

4. 主观目的：意图使他人受刑事追究。

诬告的本质在于行为人主观上认为被害人是无罪的，还要捏造他人犯罪事实而进行告发。只要在这一目的的支配下实施了诬告陷害行为，足以使他人面临刑事追诉的风险，即构成本罪的既遂。被诬陷的人实际上是否受到刑事追究，并不影响既遂的成立。

（1）不是有意诬告，而是错告，或者检举失实，没有“捏造事实”的，不构成诬告陷害罪。例如，甲怀疑他人实施犯罪行为而向司法机关告发的，但没有捏造事实，后司法机关查实没有犯罪行为，甲不成立诬告陷害罪。

（2）真实告发，但存在瑕疵时，不成立诬告陷害罪。

2013年卷二59. C. 乙盗窃甲价值4000余元财物，甲向派出所报案被拒后，向县公安局告发乙抢劫价值4000余元财物。公安局立案后查明了乙的盗窃事实。对甲的行为不应以诬告陷害罪论处。

5. 诬告陷害罪为什么必须要“捏造事实”？

向司法机关告发他人的犯罪行为，更多地是向司法机关提供了一种犯罪线索，司法机关不可能因为行为人的告发而直接对他人进行刑事拘留、逮捕，也不可能直接将行为人的“告发”作为犯罪事实、证据予以认定。司法机关会在听取行为人的告发基础之上，认真地调查相关人证、物证，固定相关证据，从而决定是否追究“被告发者”的刑事责任以及刑事责任的大小。从这一意义上看，最终认定是否构成犯罪、罪轻罪重的事实、证据，才是追究“被告发者”刑事责任的关键。

行为人告发时如果没有“捏造事实”，没有提供具体的事实、证据，难以使“被告发者”被错误地追究刑事责任，所以，不构成诬告陷害罪。但是，如果告发者“捏造事实”去告发，这种“捏造的事实”很可能会作为司法机关认定犯罪事实的依据，从而错误地追究“被告发者”的刑事责任，因此，应以诬告陷害罪论处。此外，如果告发者就案件事实造假（捏造他人的犯罪事实），或者明知是虚假的事实而告发，表明其主观上有“恶意”，狐狸尾巴露出来了。

（1）甲向司法机关告发单位领导乙贪污了救灾款50万元，司法机关查清后，发现乙仅贪污了5万元，甲的行为不构成诬告陷害罪。

理由：甲的告发行为只是向司法机关提供线索，至于乙是否贪污、贪污数额是多少，司法机关不可能以甲的“告发数额”作为依据，而是会直接去调查相关账本、证据、证人等，所以，无论甲告发的金额是多少，都不重要。

（2）甲向司法机关告发单位领导乙贪污了救灾款50万元，并捏造了相关的账本、伪造乙签名的一些报销发票等书证材料，司法机关查清后，发现乙仅贪污了5万元，甲的行为构成诬告陷害罪。

理由：甲的告发行为不仅仅是向司法机关提供线索，而且还向司法机关提供了"捏造的事实"，这种"捏造的事实"很可能成为司法机关认定乙贪污罪的证据，极有可能使乙面临错误的追诉，应成立诬告陷害罪。即便司法机关后来发现了这些材料是甲捏造的，也不否认甲的行为构成诬告陷害罪。

(3) 甲向司法机关告发甲本人向乙行贿的事实，但故意将行贿金额5000元说成是500万元，甲属于捏造事实，甲的行为成立诬告陷害罪。

理由：甲的告发行为不仅是向司法机关提供甲行贿、乙受贿的犯罪线索，而且是提供"捏造的事实和证据"。行贿、受贿犯罪不同于贪污罪，贪污罪的事实、证据主要不是依赖口供，而是依赖账本，而行贿、受贿犯罪的认定，在很大程度上是以行贿人、受贿人的口供作为定案的事实、证据。本案中，甲的口供就不仅仅是提供犯罪线索的意义，而且是提供错误的事实、证据，应成立诬告陷害罪。

(4) 甲被乙殴打后，没有达到轻伤标准，但故意伪造虚假的验伤报告（重伤）给司法机关，告发乙对其实施了重伤行为。但司法机关问及甲身体现在是否有不舒服的情况时，甲说："我身体非常棒，被乙殴打后没有什么不舒服。"甲的行为依然构成诬告陷害罪。

理由：甲捏造了事实（验伤报告），当然成立诬告陷害罪。虽然甲告知司法机关"我身体非常棒，被乙殴打后没有什么不舒服"，但司法机关认定乙的刑事责任不是取决于甲的这句话，"验伤报告"才是认定乙刑事责任的依据。

典型真题

关于诬告陷害罪的认定，下列哪一选项是正确的（不考虑情节）？（2017年·卷二·16题）①

A. 意图使他人受刑事追究，向司法机关诬告他人介绍卖淫的，不仅触犯诬告陷害罪，而且触犯侮辱罪

B. 法官明知被告人系被诬告，仍判决被告人有罪的，法官不仅触犯徇私枉法罪，而且触犯诬告陷害罪

C. 诬告陷害罪虽是侵犯公民人身权利的犯罪，但诬告企业犯逃税罪的，也能追究其诬告陷害罪的刑事责任

D. 15周岁的人不对盗窃负刑事责任，故诬告15周岁的人犯盗窃罪的，不能追究行为人诬告陷害罪的刑事责任

五、侮辱罪、诽谤罪

（一）侮辱与诽谤

1. 侮辱行为：以暴力或者其他方法，公然贬低、损害他人人格。侮辱的本质在于揭短、露丑。

(1) 侮辱可以通过言语的方式，但这种情形下，言语揭发的一般是他人的"真实事实"，如揭发他人嫖娼、包二奶、有性病等事实，这些事实虽然真实存在，但涉及被害人

① 答案：C。

的隐私权，因此，也构成侮辱罪。

（2）侮辱还可以通过暴力的方式实施。例如，强行剃光女性的头发等。

2017年卷二16. A. 意图使他人受刑事追究，向司法机关诬告他人介绍卖淫的，不仅触犯诬告陷害罪，而且触犯侮辱罪——该选项错误，没有触犯侮辱罪，侮辱罪针对的是他人的真实事实。

2. 诽谤行为：故意捏造并散布虚构的事实，损害他人人格、破坏他人名誉。诽谤的本质在于说假话，即造谣。

所散布的事实不足以使人信以为真的，即便是行为人本人都不相信这可能是真实的，即太过"天真"的假话，就不是诽谤，属于侮辱。

例如，说某人长着"猪脑袋"的，骂一家数人均为妓女所生的，属于侮辱行为。

2013年卷二16. B. 为报复妇女，在大街上边打妇女边骂"狐狸精"，情节严重的，应以侮辱罪论处，不以诽谤罪论处。

3. 侮辱、诽谤与寻衅滋事罪的竞合。

最高人民法院、最高人民检察院《关于办理利用信息网络实施诽谤等刑事案件适用法律若干问题的解释》规定：利用信息网络辱骂、恐吓他人，情节恶劣，破坏社会秩序的，依照刑法第二百九十三条第一款第（二）项的规定，以寻衅滋事罪定罪处罚。

编造虚假信息，或者明知是编造的虚假信息，在信息网络上散布，或者组织、指使人员在信息网络上散布，起哄闹事，造成公共秩序严重混乱的，依照刑法第二百九十三条第一款第（四）项的规定，以寻衅滋事罪定罪处罚。

（二）其他问题

1. 本罪的性质：告诉的才处理。但是，严重危害社会秩序和国家利益的除外。

2. 侮辱罪、诽谤罪没有结果加重犯。侮辱、诽谤他人导致他人自杀的，不定故意杀人罪，也不成立侮辱罪、诽谤罪的结果加重犯。

（三）相近似犯罪的区别

1. 侮辱罪与诽谤罪。

	侮辱罪	诽谤罪
行为方式	（1）口头、文字； （2）暴力手段。如用暴力给人剃光头	口头或者文字方式进行，不能使用暴力手段
行为内容	（1）可以不用具体事实（如扒光他人衣服） （2）使用真实的事实（如他人有婚外性行为的事实，这主要是侵犯了他人的隐私）	捏造的事实（这主要是侵犯了他人的名誉），即造谣，（想）使听者信以为真
实施的场合	往往当着被害人的面进行	可以当众或当第三者散布，也可以当被害人的面

二者的区别：
（1）侮辱罪通常情况下是"说真话"，揭露他人真实的隐私事实；诽谤通常是造谣，即说假话；
（2）侮辱罪还可以使用暴力，例如，将粪便泼到他人脸上；诽谤罪则不能使用暴力；
（3）说太过天真的假话（如骂他人是狐狸精、猪脑袋），不是造谣，不可能使他人信以为真的，成立侮辱罪

2. 诽谤罪与诬告陷害罪——竞合关系，诬告陷害罪是程度更为严重的诽谤。

	诽谤罪	诬告陷害罪(来狠的)
保护法益	他人人格、名誉	他人的人身权利
主观方面	损害他人人格、名誉	使他人受到刑事追究
行为方式	散布捏造的事实，但并没有向国家机关或者有关部门单位告发	捏造犯罪事实，并且向国家机关或者其他部门告发，足以引起司法机关追究活动
内容	犯罪事实与非犯罪事实	犯罪事实
性质	亲告罪。但严重危害社会秩序和国家利益的除外	公诉案件

3. 侮辱罪与强制猥亵、侮辱罪——二者是竞合关系。

	侮辱罪	强制猥亵、侮辱罪
行为方式	可以用口头、文字、暴力诸手段	使用了强制的手段
主观内容	没有侵犯妇女的性的自己决定权。行为人的目的在于败坏妇女的名誉，贬低其人格，动机多出于泄私愤报复、发泄不满	严重侵犯了被害人的性的自己决定权。 例如，男性将“精液”泼到女性脸上

4. 侮辱、诽谤英雄烈士罪。《刑法修正案（十一）》增设第299条之一，侮辱、诽谤或者以其他方式侵害英雄烈士的名誉、荣誉，损害社会公共利益，情节严重的，处三年以下有期徒刑、拘役、管制或者剥夺政治权利。

侮辱罪、诽谤罪，其对象都是活人。而侮辱、诽谤英雄烈士罪的对象是英雄烈士，该罪是扰乱公共秩序的犯罪，而非侵犯公民人身权利的犯罪。每个国家实际上在发展过程当中都需要有英雄烈士来鼓舞一代一代的人，所以对英雄烈士要有足够的尊重、敬仰，尊重他其实就是尊重每个人自己。

六、刑讯逼供罪、暴力取证罪

《刑法》第247条：司法工作人员对犯罪嫌疑人、被告人实行刑讯逼供或者使用暴力逼取证人证言的，处三年以下有期徒刑或者拘役。致人伤残、死亡的，依照本法第二百三十四条、第二百三十二条的规定定罪从重处罚。

1. 对象。

（1）刑讯逼供罪：犯罪嫌疑人或者被告人。

应作扩大解释，包括那些有可能过渡到犯罪嫌疑人、被告人的人。

例如，警察为了决定是否立案，对被举报人、被控制人刑讯逼供的，也应认定为本罪。

又如，警察为了查明对方实施的是犯罪行为还是违反《治安管理处罚法》的行为，而对其刑讯逼供的，也应认定为本罪。

上述情形下，司法机关并无足够的证据证明行为人涉嫌犯罪，但想将行为人认定为犯罪嫌疑人的，这类人也能够成为刑讯逼供罪的对象。

（2）暴力取证罪：证人。

应作扩大解释，包括被害人、鉴定人、民事诉讼中的证人，甚至不具有作证资格的人、不知道案件真相的人。

司法工作人员对于不知道案件情况的人或者虽然知道案件情况但拒绝作证的人，使用暴力逼取证言的，也应视为暴力取证的行为。

2. 主体：司法工作人员。

（1）包括负有侦查、检察、审判、监管职责的工作人员。

（2）未受公安机关正式录用，受委托履行侦查、监管职责的人员或者合同制民警，也可成为本罪的主体。

3. 转化犯：刑法规定，刑讯逼供、暴力取证过程中致人伤残、死亡的，依照故意伤害罪、故意杀人罪定罪，从重处罚。如何理解这一规定，存在两种观点：

（1）如果认为这是法律注意规定：刑讯逼供、暴力取证过程中，只有故意造成被害人伤害、死亡的，才符合故意伤害罪、故意杀人罪的成立条件，才能转化为故意伤害罪、故意杀人罪。过失造成被害人伤害、死亡的，不能转化为故意伤害罪、故意杀人罪。（审判实务的观点）

（2）如果认为这是法律拟制规定：刑讯逼供、暴力取证过程中，无论是故意还是过失造成被害人伤害、死亡，均应转化成故意伤害罪、故意杀人罪。（法考的观点）

4. 行为方式：肉刑或者变相肉刑。

（1）肉刑，是指对被害人的肉体施行暴力，如吊打、捆绑、殴打以及其他折磨人的肉体的方法。

（2）变相肉刑，一般是指对被害人使用类似于暴力的摧残和折磨，如冻、饿、烤、晒、不准睡觉等。

典型真题

关于刑讯逼供罪的认定，下列哪些选项是错误的？（2012 年 · 卷二 · 60 题）①

A. 甲系机关保卫处长，采用多日不让小偷睡觉的方式，迫其承认偷盗事实。甲构成刑讯逼供罪

B. 乙系教师，受聘为法院人民陪审员，因庭审时被告人刘某气焰嚣张，乙气愤不过，一拳致其轻伤。乙不构成刑讯逼供罪

C. 丙系检察官，为逼取口供殴打犯罪嫌疑人郭某，致其重伤。对丙应以刑讯逼供罪论处

D. 丁系警察，讯问时佯装要实施酷刑，犯罪嫌疑人因害怕承认犯罪事实。丁构成刑讯逼供罪

① 答案：ACD。

七、暴力干涉婚姻自由罪

《刑法》第257条：以暴力干涉他人婚姻自由的，处二年以下有期徒刑或者拘役。

犯前款罪，致使被害人死亡的，处二年以上七年以下有期徒刑。

第一款罪，告诉的才处理。

1. 本罪的性质。

(1) 告诉才处理的犯罪。

(2) 如果暴力干涉婚姻自由导致被害人死亡的，属于公诉案件。

2. 如何理解“致使被害人死亡”这一结果加重犯？

(1) 在实施暴力干涉婚姻自由行为的过程中，过失致使被害人死亡；

(2) 暴力干涉婚姻自由致使被害人自杀。

该罪的结果加重犯“致使被害人死亡”之所以包括“自杀”，这种情形主要是指暴力干涉的程度较为严重，达到了“逼迫”的程度。同时，暴力干涉婚姻的行为一般具有长期性、持续性，对被害人自杀的影响程度较为强烈。

八、重婚罪

《刑法》第258条：（重婚罪）有配偶而重婚的，或者明知他人有配偶而与之结婚的，处二年以下有期徒刑或者拘役。

《刑法》第259条：（破坏军婚罪）明知是现役军人的配偶而与之同居或者结婚的，处三年以下有期徒刑或者拘役。

利用职权、从属关系，以胁迫手段奸淫现役军人的妻子的，依照本法第二百三十六条（强奸罪）的规定定罪处罚。

1. 主观。

(1) 必须具有重婚的故意，即自己已经结婚，或者明知他人已经结婚而与之重婚的，才构成重婚罪。

(2) 相婚者如果确实不知他人有配偶而与之结婚，因不具有重婚故意而不构成本罪。

2. 重婚的类型。

前婚姻类型	后婚姻类型
法律婚	法律婚
法律婚	事实婚
1994年以前的事实婚姻且未解除	事实婚
1994年以前的事实婚姻且未解除	法律婚

[说明] 1994年以后的事实婚姻，如果没有补办登记手续的，属于非法同居，不受法律保护，男女双方再次与他人形成事实婚姻或者登记结婚的，不构成重婚罪。

1994年以前的事实婚姻且未解除的，是否受法律保护，当事人再次登记结婚或者与他人以夫妻名义形成事实婚姻的，是否应该以重婚罪论处，存在肯定说与否定说两种不同观点。这种争议问题，考生不用过多考虑，了解即可

[经典案例] 自诉人与被告人常某1966年4月开始共同生活，且生育三名子女，二人

之间成立了事实婚姻关系。被告人常某与高某于1991年以夫妻名义开始共同生活，并生育一子，2004年虽补办结婚证，但1991年事实婚姻关系已经成立。现自诉人无证据证实1991年后其还与常某共同生活，且村委会也证实自诉人于1997年后亦与他人另组家庭，因而可以认定，自诉人与常某均认为事实婚姻已经解除。故被告人常某没有重婚的故意，事实上亦未同时保持两个婚姻关系；同时，现有证据无法证实被告人高某明知常某有配偶而与之结婚，故二被告的行为均不符合重婚罪的主、客观构成要件。据此，法院对二被告人作出无罪判决。双方当事人均未上诉，一审判决已生效。但是，需要指出的是，如果前一个事实婚姻（1994年以前的）没有被解除的，再次登记结婚或者形成新的事实婚姻的，当然成立重婚罪。（2016）黑0691刑初第13号。

3. 事实重婚行为的认定。

（1）有配偶的人与他人以夫妻名义同居生活的，或者明知他人有配偶而与之以夫妻名义同居生活的，属于事实婚姻。

（2）事实婚姻（二人以夫妻名义公开同居）虽然不受法律保护，但这种事实婚姻如果破坏了已经合法有效存续的法律婚姻，应以重婚罪论处。

4. 不以重婚罪论处的情形——客观条件所迫。

（1）因遭受自然灾害外流谋生而重婚的；

（2）因配偶长期外出下落不明，造成家庭生活严重困难，又与他人结婚的；

（3）因强迫、包办婚姻或因婚后受虐待外逃重婚的，被拐卖后再婚的。

九、遗弃罪　虐待罪　虐待被监护、看护人罪

《刑法》第260条：（虐待罪）虐待家庭成员，情节恶劣的，处二年以下有期徒刑、拘役或者管制。

犯前款罪，致使被害人重伤、死亡的，处二年以上七年以下有期徒刑。

第一款罪，告诉的才处理，但被害人没有能力告诉，或者因受到强制、威吓无法告诉的除外。

《刑法》第260条之一：（虐待被监护、看护人罪）对未成年人、老年人、患病的人、残疾人等负有监护、看护职责的人虐待被监护、看护的人，情节恶劣的，处三年以下有期徒刑或者拘役。

单位犯前款罪的，对单位判处罚金，并对其直接负责的主管人员和其他直接责任人员，依照前款的规定处罚。

有第一款行为，同时构成其他犯罪的，依照处罚较重的规定定罪处罚。

《刑法》第261条：（遗弃罪）对于年老、年幼、患病或者其他没有独立生活能力的人，负有扶养义务而拒绝扶养，情节恶劣的，处五年以下有期徒刑、拘役或者管制。

（一）遗弃罪

1. 主体：对被遗弃者负有扶养义务的人。

（1）义务来源不限于亲属法的规定，还包括基于职业、业务所产生的义务、基于法律行为与先前行为产生的义务。例如，孤儿院、养老院、精神病院、医院的管理人员等。

（2）不仅包括不提供经济供给、不给予必要照料等不履行扶养义务的行为，而且包括对处于危险境地的人不予以救助（如不救助他人生命、身体）的行为。

[案例] 王益民等遗弃案。从1996年到1999年的4年间，为截留安置费，乌鲁木齐精神病福利院负责人王益民多次指令该院职工，乘火车或汽车将被收容的精神病人带出乌鲁木齐，遗弃在沿途的火车站，汽车站甚至野外。王益民犯遗弃罪，判处有期徒刑2年缓刑3年。

2. 经被害人有效承诺的遗弃行为，一般阻却违法性。例如，老年人让其子女将其送往外地乞讨的，子女的行为不构成遗弃罪。但是，遗弃行为对生命具有具体危险时，被害人的承诺无效。

3. 遗弃罪与故意杀人罪区别。

(1) 被害人死亡的紧迫性高，成立故意杀人罪。例如，母亲连续三天不给婴儿喂奶，则应当成立故意杀人罪。

(2) 被害人死亡的紧迫性低，成立遗弃罪。如果成年人对于自己年迈的母亲不履行赡养义务，经过一段时间造成被遗弃人死亡的，应以遗弃罪论处。

(3) 遗弃罪与故意杀人罪（不作为犯）可能存在竞合：既然死亡的紧迫性低，都可以成立遗弃罪，那么，死亡的紧迫性高，更可以成立遗弃罪，同时亦触犯故意杀人罪。

例如，2017年卷二15. A. 甲对家庭成员负有扶养义务而拒绝扶养，故意造成家庭成员死亡。甲构成遗弃罪，亦成立不作为的故意杀人罪。

（二）虐待罪

1. 对象：共同生活的同一家庭成员。

不限于基于血缘关系的家庭成员，还包括事实上共同在一家庭生活的成员，如保姆、同居女友等。《刑事审判参考》指导案例第998号，朱朝春虐待案，夫妻离婚后仍然共同生活的，属于虐待罪犯罪主体构成要件中的“家庭成员”。

2. 行为：共同生活的家庭成员经常以打骂、捆绑、冻饿、有病不给治、强迫超体力劳作、限制自由等方式，从肉体上或者精神上摧残、折磨的行为。虐待行为必须具有经常性、一贯性。

3. 罪数。

(1) 行为人故意造成被害人伤害或死亡的，应认定为构成故意伤害罪或故意杀人罪。

遗弃、虐待案件中，虽然也有可能导致被害人的重伤、死亡，但造成死亡的紧迫性、可能性较低，因此，刑法对遗弃罪、虐待罪配置的法定刑也较低。如果行为人在扶养被害人的过程中，故意造成被害人死亡的，则应成立故意杀人罪。

(2) 情节恶劣的经常性虐待过程中，其中一次产生伤害或杀人故意，进而实施伤害或杀人行为的，则构成虐待罪与故意伤害罪或故意杀人罪，应数罪并罚。

(3) 结果加重犯。是指由于被害人经常地受到虐待，身体和精神受到严重的损害或者导致死亡，或者不堪忍受而自杀。

之所以理论与实践中认为“被害人不堪忍受而自杀”也属于虐待罪的结果加重犯，主要是考虑到虐待行为具有持续性、长期性，对被害人造成的精神压力较大，被害人不堪忍受而自杀与虐待行为的关联性较为直接。

（三）虐待被监护、看护人罪

1. 对未成年人、老年人、患病的人、残疾人等负有监护、看护职责的人虐待被监护、看护的人，情节恶劣的。

2. 2020年最高人民法院《关于审理走私、非法经营、非法使用兴奋剂刑事案件适用法律若干问题的解释》规定：对未成年人、残疾人负有监护、看护职责的人组织未成年人、残疾人在体育运动中非法使用兴奋剂，以虐待被监护、看护人罪定罪处罚。

（四）典型案例

1. 携程亲子园虐童事件。2017年11月初，携程托管亲子园教师打孩子的视频在网上流传，老师在帮孩子换衣服，忽然将孩子的背包拿下，摔在地上。这名老师在帮孩子脱衣服时，还将孩子推倒撞到了椅子上。11月3日的视频显示，教师在给孩子穿衣服，不知为何给孩子食用了不明食物，随后孩子开始哭泣，老师也不管。有家长指出不明物品是芥末。8名被告人均因犯虐待被看护人罪被判处刑罚。

2. 红黄蓝幼儿园虐童事件。2017年11月22日晚开始，有10余名幼儿家长反映北京市朝阳区管庄红黄蓝幼儿园（新天地分园）国际小二班的幼儿遭遇老师扎针、喂不明白色药片，并提供孩子身上多个针眼的照片。朝阳警方接到家长报案后，正在根据家长反映情况进行调查取证。涉事老师和保育员已暂时停职，配合警方调查。11月24日幼儿园正常开园。11月25日，涉事幼儿园教师刘某某（女，22岁，河北省人）因涉嫌虐待被看护人罪已被依法刑事拘留。

十、雇用童工从事危重劳动罪　强迫劳动罪

《刑法》第244条：（强迫劳动罪）以暴力、威胁或者限制人身自由的方法强迫他人劳动的，处三年以下有期徒刑或者拘役，并处罚金；情节严重的，处三年以上十年以下有期徒刑，并处罚金。

明知他人实施前款行为，为其招募、运送人员或者有其他协助强迫他人劳动行为的，依照前款的规定处罚。

单位犯前两款罪的，对单位判处罚金，并对其直接负责的主管人员和其他直接责任人员，依照第一款的规定处罚。

《刑法》第244条之一：（雇用童工从事危重劳动罪）违反劳动管理法规，雇用未满十六周岁的未成年人从事超强度体力劳动的，或者从事高空、井下作业的，或者在爆炸性、易燃性、放射性、毒害性等危险环境下从事劳动，情节严重的，对直接责任人员，处三年以下有期徒刑或者拘役，并处罚金；情节特别严重的，处三年以上七年以下有期徒刑，并处罚金。

有前款行为，造成事故，又构成其他犯罪的，依照数罪并罚的规定处罚。

1. 立法背景。

（1）2002年《刑法修正案（四）》将“雇用童工从事危重劳动”从强迫职工劳动罪中独立出来。当然，强迫童工（不满16周岁）从事其他劳动（非危重劳动）的，仍然成立强迫职工劳动罪。

（2）2011年《刑法修正案（八）》将强迫职工劳动罪的对象扩大至“职工”以外的任何人，并将罪名修改为“强迫劳动罪”。

2. 强迫劳动罪与非法拘禁罪的区别。

（1）强迫劳动罪是“限制人身自由”；

（2）非法拘禁罪是“剥夺人身自由”。

如果行为人采取剥夺人身自由的方式（比限制人身自由程度更严重的方式）强迫他人劳动，属于一行为触犯两罪名（非法拘禁罪、强迫劳动罪），应择一重罪（强迫劳动罪）处罚。

3. 罪数。

（1）雇用童工从事危重劳动，造成责任事故，[①] 同时又构成其他犯罪的，应当数罪并罚。

（2）雇用童工从事危重劳动，同时又违反劳动管理法规，以限制人身自由方法强迫其劳动，情节严重的，应以雇用童工从事危重劳动罪与强迫劳动罪并罚。

典型真题

1. 关于侵犯人身权利罪的论述，下列哪一选项是错误的？（2012年·卷二·17题）[②]

A. 强行与卖淫幼女发生性关系，事后给幼女500元的，构成强奸罪

B. 使用暴力强迫单位职工以外的其他人员在采石场劳动的，构成强迫劳动罪

C. 雇用16周岁未成年人从事高空、井下作业的，构成雇用童工从事危重劳动罪

D. 收留流浪儿童后，因儿童不听话将其出卖的，构成拐卖儿童罪

2. 关于侵犯人身权利犯罪的说法，下列哪些选项是错误的？（2008年·卷二·61题）[③]

A. 私营矿主甲以限制人身自由的方法强迫农民工从事危重矿井作业，并雇用打手对农民工进行殴打，致多人伤残。甲的行为构成非法拘禁罪与故意伤害罪，应当实行并罚

B. 砖窑主乙长期非法雇佣多名不满16周岁的未成年人从事超强度体力劳动，并严重忽视生产作业安全，致使一名未成年人因堆砌的成品砖倒塌而被砸死。对乙的行为应以雇用童工从事危重劳动罪从重处罚

C. 丙以介绍高薪工作的名义从外地将多名成年男性农民工骗至砖窑主王某的砖窑场，以每人1000元的价格卖给王某从事强迫劳动。由于《刑法》仅规定了拐卖妇女、儿童罪，所以，对于丙的行为，无法以犯罪论处

D. 拘留所的监管人员对被监管人进行体罚虐待，致人死亡的，以故意杀人罪论处，不实行数罪并罚

十一、聚众阻碍解救被收买的妇女、儿童罪

《刑法》第242条：（妨害公务罪）以暴力、威胁方法阻碍国家机关工作人员解救被收买的妇女、儿童的，依照本法第二百七十七条的规定定罪处罚。

（聚众阻碍解救被收买的妇女、儿童罪）聚众阻碍国家机关工作人员解救被收买的妇女、儿童的首要分子，处五年以下有期徒刑或者拘役；其他参与者使用暴力、威胁方法

① 责任事故，是指违反了安全生产操作规则所造成的人员伤亡、财产损失，一次性的事件中造成的。如果是因为过劳死、体质虚弱而死亡，是“累积型”的，不宜认定为是责任事故。

② 答案：C。

③ 答案：ABC。

的，依照前款的规定处罚。

1. 对不同主体的处罚。

（1）首要分子，应以聚众阻碍解救被收买的妇女、儿童罪定罪处罚。

（2）对于非首要分子，原则上不认为是犯罪。但是，如果使用暴力、威胁方法的，以妨害公务罪论处。

（3）非“聚众”式的阻碍解救被收买的妇女、儿童的行为，如单个人使用暴力、胁迫手段阻碍解救的，也定妨害公务罪。

2. 对象。

（1）已经被他人收买的妇女、儿童。

（2）如果阻碍国家机关工作人员解救已被拐骗、绑架但尚未卖出（未被收买）的妇女、儿童，则构成拐卖妇女、儿童罪的共犯。因为拐卖妇女、儿童罪属于继续犯，在他人拐卖妇女、儿童的过程中起帮助作用的，原则上以拐卖妇女、儿童罪的共犯论处。

2002年卷二46. 甲以出卖为目的，将乙女拐骗至外地后关押于一地下室，并曾强奸乙女。甲在寻找买主的过程中因形迹可疑被他人告发。国家机关工作人员前往解救时，甲的朋友丙却聚众阻碍国家机关工作人员的解救行为——丙的行为成立拐卖妇女罪的共犯，当然丙的行为也触犯了妨害公务罪，属于想象竞合犯，应择一重罪处罚。

十二、非法侵入住宅罪

非法侵入住宅罪是指非法强行闯入他人住宅，或者经要求退出仍拒绝退出，影响他人正常生活和居住安宁的行为。

1. “住宅”的理解。

（1）除供人起居寝食之用场所以外，用于日常生活而占居的场所也属于住宅。

（2）住宅不要求是建筑物的全部，也可以是住宅的屋顶、周围相对封闭的围绕地。

2. 行为方式：侵入。

（1）未经允许，擅自进入。

（2）合法进入（包括误入）后，拒不退出。①

3. 罪数。非法侵入他人住宅后又实施其他犯罪行为（如抢劫、盗窃）的，原则上不数罪并罚。

十三、侵犯通信自由罪　私自开拆、隐匿、毁弃邮件、电报罪

《刑法》第252条：（侵犯通信自由罪）隐匿、毁弃或者非法开拆他人信件，侵犯公民通信自由权利，情节严重的，处一年以下有期徒刑或者拘役。

《刑法》第253条：（私自开拆、隐匿、毁弃邮件、电报罪）邮政工作人员私自开拆或者隐匿、毁弃邮件、电报的，处二年以下有期徒刑或者拘役。

犯前款罪而窃取财物的，依照本法第二百六十四条的规定定罪从重处罚。

1. 退回的信件也属于上述犯罪对象。因为本罪是侵犯公民人身权利、民主权利的犯

① 国外明文将不退去规定为犯罪行为类型，故不退去行为构成犯罪。我国未规定，理论上几乎无争议地认为“不退去”行为构成犯罪。但这样解释有类推解释之嫌，因为难以将“不退去”本身评价为“侵入”。

罪，更为直接的是侵犯了他人的隐私权，退回的信件当然也涉及他人的隐私权，因此，能够成为侵犯通信自由罪的对象。

2. 私自开拆、隐匿、毁弃邮件、电报罪是真正身份犯，要求邮政工作人员利用职务上的便利，如果没有利用职务上的便利实施该行为的，成立侵犯通信自由罪。

3. 罪数。

（1）非法开拆他人信件，侵犯公民通信自由权利，并从中窃取数额较大财物的，以盗窃罪论处。

（2）非法开拆他人信件，侵犯公民通信自由权利，情节严重，并从中窃取汇票或汇款支票，冒名骗取汇兑款数额较大的，应以侵犯通信自由罪和（票据）诈骗罪实行并罚。

典型真题

甲任邮政中心信函分拣组长期间，先后三次将各地退回信函数万封（约 500 公斤），以每公斤 0.4 元的价格卖给废品收购站，所得款项占为己有。关于本案，下列哪一选项是正确的？（2010 年 · 卷二 · 18 题）①

A. 退回的信函不属于信件，甲的行为不成立侵犯通信自由罪

B. 退回的信函虽属于信件，但甲没有实施隐匿、毁弃与开拆行为，故不成立侵犯通信自由罪

C. 退回的信函处于邮政中心的管理过程中，属于公共财物，甲的行为成立贪污罪

D. 退回的信函被当作废品出卖也属于毁弃邮件，甲的行为成立私自毁弃邮件罪

十四、侵犯公民个人信息罪

《刑法》第 253 条之一：违反国家有关规定，向他人出售或者提供公民个人信息，情节严重的，处三年以下有期徒刑或者拘役，并处或者单处罚金；情节特别严重的，处三年以上七年以下有期徒刑，并处罚金。

违反国家有关规定，将在履行职责或者提供服务过程中获得的公民个人信息，出售或者提供给他人的，依照前款的规定从重处罚。

窃取或者以其他方法非法获取公民个人信息的，依照第一款的规定处罚。

单位犯前三款罪的，对单位判处罚金，并对其直接负责的主管人员和其他直接责任人员，依照各该款的规定处罚。

（一）公民个人信息的界定

1. “个人信息”的范围。

（1）要有载体。

（2）能识别自然人身份，或者反映自然人活动情况。

对于企业工商登记等信息中所包含的手机、电话号码等信息，“手机、电话号码等由公司购买，归公司使用”，不属于个人信息。

“公司经办人在工商登记等活动中登记个人电话、手机号码”的属于个人信息。

① 答案：D。

（3）公民个人信息的范围扩张化趋势。

以往，我们认识到的公民个人信息，都是静态的个人信息，例如，公民的身份证号、手机号、就诊经历等。近年来，随着人工智能、大数据的不断发展进步，可以对公民个人的动态信息进行挖掘、发现，这亦属于公民个人信息，典型的如人物画像。用户画像是将用户的线上行为数据化，例如，通过你在京东商城中购买商品种类、价格、频次等一系列活动，每一个活动代表一个或多个标签，通过对标签的汇总、分析、分类来深化对个人或群体的认知。其中包括基本属性、购买能力、行为特征、社交网络、心理特征、兴趣爱好。

2017 年最高人民法院、最高人民检察院《关于办理侵犯公民个人信息刑事案件适用法律若干问题的解释》第 1 条规定，“公民个人信息”，是指以电子或者其他方式记录的（要有载体）能够单独或者与其他信息结合识别特定自然人身份或者反映特定自然人活动情况的各种信息，包括姓名、身份证件号码、通信通讯联系方式、住址、账号密码、财产状况、行踪轨迹等。

2. 公民个人信息的范围远大于隐私的范畴。即便相关信息已经公开，不属于个人隐私的范畴，但仍有可能成为“公民个人信息”。

对于权利人非自愿公开或者非主动公开的公民个人信息，行为人获取相关信息后出售、提供的行为，可以根据情况以侵犯公民个人信息罪论处。实践中，有些公开信息并非权利人自愿公开，如个人信息被他人通过信息网络或者其他途径发布；有些信息并非权利人主动公开，如有关部门为救济、救助或者奖励而公示的公民个人信息；有些信息的扩散并非权利人的意愿，如权利人发现个人信息被收集后主动要求行为人删除。上述情形中，获取相关信息的行为可以认定为合法，但后续的出售或者提供行为明显违背了权利人意愿，对其个人隐私和生活安宁造成侵犯，对其中情节严重的行为完全可以适用侵犯公民个人信息罪予以惩治。

（二）行为类型

1. 出售或提供。向特定人提供公民个人信息，以及通过信息网络或者其他途径发布公民个人信息的。

2. 将履行职责或者提供服务过程中获得的公民个人信息，出售或者提供给他人的。

3. 窃取或者以其他方法非法获取公民个人信息的。

4. 违反国家有关规定，通过购买、收受、交换等方式获取公民个人信息，或者在履行职责、提供服务过程中收集公民个人信息的，属于“以其他方法非法获取公民个人信息”。

实质：非法获取信息，或者合法获取信息后非法扩散信息。

（三）数量的计算

1. 非法获取公民个人信息后又出售或者提供的，公民个人信息的条数不重复计算。

2. 向不同单位或者个人分别出售、提供同一公民个人信息的，公民个人信息的条数累计计算。

（四）罪数

非法获取“大量”公民个人信息后又实施诈骗等犯罪的，应数罪并罚。

2018年真金题：甲（A公司股东）、乙（A公司总经理）为男女朋友，分手后，甲怀恨在心，经自己研究发现，A公司生产的保健品毫无保健作用。甲抛售股票后紧接着在网上公布该研究结果，并写明乙是公司总经理。该报告导致公司股价狂跌——甲的行为不构成犯罪。该案中，甲并没有侵犯乙的个人信息。再者，乙作为上市公司的总经理这一事实，本身就是向社会完全公开的。

典型真题

下列哪些行为构成侵犯公民个人信息罪（不考虑情节）？（2017年·卷二·59题）①

A. 甲长期用高倍望远镜偷窥邻居的日常生活

B. 乙将单位数据库中病人的姓名、血型、DNA等资料，卖给某生物制药公司

C. 丙将捡到的几本通讯簿在网上卖给他人，通讯簿被他人用于电信诈骗犯罪

D. 丁将收藏的多封50年代的信封（上有收件人姓名、单位或住址等信息）高价转让他人

① 答案：BC。

专题二十四

侵犯社会法益之犯罪：危害公共安全罪

知识体系

- 侵犯社会法益之犯罪：危害公共安全罪
  - 放火罪
    - 保护法益：公共安全
    - 既遂的标准
    - 罪数
  - 投放危险物质罪
    - 对象：毒害性、放射性、传染病病原体等物质
    - 性质：危害了公共安全
    - 投放危险物质罪与生产、销售有毒、有害食品罪的区别
  - 以危险方法危害公共安全罪
  - 破坏交通工具罪
    - 对象：正在使用中的交通工具
    - 破坏：通常是指对交通工具的整体或者重要部件的破坏
  - 组织、领导、参加恐怖组织罪
    - 实行行为
    - 罪数
    - 立法修改
  - 劫持航空器罪
  - 盗窃、抢夺枪支、弹药、爆炸物、危险物质罪，抢劫枪支、弹药、爆炸物、危险物质罪
  - 交通肇事罪
    - 刑罚适用情况表
    - 构成要件
    - 其他问题
  - 危险驾驶罪
    - 行为方式
    - “机动车”的范围
    - 危险驾驶罪、交通肇事罪、以危险方法危害公共安全罪之关系
  - 妨害公共交通驾驶罪
    - 主体
    - 本罪的性质
    - 本罪与以危险方法危害公共安全罪、交通肇事罪的区别
  - 重大责任事故罪
    - 主体
    - 重大责任事故罪与强令违章冒险作业罪
    - 前期不规范行为被规定为独立的罪名
    - 重大责任事故罪与其他特别的责任事故型犯罪
  - 不报、谎报安全事故罪
  - 非法持有、私藏枪支、弹药罪
  - 非法出租、出借枪支罪
  - 丢失枪支不报罪

相关法理

危害公共安全犯罪是侵犯社会利益的犯罪，具体为人身权利、财产权利。危害公共安全犯罪与侵犯财产罪、侵犯人身权利罪的区别在于是否危害了“公共安全”。“公共安全”是指不特定或者多数人的生命、身体或者财产安全。

所谓“不特定”，是指犯罪行为可能侵犯的对象和可能造成的结果事先无法确定，行为人对此既无法具体预料也难以实际控制，行为的危险或行为造成的危害结果可能随时扩大或增加，随时有向“多数”发展的现实可能性，会使社会多数成员遭受危险和侵害。[①]

所谓“多数人”，则难以用具体数字表述，行为使较多的人（即使是特定的多数人）感受到生命、健康或者财产受到威胁时，应认为危害了公共安全。

需要说明的是，危害公共安全罪并非一定要造成多人伤亡、重大财产损失，而是看行为本身是否有造成不特定或者多数人伤亡、财产损失的可能性。例如，交通肇事罪是危害公共安全的犯罪，实践中的交通肇事罪也可能是仅造成了一人死亡，但因为肇事行为发生在道路上（公共交通管制的领域），有可能会侵犯不特定或者多数人的生命、健康、财产安全，故属于危害公共安全的犯罪。

一、放火罪

《刑法》第114条：（放火罪、决水罪、爆炸罪、投放危险物质罪、以危险方法危害公共安全罪）放火、决水、爆炸以及投放毒害性、放射性、传染病病原体等物质或者以其他危险方法危害公共安全，尚未造成严重后果的，处三年以上十年以下有期徒刑。

《刑法》第115条：放火、决水、爆炸以及投放毒害性、放射性、传染病病原体等物质或者以其他危险方法致人重伤、死亡或者使公私财产遭受重大损失的，处十年以上有期徒刑、无期徒刑或者死刑。

过失犯前款罪的，处三年以上七年以下有期徒刑；情节较轻的，处三年以下有期徒刑或者拘役。

2017年最高人民法院、最高人民检察院《关于办理组织、利用邪教组织破坏法律实施等刑事案件适用法律若干问题的解释》

第12条　邪教组织人员以自焚、自爆或者其他危险方法危害公共安全的，依照刑法第一百一十四条、第一百一十五条的规定，以放火罪、爆炸罪、以危险方法危害公共安全罪等定罪处罚。

1. 保护法益：公共安全。

以危害公共安全的放火方式实施故意杀人行为的，可能既触犯了放火罪，也触犯了故意杀人罪，属于想象竞合犯。刑法理论上的多数观点认为，认定为危害公共安全犯罪的放

---

① 不特定有以下几种情况：（1）针对不特定的对象，实际危害了不特定多数人的生命、健康和重大公私财产安全，如姚锦云驾车在天安门广场撞人案；（2）针对不特定的对象，没有实际造成不特定多数人的生命、健康和重大公私财产安全的损害后果，但有造成不特定多数人的生命、健康和重大公私财产安全损害的危险或者可能；（3）针对特定的对象，但实际上造成了不特定多数人的生命、健康和重大公私财产安全的损害后果；（4）针对特定的对象，没有实际造成不特定多数人的生命、健康和重大公私财产安全的损害后果，但有造成不特定多数人的生命、健康和重大公私财产安全损害的危险或者可能。

火罪更能实现对行为的完整评价，也有少数学者持反对意见，认为“凡是以杀人故意实施了足以剥夺他人生命的杀人行为的，除刑法有明文规定的以外，应当以故意杀人罪论处”。①

2. 既遂的标准。

（1）一种观点认为，使目的物达到“独立燃烧”的程度。即使将火扑灭，也是放火罪既遂。我国房屋采取的多是砖混结构，而非木质结构，如果目的物达到“独立燃烧”的程度，那已经相当危险了，所以，目标物“独立燃烧”就可认定为是犯罪既遂（多数观点）。爆炸罪、决水罪、投放危险物质罪、以危险方法危害公共安全罪，也是以造成危险状态作为犯罪既遂的标准。

[案例] 李某某酒后因家庭琐事与父母发生纠纷后，在家中趁家人外出之机，用随身携带的打火机将被子点燃，火势起来后，李某某扑救未果，便积极向邻居寻求帮助，其邻居拨打报警电话后，火势被消防队及时扑灭，没有危及邻居的财产安全。法院认定为放火罪犯罪既遂。参见河南省驻马店市中级人民法院刑事判决书，(2014) 驻少刑终字第64号。

（2）少数观点认为，放火罪既遂的标准是“造成严重后果”。这种观点认为，虽然发生了具体危险，但行为人自动防止更严重结果发生的，应认定为犯罪中止。这种观点有利于鼓励犯罪分子中止自己的行为，从而获得刑法更宽容的处罚。

3. 罪数：行为人实施了其他犯罪行为后，为了销毁罪证而放火，危害公共安全的，已经超出了毁灭证据的范畴，应实行数罪并罚。

二、投放危险物质罪

1. 对象：毒害性、放射性、传染病病原体等物质。

2. 性质：危害了公共安全。

《刑事审判参考》指导案例第101号，方金青惠（越南人）投毒案。当行为人投放毒物的目的在于剥夺特定人的生命而不危及公共安全时，应认定为故意杀人罪。在本案中，方金青惠主观上是想致特定人——简梅芳死亡；方金青惠数次投放毒药均是在简梅芳家中，非公共场所；毒药投在被害人简梅芳所用的食具、茶具、药煲内，非公共所用器具内。尽管实际上有多人误食、误饮了方金青惠投有毒药的食物、饮品，但这些被害人并非是方金青惠追求杀害的不特定对象，故方金青惠采用投毒的手段非法剥夺他人生命的行为构成故意杀人罪。

3. 投放危险物质罪与生产、销售有毒、有害食品罪的区别。

（1）投放危险物质罪所投放的“毒”是“大毒”，即危害了公共安全；生产、销售有毒、有害食品罪中的“毒”是“小毒”。

（2）如果生产、销售“大毒”食品的，是生产、销售有毒、有害食品罪与投放危险物质罪的竞合。例如，在生产奶粉过程中加入大量三聚氰胺的，既构成投放危险物质罪，亦触犯生产有毒食品罪。

① 张明楷：《论以危险方法杀人案件的性质》，《中国法学》1999年第6期。

典型真题

下列哪些行为构成投放危险物质罪？（2017 年 · 卷二 · 57 题）①

A. 甲故意非法开启实验室装有放射性物质的容器，致使多名实验人员遭受辐射

B. 乙投放毒害性、放射性、传染病病原体之外的其他有害物质，危害公共安全

C. 丙欲制造社会恐慌气氛，将食品干燥剂粉末冒充炭疽杆菌，大量邮寄给他人

D. 丁在食品中违法添加易使人形成瘾癖的罂粟壳粉末，食品在市场上极为畅销②

三、以危险方法危害公共安全罪

“危险方法”的种类：对于以危险方法危害公共安全罪中的“危险方法”应进行缩小解释、体系解释，只有危险性与放火、爆炸、决水、投放危险物质性质相当的，才能认定为危险方法。实践中较为典型的情况：

1. 以驾驶机动车的方式撞人，放任他人死亡结果，危害公共安全的。

2. 在公共场所私设电网，危害公共安全的。

3. 故意传播“突发性”传染病病原体，危害公共安全的。③

4. 故意破坏矿井下的通风装置。

5. 在高速公路上逆行。

6. 研制、生产、销售“瘦肉精”。此类行为，审判实践中早期的做法是认定为非法经营罪或者生产、销售有毒、有害食品罪，近年来，有部分案件被认定为以危险方法危害公共安全罪。

7. 无故殴打公交车司机、抢夺司机方向盘的。

8. 盗窃、破坏人员密集往来的非机动车道、人行道以及车站、码头、公园、广场、学校、商业中心、厂区、社区、院落等生产生活、人员聚集场所的窨井盖。④

9. 故意从高空抛弃物品，足以危害公共安全的。

［解题技巧］以危险方法危害公共安全罪是故意犯罪，考题中，行为人对于危害公共安全的结果究竟是故意还是过失是判断的难点，尤其是开车撞死人，究竟是定交通肇事罪还是以危险方法危害公共安全罪，一般认为，行为人干了一件“超级危险的事情”，就可以推定其主观上对结果（他人生命、财产）至少是一种放任的心态，成立以危险方法危害公共安全罪。2014 年卷二 51. C. 将重度醉酒后在高速公路超速驾驶机动车的行为，认定

---

① 答案：AB。

② 成立生产、销售有毒、有害食品罪，可能与欺骗他人吸毒罪存在竞合。食用掺入罂粟壳粉末的食品时，不会立刻产生危及人体健康的紧迫危险，即不会危害公共安全，故丁的行为不构成投放危险物质罪。

③ 2003 年 5 月 14 日最高人民法院、最高人民检察院《关于办理妨害预防、控制突发传染病疫情等灾害的刑事案件具体应用法律若干问题的解释》第 1 条。该解释主要是针对 2003 年的“非典”病毒事件。

④ 对于盗窃窨井盖的行为，通常会危害公共安全。破坏交通设施罪、以危险方法危害公共安全罪这两罪均是危害公共安全类的犯罪，其中，破坏交通设施罪系特别法。当盗窃的窨井盖属于“交通设施”时，应优先适用破坏交通设施罪。2020 年最高人民法院、最高人民检察院、公安部《关于办理涉窨井盖相关刑事案件的指导意见》规定：（1）盗窃、破坏正在使用中的社会机动车通行道路上的窨井盖，足以使汽车、电车发生倾覆、毁坏危险，以破坏交通设施罪定罪处罚。（2）盗窃、破坏人员密集往来的非机动车道、人行道以及车站、码头、公园、广场、学校、商业中心、厂区、社区、院落等生产生活、人员聚集场所的窨井盖，足以危害公共安全，以以危险方法危害公共安全罪定罪处罚。

为以危险方法危害公共安全罪。实践中，醉酒驾车的人，如果第一次撞人，定交通肇事罪。如果撞人后继续乱开，撞死人的，可以考虑定以危险方法危害公共安全罪。

典型真题

1. 下列哪些行为构成以危险方法危害公共安全罪？（2020年真金题）①

A. 甲把蜂窝煤点燃从高处扔向人群，引发火灾，导致多人伤亡

B. 乘客乙在乘坐公交车时，与司机徐某发生争吵，在车辆行驶过程中，抢夺司机徐某手中的方向盘，导致车辆失控而撞死多人

C. 公交车司机丙与乘客孟某发生争吵，在遭受孟某的辱骂后，丙置行驶中的车辆于不顾，离开方向盘和乘客孟某扭打，导致交通事故，致多人伤亡

D. 丁把马路（机动车道）上的窨井盖偷走，路过车辆与其他车辆相撞，发生严重交通事故，导致多人伤亡

2. 下列哪一行为成立以危险方法危害公共安全罪？（2012年·卷二·15题）②

A. 甲驾车在公路转弯处高速行驶，撞翻相向行驶车辆，致2人死亡

B. 乙驾驶越野车在道路上横冲直撞，撞翻数辆他人所驾汽车，致2人死亡

C. 丙醉酒后驾车，刚开出10米就撞死2人

D. 丁在繁华路段飙车，2名老妇受到惊吓致心脏病发作死亡

四、破坏交通工具罪

《刑法》第116条：破坏火车、汽车、电车、船只、航空器，足以使火车、汽车、电车、船只、航空器发生倾覆、毁坏危险，尚未造成严重后果的，处三年以上十年以下有期徒刑。

1. 对象：正在使用中的交通工具。

(1)“正在使用中”，应当理解为不需要再经过其他检验程序就可投入使用的交通工具。对“正在使用”应作扩大解释，只要破坏交通工具的行为有可能危害公共安全，都可以认为该交通工具是处于“正在使用”过程中。

(2)将该罪的对象“汽车”扩大解释为包括大型拖拉机，有学者认为是扩大解释，亦有学者认为属于类推解释。

2. 破坏：通常是指对交通工具的整体或者重要部件的破坏。

2017年卷二12. D. 丁被空姐告知“不得打开安全门”，仍拧开安全门，致飞机不能正点起飞。丁不构成破坏交通工具罪。只是“致飞机不能正点起飞”，没有危害公共安全，不应认定为破坏交通工具罪。

典型真题

甲在高速公路休息站开店经营汽车补胎业务，故意在靠近经营点附近的高速公路上撒钉子，长达数百米。造成很多汽车爆胎，足以导致车辆倾覆的危险，很多车主经常抱怨。

① 答案：ABC。

② 答案：B。

司机问甲为什么会有这么多钉子在路上，甲闭口不谈，只是按照市场价格补胎收费。甲的行为构成何罪？(2018 年真金题)[①]

A. 故意毁坏财物罪　B. 破坏交通工具罪　C. 破坏交通设施罪　D. 诈骗罪

五、组织、领导、参加恐怖组织罪

《刑法》第 120 条：组织、领导恐怖活动组织的，处十年以上有期徒刑或者无期徒刑，并处没收财产；积极参加的，处三年以上十年以下有期徒刑，并处罚金；其他参加的，处三年以下有期徒刑、拘役、管制或者剥夺政治权利，可以并处罚金。

犯前款罪并实施杀人、爆炸、绑架等犯罪的，依照数罪并罚的规定处罚。

1. 实行行为：组织、领导、参加行为。行为人只要实施了组织、领导、参加行为，就成立本罪的犯罪既遂。

2. 罪数：组织、领导、参加恐怖活动组织又利用该组织实施杀人、爆炸、绑架等犯罪的，依照数罪并罚的规定处罚。

3. 立法修改：《刑法修正案（九）》对该罪增加了财产刑，并增设了新的恐怖主义犯罪的罪名，处罚所有与恐怖活动犯罪相关联的罪名。包括：准备实施恐怖活动罪，宣扬恐怖主义、极端主义、煽动实施恐怖活动罪，利用极端主义破坏法律实施罪，强制穿戴宣扬恐怖主义、极端主义物品罪，非法持有宣扬恐怖主义、极端主义物品罪。

六、劫持航空器罪

《刑法》第 121 条：以暴力、胁迫或者其他方法劫持航空器的，处十年以上有期徒刑或者无期徒刑；致人重伤、死亡或者使航空器遭受严重破坏的，处死刑。

1. 航空器的范围：在空间飞行的各种航空工具，包括飞机、宇宙飞船、热气球等。包括国家航空器（用于军事、海关、警察部门的航空器）、民用航空器。

航空器必须是“正在使用”的：根据《蒙特利尔公约》规定，当地面人员或机组为某一特定飞行航空器进行飞行前的准备时起，直到降落后 24 小时为止，该航空器被认为是正在使用中；航空器从装载完毕，机舱外部各门均已关闭时起，直至打开任一机舱门以便卸载时止，属于正在飞行中；航空器被迫降落时，在主管当局接管该航空器及机上人员与财产的责任以前，视为仍在飞行中。

2. 罪数：行为人以杀人、伤害等方法劫持航空器的，不应将故意杀人罪、故意伤害罪与劫持航空器罪数罪并罚，故意杀人、故意伤害行为应认为是劫持航空器罪的手段行为。

3. 国际性犯罪，我国也加入了相关的条约，我国有权行使普遍管辖权。但如果仅在国内劫持航空器的，不是国际犯罪，我国可以基于属地管辖原则行使管辖权。

4. 本罪犯罪既遂的标准。行为人控制了航空器或者控制了航空器的航行，成立本罪

① 答案：C。该案中，似乎四个选项均应入选。但作为单选题，选 C 更准确。虽然该案毁坏了他人财物（汽车），但定故意毁坏财物罪仅评价了行为侵犯财产权利的属性，而没有评价危害公共安全的属性，故意毁坏财物罪亦被排除。如果仅仅是破坏了交通工具本身，定破坏交通工具罪并没有疑问，但是，该案是破坏了大量的交通工具，而且，对长达几百米的道路撒了铁钉，是破坏交通设施罪。如果认为该行为既触犯了破坏交通工具罪，也触犯了破坏交通设施罪，考虑到破坏交通设施本身亦会造成交通工具的破坏，破坏交通设施罪的包容性更强。本案不成立诈骗罪，该案中，虽然收取了司机的补胎费用，但亦付出了“成本”，诈骗罪是针对整体财产的犯罪，不能将补胎所收取的费用本身认定为诈骗所得。

的既遂。

5. 本罪与暴力危及飞行安全罪的区别。本罪是改变航向，后罪是在飞机上打架斗殴、闹事，危害了飞行安全，并没有改变航向的意思。

七、盗窃、抢夺枪支、弹药、爆炸物、危险物质罪　抢劫枪支、弹药、爆炸物、危险物质罪

1. 主观方面：必须认识到对象属于枪支、弹药、爆炸物、危险物质，否则按认识错误处理。

2007 年卷二 61. 丁某盗窃了农民程某的一个手提包，发现包里有大量现金和一把手枪。丁某将真情告诉崔某，并将手枪交给崔某保管，崔某将手枪藏在家里——丁某构成盗窃罪，崔某构成非法持有枪支罪。

2. 本罪与非法持有枪支罪的关系。

（1）如果行为人在窃取或者夺取的普通财产中发现有枪支、弹药或者爆炸物，而予以非法持有或者私藏的，则在盗窃罪或者抢夺罪之外，另行构成非法持有枪支、弹药、爆炸物罪，应当实行数罪并罚。

（2）如果行为人实施盗窃、抢夺行为的对象即为特定的枪支、弹药，而予以非法持有或者私藏的，则只成立盗窃、抢夺枪支、弹药罪，该罪可以吸收非法持有枪支、弹药罪。

八、交通肇事罪

《刑法》第 133 条：违反交通运输管理法规，因而发生重大事故，致人重伤、死亡或者使公私财产遭受重大损失的，处三年以下有期徒刑或者拘役；交通运输肇事后逃逸或者有其他特别恶劣情节的，处三年以上七年以下有期徒刑；因逃逸致人死亡的，处七年以上有期徒刑。

（一）刑罚适用情况表

三年以下有期徒刑或者拘役 （罪与非罪的界限）	三年以上七年以下有期徒刑	七年以上有期徒刑
1. 死亡 1 人或者重伤 3 人以上，负事故全部或者主要责任。 2. 死亡 3 人以上，负事故同等责任。 3. 造成公共财产或者他人财产直接损失，负事故全部或者主要责任，无能力赔偿数额在 30 万元以上的。 4. 致 1 人以上重伤，负事故全部或者主要责任，并且下列情形之一的：（1）酒后、吸食毒品后驾驶机动车辆的；（2）无驾驶资格驾驶机动车辆的；（3）明知是安全装置不全或者安全机件失灵的机动车辆而驾驶的；（4）明知是无牌证或者已报废的机动车辆而驾驶的；（5）严重超载驾驶的；（6）为逃避法律追究逃离事故现场的	1. 交通肇事后逃逸：交通肇事后为逃避法律追究而逃跑（符合三年以下有期徒刑或者拘役的条件，并且逃跑的）。 2. 其他特别恶劣情节：（1）死亡 2 人以上或者重伤 5 人以上，负事故全部或者主要责任的；（2）死亡 6 人以上，负事故同等责任的；（3）造成公共财产或者他人财产直接损失，负事故全部或者主要责任，无能力赔偿数额在 60 万元以上的	因逃逸致人死亡：指行为人在交通肇事后为逃避法律追究而逃跑，致使被害人因得不到救助而死亡的情形

1. 如何认定"责任"：交通行政管理上的"责任"不能等同于认定交通肇事罪的"责任"。

在发生交通事故的场合，通常由交通管理部门认定行为人的责任，而交通管理部门只是根据交通运输管理法规认定责任，这种认定常常是出于交通管理的需要，并不是刑法上的责任。

例如，行为人白天将货车停在马路边后下车小便，后面的小客车飞速驶来，撞到货车尾部，司机当场死亡。行为人拨打"110"后迅速逃离。《道路交通安全法实施条例》第92条规定，发生交通事故后当事人逃逸的，逃逸的当事人承担全部责任。但这里的全部责任只是行政责任，司法机关不能据此认定行为人构成交通肇事罪。

2013年卷四：甲于某晚9时驾驶货车在县城主干道超车时，逆行进入对向车道，撞上乙驾驶的小轿车，乙被卡在车内无法动弹，乙车内黄某当场死亡、胡某受重伤。后查明，乙无驾驶资格，事发时略有超速，且未采取有效制动措施——本案中，乙无证驾驶，根据《道路交通安全法实施条例》，应负全部或主要责任，但这种责任并不是刑法上的责任。换言之，乙无证驾驶对造成此次事故的原因力并不是太大，乙不构成交通肇事罪。

2. 司法实践的做法。司法实践中，不少法官在处理该类案件时，往往以交警认定的责任（行政法上的责任）作为认定行为人刑事责任的依据，国家法律职业资格考试出这类题目的原因，就是想纠正司法实践中的错误做法。刑法上在认定相关责任时，应进行较为独立的思考，而不应将行政法上的责任直接等同于刑法上的责任。

（二）构成要件

1. 主体：一般主体，包括从事交通运输人员或者非交通运输人员。

(1) 单位主管人员、机动车辆所有人或者承包人等"指使、强令"他人违章驾驶，造成重大交通事故，以交通肇事罪定罪处罚。(不定共犯，事故前瞎指挥)

但是，"纵容"他人违章驾驶的，不成立交通肇事罪。对"纵容他人在道路上醉酒驾驶机动车造成重大交通事故"的，不宜以交通肇事罪追究刑事责任。主要理由：将机动车交由醉酒者驾驶与指使、强令他人违章驾驶相比，行为人的主观故意明显不同，以交通肇事罪追究将机动车交由醉酒者驾驶的人的刑事责任，不符合共同犯罪原理，当事人之间对危害后果不存在共同罪过。①

2019年法考真金题：甲女和乙男相约喝酒，聚会结束后，甲女请求乙男醉酒开甲的车送自己回家，乙男拒绝，甲女反复请求后，乙男遂送甲女回家。乙在驾驶途中，在路口闯红灯撞死行人丙。甲、乙均构成交通肇事罪。

(2) 司机交通肇事后，机动车辆所有人、承包人等指使行为人逃逸，致使被害人因得不到救助而死亡的，以交通肇事罪的"共同犯罪"论处。(事故后指使逃逸)

最高人民法院《关于审理交通肇事刑事案件具体应用法律若干问题的解释》之所以承认交通肇事罪的共同犯罪。理由在于：

第一，车辆驾驶人员肇事引发交通事故虽是过失的，但在交通肇事后的逃逸行为却是故意的。尽管前后在主观方面发生变化，有所不同，但刑法并未因此对故意逃逸的行为单独定罪，而是将"交通肇事后逃逸"以及"因逃逸致人死亡的行为"规定为交通肇事罪

① 2014年11月最高人民法院研究室《关于纵容他人醉酒驾驶造成重大交通事故定性问题的研究意见解读》。

的加重处罚情节，以一罪论处。

第二，指使者虽未帮助或教唆实施肇事行为，但在明知肇事已发生的情况下，仍指使、教唆肇事人实施逃逸行为。最终，肇事行为与共同逃逸行为造成了被害人死亡的后果，指使者和肇事者对肇事后的逃逸具有共同的故意，故指使者应与肇事者共同对这一后果承担刑事责任，并且只能以交通肇事罪的共犯论处。

当然，理论上有学者对此司法解释提出了反对意见，认为在刑法明文否认过失共同犯罪的立法例之下，这一解释结论及其理由值得进一步研究。对于司法解释所规定的这种情形，宜视行为性质与情节，认定为窝藏罪或者遗弃罪。换言之，上述行为要么属于帮助犯罪人逃逸的行为，要么属于遗弃行为。

（3）道路上通行的车辆、行人、乘车人以及在道路上进行与交通有关活动的人员，均可构成本罪的主体。

例如，在高速公路上实施拉车乞讨等行为，引起交通事故的，也可能成立交通肇事罪。在城区或其他行人较多、有机动车来往的道路上违章骑三轮车，造成重大事故的，成立交通肇事罪。实务中，2017 年成都锦江法院审结首例行人交通肇事罪案件。

2. 保护法益：交通运输安全。

（1）空间范围：公共交通管理的范围内，其实质在于，可以承载公共安全，可以通过汽车等大型运输工具，且非私人场所。

2011 年修订的《道路交通安全法》，实行公共交通管理以外的非公用性质的道路和地点，如厂矿、农场、林场自建的不通行社会车辆的专用道路和用于田间耕作、供农机具行走的机耕路以及机关、学校、单位大院、火车站、汽车站、货场、渡口、封闭式住宅小区内的大路和楼群前后幢之外的大路上发生的交通事故，由于不在公共交通管理范围内，因此，不可能构成本罪。

一般小区内道路属于“道路”。因为即便小区不让社会车辆进来，但大部分小区本身就是一个公共大区域，居住的人也比较多，不将它列为“道路”也不符合实际。但是，封闭式管理，即在小区进出口设卡拦截，非业主车辆一律不允许通行，或者征得受访业主同意后，来访车辆停放在小区指定区域的，可以不认为属于“道路”。参见《刑事审判参考》第 891 号孙林海危险驾驶案、第 760 号谢忠德危险驾驶案。

（2）在公共交通管理的范围外，例如工厂厂区、乡村路上，驾驶机动车辆或者使用其他交通工具致人伤亡或者致使公共财产或者他人财产遭受重大损失，构成犯罪的，分别依照《刑法》第 134 条（重大责任事故罪）、第 135 条（重大劳动安全事故罪）、第 233 条（过失致人死亡罪）等规定定罪处罚。

（三）其他问题

1. 结果加重犯：交通肇事“因逃逸致人死亡”——原风险继续。

一般认为，“因逃逸致人死亡”是消极的、不作为的方式致人死亡。如果是交通肇事后为逃避法律追究，将被害人带离事故现场后隐匿或者遗弃，致使被害人无法得到救助而死亡或者严重残疾的，即加剧了被害人的死亡，定故意杀人罪、故意伤害罪。“因逃逸致人死亡”需要具备两个要件：

（1）主观上：行为人为逃避法律追究而逃跑。如果不是为逃避法律追究，而是害怕受害方或者其他围观群众对其进行殴打而躲避，但及时报警等待司法机关处理，不得视为

“逃逸”。

（2）客观上：逃逸行为导致被害人得不到及时救助而死亡。即，逃逸行为与死亡结果之间具有因果关系。行为人主观上对逃逸行为与被害人得不到救助而死亡之间的关联性有认知，即至少有过失。

2. 认定“交通肇事因逃逸致人死亡”，是否需要逃逸之前的交通肇事行为符合交通肇事罪的基本罪？

（1）一种观点，要求之前的肇事行为应符合交通肇事罪的基本罪。

（2）另一种观点，不要求前行为成立交通肇事罪的基本罪。

最高人民法院支持后一种观点，因为前行为是否满足交通肇事罪的成立条件（至少造成重伤以上），实践中根本没有办法判断，被害人被撞后，行为人逃逸，导致被害人得不到救助而死亡的，根本无法判断第一次撞击行为，被害人被撞击的程度究竟是轻伤还是重伤。最高人民法院的指导案例指出：其他犯罪的加重犯，也不要求前行为必须符合基本罪的构成要件，例如，非法拘禁致人死亡的，即使行为人的拘禁行为不构成基本犯（不符合时间、方式等要求），但只要与死亡结果存在相当的因果关系，即可成立。参见《刑事审判参考》指导案例第1118号。

2016年卷二86. 甲将私家车借给无驾照的乙使用。乙夜间驾车与其叔丙出行，途中遇刘某过马路，不慎将其撞成重伤，车辆亦受损。丙下车查看情况，对乙谎称自己留下打电话叫救护车，让乙赶紧将车开走。乙离去后，丙将刘某藏匿在草丛中离开。刘某因错过抢救时机身亡——乙构成交通肇事罪，但乙对丙后续的情况完全不知情，丙将刘某藏匿致使其错过抢救时机身亡，构成故意杀人罪。

典型真题

根据刑法规定与相关司法解释，下列哪一选项符合交通肇事罪中的“因逃逸致人死亡”？（2007年·卷二·9题）[①]

A. 交通肇事后因害怕被现场群众殴打，逃往公安机关自首，被害人因得不到救助而死亡

B. 交通肇事致使被害人当场死亡，但肇事者误以为被害人没有死亡，为逃避法律责任而逃逸

C. 交通肇事致人重伤后误以为被害人已经死亡，为逃避法律责任而逃逸，导致被害人得不到及时救助而死亡

D. 交通肇事后，将被害人转移至隐蔽处，导致其得不到救助而死亡

3. 交通肇事后，积极移置被害人，加剧风险的，成立新罪——风险升级。

（1）交通肇事当场致人死亡，但被告人误以为其没有死亡，将尸体转移并予以遗弃，因主观认识错误而构成故意杀人罪的未遂。

（2）交通肇事当场没有死亡，但被告人误以为已经死亡，将被害人转移并予以遗弃，最终致被害人死亡的，应当将后行为认定为过失致人死亡罪。

（3）交通肇事当场没有死亡，被告人将被害人带离事故现场后隐藏或者遗弃，致使被

① 答案：C。

害人死亡的，构成故意杀人罪。

4. 交通肇事的结果必须由违反规范保护目的的行为所引起。

例如，交通运输管理法规禁止酒后驾驶的目的，是为了防止驾驶者因为饮酒而导致驾驶能力减退或者丧失进而造成交通事故。如果酒后驾驶并未导致驾驶能力减退或者丧失，而是由于车辆出现了驾驶者不能预见的刹车故障而造成交通事故，对驾驶者不能以交通肇事罪论处。

又如，禁止驾驶没有经过年检的车辆的目的，是为了防止因车辆故障导致交通事故。如果行为人驾驶没有年检的车辆，但该车并无故障，而是由于被害人横穿高速公路造成了交通事故，对行为人也不以交通肇事罪论处。

5. 公交车肇事案件中司机与乘客责任的认定。

近年来，发生在公交车上的乘客与司机的冲突，引发车辆事故而造成人员伤亡的案件，如何认定乘客和司机的责任，需要结合行为人的主观罪过（故意、过失）而认定为以危险方法危害公共安全罪、交通肇事罪。可参见 2019 年 1 月 8 日最高人民法院、最高人民检察院和公安部《关于依法惩治妨害公共交通工具安全驾驶违法犯罪行为的指导意见》。具体而言，需要从如下方面理解：

（1）一般认为，司机作为车辆的直接操控人，对车辆撞人危险负有更为直接的责任。因此，对司机所科以的注意义务、责任应该更大。

第一，司机只要实施了“中度”以上的危险行为，就可以认为其是故意、放任危害结果发生，应认定为以危险方法危害公共安全罪。

例如，司机在面对乘客的殴打之后，为了反击乘客，置行驶中的车辆不顾，离开座位与乘客扭打，造成车辆失控而撞死行人的，可以认为其主观上是故意，应成立以危险方法危害公共安全罪。司法解释规定，驾驶人员在公共交通工具行驶过程中，与乘客发生纷争后违规操作或者擅离职守，与乘客厮打、互殴，危害公共安全，成立以危险方法危害公共安全罪。

第二，司机实施了“重度”危险行为，更应认定为是故意的，成立以危险方法危害公共安全罪。

例如，司机遭受乘客的辱骂后，置行驶中的车辆不顾，离开座位与乘客扭打，造成车辆失控而撞死行人的，更应成立以危险方法危害公共安全罪。

第三，司机实施了“轻度”危险行为，进而造成事故的，应成立交通肇事罪。

例如，司机在遭受乘客的殴打之后，出于赌气，猛地甩了一下方向盘，车辆撞死行人，司机的行为可以考虑成立交通肇事罪。

（2）对于乘客的注意义务、责任，比司机相对要小，毕竟乘客不是专业驾驶人员，并且没有直接操控风险（方向盘）。

第一，只有乘客实施了“重度”危险行为，才可能成立以危险方法危害公共安全罪。

例如，乘客用手机连续多次、猛敲司机，并与司机争抢方向盘，导致车辆失控撞死行人的，可以认为其主观上是故意的，成立以危险方法危害公共安全罪。司法解释规定，乘客在公共交通工具行驶过程中，抢夺方向盘、变速杆等操纵装置，殴打、拉拽驾驶人员，或者有其他妨害安全驾驶行为，危害公共安全，成立以危险方法危害公共安全罪。

第二，乘客实施了“中度”危险行为的，一般认为是过失，成立交通肇事罪。

例如，乘客殴打了司机几下，司机置行驶中的车辆不顾，离开座位和乘客打斗，导致车辆失控撞死行人的，乘客成立交通肇事罪，司机成立以危险方法危害公共安全罪。

第三，乘客实施了“轻度”危险行为，一般可以认为不构成犯罪，或最多成立交通肇事罪（或寻衅滋事罪）。

例如，乘客辱骂了司机，或者对司机轻微殴打了一下，司机置行驶中的车辆不顾，离开座位和乘客打斗，导致车辆失控撞死行人的，乘客的行为不构成犯罪，司机成立以危险方法危害公共安全罪。

	司机	乘客
重度危险行为	以危险方法危害公共安全罪	以危险方法危害公共安全罪
中度危险行为	以危险方法危害公共安全罪	交通肇事罪
轻度危险行为	交通肇事罪	交通肇事罪（或不构成犯罪）

[总结] 只要是直接针对“方向盘”的，原则上成立以危险方法危害公共安全罪。司机置行驶中的车辆于不顾，离开方向盘的；或者，乘客抢夺方向盘的，成立以危险方法危害公共安全罪

典型真题

乘客甲和公交车司机乙发生争吵，狠狠地殴打司机乙的头部，并抢夺方向盘。乙非常气愤，后把车停到路边，让客人下来，将车门打开。骑自行车的丙正好经过此地，撞上打开的车门而当场身亡。下列说法正确的是？（2019 年真金题 · 17 题）①

A. 甲、乙的行为均成立交通肇事罪

B. 甲构成以危险方法危害公共安全罪，乙成立交通肇事罪

C. 甲构成交通肇事罪，乙成立以危险方法危害公共安全罪

D. 甲构成寻衅滋事罪，乙成立交通肇事罪

[延伸阅读] 苗有水：《“交通肇事后逃逸致人死亡”与“故意杀人”的界限?》，载《人民法院报》2018 年 6 月 27 日。

1. 行为人在交通肇事后为逃避法律追究而逃跑，放任被害人死亡结果发生的，应适用“因逃逸致人死亡”的规定。

[案例] 2015 年 8 月 5 日 0 时许，被告人杨振兴在未取得机动车驾驶证的情况下，驾驶一辆小型汽车沿长沙县东八路由南往北行驶，将驾驶无牌电动车同向行驶的周某撞倒。事发后，杨振兴倒车回到事发路段下车查看，发现周某躺在机动车道内不能动弹，嘴部流血。杨振兴未报警施救，调转车头沿东八路由北往南逃逸。后周某又被途经该处的杨再兴驾驶的小型汽车碾压。最终死亡。

杨振兴虽然只顾自己逃跑而将被害人置于危险境地，但其主观上并无追求被害人死亡的直接故意，客观上亦无造成被害人死亡的积极作为。杨振兴的行为符合（间接）故意杀人罪的构成要件，《刑法》第 133 条规定的“交通肇事后逃逸致人死亡”是一种结果加重犯的立法方式，处罚上包含间接故意杀人的情形。虽然交通肇事后逃逸行为在一定条件下

① 答案：B。

符合间接故意杀人的构成要件，但相对于《刑法》第232条（故意杀人罪）而言，《刑法》第133条规定的“交通肇事后逃逸致人死亡”是特别法，应优先适用。

2. 行为人遗弃伤者，但能够排除其主观上具有积极追求被害人死亡结果发生的故意的，应当适用“因逃逸致人死亡”的规定。

［案例］2012年1月24日晚8时许，被告人赵某驾驶小轿车沿深圳市宝安区某路行驶时，将行人宋某撞倒。事故发生后，赵某及同车人员王某将宋某拉上车，准备将其送往深圳市人民医院松岗分院救治，但途中考虑到赔偿及承担法律责任等问题，又将宋某从车上抬下，放在燕罗路与沙江路路口处。随后赵某让王某拨打120急救电话，并让王某待在现场等救护车过来，他则先行离开。十几分钟后，120救护车到达路口，将宋某送至医院抢救，站在附近观看的王某随后离开。当晚，宋某因伤势过重经医院抢救无效死亡。经鉴定，宋某符合钝性物体作用于头部致颅脑损伤死亡。另经交警部门认定，被告人赵某承担此事故的全部责任。

宝安区法院认为，被告人赵某害怕法律追究而逃跑属实，但其安排王某打120实施救援，并达到目的，据此，对其送被害人去医院途中放下被害人的行为，不应认定为遗弃行为。指控的故意杀人罪名不成立。但其逃逸行为，客观上延误了被害人治疗时间，致使被害人因得不到及时救助而死亡，符合因逃逸致人死亡的规定。因此，该院以交通肇事罪判处赵某有期徒刑七年。从赵某安排王某拨打120的情节可以推断，赵某主观上至少不希望宋某死亡，能够排除赵某具有积极追求被害人死亡结果发生的直接故意，对其行为不应认定故意杀人罪。

3. 行为人不以救治为目的将被害人带离事故现场，造成被害人死亡，并将被害人遗弃的，应当认定为故意杀人罪

［案例］姜某于2013年10月30日8时许驾驶一辆吉普车沿某市郊区公路由西向东行驶，将同向骑自行车行驶的徐某（男，殁年66岁）撞倒。姜下车发现徐还有生命迹象，遂以送医院救治为由，在他人的帮助下将徐抬至汽车上离开事故现场。途中，姜某发现徐没有呼吸和脉搏，认为徐已经死亡，为了逃避法律追究而将徐抛弃在某村玉米地内。当日下午1时许，徐的尸体被发现。经法医鉴定，被害人徐某系头部受到钝性外力作用，造成重度颅脑损伤而死亡。另经交警部门认定，姜某承担事故全部责任。

笔者倾向于认为，此案中姜某的行为宜认定为故意杀人罪。值得注意的是本案的三个重要情节，一是事故发生时徐某并未死亡，二是姜某将徐某带离事故现场并非以救治为目的，三是姜某最终将徐某遗弃在玉米地里。在肇事者本人拒绝救治且阻止他人救治的情况下，等待伤者的唯一可能性就是死亡。当死亡是唯一结果时，不存在放任故意，只能成立希望故意。因而，此案定性为故意杀人罪或许更准确些。

九、危险驾驶罪

《刑法》第133条之一：在道路上驾驶机动车，有下列情形之一的，处拘役，并处罚金：

（一）追逐竞驶，情节恶劣的；

（二）醉酒驾驶机动车的；

（三）从事校车业务或者旅客运输，严重超过额定乘员载客，或者严重超过规定时速行驶的；

（四）违反危险化学品安全管理规定运输危险化学品，危及公共安全的。

机动车所有人、管理人对前款第三项、第四项行为负有直接责任的，依照前款的规定处罚。

有前两款行为，同时构成其他犯罪的，依照处罚较重的规定定罪处罚。

1. 行为方式。

（1）追逐竞驶型的，要求"情节恶劣"。

"追逐竞驶"是指，机动车驾驶人员出于竞技、追求刺激、斗气或者其他动机，在道路上曲折穿行、快速追赶行驶的行为。追逐竞驶虽未造成人员伤亡或财产损失，但综合考虑超过限速、闯红灯、强行超车、抗拒交通执法等严重违反道路交通安全法的行为，足以威胁他人生命、财产安全的，属于危险驾驶罪中"情节恶劣"的情形。参见最高人民法院指导案例 32 号，张某某、金某危险驾驶案。

（2）醉酒驾车型的，不要求情节恶劣，仅要求血液酒精含量达到 80 毫克/100 毫升以上。

（3）从事校车业务或者旅客运输，严重超过额定乘员载客，或者严重超过规定时速行驶的。

（4）违反危险化学品安全管理规定运输危险化学品，危及公共安全的。并对此规定了车辆所有人、管理者的责任。

[延伸阅读] 审判实务中，以往对危险驾驶罪的认定较为宽泛，只要达到醉酒的程度而驾驶机动车，原则上应成立危险驾驶罪，判决缓刑的都不多。近年来，对该罪的认定相对宽容。地方司法机关对于部分即便形式上符合危险驾驶罪的构成要件，如血液中酒精含量达到 80 毫克/100 毫升，检察机关也可能作相对不起诉处理。值得注意的是，2019 年 10 月 8 日浙江省高级人民法院、省人民检察院、公安厅《关于办理"醉驾"案件若干问题的会议纪要》的通知规定，对于醉酒在广场、公共停车场等公众通行的场所挪动车位的，或者由他人驾驶至居民小区门口后接替驾驶进入居民小区的，或者驾驶出公共停车场、居民小区后即交由他人驾驶的，不属于刑法第 133 条之一规定的"在道路上醉酒驾驶机动车"，不构成危险驾驶罪。当然，这仅仅是地方性的规定，能否在全国范围内普遍适用，是否违反了刑法规定，还值得商榷。

2. "机动车"的范围。包括各类汽车（拖拉机）、摩托车和轻便摩托车。

实践中，超标电动车在交通肇事等刑事案件中，根据鉴定被认定为机动车标准的系绝大多数，鉴定也有相关的依据，争议不是很大。但醉酒驾驶此类非典型的机动车，处理方面跟一般的机动车会有所不同，会适当从宽处理。

《刑事审判参考》指导案例第 894 号，林某危险驾驶案。林某驾驶的是超标电动自行车，法院认定为危险驾驶罪。但最高人民法院对该案的评析存在不同意见，认为不宜将超标电动自行车认定为"机动车"，在道路上醉酒驾驶超标电动自行车的，不构成危险驾驶罪。

3. 危险驾驶罪、交通肇事罪、以危险方法危害公共安全罪之关系。

例如，驾驶行为超级危险，在高速公路上逆行，可以认为同时触犯了危险驾驶罪与以危险方法危害公共安全罪。

又如，危险驾驶行为造成事故，导致他人死亡的，成立交通肇事罪，当然也触犯了危险驾驶罪。2017年卷二8. B. 乙在道路上醉酒驾驶机动车，行驶20公里后，不慎撞死路人张某。乙的行为既触犯了危险驾驶罪，也触犯了交通肇事罪。

现今，审判实务中强调对以危险方法危害公共安全罪的适度限制，防止该罪在实务中扩张适用的乱象。2020年两高一部《关于依法办理“碰瓷”违法犯罪案件的指导意见》第6条规定：“实施‘碰瓷’，驾驶机动车对其他机动车进行追逐、冲撞、挤别、拦截或者突然加减速、急刹车等可能影响交通安全的行为，因而发生重大事故，致人重伤、死亡或者使公私财物遭受重大损失，符合刑法第一百三十三条规定的，以交通肇事罪定罪处罚。”

典型真题

下列哪一行为应以危险驾驶罪论处？（2015年·卷二·13题）①

A. 醉酒驾驶机动车，误将红灯看成绿灯，撞死2名行人

B. 吸毒后驾驶机动车，未造成人员伤亡，但危及交通安全

C. 在驾驶汽车前吃了大量荔枝，被交警以呼气式酒精检测仪测试到酒精含量达到醉酒程度

D. 将汽车误停在大型商场地下固定卸货车位，后在醉酒时将汽车从地下三层开到地下一层的停车位

	危险驾驶罪	交通肇事罪	以危险方法危害公共安全罪
危险系数	轻度危险	中度危险	重度危险
罪过形式	故意（对危险驾驶行为）	过失（对严重后果）	故意
是否要求严重后果	不要求，该罪是行为犯	必须造成严重后果	只要造成具体危险，就是犯罪既遂； 造成严重后果，属于结果加重犯
法定刑	6个月以下拘役	3年以下有期徒刑； 3年以上7年以下有期徒刑； 7年以上15年以下有期徒刑	3年以上10年以下有期徒刑； 10年以上有期徒刑至死刑

司法实践中，对于驾驶机动车行为，可能涉及上述三罪。上述三罪的危害性是递增关系，一般认为，车辆驾驶过程中，客观危险性越高、造成危害结果的可能性越大、违章程度越严重，越有理由定重罪。例如，行为人在驾驶过程中伴有严重醉酒、超速、随意变道、长时间逆行、无证驾驶等多种严重违章行为的，无论是否造成严重后果，都应认定为以危险方法危害公共安全罪

[延伸阅读案例] 因饮用藿香正气水导致醉驾的，构成危险驾驶罪。2015年9月16日21时许，被告人吴卫东酒后驾驶普通二轮摩托车，沿东台市富安镇米市北路由南向北行驶至北环路十字路口处时，被民警查获。经江苏省公安厅物证鉴定中心检测，被告人吴

① 答案：D。

卫东的血样中检出乙醇，含量为每百毫升121毫克。因被告人吴卫东对该检测结果有异议，经司法鉴定科学技术研究所司法鉴定中心重新检测，被告人吴卫东的血样中检出乙醇，含量为每百毫升106毫克，且对血样进行DNA同一性认定，检测结果为司法鉴定中心的检测血样来源于被告人吴卫东。法院认为，被告人饮用含有酒精的藿香正气液药水，或者饮用白酒后又服用含有酒精的藿香正气液药水，致血液酒精含量达到80毫克/100毫升以上的，不影响对其以危险驾驶罪定罪处罚。

十、妨害公共交通驾驶罪

《刑法修正案（十一）》增设了第133条之二：对行驶中的公共交通工具的驾驶人员使用暴力或者抢控驾驶操纵装置，干扰公共交通工具正常行驶，危及公共安全的，处一年以下有期徒刑、拘役或者管制，并处或者单处罚金。

前款规定的驾驶人员在行驶的公共交通工具上擅离职守，与他人互殴或者殴打他人，危及公共安全的，依照前款的规定处罚。

有前两款行为，同时构成其他犯罪的，依照处罚较重的规定定罪处罚。

1. 主体。一般主体，既包括驾驶人员，也包括乘客等其他妨害驾驶安全的人员。

2. 本罪的性质：针对公共交通工具，没有严重危害公共安全。本罪的法定刑偏低，行为对公共安全的影响程度相对有限。

3. 本罪与以危险方法危害公共安全罪、交通肇事罪的区别：对公共安全的危害大小不同。

［注意］ 该规定与原2019年1月8日最高人民法院、最高人民检察院和公安部《关于依法惩治妨害公共交通工具安全驾驶违法犯罪行为的指导意见》的区别在于：妨害驾驶行为，对公共安全危害程度较小的，定本罪；危害程度较大的，应成立以危险方法危害公共安全罪。

十一、重大责任事故罪

《刑法》第134条：（重大责任事故罪）在生产、作业中违反有关安全管理的规定，因而发生重大伤亡事故或者造成其他严重后果的，处三年以下有期徒刑或者拘役；情节特别恶劣的，处三年以上七年以下有期徒刑。

（强令违章冒险作业罪）强令他人违章冒险作业，或者明知存在重大事故隐患而不排除，仍冒险组织作业，因而发生重大伤亡事故或者造成其他严重后果的，处五年以下有期徒刑或者拘役；情节特别恶劣的，处五年以上有期徒刑。［本款经《刑法修正案（十一）》修正］

1. 主体：从事生产、作业的人员。不限于“工厂、矿山、林场、建筑企业或者其他企业、事业单位的职工”，包括任何单位的职工。

2. 重大责任事故罪与强令违章冒险作业罪。《刑法修正案（六）》将“强令他人违章冒险作业”从重大责任事故中分离出来了，将原来重大责任事故罪中的瞎指挥的人员作为强令违章冒险作业罪论处。

3. 前期不规范行为被规定为独立的罪名：《刑法修正案（十一）》将可能造成重大责任事故隐患的行为规定为独立的犯罪。

在《刑法》第134条后增加一条，作为第134条之一：在生产、作业中违反有关安全管理的规定，有下列情形之一，具有发生重大伤亡事故或者其他严重后果的现实危险的，处一年以下有期徒刑、拘役或者管制：

（1）关闭、破坏直接关系生产安全的监控、报警、防护、救生设备、设施，或者篡改、隐瞒、销毁其相关数据、信息的；

（2）因存在重大事故隐患被依法责令停产停业、停止施工、停止使用有关设备、设施、场所或者立即采取排除危险的整改措施，而拒不执行的；

（3）涉及安全生产的事项未经依法批准或者许可，擅自从事矿山开采、金属冶炼、建筑施工，以及危险物品生产、经营、储存等高度危险的生产作业活动的。

4. 重大责任事故罪与其他特别的责任事故型犯罪。

一般认为，重大责任事故罪是事故类犯罪的一般性罪名，刑法中的具体的、特别的事故类犯罪有：重大飞行事故罪、铁路运营安全事故罪、强令违章冒险作业罪、重大劳动安全事故罪、大型群众性活动重大安全事故罪、危险物品肇事罪、工程重大安全事故罪、教育设施重大安全事故罪、消防责任事故罪。

十二、不报、谎报安全事故罪

1. 主体。

（1）"负有报告职责的人员"，是指负有组织、指挥或者管理职责的负责人、管理人员、实际控制人、投资人，以及其他负有报告职责的人员——主要是指一些"领导者"。

（2）但不包括直接从事生产作业的人员。2007年最高人民法院、最高人民检察院《关于办理危害矿山生产安全刑事案件具体应用法律若干问题的解释》，该司法解释的制定过程中同时指出：对直接从事生产、作业的人员不报告追究刑事责任不妥。

（3）2015年最高人民法院、最高人民检察院《关于办理危害生产安全刑事案件适用法律若干问题的解释》第15条规定：国家机关工作人员在履行安全监督管理职责时滥用职权、玩忽职守，致使公共财产、国家和人民利益遭受重大损失的，或者徇私舞弊，对发现的刑事案件依法应当移交司法机关追究刑事责任而不移交，情节严重的，分别依照刑法第三百九十七条、第四百零二条的规定，以滥用职权罪、玩忽职守罪或者徇私舞弊不移交刑事案件罪定罪处罚。

2. "贻误事故抢救"，是指不报或者谎报事故情况的行为与贻误事故抢救之间必须具有相当因果关系。

刑法惩罚"不报、谎报"行为不是"针对过去"，而是"面向未来"。不报、谎报自己过去的犯罪行为，是人的本能，不宜以新的犯罪论处。但是，如果不报、谎报行为导致后续的损失进一步扩大化，救援没有及时跟进，才以本罪论处。刑法中的"丢失枪支不报罪"亦是相同的道理。

（1）如果发生了没有必要抢救的安全事故（结果不可能加重或者扩大），因为缺乏结果回避的可能性，不成立本罪。即必须是因为行为人的贻误导致了被害人得不到救助而死亡。

（2）在发生安全事故后，负有救助他人生命、身体职责的人员，故意不履行救助义务，导致他人死亡、伤害的，应认定为不作为的故意杀人罪、故意伤害罪。

3. 罪数：已经造成责任事故，后又不报、谎报安全事故的，应数罪并罚。

司法解释规定，安全事故发生后，负有报告职责的国家工作人员不报或者谎报事故情况，贻误事故抢救，情节严重，构成不报、谎报安全事故罪，同时构成职务犯罪或其他危害生产安全犯罪的，依照数罪并罚的规定处罚——之所以要数罪并罚，是因为行为人有数个行为，应并罚。

2010 年卷二 12. 某施工工地升降机操作工刘某未注意下方有人即按启动按钮，造成维修工张某当场被挤压身亡。刘某报告事故时隐瞒了自己按下启动按钮的事实。刘某的行为构成重大责任事故罪。

十三、非法持有、私藏枪支、弹药罪

我国刑法对涉枪犯罪的处罚比较广，凡是与枪支、弹药有关的行为，原则上都被刑法规定为是犯罪。例如，买卖、出租、出借、持有、私藏等。

1. 如何理解持有、私藏。根据 2009 年最高人民法院《关于审理非法制造、买卖、运输枪支、弹药、爆炸物等刑事案件具体应用法律若干问题的解释》，应作如下理解：

（1）非法储存的，定非法储存枪支罪。是指明知是他人非法制造、买卖、运输、邮寄的枪支、弹药而为其存放的行为，或者非法存放爆炸物的行为。

（2）非法持有。是指不符合配备、配置枪支、弹药条件的人员，违反枪支管理法律、法规的规定，擅自持有枪支、弹药的行为——一开始就没有合法理由而持有枪支。

2014 年卷二 57. D. 甲父去世前告诉甲"咱家院墙内埋着 5 支枪"，甲说"知道了"，但此后甲什么也没做。甲的行为构成非法持有枪支罪。

（3）私藏。是指依法配备、配置枪支、弹药的人员，在配备、配置枪支、弹药的条件消除后，违反枪支管理法律、法规的规定，私自藏匿所配备、配置的枪支、弹药且拒不交出的行为——原来合法理由持枪，后来非法持枪。

2. 认识错误的处理。

（1）为了盗窃一般财物，但实际上盗窃了枪支，并继续持有。成立盗窃罪（既遂）、非法持有枪支罪，应该数罪并罚。因为前罪是盗窃一般财物的故意，不能包容非法持有枪支行为。

（2）主观上是为了偷枪，但实际上偷到了一般财物。一种观点认为，成立盗窃枪支罪（未遂）；另一种观点认为（多数观点），基于客观主义的立场，既然没有偷枪的客观危险性，就不以盗窃枪支罪论处，只能成立盗窃罪。

十四、非法出租、出借枪支罪

1. 两类主体的定罪条件不同。

（1）依法配备公务用枪的人员，只要有出租、出借枪支行为的，就构成犯罪——行为犯（抽象危险犯）。

"配备"主要是指公务用枪，如司法人员、军警人员、公务人员、银行等金融机构的保卫人员配备的枪支，这些枪支通常是军用或者制式枪支。

（2）依法配置枪支的人员，出租、出借枪支后，相对方使用该枪支必须造成严重后果的，出租、出借人才成立犯罪——结果犯。

"配置"主要是指公务以外的用枪，通常指国家给其他依法配置枪支的人员或单位配置的枪支，主要指体委的射击运动枪支、营业性射击场所、狩猎场所、牧民持有的枪支，这些枪支通常是非军用的非制式枪支。

2012年卷二58. 警察甲为讨好妻弟乙，将公务用枪私自送乙把玩，丙乘乙在人前炫耀枪支时，偷取枪支送交派出所，揭发乙持枪的犯罪事实——甲私自出借枪支，构成非法出借枪支罪，乙非法持有枪支，构成非法持有枪支罪。

2. 非法出租、出借枪支罪的本质在于，“有持枪资格”的人（依法配备公务用枪或者依法配置枪支的人员）将枪支出租、出借给“无持枪资格”的人。

（1）司法解释关于将枪支质押的规定：将公务用枪用作借债质押物，以非法出借枪支罪追究刑事责任；对接受枪支质押的人员，以非法持有枪支罪论处。

（2）将枪支无偿赠与他人，实质上就是无期限地借给他人，从当然解释的角度看，当然成立非法出借枪支罪。

2014年卷二57. C. 依法配备公务用枪的甲，将枪赠与他人。甲的行为构成非法出借枪支罪。

（3）本罪的主体不包括非法持有者，如果非法持有枪支又非法出租、出借的，只能以非法持有枪支罪论处。

3. 行为人明知他人使用枪支实施其他犯罪，而出租、出借枪支的，以共同犯罪论处。

十五、丢失枪支不报罪

《刑法》第129条：依法配备公务用枪的人员，丢失枪支不及时报告，造成严重后果的，处三年以下有期徒刑或者拘役。

1. 主体：“配备”公务用枪的人员。

该罪中，行为人的主观恶性并不是特别大，不是主动将枪支出租、出借，而是在枪支丢失后，没有及时报告。因此，刑法将惩罚的范围限缩为依法配备公务用枪的人员。

2017年卷二12. A. 猎户甲合法持有猎枪，猎枪被盗后没有及时报告，造成严重后果。甲不构成丢失枪支不报罪。

2. “丢失”的理解：包括遗失枪支及枪支因被盗、被抢等非正常原因脱离持枪人控制的情况。

3. 定罪条件：必须造成严重后果，即因为行为人的丢枪不及时上报，造成了严重后果。

（1）客观：造成后续的严重后果。行为人丢失枪支后不及时报告，隐瞒自己的过错是人的本能，该罪惩罚的实质不是“不报告过去”，而是因为不报告导致损失进一步扩大化。例如，他人捡到枪支后又继续实施了其他的违法犯罪行为，从这一意义上看，该罪所要求的“造成严重后果”是“面向未来”的。①

（2）主观：行为人对造成严重后果不需要有认知。无论丢枪人对于“造成严重后果”是否有故意或过失，只要有这一严重后果，就成立本罪，即便行为人主观上排斥、反对危害结果发生。从这一意义上看，“造成严重后果”属于客观的超过要素（客观的处罚要件），与行为人的主观认知无关。

① 依法配备公务用枪的国家机关工作人员丢失枪支及时报告，但造成严重后果的，可以认定为玩忽职守罪。

专题二十五

侵犯社会法益之犯罪：破坏社会主义市场经济秩序罪（上）

知识体系

- 侵犯社会法益之犯罪：破坏社会主义市场经济秩序罪（上）
  - 第一节 生产、销售伪劣商品罪
    - 生产、销售伪劣产品罪
    - 生产、销售假药罪
    - 违反药品管理秩序罪
    - 生产、销售有毒、有害食品罪
    - 生产、销售不符合安全标准的食品罪
    - 本节犯罪的其他问题
  - 第二节 走私罪
    - 走私普通货物、物品罪
    - 走私武器、弹药罪
    - 关于走私犯罪的其他几个问题
  - 第三节 妨害对公司、企业管理秩序罪
    - 非国家工作人员受贿罪
    - 对非国家工作人员行贿罪
    - 签订、履行合同失职被骗罪
    - 非法经营同类营业罪，为亲友非法牟利罪

相关法理

破坏社会主义市场经济秩序罪的内容相对繁杂，理论深度不是特别难。从应对国家法律职业资格考试的层面看，该部分的内容多属记忆性的试题，难度较小。但由于这类犯罪并不是刑法中传统型、常见型的犯罪，再加之本专题犯罪的数量较多，学习起来有一定的难度。

第一节　生产、销售伪劣商品罪

一、生产、销售伪劣产品罪

《刑法》第140条：生产者、销售者在产品中掺杂、掺假，以假充真，以次充好或者以不合格产品冒充合格产品，销售金额五万元以上不满二十万元的，处二年以下有期徒刑或者拘役，并处或者单处销售金额百分之五十以上二倍以下罚金……

1. 罪与非罪的界限。

（1）生产、销售金额5万元以上。未达此标准，一般不认为是犯罪。

（2）虽然没有销售5万元以上，但如果查获的伪劣产品价值15万元以上的，以犯罪未遂论处。

销售金额，是指生产者、销售者出售伪劣产品后所得和应得的全部违法收入。全部违法收入，不应当扣除成本以及各种费用。参见《关于办理生产、销售伪劣商品刑事案件具体应用法律若干问题的解释》第2条。

2. 其他表现形式：生产、销售不符合食品安全标准的食品添加剂，用于食品的包装材料、容器、洗涤剂、消毒剂，或者用于食品生产经营的工具、设备等，构成犯罪的，依照生产、销售伪劣产品罪定罪处罚。

理由：生产、销售的对象不是作为食品本身，而是作为食品的包装、生产工具、设备等，不成立生产、销售有毒、有害食品罪。

二、生产、销售假药罪

《刑法》第141条：生产、销售假药的，处三年以下有期徒刑或者拘役，并处罚金；对人体健康造成严重危害或者有其他严重情节的，处三年以上十年以下有期徒刑，并处罚金；致人死亡或者有其他特别严重情节的，处十年以上有期徒刑、无期徒刑或者死刑，并处罚金或者没收财产。

药品使用单位的人员明知是假药而提供给他人使用的，依照前款的规定处罚。［本条经《刑法修正案（十一）》修正］

1. 本罪成立的标准：行为犯（抽象危险犯）[①]。只要实施了生产、销售行为就应定罪。

（1）生产：一切制造、加工、配制、采集、收集某种物品充当合格或特定药品的行为，都是生产假药的行为。

---

① 对于“生产”“销售”应进行扩大解释。“生产”包括：

（1）合成、精制、提取、储存、加工炮制药品原料的行为；

（2）将药品原料、辅料、包装材料制成成品过程中，进行配料、混合、制剂、储存、包装的行为；

（3）印制包装材料、标签、说明书的行为。

“销售”：医疗机构、医疗机构工作人员明知是假药、劣药而有偿提供给他人使用，或者为出售而购买、储存的行为，应当认定为刑法第一百四十一条、第一百四十二条规定的“销售”。参见2014年11月最高人民法院、最高人民检察院《关于办理危害药品安全刑事案件适用法律若干问题的解释》。

（2）销售：一切有偿提供假药的行为，都是销售。

《刑法修正案（八）》之所以将生产、销售假药罪从具体危险犯修订为抽象危险犯，主要原因就是问题药品对人体健康的危害后果通常是难以查明的，也就无法评价涉案药品是否达到足以危害人体健康的程度，所以采取具体危险犯的立法模式，势必削弱有关部门打击问题药品的力度。

2. 假药的认定。

（1）应限定为内容（效用）上的假药——害人的药。

2019 年修订后的《药品管理法》第 98 条规定，假药包括，所含成份与国家药品标准规定的成份不符的药品；以非药品冒充药品或者以他种药品冒充此种药品；变质的药品；所标明的适应症或者功能主治超出规定范围的药品。

（2）程序上未经批准的，不属于刑法上的“假药”（救人的药）。但生产、销售行为，要承担其他责任（如行政责任，或构成其他犯罪，如非法经营罪、妨害药品管理秩序罪等）。

2019 年新修订的《药品管理法》规定：未取得药品批准证明文件生产、进口药品；使用未经审评审批的原料药生产药品等，如果销售或使用单位违规使用了上述药品，依照前款规定处罚；情节严重的，药品使用单位的法定代表人、主要负责人、直接负责的主管人员和其他责任人员有医疗卫生人员执业证书的，还应当吊销执业证书。

2017 年最高人民法院、最高人民检察院《关于办理药品、医疗器械注册申请材料造假刑事案件适用法律若干问题的解释》第 3 条规定，药品注册申请单位的工作人员，故意使用虚假药物非临床研究报告、药物临床试验报告及相关材料，骗取药品批准证明文件生产、销售药品的，以生产、销售假药罪定罪处罚。

三、违反药品管理秩序罪

《刑法修正案（十一）》增加《刑法》第 142 条之一：违反药品管理法规，有下列情形之一，足以严重危害人体健康的，处三年以下有期徒刑或者拘役，并处或者单处罚金；对人体健康造成严重危害或者有其他严重情节的，处三年以上七年以下有期徒刑，并处罚金：

（一）生产、销售国务院药品监督管理部门禁止使用的药品的；

（二）未取得药品相关批准证明文件生产、进口药品或者明知是上述药品而销售的；

（三）药品申请注册中提供虚假的证明、数据、资料、样品或者采取其他欺骗手段的；

（四）编造生产、检验记录的。

有前款行为，同时又构成本法第一百四十一条（生产、销售假药罪）、第一百四十二条（生产、销售劣药罪）规定之罪或者其他犯罪的，依照处罚较重的规定定罪处罚。

1. 立法背景。

本罪规范的对象是：在药品生产、销售、审批环节中，程序不规范的行为。其对象并非仅限于假药、劣药，但不符合程序规范，足以严重危害人体健康。

生产、销售的药品属于违反审批程序的情形，本身既可能是真药，也可能是假药、劣药，甚至可能是无法鉴定出假劣药的情形（假劣药标准是法定的，在特定情况下由于程序、标准等限制，无法得出是否为假劣药的明确结论），故而上述行为犯罪化的成因在于其妨害了药品管理秩序，进而可能危害病患用药安全。

2. 性质：具体危险犯，足以严重危害人体健康才能入罪。

四、生产、销售有毒、有害食品罪

1. 本罪的性质：行为犯（抽象危险犯）。

2. 行为方式：主动在食品中“掺入”毒。

（1）在食品加工、销售、运输、贮存等过程中，掺入有毒、有害的非食品原料，或者使用有毒、有害的非食品原料加工食品的。

（2）在食用农产品种植、养殖、销售、运输、贮存等过程中，使用禁用农药、兽药等禁用物质或者其他有毒、有害物质的。

（3）在保健食品或者其他食品中非法添加国家禁用药物等有毒、有害物质的。

最高人民法院指导案例70号，北京阳光一佰生物技术开发有限公司、习文有等生产、销售有毒、有害食品案指出：行为人在食品生产经营中添加的虽然不是国务院有关部门公布的《食品中可能违法添加的非食用物质名单》和《保健食品中可能非法添加的物质名单》中的物质，但如果该物质与上述名单中所列物质具有同等属性，并且根据检验报告和专家意见等相关材料确定该物质对人体具有同等危害的，应当认定为《刑法》第144条规定的“有毒、有害的非食品原料”。

2017年卷二57.D. 丁在食品中违法添加易使人形成瘾癖的罂粟壳粉末，食品在市场上极为畅销——该类行为在实践中具有一定的典型性，审判实践中多判定为生产、销售有毒、有害食品罪，可能与欺骗他人吸毒罪存在竞合。

五、生产、销售不符合安全标准的食品罪

1. 性质：具体危险犯。必须足以造成严重食物中毒事故或者其他严重食源性疾患。

2. 行为方式。

（1）在食品加工、销售、运输、贮存等过程中，违反食品安全标准，超限量或者超范围滥用食品添加剂，足以造成严重食物中毒事故或者其他严重食源性疾病的。

（2）在食用农产品种植、养殖、销售、运输、贮存等过程中，违反食品安全标准，超限量或者超范围滥用添加剂、农药、兽药等，足以造成严重食物中毒事故或者其他严重食源性疾病的。

3. 生产、销售有毒、有害食品罪与生产、销售不符合安全标准的食品罪的区别。

（1）前者是指“在生产、销售的食品中掺入有毒、有害的非食品原料的，或者销售明知是有毒、有害的非食品原料的食品”的行为，即实施了“掺入有毒、有害的非食品原料”“销售明知是有毒、有害的非食品原料”的行为。即主动“掺入”毒。

（2）后者仅仅是指食品本身不符合标准，如食品本身质量发生变化不符合食用标准，或者过量地添加了可以添加的食品添加剂。

质言之，生产、销售不符合安全标准的食品罪，是在食品中超量加入了可加的物质（如食品添加剂，而非毒），或者食品本身“长出”了毒（如食品本身过了保质期）。

六、本节犯罪的其他问题

1. 关于定罪的标准。

（1）行为犯（抽象危险犯）：生产、销售有毒、有害食品罪（第144条）；生产、销

售假药罪（第 141 条）——2 个。

（2）危险犯（具体危险犯）：生产、销售不符合安全标准的食品罪（第 143 条）；生产、销售不符合标准的医用器材罪（第 145 条）；违反药品管理秩序罪（第 142 条之一）——3 个。

（3）结果犯（实害结果）：生产、销售劣药罪（第 142 条）；生产、销售不符合安全标准的产品罪（第 146 条）；生产、销售伪劣农药、兽药、化肥、种子罪（第 147 条）；生产、销售不符合卫生标准的化妆品罪（第 148 条）——4 个。

2. 法条竞合——重法优先。行为人实施的行为如果同时符合第 140 条（生产、销售伪劣产品罪）与第 141 条—148 条所规定的犯罪的，依照处罚较重的规定定罪处罚，突出对制售假货的打击。

3. 罪数。

（1）以一重罪处罚：实施生产、销售伪劣商品犯罪，同时构成侵犯知识产权、非法经营等其他犯罪的，依照处罚较重的规定定罪处罚。

（2）知道或者应当知道他人实施生产、销售伪劣商品犯罪，而为其提供贷款、资金、账号、发票、证明、许可证件，或者提供生产、经营场所或者运输、仓储、保管、邮寄等便利条件，或者提供制假生产技术的，以生产、销售伪劣商品犯罪的共犯论处。

4. 食品安全犯罪的缓刑、禁止令的适用：通常不适用缓刑、免予处罚，即使适用缓刑，也应当宣告禁止令。

应当依照刑法规定的条件严格适用缓刑、免予刑事处罚。根据犯罪事实、情节和悔罪表现，对于符合刑法规定的缓刑适用条件的犯罪分子，可以适用缓刑，但是应当同时宣告禁止令，禁止其在缓刑考验期限内从事食品生产、销售及相关活动。参见《最高人民法院、最高人民检察院关于办理危害食品安全刑事案件适用法律若干问题的解释》第 18 条。

5. 最高检指导案例要旨。

（1）明知对方是食用油经销者，仍将用餐厨废弃油（俗称“地沟油”）加工而成的劣质油脂销售给对方，导致劣质油脂流入食用油市场供人食用的，构成生产、销售有毒、有害食品罪。

（2）明知油脂经销者向饲料生产企业和药品生产企业等单位销售豆油等食用油，仍将用餐厨废弃油加工而成的劣质油脂销售给对方，导致劣质油脂流向饲料生产企业和药品生产企业等单位的，构成生产、销售伪劣产品罪。

典型真题

1. 关于生产、销售伪劣商品罪，下列哪些选项是正确的？（2016 年 · 卷二 · 57 题）①

A. 甲既生产、销售劣药，对人体健康造成严重危害，同时又生产、销售假药的，应实行数罪并罚

B. 乙为提高猪肉的瘦肉率，在饲料中添加“瘦肉精”。由于生猪本身不是食品，故乙不构成生产有毒、有害食品罪

C. 丙销售不符合安全标准的饼干，足以造成严重食物中毒事故，但销售金额仅有 500

① 答案：ACD。

元。对丙应以销售不符合安全标准的食品罪论处

D. 丁明知香肠不符合安全标准，足以造成严重食源性疾患，但误以为没有毒害而销售，事实上香肠中掺有有毒的非食品原料。对丁应以销售不符合安全标准的食品罪论处

2. 关于生产、销售伪劣商品罪，下列哪些判决是正确的？（2014年·卷二·58题）①

A. 甲销售的假药无批准文号，但颇有疗效，销售金额达500万元，如按销售假药罪处理会导致处罚较轻，法院以销售伪劣产品罪定罪处罚

B. 甲明知病死猪肉有害，仍将大量收购的病死猪肉，冒充合格猪肉在市场上销售。法院以销售有毒、有害食品罪定罪处罚

C. 甲明知贮存的苹果上使用了禁用农药，仍将苹果批发给零售商。法院以销售有毒、有害食品罪定罪处罚

D. 甲以为是劣药而销售，但实际上销售了假药，且对人体健康造成严重危害。法院以销售劣药罪定罪处罚②

第二节　走私罪

走私犯罪，基本可以分为两大类：

第一类，针对普通货物、物品，成立走私普通货物、物品罪。

第二类，走私国家禁止进出口的货物、物品罪。该罪是一般法，其中，包括的特别罪名有：

（1）走私武器、弹药罪；
（2）走私核材料罪；
（3）走私假币罪；
（4）走私文物罪；
（5）走私贵重金属罪；
（6）走私珍贵动物、珍贵动物制品罪；
（7）走私淫秽物品罪；
（8）走私废物罪。

一、走私普通货物、物品罪

1. 本罪与本节中其他走私犯罪之间的关系：即凡是走私的对象不属于其他特别规定的，不属国家禁止、限制进出口对象的，均构成本罪。

① 答案：ACD。

② 有人认为，主观上想销售劣药，而客观上销售的是假药，定销售劣药罪系主观归罪。这种理解是不正确的。可以这样理解：劣药说明药效丧失了80%，而假药根本没有药效，或者说假药的药效丧失了100%。行为人主观上仅想销售劣药，而客观上销售了假药，在主客观相统一的范围内——劣药（80%）实现了统一。该题实际上想告诉我们，劣药和假药不是对立关系，行为人主观上想销售劣药，客观上虽然销售了假药，其实“假药”也属于“劣药”，“假药”是质量更差的“劣药”。所以，至少也可以认为行为人客观上销售了更坏的“劣药”，成立生产、销售劣药罪。

试想，如果行为人主观上想销售劣药，事实上销售的是更为严重的假药，如果认为假药与劣药是对立关系，那么，行为人的行为只能认定为是销售劣药罪的未遂，未遂犯可以从轻、减轻处罚，这显然不合理。

2. 行为方式：走私普通货物、物品罪的行为方式原则上是双向禁止，无论是出境还是进境，都应该经过批准，否则即属于走私。

刑法中有两个走私类型犯罪是实行单向禁止，即仅禁止出口或进口一种方式：

（1）走私贵重金属、文物罪中，仅仅规定了禁止“出口”贵重金属、文物，而没有规定禁止“进口”，因此，违反规定进口贵重金属、文物的，成立走私普通货物、物品罪。

（2）走私废物罪。刑法打击的是走私进口的行为，如果是出口的，定走私普通货物、物品罪。

例如，2020 年真金题，赵某携带假币，驾船至公海寻找买家未果，只好返回原地，赵某构成走私假币罪。

3. 以走私论处的形式。走私的本质在于逃税。

（1）变相走私——将没有交税的货物在境内销售。包括：

走私保税货物：未经海关许可并且未补缴应缴税额，擅自将批准进口的来料加工、来件装配、补偿贸易的原材料、零件、制成品、设备等保税货物，在境内销售牟利的。①

走私特定减、免税货物：未经海关许可并且未补缴应缴税额，擅自将特定减税、免税进口的货物、物品，在境内销售牟利的。理由：免税货物只能在免税区卖。

2017 年卷二 13. 甲系外贸公司总经理，在公司会议上拍板：为物尽其用，将公司以来料加工方式申报进口的原材料剩料在境内销售。该行为未经海关许可，应缴税款 90 万元，公司亦未补缴。该行为属于走私。

（2）间接走私——向走私的人买东西。

第一手购买走私物品：直接向走私人非法收购国家禁止进口物品的，或者直接向走私人非法收购走私进口的其他货物、物品，数额较大的——注意向二道贩子、三道贩子购买的，不定罪。

（3）推定走私——在危险区域买东西又没有证明。

在边界水域违法运输、买卖：在内海、领海、界河、界湖运输、收购、贩卖国家禁止进出口物品的，或者运输、收购、贩卖国家限制进出口货物、物品，数额较大，没有合法证明的。

（4）假借捐赠走私。是指假借捐赠名义进口货物、物品，或者未经海关许可并补缴关税，擅自将减税、免税进口捐赠货物、物品或者其他特定减税、免税进口用于特定企业、特定地区、特定用途的货物、物品，非法在境内销售牟利的。

［延伸阅读］海外代购可能涉嫌走私犯罪。走私普通货物、物品罪的本质在于偷逃税，实践中，对于一些海外代购行为，如果逃避海关监管进而达到不缴税款的，成立走私普通货物、物品罪。较有影响的是原海航离职空姐李晓航海外代购案：2010 年至 2011 年 8 月间，李晓航与褚某预谋，由褚某提供韩国免税店账号，并负责在韩国结算货款，由李晓航

① 这些东西搞好了就应该运出中国，不能在中国销售。例如，丰田公司在中国组装一些汽车，从日本运了一批原料过来，搞好了就运回日本，中国只是作为生产基地。这种情况下，由于中国政府没有收销售环节的税，你就不能把这批货物放在中国销售。又比如，iPhone 手机有的就是在中国深圳生产的，但在中国卖得很贵，美国卖得很便宜。在中国生产后不能直接在中国销售，因为没有交税。质言之：来料加工后的产品，是需要运回国外的，我国只是对该“来料”进行劳务活动。之所以来料加工的产品不可以在我国境内直接销售，其主要原因是这类产品我国并没有征收其销售环节的税，如果擅自在我国境内销售的，实际上是偷逃了关税，成立走私普通货物、物品罪。

伙同男友石某多次在韩国免税店购买化妆品等货物，后以客带货方式从无申报通道携带进境，并通过李晓航、石某在网店销售牟利，共计偷逃海关进口环节税100余万元。一审判处走私普通货物、物品罪，有期徒刑11年，后改判有期徒刑3年。

4. 主观罪过：故意。即明知是走私普通货物、物品的行为而有意实施的主观心理状态。具有下列情形之一的，可以认定为"明知"，但有证据证明确属被蒙骗的除外：

（1）逃避海关监管，运输、携带、邮寄国家禁止进出境的货物、物品的；

（2）用特制的设备或者运输工具走私货物、物品的；

（3）未经海关同意，在非设关的码头、海（河）岸、陆路边境等地点，运输（驳载）、收购或者贩卖非法进出境货物、物品的；

（4）提供虚假的合同、发票、证明等商业单证委托他人办理通关手续的；

（5）以明显低于货物正常进（出）口的应缴税额委托他人代理进（出）口业务的；

（6）曾因同一种走私行为受过刑事处罚或者行政处罚的；

（7）其他有证据证明的情形。

以上行为之所以"推定"行为人有走私的故意，其主要理由在于行为人的行为不符合正常的出入境规则。

5. 走私普通货物、物品罪与放纵走私罪。

（1）放纵走私罪，一般是消极的不作为。

（2）如果海关工作人员与走私分子通谋，在放纵走私过程中以积极的行为配合走私分子逃避海关监管或者在放纵走私之后分得赃款的，应以走私犯罪的共犯追究刑事责任。

6. 犯罪既遂的标准。

（1）在海关监管现场被查获的。

（2）以虚假申报方式走私，申报行为实施完毕的。

（3）以保税货物或者特定减税、免税进口的货物、物品为对象走私，在境内销售的，或者申请核销行为实施完毕的。

司法解释将走私犯罪的既遂标准前置化，因为如果走私逃离了海关监管才认定为既遂，司法机关就很难查获"犯罪既遂"的案件。如果逃离了海关监管，再被抓获的概率就非常低了。2017年卷二61. B. 乙随身携带藏有毒品的行李入关，被现场查获，构成走私毒品罪既遂。

二、走私武器、弹药罪

1. 行为人走私武器、弹药进境后，又非法出售的，应另成立非法买卖枪支、弹药罪。

2. 走私弹头、弹壳行为的定性。

（1）走私各种弹药的弹头、弹壳，构成犯罪的，以走私弹药罪定罪处罚。[①]

（2）走私报废或者无法组装并使用的各种弹药的弹头、弹壳，构成犯罪的，以走私普通货物、物品罪定罪处罚。

（3）弹头、弹壳经国家有关技术部门鉴定为废物的，以走私废物罪定罪处罚。

---

① 司法解释是对武器、弹药作了一扩大解释，包括弹头、弹壳。但是，对于非法持有枪支、弹药罪中的弹药，不宜解释为包括弹头、弹壳。

3. 走私仿真枪的定性。

（1）仿真枪如果达到了枪支的标准，认定为走私武器罪。

（2）如果没有达到枪支的标准，认定为走私禁止进出口的货物、物品罪。

（3）审判实践中，对于走私仿真枪的行为，几乎都认定为走私武器罪，其理由在于，我国对“枪支”的认定标准较低，绝大多数仿真枪也达到了“枪支”应具有的杀伤力。

三、关于走私犯罪的其他几个问题

1. 走私犯罪的故意内容及定罪。

（1）概括的故意，以结果定罪。如果行为人对于走私的对象内容是不明确的，主观上存在“概括的故意”，即无论走私什么都在行为人的故意范围之内，则以实际走私对象追究行为人的刑事责任。

（2）确定的故意，遵循主客观相统一。当行为人主观上已经有了明确的走私具体对象的故意，实际走私对象与行为人的主观故意不一致的，应按认识错误处理。可分为两种情况：

第一，行为人具有犯轻罪的故意，但是却造成了重罪的结果的情形，成立轻罪。如行为人误以为是普通货物、物品而走私，结果却走私了淫秽物品或者文物，成立走私普通货物、物品罪。

第二，行为人具有犯重罪的故意，但是却造成了轻罪的结果的情形，也成立轻罪。如行为人误以为是核材料而走私，结果却走私了普通货物、物品，成立走私普通货物、物品罪。行为人主观上虽然具有走私核材料的故意，但是客观上却没有产生核材料被走私的结果，连走私核材料的客观危险性都不具备，所以，不能仅仅根据其主观意图就认定行为人的行为构成走私核材料罪。

2. 走私罪中的罪数问题。

（1）走私过程中，以暴力、威胁方法抗拒缉私的，与妨害公务罪数罪并罚。

（2）武装掩护走私的，以走私罪从重处罚——《刑法》第157条第1款。

3. 走私淫秽物品罪需以牟利或传播为目的——自己观赏不构成犯罪，之所以对走私淫秽物品罪要求以牟利或者传播为目的，主要在于，此类目的会导致淫秽物品的扩散。

例如，2020年真金题，钱某在国内浏览境外网站，下载大量淫秽视频，还给朋友看。钱某不构成走私淫秽物品罪。尽管钱某下载了大量淫秽视频，但其仅仅是给朋友看，并没有在社会上进行传播、扩散，据此，钱某虽然有故意的责任要素，但并不具备传播的目的。此外，钱某浏览境外网站的行为不属于走私行为，其并没有违反海关法规，故，钱某的行为不构成走私淫秽物品罪。

4. 走私罪与逃税罪的关系。走私罪与逃税罪存在法条竞合关系。因为走私实质上是偷逃特殊税种关税的行为，按照特别条款优先适用的原则，走私行为构成犯罪的，直接定为相应的走私罪，一般不另定逃税罪。

典型真题

下列哪些行为（不考虑数量），应以走私普通货物、物品罪论处？（2015年·卷二·61题）①

A. 将白银从境外走私进入中国境内

B. 走私国家禁止进出口的旧机动车

C. 走私淫秽物品，有传播目的但无牟利目的

D. 走私无法组装并使用（不属于废物）的弹头、弹壳

第三节　妨害对公司、企业管理秩序罪

一、非国家工作人员受贿罪

《刑法》第163条：公司、企业或者其他单位的工作人员，利用职务上的便利，索取他人财物或者非法收受他人财物，为他人谋取利益，数额较大的，处三年以下有期徒刑或者拘役，并处罚金；数额巨大或者有其他严重情节的，处三年以上十年以下有期徒刑，并处罚金；数额特别巨大或者有其他特别严重情节的，处十年以上有期徒刑或者无期徒刑，并处罚金。[本款经《刑法修正案（十一）》修改]

公司、企业或者其他单位的工作人员在经济往来中，利用职务上的便利，违反国家规定，收受各种名义的回扣、手续费，归个人所有的，依照前款的规定处罚。

国有公司、企业或者其他国有单位中从事公务的人员和国有公司、企业或者其他国有单位委派到非国有公司、企业以及其他单位从事公务的人员有前两款行为的，依照本法第三百八十五条（受贿罪）、第三百八十六条（受贿罪的处罚规定）的规定定罪处罚。

1. 本罪的行为方式。

（1）索取他人财物，为他人谋取利益。

（2）非法收受他人财物，为他人谋取利益。

[注意]（1）这两种情形都要求行为人“为他人谋取利益”。但是，在受贿罪中，“索取”他人财物类型的受贿罪，不要求为他人谋取利益，只要有“索取”他人财物的行为，就成立受贿罪。

（2）受贿罪的行为方式有5种，而非国家工作人员受贿罪中，其行为方式只有上述2种，非国家工作人员其他类型的收受他人财物的行为，不成立非国家工作人员受贿罪。例如，非国家工作人员如果不是直接利用本人职权，而是利用由本人职权或地位所形成的便利条件，通过第三者为请托人谋取利益，收受请托人财物的（斡旋受贿）行为，不成立非国家工作人员受贿罪。

2. “利用职务便利，为他人谋取利益”的理解。

（1）必须是利用职务便利。如果医生仅仅是收受了病人的红包，大学教师仅是收受了学生送的礼物，以此罪论处不妥。职务是与职权紧密联系的，相应的职务对应相应的职

① 答案：AD。

权，职务本身不能被利用，被利用的只能是因职务而被赋予的权力部分。

（2）不要求实际上为他人谋取到了利益，包括承诺、正在实施、已经实现。

（3）国家工作人员没有利用“公务”这一职务，收受他人财物的，也仅能认定为非国家工作人员受贿罪。

例如，乙是国有医院副院长，收受医药代表10万元，承诺为病人开处方时多开相关药品。乙成立非国家工作人员受贿罪。本案中，虽然乙具有国家工作人员身份，但其“收受医药代表10万元”的行为与其国家工作人员身份、职务并无直接关系，不成立受贿罪。

又如，甲是公立高校普通任课教师，在学校委派其招生时，利用职务便利收受考生家长10万元。甲成立受贿罪，其从事的公务活动。

二、对非国家工作人员行贿罪

《刑法》第164条：为谋取不正当利益，给予公司、企业或者其他单位的工作人员以财物……

为谋取不正当商业利益，给予外国公职人员或者国际公共组织官员以财物的，依照前款的规定处罚。

单位犯前两款罪的，对单位判处罚金，并对其直接负责的主管人员和其他直接责任人员，依照第一款的规定处罚。

行贿人在被追诉前主动交待行贿行为的，可以减轻处罚或者免除处罚。

1. 主观上：“为谋取不正当利益”的目的。同样，行贿罪、单位行贿罪等“行贿类型”的犯罪的成立，也要求行贿人主观上有“谋取不正当利益”的目的。

最高人民法院、最高人民检察院《关于办理商业贿赂刑事案件适用法律若干问题的意见》第9条规定，“谋取不正当利益”，是指行贿人谋取违反法律、法规、规章或者政策规定的利益，或者要求对方违反法律、法规、规章、政策、行业规范的规定提供帮助或者方便条件。在招标投标、政府采购等商业活动中，违背公平原则，给予相关人员财物以谋取竞争优势的，属于“谋取不正当利益”。质言之，无论是实体上的不正当，还是程序上的不正当，都认为是不正当利益。

2. 减免处罚的规定：行贿人在“被追诉前”（在司法机关立案、开始追究刑事责任之前）主动交待行贿行为的，可以减轻处罚或者免除处罚。

[立法理由] 刑法对行贿类犯罪，行为人主动交待的，一般都给予了更为宽容的处罚，比自首的从宽力度要大。主要考虑到，行贿受贿型的犯罪中，行为双方的口供一致是认定犯罪的重要依据，口供对认定该类型的犯罪意义很大。而受贿又是立法打击的重点，所以，给予行贿人一定的“从宽政策”让其交待，意义重大。

3. 对非国家工作人员行贿罪与行贿罪的区别。

（1）行贿罪中包括：在经济往来中，违反国家规定，给予国家工作人员以财物，数额较大的，或者违反国家规定，给予国家工作人员以各种名义的回扣、手续费的，以行贿论处。

但是，对非国家工作人员行贿罪中没有此规定，在经济往来中，给予非国家工作人员各种名义的回扣、手续费的，不宜以“对非国家工作人员行贿罪”论处。

（2）行贿罪中，行贿人主动交待，从宽力度相对有限。行贿人在被追诉前主动交待行贿行为的，可以从轻或者减轻处罚。其中，犯罪较轻的，对侦破重大案件起关键作用的，或者有重大立功表现的，可以减轻或者免除处罚。

但是，对非国家工作人员行贿，在被追诉前主动交待的，可以减轻或者免除处罚。

三、签订、履行合同失职被骗罪

《刑法》第167条：国有公司、企业、事业单位直接负责的主管人员，在签订、履行合同过程中，因严重不负责任被诈骗，致使国家利益遭受重大损失的，处三年以下有期徒刑或者拘役；致使国家利益遭受特别重大损失的，处三年以上七年以下有期徒刑。

1. 主体：国有公司、企业、事业单位直接负责的主管人员；金融机构、从事对外贸易经营活动的公司、企业的工作人员。

2. 本罪的成立条件：严重不负责被诈骗，致使国家利益遭受重大损失。应当以对方当事人涉嫌诈骗、行为构成犯罪为前提。如果对方当事人涉嫌诈骗、构成犯罪，可以印证行为人有重大失职。参见最高人民法院刑二庭审判长会议《关于签订、履行合同失职被骗犯罪是否以对方当事人的行为构成诈骗犯罪为要件的意见》。

四、非法经营同类营业罪　为亲友非法牟利罪

《刑法》第165条：（非法经营同类营业罪）国有公司、企业的董事、经理利用职务便利，自己经营或者为他人经营与其所任职公司、企业同类的营业，获取非法利益，数额巨大的，处三年以下有期徒刑或者拘役，并处或者单处罚金；数额特别巨大的，处三年以上七年以下有期徒刑，并处罚金。

《刑法》第166条：（为亲友非法牟利罪）国有公司、企业、事业单位的工作人员，利用职务便利，有下列情形之一，使国家利益遭受重大损失的，处三年以下有期徒刑或者拘役，并处或者单处罚金；致使国家利益遭受特别重大损失的，处三年以上七年以下有期徒刑，并处罚金：

（一）将本单位的盈利业务交由自己的亲友进行经营的；

（二）以明显高于市场的价格向自己的亲友经营管理的单位采购商品或者以明显低于市场的价格向自己的亲友经营管理的单位销售商品的；

（三）向自己的亲友经营管理的单位采购不合格商品的。

专题二十六

侵犯社会法益之犯罪：破坏社会主义市场经济秩序罪（中）

知识体系

- 侵犯社会法益之犯罪：破坏社会主义市场经济秩序罪（中）
  - 第四节　破坏金融管理秩序罪
    - 伪造货币罪
    - 持有、使用假币罪
    - 出售、购买、运输假币罪
    - 变造货币罪
    - 假币犯罪的罪数
    - 非法吸收公众存款罪
    - 高利转贷罪
    - 伪造、变造金融票证罪
    - 妨害信用卡管理罪
    - 洗钱罪
  - 第五节　金融诈骗罪
    - 集资诈骗罪
    - 贷款诈骗罪
    - 信用卡诈骗罪
    - 保险诈骗罪
    - 金融凭证诈骗罪
  - 第六节　危害税收征管罪
    - 逃税罪
    - 骗取出口退税罪
    - 抗税罪
    - 虚开增值税专用发票、用于骗取出口退税、抵扣税款发票罪
    - 虚开发票罪，持有伪造的发票罪

第四节　破坏金融管理秩序罪

一、伪造货币罪

1. 对象：国内、外流通的货币。

（1）中国人民银行发行的普通纪念币和贵金属纪念币。①

（2）境外流通的货币，无论其是否能在我国流通、兑换。

理由：对境外货币予以同等保护，符合当前各国刑事立法的发展方向，有利于国际合作共同打击假币犯罪。一方面，在我国刑法已经明确外币可以成为货币犯罪的对象的情况下，就不应再狭隘地在一国之内来理解假币犯罪的侵害客体；另一方面，不可兑换的假外币在边境地区、境内外国人聚居区或者通过走私出境进行流通使用，已成客观事实，这与主要采取欺骗的手段使用停止流通的人民币获取利益的情形存在明显不同。

（3）以使用为目的，伪造停止流通的货币（包括古代的货币），不成立伪造货币罪，定诈骗罪。

（4）［争议问题］伪造货币罪中的伪造的货币是否要有与其相对应的真实货币，例如，伪造若干 30 元一张的人民币是否成立伪造货币罪？

一种观点认为，伪造货币罪中伪造的对象应是真实的货币，伪造并不存在的货币（如 30 元一张的货币），不成立伪造货币罪，使用该类“货币”的，成立诈骗罪。司法解释也持此观点，最高人民法院 2010 年 10 月 20 日《关于审理伪造货币等案件具体应用法律若干问题的解释（二）》第 1 条规定，仿照真货币的图案、形状、色彩等特征非法制造假币，冒充真币的行为，应当认定为刑法第一百七十条规定的“伪造货币”。②

另一种观点认为，此种行为仍然可以成立伪造货币罪。这种观点认为，即使没有以真货币为伪造的对象，但伪造出来的结果使得人们足以认为这是真货币的话，也基本上是以真货币为蓝本，侵犯了货币的公共信用，成立伪造货币罪。

2. “伪造”的界定：所伪造的及可能伪造出来的货币应在外观上足以使一般人误认为是真货币。

（1）如果制造出来的物品完全不可能被人们误认为是货币的，不成立伪造货币罪，可能成立诈骗罪。

（2）如果行为人不是非法制作与真货币相似的货币，而是采用其他方法，如从画册上剪下货币的图案，然后再冒充真货币骗取他人钱财，不构成本罪，可以定诈骗罪。

---

① 贵金属纪念币尽管没有流通性，但是具有法偿性，即货币发行机构对贵金属纪念币的面额负有法偿义务，制售假贵金属币的行为符合货币犯罪的侵害客体。此类行为同样侵害了国家货币的发行权和货币的公共信用。

② 司法解释坚持伪造货币需以仿照真货币为前提条件，主要考虑是从字面而言“伪”相对于“真”而存在，在真实货币不存在的情况下，难言伪造货币，从行为实质而言，伪造货币罪不仅侵犯了货币发行权，同时还侵犯了货币的公共信用和流通秩序。不以真实货币为样本，行为人仅凭主观臆想而制造出来的货币、臆造币，不至于破坏货币的公共信用和流通秩序。从使用方式而言，伪造币侧重于正常使用，臆造币侧重于虚构事实，骗取他人钱财，对于后者以诈骗罪处理更为妥当。

3. 伪造与变造的区别。一般认为，变造需要具备两个特征：

(1) 用材全真，即完全以真币为材料来制作。

(2) 没有改变原真货币的基本模样。例如，将原真币的个别数字进行细微改动。(给真币做“小手术”)。

典型真题

关于货币犯罪的认定，下列哪些选项是正确的？(2011 年・卷二・59 题)①

A. 以使用为目的，大量印制停止流通的第三版人民币的，不成立伪造货币罪

B. 伪造正在流通但在我国尚无法兑换的境外货币的，成立伪造货币罪

C. 将白纸冒充假币卖给他人的，构成诈骗罪，不成立出售假币罪

D. 将一半真币与一半假币拼接，制造大量半真半假面额 100 元纸币的，成立变造货币罪

二、持有、使用假币罪

1. 持有：指将假币随身携带或者存放在家中、亲友等处保管。

(1) 行为人主观上不需要具有“以使用为目的”。假币属于违禁品，禁止个人收藏，行为人收藏数额较大的假币也会侵犯货币的公共信用，原则上以持有假币罪论处。

(2) 持有型犯罪，包括持有假币罪在内，是一个兜底性罪名，只有无法以其他类型的假币类犯罪定罪处罚，才定持有假币罪。如果有证据证明其持有的假币已构成其他假币犯罪的，应当以其他假币犯罪定罪处罚。

2. 使用：指以假币当真币使用，履行货币职能。

使用假币是指将假币作为真货币置于流通的行为，既可以是以外表合法的方式使用假币，如购买商品、存入银行、赠与他人，或将假币用于交纳罚金、罚款等，也可以是以非法的方式使用假币，如将假币用于赌博、购买毒品等。此外，向自动售货机投入假币以得到商品的，也属于使用假币。

“使用”应具备两个条件：

(1) 按面值用（包括用于非法的用途）；

(2) 投入流通，或者说使用人与假币之间脱手了（包括暂时“脱手”，如用于质押、验资）。

但是，在签订经济合同等场合，将假币作为证明自己信用能力的担保财物出示的，或者委托他人保管假币或者贩卖假币标本的，都不是以行使为目的而将货币置于流通的使用行为，不成立使用假币罪，必要时，可以持有假币等罪处理。

3. 使用假币罪与相关犯罪的区别。

(1) 使用假币罪与诈骗罪。

通常情况下，二者是竞合关系。即使用假币是一种特殊形态的诈骗。

但是，如果没有非法占有目的的使用假币，与诈骗罪不存在竞合。例如，将假币赠送给他人，构成使用假币罪，但不构成诈骗罪，因为对方没有财产损失。

① 答案：ABC。

（2）使用假币罪与出售假币罪的区别。

第一，是否按票面价值交换：如果是，成立使用假币罪。

第二，是否有人被骗：有人被骗的，使用假币罪；没有人被骗的，出售假币罪。或者说在出售假币罪中，出售方与购买方对于假币均是知情的，不存在受害人。（使用假币：以假充真；出售假币：以假售假）

典型真题

甲发现某银行的 ATM 机能够存入编号以“HD”开头的假币，于是窃取了三张借记卡，先后两次采取存入假币取出真币的方法，共从 ATM 机内获取 6，000 元人民币。甲的行为构成何罪？（2009 年·卷二·61 题）①

A. 使用假币罪　　B. 信用卡诈骗罪　　C. 盗窃罪　　D. 以假币换取货币罪

［案例］2008 年 8 月起，被告人都某组织韦某、李某、杨某等三名妇女在四川省简阳市某大街招揽嫖客，然后带至都某事先布置好的出租房内从事卖淫嫖娼活动，都某则趁机潜入室内用假币调换嫖客衣服内的现金。都某用此手段组织上述卖淫妇女多次进行卖淫活动，调换嫖客真币 5000 余元，与上述卖淫妇女将赃款平分。司法机关将此案认定为使用假币罪，有学者对此提出反对意见，认为应成立盗窃罪。理由：第一，都某的行为明显属于违反被害人意志，将他人占有的现金转移给自己占有的盗窃行为。至于向被害人的衣服口袋装入假币，只是掩盖盗窃事实的行为而已，根本不影响盗窃罪的成立。第二，使用假币是指将假币作为真货币置于流通的行为。从形式上看，他人总会使用其口袋里的货币，暗中将假币置于他人口袋，与店员将假币找给他人，似乎没有区别，都是将假币给不知情的对方。诚然，使用假币的实质是将假币作为真货币置于流通。但法条所规定的“使用”行为，并不是指任何“利用”货币的行为，而是只限于像货币的通常使用方法那样的使用行为。或者说，只有像使用真货币那样使用假币的行为，才能认定为使用假币罪。② 我认为，该案应以盗窃罪论处。

三、出售、购买、运输假币罪

《刑法》第 171 条：出售、购买伪造的货币或者明知是伪造的货币而运输，数额较大的，处三年以下有期徒刑或者拘役，并处二万元以上二十万元以下罚金；数额巨大的，处三年以上十年以下有期徒刑，并处五万元以上五十万元以下罚金；数额特别巨大的，处十年以上有期徒刑或者无期徒刑，并处五万元以上五十万元以下罚金或者没收财产。

［问题之思考］为什么《刑法》第 171 条要在“运输”前加“明知是伪造的货币”，而对“出售、购买”则无此要求？那么，出售、购买假币罪是否需要行为人主观上“明知是伪造的货币”？

出售、购买、运输假币罪均是故意犯罪，根据犯罪故意的一般理论，原则上行为人主观上应该认识到对象是假币，这似乎是不言自明的问题。出售、购买假币罪中，出售方与

① 答案：AC。在 ATM 机中存入假币的行为，成立使用假币罪。盗窃信用卡并使用的行为，成立盗窃罪。从这一意义上看，行为人应构成使用假币罪、盗窃罪。但是，由于行为人仅仅侵犯了一个法益，故最终仅能定一罪。

② 张明楷：《使用假币罪与相关犯罪的关系》，《政治与法律》2012 年第 6 期。

购买方是不按假币罪的面值进行交易的，例如，甲以1000元真币购买乙10000元假币，交易双方当然明知对象是假币，刑法没有必要再明确指出。但是，运输假币案件中，实践中确实存在客观上运输的是假币，但行为人主观上不知情的情况，这种情况就不能作为犯罪处理，故立法上明确指出，运输假币罪，需要行为人主观明知对象是假币。

四、变造货币罪

1. 注意变造与伪造的区别。变造是对真正的货币本身进行各种形式的加工，改变其面值、含量的行为。

（1）“变造”而成的假币与真实的货币之间有“同一性”，其特点是“由少变多”；“伪造”而成的假币与真实的货币之间不具有同一性，其特点是“从无到有”“无中生有”。

（2）变造的行为方式：剪贴、挖补、揭层、涂改、移位、重印。

2. 使用变造的货币的行为如何定性——诈骗罪。

（1）刑法中的所有假币犯罪（除了变造货币罪），如使用假币罪、持有假币罪、运输假币罪等，针对的对象都是“伪造”的货币。

（2）之所以不包括“变造的货币”，主要在于，变造的货币对社会的危害性较小，变造货币就是在真币的基础上稍微修改，危害性也不是太大。因此，使用变造的货币的行为不应该被认定为是使用假币罪，如果数额较大符合诈骗罪的构成要件的，可以成立诈骗罪。

2016年卷二54. A. 甲使用变造的货币购买商品，触犯使用假币罪与诈骗罪，构成想象竞合犯——错误，仅构成诈骗罪，不触犯使用假币罪。

五、假币犯罪的罪数

1. 伪造货币之后又出售或者运输、使用伪造的货币，直接以伪造货币罪从重处罚（《刑法》第171条第3款）；伪造货币并持有的，持有行为被伪造行为吸收——伪造货币之后通常会出售、运输。

2. 购买假币后又使用的，以购买假币罪定罪，并从重处罚——购买假币通常都会使用。

3. 购买假币后又出售、运输的，以出售、购买、运输假币罪论处（《刑法》第171条）。

4. 出售、运输假币，同时又使用假币的，以出售、运输假币罪与使用假币罪数罪并罚（此种情况下根本不存在牵连关系）。

5. 持有假币罪与运输、出售、购买假币罪，伪造货币罪之间存在吸收关系时，即持有假币行为是运输、出售、购买、伪造行为的结果行为，应按后罪而不按持有假币罪定罪。

6. 行为人误收数额较大假币，不向公安司法部门报告或交由金融机构等单位处理，故意持有或使用，应以持有、使用假币罪论。①

① 此种情形下，由于行为人是为了避免自己的损失而使用假币，在量刑时应酌情考虑。

7. 持有假币罪与运输假币罪区别在于前罪无运输假币故意，而后罪有运输假币故意，不以运输为目的而携带假币应定持有假币罪。

[总结] 类似于假货（假币、假发票、假冒注册商标的商品）的犯罪，行为人可能会实施一连串的行为，原则上，这些行为之间如果具有连贯性、必然性，则定一罪。如果数行为之间不具有必然性，则应该数罪并罚。

例如，伪造货币后，通常会持有、使用、出售、运输，那么，伪造货币后，实施了后续行为的，仅定伪造货币罪一罪。

又如，购买假币后，通常会使用，因此，购买假币后使用的，仅定购买假币罪一罪。

再如，运输假币后，并不必然使用假币，运输假币后又使用的，应以运输假币罪、使用假币罪，并罚。

典型真题

1. 关于货币犯罪，下列哪一选项是错误的？（2013 年 · 卷二 · 14 题）①

A. 伪造货币罪中的"货币"，包括在国内流通的人民币、在国内可兑换的境外货币，以及正在流通的境外货币

B. 根据《刑法》规定，伪造货币并出售或者运输伪造的货币的，依照伪造货币罪从重处罚。据此，行为人伪造美元，并运输他人伪造的欧元的，应按伪造货币罪从重处罚

C. 将低额美元的纸币加工成高额英镑的纸币的，属于伪造货币

D. 对人民币真币加工处理，使 100 元面额变为 50 元面额的，属于变造货币

2. 关于货币犯罪，下列哪一选项是正确的？（2010 年 · 卷二 · 13 题）②

A. 以货币碎片为材料，加入其他纸张，制作成假币的，属于变造货币

B. 将金属货币熔化后，制作成较薄的、更多的金属货币的，属于变造货币

C. 将伪造的货币赠与他人的，属于使用假币

D. 运输假币并使用假币的，按运输假币罪从重处罚

六、非法吸收公众存款罪

1. 行为特征。

（1）该行为的本质在于，吸收公众存款之后再将所吸款项进行放贷，赚取其中的利息差。这种行为（吸收存款再放贷）只有银行可以实施，如果任由公民个人实施的话，则一旦所放贷款收不回来，容易造成金融秩序、社会秩序的混乱。

（2）本罪中行为人不具有非法占有的目的。在吸收公众存款后，经过一定时间有偿还的意思，即使最终客观上不能归还，也并非是其主观上不愿意归还。而集资诈骗罪是行为人以集资为形式，目的是为了骗取当事人的钱财，有非法占有的目的。

[注意] 非法吸收公众存款，即便事后及时归还，也应该定罪。该罪惩罚的是"无资格"的主体吸收公众存款。当然，根据《刑法修正案（十一）》的规定：在提起公诉前积极退赃退赔，减少损害结果发生的，可以从轻或者减轻处罚。

① 答案：B。
② 答案：C。

审判实务中，单位或个人假借开展网络借贷信息中介业务之名，未经依法批准，归集不特定公众的资金设立资金池，控制、支配资金池中的资金，并承诺还本付息的，构成非法吸收公众存款罪。网络借贷信息中介机构依法只能从事信息中介业务，为借款人与出借人实现直接借贷提供信息搜集、信息公布、资信评估、信息交互、借贷撮合等服务。信息中介机构不得提供增信服务，不得直接或间接归集资金，包括设立资金池控制、支配资金或者为自己控制的公司融资。参见最高人民检察院第64号指导案例，杨卫国等人非法吸收公众存款案。

2. 对象：是"公众"，即社会上不特定的人，不包括自己的亲朋好友。包括直接向公众吸收，也包括通过下线向公众吸收存款，换言之，只要吸收的款项中有"公众"的钱，且行为人知道，就构成本罪。

之所以要求是公众，就是因为该类行为的影响范围广，扰乱了金融管理秩序。因为公众与犯罪行为人之间不存在亲属、朋友关系，行为人一旦资金链断裂而无法收回资金偿还公众，公众就很可能会"闹事"，引发社会秩序、经济秩序的混乱。而如果向亲朋好友吸收存款，即便资金链断裂无法归还，由于存在亲友关系，亲朋好友一般也不可能"闹事"。

2014年卷二14. D. 为项目筹集资金，向亲戚宣称有高息理财产品，以委托理财方式吸收10名亲戚300万元资金的。该案不构成非法吸收公众存款罪。

3. 以个人存款高息放贷的，原则上不成立犯罪。

（1）2020年8月最高人民法院《关于审理民间借贷案件适用法律若干问题的规定》，民间借贷利率的司法保护上限，以2020年7月20日发布的一年期贷款市场报价利率3.85%的4倍计算，民间借贷利率的司法保护上限为15.4%。根据该规定，15.4%以内的利率是受法律保护，本金更是受法律保护的。如果说这种行为是犯罪的话，那本金都属于犯罪工具了，这显然是不妥当的。

（2）职业放贷，情节严重的，应以非法经营罪论处。2019年最高人民法院、最高人民检察院、公安部、司法部《关于办理非法放贷刑事案件若干问题的意见》（以下简称《意见》）明确规定，违反国家规定，未经监管部门批准，或者超越经营范围，以营利为目的，经常性地向社会不特定对象发放贷款，扰乱金融市场秩序，情节严重的，以非法经营罪定罪处罚。其中，"经常性地向社会不特定对象发放贷款"，是指2年内向不特定多人（包括单位和个人）以借款或其他名义出借资金10次以上。

[注意] 原2012年最高人民法院《关于被告人何伟光、张勇泉等非法经营案的批复》指出：以发放高利贷为业的行为不宜以非法经营罪定罪处罚。而2019年的《意见》认定，职业放贷，情节严重的，应以非法经营罪论处，主要是考虑到这类行为在实践中有愈演愈烈的趋势，造成的危害性越来越大。

4. 行为方式。

2010年最高人民法院《关于审理非法集资刑事案件具体应用法律若干问题的解释》，如下情形应当认定为"非法吸收公众存款或者变相吸收公众存款"：

（1）未经有关部门依法批准或者借用合法经营的形式吸收资金；

（2）通过媒体、推介会、传单、手机短信等途径向社会公开宣传；

（3）承诺在一定期限内以货币、实物、股权等方式还本付息或者给付回报；

（4）向社会公众即社会不特定对象吸收资金。

未向社会公开宣传，在亲友或者单位内部针对特定对象吸收资金的，不属于非法吸收或者变相吸收公众存款。

典型真题

甲以银行定期存款4倍的高息放贷，很快赚了钱。随后，四处散发宣传单，声称为加盟店筹资，承诺3个月后还款并支付银行定期存款2倍的利息。甲从社会上筹得资金1000万，高利贷出，赚取息差。（事实五）

甲资金链断裂无法归还借款，但仍继续扩大宣传，又吸纳社会资金2000万，以后期借款归还前期借款。后因亏空巨大，甲将余款500万元交给其子，跳楼自杀。（事实六）

90. 关于事实五的定性，下列选项正确的是？（2012年·卷二·90题）①

A. 以同期银行定期存款4倍的高息放贷，构成非法经营罪

B. 甲虽然虚构事实吸纳巨额资金，但不构成诈骗罪

C. 甲非法吸纳资金，构成非法吸收公众存款罪

D. 对甲应以非法经营罪和非法吸收公众存款罪进行数罪并罚

91. 关于事实六的定性，下列选项正确的？（2012年·卷二·91题）②

A. 甲以非法占有为目的，非法吸纳资金，构成集资诈骗罪

B. 甲集资诈骗的数额为2000万元

C. 根据《刑法》规定，集资诈骗数额特别巨大的，可判处死刑③

D. 甲已死亡，导致刑罚消灭，法院对余款500万元不能进行追缴

七、高利转贷罪

1. 主观目的：行为人一开始套取银行贷款的时候，就具有转贷他人获取利益的目的，即赚银行的利息差。

如果行为人开始不具有此目的，申请贷款后，因为公司经营不善才将贷款来的资金转贷给他人的，不成立本罪。

2003年卷二48. B. 乙为发展公司业务而正常申请贷款100万元。取得贷款不久，公司业务停滞，乙便将贷款转贷牟利，不构成高利转贷罪——乙的行为之所以不构成犯罪，其主要原因还在于，最初向银行贷款的时候，并没有转贷牟利的目的。贷款到手后，其实属于乙的合法财产，此时，乙将其放贷，实际上属于将自有资金放贷，不成立高利转贷罪。试想，如果此种情形下，乙将自己的这100万元放贷都构成犯罪，而原计划的正常业务又不能顺利进行，那这100万元乙该怎么办呢？显然，这种情形下放贷的危害性较小，不宜以犯罪论处。

2. 本罪与非法吸收公众存款的区别：资金来源不同。

（1）本罪是针对金融机构信贷资金；

① 答案：BC。

② 答案：AB。

③ 2012年，集资诈骗罪仍保留了死刑。但是，2015年通过的《刑法修正案（九）》废除了集资诈骗罪的死刑。按现在的刑法规定，C选项错误。

（2）非法吸收公众存款罪是“公众资金”。

3. 高利转贷罪、贷款诈骗罪、骗取贷款罪的区分。

（1）高利转贷罪：一开始就具有赚取银行利息差的目的。

（2）贷款诈骗罪：通过欺骗方式卷银行钱跑人，行为人主观上有非法占有目的（目的上的“欺诈”）。

（3）骗取贷款罪：不符合要求还要弄虚作假去贷款，但主观上既无赚取利息差的想法，更无非法占有目的（手段上的“欺诈”）。

《刑法修正案（十一）》对骗取贷款罪进行了修正，将其定罪标准从“造成重大损失，或者有其他严重情节”，修改为“造成重大损失”，对该罪的认定进行了限制适用。强调只有造成银行或者其他金融机构资金损失的，才能认定为是骗取贷款罪。①

2016年卷二14. 甲急需20万元从事养殖，向农村信用社贷款时被信用社主任乙告知，一个身份证只能贷款5万元，再借几个身份证可多贷。甲用自己的名义贷款5万元，另借用4个身份证贷款20万元，但由于经营不善，不能归还本息——甲不构成骗取贷款罪，乙构成违法发放贷款罪。构成骗取贷款罪必须对金融机构工作人员实施欺骗行为。换言之，如果金融机构中具有发放贷款、出具金融票证权限的工作人员知道真相，甚至唆使行为人提供虚假材料，使行为人取得金融机构贷款，不能认定行为人采取了欺骗手段，因而不得认定行为人构成骗取贷款罪。相反，应认定金融机构工作人员构成违法发放贷款罪。

八、伪造、变造金融票证罪

伪造、变造汇票、本票、支票、委托收款凭证、汇款凭证、银行存单及其他结算凭证、信用证或者附随的单据、文件以及伪造信用卡的行为。

1. 伪造的种类。

（1）无形伪造。具有金融票证制作权的人，超越其制作权限，违反事实制造内容虚假的金融票证，如银行职员制作虚假的银行存单交付他人。

（2）有形伪造。没有金融票证制作权的人，假冒他人（包括虚无人）的名义，擅自制造外观上足以使一般人误认为是真实金融票证的虚假金融票证。

2. 主观：目的犯。要求有使用这些伪造、变造的凭证的目的。

九、妨害信用卡管理罪

《刑法》第177条之一：（妨害信用卡管理罪）有下列情形之一，妨害信用卡管理的，处三年以下有期徒刑或者拘役，并处或者单处一万元以上十万元以下罚金；数量巨大或者有其他严重情节的，处三年以上十年以下有期徒刑，并处二万元以上二十万元以下罚金：

（一）明知是伪造的信用卡而持有、运输的，或者明知是伪造的空白信用卡而持有、

① 非常遗憾的是，本人代理了应某某骗取贷款案，该案中，应某某在向银行贷款时，隐瞒了用途，申请贷款时是拟计划用于A用途，但事实上用于B用途。贷款时，应某某所在的公司提供了担保，担保公司亦偿还了担保，每次都按时归还了银行贷款。本人亲自写了长达50页的辩护词，对该类型案件的审判现状及背后的法理、最高司法机关的相关意见进行了充分说明，也请张明楷、谢望原、付立庆三位专家出具了不构成骗取贷款罪的专家意见书，并指出了诸多类似案例都宣告了无罪，但仍然未得到法院的认同。最后经反复沟通，并且被告人认罪认罚，判处有期徒刑10个月，罚金共计80万元。参见江西省抚州市临川区人民法院刑事判决书，（2020）赣1002刑初211号。

运输，数量较大的；

（二）非法持有他人信用卡，数量较大的；

（三）使用虚假的身份证明骗领信用卡的；

（四）出售、购买、为他人提供伪造的信用卡或者以虚假的身份证明骗领的信用卡的。

（窃取、收买、非法提供信用卡信息罪）窃取、收买或者非法提供他人信用卡信息资料的，依照前款规定处罚。

银行或者其他金融机构的工作人员利用职务上的便利，犯第二款罪的，从重处罚。

1. 立法背景。

本条是《刑法修正案（五）》增加的罪名。随着信用卡的应用与普及，信用卡犯罪呈现出跨境化、规模化、分工细密化等特点。为规避打击，信用卡犯罪组织之间形成了细密的分工，从空白信用卡的印制、运输，到写入磁条信息完成假卡制作或者骗领到信用卡，到出售、购买或者为他人提供，再到使用伪造的信用卡取现或者骗取财物，各个环节往往由不同犯罪组织的人承担。除了在伪造和使用环节查获的案件外，对其他环节查获的人员，如果不能查明该信用卡系其本人伪造或目的用于实施诈骗，根据现行刑法的规定无法定罪处罚。如果按照伪造、变造金融票证罪或者信用卡诈骗罪的共犯追究，不但行为人之间共同犯罪的故意很难查证，而且也很难查获伪造者和使用者。现行刑法显然已无法对新型信用卡犯罪进行有效规制。《刑法修正案（五）》正是在这一背景下出台的。

2. “信用卡”应作广义的理解。是指由商业银行或者其他金融机构发行的具有消费支付、信用贷款、转账结算、存取现金等全部功能或者部分功能的电子支付卡。①

3. 本罪与信用卡诈骗罪之间的关系：本罪本是信用卡诈骗罪的预备行为，但刑法将该行为规定为独立的犯罪。通过虚假身份证明骗领信用卡后再使用的，系牵连关系，成立信用卡诈骗罪一罪。

4. 如何理解“使用虚假的身份证明骗领信用卡”？

（1）包括：“身份证明”本身是虚假的，使用伪造、变造的身份证明申领信用卡。

（2）包括：违背他人意愿，使用他人真实身份证明冒领信用卡。

（3）不包括：使用“虚假资信证明”申请信用卡的行为。根据有关规定，申请人向银行申请信用卡时需要提交个人真实的身份证明和资信证明，身份证明是用于证明申请人主体资格的身份信息，资信证明是用于证明申请人还款能力和还款意愿等信用程度的信息，资信证明不属身份证明。

十、洗钱罪

1. 洗钱罪的上游犯罪。

（1）走私犯罪；

（2）毒品犯罪；

（3）黑社会性质组织犯罪；

（4）恐怖活动犯罪；

（5）贪污贿赂犯罪；

① 2004年12月29日《全国人民代表大会常务委员会关于〈中华人民共和国刑法〉有关信用卡规定的解释》。

（6）破坏金融管理秩序犯罪；

（7）金融诈骗犯罪。

［注意］洗钱罪的对象不仅仅限于“他人的犯罪所得”，而且包括“自己的犯罪所得”。意即，“自洗钱”的也构成洗钱罪。也就是说，针对本人的犯罪所得，实施转移的，也构成洗钱罪。

2. 关于上游犯罪的几个理解。

（1）上游犯罪的人已经死亡，不影响洗钱罪的成立。换言之，上游犯罪的人虽然已经死亡，但上游犯罪所产生的所得及其收益，当然也应该追缴，通过洗钱的方式予以掩盖的，当然成立洗钱罪。

（2）上游犯罪事实可以认定，但罪名变化的，不影响洗钱罪的成立。主要是考虑到实践中存在一些吸收犯、牵连犯，法院虽然认可了某一上游犯罪，但因被其他更重的犯罪所吸收。此种情形虽然在最后的量刑上未将上游犯罪作为一个单独的犯罪来评价，但不影响上游犯罪的性质认定以及相关洗钱犯罪的处理。

（3）对上游犯罪的认识错误。例如，将贪污贿赂犯罪所得误认为是毒品犯罪所得而进行洗钱行为的，成立洗钱罪。

（4）上游犯罪不是指具体的罪名，而是指犯罪类型。换言之，黑社会性质组织的抢劫所得，也是黑社会性质组织犯罪，属于洗钱罪的上游犯罪。

（5）上游犯罪所得包括直接所得、间接所得。犯罪所得包括犯罪行为的直接所得与间接所得，还包括犯罪行为所取得的报酬。例如，帮助他人实施金融诈骗犯罪所获得的报酬，也是犯罪所得。

（6）洗钱犯罪的审判不以上游犯罪已经进行刑事判决为前提。上游犯罪事实是否存在，可以在洗钱犯罪的审判中一并予以审查，而不必依赖于上游犯罪的有罪判决。①

3. 洗钱罪与掩饰、隐瞒犯罪所得、犯罪所得收益罪（《刑法》第312条）的区别——特别法与一般法。

（1）行为方式不同。洗钱罪主要是通过“金融方式”，其本质在于，逃避金融监管。而掩饰、隐瞒犯罪所得、犯罪所得收益罪的行为方式包括各种方式。②

① 主要理由：（1）上游犯罪与洗钱犯罪的侦查、审查起诉以及审判活动很难做到同步进行，此外，实践中还存在一些因上游犯罪人在境外、死亡等客观原因而难以对上游犯罪人诉诸刑事程序的情形，一律要求上游犯罪经定罪判刑后才能审判洗钱犯罪，既不符合立法精神，也不利于实践打击。（2）是否存在上游犯罪，完全可以作为洗钱犯罪的案内事实来审查，这已经成为司法实践中的一般处理原则。例如，在汪照洗钱案中，“洗钱罪”和其上游犯罪——毒品犯罪的判决由人民法院分别作出，而在洗钱罪判决前，毒品犯罪尚未审结；在潘儒民等洗钱案中，虽然上游犯罪人“阿元”未被抓获归案，但是根据被害人的陈述、被告人的供述以及有关书证材料，足以认定上游犯罪成立，故审理法院直接判处潘儒民等构成洗钱罪。类似做法也常见于立功等量刑情节以及其他一些犯罪的认定处理。比如，对于签订、履行合同失职被骗罪的认定，相关文件明确提出，“司法机关在办理案件过程中，只要认定对方当事人的行为已经涉嫌构成诈骗犯罪，就可依法认定行为人构成签订、履行合同失职被骗罪或者国家机关工作人员签订、履行合同失职被骗罪，而不需要搁置或者中止审理，直至对方当事人被人民法院审理并判决构成诈骗犯罪。”（3）金融行动特别工作组“反洗钱40条建议”明确要求将洗钱犯罪在程序上作为一个独立自足的犯罪来处理。

② 2012年2月，姜某明知是其丈夫黄某乙（已判刑）受贿所得的现金40万元、银行卡等物品，而将其藏匿在青岛市城阳区某社区别墅家中。同年3月8日，黄某乙案发后，姜某将上述40万元、银行卡51张及黄某乙收受孙某贿赂的港币10万元等物品从家中取走，后交给黄某甲（另案处理）。经查，其中30张银行卡系黄某乙收受他人贿赂的赃款，共计32.2万元。姜某的行为被认定为掩饰、隐瞒犯罪所得罪。《刑事审判参考》指导案例第1103号，姜某掩饰、隐瞒犯罪所得案——如何区分掩饰、隐瞒犯罪所得罪与洗钱罪。

（2）上游犯罪不同（主要区别）。洗钱罪的上游犯罪仅限于刑法所规定的上述7大类，而掩饰、隐瞒犯罪所得、犯罪所得收益罪的上游犯罪则没有限定。并且，洗钱罪的对象，既可以是他人的犯罪所得，亦可以是自己的犯罪所得；而掩饰、隐瞒犯罪所得罪的对象，是他人的犯罪所得。

（3）审判实践中，对于洗钱罪的认定，更强调其上游犯罪的特定性，而非洗钱的行为方式。通过金融机构以外的其他途径实施的转换、转移、掩饰、隐瞒犯罪所得及其收益的行为，应当以洗钱罪还是掩饰、隐瞒犯罪所得、犯罪所得收益罪追究刑事责任，理论上和实践上均存在严重分歧。经研究，从公约文件规定看，基于掩饰、隐瞒财产非法来源或者帮助上游犯罪人逃避刑事追究之目的而转换或者转移犯罪所得的行为，以及掩饰、隐瞒上游犯罪所得的真实性质、来源等的行为，均属于洗钱行为，具体行为方式上的差异不影响行为性质的认定；从国外洗钱犯罪的立法例看，多数国家都存在不断修订增补和多法条并存的现象，都涉及对既有法律条文作重新解释和整合的问题，在这一问题的处理上，重行为性质轻行为方式，是一个普遍趋势。①

4. 洗钱的具体方式。

（1）提供资金帐户的；

（2）将财产转换为现金、金融票据、有价证券的；

（3）通过转帐或者其他支付结算方式转移资金的；

（4）跨境转移资产的；

（5）以其他方法掩饰、隐瞒犯罪所得及其收益的来源和性质的。②

典型真题

关于洗钱罪的认定，下列哪一选项是错误的？（2011年·卷二·12题）③

A.《刑法》第一百九十一条虽未明文规定侵犯财产罪是洗钱罪的上游犯罪，但是，黑社会性质组织实施的侵犯财产罪，依然是洗钱罪的上游犯罪

B. 将上游的毒品犯罪所得误认为是贪污犯罪所得而实施洗钱行为的，不影响洗钱罪的成立

C. 上游犯罪事实上可以确认，因上游犯罪人死亡依法不能追究刑事责任的，不影响洗钱罪的认定

---

① 刘为波：《〈关于审理洗钱等刑事案件具体应用法律若干问题的解释〉的理解与适用》。

② 2009年最高人民法院《关于审理洗钱等刑事案件具体应用法律若干问题的解释》规定，主要包括：

（一）通过典当、租赁、买卖、投资等方式，协助转移、转换犯罪所得及其收益的；

（二）通过与商场、饭店、娱乐场所等现金密集型场所的经营收入相混合的方式，协助转移、转换犯罪所得及其收益的；

（三）通过虚构交易、虚设债权债务、虚假担保、虚报收入等方式，协助将犯罪所得及其收益转换为“合法”财物的；

（四）通过买卖彩票、奖券等方式，协助转换犯罪所得及其收益的；

（五）通过赌博方式，协助将犯罪所得及其收益转换为赌博收益的；

（六）协助将犯罪所得及其收益携带、运输或者邮寄出入境的；

（七）通过前述规定以外的方式协助转移、转换犯罪所得及其收益的。

为逃避金融监测、监管，通过人体、所携行李或者交通工具偷运犯罪所得出入境，或者利用国际邮件夹带现金将赃款邮寄出入境，正日益成为重要的洗钱手段。

③ 答案：D。

D. 单位贷款诈骗应以合同诈骗罪论处，合同诈骗罪不是洗钱罪的上游犯罪。为单位贷款诈骗所得实施洗钱行为的，不成立洗钱罪

第五节　金融诈骗罪

金融诈骗犯罪，都要求行为人主观上有非法占有目的。如何认定行为人主观上的“非法占有目的”，可以参考如下规定，根据2010年最高人民法院《关于审理非法集资刑事案件具体应用法律若干问题的解释》第4条规定，使用诈骗方法非法集资，具有下列情形之一的，可以认定为“以非法占有为目的”：

（1）集资后不用于生产经营活动或者用于生产经营活动与筹集资金规模明显不成比例，致使集资款不能返还的；

（2）肆意挥霍集资款，致使集资款不能返还的；

（3）携带集资款逃匿的；

（4）将集资款用于违法犯罪活动的；

（5）抽逃、转移资金、隐匿财产，逃避返还资金的；

（6）隐匿、销毁账目，或者搞假破产、假倒闭，逃避返还资金的；

（7）拒不交代资金去向，逃避返还资金的；

（8）其他可以认定非法占有目的的情形。

一、集资诈骗罪

1. 主观方面：具有非法占有的目的。而其他类型的非法集资犯罪，如欺诈发行股票、债券罪，擅自发行股票、债券罪，非法吸收公众存款罪等，主观上并没有非法占有的目的。

2. 集资诈骗罪与诈骗罪的区分。

（1）诈骗手段的特殊性。集资诈骗罪的诈骗方法是指行为人采取虚构资金用途，以虚假的证明文件和高回报率为诱饵，骗取集资款的手段。

（2）行为方式具有特殊性。即非法集资方式：是指法人、其他组织或个人，未经有权机关批准向社会公众非法募集资金的行为，一般表现为以吸引公众投资人入股或者高息吸收公众存款等方式向社会筹集款项，具有明显的融资性。

（3）被骗对象的公众性和广泛性。如果行为人仅仅向特定的对象实施集资诈骗行为的，不宜认定为是集资诈骗罪，可以合同诈骗罪或诈骗罪定罪。

3. 主体：自然人、单位。《刑法修正案（十一）》将该罪的主体增设为包括单位。

二、贷款诈骗罪

1. 主观：具有“非法占有目的”，即非法占有所获取的贷款（卷钱走人）。

（1）骗取贷款、票据承兑、金融票证罪：如果行为人仅仅是在获取贷款的时候使用了一些欺诈的手段，但并没有非法占有贷款的目的，成立骗取贷款、票据承兑、金融票证罪——“手段”上具有欺骗性。

（2）高利转贷罪：如果骗取贷款行为当时具有高利转贷的目的，成立高利转贷罪。高

利转贷罪中行为人主观上仅仅是为了赚取利息差价。

2. 非法占有目的的认定。

2001年《全国法院审理金融犯罪案件工作座谈会纪要》指出，对于合法取得贷款后，没有按规定的用途使用贷款，到期没有归还贷款的，不能以贷款诈骗罪定罪处罚。对于确有证据证明行为人不具有非法占有的目的，因不具备贷款的条件而采取了欺骗手段获取贷款，案发时有能力履行还贷义务，或者案发时不能归还贷款是因为意志以外的原因，如因经营不善、被骗、市场风险等，不应以贷款诈骗罪定罪处罚。

典型真题

甲受国有事业单位委派，担任某农村信用合作社主任。某日，乙找甲，说要贷款200万做生意，但无任何可抵押财产也无担保人，不符合信贷条件。乙表示若能贷出款来，就会给甲10万元作为辛苦费。于是甲嘱咐该合作社主管信贷的职员丙“一定办好此事”。丙无奈，明知不符合条件仍然放贷。乙当即给甲10万元，其余190万元贷后用于挥霍，经合作社多次催收，乙拒绝归还。请回答93-94题。（2008年·四川卷二·93-94题）

93. 甲的行为触犯的罪名是？①

A. 受贿罪　　B. 贷款诈骗罪　　C. 玩忽职守罪　　D. 违法发放贷款罪

94. 对于乙、丙的行为，下列说法正确的是？②

A. 乙构成贷款诈骗罪

B. 乙构成行贿罪

C. 丙构成违法发放贷款罪

D. 丙构成玩忽职守罪

3. 本罪的主体：自然人。

单位贷款诈骗的认定？全国人大常委会关于《中华人民共和国刑法》第30条的解释：公司、企业、事业单位、机关、团体等单位实施刑法规定的危害社会的行为，刑法分则和其他法律未规定追究单位的刑事责任的，对组织、策划、实施该危害社会行为的人依法追究刑事责任③——即，本罪是自然人犯罪，如果单位贷款诈骗的，追究主要责任人员贷款诈骗罪的责任。

典型真题

X公司系甲、乙二人合伙依法注册成立的公司，以钢材批发零售为营业范围。丙因自己的公司急需资金，便找到甲、乙借款，承诺向X公司支付高于银行利息五个百分点的利息，并另给甲、乙个人好处费。甲、乙见有利可图，即以购买钢材为由，以X公司的名义

① 答案：AD。

② 答案：ABC。

③ 根据2014年的立法解释，单位实施贷款诈骗的，既然单位不能成立贷款诈骗罪的主体，就不要再变换罪名了，直接追究单位中的直接责任人员的贷款诈骗罪的刑事责任。2005年卷二16. 甲公司为了解决资金不足，以与虚构的单位签订供货合同的方法，向银行申请获得贷款200万元，并将该款用于购置造酒设备和原料，后因生产、销售假冒注册商标的红酒被查处，导致银行贷款不能归还。该题按2005年的相关规定，只能追究单位合同诈骗罪的刑事责任。而根据2014年的立法解释，应追究单位中自然人贷款诈骗罪的刑事责任。

向某银行贷款1000万元，贷期半年。甲、乙将贷款按约定的利息标准借与丙，丙给甲、乙各10万元的好处费。半年后，丙将借款及利息还给X公司，甲、乙即向银行归还本息。关于甲、乙、丙行为的定性，下列哪一选项是正确的？（2008年·卷二·11题）①

A. 甲、乙构成高利转贷罪，丙无罪

B. 甲、乙构成骗取贷款罪，丙无罪

C. 甲、乙构成高利转贷罪、非国家工作人员受贿罪，丙构成对非国家工作人员行贿罪

D. 甲、乙构成骗取贷款罪、非国家工作人员受贿罪，丙构成对非国家工作人员行贿罪

三、信用卡诈骗罪

（一）重要争议问题提示：信用卡犯罪不要区分对机器、对人使用

理论上有一种观点认为，信用卡犯罪，如果是针对机器使用（在ATM机上取款），由于机器不能成为被骗的对象，成立盗窃罪；如果是针对人使用（在银行柜台取款、商场柜台消费），成立信用卡诈骗罪。大陆法系国家刑法理论与审判实践的“机器不能被骗”理论认为，只有对自然人实施欺骗行为，才可能构成诈骗罪。在德、日刑法学中对此亦有不少反对意见。日本学者平野龙一指出：“诈骗罪以欺骗行为使他人陷入‘错误’为要件。因此，采用吸铁石从老虎机中吸出并取得弹子时，或者以铁片取代硬币从自动贩卖机中取得香烟时，由于不存在错误，所以不是诈骗，而是盗窃。”德国刑法理论也明确指出：刑法第263条的诈骗罪，“以欺骗与错误为前提，符合这一要素的无疑是人的错误而不是机器的‘错误’。”

但我国立法例与此不同，日本刑法规定了独立的计算机诈骗罪，欺骗计算机的，就没有必要再认定为诈骗罪。当然，作为一种理论观点，我国有学者建议区分对机器、对人使用成立不同的犯罪，有其一定的意义，对未来的立法修改亦有参考意义。

信用卡诈骗罪之所以不区分对机器、对人使用，主要理由如下：

第一，从立法、司法解释、审判实践中的做法来看，从未规定要区别对待。《刑法》第196条关于信用卡诈骗罪的规定中，对行为人用卡的方式未作任何规定，更未规定必须对人使用。相反，为了纠正“对机器使用成立盗窃罪”的观点，最高司法机关专门出台批复。2008年最高人民检察院《关于拾得他人信用卡并在自动柜员机（ATM机）上使用的行为如何定性问题的批复》指出：拾得他人信用卡并在自动柜员机（ATM机）上使用的行为，以信用卡诈骗罪追究刑事责任。如果捡拾信用卡后对人使用，当然也成立信用卡诈骗罪。

第二，信用卡诈骗罪，在司法实务中的常见形态就是“恶意透支”型。稍有实务常识的都可以知道，审判实践中认定恶意透支型信用卡诈骗罪，不可能会调查行为人使用信用卡的方式是对机器还是对人使用，只要以非法占有为目的，恶意透支信用卡达到一定的数额，符合相关条件，就成立信用卡诈骗罪。试想，如果甲在国内捡拾一张信用卡后，持卡在国外消费，后又回中国。难道我们要派国际刑警去国外调查一下，他是对机器还是对人使用该卡。显然这是不现实的。有兴趣的同学可以自行上中国裁判文书网查找相关案例，

① 答案：C。

无数涉信用卡犯罪的案件，中国审判实践中无一例外地不作区分！

第三，我国刑法、司法解释对盗窃罪、信用卡诈骗罪规定了不同数额的定罪标准，将信用卡犯罪区分对机器使用成立盗窃罪，对人使用成立信用卡诈骗罪，将导致严重的罪刑失衡。如果区分将会导致拾得他人信用卡在银行或特约商户取款消费的以信用卡诈骗罪（最低立案标准为5000元）定性，而拾得他人信用卡在ATM机上使用的以盗窃罪（最低立案标准为1000元）定性的情况，两种行为从客观行为到主观罪过都相差无几，而处理上后者却要重于前者，这也不符合罪刑相适应原则。此外，如果行为人拾得他人信用卡后，既在银行或特约商户取款消费，又在ATM机上使用，前者按信用卡诈骗罪定罪，后者按盗窃罪定罪，则还需要实行数罪并罚，必然加大司法机关的工作难度，也不利于贯彻罪刑相适应原则。最高人民检察院研究室韩耀元、吴峤滨：《〈最高人民检察院关于拾得他人信用卡并在自动柜员机（ATM机）上使用的行为如何定性问题的批复〉的理解与适用》。

第四，人工智能时代的到来，意味着很多由人完成的工作，都将由人的代表"机器"来完成，固守"机器不能成为被骗的对象"是否合适，值得进一步思考。退一步讲，机器不能被骗，那机器背后的人呢，难道也不能被骗吗？将信用卡对人使用，如在商场柜台消费、结账时，服务员也不对持卡人进行实质审查，只要密码正确被POS机接受就可以了，何来的"骗人"呢？

近年来，我本人接触了不下20件信用卡犯罪的案件，与司法人员、银行工作人员进行了不下50次的沟通，从未发现他们有这样的疑惑。相反，如何论证行为人是否"恶意透支"，有非法占有目的，才是认定行为人是否构成信用卡诈骗罪的关键。审判实务的重心是结合行为人的透支数额、还款情况、消费情况、资产状况、银行流水等，综合判断行为人是否有非法占有目的，进而认定信用卡诈骗罪。所谓的区分对机器、对人使用，真的是"不是问题"的"问题"。法考真题，从未要求区分对机器、对人使用而构成不同的犯罪。

（二）信用卡诈骗罪的客观表现形式（《刑法》第196条）

1. 使用伪造的信用卡，或者使用以虚假的身份证明骗领的信用卡的。

2. 使用作废的信用卡的。

3. 冒用他人信用卡的。根据2018年最高人民法院、最高人民检察院《关于办理妨害信用卡管理刑事案件具体应用法律若干问题的解释》，"冒用他人信用卡"主要包括如下形式：

（1）拾得他人信用卡并使用的；

（2）骗取他人信用卡并使用的；

（3）窃取、收买、骗取或者以其他非法方式获取他人信用卡信息资料，并通过互联网、通讯终端等使用的；

（4）其他冒用他人信用卡的情形。

4. 恶意透支。持卡人以非法占有为目的，超过规定限额或者规定期限透支，经发卡银行两次有效催收后超过3个月仍不归还的。

［总结］1. 信用卡诈骗罪的表现形式，其本质在于用的不是自己真实的信用卡，除非是恶意透支的情形。根据刑法规定，并无区分对机器、对人使用进而成立不同犯罪——这

是立法的明确规定。

2. 理论上有一种观点认为，信用卡犯罪，如果是针对机器使用信用卡，由于机器不能成为被骗的对象，成立盗窃罪；如果是针对人使用非本人的信用卡，成立信用卡诈骗罪。

（三）"恶意透支"型信用卡诈骗罪，如何认定行为人是"恶意"透支，从而认定其有"非法占有目的"？

1. 对于是否以非法占有为目的，应当综合持卡人信用记录、还款能力和意愿、申领和透支信用卡的状况、透支资金的用途、透支后的表现、未按规定还款的原因等情节作出判断。

不得单纯依据持卡人未按规定还款的事实认定非法占有目的。具有以下情形之一的，应当认定为《刑法》第196条第2款规定的"以非法占有为目的"，但有证据证明持卡人确实不具有非法占有目的的除外——如下情形推定为有"非法占有目的"：

（1）明知没有还款能力而大量透支，无法归还的；

（2）使用虚假资信证明申领信用卡后透支，无法归还的；

（3）透支后通过逃匿、改变联系方式等手段，逃避银行催收的；

（4）抽逃、转移资金，隐匿财产，逃避还款的；

（5）使用透支的资金进行犯罪活动的；

（6）其他非法占有资金，拒不归还的情形。

2. 司法解释对"以非法占有为目的"的推定情形作进一步完善。

（1）不再将"肆意挥霍透支的资金，无法归还的"作为认定"以非法占有为目的"的情形之一。司法实践普通反映，"肆意挥霍"的认定存在较大弹性，受持卡人自身情况和消费时间、地点等因素影响较大，且难以准确把握与信用卡"透支消费"这一最重要功能的界限，不利于信用卡功能的正常发挥和持卡人合法权益的有效维护。

（2）将"使用虚假资信证明申领信用卡后透支，无法归还的"增设为认定非法占有目的的情形之一。实践中，一些持卡人通过提供虚假的财产状况、收入、职务等资信证明材料的方式，骗领信用卡或者提高信用卡的授信额度后透支，导致无法归还的情况时有出现。此种情形，反映持卡人具有相当的主观恶性，且往往是实施信用卡套现、信用卡诈骗的前提和基础，危害较大，有必要加以规制。基于此，将此种情形纳入认定非法占有目的的情形。

（3）增加但书规定。鉴于司法实践的情况比较复杂，应当允许对具有本款规定推定"以非法占有为目的"的情形提出反证，即"有证据证明持卡人确实不具有非法占有目的的除外"。

3. 司法解释强调了经过两次"有效催收"。并且，对"有效催收"作了明确规定。

包括：在透支超过规定限额或者规定期限后进行；催收应当采用能够确认持卡人收悉的方式，但持卡人故意逃避催收的除外；两次催收至少间隔三十日；符合催收的有关规定或者约定。对于是否属于有效催收，应当根据发卡银行提供的电话录音、信息送达记录、信函送达回执、电子邮件送达记录、持卡人或者其家属签字以及其他催收原始证据材料作出判断。

4. 使用"真人真卡"即本人真实信用卡进行"恶意透支"的，定罪标准为5万元，普通信用卡诈骗罪的定罪标准为5000元。

恶意透支的数额，是指公安机关刑事立案时尚未归还的实际透支的本金数额，不包括利息、复利、滞纳金、手续费等发卡银行收取的费用。归还或者支付的数额，应当认定为归还实际透支的本金。

5. 发卡银行违规以信用卡透支形式变相发放贷款，持卡人未按规定归还的，不适用《刑法》第196条“恶意透支”的规定。构成其他犯罪的（如骗取贷款罪、贷款诈骗罪等），以其他犯罪论处。

（四）罪数

信用卡就相当于通向财富的钥匙，行为人欲实施信用卡犯罪，需要两个步骤：

第一，获取信用卡（相当于获取他人家中的钥匙）。

第二，使用信用卡（用钥匙开他人家门）。

其中，第一个行为并没有实质上侵犯他人的财产权利，原则上不应该以犯罪论处。第二个行为是获取财物的核心步骤，原则上应该以第二个行为作为认定犯罪的依据，应认定为信用卡诈骗罪。这就好比，无论是通过何种方式获取他人家中的钥匙，后续使用该钥匙开门取走财物的，应以后行为（盗窃罪）定性。从这一意义上看，无论是通过何种方式获取他人信用卡，后续使用的行为，都应该认定为信用卡诈骗罪（以后行为定罪），除非刑法有特别规定。具体如下：

1. 无论是以合法还是非法的方式获取信用卡，如果没有使用该卡的，原则上不认定为犯罪。

（1）这就相当于盗窃、诈骗、捡拾他人的家中钥匙、汽车钥匙，如果没有使用的，由于钥匙、信用卡本身不值钱，不宜以犯罪论处。

（2）但是，以虚假的方式骗领信用卡的行为，刑法有专门规定，成立妨害信用卡管理罪。

2. 以合法或非法方式获取信用卡后，再使用该卡的，使用行为是获取财产的关键，应认定为信用卡诈骗罪。

例如，捡拾、抢夺、骗取、敲诈勒索、通过虚假的方式骗领信用卡后，再使用该卡的，成立信用卡诈骗罪。

2008年最高人民检察院《关于拾得他人信用卡并在自动柜员机（ATM机）上使用的行为如何定性问题的批复》指出：拾得他人信用卡并在自动柜员机（ATM机）上使用的行为，以信用卡诈骗罪追究刑事责任。如果捡拾信用卡后对人使用，当然也成立信用卡诈骗罪。

3. 盗窃、抢劫他人“真实”的信用卡后再使用的，应成立盗窃罪、抢劫罪。

这是《刑法》及司法解释的明文规定，《刑法》第196条第3款规定，盗窃信用卡并使用的，成立盗窃罪。最高人民法院《关于审理抢劫、抢夺刑事案件适用法律若干问题的意见》规定：抢劫信用卡并使用的，成立抢劫罪。还有人主张，盗窃、抢劫信用卡之后再使用的，应区分当场还是事后使用。如果当场使用的，可以认为是抢劫、盗窃行为的延伸，成立抢劫罪、盗窃罪；如果是事后使用的，使用行为另成立信用卡诈骗罪。这种观点并不合理，其实，当场还是事后使用，并没有本质区别。

（1）如果本人盗窃信用卡，他人明知是盗窃的信用卡而使用的，对他人应以盗窃罪的共犯论处。这种情况可以解释为盗窃行为还没有完全结束，行为人中途加入进来的可以成立共同犯罪。

（2）如果他人不知是盗窃的信用卡而冒名使用的，对他人应定信用卡诈骗罪。

例如，甲偷了一张信用卡，欺骗乙说："这是我捡到的信用卡，我们一起去取钱吧！"随后，甲、乙二人一起持卡取钱。甲是盗窃信用卡并使用，成立盗窃罪；乙是捡拾信用卡并使用，成立信用卡诈骗罪。

（3）但是，盗窃、抢劫伪造、作废的信用卡，并在知道是伪造、作废信用卡后而使用的，应认定为信用卡诈骗罪。这种信用卡并不是通往财富的钥匙，本身就是不能用的，后续使用伪造、作废的信用卡本身应该单独评价，不能认为是盗窃、抢劫行为的必然延伸。

4. 用 POS 机套现的，POS 机主成立非法经营罪。持卡人如没有非法占有目的，不构成犯罪，否则，成立信用卡诈骗罪。

例如，甲是经销商，有 POS 机，顾客乙到甲处购买 100 元的东西，甲刷了乙 1000 元的信用卡，然后甲找给乙 900 元现金，即套现 900 元，乙事后支付甲 50 元"手续费"。根据信用卡管理办法，信用卡原则上是不能取现的，国家出台信用卡的目的就是为了刺激消费，而不是为了放贷。如果要通过信用卡取现，银行是要收取很高的利息的。本案中，行为人通过虚假交易（或者说虚开高价）的方式套现，显然是违反信用卡管理的规定的，甲成立非法经营罪。实际上甲这是在非法经营金融业务。

[总结] 1. 根据立法、司法解释，凡涉使用信用卡的犯罪，犯罪分子用的不是本人真实的信用卡，成立信用卡诈骗罪。例外：盗窃、抢劫真实信用卡后再使用的，成立盗窃罪、抢劫罪——做题时以法律的规定为标准。

2. 理论上有一种观点：信用卡对机器使用的，成立盗窃罪；对人使用的，成立信用卡诈骗罪。

2018 年真金题：甲、乙共谋盗窃丙的银行卡，乙偷窥到丙的密码，甲盗窃了丙的卡。甲去 ATM 取钱，乙帮忙望风掩护，显示余额有 7 万，甲取出了 2 万，但骗乙说卡里只有 1 万，并分了 5000 元给乙。后甲又自己取了 5 万——甲成立盗窃罪，金额是 7 万；乙成立盗窃罪，金额 2 万。

2013 年卷二 15. 甲、乙为朋友。乙出国前，将自己的借记卡（背面写有密码）交甲保管。后甲持卡购物，将卡中 1.3 万元用完。乙回国后发现卡里没钱，便问甲是否用过此卡，甲否认——甲的行为成立信用卡诈骗罪

2010 年卷二 14. 张某窃得同事一张银行借记卡及身份证，向丈夫何某谎称路上所拾。张某与何某根据身份证号码试出了借记卡密码，持卡消费 5，000 元——张某构成盗窃罪，何某构成信用卡诈骗罪。

典型真题

1. 关于信用卡诈骗罪，下列哪些选项是错误的？（2017 年 · 卷二 · 58 题）[1]

A. 以非法占有目的，用虚假身份证明骗领信用卡后又使用该卡的，应以妨害信用卡管理罪与信用卡诈骗罪并罚

① 答案：ACD。

B. 根据司法解释，在自动柜员机（ATM机）上擅自使用他人信用卡的，属于冒用他人信用卡的行为，构成信用卡诈骗罪

C. 透支时具有归还意思，透支后经发卡银行两次催收，超过3个月仍不归还的，属于恶意透支，成立信用卡诈骗罪

D.《刑法》规定，盗窃信用卡并使用的，以盗窃罪论处。与此相应，拾得信用卡并使用的，就应以侵占罪论处

2. 高某（杀害钱某后）回到小屋时，发现了钱某的LV手提包（价值5万元），包内有5000元现金、身份证和一张储蓄卡，高某将现金据为己有。三天后，高某将LV提包送给前女友尹某，尹某发现提包不是新的，也没有包装，问："是偷来的还是骗来的"，高某说："不要问包从哪里来。我这里还有一张储蓄卡和身份证，身份证上的人很像你，你拿着卡和身份证到银行柜台取钱后，钱全部归你。"尹某虽然不知道全部真相，但能猜到包与卡都可能是高某犯罪所得，但由于爱财还是收下了手提包，并冒充钱某从银行柜台取出了该储蓄卡中的2万元——高某将钱某的储蓄卡与身份证交给尹某取款2万元的行为性质：如果认为死者占有信用卡，则高某、尹某属于盗窃信用卡并使用，成立盗窃罪；如果认为死者不占有信用卡，则高某、尹某属于"捡拾"无人占有的信用卡再使用，成立信用卡诈骗罪。（2015年·卷四）

3. 被告人江某与被害人郑某是同一家电脑公司的工作人员，二人同住一间集体宿舍。某日，郑某将自己的信用卡交江某保管，3天之后索回。一周后，郑某发现自己的信用卡丢失，到银行挂失时，得知卡上1.5万元已被人取走。郑某报案后，司法机关找到了江某。江承认是其所为，但对作案事实前后供述不一。第一次供述称，在郑某将信用卡交其保管时，利用以前与郑某一起取款时偷记下的郑某信用卡上的密码，私下在取款机上取款；第二次供述称，是仿制了一张信用卡后，用所获取的郑某信用卡上的有关信息取款；第三次供述却称，是拾得郑某的信用卡后，用该卡取款。但被害人郑某怀疑是江某盗窃其信用卡后取走卡上所存的钱款。请回答以下（1）－（4）题。（2003年·卷二·85-88题）

（1）如果郑某将信用卡交江某保管时，江某私下用来取走了现金，下列说法正确的是？①

A. 江某构成侵占罪

B. 江某构成信用卡诈骗罪

C. 江某构成盗窃罪

D. 江某不构成犯罪

（2）如果江某用自己仿制的信用卡在自动取款机上提取了现金，下列说法正确的是？②

A. 江某构成伪造金融票证罪

B. 江某构成伪造信用卡罪

C. 江某构成信用卡诈骗罪

D. 应该实行数罪并罚

---

① 答案：B。

② 答案：C。

(3) 如果江某拾得信用卡后，用该信用卡在自动取款机上提取了现金，下列说法错误的是?①

A. 江某构成侵占罪

B. 江某构成信用卡诈骗罪

C. 江某构成侵占遗失物罪

D. 江某不构成犯罪，其行为属不当得利

(4) 如果江某盗窃信用卡后，用该信用卡在自动取款机上提取了现金，下列说法正确的是?②

A. 江某构成盗窃信用卡罪

B. 江某构成信用卡诈骗罪

C. 江某既构成盗窃罪又构成信用卡诈骗罪，应实行数罪并罚

D. 江某构成盗窃罪

4. 关于《刑法》分则条文的理解，下列哪些选项是错误的？(2011年·卷二·58题)③

A. 即使没有《刑法》第二百六十九条的规定，对于犯盗窃罪，为毁灭罪证而当场使用暴力的行为，也要认定为抢劫罪

B. 即使没有《刑法》第二百六十七条第二款的规定，对于携带凶器抢夺的行为也应认定为抢劫罪

C. 即使没有《刑法》第一百九十六条第三款的规定，对于盗窃信用卡并在ATM取款的行为，也能认定为盗窃罪（内容正确）④

D. 即使没有《刑法》第一百九十八条第四款的规定，对于保险事故的鉴定人故意提供虚假的证明文件为他人实施保险诈骗提供条件的，也应当认定为保险诈骗罪的共犯

5. 甲捡到乙的手机，猜出了支付宝密码，用支付宝蚂蚁花呗（第三方支付平台）在网上向商家购买了价值3万元的商品。请问下列选项中哪些是正确的？(2019年真金题)⑤

A. 甲导致乙向第三方支付平台借款后，又使用该款项，构成盗窃罪

B. 因商家没有被骗，故对商家不构成诈骗罪

---

① 答案：ACD。

② 答案：D。

③ 答案：AB。

④《刑法》第196条第3款明确规定，盗窃信用卡并使用的，成立盗窃罪。该规定将盗窃信用卡、使用信用卡的两个行为综合评价为盗窃罪。根据《刑法》第196条第3款的规定，对于如何使用信用卡并没有细分，盗窃信用卡后，无论是在机器上使用，还是对人使用，均成立盗窃罪一罪。如果没有《刑法》第196条第3款的规定，如何评价盗窃信用卡后再使用的行为，刑法并无其他规定。理论上可能存在不同的观点，如可以将盗窃信用卡后的使用行为认定为是事后不可罚行为，仅认定为盗窃罪一罪，无论是后续对机器使用还是对人使用。也有观点认为，盗窃信用卡后对机器使用的，应成立盗窃罪；对人使用的，成立信用卡诈骗罪。还有观点认为，盗窃信用卡后对机器使用的，因为信用卡本身并不值钱，盗窃信用卡的行为没有必要作为犯罪处理，惩罚的重点还是后续使用信用卡，使用信用卡的行为（对机器使用）也成立信用卡诈骗罪。所以，如果没有《刑法》第196条第3款的规定，盗窃信用卡并在ATM机上取钱的行为，可能会存在不同的意见，成立盗窃罪，或者信用卡诈骗罪。因此，本选项“即使没有《刑法》第一百九十六条第三款的规定，对于盗窃信用卡并在ATM取款的行为，也能认定为盗窃罪”，并没有下绝对的结论，只是认为也“能”认定为盗窃罪，即在众多观点中，也“能”认定是盗窃罪，是方案之一。请注意该选项与本题A选项“也要”、B选项“也应”、D选项“也应当”在表述上的差异。

⑤ 答案：ABCD。

C. 因没有欺骗乙，故对乙不构成诈骗罪

D. 虽然蚂蚁花呗具有借贷功能，但其不属于信用卡，故甲的行为不构成信用卡诈骗

[延伸阅读案例] 扫描付款二维码转移财产构成盗窃罪。

2017年4月，被告人段君华以非法占有为目的，利用其本人及他人的身份信息，在“VV商户”（随行付）微信公众号平台注册段君华等5个资金账户，并绑定相关银行卡账户。同月14日至17日，被告人段君华在非法获得他人“银联钱包”APP内设定的付款二维码信息后，利用“VV商户”账户的扫码功能，采用扫描付款二维码的方法，将他人在“银联钱包”APP所绑定的银行卡账户内资金转至其控制的个人银行账户，骗取资金共计7万余元。法院认定为盗窃罪。

法院认为，本案中被告人段君华的转账是小额免密的转账，无需被害人一方作出任何辨认或者判断，是没有被害人财产处分这一环节的，因此和信用卡诈骗罪中的信用卡诈骗行为所要求的同时具有冒用信息和被害人处分的行为特征不符。而被告人段君华直接用本人的手机扫取他人付款二维码的行为与盗窃行为所要求的直接夺取性相一致，符合盗窃罪的构成要件。

对于本案定性持不同意见者认为被告人的行为可以适用《刑法》第196条第1款第（三）项冒用他人信用卡的情形，即符合窃取、收买、骗取或者以其他非法方式获取他人信用卡信息资料，并通过互联网、通讯终端等使用的行为特征，构成信用卡诈骗罪。那么，本案中的二维码信息不可以直接等同于信用卡信息资料。付款二维码信息虽然是在支付账户基础上建立起来的条码信息，但是根据2017年12月中国人民银行《条码支付业务规范（试行）》的相关规定，可以推断出付款二维码信息不能等同于信用卡账户信息。该规范第18条指出，条码信息仅限包含当次支付相关信息，不应包含任何与客户及其账户相关的支付敏感信息；移动终端显示的条码，不得包含未经加密处理的客户本人账户信息。从上述条文至少可以推断，付款二维码信息是包含当次支付有关的商户信息、受理终端类型和代码，交易时间、地点、金额、类型、渠道、发起方式等信息的条码信息，具有单次性；同时信用卡账户信息和二维码信息是有加密系统隔断的，不能说被告人获取了被害人的付款二维码信息即获得了被害人的信用卡账户信息。

四、保险诈骗罪

1. 罪数：只要是行为人故意制造保险事故，并基于此来骗取保险金的，应并罚。

（1）故意造成财产损失的保险事故，骗取保险金的；

（2）故意造成被保险人死亡、伤残或者疾病，骗取保险金的。

[注意] 对于仅制造保险事故，如放火烧毁保险标的，而尚未申请理赔的，即保险诈骗行为尚处于预备阶段。制造保险事故的放火行为既是保险诈骗的预备行为又是放火罪的实行行为。一个放火行为，触犯了两个罪名，属于想象竞合犯，只需要按高度行为即放火罪定罪处罚，而不需要数罪并罚。

2. 以职务侵占罪、贪污罪论处的情形：保险公司的员工本人利用职务上的便利骗取保险金的，以职务侵占罪或贪污罪论处。

3. 保险理赔过程中，虽然实施了欺诈行为，但并没有造成保险公司的实际损失的，

不宜以保险诈骗罪论处。

例如，甲为其妻子投保了重大疾病险，范围包括艾滋病、肝癌等。后甲妻死于艾滋病，本可拿到一笔赔偿金。但甲告知保险公司，其妻死于肝癌，拿到了本该得到的同等数额的赔偿金。甲的行为不构成犯罪。

4. 主体：身份犯。投保人、被保险人、受益人（即客户方）。

《刑法》第198条第4款规定："保险事故的鉴定人、证明人、财产评估人故意提供虚假的证明文件，为他人诈骗提供条件的，以保险诈骗的共犯论处"。该规定属于法律注意规定，即使没有该条规定，也应该这样处理。

2004年卷二5. 个体户甲开办的汽车修理厂系某保险公司指定的汽车修理厂家。甲在为他人修理汽车时，多次夸大汽车毁损程度，向保险公司多报汽车修理费用，从保险公司骗取12万余元——甲的行为构成诈骗罪，不构成保险诈骗罪，因为甲不符合保险诈骗罪的主体身份。

典型真题

甲将自己的汽车借给乙，乙醉酒驾驶并造成交通事故。后甲找到在私营保险公司当定损员的朋友陈某，告知其真相，请求其帮忙向保险公司申请赔偿。陈某遂向保险公司报告说是丁驾车造成事故，并隐瞒其他不利于甲的事实。甲顺利获得7万元保险赔偿。（事实三）

88. 关于事实三的分析，下列选项正确的是？（2016年·卷二·88题）①

A. 甲对发生的保险事故编造虚假原因，骗取保险金，触犯保险诈骗罪

B. 甲既触犯保险诈骗罪，又触犯诈骗罪，由于两罪性质不同，应数罪并罚

C. 陈某未将保险金据为己有，因欠缺非法占有目的不构成职务侵占罪

D. 陈某与甲密切配合，骗取保险金，两人构成保险诈骗罪的共犯

五、金融凭证诈骗罪

《刑法》第194条第2款：（金融凭证诈骗罪）使用伪造、变造的委托收款凭证、汇款凭证、银行存单等其他银行结算凭证的，依照前款的规定处罚。

1. 对象：伪造、变造的委托收款凭证、汇款凭证、银行存单。

2. 本罪的对象是假的凭证。如果行为人是使用他人真实的金融凭证，拿到柜台上取钱，成立诈骗罪。

2017年卷二14. A. 与银行工作人员相勾结，使用伪造的银行存单，骗取银行巨额存款的，构成金融凭证诈骗罪。

第六节　危害税收征管罪

一、逃税罪

《刑法》第201条：纳税人采取欺骗、隐瞒手段进行虚假纳税申报或者不申报，逃避缴纳

① 答案：AD。

税款数额较大并且占应纳税额百分之十以上的，处三年以下有期徒刑或者拘役，并处罚金；数额巨大并且占应纳税额百分之三十以上的，处三年以上七年以下有期徒刑，并处罚金。

扣缴义务人采取前款所列手段，不缴或者少缴已扣、已收税款，数额较大的，依照前款的规定处罚。

对多次实施前两款行为，未经处理的，按照累计数额计算。

有第一款行为，经税务机关依法下达追缴通知后，补缴应纳税款，缴纳滞纳金，已受行政处罚的，不予追究刑事责任；但是，五年内因逃避缴纳税款受过刑事处罚或者被税务机关给予二次以上行政处罚的除外。

1. 立法背景及理由。

《刑法修正案（七）》以“逃避缴纳税款”代替原“偷税”概念，恢复了该项罪行的本来意义，肯定了纳税人对其私有财产的合法权利，明确纳税人不履行纳税义务的行为，侵害的是国家基于税法规定对纳税人享有的财产请求权。刑法不再使用“偷税”的表述，反映出立法者在公民财产理解上的变化和对私有财产权的尊重与保护。

2. 定罪标准。

（1）纳税人：逃避缴纳税款数额较大并且占应纳税额百分之十以上的。立法之所以采取“数额+比例”的立法模式，主要是考虑到逃税人为社会所做的贡献。例如，甲今年纳税1亿，逃税100万。虽然逃税金额较大，但所占比例较小，不宜以逃税罪论处。毕竟他为国家贡献了1亿元的税收。

（2）扣缴义务人：数额较大。只看数额，不看比例，因为钱本身就是扣缴义务人替国家暂时收的，其本身并没有为国家税收作出贡献。扣缴义务人既非纯粹意义上的纳税人，又非实际负担税款的负税人，只是负有代为扣税并缴纳税款法定职责之义务人。它的义务由法律基于行政便宜主义而设定，为法定义务。例如，个人所得税中，个人所得税以支付所得的单位或者个人为扣缴义务人。

2015年卷二91. 朱某系某县民政局副局长，率县福利企业年检小组到同学黄某任厂长的电气厂年检时，明知该厂的材料有虚假、残疾员工未达法定人数，但朱某以该材料为准，使其顺利通过年检。为此，电气厂享受了不应享受的退税优惠政策，获取退税300万元——黄某使电气厂获取300万元属于骗取退税300万元，不属于“逃避缴纳税款”，不构成逃税罪，应以诈骗罪论处。

3. 认定中的几个问题。

（1）初犯不罚。纳税人（注意：不含扣缴义务人）经税务机关依法下达追缴通知后，补缴应纳税款，缴纳滞纳金，并且接受行政处罚的，不予追究刑事责任。① 但是，五年内

① 根据《立案追诉标准（二）》第57条的规定，纳税人在公安机关立案后再补缴应纳税款、缴纳滞纳金或者接受行政处罚的，不影响刑事责任的追究。换言之，纳税人在公安机关立案后仍然没有补缴应纳税款、缴纳滞纳金或者接受行政处罚的，违法性可能升高到客观可罚的程度。

“不追究刑事责任”是指不追究逃税罪的刑事责任。如果行为人以走私的方式逃税，即便不追究逃税罪的刑事责任，走私犯罪仍应被追究刑事责任。

例如，2017年卷二13. 甲系外贸公司总经理，在公司会议上拍板：为物尽其用，将公司以来料加工方式申报进口的原材料剩料在境内销售。该行为未经海关许可，应缴税款90万元，公司亦未补缴。如海关下达补缴通知后，外贸公司补缴应纳税款，缴纳滞纳金，接受行政处罚。即便不追究其逃税罪的刑事责任，也应追究走私普通货物、物品罪的刑事责任。

曾因逃避缴纳税款受过刑事处罚或者被税务机关给予二次以上行政处罚的除外。

（2）无证经营者只要是经营合法的内容，可以成为逃税罪的主体。

（3）使用伪造、变造、盗窃的武装部队车辆号牌，不缴或者少缴应纳的车辆购置税、车辆使用税等税款，定逃税罪。但如果是骗免过路费、过桥费的，定诈骗罪。

（4）税务人员与纳税人相互勾结，共同实施偷税行为，情节严重的，以逃税罪的共犯论处，从重处罚。行为同时触犯徇私舞弊不征、少征税款罪的，属于想象竞合犯，从一重罪处罚。

4. 逃税罪与逃避追缴欠税罪。

	逃税罪	逃避追缴欠税罪
主体	纳税人、扣缴义务人	纳税人
犯罪目的	意图通过欺骗、隐瞒税务机关，达到不缴或者少缴“应纳税款”的目的	意图达到逃避税务机关追缴其所“欠缴的应纳税款”的目的
行为方式	采取伪造、变造、隐匿、擅自销毁账簿、记账凭证，在账簿上多列支出或者不列、少列收入，经税务机关通知申报而拒不申报或者进行虚假的纳税申报的手段，不缴或少缴应纳税款的行为	采取转移或者隐匿财产的手段致使税务机关无法追缴欠缴的税款的行为

［案例］由崔永元举报而引发的范冰冰“阴阳合同”一案终于浮出水面。2018 年 6 月初，群众举报范冰冰“阴阳合同”涉税问题后，国家税务总局高度重视，即责成江苏等地税务机关依法开展调查核实。从调查核实情况看，范冰冰在电影《大轰炸》剧组拍摄过程中实际取得片酬 3000 万元，其中 1000 万元已经申报纳税，其余 2000 万元以拆分合同方式偷逃个人所得税 618 万元，少缴营业税及附加 112 万元，合计 730 万元。此外，还查出范冰冰及其担任法定代表人的企业少缴税款 2.48 亿元，其中偷逃税款 1.34 亿元。由于范冰冰属于首次被税务机关按偷税予以行政处罚且此前未因逃避缴纳税款受过刑事处罚，上述定性为偷税的税款、滞纳金、罚款在税务机关下达追缴通知后在规定期限内缴纳的，依法不予追究刑事责任。

二、骗取出口退税罪

1. 骗取出口退税罪与逃税罪之间的关系。

（1）行为人完全没有缴纳税款，骗取国家出口退税的，成立骗取出口退税罪——行为人根本没有交税。

（2）已经缴纳了一定数额的税款，通过欺骗的方式将该税款骗回来的，成立逃税罪。

例如，甲因为生产了 A 货物缴纳了税款 100 万元，后甲虚构出口销售的事实，骗取国家出口退税 100 万元。此种情形下，甲仅成立逃税罪 100 万元。

（3）如果行为人不仅仅骗回了自己已经缴纳的税款，还另外多骗取了国家财产的，成立逃税罪与骗取出口退税罪，数罪并罚（一行为触犯数罪名，想象竞合犯，但刑法规定要数罪并罚）。

例如，甲之前已经缴纳了税款 100 万元，后虚构出口销售的事实，骗取国家出口退税 180 万元，甲成立逃税罪（100 万）与骗取出口退税罪（80 万），数罪并罚。

2. 骗取出口退税罪的牵连犯：实施骗取出口退税犯罪，同时构成虚开增值税专用发票罪等其他犯罪的，依照刑法处罚较重的规定定罪处罚。

3. 国家工作人员参与实施骗取出口退税犯罪活动的，以骗取出口退税罪从重处罚。参见2002年《关于审理骗取出口退税刑事案件具体应用法律若干问题的解释》第8条。

三、抗税罪

《刑法》第202条：以暴力、威胁方法拒不缴纳税款的，处三年以下有期徒刑或者拘役，并处拒缴税款一倍以上五倍以下罚金；情节严重的，处三年以上七年以下有期徒刑，并处拒缴税款一倍以上五倍以下罚金。

1. 转化犯：在抗税过程中，致人重伤、死亡的，以故意伤害罪、故意杀人罪定罪处罚。

2. 主体：自然人。单位领导指挥员工暴力抗税的，以个人犯罪（抗税罪）追究直接责任人员的刑事责任。

3. 本罪的行为方式只有“暴力和威胁”两种，没有其他方法。如果行为人没有采用暴力、威胁方法而是寻找各种借口和理由，软磨硬泡，拖欠税款的，则不能以抗税罪论处。

四、虚开增值税专用发票、用于骗取出口退税、抵扣税款发票罪

1. “虚开”的含义：为他人虚开、为自己虚开、让他人为自己虚开、介绍他人虚开行为之一的——处罚相关的所有人员。

2. 虚开增值税专用发票、用于骗取出口退税、抵扣税款发票而骗取国家税款的，是本罪与诈骗罪的法条竞合，应以本罪论处。

3. 成立本罪，应具有骗取国家税款的可能性。

刑法将虚开增值税专用发票规定为犯罪，主要是为了惩治那些为自己或为他人偷逃、骗取国家税款而虚开增值税专用发票的行为。因此，对于确有证据证实行为人主观上不具有偷、骗税目的，客观上也不会造成国家税款流失的虚开增值税专用发票行为，不以虚开增值税专用发票犯罪论处，构成其他犯罪的，以其他犯罪定罪处罚。

据此，在货物销售过程中，一般纳税人为夸大销售业绩，虚增货物的销售环节，虚开进项增值税专用发票和销项增值税专用发票，但依法缴纳增值税款并未造成国家税款损失的，不应以虚开增值税专用发票犯罪论处。为夸大企业经济实力，通过虚开进项增值税专用发票虚增企业的固定资产，但并未利用增值税专用发票抵扣税款，增值税款亦未受到损失的，也不应以虚开增值税专用发票罪定罪处罚。①

2020年真金题：甲为让自己的公司成功上市，虚开增值税专用发票以虚构公司业务量，但并不抵扣税款，甲不构成虚开增值税专用发票罪。

4. 罪数。

（1）伪造并出售伪造的增值税专用发票的，定伪造、出售伪造的增值税专用发票罪。

① 牛克乾：《虚开增值税专用发票、用于骗取出口退税、抵扣税款发票犯罪法律适用的若干问题》，最高人民法院编：《刑事审判参考》，第49集，法律出版社2006年版，第139-140页。

（2）非法购买增值税专用发票又虚开的，定虚开增值税专用发票罪。

（3）非法购买增值税专用发票又出售的，定非法出售增值税专用发票罪。

（4）购买伪造的增值税专用发票又虚开的，定虚开增值税专用发票罪。

（5）购买伪造的增值税专用发票又出售的，定出售伪造的增值税专用发票罪。

（6）盗窃增值税专用发票或者可以用于骗取出口退税、抵扣税款的其他发票的，定盗窃罪。

（7）使用欺骗手段骗取增值税专用发票或者可以用于骗取出口退税、抵扣税款的其他发票的，定诈骗罪。

［总结］（1）（2）（3）（4）（5）中以后面的行为定罪，（6）（7）将发票视同财物，偷发票的成立盗窃罪，骗发票的成立诈骗罪。

典型真题

对涉及增值税专用发票的犯罪案件，下列哪些处理是正确的？（2003 年 · 卷二 · 44 题）①

A. 非法购买增值税专用发票的，按非法购买增值税专用发票罪定罪处罚

B. 非法购买增值税专用发票后又虚开的，按非法购买增值税专用发票罪和虚开增值税专用发票罪并罚

C. 非法购买增值税专用发票后又出售的，按非法出售增值税专用发票罪定罪处罚

D. 非法购买伪造的增值税专用发票后又出售的，按出售伪造的增值税专用发票罪定罪处罚

五、虚开发票罪　持有伪造的发票罪

1. 虚开发票罪。

《刑法》第 205 条之一：虚开本法第二百零五条规定以外的其他发票，情节严重的，处二年以下有期徒刑、拘役或者管制，并处罚金；情节特别严重的，处二年以上七年以下有期徒刑，并处罚金。

单位犯前款罪的，对单位判处罚金，并对其直接负责的主管人员和其他直接责任人员，依照前款的规定处罚。

2. 持有伪造的发票罪。

《刑法》第 210 条之一：明知是伪造的发票②而持有，数量较大的，处二年以下有期徒刑、拘役或者管制，并处罚金；数量巨大的，处二年以上七年以下有期徒刑，并处罚金。

单位犯前款罪的，对单位判处罚金，并对其直接负责的主管人员和其他直接责任人员，依照前款的规定处罚。

① 答案：ACD。

② “伪造的发票”，不仅指伪造的普通发票，也包括伪造的增值税专用发票和其他具有出口退税、抵扣税款功能的收付款凭证或者完税凭证，即所有的发票。

专题二十七

侵犯社会法益之犯罪：破坏社会主义市场经济秩序罪（下）

知识体系

- 侵犯社会法益之犯罪：破坏社会主义市场经济秩序罪（下）
  - 第七节 侵犯知识产权罪
    - 假冒注册商标罪
    - 侵犯著作权罪
    - 侵犯商业秘密罪
  - 第八节 扰乱市场秩序罪
    - 合同诈骗罪
    - 非法经营罪
    - 组织、领导传销活动罪
    - 强迫交易罪
    - 提供虚假证明文件罪
    - 损害商业信誉、商品声誉罪
    - 虚假广告罪

第七节 侵犯知识产权罪

一、假冒注册商标罪

《刑法》第213条：未经注册商标所有人许可，在同一种商品、服务上使用与其注册商标相同的商标，情节严重的，处三年以下有期徒刑，并处或者单处罚金；情节特别严重的，处三年以上十年以下有期徒刑，并处罚金。[本条经《刑法修正案（十一）》修改]

1. 行为方式：未经注册商标所有人许可，在同一种商品上使用与他人注册商标相同的商标。包括：

（1）改变注册商标的字体、字母大小写或者文字横竖排列，与注册商标之间基本无差别的；

（2）改变注册商标的文字、字母、数字等之间的间距，与注册商标之间基本无差别的；

（3）改变注册商标颜色，不影响体现注册商标显著特征的；

（4）在注册商标上仅增加商品通用名称、型号等缺乏显著特征要素，不影响体现注册商标显著特征的；

（5）与立体注册商标的三维标志及平面要素基本无差别的；

（6）其他与注册商标基本无差别、足以对公众产生误导的商标。

参见 2020 年 9 月 12 日最高人民法院、最高人民检察院《关于办理侵犯知识产权刑事案件具体应用法律若干问题的解释（三）》第 1 条。

上述 6 种行为方式的实质在于，使用与他人注册商品相同或相似的商标，可能误导公众的，属于假冒注册商标罪的行为方式。

2. 罪数。

（1）生产、销售假冒注册商标的伪劣商品的，不并罚，从一重罪处罚。

（2）实施假冒注册商标犯罪，又销售该假冒注册商标的商品，构成犯罪的，以假冒注册商标罪定罪处罚——针对的是同一对象，定一罪。

（3）实施假冒注册商标犯罪，又销售明知是他人的假冒注册商标的商品的，以假冒注册商品罪与销售假冒注册商标的商品罪数罪并罚——针对的是不同对象，数罪并罚。①

3. 尚未附着或者尚未全部附着假冒注册商标标识的侵权产品价值，也应计入非法经营数额的问题。

在计算制造、储存、运输和未销售的假冒注册商标侵权产品价值时，对于已经制作完成但尚未附着（含加贴）或者尚未全部附着（含加贴）假冒注册商标标识的产品，如果有确实、充分证据证明该产品将假冒他人注册商标，其价值计入非法经营数额——2011 年《关于办理侵犯知识产权刑事案件适用法律若干问题的意见》第 7 条。

二、侵犯著作权罪

《刑法》第 217 条：以营利为目的，有下列侵犯著作权或者与著作权有关的权利的情形之一，违法所得数额较大或者有其他严重情节的，处三年以下有期徒刑，并处或者单处罚金；违法所得数额巨大或者有其他特别严重情节的，处三年以上十年以下有期徒刑，并处罚金：

（一）未经著作权人许可，复制发行、通过信息网络向公众传播其文字作品、音乐、美术、视听作品、计算机软件及法律、行政法规规定的其他作品的；

（二）出版他人享有专有出版权的图书的；

（三）未经录音录像制作者许可，复制发行、通过信息网络向公众传播其制作的录音录像的；

（四）未经表演者许可，复制发行录有其表演的录音录像制品，或者通过信息网络向公众传播其表演的；

（五）制作、出售假冒他人署名的美术作品的；

（六）未经著作权人或者与著作权有关的权利人许可，故意避开或者破坏权利人为其

① 《刑法修正案（十一）》对《刑法》第 214 条销售假冒注册商标的商品罪进行了修改，将其定罪标准从“销售金额数额较大”修改为“违法所得数额较大或者有其他严重情节的”，不再以“销售数额”作为定罪的标准。

作品、录音录像制品等采取的保护著作权或者与著作权有关的权利的技术措施的。[本条经《刑法修正案（十一）》修改]

1. 主观：营利目的。

包括直接营利、间接营利目的。例如，以在他人作品中刊登收费广告、捆绑第三方作品等方式直接或者间接收取费用的；通过信息网络传播他人作品，或者利用他人上传的侵权作品，在网站或者网页上提供刊登收费广告服务，直接或者间接收取费用的；以会员制方式通过信息网络传播他人作品，收取会员注册费或者其他费用的等。

2. 侵犯著作权罪与诈骗罪。

（1）原则上：认定侵犯著作权罪。制作、出售假冒他人署名的美术作品的，虽然具有欺骗的故意，但一般也属于侵犯著作权罪（经营性欺诈，特别法优先）。

（2）特殊情形下：认定诈骗罪，以实现罪刑相适应。如果用赝品诈骗他人巨额钱财的，仅定侵犯著作权罪这一轻罪难以实现罪刑均衡的，以诈骗罪论处更为妥当。

（3）没有欺诈故意的侵犯著作权行为，仅认定为侵犯著作权罪。例如，盗版书商直接告知购买者是盗版书，并出售的，仅定侵犯著作权罪。

典型真题

赵某多次临摹某著名国画大师的一幅名画，然后署上该国画大师姓名并加盖伪造印鉴，谎称真迹售得收入六万元。对赵某的行为如何定罪处罚？（2009 年 · 卷二 · 14 题）[①]

A. 按诈骗罪和侵犯著作权罪，数罪并罚

B. 按侵犯著作权罪处罚

C. 按生产、销售伪劣产品罪处罚

D. 按非法经营罪处罚

3. 保护法益：“复制发行权”。

（1）侵犯著作权罪必须是侵犯了特定的个人的著作权，如果作品无著作权人，则不能成为侵犯著作权罪的对象。

例如，复制唐代画家的画并出售，不宜认定为是侵犯了著作权。

又如，行为人在自己制作的美术作品上假冒他人（如著名画家）署名的，只是侵犯了他人的姓名权，而没有侵犯他人的署名权，不应认定为本罪。出售该作品的，成立诈骗罪或其他相应的犯罪。

再如，所制作、出售的美术作品的署名为虚无人的，也不成立侵犯著作权罪。

2020 年《关于办理侵犯知识产权刑事案件具体应用法律若干问题的解释（三）》规定，在作品、录音制品上以通常方式署名的自然人、法人或者非法人组织，应当推定为著作权人或者录音制作者，且该作品、录音制品上存在着相应权利，但有相反证明的除外。

（2）“发行”要求侵权复制品有一定的“载体”，且意味着取得侵权复制品的人具有可以随时或者反复使用侵权复制品的可能性。有“载体”，产品才可能流向市场。

“发行”的本质特征是传播作品，出租作品当然也是传播作品的一种方式。不宜将发行解释太过宽泛，如果将发行解释为播放，那几乎只要是“使用”盗版音像制品的行为都

① 答案：B。

应该认定为是侵犯著作权罪，这显然是不合适的。

司法解释规定，“发行”，包括总发行、批发、零售、通过信息网络传播以及出租、展销等活动。侵权产品的持有人通过广告、征订等方式推销侵权产品的，属于“发行”。

(3)“深度链接”行为亦侵犯了复制发行权，成立侵犯著作权罪，这属于通过信息网络向公众传播他人作品的行为。

例如，甲申请注册网站域外后设立X网站，并租用服务器，通过安装相关软件完成网站和服务器的链接。然后未经著作权人许可，通过X网站管理后台，链接至Y资源网获取影视作品种子文件索引地址，以设置目录、索引等方式向用户推荐作品，并通过强制提供特定播放软件等方式，为X网站用户提供浏览、下载上述影视作品的网络服务。这种深度链接行为扩大了侵权产品的传播范围，宜认定为侵犯著作权罪的正犯行为。

(4)《刑法修正案（十一）》将该罪的行为方式增设了：通过信息网络向公众传播，故意避开或者破坏权利人采取的保护著作权或者与著作权有关的权利的技术措施。

2014年卷二51. B. 将卡拉OK厅未经著作权人许可大量播放其音像制品的行为，认定为侵犯著作权罪中的“发行”——该选项的内容错误，“播放”不能被认定为“发行”。[①]

4. 罪数。

(1) 实施了侵犯著作权的行为，又销售该侵权复制品的，仅定侵犯著作权罪。

(2) 实施了侵犯著作权的行为，又销售了其他人的侵权复制品的，应当以侵犯著作权罪与销售侵权复制品罪数罪并罚。

典型真题

李某为了牟利，未经著作权人许可，私自复制了若干部影视作品的VCD，并以批零兼营等方式销售，销售金额为11万元，其中纯利润6万元。李某的行为构成何罪？（2003年·卷二·5题）[②]

A. 销售侵权复制品罪

B. 侵犯著作权罪

C. 非法经营罪

D. 生产、销售伪劣产品罪

三、侵犯商业秘密罪

商业秘密，是指不为公众所知悉，具有商业价值并经权利人采取相应保密措施的技术信息、经营信息等商业信息。

商业秘密的权利人，是指商业秘密的所有人和经商业秘密所有人许可的商业秘密使用人。

1. 客观表现形式。

(1) 以盗窃、贿赂、欺诈、胁迫、电子侵入或者其他不正当手段获取权利人的商业秘

① 播放音像制品的行为，没有转移著作权载体的所有权、使用权，只是行为人本人使用行为，而不是允许他人使用的发行行为。将“使用”解释到“发行”中，是将性质不同的一类行为解释到另一类行为之中，二者是并列关系，属类推解释，违反罪刑法定原则。“发行”是将侵权作品本身（内容加载体）转让出去，而播放只是展示作品的内容，并没有将作品本身转让出去。

② 答案：B。

密的——非法获取[①]；

（2）披露、使用或者允许他人使用以前项手段获取的权利人的商业秘密的——非法获取后使用；

（3）违反保密义务或者违反权利人有关保守商业秘密的要求，披露、使用或者允许他人使用其所掌握的商业秘密的——明知是以不当方式获得的仍使用；

（4）明知前款所列行为，获取、披露、使用或者允许他人使用该商业秘密的。

其中，“盗窃”包括：采取非法复制、未经授权或者超越授权使用计算机信息系统等方式窃取商业秘密的；“其他不正当手段”包括：以贿赂、欺诈等方式获取权利人的商业秘密的。

[总结] 获取商业秘密的行为方式不正当，或者明知是通过不正当的行为方式获取的商业秘密而使用。其中，“电子侵入”是《刑法修正案（十一）》新增加的重要行为方式，“电子侵入”应当定义为行为人不具有对存储权利人商业秘密信息电子载体的访问权限或未经授权，或超越其访问权限或授权范围，通过“黑客”“病毒植入”“爬虫”“拖库撞库”“端口监听”等相当的各种电子信息技术手段，非法获取权利人商业秘密的行为。

2. 法条竞合。侵犯商业秘密罪与其他侵财型犯罪之间会存在竞合关系，侵犯商业秘密罪属于特别法，优先适用。盗窃技术成果等商业秘密的，按照侵犯商业秘密罪（而不是盗窃罪）定罪处罚。同样，利用胁迫等方式获取商业秘密的，也定侵犯商业秘密罪。

3. 新设罪名：为境外非法获取商业秘密罪。《刑法修正案（十一）》增设了第219条之一：“为境外的机构、组织、人员窃取、刺探、收买、非法提供商业秘密的，处五年以下有期徒刑，并处或者单处罚金；情节严重的，处五年以上有期徒刑，并处罚金。”此外，单位实施商业间谍犯罪的，也应被追究刑事责任。

典型真题

下列关于侵犯商业秘密罪的说法哪些是正确的？（2004年·卷二·52题）[②]

A. 窃取权利人的商业秘密，给其造成重大损失的，构成侵犯商业秘密罪

B. 捡拾权利人的商业秘密资料而擅自披露，给其造成重大损失的，构成侵犯商业秘密罪[③]

C. 明知对方窃取他人的商业秘密而购买和使用，给权利人造成重大损失的，构成侵犯商业秘密罪

D. 使用采取利诱手段获取权利人的商业秘密，给权利人造成重大损失的，构成侵犯商业秘密罪

---

① 2020年9月12日最高人民法院、最高人民检察院《关于办理侵犯知识产权刑事案件具体应用法律若干问题的解释（三）》第3条规定：采取非法复制、未经授权或者超越授权使用计算机信息系统等方式窃取商业秘密的，应当认定为刑法第二百一十九条第一款第一项规定的“盗窃”。

以贿赂、欺诈、电子侵入等方式获取权利人的商业秘密的，应当认定为刑法第二百一十九条第一款第一项规定的“其他不正当手段”。

② 答案：ACD。

③ 行为人是以合法的手段获取的秘密，不成立侵犯商业秘密罪。

第八节　扰乱市场秩序罪

一、合同诈骗罪

（一）如何认定非法占有目的

1. 只要在获取“标的物”之前有非法占有目的，才认为是“非法占有目的”。合同诈骗罪的非法占有目的的对象不是“合同”，而是“合同”的标的物（或货款）。

2.“非法占有目的”存在于签订、履行合同的过程中。因此，签订合同时并无非法占有目的，履行合同过程中才产生非法占有目的，并实施合同诈骗行为，骗得对方财物的，仍可构成合同诈骗罪。

2017 年卷二 14. D. 签订合同时并无非法占有目的，履行合同过程中才产生非法占有目的，后收受被害人货款逃匿的，构成合同诈骗罪。

（二）认定中的其他问题

1. 合同诈骗罪中的“合同”应限于“经济合同”。

合同诈骗罪中“合同”约定的内容必须受市场秩序所调整，不受市场秩序调整或者主要不受市场秩序调整的“合同”，如不具有交易性质的赠与合同，婚姻、监护、收养、扶养等有关身份关系的协议，以及主要受劳动法、行政法调整的劳务合同、行政合同等，不属于合同诈骗罪中的“合同”。质言之，合同诈骗罪中，合同的内容（标的物）不仅仅存在于合同签订的双方，还会走向市场。

行为人利用伪造的遗赠扶养协议向继承人骗取被继承人的遗产，就不属于合同诈骗罪。例如，行为人以生活窘迫为名，立下借条（合同）骗借他人财物后挥霍一空而不予偿还的，不宜以合同诈骗罪定罪。又如，司法实践中经常发生的，以招工等名义与他人签订合同，从而骗取押金、培训费等的，也不能以合同诈骗罪定罪。至于合同形式是书面还是口头的，则不影响合同诈骗罪的成立。但其性质宜限于经济合同，至少对方当事人应是从事经营活动的市场主体，否则也难以认定为合同诈骗罪。例如，甲得知自己的朋友乙（一般公民）有大量存款，便产生诈骗故意。甲声称，自己有一笔绝对赚钱的生意，投资 50 万元后会有巨额回报。二人签订合同后，甲携款逃逸。甲的行为不宜认定为合同诈骗罪，而是诈骗罪。

侯某某合同诈骗案中，2012 年 1 月，被告人侯某某虚构其承包了洪雅县“馨雅丽都”项目的钢筋工程，许诺将该工程转包给被害人刘某某，并与被害人刘某某签订虚假的《钢筋单项工程承包施工合同》，骗取被害人刘某某工程保证金人民币 20000 元。2012 年 2 月，被告人侯某某以“王海彬”的假名，使用上述方法，骗取被害人魏某某工程保证金人民币 30000 元。法院认定侯某某犯合同诈骗罪。①

2. 行为人获取财物是基于合同。

（1）合同的签订、履行行为是导致被害人陷入认识错误而作出财产处理的主要原因。

① 四川省双流县人民法院刑事判决书，（2015）双流刑初字第 614 号。

利用合同即是其诈骗行为的关键。

（2）采用了合同的形式，但是被害人之所以陷入错误认识并非主要基于合同的签订、履行，而是合同以外的因素使其陷入了错误认识而交付财物的，应认定为诈骗罪。

不能简单以“签订合同+骗取财物”为标准来判断构成合同诈骗罪。即应当考察行为人骗取财物与合同本身的内在联系，只有行为人获取财物是基于合同，才能认定为合同诈骗罪；如果行为人虽然与被害人签订了合同，但最终获得财物与该合同并没有直接的联系，则不宜认定为合同诈骗罪。

二、非法经营罪

1. 非法经营的表现形式。(《刑法》第225条)

（1）未经许可经营法律、行政法规规定的专营、专卖物品或者其他限制买卖的物品的；

（2）买卖进出口许可证、进出口原产地证明以及其他法律、行政法规规定的经营许可证或者批准文件的；①

（3）未经国家有关主管部门批准，非法经营证券、期货或者保险业务的；或者非法从事资金支付结算业务的；

（4）其他严重扰乱市场秩序的非法经营行为。

2. 其他严重扰乱市场秩序的非法经营行为。

主要包括：第一，金融领域：

（1）非法买卖外汇，以卖为目的的购买行为成立本罪，但单纯的购买行为不成立本罪。

（2）持卡人之外的其他人违反国家规定，使用销售点终端机具（POS机）等方法，以虚构交易、虚开价格、现金退货等方式向信用卡持卡人直接支付现金，属于非法从事资金结算业务，情节严重的。

（3）未经依法核准，擅自发行基金份额募集基金。

第二，传媒领域：

（4）非法经营出版物；构成《刑法》第103、105（国家安全）、217、218（著作权）、246（侮辱）、250（歧视少数民族）、363、364（淫秽）条规定之犯罪的除外。

（5）非法经营国际电信业务或者涉港澳台电信业务进行营利活动。

（6）违反国家规定，擅自设立互联网上网服务营业场所，或者擅自从事互联网上网服务经营活动，情节严重的。

（7）违反国家规定，以营利为目的，通过信息网络有偿提供删除信息服务，或者明知是虚假信息，通过信息网络有偿提供发布信息等服务，扰乱市场秩序的。

（8）擅自设置手机基站，发布广告信息等。

第三，食品、药品领域：

（9）以提供给他人生产、销售食品为目的，违反国家规定，生产、销售国家禁止用于食品生产、销售的非食品原料，情节严重的。

① 如果同时触犯了买卖国家机关公文、证件罪和非法经营罪，依照处罚较重的规定定罪处罚。

（10）违反国家规定，生产、销售国家禁止生产、销售、使用的农药、兽药，饲料、饲料添加剂，或者饲料原料、饲料添加剂原料，情节严重的。

（11）违反国家规定，私设生猪屠宰厂，从事生猪屠宰、销售等经营活动，情节严重的。①

（12）违反国家在预防、控制突发传染病疫情等灾害期间有关市场经营、价格管理等规定，哄抬物价、牟取暴利，严重扰乱市场秩序。

（13）违反国家药品管理法律规定，未取得或者使用伪造、变造的药品经营许可证，非法经营药品，情节严重。

（14）以提供给他人生产、销售药品为目的，违反国家规定，生产、销售不符合药用要求的非药品原料、辅料，情节严重。

第四，博彩、游戏领域：

（15）传销或者变相传销的。

[注意] 组织、领导传销活动的，构成组织、领导传销活动罪。

（16）未经国家批准擅自发行、销售彩票，构成犯罪的。

（17）以提供给他人开设赌场为目的，违反国家规定，非法生产、销售具有退币、退分、退钢珠等赌博功能的电子游戏设施设备或者其专用软件，情节严重。

（18）刷信誉，销售游戏软件外挂的。

[应试技巧] 1. 非法经营罪是口袋罪，能定其他罪名的，尽量不定非法经营罪；

2. 凡是国家限制、禁止经营的，需要经过许可才可以经营的，不经过允许而实施的，都是非法经营罪；

3. 近年来新增加的非法经营罪的表现形式，以及从非法经营罪中独立出去成立新罪名（组织、领导传销活动罪，组织出卖人体器官罪）的情况，是考试的重心。

典型真题

1. 关于刑事责任的追究，下列哪些选项是正确的？（2009 年·卷二·54 题）②

A. 甲非法从事资金支付结算业务，构成非法吸收公众存款罪

B. 乙采取欺骗手段进行虚假纳税申报，逃避缴纳税款 1，000 万元，但经税务机关依法下达追缴通知后，补缴了应纳税款。即便乙拒绝缴纳滞纳金，也不应当再对其追究刑事责任

C. 丙明知赵某实施高利转贷行为获利 200 万元，而为其提供资金帐户的，构成洗钱罪

D. 丁组织多名男性卖淫，由于《刑法》第三百五十八条并未限定组织卖淫罪中的被组织者是妇女，对丁应当追究刑事责任

2. 下列哪些行为构成非法经营罪？（2009 年·卷二·57 题）③

---

① 2013 年《最高人民法院、最高人民检察院关于办理危害食品安全刑事案件适用法律若干问题的解释》第 12 条规定，违反国家规定，私设生猪屠宰厂（场），从事生猪屠宰、销售等经营活动，情节严重的，依照《刑法》第 225 条的规定以非法经营罪定罪处罚。实施前款行为，同时又构成生产、销售不符合安全标准的食品罪，生产、销售有毒、有害食品罪等其他犯罪的，依照处罚较重的规定定罪处罚。

② 答案：CD。

③ 答案：AC。

A. 甲违反国家规定，擅自经营国际电信业务，扰乱电信市场秩序，情节严重

B. 乙非法组织传销活动，扰乱市场秩序，情节严重

C. 丙买卖国家机关颁发的野生动物进出口许可证

D. 丁复制、发行盗版的《国家计算机考试大纲》①

---

3. 如何理解非法经营罪所要求的“违反国家规定”？

（1）国家规定，是指违反全国人民代表大会及其常务委员会制定的法律和决定，国务院制定的行政法规、规定的行政措施、发布的决定和命令。

（2）即便违反了国家规定，但尚未达到严重扰乱市场秩序的危害程度，也不构成非法经营罪。

例如，王力军案，王力军没有办理粮食收购许可证及工商营业执照买卖玉米，其行为违反了当时的国家粮食流通管理有关规定，但尚未达到严重扰乱市场秩序的危害程度，一审认定为非法经营罪，最高人民法院指令再审后改判无罪。（最高人民法院第19批指导案例）

（3）非法经营罪是一种经营行为，如果不涉及“经营”，不应认定为是非法经营罪。

例如，刘某为归还澳门赌债，通过汉龙集团及其控制的相关公司，将资金转入范某的账户，后通过地下钱庄将5亿多元人民币兑换成港币，偿还了其在澳门的赌债。由于刘某没有牟利目的，不属于经营行为，不成立非法经营罪。

三、组织、领导传销活动罪

《刑法》第224条之一：组织、领导以推销商品、提供服务等经营活动为名，要求参加者以缴纳费用或者购买商品、服务等方式获得加入资格，并按照一定顺序组成层级，直接或者间接以发展人员的数量作为计酬或者返利依据，引诱、胁迫参加者继续发展他人参加，骗取财物，扰乱经济社会秩序的传销活动的，处五年以下有期徒刑或者拘役，并处罚金；情节严重的，处五年以上有期徒刑，并处罚金。

1. 主体的认定。以单位名义实施组织、领导传销活动犯罪的，对于受单位指派，仅从事劳务性工作的人员，一般不予追究刑事责任。

2. 传销组织的性质。“骗取财物”是对诈骗型传销组织（活动）的描述，只有当行为人组织、领导的传销活动具有“骗取财物”的性质时，才成立组织、领导传销活动罪。

3. 罪数。

（1）以非法占有为目的，组织、领导传销活动，同时构成组织、领导传销活动罪和（集资）诈骗罪的，依照处罚较重的规定定罪处罚——理由：一行为。

（2）犯组织、领导传销活动罪，并实施故意伤害、非法拘禁、敲诈勒索、妨害公务、聚众扰乱社会秩序、聚众冲击国家机关、聚众扰乱公共场所秩序、交通秩序等行为，构成犯罪的，依照数罪并罚的规定处罚——理由：数行为。

[延伸阅读] 近年来，传销组织在手段上不断翻新，打着“金融创新”的旗号，以网

---

① 2011年最高人民法院、最高人民检察院、公安部《关于办理侵犯知识产权刑事案件适用法律若干问题的意见》第12条规定，非法出版、复制、发行他人作品，侵犯著作权构成犯罪的，按照侵犯著作权罪定罪处罚，不认定为非法经营罪等其他犯罪。

络形式进行传销的案件时有发生，危害性极大。实践中，常见的“资本运作型”网络传销表现形式为：组织者、经营者注册一个电子商务企业，再以此名义建立一个电子商务网站，并以网络营销、网络直销等名义，变相收取入门费，设置各种返利机制，激励会员发展下线，以其直接或者间接发展的下线数量作为返利依据。此种方式运行过程中，几乎没有实际的商品交易行为，而是以虚拟的传销标的发展会员，其手段虽然披上了“资本运作”“金融创新”等外衣，但本质仍是通过发展下线组成层级关系并依靠返利获利，符合传销活动的本质特征。参见2018年7月最高人民检察院第十批指导性案例叶经生等组织、领导传销活动案。该案例指导意义在于：检察机关办理组织、领导传销活动犯罪案件时，应紧扣传销犯罪骗取财物的特征和构成要件，收集、审查、运用证据。特别应注意针对传销网站的经营特征与其他合法经营网站的区别，重点收集涉及入门费、设层级、拉人头等传销基本特征的证据及企业资金投入、人员组成、资金来源去向、网站功能等方面的证据，揭示传销犯罪没有创造价值，用后加入者的财物支付给前加入者，通过发展下线牟利骗取财物的本质。

四、强迫交易罪

《刑法》第226条：以暴力、威胁手段，实施下列行为之一，情节严重的，处三年以下有期徒刑或者拘役，并处或者单处罚金；情节特别严重的，处三年以上七年以下有期徒刑，并处罚金：

（一）强买强卖商品的；

（二）强迫他人提供或者接受服务的；

（三）强迫他人参与或者退出投标、拍卖的；

（四）强迫他人转让或者收购公司、企业的股份、债券或者其他资产的；

（五）强迫他人参与或者退出特定的经营活动的。

1. 本罪与抢劫罪、敲诈勒索罪之间的差异。

（1）强迫交易罪中有交易的成分在内，其实质在于违反了自愿交易的市场规则；而抢劫罪、敲诈勒索罪则完全没有交易的成分。

（2）如果“交易”的内容过于悬殊的，如强迫他人以10000元购买价值几百元的财物的，应认为是抢劫罪。实际上是以暴力、胁迫为手段，以商品交易为借口侵犯财产的，则应认定为抢劫或敲诈勒索等罪。

（3）强迫交易罪与抢劫罪、敲诈勒索罪之间存在竞合：因为既然强迫的程度低、数额差距较小的情况都成立强迫交易罪，那么，强迫的程度高、数额差距更大的情况，更应该成立强迫交易罪，同时亦触犯了抢劫罪、敲诈勒索罪。

2. 综合判断行为人是否具有非法占有他人财物的目的，认定是构成财产犯罪还是强迫交易罪。

2005年最高人民法院《关于审理抢劫、抢夺刑事案件适用法律若干问题的意见》规定：从事正常商品买卖、交易或者劳动服务的人，以暴力、胁迫手段迫使他人交出与合理价钱、费用相差不大钱物，情节严重的，以强迫交易罪定罪处罚；以非法占有为目的，以买卖、交易、服务为幌子采用暴力、胁迫手段迫使他人交出与合理价钱、费用相差悬殊的钱物的，以抢劫罪定罪处刑。在具体认定时，既要考虑超出合理价钱、费用的绝对数额，还要考虑超出合理价钱、费用的比例，加以综合判断。

2014 年最高人民检察院《关于强迫借贷行为适用法律问题的批复》规定，以暴力、胁迫手段强迫他人借贷，属于“强迫他人提供或者接受服务”，以强迫交易罪追究刑事责任；同时构成故意伤害罪等其他犯罪的，依照处罚较重的规定定罪处罚。以非法占有为目的，以借贷为名采用暴力、胁迫手段获取他人财物，以抢劫罪或者敲诈勒索罪追究刑事责任——实质：如果是想还的，成立强迫交易；如果是不想还的，成立抢劫罪。

五、提供虚假证明文件罪

《刑法》第 229 条：（提供虚假证明文件罪）承担资产评估、验资、验证、会计、审计、法律服务、保荐、安全评价、环境影响评价、环境监测等职责的中介组织的人员故意提供虚假证明文件，情节严重的，处五年以下有期徒刑或者拘役，并处罚金；有下列情形之一的，处五年以上十年以下有期徒刑，并处罚金：

（一）提供与证券发行相关的虚假的资产评估、会计、审计、法律服务、保荐等证明文件，情节特别严重的；

（二）提供与重大资产交易相关的虚假的资产评估、会计、审计等证明文件，情节特别严重的；

（三）在涉及公共安全的重大工程、项目中提供虚假的安全评价、环境影响评价等证明文件，致使公共财产、国家和人民利益遭受特别重大损失的。

有前款行为，同时索取他人财物或者非法收受他人财物构成犯罪的，依照处罚较重的规定定罪处罚。

（出具证明文件重大失实罪）第一款规定的人员，严重不负责任，出具的证明文件有重大失实，造成严重后果的，处三年以下有期徒刑或者拘役，并处或者单处罚金。[本条经《刑法修正案（十一）》修改]

1. 主体：承担资产评估、验资、验证、会计、审计、法律服务等职责的中介组织的人员。

2017 年最高人民法院、最高人民检察院《关于办理药品、医疗器械注册申请材料造假刑事案件适用法律若干问题的解释》第 1 条规定，药物非临床研究机构、药物临床试验机构、合同研究组织的工作人员，故意提供虚假的药物非临床研究报告、药物临床试验报告及相关材料的，也成立本罪。

2015 年卷二 91. 朱某系某县民政局副局长，率县福利企业年检小组到同学黄某任厂长的电气厂年检时，明知该厂的材料有虚假、残疾员工未达法定人数，但朱某以该材料为准，使其顺利通过年检。为此，电气厂享受了不应享受的退税优惠政策，获取退税 300 万元——本案中，黄某并不符合提供虚假证明文件罪的主体要件。本案中提供材料只是诈骗行为的方式，故构成诈骗罪。

2. 罪数：索取他人财物或者非法收受他人财物，又提供虚假证明文件的，同时构成其他犯罪的（如受贿罪、非国家工作人员受贿罪），择一重罪处罚。

六、损害商业信誉、商品声誉罪

《刑法》第 221 条：捏造并散布虚伪事实，损害他人的商业信誉、商品声誉，给他人造成重大损失或者有其他严重情节的，处二年以下有期徒刑或者拘役，并处或者单处罚金。

1. 本罪属于商业活动中的诽谤行为，必须捏造事实。

(1) 但刑法并不要求捏造并散布虚伪事实的行为要“公然实施”。针对他人固定的商业合作伙伴散布捏造的虚假事实，使他人因商业信誉、商品声誉受到破坏而无法开展经营活动的，也构成本罪。

(2) 只要没有虚构、编造不符合真相或者不存在的事实，不构成本罪。消费者对于生产者、经营者、销售者的产品质量或者服务质量无论怎样进行批评、评论，都不应当认为侵害了他人的名誉权。即便有一些过激的维权行为，如将有缺陷的某品牌空调当众砸毁、将有缺陷的某品牌的汽车用马拉着游街的行为，只要该产品确实存在所说的缺陷，就不能说该行为构成损害商业信誉、商品声誉罪。

2. 本罪要求损害“他人的”商业信誉、商品声誉，其中，“他人的”应作广义的理解，侵犯一个或者一类市场主体的商业信誉、商品声誉都可以成立本罪。

[案例]《刑事审判参考》指导案例第597号，纸包子案。2007年6月，訾北佳在担任北京电视台生活节目中心《透明度》栏目临时工作人员期间，通过查访，在未发现有人制作、出售肉馅内掺纸的包子的情况下，为显示工作业绩，密拍了卫全峰等人制作“纸馅包子”的过程。在节目后期制作中，訾北佳采用剪辑画面、虚假配音等方法，编辑制作了虚假电视专题片《纸做的包子》播出带，并隐瞒事实真相，使该虚假电视节目在北京电视台播出，造成恶劣影响，严重损害了相关行业商品的声誉。

判决指出：损害商业信誉、商品声誉罪中的“他人”，毋庸置疑应当具备一定的特定性，但对这种特定性的理解不能过于僵化，因为侵犯一个市场主体的商业信誉、商品声誉可以构成犯罪，但如果侵害了一类市场主体的商业信誉、商品声誉，作为危害更大的犯罪，举轻以明重，自然应当构成犯罪，这是逻辑解释的当然结论。

3. 为了损害竞争对手的商业信誉、商品声誉，在自己生产的劣质产品上假冒他人产品的注册商标，从而使他人受到重大损失的，应以假冒注册商标罪论处。

七、虚假广告罪

1. 本罪的主体：广告主（产品主人）、广告经营者（广告公司）、广告发布者（电视台或其他媒体）。

2. 罪数：利用虚假广告，推销伪劣商品、进行诈骗，又构成其他犯罪的，择一重罪处罚。(一般定诈骗罪)

3. 诈骗罪、虚假广告罪、适度的商业夸大宣传之间的关系。

(1) 诈骗罪本质上是“空手套白狼”。亦即在其行为后果中，牟取的非法利益构成其全部收益的绝大部分，而反过来说，其全部收益中的合理部分只占很小比例，微不足道。诈骗罪完全是为了非法占有他人的财物，利用广告作为诈骗手段，不存在提供给消费者商品或者服务的问题，是侵犯财产权利的犯罪。

(2) 虚假广告罪是破坏市场经济秩序的犯罪，并不主要是侵犯财产权利。即便实施了虚假广告行为，行为人也提供了相对应的对价商品，只是因为其虚假广告扰乱了市场秩序。

例如，说加入某种化学成分的水可以替代石油，用于汽车工业，就存在虚假宣传，超过社会容忍度，但提供了对价商品的，构成虚假广告罪。

（3）适度的夸大宣传，没有扰乱市场秩序的，不能认定为虚假广告罪。消费者一般也都认识到了广告的夸大性质，故不能将具有夸大性质的广告都认定为虚假广告。

例如，只是说某种产品质优价廉，说某种服务无与伦比的，不会使一般人陷入错误，即使夸大宣传不符合客观事实，也不构成虚假广告罪。（适度吹牛的行为不构成犯罪）

典型真题

对下列与扰乱市场秩序罪相关的案例的判断，哪一选项是正确的？（2007 年 · 卷二 · 10 题）①

A. 甲所购某名牌轿车行驶不久，发动机就发生故障，经多次修理仍未排除。甲用牛车拉着该轿车在闹市区展示。甲构成损害商品声誉罪

B. 广告商乙在拍摄某减肥药广告时，以肥胖的郭某当替身拍摄减肥前的画面，再以苗条的影视明星刘某作代言人夸赞减肥效果。事后查明，该药具有一定的减肥作用。乙构成虚假广告罪

C. 丙按照所在企业安排研发出某关键技术，但其违反保密协议将该技术有偿提供给其他厂家使用，获利 400 万元。丙构成侵犯商业秘密罪

D. 章某因房地产开发急需资金，以高息向丁借款 500 万元，且按期归还本息。丁尝到甜头后，多次发放高利贷，非法获利数百万元。丁构成非法经营罪

① 答案：C。

专题二十八

侵犯社会法益之犯罪：妨害社会管理秩序罪（上）

知识体系

- 侵犯社会法益之犯罪：妨害社会管理秩序罪（上）
  - 第一节　扰乱公共秩序罪
    - 妨害公务罪
    - 招摇撞骗罪
    - 伪造、变造、买卖国家机关公文、证件、印章罪，伪造公司、企业、事业单位、人民团体印章罪
    - 冒名顶替罪
    - 考试作弊类相关犯罪
    - 聚众斗殴罪
    - 组织、领导、参加黑社会性质组织罪
    - 赌博罪，开设赌场罪
    - 投放虚假危险物质罪，编造、故意传播虚假恐怖信息罪，编造、故意传播虚假信息罪
    - 高空抛物扰乱社会秩序罪
    - 寻衅滋事罪
    - 非法催收非法债务罪
    - 传授犯罪方法罪
    - 破坏计算机信息系统罪及相关犯罪
    - 帮助信息网络犯罪活动罪
    - 涉计算机犯罪的相关罪名及案例
  - 第二节　妨害司法罪
    - 伪证罪——自己说假话
    - 妨害作证罪，帮助毁灭、伪造证据罪
    - 虚假诉讼罪，泄露不应公开的案件信息罪
    - 窝藏、包庇罪
    - 掩饰、隐瞒犯罪所得、犯罪所得收益罪
    - 脱逃罪
    - 拒不执行判决、裁定罪，非法处置查封、扣押、冻结的财产罪

第一节 扰乱公共秩序罪

一、妨害公务罪

（一）行为方式及对象

1. 行为方式。

（1）以暴力、威胁方法阻碍国家机关工作人员依法执行职务。

（2）以暴力、威胁方法阻碍全国人民代表大会和地方各级人民代表大会依法执行代表职务。

（3）在自然灾害和突发事件中，以暴力、威胁方法阻碍红十字会工作人员依法履行职责。

（4）阻碍国家安全机关、公安机关依法执行国家安全工作任务，未使用暴力、威胁方法，造成严重后果。

（5）暴力袭击正在依法执行职务的人民警察的，特别从重处罚。①

2. 对“公务”的理解。

（1）公务至少必须形式上合法。形式上合法的公务不需要绝对地满足法律上所确定的全部要件，执行职务时没有重大的违背法律要件的情形，而只是轻微违反程序、手续的，职务执行的保护必要性仍然存在，公务行为没有违法性。

（2）事实上在履行公务的，亦认为是“公务”。例如，民警在非工作时间，依照《中华人民共和国人民警察法》等法律履行职责的，应当视为执行职务。参见2020年最高人民法院、最高人民检察院、公安部《关于依法惩治袭警违法犯罪行为的指导意见》。

（3）公务的具体实施者，不影响妨害公务罪的认定，即不限于国家机关工作人员。例如，2000年最高人民检察院《关于以暴力、威胁方法阻碍事业编制人员依法执行行政执法职务是否可对侵害人以妨害公务罪论处的批复》规定，包括如下对象：正在执行行政执法职务的国有事业单位人员；正在执行行政执法职务的国家机关中受委托从事行政执法活动的事业编制人员。

（二）罪数问题

1. 妨害公务罪可以包容轻伤害结果，如果造成重伤、死亡结果的，属于想象竞合犯，从一重罪（故意伤害罪、故意杀人罪）处罚。

2008年卷二17. 甲欠乙10万元久拖不还，乙向法院起诉并胜诉后，甲在履行期限内仍不归还。于是，乙向法院申请强制执行。当法院的执行人员持强制执行裁定书到甲家执行时，甲率领家人手持棍棒在门口守候，并将试图进入室内的执行人员打成重伤。甲的行为构成故意伤害罪。

① 经《刑法修正案（十一）》修正后：暴力袭击正在依法执行职务的人民警察的，处三年以下有期徒刑、拘役或者管制；使用枪支、管制刀具或者以驾驶机动车撞击等手段，严重危及其人身安全的，处三年以上七年以下有期徒刑。

2. 实施其他犯罪行为的过程中，又抗拒检查的，原则上要与妨害公务罪数罪并罚，因为行为人实施了两个行为。

但在如下两种情形下，妨害公务的行为，只作为一个加重处罚情节，不需要数罪并罚：

（1）走私毒品过程中抗拒检查的；

（2）组织、运送偷越国（边）境罪过程中抗拒检查的。

3. 妨害公务罪（一般法）与特殊领域的妨害公务行为的竞合，以特别法定罪。

例如，抗税罪，聚众阻碍解救被收买的妇女、儿童罪，劫夺被押解人员罪，组织越狱罪，暴动越狱罪，扰乱法庭秩序罪，破坏监管秩序罪等犯罪，是特别领域的妨害公务行为，也触犯了妨害公务罪。原则上从一重罪论处，由于妨害公务罪的法定刑较轻，故一般不以妨害公务罪论处。

典型真题

下列哪一行为应以妨害公务罪论处？（2016 年 · 卷二 · 19 题）①

A. 甲与傅某相互斗殴，警察处理完毕后让各自回家。傅某当即离开，甲认为警察的处理不公平，朝警察小腿踢一脚后逃走

B. 乙夜间入户盗窃时，发现户主戴某是警察，窃得财物后正要离开时被戴某发现。为摆脱抓捕，乙对戴某使用暴力致其轻微伤

C. 丙为使其弟逃跑，将前来实施行政拘留的警察打倒在地，其弟顺利逃走

D. 丁在组织他人偷越国（边）境的过程中，以暴力方法抗拒警察检查

二、招摇撞骗罪

1. 冒充的对象：国家机关工作人员。

（1）冒充人民警察招摇撞骗的，也定招摇撞骗罪，从重处罚，因为人民警察也属于国家机关工作人员。

（2）此种国家机关工作人员冒充彼种国家机关工作人员的，亦构成招摇撞骗罪。例如，2019 年真金题，将副乡长冒充市长招摇撞骗解释为冒充国家机关工作人员招摇撞骗，符合文理解释。

（3）不包括冒充军人，冒充军人招摇撞骗的，成立“冒充军人招摇撞骗罪”。

（4）如果行为人冒充非国家机关工作人员如高干亲属、烈士子弟等进行招摇撞骗活动的，不能构成本罪，达到犯罪程度的可以构成诈骗罪或者其他犯罪。

2. 骗取的内容：非法利益。本罪是扰乱公共秩序的犯罪，不是侵犯财产犯罪。

（1）骗取的内容：爱情、职位、荣誉、资格等，原则上不包括骗取财物。

（2）冒充国家机关工作人员骗取“少量”财物的，可以认为既触犯了招摇撞骗罪，又触犯了诈骗罪，定招摇撞骗罪可能更加合适，因为该罪既能评价行为人骗取他人财物的

---

① 答案：C。

属性，又能评价冒充国家机关工作人员的属性。

（3）冒充国家机关工作人员骗取他人“大量”财物的，以招摇撞骗罪与诈骗罪择一重罪处罚。（招摇撞骗罪的法定最高刑仅为10年有期徒刑，诈骗罪的法定最高刑为无期徒刑）

3. 单纯地“冒充”国家机关工作人员的行为，不构成犯罪。

（1）单纯地冒充国家机关工作人员，并不会损害国家机关工作人员在公众心中的良好形象。

例如，甲在学雷锋做好事，旁边的群众问他是在哪里上班，甲并不是国家机关工作人员，但对群众谎称是国家机关工作人员。甲的欺骗行为提升了国家机关工作人员在人民群众心中的形象。

（2）招摇撞骗罪的实质在于：“冒充”+“骗”。冒充之后，再去实施欺骗行为的，即干坏事，这才会损害国家机关工作人员的形象。

（3）冒充国家机关工作人员实施“抢劫”行为的，并没有“骗”也不成立招摇撞骗罪，仅构成抢劫罪。

4. 招摇撞骗罪的其他认定。

（1）行为人冒充正在执行公务的人民警察“抓赌”“抓嫖”，没收赌资或者罚款的行为，构成犯罪的，以招摇撞骗罪从重处罚；在实施上述行为中使用“暴力或者暴力威胁”的，以抢劫罪定罪处罚。

（2）行为人冒充治安联防队员“抓赌”“抓嫖”、没收赌资或者罚款的行为，构成犯罪的，以敲诈勒索罪定罪处罚；在实施上述行为中使用“暴力或者暴力威胁”的，以抢劫罪定罪处罚——理由：治安联防队员不是国家机关工作人员。

［案例］2013年3月29日，昆明市公安局新闻发言人办公室发布通报，3月22日，昆明市公安局专案组把假冒国务院研究室司长、国务院发展与研究中心研究员等虚假职位和身份进行招摇撞骗活动的嫌犯赵锡永抓获。赵锡永行骗3年，于3月8日被国务院政研室一纸公函戳穿。国务院研究室发文称：一个名叫赵锡永的男子冒充国务院研究室司长、“副部级巡视员”在云南调研。国务院政研室申明，该单位从未组织专家组赴云南考察调研，更没有一个叫赵锡永的人。赵锡永对自己实施招摇撞骗的行为供认不讳。

典型真题

关于罪数判断，下列哪一选项是正确的？（2013年·卷二·10题）①

A. 冒充警察招摇撞骗，骗取他人财物的，适用特别法条以招摇撞骗罪论处

B. 冒充警察实施抢劫，同时构成抢劫罪与招摇撞骗罪，属于想象竞合犯，从一重罪论处

C. 冒充军人进行诈骗，同时构成诈骗罪与冒充军人招摇撞骗罪的，从一重罪论处

D. 冒充军人劫持航空器的，成立冒充军人招摇撞骗罪与劫持航空器罪，实行数罪并罚

① 答案：C。

三、伪造、变造、买卖国家机关公文、证件、印章罪　伪造公司、企业、事业单位、人民团体印章罪

《刑法》第280条：（伪造、变造、买卖国家机关公文、证件、印章罪）（盗窃、抢夺、毁灭国家机关公文、证件、印章罪）伪造、变造、买卖或者盗窃、抢夺、毁灭国家机关的公文、证件、印章的，处三年以下有期徒刑、拘役、管制或者剥夺政治权利，并处罚金；情节严重的，处三年以上十年以下有期徒刑，并处罚金。

（伪造公司、企业、事业单位、人民团体印章罪）伪造公司、企业、事业单位、人民团体的印章的，处三年以下有期徒刑、拘役、管制或者剥夺政治权利，并处罚金。

（伪造、变造、买卖身份证件罪）伪造、变造、买卖居民身份证、护照、社会保障卡、驾驶证等依法可以用于证明身份的证件的，处三年以下有期徒刑、拘役、管制或者剥夺政治权利，并处罚金；情节严重的，处三年以上七年以下有期徒刑，并处罚金。

《刑法》第280条之一：（使用虚假身份证件、盗用身份证件罪）在依照国家规定应当提供身份证明的活动中，使用伪造、变造的或者盗用他人的居民身份证、护照、社会保障卡、驾驶证等依法可以用于证明身份的证件，情节严重的，处拘役或者管制，并处或者单处罚金。

有前款行为，同时构成其他犯罪的，依照处罚较重的规定定罪处罚。

（一）伪造、变造、买卖国家机关公文、证件、印章罪

1. “国家机关的公文、证件、印章”的界定。

（1）“国家机关”包括立法机关、行政机关与司法机关，以及中国共产党的各级机关和中国人民政治协商会议的各级机关。

（2）公文，是指以国家机关名义制作的处理公务的文书。

（3）证件，一般是指有权制作的国家机关颁发的，用以证实身份、权利义务或者其他事项的凭证。

（4）印章，包括印形和印影。印形，是指固定了国家机关名称等内容并可以通过一定的方式表示在其他物体上的图章；印影，是指印形加盖在纸张等物体上所呈现的现象。

此外，根据相关的法律解释，将本罪的对象进行了具体化的规定，包括但不限于下列情形：

（1）买卖伪造、变造的海关签发的报关单、进口证明、外汇管理部门核准等凭证和单据——1998年全国人大常委会《关于惩治骗购外汇、逃汇和非法买卖外汇犯罪的决定》。

（2）机动车牌证及机动车入户、过户、验证的有关证明文件——1998年最高人民法院、最高人民检察院、公安部、国家工商行政管理局《关于依法查处盗窃、抢劫机动车案件的规定》①。

（3）林木采伐许可证、木材运输证件，森林、林木、林地权属证书，占用或者征用林

① 注意：不包括民用机动车号牌。参见2009年最高人民法院研究室《〈关于伪造、变造、买卖民用机动车号牌行为能否以伪造、变造、买卖国家机关证件罪定罪处罚问题的请示〉的答复》。

地审核同意书、育林基金等缴费收据以及其他国家机关批准的林业证件的——2000年最高人民法院《关于审理破坏森林资源刑事案件具体应用法律若干问题的解释》。

（4）允许进出口证明书等经营许可证明。

[说明] 买卖允许进出口证明书等经营许可证明，同时触犯非法经营罪与本罪的，从一重罪处罚。一般认为，非法经营罪是重罪。

2. 伪造的对象可以是虚构的。

例如，我国根本没有内务部，但伪造"中华人民共和国内务部"印章，也构成本罪。因为伪造公文等罪所保护的是一般人对名义人实际存在且其会对文书的内容承担责任的信赖，因此，即便是虚构的名义人，如果在一般情况下，会使人们误信该名义人实际存在并且会对该公文等的内容承担责任的话，则该行为也可以作为伪造公文、证件、印章罪处罚。

3. 罪数。伪造、变造、买卖国家机关的公文、证件、印章后，又利用该公文、证件、印章实施其他犯罪的，属于牵连犯，从一重罪论处，不实行数罪并罚。但如果伪造行为与后续的犯罪之间不具有高度伴随性，即不具有牵连关系，则应数罪并罚。

（二）伪造公司、企业、事业单位、人民团体印章罪

最高人民法院、最高人民检察院《关于办理伪造、贩卖伪造的高等院校学历、学位证明刑事案件如何适用法律问题的解释》规定，伪造或者贩卖伪造的高等院校学历、学位证明的，应以伪造事业单位印章罪论处。

（三）伪造、变造、买卖身份证件罪　使用虚假身份证件、盗用身份证件罪

1. "买卖"的理解。既包括出售、贩卖，也包括为出卖而购买。

审判实践中，对于单纯的"购买"居民身份证件的行为，也被认定为犯罪。例如，2016年4月间，被告人周某某通过手机上网联系他人购买身份证。后周某某在河北省以100元的价格从他人处购买身份证一张，用于购买车票等，该公民身份证号码为……姓名为曾长春。法院认定其行为构成买卖居民身份证件罪。

2. 使用。是指在依照国家规定应当提供身份证明的活动中，使用虚假身份证件或者盗用他人的身份证件。

例如，甲多次深夜在路上行走，警察见其形迹可疑，要求其出示身份证，甲多次出示伪造、变造的身份证件给警察查看。

（四）其他问题

1. 胜诉一方出卖胜诉的民事判决书的，不成立买卖国家机关公文罪。

这种行为虽然在形式上出卖了判决书，实际上是转让债权，并没有侵害民事判决书本身的公共信用；行为人也没有损害国家机关公文的公共信用的故意。

2. 伪造的方式。

（1）有形伪造：没有权限的人制作。如违反委托的本意，滥用有他人签名盖印的空白委托状，在已经归于无效的证书上加工而做成新证书或者改作人将真正文书的作成人之署名改为他人的署名。

（2）无形伪造：有制作权限的人，越权伪造。它是指文书作成人（有权制作文书的人）以自己的名义作成文书时，记载虚伪内容的行为。

四、冒名顶替罪

《刑法修正案（十一）》增设第280条之二：盗用、冒用他人身份，顶替他人取得的高等学历教育入学资格、公务员录用资格、就业安置待遇的，处三年以下有期徒刑、拘役或者管制，并处罚金。

组织、指使他人实施前款行为的，依照前款的规定从重处罚。

国家工作人员有前两款行为，又构成其他犯罪的，依照数罪并罚的规定处罚。

1. 立法背景。一些人大常委会组成人员、部门、地方和社会公众提出，社会上发生的冒名顶替上大学等事件，严重损害他人利益，破坏教育公平和社会公平正义底线，应当专门规定为犯罪。全国人大宪法和法律委员会经研究，建议采纳上述意见，将盗用、冒用他人身份，顶替他人取得高等学历教育入学资格、公务员录用资格、就业安置待遇的行为规定为犯罪，同时规定组织、指使他人实施该行为的，从重处罚。

2. 冒名的内容：盗用、冒用他人身份，顶替他人取得的高等学历教育入学资格、公务员录用资格、就业安置待遇。

3. 从重处罚的情节：组织、指使他人实施该行为的，从重处罚。

五、考试作弊类相关犯罪

《刑法》第284条之一：（组织考试作弊罪）在法律规定的国家考试中，组织作弊的，处三年以下有期徒刑或者拘役，并处或者单处罚金；情节严重的，处三年以上七年以下有期徒刑，并处罚金。

为他人实施前款犯罪提供作弊器材或者其他帮助的，依照前款的规定处罚。

（非法出售、提供试题、答案罪）为实施考试作弊行为，向他人非法出售或者提供第一款规定的考试的试题、答案的，依照第一款的规定处罚。

（代替考试罪）代替他人或者让他人代替自己参加第一款规定的考试的，处拘役或者管制，并处或者单处罚金。

1. 考试的范围。应限于法律规定的“国家考试”，而非泛指一切考试。是指全国人民代表大会及其常务委员会制定的法律所规定的考试。包括：

（1）国家教育考试，包括入学考试和水平考试。入学考试包括普通和成人高等学校招生考试、全国硕士研究生招生考试、高等教育自学考试等，水平考试意在测评应试者在某方面的知识、能力是否达到一定水平，包括外语水平考试等。

（2）国家工作人员选拔考试，主要包括国家公务员考试和地方公务员考试。

（3）资格类考试，意在测评应试人员是否具备从事某一职业的资格或条件。国家统一法律职业资格考试、国家教师资格考试、注册会计师全国统一考试、会计专业技术资格考试、资产评估师资格考试、医师资格考试、执业药师职业资格考试、注册建筑师考试、建造师执业资格考试等专业技术资格考试。

（4）其他依照法律由中央或者地方主管部门以及行业组织的国家考试。

上述规定的考试涉及的特殊类型招生、特殊技能测试、面试等考试，属于“法律规定的国家考试”。

2. 组织考试作弊罪与代替考试罪的区别：前者是一种“经营”行为，后者是一种“自我”行为。

例如，2019年4月，被告人朱某某在高新区某考点参加江西省公务员考试。朱某某在考试前未按照要求上交手机，而是在试卷下发之后，趁监考老师不注意时，利用携带的手机将考题拍照，并将三张考题照片通过QQ发给其男友王某某。王某某通过QQ收到了这三张图片后，便把试题答案回传给了朱某某。王某某、朱某某，均被认定为代替考试罪。

《关于审理走私、非法经营、非法使用兴奋剂刑事案件适用法律若干问题的解释》规定，在普通高等学校招生、公务员录用等法律规定的国家考试涉及的体育、体能测试等体育运动中，组织考生非法使用兴奋剂的，以组织考试作弊罪定罪处罚。

3. 组织考试作弊罪犯罪既遂的认定。

（1）实际参加了考试；

（2）未参加考试，但在考试之前已经获试题、答案，或者具有其他严重扰乱考试秩序情形的。

4. 罪数。

（1）非法出售、提供试题、答案，通常情况下是组织考试作弊的必经手段，可以认为两罪之间存在牵连关系，仅成立组织考试作弊罪一罪。

（2）非法获取法律规定的国家考试的试题、答案，又组织考试作弊或者非法出售、提供试题、答案，以非法获取国家秘密罪和组织考试作弊罪或者非法出售、提供试题、答案罪，数罪并罚。

（3）设立用于实施考试作弊的网站，用该网站组织考试作弊的行为应以非法利用信息网络罪与组织考试作弊罪，择一重罪处罚。

（4）在法律规定的国家考试以外的其他考试中，组织作弊，为他人组织作弊提供作弊器材或者其他帮助，或者非法出售、提供试题、答案，符合非法获取国家秘密罪、非法生产、销售窃听、窃照专用器材罪、非法使用窃听、窃照专用器材罪、非法利用信息网络罪、扰乱无线电通讯管理秩序罪等犯罪构成要件的，依法追究刑事责任。

典型真题

2016年4月，甲利用乙提供的作弊器材，安排大学生丙在地方公务员考试中代替自己参加考试。但丙考试成绩不佳，甲未能进入复试。关于本案，下列哪些选项是正确的？（2016年·卷二·60题）[①]

A. 甲组织他人考试作弊，应以组织考试作弊罪论处

B. 乙为他人考试作弊提供作弊器材，应按组织考试作弊罪论处

C. 丙考试成绩虽不佳，仍构成代替考试罪

D. 甲让丙代替自己参加考试，构成代替考试罪

① 答案：CD。

六、聚众斗殴罪

《刑法》第292条：聚众斗殴的，对首要分子和其他积极参加的，处三年以下有期徒刑、拘役或者管制；有下列情形之一的，对首要分子和其他积极参加的，处三年以上十年以下有期徒刑：

（一）多次聚众斗殴的；

（二）聚众斗殴人数多，规模大，社会影响恶劣的；

（三）在公共场所或者交通要道聚众斗殴，造成社会秩序严重混乱的；

（四）持械聚众斗殴的。

聚众斗殴，致人重伤、死亡的，依照本法第二百三十四条、第二百三十二条的规定定罪处罚。

（一）处罚的对象

1. 首要分子。

2. 其他积极参加者。

（二）转化犯

1. 致人重伤、死亡的，转化为故意伤害罪、故意杀人罪。

（1）应限制转化的范围。

原则上，只应对直接造成死亡的斗殴者和首要分子认定为故意杀人罪，对其他参与者不宜认定为故意杀人罪；

在不能查明死亡原因的情况下，也不宜将所有的斗殴者均认定为故意杀人罪，仅应对首要分子以故意杀人罪论处。

（2）在有的场合，对重伤、死亡后果的产生未起决定性作用的，也应当对死伤结果负责。

例如，甲方中的3人在斗殴过程中共同抓住乙方中的1人痛打，即使最终能查实致命的打击是甲方中某人的行为，但因为该3人均明知共同行为或其中1人的行为，会造成重伤、死亡的后果，仍继续合力攻之，故应共同承担故意伤害罪或故意杀人罪的刑事责任。这主要考虑到，这种情形下的聚众斗殴人数较少，相当于普通的共同犯罪，各行为人均需要对死亡结果负责任。

2. 如何理解《刑法》第292条之“聚众斗殴致人重伤、死亡的，以故意伤害罪、故意杀人罪论处”？

（1）一种观点认为，属于法律注意规定，行为人在聚众斗殴过程中，基于杀人的故意而导致被害人死亡的，才以故意杀人罪论处。审判实务多持此观点。

（2）另一种观点认为，属于法律拟制规定，只要在聚众斗殴过程中出现了死伤结果，无论行为人主观上是故意还是过失，都转化为故意伤害罪、故意杀人罪。刑法理论上不少学者持此观点。

典型真题

1. 甲、乙两村因水源发生纠纷。甲村20名村民手持铁锹等农具，在两村交界处强行修建引水设施。乙村18名村民随即赶到，手持木棍、铁锹等与甲村村民互相谩骂、互扔石块，甲村3人被砸成重伤。因警察及时疏导，两村村民才逐渐散去。关于本案，下列哪些选项是正确的？（2013年·卷二·62题）①

A. 村民为争水源而斗殴，符合聚众斗殴罪的主观要件

B. 不分一般参加斗殴还是积极参加斗殴，甲、乙两村村民均触犯聚众斗殴罪

C. 因警察及时疏导，两村未发生持械斗殴，属于聚众斗殴未遂

D. 对扔石块将甲村3人砸成重伤的乙村村民，应以故意伤害罪论处

2. 首要分子甲通过手机指令所有参与者"和对方打斗时，下手重一点"。在聚众斗殴过程中，被害人被谁的行为重伤致死这一关键事实已无法查明。关于本案的分析，下列哪一选项是正确的？（2014年·卷二·20题）②

A. 对甲应以故意杀人罪定罪量刑

B. 甲是教唆犯，未参与打斗，应认定为从犯

C. 所有在现场斗殴者都构成故意杀人罪

D. 对积极参加者按故意杀人罪定罪，对其他参加者按聚众斗殴罪定罪

七、组织、领导、参加黑社会性质组织罪

（一）黑社会性质组织的界定

1. 组织性：形成较稳定的犯罪组织，人数较多，有明确的组织者、领导者，骨干成员基本固定。

2. 经济性：有组织地通过违法犯罪活动或者其他手段获取经济利益，具有一定的经济实力，以支持该组织的活动。

3. 暴力性：以暴力、威胁或者其他手段，有组织地多次进行违法犯罪活动，为非作恶，欺压、残害群众。

4. 控制性：通过实施违法犯罪活动，或者利用国家工作人员的包庇或者纵容，称霸一方，在一定区域或者行业内，形成非法控制或者重大影响，严重破坏经济、社会生活秩序。

---

① 答案：AD。

② 答案：A。该题是单选题，可以确定的是：B、C、D绝对错误。那就剩下A选项，如果认为《刑法》第292条"聚众斗殴致人死亡，以故意杀人罪论处"这一规定属于法律注意规定，本案中，"被害人被他人重伤致死"，那甲的行为应成立故意伤害（致人死亡）罪。如果认为这一规定是法律拟制规定，那么，只要在聚众斗殴过程中出现了"死亡结果"，甲就应以故意杀人罪论处。从这一角度看，A也未必正确。但由于本案中，BCD绝对错误，所以，我们必须选A。从这一意义上讲，出题人通过这种方式强行地推行了他的观点：《刑法》第292条"聚众斗殴致人死亡，以故意杀人罪论处"这一规定是法律拟制规定。而且，这样出题，考生还不可能做错，因为BCD绝对是错误的，考生即便对A感到犹豫，也只能选A。命题人既让考生无话可说，又贯彻了自己的观点。

这就好比我来出一道题目：下列关于徐光华教授的说话，正确的是（单选题）：A. 女人　B. 小学生　C. 婴儿　D. 好人。你选什么呢？ABC绝对错，D你就算感到疑惑、犹豫，你还必须选。其实，这样的出题，虽然出题者有贯彻自己的观点的意思，但丝毫不影响考生作答，相反，这样的题目，一般是送分题，出题者只要达到一个目的就好：考生知道我的观点，而且还能做对题，不会去提异议。这是高智商的出题，给考生洗脑你还无怨言。类似这样的题目，在既往的考试中，还有很多。我在授课的时候，会一一说明。对于作为授课教师的我们，如果不认真向学生阐述这一问题，学生即便做对了这道题目，也不会对这一问题有真实的认识，走向司法实践更会茫然。

（二）罪数及处罚

1. 实施本罪，又实施了具体的故意杀人、故意伤害等犯罪行为的，数罪并罚。

2. 国家机关工作人员组织、领导、参加黑社会性质组织的，从重处罚。

3. 对黑社会性质组织成员的处罚，要贯彻责任主义原则，对首要分子的处罚，不一定比其他实行者或者其他成员的处罚重。

主要原因在于：虽然首要分子需要对整体行为负责，但在具体犯罪的实施上，首要分子所起的作用未必比实行者、其他成员的作用更大，并且，首要分子在实践中经常有自首、立功等表现，可能处罚会比较轻。

4. 组织、领导者对于“黑社会性质组织”这一“平台”的搭建，亦是刑法惩罚的主要对象。首要分子是组织、领导者，是创始人，即便其中途“退出”，也需要对后续他人的犯罪行为承担责任。因为其成立一个组织，为他人的犯罪提供了组织，搭建了平台，即便中途退出，也没有消除其影响力。

典型真题

关于黑社会性质组织犯罪，下列说法错误的是？（2018 年真金题）①

A. 甲是某有组织犯罪的首要分子，该组织成立两年后甲中途离开，后该组织未被认定为黑社会性质组织。甲不需要对其离开后该组织实施的犯罪行为负责

B. 对黑社会性质组织的首要分子的处罚一定比其他成员的处罚要重

C. 对黑社会性质组织的首要分子的处罚一定比实行者要重

D. 具有保护伞不是认定黑社会性质组织的必备条件

八、赌博罪　开设赌场罪

《刑法》第 303 条：（赌博罪）以营利为目的，聚众赌博或者以赌博为业的，处三年以下有期徒刑、拘役或者管制，并处罚金。

（开设赌场罪）开设赌场的，处五年以下有期徒刑、拘役或者管制，并处罚金；情节严重的，处五年以上十年以下有期徒刑，并处罚金。

组织中华人民共和国公民参与国（境）外赌博，数额巨大或者有其他严重情节的，依照前款的规定处罚。［本条经《刑法修案（十一）》修改］

（一）赌博罪的表现形式

1. 聚众赌博。

根据 2005 年 5 月 11 日最高人民法院、最高人民检察院《关于办理赌博刑事案件具体应用法律若干问题的解释》第 1 条的规定，具有下列情形之一的，属于“聚众赌博”：

（1）组织 3 人以上赌博，抽头渔利数额累计达到 5000 元以上的；

（2）组织 3 人以上赌博，赌资数额累计达到 5 万元以上的；

（3）组织 3 人以上赌博，参赌人数累计达到 20 人以上的；

（4）组织中华人民共和国公民 10 人以上赴境外赌博，从中收取回扣、介绍费的。

① 答案：ABC。

2. 以赌博为业。主要是指以赌博作为家庭生活来源或者作为自己的职业。

（二）认定中的问题

1. 中华人民共和国公民在我国领域外周边地区聚众赌博、开设赌场，以吸引中华人民共和国公民为主要客源，构成赌博罪的，可以依照刑法规定追究刑事责任。

这实际上是对境外赌博管辖的特别规定。因为根据《刑法》第7条第1款的规定，中华人民共和国公民在我国领域外犯罪，法定最高刑为3年以下有期徒刑的，可以不予追究。但考虑到境外赌博的特殊危害性，尤其是以吸引中国公民为主要客源，司法解释对此作了“可以依照刑法追究刑事责任”的规定。

2. 赌博与诈骗的区别。

赌博，输赢具有偶然性；诈骗，由一方支配结果，另一方完全处于被骗的状态。

例如，使用专门工具、设备或者其他手段诱使他人参赌，人为控制赌局输赢，构成犯罪的，依照刑法关于诈骗犯罪的规定定罪处罚。

（三）开设赌场罪

2006年《刑法修正案（六）》将开设赌场这一行为从赌博罪中分离出去。由于开设赌场吸引他人前去赌博，参赌人数多，赌资数额大，赌场收入更加丰厚，社会危害性也较一般的聚众赌博更大。因此，作为一种特别的犯罪行为规定。

1. 未经国家批准擅自发行、销售彩票，构成犯罪的，以非法经营罪定罪处罚。这种行为从侵犯的法益讲，主要是扰乱了国家彩票发行的专营秩序，即市场经济秩序，情节严重构成犯罪的，应该按非法经营罪定性。

2. 组织中华人民共和国公民参与国（境）外赌博，以开设赌场罪论处。

3. 跨境“开设赌场”的表现形式：境外赌场及其相关人员，为中国公民赴境外赌博提供帮助。

（1）境外赌场经营人、实际控制人、投资人，组织、招揽中华人民共和国公民赴境外赌博的；

（2）境外赌场管理人员，组织、招揽中华人民共和国公民赴境外赌博的；

（3）受境外赌场指派、雇用，组织、招揽中华人民共和国公民赴境外赌博，或者组织、招揽中华人民共和国公民赴境外赌博，从赌场获取费用、其他利益的；

（4）在境外赌场包租赌厅、赌台，组织、招揽中华人民共和国公民赴境外赌博的；

（5）其他在境外以提供赌博场所、提供赌资、设定赌博方式等，组织、招揽中华人民共和国公民赴境外赌博的；

（6）在境外赌场通过开设账户、洗码等方式，为中华人民共和国公民赴境外赌博提供资金担保服务的，以“开设赌场”论处。（参见2020年最高人民法院、最高人民检察院、公安部《办理跨境赌博犯罪案件若干问题的意见》）

九、投放虚假危险物质罪，编造、故意传播虚假恐怖信息罪　编造、故意传播虚假信息罪

《刑法》第291条之一：（投放虚假危险物质罪）（编造、故意传播虚假恐怖信息罪）投放虚假的爆炸性、毒害性、放射性、传染病病原体等物质，或者编造爆炸威胁、生化威胁、放射威胁等恐怖信息，或者明知是编造的恐怖信息而故意传播，严重扰乱社会秩序

的，处五年以下有期徒刑、拘役或者管制；造成严重后果的，处五年以上有期徒刑。

（编造、故意传播虚假信息罪）编造虚假的险情、疫情、灾情、警情，在信息网络或者其他媒体上传播，或者明知是上述虚假信息，故意在信息网络或者其他媒体上传播，严重扰乱社会秩序的，处三年以下有期徒刑、拘役或者管制；造成严重后果的，处三年以上七年以下有期徒刑。

1. “虚假恐怖信息”与“虚假信息”的界定。

（1）虚假恐怖信息，是指爆炸威胁、生化威胁、放射威胁等恐怖信息。

（2）虚假信息，是指险情、疫情、灾情、警情。

《刑法修正案（九）》在编造、故意传播虚假恐怖信息的基础上，增设了“编造、故意传播虚假信息罪”，即将信息的范围进一步扩大化。其主要理由在于，当今社会，随着传播方式的升级，虚假信息对社会的危害性越来越大，有必要进一步扩大打击范围，不限于恐怖信息。但不能将“虚假信息”解释为泛指一切信息。

2. 罪数。

（1）编造虚假信息，或者明知是编造的虚假信息，在信息网络上散布，或者组织、指使他人在信息网络上散布，造成公共秩序严重混乱，同时构成寻衅滋事罪和编造、故意传播虚假恐怖信息罪的，依照处罚较重的规定定罪处罚。

（2）编造、故意传播虚假恐怖信息，严重扰乱社会秩序，同时又构成其他犯罪的，择一重罪处罚。

例如，出于勒索财物等其他犯罪目的，或者通过破坏计算机系统等犯罪手段，编造、故意传播虚假恐怖信息，严重扰乱社会秩序的，同时构成数罪，根据司法实践中的通行做法，择一重罪处罚。

典型真题

甲给机场打电话谎称“3架飞机上有炸弹”，机场立即紧急疏散乘客，对飞机进行地毯式安检，3小时后才恢复正常航班秩序。关于本案，下列哪一选项是正确的？（2013年·卷二·1题）①

A. 为维护社会稳定，无论甲的行为是否严重扰乱社会秩序，都应追究甲的刑事责任

B. 为防范危害航空安全行为的发生，保护人民群众，应以危害公共安全相关犯罪判处甲死刑

C. 从事实和法律出发，甲的行为符合编造、故意传播虚假恐怖信息罪的犯罪构成，应追究其刑事责任

D. 对于散布虚假信息，危及航空安全，造成国内国际重大影响的案件，可突破司法程序规定，以高效办案取信社会

十、高空抛物扰乱社会秩序罪

《刑法修正案（十一）》增设第291条之二：从建筑物或者其他高空抛掷物品，情节

① 答案：C。

严重的，处一年以下有期徒刑、拘役或者管制，并处或者单处罚金。

有前款行为，同时构成其他犯罪的，依照处罚较重的规定定罪处罚。

1. 性质：扰乱公共秩序，并不危害公共安全。（轻度危险）

2. 与其他犯罪的区别：

（1）如果高空抛物，危及公共安全的，应成立危害公共安全类的犯罪，如以危险方法危害公共安全罪。

（2）本罪与以危险方法危害公共安全罪存在竞合。既然不危及公共安全的高空抛物都构成本罪，那么，危及公共安全的高空抛物更构成本罪，同时，亦触犯了危害公共安全类的犯罪，二者存在竞合。

十一、寻衅滋事罪

1. 本罪的行为方式。

（1）随意殴打他人，情节恶劣的；

（2）追逐、拦截、辱骂、恐吓他人，情节恶劣的；

（3）强拿硬要或者任意损毁、占用公私财物，情节严重的；

（4）在公共场所起哄闹事，造成公共秩序严重混乱的。

2. 司法解释的规定：

已满14周岁不满16周岁的人使用轻微暴力或者威胁，强行索要其他未成年人随身携带的生活、学习用品或者钱财数量不大，且未造成被害人轻微伤以上或者不敢正常到校学习、生活等危害后果的，不认为是犯罪。

已满16周岁不满18周岁的人具有前款规定情形的，一般也不认为是犯罪。

已满16周岁不满18周岁的人出于以大欺小、以强凌弱或者寻求精神刺激，随意殴打其他未成年人、多次对其他未成年人强拿硬要或者任意损毁公私财物，扰乱学校及其他公共场所秩序，情节严重的，以寻衅滋事罪定罪处罚。

3. 寻衅滋事罪与故意杀人罪、故意伤害罪、抢劫罪等的关系——存在竞合。

既然造成轻微伤的行为都能认定为寻衅滋事罪，那么造成重伤、死亡结果的寻衅滋事行为，更应认定为寻衅滋事罪，当然也触犯了故意伤害罪、故意杀人罪。从这个角度看，应承认寻衅滋事罪与故意伤害罪、故意杀人罪之间存在竞合。

典型真题

甲在公园游玩时遇见仇人胡某，顿生杀死胡某的念头，便欺骗随行的朋友乙、丙说："我们追逐胡某，让他出洋相。"三人捡起木棒追逐胡某，致公园秩序严重混乱。将胡某追到公园后门偏僻处后，乙、丙因故离开。随后甲追上胡某，用木棒重击其头部，致其死亡。关于本案，下列哪些选项是正确的？（2015年·卷二·58题）①

A. 甲触犯故意杀人罪与寻衅滋事罪

B. 乙、丙的追逐行为是否构成寻衅滋事罪，与该行为能否产生救助胡某的义务是不同的问题

① 答案：ABC。

C. 乙、丙的追逐行为使胡某处于孤立无援的境地，但无法预见甲会杀害胡某，不成立过失致人死亡罪

D. 乙、丙属寻衅滋事致人死亡，应从重处罚

十二、非法催收非法债务罪

《刑法修正案（十一）》增设第293条之一：有下列情形之一，催收高利放贷等产生的非法债务，情节严重的，处三年以下有期徒刑、拘役或者管制，并处或者单处罚金：

（一）使用暴力、胁迫方法的；

（二）限制他人人身自由或者侵入他人住宅的；

（三）恐吓、跟踪、骚扰他人的。

十三、传授犯罪方法罪

1. 教唆犯与传授犯罪方法罪的区别。（参见刑法总则专题十《共同犯罪》的“教唆犯”）

2. 罪数问题。

（1）行为人以不同的犯罪内容，对不同对象或同一对象实施了传授或教唆行为时，传授行为、教唆行为各自独立，应以传授犯罪方法罪与所教唆的犯罪数罪并罚。

例如，甲教唆乙实施抢劫罪，将抢劫的犯罪方法传授给丙，甲成立抢劫罪（教唆犯）、传授犯罪方法罪，应当数罪并罚。

又如，甲教唆乙实施抢劫罪，同时，又将诈骗罪的犯罪方法传授给乙，甲成立抢劫罪（教唆犯）、传授犯罪方法罪，应当数罪并罚。

（2）行为人以同一犯罪内容对一人或数人同时实施传授行为和教唆行为，应按吸收原则，择一重罪处罚。

例如，乙欲实施诈骗，向甲寻求犯罪方法并表明自己要明天实施诈骗行为，甲传授了乙犯罪方法。则甲的行为成立传授犯罪方法罪与诈骗罪（帮助犯）的竞合犯，从一重罪论处。

又如，甲教唆乙实施抢劫罪，并向乙传授抢劫方法，甲是传授犯罪方法罪与抢劫罪（教唆犯）的竞合。

3. 对象：没有限制。

（1）被传授的人是年幼且无理解能力者、精神病人、未成年但有理解能力者，行为人对此没有认识的，仍然构成本罪。

（2）行为人已经认识到对方是完全不能理解、实施所传授内容者，仍然进行传授的，行为也具有危害社会管理秩序的抽象危险性，可以构成本罪。

2018年真金题：甲卖迷药，明知乙将使用迷药进行犯罪活动，仍然教乙迷药的使用方法等知识，乙用迷药迷倒丙后拿走了财物——该案中，无论乙是否去实行犯罪，甲均构成传授犯罪方法罪。

十四、破坏计算机信息系统罪及相关犯罪

［涉计算机犯罪学习要领］对于涉计算机的犯罪，应掌握学习的方法。传统模式下，我们的物品、财物都放在我们的“家中”“钱包”里面，而现在，我们出门都不带“钱包”了，而是带手机（智能手机）。所以，从这一意义上可以这样来理解：

1. 传统犯罪的模式，原来主要在现实空间，现在可能有部分在网络空间实施了。例如，传播淫秽物品罪，原来都是传播具体的书籍、光盘，现在越来越多地是通过微信、邮箱、网络云存储传播淫秽视频、照片，这也应定传播淫秽物品罪。其他犯罪，如盗窃、诈骗也是如此，既可以在现实空间发生，也可能在网络空间发生。

2. 非法侵入他人家中的行为，应成立非法侵入住宅罪。与之相对应的是，非法侵入他人的计算机信息系统，构成非法侵入计算机信息系统罪。实际上，现在不仅仅“家”是爱的港湾，“手机”“计算机”也相当于我们的“家”了，里面有我们的大量信息。非法侵入计算机信息系统的，亦构成非法侵入计算机信息系统罪。

3. 传统模式下，非法控制一个人的，成立非法拘禁罪。现阶段，非法控制他人的计算机信息系统的，亦构成非法控制计算机信息系统罪。

4. 传统模式下，故意砸坏他人家里的财物的，成立故意毁坏财物罪。现阶段，故意破坏他人计算机系统，导致他人系统崩盘的，成立破坏计算机信息系统罪。

《刑法》第286条：（破坏计算机信息系统罪）违反国家规定，对计算机信息系统功能进行删除、修改、增加、干扰，造成计算机信息系统不能正常运行，后果严重的，处五年以下有期徒刑或者拘役；后果特别严重的，处五年以上有期徒刑。

违反国家规定，对计算机信息系统中存储、处理或者传输的数据和应用程序进行删除、修改、增加的操作，后果严重的，依照前款的规定处罚。

故意制作、传播计算机病毒等破坏性程序，影响计算机系统正常运行，后果严重的，依照第一款的规定处罚。

单位犯前三款罪的，对单位判处罚金，并对其直接负责的主管人员和其他直接责任人员，依照第一款的规定处罚。

《刑法》第286条之一：（拒不履行信息网络安全管理义务罪）：网络服务提供者不履行法律、行政法规规定的信息网络安全管理义务，经监管部门责令采取改正措施而拒不改正，有下列情形之一的，处三年以下有期徒刑、拘役或者管制，并处或者单处罚金：

（一）致使违法信息大量传播的；

（二）致使用户信息泄露，造成严重后果的；

（三）致使刑事案件证据灭失，情节严重的；

（四）有其他严重情节的。

单位犯前款罪的，对单位判处罚金，并对其直接负责的主管人员和其他直接责任人员，依照前款的规定处罚。

有前两款行为，同时构成其他犯罪的，依照处罚较重的规定定罪处罚。

《刑法》第287条：利用计算机实施金融诈骗、盗窃、贪污、挪用公款、窃取国家秘密或者其他犯罪的，依照本法有关规定定罪处罚。

《刑法》第287条之一：（准备网络违法犯罪活动罪）利用信息网络实施下列行为之

一，情节严重的，处三年以下有期徒刑或者拘役，并处或者单处罚金：

（一）设立用于实施诈骗、传授犯罪方法、制作或者销售违禁物品、管制物品等违法犯罪活动的网站、通讯群组的；

（二）发布有关制作或者销售毒品、枪支、淫秽物品等违禁物品、管制物品或者其他违法犯罪信息的；

（三）为实施诈骗等违法犯罪活动发布信息的。

单位犯前款罪的，对单位判处罚金，并对其直接负责的主管人员和其他直接责任人员，依照第一款的规定处罚。

有前两款行为，同时构成其他犯罪的，依照处罚较重的规定定罪处罚。

十五、帮助信息网络犯罪活动罪

《刑法》第287条之二：（帮助信息网络犯罪活动罪）明知他人利用信息网络实施犯罪，为其犯罪提供互联网接入、服务器托管、网络存储、通讯传输等技术支持，或者提供广告推广、支付结算等帮助，情节严重的，处三年以下有期徒刑或者拘役，并处或者单处罚金。

单位犯前款罪的，对单位判处罚金，并对其直接负责的主管人员和其他直接责任人员，依照第一款的规定处罚。

有前两款行为，同时构成其他犯罪的，依照处罚较重的规定定罪处罚。

1. 本罪的性质。《刑法修正案（九）》对该罪的规定在于，对帮助行为规定了独立的罪名及法定刑，但仍然要坚持共犯从属性理论。即被帮助者必须实施了特定的犯罪行为，帮助行为才能被认定为帮助信息网络犯罪活动罪。

例如，甲明知乙可能或者将要实施网络诈骗犯罪，便主动为乙提供互联网技术支持，但乙根本没有实施网络诈骗犯罪活动，甲的行为也不宜以犯罪论处。

2. 帮助信息网络犯罪活动，同时构成其他犯罪的，择一重罪处罚。

例如，A提供互联网技术支持的行为，与网络诈骗的正犯B构成共同正犯，骗取数额巨大或者特别巨大财物时，对A应当以诈骗罪的共同正犯论处。

最高人民法院、最高人民检察院、公安部《关于办理电信网络诈骗等刑事案件适用法律若干问题的意见》规定：实施刑法第二百八十七条之一、第二百八十七条之二规定之行为，构成非法利用信息网络罪、帮助信息网络犯罪活动罪，同时构成诈骗罪的，依照处罚较重的规定定罪处罚。

3. 帮助行为正犯化、帮助行为量刑化的差异。

（1）帮助行为正犯化。是指帮助犯已经被分则条文提升为正犯，与其他正犯没有任何区别，只不过分则条文可能使用了“帮助”“资助”“协助”等用语的情形。不适用共犯从属性理论，只要实施了该行为就应定罪。

甲为郑某实施恐怖活动犯罪提供资金的，成立资助恐怖活动罪既遂。将帮助行为（资助）正犯化，规定为独立的罪名，只要实施了资助行为的，不再作为帮助犯（共犯）论处，而是作为独立的罪名。资助行为也成为该罪的“实行行为”。刑法对帮助恐怖活动行为作了专门规定，即《刑法》第120条之一（帮助恐怖活动罪）。故对于甲的提供资助行为，不需要再适用刑法总则关于从犯的规定，而直接适用《刑法》第120条之一的规定。

或许有人认为，甲虽然实施了帮助行为，但被帮助者郑某（实行者，正犯）并没有实施具体的恐怖活动，根据共犯从属性理论，甲的行为似乎不应以犯罪论处。这种理解是错误的，《刑法》第120条之一将帮助恐怖活动的行为规定为独立的罪名，并规定了较重的法定刑（比恐怖活动犯罪的从犯要重很多），主要是为了突出对这类行为的打击，将其规定为独立的正犯（实行犯），而不需要以共犯（帮助犯）论处，不适用共犯从属性理论。主要是考虑到，被帮助的犯罪行为十分严重，对帮助者进行处罚时，不需要从属于被帮助者是否实施了实行行为。

（2）帮助行为量刑化。是指帮助犯没有被提升为正犯，帮助犯依然是帮助犯，只是因为分则条文对其规定了独立的法定刑，而不再适用刑法总则关于帮助犯（从犯）的从宽处罚规定的情形。

《刑法》第287条之二第1款规定（帮助信息网络犯罪活动罪）："明知他人利用信息网络实施犯罪，为其犯罪提供互联网接入、服务器托管、网络存储、通讯传输等技术支持，或者提供广告推广、支付结算等帮助，情节严重的……"虽然将帮助他人信息网络犯罪（如诈骗犯罪）的行为规定为独立的罪名，但一般认为，这种行为不是特别严重的犯罪，不是帮助行为正犯化，虽然有其独立的罪名，但对于具体犯罪（如诈骗罪）而言，提供网络技术帮助的，也仅仅是帮助行为。

对该帮助行为能否定罪，应遵从共犯从属性理论（通说），只有被帮助者利用该帮助且实施了实行行为，帮助者的行为才能作为犯罪论处。刑法对该种帮助行为以独立的犯罪论处，主要是考虑到量刑的需要，即帮助行为独立量刑化。如果刑法不将这种帮助行为的量刑进行独立化规定，那么，帮助行为多会被认定为从犯，从而可能会获得过度从宽的量刑，并不合适。

十六、涉计算机犯罪的相关罪名及案例

1. 几种新典型的破坏计算机信息系统及相关计算机犯罪的行为表现及定性。

（1）以修改域名解析服务器指向的方式劫持域名，造成计算机信息系统不能正常运行，是破坏计算机信息系统的行为。行为人使用恶意代码修改目标网站域名解析服务器，目标网站域名被恶意解析到其他IP地址，无法正常发挥网站服务功能，这种行为实质是对计算机信息系统功能的修改、干扰，符合《刑法》第286条第1款"对计算机信息系统功能进行删除、修改、增加、干扰"的规定。参见2017年10月16日最高人民检察院第九批指导性案例，李丙龙破坏计算机信息系统案（检例第33号）。

（2）冒用购物网站买家身份进入网站内部评价系统删改购物评价，属于对计算机信息系统内存储数据进行修改操作，应当认定为破坏计算机信息系统的行为。

购物网站评价系统是对店铺销量、买家评价等多方面因素进行综合计算分值的系统，其内部储存的数据直接影响到搜索流量分配、推荐排名、营销活动报名资格、同类商品在消费者购买比较时的公平性等。买家在购买商品后，根据用户体验对所购商品分别给出好评、中评、差评三种不同评价。所有的评价都是以数据形式存储于买家评价系统之中，成为整个购物网站计算机信息系统整体数据的重要组成部分。侵入评价系统删改购物评价，其实质是对计算机信息系统内存储的数据进行删除、修改操作的行为。这种行为危害到计算机信息系统数据采集和流量分配体系运行，使网站注册商户及其商品、服务的搜索受到影响，导致网站商品、服务评价功能无法正常运作，侵害了购物网站所属公司的信息系统

安全和消费者的知情权。参见2017年10月16日最高人民检察院第九批指导性案例，李骏杰等破坏计算机信息系统案（检例第34号）。

（3）智能手机终端，应当认定为刑法保护的计算机信息系统。锁定智能手机导致不能使用的行为，可认定为破坏计算机信息系统。

计算机信息系统包括计算机、网络设备、通信设备、自动化控制设备等。智能手机和计算机一样，使用独立的操作系统、独立的运行空间，可以由用户自行安装软件等程序，并可以通过移动通讯网络实现无线网络接入，应当认定为刑法上的“计算机信息系统”。行为人通过修改被害人手机的登录密码，远程锁定被害人的智能手机设备，使之成为无法开机的“僵尸机”，属于对计算机信息系统功能进行修改、干扰的行为。造成10台以上智能手机系统不能正常运行，符合《刑法》第286条破坏计算机信息系统罪构成要件中“对计算机信息系统功能进行修改、干扰”“后果严重”的情形，构成破坏计算机信息系统罪。行为人采用非法手段锁定手机后以解锁为条件，索要钱财，在数额较大或多次敲诈的情况下，其目的行为又构成敲诈勒索罪。在这类犯罪案件中，手段行为构成的破坏计算机信息系统罪与目的行为构成的敲诈勒索罪之间成立牵连犯。牵连犯应当从一重罪处断。参见2017年10月16日最高人民检察院第九批指导性案例，曾兴亮、王玉生破坏计算机信息系统案（检例第35号）。

（4）超出授权范围使用账号、密码登录计算机信息系统，属于侵入计算机信息系统的行为；侵入计算机信息系统后下载其储存的数据，可以认定为非法获取计算机信息系统数据。非法获取计算机信息系统数据罪中的“侵入”，是指违背被害人意愿、非法进入计算机信息系统的行为。其表现形式既包括采用技术手段破坏系统防护进入计算机信息系统，也包括未取得被害人授权擅自进入计算机信息系统，还包括超出被害人授权范围进入计算机信息系统。参见2017年10月16日最高人民检察院第九批指导性案例，卫梦龙、龚旭、薛东东非法获取计算机信息系统数据案（检例第36号）。

（5）2015年7月至8月间，被告人汪某多次通过“1433抓鸡工具”扫描互联网上1433端口呈打开状态的计算机，并植入木马程序使其成为“肉鸡”，即可被控制并执行操作的计算机，并利用“大灰狼远程管理系统企业版”软件对“肉鸡”进行远程控制，总计成功控制130余台计算机。各行为人均被判处非法控制计算机信息系统罪。

（6）2015年2月至8月，李某在自己家中，通过互联网租用具有侵入、非法控制计算机信息系统功能的“VIP穿盾软件内部核心版2.0”（该软件具有利用“肉鸡”对网站进行攻击，导致网站瘫痪、用户无法登陆的功能），后将该程序及服务器通过互联网向他人提供租赁使用39人次。被告人李某提供专门用于侵入、非法控制计算机信息系统的程序、工具，情节严重，其行为已构成提供侵入、非法控制计算机信息系统程序、工具罪。

2. 利用计算机实施具体犯罪的，应以具体犯罪论处。

（1）网络域名具备法律意义上的财产属性，盗窃网络域名可以认定为盗窃行为。

被告人张四毛预谋窃取陈某拥有的域名“www.8.cc”，其先利用技术手段破解该域名所绑定的邮箱密码，后将该网络域名转移绑定到自己的邮箱上。2011年6月，张四毛在网上域名交易平台将网络域名“www.8.cc”以人民币12.5万元出售给李某。法院认定其行为构成盗窃罪。参见2017年10月16日最高人民检察院第九批指导性案例，张四毛盗窃案（检例第37号）。

（2）以非法占有为目的，采用自我交易方式，虚构提供服务事实，骗取互联网公司垫付费用及订单补贴，数额较大的行为，应认定为诈骗罪。2015年，某网约车平台注册登记司机董亮、谈申贤、高炯、宋瑞华，分别用购买、租赁未实名登记的手机号注册网约车乘客端，并在乘客端账户内预充打车费一二十元。随后，他们各自虚构用车订单，并用本人或其实际控制的其他司机端账户接单，发起较短距离用车需求，后又故意变更目的地延长乘车距离，致使应付车费大幅提高。由于乘客端账户预存打车费较少，无法支付全额车费。网约车公司为提升市场占有率，按照内部规定，在这种情况下由公司垫付车费，同样给予司机承接订单的补贴。四被告人采用这一手段，分别非法获取网约车公司垫付车费及公司给予司机承接订单的补贴。董亮获取40664.94元，谈申贤获取14211.99元，高炯获取38943.01元，宋瑞华获取6627.43元。法院认定该行为成立诈骗罪。参见2017年10月16日最高人民检察院第九批指导性案例，董亮等四人诈骗案（检例第38号）。

典型真题

下列哪些情形应以破坏计算机信息系统罪论处？（2005年·卷二·63题）①

A. 甲采用密码破解手段，非法进入国家尖端科学技术领域的计算机信息系统，窃取国家机密

B. 乙因与单位领导存在矛盾，即擅自对单位在计算机中存储的数据和应用程序进行修改操作，给单位的生产经营管理造成严重的混乱

C. 丙通过破解密码的手段，进入某银行计算机信息系统，为其朋友的银行卡增加存款额10万元

D. 丁为了显示自己在计算机技术方面的本事，设计出一种计算机病毒，并通过互联网进行传播，影响计算机系统正常运行，造成严重后果

第二节 妨害司法罪

1. 几个前提性的问题。任何案件，无论是刑事、民事、行政案件发生后，司法机关都想努力弄清案情，实现公正司法。本节的犯罪在相当程度上可以说是司法机关活动的相对面，妨害司法活动的顺利进行。在学习本节犯罪之前，需要明白几个前提性的问题：

（1）本节的犯罪行为原则上是积极行为，单纯知情不举无罪。例如伪证罪、妨害作证罪等，都要求行为人实施了积极的行为，单纯的知情不举，消极的方式不配合司法机关的工作，不成立妨害司法罪。在我国司法实践中，证人知悉案情但不作证的现象普遍存在，这种行为不可能作为犯罪处理。

（2）妨害司法类犯罪，刑法规定较为详尽，诸多行为被规定为独立的罪名。例如，证人作伪证的，成立伪证罪；他人妨害证人作证的，构成妨害作证罪。基于此，国家法律职业资格考试真题中经常出现“甲成立伪证罪的教唆犯”“乙成立帮助毁灭证据罪的帮助犯”之类的选项，一般认为是错误的，因为，每个人都有独立的罪名。

（3）本犯原则上不成立本节当中的犯罪。即任何人犯罪之后，妨害司法都是基于人的本能的行为，犯罪分子犯罪之后实施的妨害司法的行为，一般认为是属于事后不可罚的行

① 答案：BD。

为，没有必要作为妨害司法罪处理。同样，共同犯罪中，部分犯罪人毁灭、伪造共同犯罪的证据，包括同案犯的证据，也是出于保护自己的本能，不宜以犯罪论处。

2. 妨害司法类犯罪的基本结构。

正常的司法活动步骤	弄清案情	抓获犯罪嫌疑人	追赃	追究犯罪行为人刑事责任(坐牢)
妨害司法的犯罪	伪证罪； 妨害作证罪，帮助毁灭、伪造证据罪； 辩护人、诉讼代理人毁灭、伪造证据、妨害作证罪； 虚假诉讼罪	窝藏罪， 包庇罪	掩饰、隐瞒犯罪所得、犯罪所得收益罪	脱逃罪

一、伪证罪——自己说假话

《刑法》第305条：在刑事诉讼中，证人、鉴定人、记录人、翻译人对与案件有重要关系的情节，故意作虚假证明、鉴定、记录、翻译，意图陷害他人或者隐匿罪证的，处三年以下有期徒刑或者拘役；情节严重的，处三年以上七年以下有期徒刑。

1. 主体：证人（包括刑事诉讼中的被害人）、鉴定人、记录人、翻译人。

2. 发生的阶段：刑事诉讼过程中。

民事案件的证人作伪证的，一般不以犯罪论处。主要原因在于：民事诉讼中，一般而言，败诉方的证人很多都是在作伪证，实践中也不会以犯罪论处，其危害性不如刑事案件的证人作伪证那么大。再者，民事诉讼中，基于诉讼策略的考虑，证人作证也会讲究一些技术，可能不会一次性将真实情况说出。

3. 定罪的标准：只要实施了虚假陈述的行为即可，并不要求造成严重结果。

(1)"虚假陈述"应当以证人的主观记忆为标准，与自己的体验、观察、确信相反的陈述就是虚假陈述。证人根据自己的记忆作出诚实的陈述，即使该陈述与客观事实相反也不构成伪证罪。

(2)"虚假陈述"的内容：对与案件有重要关系的情节。

4. 伪证罪与诬告陷害罪。

(1) 主体：前者是特殊主体（证人、鉴定人、记录人、翻译人）；后者是一般主体。

(2) 内容：前者是就关键事实作假（局部）；后者是就整个事实造假（全面）。

(3) 发生的过程：前者发生在刑事诉讼过程中；后者发生在立案侦查前（主动告发）。

(4) 主观意图不同：前者主观上既可能是陷害他人，也可能是为他人开脱罪责；而后者是意图使他人受刑事追究。

二、妨害作证罪 帮助毁灭、伪造证据罪

(一) 妨害作证罪——不让"证人"说真话

1. 行为性质：是指以暴力、威胁、贿买等方法阻止"证人"作证，或者指使他人作伪证的行为。

(1) 该罪针对的是证人证言，即针对的是言词证据。

（2）证人，不是刑事诉讼中狭义的证人，而是包括被害人、鉴定人在内。刑事诉讼法与刑法的目的不同，刑事诉讼法区分证人、被害人、鉴定人并不排除刑法将被害人、鉴定人视为证人。

2. 存在阶段：刑事、民事、行政诉讼阶段。

妨害作证罪与帮助毁灭、伪造证据罪，存在于各类诉讼阶段，而不仅仅存在于刑事诉讼阶段，其主要理由在于：

（1）妨害作证罪的行为方式是"妨害"他人作证，性质较伪证罪更为恶劣，不仅仅是自己说假话，还不让别人说真话，所以，惩罚的范围更大。

（2）帮助毁灭、伪造证据罪是针对实物证据，实物证据一旦被毁灭、伪造，很难还原，所以，惩罚范围要广。而伪证罪是说假话，假话说错了，还可以再说还原。

（二）帮助毁灭、伪造证据罪

1. 帮助的对象和内容：实物证据。

帮助毁灭、伪造证据罪针对的是实物证据。行为人所毁灭、伪造的证据，应限于物证、书证、鉴定结论、勘验、检查笔录与视听资料，物体化（转化为书面或者视听资料）的证人证言、被害人陈述、犯罪嫌疑人、被告人供述和辩解等。

2. "帮助""毁灭"行为的理解。

（1）"帮助"。本罪中的"帮助"与共犯中的帮助犯的"帮助"不同。本罪的"帮助"是一种实行行为，既包括行为人单独为当事人毁灭、伪造证据的，也包括行为人与当事人共同毁灭、伪造证据，又包括行为人为当事人毁灭、伪造证据提供各种便利条件，还包括行为人唆使当事人毁灭、伪造证据（行为人不是教唆犯，而是实行犯）。

（2）"毁灭"。帮助毁灭证据罪中的"毁灭"与故意毁坏财物罪中的"毁坏"不同，前者是使犯罪证据不被司法机关发现的一切行为，属于妨害司法的行为；后者是使财物丧失效用的行为，是侵犯财产犯罪。

3. 经当事人同意，帮助当事人毁灭有利于当事人的证据时，是否成立本罪？

第一，刑事诉讼中，成立本罪。理由：在刑事诉讼中，由于举证责任在公诉一方，而公诉方也负有收集被告人无罪、罪轻的证据。因此，即使经过犯罪嫌疑人同意，帮助其毁灭无罪证据（有利于被告人的证据），也妨害了刑事司法的客观公正性。应当认定为帮助毁灭证据罪。

第二，民事、行政诉讼中，不构成本罪。在民事诉讼、行政诉讼中，由于举证责任在当事人，当事人放弃自己的利益，法院作出了不利于当事人的判决裁定时，法院的判决裁定也是客观公正的。所以，在民事诉讼、行政诉讼中，帮助当事人毁灭有利证据，或者伪造不利证据的，不宜认定为帮助毁灭、伪造证据罪。

第三，民事、行政诉讼中，如果伪造对己方有利的证据，相当于侵害了对方（他人）的民事权利，应以本罪论处。

典型真题

甲的下列哪些行为成立帮助毁灭证据罪（不考虑情节）？（2014年·卷二·61题）[1]

---

① 答案：CD。

A. 甲、乙共同盗窃了丙的财物。为防止公安人员提取指纹，甲在丙报案前擦掉了两人留在现场的指纹

B. 甲、乙是好友。乙的重大贪污罪行被丙发现。甲是丙的上司，为防止丙作证，将丙派往境外工作

C. 甲得知乙放火致人死亡后未清理现场痕迹，便劝说乙回到现场毁灭证据

D. 甲经过犯罪嫌疑人乙的同意，毁灭了对乙有利的无罪证据

三、虚假诉讼罪 泄露不应公开的案件信息罪

《刑法》第 307 条之一：（虚假诉讼罪）以捏造的事实提起民事诉讼，妨害司法秩序或者严重侵害他人合法权益的，处三年以下有期徒刑、拘役或者管制，并处或者单处罚金；情节严重的，处三年以上七年以下有期徒刑，并处罚金。

单位犯前款罪的，对单位判处罚金，并对其直接负责的主管人员和其他直接责任人员，依照前款的规定处罚。

有第一款行为，非法占有他人财产或者逃避合法债务，又构成其他犯罪的，依照处罚较重的规定定罪从重处罚。

司法工作人员利用职权，与他人共同实施前三款行为的，从重处罚；同时构成其他犯罪的，依照处罚较重的规定定罪从重处罚。

第 308 条之一：（泄露不应公开的案件信息罪）司法工作人员、辩护人、诉讼代理人或者其他诉讼参与人，泄露依法不公开审理的案件中不应当公开的信息，造成信息公开传播或者其他严重后果的，处三年以下有期徒刑、拘役或者管制，并处或者单处罚金。

有前款行为，泄露国家秘密的，依照本法第三百九十八条的规定定罪处罚。

公开披露、报道第一款规定的案件信息，情节严重的，依照第一款的规定处罚。

单位犯前款罪的，对单位判处罚金，并对其直接负责的主管人员和其他直接责任人员，依照第一款的规定处罚。

1. 虚假诉讼罪限于“无中生有型”的虚假诉讼行为。

（1）行为类型：以积极、消极的方式捏造事实。

2018 年最高人民法院、最高人民检察院《关于办理虚假诉讼刑事案件适用法律若干问题的解释》明确了，刑法规定的“以捏造的事实提起民事诉讼”是指捏造民事法律关系，虚构民事纠纷，向人民法院提起民事诉讼的行为。消极的捏造事实行为也包括在内，例如，司法实践中存在的隐瞒债务已获全部清偿、仍然起诉要求原债务人履行债务的情况，属于消极的捏造事实行为。

（2）“部分篡改型”虚假诉讼，不属于刑法规定的虚假诉讼罪的范畴，不应以虚假诉讼罪定罪处罚。其具体手段可能构成其他犯罪，如行为人伪造证据时伪造了某单位的印章或者行为人有指使他人作伪证的行为，对此可以依照《刑法》第 280 条、第 307 条等规定以伪造公司、企业、事业单位、人民团体印章罪，妨害作证罪等定罪处罚。

“部分篡改型”虚假诉讼行为一般不宜以诈骗罪、职务侵占罪等侵财类犯罪定性处理。主要考虑：一是民事诉讼中一般采取高度盖然性的证明标准以及“谁主张谁举证”的证明责任分配方式，原告在民事诉讼过程中实施虚构诉讼标的额、篡改履行方式、履

行期限等行为的具体情况比较复杂，有的是对法律规定内容理解不当，有的是出于诉讼策略的考虑，不能一概认定其主观上具有非法占有他人财产的目的。二是诚实信用原则是民事诉讼法的基本原则，要求当事人依法行使诉讼权利，履行诉讼义务，遵守诉讼秩序，自觉履行生效法律裁判。但实践中，在民事诉讼过程中违反诚实信用原则的原因也比较复杂，对“部分篡改型”虚假诉讼行为一般可以通过承担败诉后果、给予司法处罚使其受到制裁。

2. 存在的范围：民事审判与民事执行程序。

向人民法院申请执行基于捏造的事实作出的仲裁裁决、公证债权文书，或者在民事执行过程中以捏造的事实对执行标的提出异议、申请参与执行财产分配的，属于“以捏造的事实提起民事诉讼”。

3. 罪数。

（1）实施虚假诉讼行为，非法占有他人财产或者逃避合法债务，又构成诈骗罪，职务侵占罪，拒不执行判决、裁定罪，贪污罪等犯罪的，依照处罚较重的规定定罪从重处罚。

（2）即便没有提起虚假诉讼，但在债权人提起民事诉讼后，使用虚假证据使法官作出免除自己债务的判决的，也可能成立诈骗罪。

［延伸阅读：身份公开，难言诈骗］信用卡诈骗罪的立案标准是5000元，但是，司法解释规定，如果使用本人真实的信用卡恶意透支的，构成信用卡诈骗罪的立案标准是5万元。为什么呢？

民事欺诈行为与诈骗罪的界限考察。实践中，诸多欺诈行为，即便非法获取了财物，又能否以诈骗罪论处？例如，甲是副教授，在晋升教授期间，虚报了一项科研成果，顺利评上了教授。成为教授之后，工资比副教授高出一档。那么，对于多出的工资，能否认定为是诈骗罪呢？又如，近年来，内地保障性住房、经济适用房的申请过程中，部分人虚报材料，骗取保障性住房、经济适用房，能否认定为诈骗罪呢？内地审判实践中，对于这类行为，一经发现，更多的是取消相关资格，很少以诈骗罪论处。这是什么原因呢？为什么“骗了”，并且获得了利益，还不是诈骗罪呢？

类似的道理是，诈骗罪的处罚比特殊类型的诈骗罪如保险诈骗罪、信用卡诈骗罪要处罚重很多，这是为什么呢？实际上，问题背后的本质可能在于，犯罪行为人的身份信息的公开，在一定程度上会使其刑事处罚更轻。或者说，犯罪分子的身份信息的公开，决定了司法机关对于行为人的追责、损失的追偿会更便捷。例如，普通诈骗罪，行为人诈骗之后，被害人根本没有明确线索找回犯罪分子。而行为人是副教授，虚报论文，骗取教授职称，在很大程度上，行为人的个人身份信息已经在大学里面，他不可能逃跑，一经发现，必然被追究。保障性住房的申请者，虚报相关材料骗取保障性住房，也是如此，申请者的个人信息已经非常详尽的登记在案，不存在逃跑的可能性。信用卡诈骗罪的立案数额明显高于诈骗罪，也在于，行为人在使用信用卡诈骗时，如果在ATM机上冒用他人信用卡，其个人身份信息也是在银行的监控下。尤其值得一提的是，2018年最高人民法院司法解释指出，使用本人信用卡恶意透支型的信用卡诈骗罪，其入罪的标准为5万元，其原因在于，这种信用卡诈骗是用了犯罪行为人本人真实的信用卡，较之其他类型的诸多冒用他人信用卡、使用伪造的信用卡型的信用卡诈骗罪，犯罪行为人的真实身份信息已经暴露，对其追究责任、追偿损失更为便捷，更宜从宽处理。

同样的道理是，在保险诈骗罪的情况下，犯罪行为人是投保人、被保险人、受益人，他们的个人信息已经在保险公司的掌控之下，较之普通诈骗罪，行为人被追责的可能性是很高的。此外，对于金融诈骗犯罪，如保险诈骗、信用卡诈骗，刑法之所以对其处罚会比普通诈骗罪轻，原因在于，金融工具本身就是一把双刃剑，在加速资本流通、金融交易的同时，对其所存在的风险就要适度宽容。就好比，交通工具给我们生活带来便捷的同时，也会制造风险，但我们不能因为存在风险就禁止开车，相反，应适度容忍交通工具带来的风险。我国刑法中，作为道路交通领域的过失致人死亡行为——交通肇事罪，其法定刑比过失致人死亡罪的法定刑要低，其主要理由恐怕就在于，对交通工具带来的风险要适度容忍。同时，交通肇事发生在公开的道路上，并且机动车驾驶人的身份信息也是较为公开方便查询的，从这一意义上看，对交通肇事罪从宽处理是必要的。

罪名	时空条件	主体	行为方式
伪证罪（第305条）	刑事诉讼	证人、鉴定人、记录人、翻译人	对与案件有重要关系的情节，作假证明、鉴定、记录、翻译
妨害作证罪（第307条第1款）	各类诉讼	一般主体	（1）以暴力、威胁、贿买等方法阻止证人作证； （2）指使他人作伪证
帮助毁灭、伪造证据罪（第307条第2款）	各类诉讼	一般主体	帮助当事人毁灭、伪造证据，情节严重
辩护人、诉讼代理人毁灭证据、伪造证据、妨害作证罪（第306条）	刑事诉讼	辩护人、诉讼代理人（不限于律师）	（1）毁灭、伪造证据； （2）帮助毁灭、伪造证据； （3）威胁、引诱“证人”违背事实改变证言或者作伪证

[注意] 上表的不同罪名，其实质在于，让司法机关无法弄清案情。

四、窝藏、包庇罪

1. 对象：“犯罪的人”。

（1）“犯罪的人”应作扩大解释，只要是客观上实施了犯罪行为的人即可。

例如，13周岁的杀人犯也属于“犯罪的人”，应成为窝藏罪的对象。

又如，暂时没有被司法机关列为犯罪嫌疑人，但实施了犯罪行为，将被公安、司法机关列为犯罪嫌疑人、被告人而成为侦查、起诉对象的人，属于“犯罪的人”。

（2）特殊情形下，包括“违法行为人”，即卖淫、嫖娼的人。

《刑法》第362条规定，旅馆业、饮食服务业、文化娱乐业、出租汽车业等单位的人员，在公安机关查处卖淫、嫖娼活动时，为“违法犯罪分子”通风报信，情节严重的，依包庇罪定罪处罚。根据该规定，本罪的对象可以包括“违法行为人”。

（3）共同犯罪者之间互相窝藏、包庇的，不构成犯罪。由于对其他共犯人的窝藏、包庇也是行为人自我防御的手段，因此不构成犯罪。

2. 与犯罪分子事前通谋的，以共犯论处。

（1）“通谋”：是指在犯罪活动之前，就谋划或合谋，答应犯罪分子作案后给以窝藏或者包庇，这样会从心理上增强犯罪分子的信心，当然以共同犯罪论处。

既然事前已经通谋，成立共同犯罪，那么，事后相互窝藏、包庇，或者掩饰、隐瞒犯罪所得的，属于事后不可罚行为，也不成立窝藏、包庇罪或掩饰、隐瞒犯罪所得罪。

（2）“通谋”不同于“明知”。如果只是知道作案人员要去实施犯罪，事后予以窝藏、包庇，不应以共同犯罪论处，仅成立窝藏、包庇罪。

典型真题

《刑法》第310条第1款规定了窝藏、包庇罪，第2款规定：“犯前款罪，事前通谋的，以共同犯罪论处。”《刑法》第312条规定了掩饰、隐瞒犯罪所得罪，但没有规定“事前通谋的，以共同犯罪论处。”关于上述规定，下列哪一说法是正确的？（2017年·卷二·19题）①

A. 若事前通谋之罪的法定刑低于窝藏、包庇罪的法定刑，即使事前通谋的，也应以窝藏、包庇罪论处

B. 即使《刑法》第310条没有第2款的规定，对于事前通谋事后窝藏、包庇的，也应以共同犯罪论处

C. 因缺乏明文规定，事前通谋事后掩饰、隐瞒犯罪所得的，不能以共同犯罪论处

D. 事前通谋事后掩饰、隐瞒犯罪所得的，属于想象竞合，应从一重罪处罚

3. 窝藏与包庇的区分：窝藏、包庇罪的对象都是针对犯罪的人。

（1）窝藏主要是发生在行为人与罪犯之间，针对的是犯罪的人。窝藏可以形象地理解为找个“窝”把人给藏起来了，窝藏罪中，必须是帮助当事人逃匿的心理。即为犯罪人提供隐藏处所、财物，帮助犯罪人逃匿。

窝藏行为的特点是“妨害公安、司法机关发现犯罪的人”，除提供隐藏处所、财物外，向犯罪的人通报侦查或追捕的动静，向犯罪的人提供化装的用具等等，也属于帮助其逃匿的行为。窝藏的方式主要有：

第一，有形的方式。为被告人化装、换衣服，提供逃走的资金、伪造的身份证、逃匿必需的工具（如地图、伪造的身份证、指南针等），假扮本犯站在司法机关追捕罪犯所必经的场所等。

第二，无形的方式。向犯罪的人通报侦查或者追捕的动向，劝告犯罪人逃避，将搜查的形式告知逃避中的犯罪者，对欲告发、告诉犯罪的第三人施加压力，为犯罪的人指使逃跑线路。发现现行犯的警察故意放走现行犯，属于不作为的窝藏行为。因此，在理论上，有必要将窝藏扩大解释为一切帮助罪犯逃匿的方法。

（2）包庇发生在包庇者与司法机关之间，针对犯罪事实。即向司法机关提供虚假的证明材料，为犯罪分子掩盖罪行或者开脱、减轻罪责。包庇主要是：

第一，不具有证人身份的人，假冒证人对与案件有重要关系的情节作虚伪陈述的。

第二，顶包。在司法机关追捕的过程中，行为人出于某种特殊原因为了使犯罪人逃匿，而自己冒充犯罪的人向司法机关投案或者实施其他使司法机关误认为自己为犯罪人的行为的。

① 答案：B。

典型真题

甲杀丙后潜逃。为干扰侦查，甲打电话让乙将一把未留有指纹的斧头粘上丙的鲜血放到现场。乙照办后报案称，自己看到"凶手"杀害了丙，并描述了与甲相貌特征完全不同的"凶手"情况，导致公安机关长期未将甲列为嫌疑人。关于本案，下列哪一选项是错误的？（2016 年 · 卷二 · 20 题）①

A. 乙将未留有指纹的斧头放到现场，成立帮助伪造证据罪

B. 对乙伪造证据的行为，甲不负刑事责任

C. 乙捏造事实诬告陷害他人，成立诬告陷害罪

D. 乙向公安机关虚假描述"凶手"的相貌特征，成立包庇罪

4. 包庇罪与伪证罪：伪证是特定主体实施的包庇，伪证罪与包庇罪存在竞合关系。

（1）二者的区别在于：是否以证人身份作伪证。包庇罪中行为人也可能涉及向司法机关作虚假证明，但包庇行为中的伪证是以"非证人"身份作伪证；而伪证罪中，行为人是以"证人、鉴定人、记录人、翻译人"身份作伪证。

（2）二者亦存在竞合：不具有"证人"身份的人，向司法机关作假证明的，构成包庇罪；具有证人身份的人，向司法机关作假证明的，更应该构成包庇罪，同时亦触犯了伪证罪。从这一意义上看，伪证罪是特定主体（证人）实施的包庇行为，伪证罪与包庇罪之间存在竞合关系。

5. 刑法中关于包庇类犯罪的特别规定。

（1）其他特殊类型的包庇罪：

《刑法》第 294 条第 3 款（包庇、纵容黑社会性质组织罪）。

《刑法》第 349 条（包庇毒品犯罪分子罪，窝藏、转移、隐瞒毒品、毒赃罪）。

（2）单纯知情不举，不成立窝藏、包庇罪。但是：

明知他人有间谍行为、恐怖主义行为、极端主义行为，安全机关向其调查有关情况、收集有关证据时，拒绝提供，情节严重，构成拒绝提供间谍犯罪、恐怖主义犯罪、极端主义犯罪证据罪（《刑法》第 311 条）。

负有查禁违法犯罪行为职责的人员，明知他人是犯罪人或有犯罪行为发生而不依法履行查禁职责的，可能构成玩忽职守罪或帮助犯罪分子逃避处罚罪。

五、掩饰、隐瞒犯罪所得、犯罪所得收益罪

（一）行为方式

1. 窝藏、转移、收购或者代为销售。

2. "其他方法"。

范围非常宽泛，只要行为人的行为给司法机关在查找赃物的过程中增添了障碍的，采用任何方法，使司法机关难以发现赃物或者难以分辨赃物性质的，均属于掩饰、隐瞒犯罪所得罪，包括接受犯罪分子赠送的赃物。

① 答案：C。

司法解释对涉机动车的赃物犯罪的行为方式作了如下列举式规定，但不限于如下这些规定：明知是盗窃、抢劫、诈骗等犯罪所得的机动车而予以窝藏、转移、买卖、介绍买卖、典当、拍卖、抵押、用其抵债的，或者拆解、拼装、组装的，或者修改发动机号、车辆识别代号的，或者更改车身颜色或者车辆外形的，或者提供或出售机动车来历凭证、整车合格证、号牌以及有关机动车的其他证明和凭证的，或者提供或出售伪造、变造的机动车来历凭证、整车合格证、号牌以及有关机动车的其他证明和凭证的，应以本罪论处。参见2007年5月9日最高人民法院、最高人民检察院《关于办理与盗窃、抢劫、诈骗、抢夺机动车相关刑事案件具体应用法律若干问题的解释》。

[案例] 李涛、曹某某明知加工的原油系非法收购所得，但仍采用将原油炼制为土柴油的方式出售获利，该行为使犯罪所得的原油性质发生了改变，妨碍了司法机关对窃取原油犯罪行为的有效追诉，成立掩饰、隐瞒犯罪所得罪。参见《刑事审判参考》指导案例第1111号。此外，审判实践中，帮助更换被盗电动车锁的行为、明知是他人盗窃所得的农用车而帮助他人拆解后出售的行为，也被认定为掩饰、隐瞒犯罪所得罪中的“其他方法”，参见《刑事审判参考》指导案例第1112、1113号。

典型真题

下列哪一选项的行为应以掩饰、隐瞒犯罪所得罪论处？（2011年·卷二·17题）①

A. 甲用受贿所得1000万元购买了一处别墅

B. 乙明知是他人用于抢劫的汽车而更改车身颜色

C. 丙与抢劫犯事前通谋后代为销售抢劫财物

D. 丁明知是他人盗窃的汽车而为其提供伪造的机动车来历凭证

（二）主观：明知是犯罪所得的赃物，即知道或者应当知道

如何认定行为人主观上“明知”是犯罪所得的赃物，既要考虑行为人自身的认知能力，又要考察案件的具体情况，从财物的来源、数量与价值，本犯提供财物的时间、地点、方法，行为人与本犯之间的关系等方面来综合判断行为人是否明知。

如下司法解释规定了在一定情形下，可以“推定”行为人主观上“明知”对象是赃物，供参考。

1. 1998年最高人民法院、最高人民检察院、公安部、国家工商行政管理局《关于依法查处盗窃、抢劫机动车案件的规定》第17条规定，有下列情形之一的，可视为应当知道，但有证据证明属被蒙骗的除外：

（1）在非法的机动车交易场所和销售单位购买的；

（2）机动车证件手续不全或者明显违反规定的；

（3）机动车发动机号或者车架号有更改痕迹，没有合法证明的；

（4）以明显低于市场价格购买机动车的。

2. 2007年最高人民法院、最高人民检察院《关于办理与盗窃、抢劫、诈骗、抢夺机动车相关刑事案件具体应用法律若干问题的解释》第6条规定，涉及的机动车有下列情形

① 答案：D。

之一的，应当认定行为人主观上"明知"该机动车属于犯罪所得：

（1）没有合法有效的来历凭证；

（2）发动机号、车辆识别代号有明显更改痕迹，没有合法证明的。

[总结] 行为人实施了以上的行为方式，可以"推定"其主观上明知财物是"赃物"，因为上述行为方式不符合正常的交易规则。当然，推定不是确定，如果行为人可以提出反证的，也可以否认主观上的"明知"。

（三）犯罪对象

1. 只要是他人"客观上的犯罪所得"，均可以成为本罪的对象。

并不意味着本犯的行为完全符合犯罪成立条件，在本犯是无刑事责任能力的精神病人或者年幼者而不具有可遣责性的场合，对其利用盗窃、抢劫、抢夺等方法所获得的财物仍然应当认为是赃物，可以成为本罪对象。

2. 掩饰、隐瞒犯罪所得及其产生的收益的数额，应当以实施掩饰、隐瞒行为时为准。收购或者代为销售财物的价格高于其实际价值的，以收购或者代为销售的价格计算——2015年5月11日最高人民法院《关于审理掩饰、隐瞒犯罪所得、犯罪所得收益刑事案件适用法律若干问题的解释》第4条。

六、脱逃罪

《刑法》第316条：（脱逃罪）依法被关押的罪犯、被告人、犯罪嫌疑人脱逃的，处五年以下有期徒刑或者拘役。

（劫夺被押解人员罪）劫夺押解途中的罪犯、被告人、犯罪嫌疑人的，处三年以上七年以下有期徒刑；情节严重的，处七年以上有期徒刑。

《刑法》第317条：（组织越狱罪）组织越狱的首要分子和积极参加的，处五年以上有期徒刑；其他参加的，处五年以下有期徒刑或者拘役。

（暴动越狱罪）（聚众持械劫狱罪）暴动越狱或者聚众持械劫狱的首要分子和积极参加的，处十年以上有期徒刑或者无期徒刑；情节特别严重的，处死刑；其他参加的，处三年以上十年以下有期徒刑。

1. 主体：依法被关押的罪犯、被告人、犯罪嫌疑人。包括在押解途中的人。

（1）如果是错误被关押的人，则不构成本罪的主体。即本罪的对象"依法被关押的人"不仅仅是程序上被依法关押，而且要求实质上行为人的行为构成犯罪。

（2）如果是被错误关押的人，伙同他人共同脱逃的，可以构成脱逃罪的共犯。这种情形下，主要是考虑到被错误关押人，帮助了他人脱逃，应以脱逃罪的共犯论处。具体案例参见《刑事审判参考》指导案例第93号。

（3）被采取"留置"措施的人，亦可以成为脱逃罪的主体。

典型真题

甲在强制戒毒所戒毒时，无法抗拒毒瘾，设法逃出戒毒所。甲径直到毒贩陈某家，以赊账方式买了少量毒品过瘾。后甲逃往乡下，告知朋友乙详情，请乙收留。乙让甲住下

（事实一）。关于事实一，下列选项正确的是？（2014 年 · 卷二 · 89 题）①

A. 甲是依法被关押的人员，其逃出戒毒所的行为构成脱逃罪

B. 甲购买少量毒品是为了自吸，购买毒品的行为不构成犯罪

C. 陈某出卖毒品给甲，虽未收款，仍属于贩卖毒品既遂

D. 乙收留甲的行为构成窝藏罪

2. 行为方式：包括不作为犯。如外出后不归。但是，罪犯因有私事而私自短时间脱离刑罚执行场所，事后又主动回归的，或者经批准回家后，逾期返回监所的，因其不具备脱逃的故意和逃避羁押、服刑的目的，不构成犯罪。

3. 犯罪既遂的标准：摆脱了监管机关与监管人员的实力支配（控制）时，成立脱逃罪的既遂。行为人逃出关押场所后，只要明显处于被监管人员追捕的过程中，就应认定为脱逃未遂。

七、拒不执行判决、裁定罪 非法处置查封、扣押、冻结的财产罪

《刑法》第 313 条：（拒不执行判决、裁定罪）对人民法院的判决、裁定有能力执行而拒不执行，情节严重的，处三年以下有期徒刑、拘役或者罚金；情节特别严重的，处三年以上七年以下有期徒刑，并处罚金。

单位犯前款罪的，对单位判处罚金，并对其直接负责的主管人员和其他直接责任人员，依照前款的规定处罚。

《刑法》第 314 条：（非法处置查封、扣押、冻结的财产罪）隐藏、转移、变卖、故意毁损已被司法机关查封、扣押、冻结的财产，情节严重的，处三年以下有期徒刑、拘役或者罚金。

1. “人民法院的判决、裁定”的界定。

（1）人民法院依法作出的具有执行内容并已发生法律效力的判决、裁定。

（2）人民法院为依法执行支付令、生效的调解书、仲裁裁决、公证债权文书等所作的裁定。

2. 行为方式：“有能力执行而拒不执行”的行为，起算时间是从相关民事判决发生法律效力时起算。

将判决、裁定生效之日确定为拒不执行判决、裁定罪中“拒不执行”行为的起算时间点，能有效地促使义务人在判决、裁定生效后即迫于刑罚的威慑力而主动履行生效裁判确定的义务，避免生效裁判沦为一纸空文，从而使社会公众真正尊重司法裁判，维护法律权威，从根本上解决“执行难”问题，实现拒不执行判决、裁定罪的立法目的。

3. 主体：被执行人、协助执行义务人、担保人等负有执行义务的人。

4. 拒不执行判决、裁定罪与非法处置查封、扣押、冻结的财产罪之间的牵连关系。

行为人为了拒不执行判决、裁定，在判决、裁定生效以后隐藏、转移、变卖、毁损已经被司法机关查封、扣押、冻结的财产，对抗判决、裁定执行的，属于牵连犯，只需以拒不执行判决、裁定罪一罪处罚。

① 答案：BC。

	非法处置查封、扣押、冻结的财产罪	拒不执行判决、裁定罪
行为方式	只限于非法隐藏、转移、变卖、故意毁损已被司法机关查封、扣押、冻结的财产	包括任何有能力而拒不执行的行为
主体	一般主体	特殊主体：负有执行法院判决、裁定义务的人
时间	整个诉讼过程中	法院的判决、裁定生效后
犯罪故意	不要求特殊目的	拒不执行法院裁判的目的

专题二十九

侵犯社会法益之犯罪：妨害社会管理秩序罪（中）

知识体系

- 侵犯社会法益之犯罪：妨害社会管理秩序罪（中）
  - 第三节 妨害国（边）境管理罪
    - 组织他人偷越国（边）境罪
    - 运送他人偷越国（边）境罪
    - 偷越国（边）境罪
    - 骗取出境证件罪，提供伪造、变造的出入境证件罪，出售出入境证件罪
  - 第四节 妨害文物管理罪
    - 倒卖文物罪
    - 盗掘古文化遗址、古墓葬罪
    - 故意损毁文物罪
    - 非法向外国人出售、赠送珍贵文物罪，非法出售、私赠文物藏品罪
    - 抢夺、窃取国有档案罪
  - 第五节 危害公共卫生罪
    - 非法组织卖血罪，强迫卖血罪
    - 医疗事故罪
    - 非法行医罪
    - 非法编辑基因罪
    - 非法采集、供应血液、制作、供应血液制品罪，采集、供应血液、制作、供应血液制品事故罪
    - 妨害传染病防治罪
  - 第六节 破坏环境资源保护罪
    - 非法猎捕、杀害珍贵、濒危野生动物罪
    - 盗伐林木罪，滥伐林木罪，非法收购、运输盗伐、滥伐的林木罪
    - 非法开发自然保护地罪
    - 污染环境罪

第三节 妨害国（边）境管理罪

一、组织他人偷越国（边）境罪

（一）加重处罚情节

1. 组织他人偷越国（边）境集团的首要分子；
2. 多次组织他人偷越国（边）境或者组织他人偷越国（边）境人数众多的；
3. 造成被组织人重伤、死亡的（是指过失地造成了被组织人重伤、死亡）；
4. 剥夺或者限制被组织人人身自由的；
5. 以暴力、威胁方法抗拒检查的；
6. 违法所得数额巨大的；
7. 有其他特别严重情节的。

（二）罪数

1. 需要数罪并罚的情形：犯本罪，同时对被组织人有杀害、伤害、强奸、拐卖等犯罪行为，或者对检查人员有杀害、伤害等犯罪行为的。

2. 组织他人偷越国（边）境过程中妨害公务行为的定性。

（1）一般的妨害公务行为，仅作为加重情节，不需要并罚。

（2）如果妨害公务的行为特别严重，如杀害、伤害检查人员，成立故意伤害罪、故意杀人罪，应当与本罪数罪并罚。

二、运送他人偷越国（边）境罪

（一）加重处罚情节

1. 处五年以上十年以下有期徒刑，并处罚金。

（1）多次实施运送行为或者运送人数众多的；

（2）所使用的船只、车辆等交通工具不具备必要的安全条件，足以造成严重后果的；

（3）违法所得数额巨大的；

（4）有其他特别严重情节的。

2. 处七年以上有期徒刑，并处罚金。

（1）在运送他人偷越国（边）境中造成被运送人重伤、死亡。

（2）以暴力、威胁方法抗拒检查的。

（二）罪数

1. 数罪并罚。对被运送人有杀害、伤害、强奸、拐卖等犯罪行为，或者对检查人员有杀害、伤害等犯罪行为的。

2. 运送他人偷越国（边）境过程中妨害公务行为的定性。

（1）一般的妨害公务行为，仅作为加重情节。

（2）如果妨害公务的行为特别严重，如伤害、杀害检查人员，成立故意伤害罪、故意杀人罪，应当与本罪并罚。

三、偷越国（边）境罪

《刑法》第322条：违反国（边）境管理法规，偷越国（边）境，情节严重的，处一年以下有期徒刑、拘役或者管制，并处罚金；为参加恐怖活动组织、接受恐怖活动培训或者实施恐怖活动，偷越国（边）境的，处一年以上三年以下有期徒刑，并处罚金。

四、骗取出境证件罪　提供伪造、变造的出入境证件罪　出售出入境证件罪

《刑法》第319条：（骗取出境证件罪）以劳务输出、经贸往来或者其他名义，弄虚作假，骗取护照、签证等出境证件，为组织他人偷越国（边）境使用的，处三年以下有期徒刑，并处罚金；情节严重的，处三年以上十年以下有期徒刑，并处罚金。

单位犯前款罪的，对单位判处罚金，并对其直接负责的主管人员和其他直接责任人员，依照前款的规定处罚。

《刑法》第320条：（提供伪造、变造的出入境证件罪）（出售出入境证件罪）为他人提供伪造、变造的护照、签证等出入境证件，或者出售护照、签证等出入境证件的，处五年以下有期徒刑，并处罚金；情节严重的，处五年以上有期徒刑，并处罚金。

1. 性质：是组织偷越国（边）境罪的预备行为，但刑法将该罪规定为独立的犯罪。

2. 目的：为了组织他人偷越国（边）境而实施上述行为。

3. 该罪的成立，要求有现实的或者可能的组织者为前提；并且，以现实的或者可能的被组织者的行为具有偷越国（边）境性质为前提。

第四节　妨害文物管理罪

一、倒卖文物罪

1. 对象：国家禁止经营的文物，具有科学价值的古脊椎动物化石、古人类化石。

2. 定罪要求：情节严重。包括：倒卖文物数量较大或者次数较多的；造成文物流失无法追回等严重后果的；倒卖珍贵文物的；非法获利数额巨大的等。

3. 盗窃珍贵文物又出卖的，应数罪并罚。2015年最高人民法院、最高人民检察院《关于办理妨害文物管理等刑事案件适用法律若干问题的解释》规定，盗窃珍贵文物后出售的，也属于倒卖，应以盗窃罪、倒卖文物罪并罚。

4. “倒卖”的界定。

（1）“倒卖”并不需要购进再卖出，单纯的“出售”行为也可以认定为是“倒卖”。

（2）此外，刑法分则规定的“买卖”，应统一理解为买进或卖出的行为。行为人只要实施了买进或者卖出枪支、弹药的行为，即构成非法买卖枪支、弹药罪。购买目的不影响对购买行为性质的评价，而仅对量刑产生影响。行为人即使是因个人爱好，出于收藏目的购买枪支、弹药，也应认定为非法买卖枪支、弹药罪。参见《刑事审判参考》指导案例第1075号王挺案。

二、盗掘古文化遗址、古墓葬罪

1. 对象：尚未挖掘、未出土的文物。如果是已经挖掘、出土的文物，则属于盗窃罪的对象。

2. 对“盗掘”应作扩大解释。由于我国幅员辽阔，民族众多，各地的丧葬风俗也各不相同，有土葬、火葬、水葬、塔葬、天葬、树葬、崖葬等多种，很多墓葬并非位于地面以下，如果将“掘”仅作狭义理解的话，势必使刑法保护的古墓葬范围大大缩小，不利于对散落于全国各地不同种类古墓葬的保护。因此，对什么是刑法上的“盗掘”，不能完全拘泥于“掘”的字面含义，即狭义地理解为“向下挖掘”“刨开泥土”或者是“在地面以下挖掘”，而应作广义的理解。盗掘古墓葬罪的犯罪对象不仅包括古墓葬的主体——墓室，也包括墓室外的一些重要附属物，如墓道、石像生、碑刻等等，对附属物的偷挖同样应当认定为刑法意义上的“盗掘”。参见《刑事审判参考》指导案例第1130号。

3. 罪数。

（1）在盗掘古文化遗址、古墓葬的过程中，造成古文化遗址、古墓葬中的珍贵文物等毁坏的，宜从一重罪处罚。

（2）在盗窃古文化遗址、古墓葬后，故意毁坏古文化遗址、古墓葬中的珍贵文物或者名胜古迹的，则应实行数罪并罚。

三、故意损毁文物罪

《刑法》第324条：（故意损毁文物罪）故意损毁国家保护的珍贵文物或者被确定为全国重点文物保护单位、省级文物保护单位的文物的，处三年以下有期徒刑或者拘役，并处或者单处罚金；情节严重的，处三年以上十年以下有期徒刑，并处罚金。

（故意损毁名胜古迹罪）故意损毁国家保护的名胜古迹，情节严重的，处五年以下有期徒刑或者拘役，并处或者单处罚金。

（过失损毁文物罪）过失损毁国家保护的珍贵文物或者被确定为全国重点文物保护单位、省级文物保护单位的文物，造成严重后果的，处三年以下有期徒刑或者拘役。

四、非法向外国人出售、赠送珍贵文物罪　非法出售、私赠文物藏品罪

《刑法》第325条：（非法向外国人出售、赠送珍贵文物罪）违反文物保护法规，将收藏的国家禁止出口的珍贵文物私自出售或者私自赠送给外国人的，处五年以下有期徒刑或者拘役，可以并处罚金。

单位犯前款罪的，对单位判处罚金，并对其直接负责的主管人员和其他直接责任人员，依照前款的规定处罚。

《刑法》第327条：（非法出售、私赠文物藏品罪）违反文物保护法规，国有博物馆、图书馆等单位将国家保护的文物藏品出售或者私自送给非国有单位或者个人的，对单位判处罚金，并对其直接负责的主管人员和其他直接责任人员，处三年以下有期徒刑或者拘役。

五、抢夺、窃取国有档案罪

《刑法》第329条第1款：（抢夺、窃取国有档案罪）抢夺、窃取国家所有的档案的，处五年以下有期徒刑或者拘役。

[问题之思考] 抢劫国有档案的行为应如何定性？

抢劫国有档案的，也认为符合本罪的构成要件，当然也符合抢劫罪的成立要件，应择一重罪处罚。这是根据当然解释所得出的结论。如果实践中出现抢劫国有档案的行为，可以按抢夺国有档案罪定罪处刑。抢劫="排除反抗+抢夺"，从这一意义上看，抢劫国有档案行为是包括了抢夺国有档案的。

第五节 危害公共卫生罪

一、非法组织卖血罪 强迫卖血罪

《刑法》第333条：（非法组织卖血罪）（强迫卖血罪）非法组织他人出卖血液的，处五年以下有期徒刑，并处罚金；以暴力、威胁方法强迫他人出卖血液的，处五年以上十年以下有期徒刑，并处罚金。

有前款行为，对他人造成伤害的，依照本法第二百三十四条（故意伤害罪）的规定定罪处罚。

二、医疗事故罪

1. 主体：医务人员（广义）。包括：

（1）医疗防疫人员；

（2）药剂人员；

（3）护理人员；

（4）其他专业技术人员。

2. 定罪的标准：造成就诊人死亡或者严重损害就诊人身体健康。本罪是过失犯罪，须造成后果才能定罪。

三、非法行医罪

1. 定罪标准：情节严重。

（1）经医疗卫生行政主管部门多次制止，屡教不改，长期从事非法行医的；

（2）因非法行医造成就诊人身体健康受到损害的，非法行医营利数额较大的；

（3）使用伪劣药品蒙骗就诊人的；

（4）在非法行医过程中调戏、侮辱、猥亵妇女、儿童的等。

2. 主体：未取得医生执业资格的人。

2016年最高人民法院《关于修改〈关于审理非法行医刑事案件具体应用法律若干问题的解释〉的决定》第1条规定：具有下列情形之一的，应认定为刑法第三百三十六条第一款规定的"未取得医生执业资格的人非法行医"：

（1）未取得或者以非法手段取得医师资格从事医疗活动的；

（2）被依法吊销医师执业证书期间从事医疗活动的；

（3）未取得乡村医生执业证书，从事乡村医疗活动的；

（4）家庭接生员实施家庭接生以外的医疗行为的。

[注意] 退休后行医仍可能构成"非法行医"。《刑法》第336条中的"未取得医生执业资格"是指没有执业医师资格或者虽有执业医师资格但未经合法注册从而能取得《医师执业证书》的情形。

3. 其他问题。

（1）本罪属于职业犯，行为人必须有以非法行医为职业的目的。偶尔一两次非法行医造成严重后果（如死亡结果），并且没有以非法行医为职业的主观目的的，不成立非法行医罪，成立过失致人死亡罪。

（2）本罪中被害人的承诺无效，因为本罪是危害公共卫生的犯罪。即便得到了被害人承诺的非法行医行为，依然成立非法行医罪。

典型真题

甲系某医院外科医师，应邀在朋友乙的私人诊所兼职期间，擅自为多人进行了节育复通手术。对甲的行为应当如何定性？（2005年·卷二·15题）①

A. 构成非法行医罪

B. 构成非法进行节育手术罪

C. 构成医疗事故罪

D. 不构成犯罪

[延伸阅读] 虽然法考的观点认为，退休后行医仍然属于"非法行医"，审判实践亦有支持。但这种观点并没有得到审判实务的完全、充分支持，最高人民法院亦未支持，主要是考虑到我国现有的医疗、医生资源有限，不宜过度扩大非法行医的范围。周兆钧一案中，退休后行医的，没有认定为是非法行医。最高人民法院经审理认为：原审被告人周兆钧于1953年获中央人民政府卫生部颁发的医师证书，已具备了医师从业资格，并多年从事医疗活动，具有一定的医学知识和医疗技术。周兆钧自湖南省靖县人民医院退休后，从1998年10月起从事医疗活动，虽未经注册，未取得"医疗机构执业许可证"，但不属于《中华人民共和国刑法》第三百三十六条规定的未取得医生执业资格的人。周兆钧给被害人王建辉注射青霉素针，没有违反技术操作规范，王建辉因青霉素过敏而死亡系意外事件，周兆钧不应承担刑事责任。

四、非法编辑基因罪

《刑法修正案（十一）》增设第336条之一：将基因编辑、克隆的人类胚胎植入人体或者动物体内，或者将基因编辑、克隆的动物胚胎植入人体内，情节严重的，处三年以下有期徒刑或者拘役，并处罚金；情节特别严重的，处三年以上七年以下有期徒刑，并处罚金。

① 答案：D。

五、非法采集、供应血液、制作、供应血液制品罪　采集、供应血液、制作、供应血液制品事故罪

《刑法》第334条：（非法采集、供应血液、制作、供应血液制品罪）非法采集、供应血液或者制作、供应血液制品，不符合国家规定的标准，足以危害人体健康的，处五年以下有期徒刑或者拘役，并处罚金；对人体健康造成严重危害的，处五年以上十年以下有期徒刑，并处罚金；造成特别严重后果的，处十年以上有期徒刑或者无期徒刑，并处罚金或者没收财产。

（采集、供应血液、制作、供应血液制品事故罪）经国家主管部门批准采集、供应血液或者制作、供应血液制品的部门，不依照规定进行检测或者违背其他操作规定，造成危害他人身体健康后果的，对单位判处罚金，并对其直接负责的主管人员和其他直接责任人员，处五年以下有期徒刑或者拘役。

两罪的区别。

1. 主体：前者是一般主体，即无需具有资格；后者是经国家主管部门批准的采集、供应血液或者制作、供应血液制品的部门。

2. 犯罪成立的标准：前者为“足以危害人体健康”；后者为“造成危害他人身体健康后果的”。

2003年卷二6. 某镇医院医生贾某在为患者输血时不按规定从县血站提取，而是习惯于直接从献血者身上采血后输给患者。住院病人于某因输了贾某采集的不符合国家规定的血液发生不良反应死亡——贾某的行为构成非法采集、供应血液罪。

六、妨害传染病防治罪

《刑法》第330条：违反传染病防治法的规定，有下列情形之一，引起甲类传染病以及依法确定采取甲类传染病预防、控制措施的传染病传播或者有传播严重危险的，处三年以下有期徒刑或者拘役；后果特别严重的，处三年以上七年以下有期徒刑：

（一）供水单位供应的饮用水不符合国家规定的卫生标准的；

（二）拒绝按照疾病预防控制机构提出的卫生要求，对传染病病原体污染的污水、污物、场所和物品进行消毒处理的；

（三）准许或者纵容传染病病人、病原携带者和疑似传染病病人从事国务院卫生行政部门规定禁止从事的易使该传染病扩散的工作的；

（四）出售、运输疫区中被传染病病原体污染或者可能被传染病病原体污染的物品，未进行消毒处理的；

（五）拒绝执行县级以上人民政府、疾病预防控制机构依照传染病防治法提出的预防、控制措施的。[本款经《刑法修正案（十一）》修改]

单位犯前款罪的，对单位判处罚金，并对其直接负责的主管人员和其他直接责任人员，依照前款的规定处罚。

甲类传染病的范围，依照《中华人民共和国传染病防治法》和国务院有关规定确定。

《刑法修正案（十一）》对妨害传染病防治罪的修改：

第一，对象扩大化。将该罪的对象从“甲类传染病”扩张至包括“依法确定采取甲类传染病预防、控制措施的传染病”，这主要是考虑到，2020年新冠病毒这种突发病毒，

虽然不是甲类传染病，但确实是按照甲类传染病的防控措施进行防控的。

第二，将入罪门槛进一步明确至“拒绝执行县级以上人民政府、疾病防控机构的防控措施”。以往的规定，仅是指出“拒绝执行卫生防疫机构的防控措施”，没有指出明确的层级。

［总结］本节犯罪的应试技巧。

1. 本节中的犯罪是针对公共卫生这一法益，被害人无权承诺。原则上，基于被害人承诺而可以阻却行为成立犯罪的是刑法分则侵犯公民人身权利、侵犯财产权利中的部分犯罪，其他章节的犯罪，均涉及社会利益、国家利益等，被害人没有权利承诺。

2. 本节中的犯罪主要分为“非法”类犯罪与“事故”类犯罪，前者（如非法行医罪等）是没有相应执业资格的人实施的，无论是否造成严重后果；后者（如医疗事故罪）是有资格的人实施的，是过失犯罪，造成了严重后果。

第六节　破坏环境资源保护罪

一、非法猎捕、杀害珍贵、濒危野生动物罪

《刑法》第341条：（非法猎捕、杀害珍贵、濒危野生动物罪）（非法收购、运输、出售珍贵、濒危野生动物、珍贵、濒危野生动物制品罪）非法猎捕、杀害国家重点保护的珍贵、濒危野生动物的，或者非法收购、运输、出售国家重点保护的珍贵、濒危野生动物及其制品的，处五年以下有期徒刑或者拘役，并处罚金；情节严重的，处五年以上十年以下有期徒刑，并处罚金；情节特别严重的，处十年以上有期徒刑，并处罚金或者没收财产。

（非法狩猎罪）违反狩猎法规，在禁猎区、禁猎期或者使用禁用的工具、方法进行狩猎，破坏野生动物资源，情节严重的，处三年以下有期徒刑、拘役、管制或者罚金。

（非法猎捕、收购、运输、出售其他陆生野生动物罪）违反野生动物保护管理法规，以食用为目的非法猎捕、收购、运输、出售第一款规定以外的在野外环境自然生长繁殖的陆生野生动物，情节严重的，依照前款的规定处罚。［本款为《刑法修正案（十一）》增设］

1. 罪数。

（1）实施本罪，又以暴力、威胁方法抗拒查处，以本罪与妨害公务罪数罪并罚。

（2）非法猎捕、杀害珍贵、濒危野生动物或收购珍贵、濒危野生动物及其制品后，又走私的，或者先走私入境，后实施杀害行为的，宜实行数罪并罚。

2. 对象：珍贵、濒危野生动物，包括“驯养”繁殖的野生动物。

（1）审判实践中，对于非法出售、收购“人工驯养”繁殖的“珍贵、濒危野生动物”，也被认定为犯罪。参见河南省南阳市宛城区人民法院刑事判决书，（2015）南宛刑初字第526号。四川省内江市中级人民法院刑事裁定书，（2016）川10刑终3号。

（2）将“驯养繁殖”的野生动物作为本罪的保护对象，合理性受到一定的争议。也正是基于此，2016年最高人民法院研究室《关于收购、运输、出售部分人工驯养繁殖技术成熟的野生动物适用法律问题的复函》建议：“彻底解决当前困境的办法，或者是尽快

启动国家重点保护野生动物名录的修订工作，将一些实际已不再处于濒危状态的动物从名录中及时调整出去，同时将有的已处于濒危状态的动物增列进来；或者是在修订后司法解释中明确，对某些经人工驯养繁殖、数量已大大增多的野生动物，附表所列的定罪量刑数量标准，仅适用于真正意义上的野生动物，而不包括驯养繁殖的。"但这只是最高人民法院的建议，还未上升到司法解释、立法的层面。

[延伸阅读] 如何理解本罪的对象"珍贵、濒危野生动物"？刑法对此并没有作出界定，既往的刑法理论与审判实务都是参考《野生动物保护法》，该法第28条规定，对人工繁育技术成熟稳定的国家重点保护野生动物，经科学论证，纳入国务院野生动物保护主管部门制定的人工繁育国家重点保护野生动物名录。"即，人工"驯养繁殖"的也属于"野生动物"的范围。刑法适用直接参考行政法（《野生动物保护法》）是否合理，确实带来了部分实务上的困惑。王鹏案：2016年4月初，被告人王鹏将自己孵化的2只小太阳鹦鹉（经鉴定学名为绿颊锥尾鹦鹉，被列入《濒危野生动植物种国际贸易公约》附录Ⅱ）以每只500元人民币的价格出售给被告人谢田福。另还查获45只列入《濒危野生动植物种国际贸易公约》附录Ⅱ的被保护鹦鹉待售，属犯罪未遂。王鹏一审被判有期徒刑5年，因量刑"畸重"受到了广泛关注、质疑。二审被判处有期徒刑2年。

该案争议的焦点在于：人工驯养是否属于野生动物？二审改判2年有期徒刑是在法定刑以下判刑，根据《刑法》第63条的规定，应报最高人民法院核准。最高人民法院复核认为，被告人王鹏承认知道涉案鹦鹉为法律禁止买卖的国家重点保护的珍贵、濒危野生动物，但仍非法收购、出售，已构成非法收购、出售珍贵、濒危野生动物罪。王鹏为了牟利而非法收购、出售47只国家重点保护的珍贵、濒危的鹦鹉，情节特别严重，应依法惩处。综合考量王鹏能自愿认罪，出售的是自己驯养繁殖而非野外捕捉的鹦鹉，社会危害性相对较小，且有45只鹦鹉尚未售出等情节，可在法定刑以下判处刑罚。

二、盗伐林木罪　滥伐林木罪　非法收购、运输盗伐、滥伐的林木罪

（一）"盗伐"

盗伐，是指未经国家林业行政管理部门批准，以非法占有为目的，采取秘密手段采伐林木。包括：

1. 擅自砍伐国家、集体、他人所有或者他人承包经营管理的森林或者其他林木的。
2. 擅自砍伐本单位或者本人承包经营管理的森林或者其他林木的。
3. 在林木采伐许可证规定的地点以外，采伐国家、集体、他人所有或者他人承包经营管理的森林或者其他林木的。

[实质] 盗伐的对象"不是自己所有"的林木，是国家集体或者是他人所有、经营的林木。

2020年主观题：2010年3月，刘某与任某为了种植沉香，擅自砍伐了国有森林中的一片林木（1200株），将砍伐的林木扔在一旁，然后种植沉香，一直没有被人发现——该案中，刘某与任某砍伐林木的目的是种植沉香，且刘某与任某将砍伐的林木只是弃置在一旁，并没有利用或是变卖，可见刘某与任某并非基于非法占有目的砍伐林木（1200株），因此刘某、任某成立故意毁坏财物罪的共同犯罪。

（二）"滥伐"

1. 未经林业行政主管部门及法律规定的其他主管部门批准并核发林木采伐许可证，或者虽然持有林木采伐许可证，但违反林木采伐许可证规定的时间、数量、树种或者方式，任意采伐本单位所有或者本人所有的森林或者其他林木的。

2. 在林木采伐许可证规定的地点以外，采伐本单位或者本人所有的森林或者其他林木的。

3. 超过林木采伐许可证规定的数量采伐他人所有的森林或者其他林木的。

4. 林木权属争议一方在林木权属确权之前，擅自砍伐森林或者其他林木，数量较大的。

[实质] 滥伐的对象：自己所有的林木，但没有按照规定来采伐。对于国家、集体林木的承包者擅自砍伐承包林木、据为己有的，由于该林木不是自己所有，因此属于盗伐。

注意两个例外的规定：

第一，超过林木采伐许可证规定的数量采伐他人所有的森林或者其他林木的，是滥伐。（注意，如果改变许可证的地点，属于盗伐。因为此种改变地点，可能没有人监督你砍伐，很容易侵犯他人林木的所有权，所以，构成盗伐林木罪）

第二，林木权属争议一方在林木权属确权之前，擅自砍伐森林或者其他林木，数量较大的，是滥伐。（理由：既然双方发生争议，被砍掉的林木很可能是砍伐者自己所有的；再者，这属于我国村民之间争夺林地常发纠纷，应从宽处理。因此，这种情形实际上是"盗伐""滥伐"之间存在争议，应尽量从宽处罚，认定为是滥伐）

（三）不能认定为"盗伐""滥伐"的情形

以下几种情形，因为并没有破坏森林资源，应认定为盗窃罪：

1. 盗窃他人已经砍倒的树木。

2. 砍伐他人村前屋后零星树木，数量较大的。

3. 盗伐已经枯死、病死的林木的。

典型真题

关于盗伐林木罪，下列哪一选项是正确的？（2017 年 · 卷二 · 20 题）①

A. 甲盗伐本村村民张某院落外面的零星树木，如果盗伐数量较大，构成盗伐林木罪

B. 乙在林区盗伐珍贵林木，数量较大，如同时触犯其他法条构成其他犯罪，应数罪并罚

C. 丙将邻县国有林区的珍贵树木移植到自己承包的林地精心养护使之成活的，不属于盗伐林木②

---

① 答案：D。

② 只要没有归还的意思，即有非法占有目的，就属于盗窃。如果该行为还破坏了森林资源，当然成立盗伐林木罪。有人可能认为，该珍贵树木已经被丙精心养护，没有造成国家森林资源破坏，不构成盗伐林木罪。这实际上属于对"森林环境资源"的误读，实际上，"森林环境资源"具有相对性、动态平衡性，如果 A 地森林资源本身就非常少，森林覆盖率比较低，而 B 地的森林覆盖率非常高。那么，甲从 A 地大量移植一些林木至 B 地，同样是破坏了森林生态平衡，成立盗伐林木罪。林木只有成片或者成林，才能具有较好的环境保护作用，移走珍贵树木虽然存活，但对环境保护还是有破坏的。

D. 丁在林区偷扒数量不多的具有药用价值的树皮，致使数量较大的林木枯死的，构成盗伐林木罪

（四）非法收购、运输盗伐、滥伐的林木罪

2000 年 11 月 22 日最高人民法院《关于审理破坏森林资源刑事案件具体应用法律若干问题的解释》第 10 条规定，《刑法》第 345 条规定的“非法收购明知是盗伐、滥伐的林木”中的“明知”，是指知道或者应当知道。具有下列情形之一的，可视为应当知道，但是有证据证明确属被蒙骗的除外：（即如下情形，可以推定行为人主观上知道其收购的属于“盗伐、滥伐的林木”）

1. 在非法的木材交易场所或者销售单位收购木材的。
2. 收购以明显低于市场价格出售的木材的。
3. 收购违反规定出售的木材的。

三、非法开发自然保护地罪

《刑法修正案（十一）》增设第 345 条之一：违反自然保护地管理法规，在国家公园、国家级自然保护区进行开垦、开发活动或者修建建筑物，造成严重后果或者有其他恶劣情节的，处五年以下有期徒刑或者拘役，并处或者单处罚金。

有前款行为，同时构成其他犯罪的，依照处罚较重的规定定罪处罚。

四、污染环境罪

《刑法》第 338 条：违反国家规定，排放、倾倒或者处置有放射性的废物、含传染病病原体的废物、有毒物质或者其他有害物质，严重污染环境的，处三年以下有期徒刑或者拘役，并处或者单处罚金；情节严重的，处三年以上七年以下有期徒刑，并处罚金；有下列情形之一的，处七年以上有期徒刑，并处罚金：

（一）在饮用水水源保护区、自然保护地核心保护区等依法确定的重点保护区域排放、倾倒、处置有放射性的废物、含传染病病原体的废物、有毒物质，情节特别严重的；

（二）向国家确定的重要江河、湖泊水域排放、倾倒、处置有放射性的废物、含传染病病原体的废物、有毒物质，情节特别严重的；

（三）致使大量永久基本农田基本功能丧失或者遭受永久性破坏的；

（四）致使多人重伤、严重疾病，或者致人严重残疾、死亡的。

有前款行为，同时构成其他犯罪的，依照处罚较重的规定定罪处罚。［本条经《刑法修正案（十一）》修改］

专题三十

侵犯社会法益之犯罪：妨害社会管理秩序罪（下）

知识体系

- 侵犯社会法益之犯罪：妨害社会管理秩序罪（下）
  - 第七节　走私、贩卖、运输、制造毒品罪
    - 走私、贩卖、运输、制造毒品罪
    - 非法持有毒品罪
    - 包庇毒品犯罪分子罪，窝藏、转移、隐瞒毒品、毒赃罪
    - 非法种植毒品原植物罪
    - 引诱、教唆、欺骗他人吸毒罪，强迫他人吸毒罪，容留他人吸毒罪
  - 第八节　组织、强迫、引诱、容留、介绍卖淫罪
    - 组织卖淫罪，强迫卖淫罪，协助组织卖淫罪
    - 引诱、容留、介绍卖淫罪，引诱幼女卖淫罪
    - 传播性病罪
  - 第九节　制作、贩卖、传播淫秽物品罪
    - 制作、复制、出版、贩卖、传播淫秽物品牟利罪
    - 传播淫秽物品罪，组织播放淫秽音像制品罪

第七节　走私、贩卖、运输、制造毒品罪

一、走私、贩卖、运输、制造毒品罪

（一）走私毒品

1. 直接向走私人非法收购走私进口的毒品。
2. 在内海、领海运输、收购、贩卖毒品的。

（二）贩卖毒品

1. 犯罪既遂的标准。

（1）理论观点：交付说。以毒品实际上转移给买方为既遂，转移毒品后行为人是否已

经获取了利益，并不影响既遂的成立。

2020 年真金题：甲在网上预定了毒品，甲、乙二人交付时被警察当场抓获。二人构成贩卖毒品罪既遂。

（2）实务观点：进入交易环节说。《刑事审判参考》指导案例第 1290 号，唐立新、蔡立兵贩卖毒品案，应以毒品是否进入交易环节为准，至于是否实际交付毒品，均不影响犯罪既遂的成立。唐立新与蔡立兵进入毒品交易现场，谈妥了交易价格，对带到现场的毒品进行了查验和称重，虽然还没交付毒资和毒品，亦可以认定为犯罪既遂。

2. 毒品的来源没有限制。既可能是自己所购买的毒品，也可能是自己制造的毒品，还可能是捡拾到的毒品、家中祖传的毒品。

3. 贩卖行为：只要有毒品和钱、财（包括非法的财物）之间的交易，都是贩卖毒品。任何人对毒品和钱的交易起了促进作用的，都属于贩卖毒品罪的共犯。例外：纯粹为了吸毒所作的购买，不构成贩卖毒品罪。

（1）吸毒的人购买毒品供自己吸食的，不构成贩卖毒品罪。理由：既然“吸毒”行为在中国刑法中无罪，那么，维持吸毒所必须的一些行为，如吸毒的人购买毒品、购买毒品后从购买地带回自己的家中，就不应该作为犯罪处理。这种行为也不是“卖”，而是“买”，故不成立贩卖毒品罪。

但是，吸毒者购买、持有的毒品数量较大的，成立非法持有毒品罪、运输毒品罪。

或者，如果吸食毒品者“以贩养吸”的，即购买毒品不仅仅是为了供自己吸食，部分还是为了贩卖，则成立贩卖毒品罪。

（2）帮吸毒的人“代购”毒品并且没有赚取差价的，不构成贩卖毒品罪。①

理由：这种情况下，代购者只是充当了吸毒者购买毒品行为的代理人，吸毒者和代购者的目的均在于吸食和消费毒品，而不是促进毒品流通和贩卖。因此，对于为吸毒者代购毒品的行为应当结合具体情况作出处理，为他人代购仅供吸食的毒品且未牟利的，不应认定为贩卖毒品罪。这种行为，究其实质，还是属于“购买”这一角色。

但是，如果代购者从中牟利，变相加价贩卖毒品的，对代购者应以贩卖毒品罪定罪。代购者在交通、食宿等必要开销之外收取“介绍费”“劳务费”以及其他费用的，或者从中截留、获取部分毒品的，应视为从中牟利，以贩卖毒品罪论处。这种赚取中间“差价”的行为，实质上是“二道贩子”，属于贩卖毒品罪。

质言之，“贩卖”是指：“卖”以及“为卖而买”。单纯的购买，不是贩卖毒品罪。

典型真题

甲、乙通过丙向丁购买毒品，甲购买的目的是为自己吸食，乙购买的目的是为贩卖，丙则通过介绍毒品买卖，从丁处获得一定的好处费。对于本案，下列哪些选项是正确的？

① 代购者必须是帮吸毒的人代购，如果代购者主要是帮贩毒的人贩卖，则可成立贩卖毒品罪。另外，一定要弄清什么叫“代购”，代购，是指你这里没货，你从其他地方帮买方购进。如果你自己有毒品，以成本价卖给买方，就不属于代购了，依然成立贩卖毒品罪。

审判实务中，对于行为人将毒品卖给他人，是否属于帮他人代购，代购者应当如实供述毒品来源、价格、食宿地点、交通路线、交通方式及具体开支等，提供相关材料，以供核查。

（2006 年 · 卷二 · 62 题）①

A. 甲的行为构成贩卖毒品罪

B. 乙的行为构成贩卖毒品罪

C. 丙的行为构成贩卖毒品罪②

D. 丁的行为构成贩卖毒品罪

（三）制造毒品

1. "制造"：使用毒品原植物而制作成毒品，或者是提炼毒品——质言之，制造毒品罪之"制造"行为，必须是有技术含量的行为。

（1）为什么要对"制造"进行限制解释？《刑法》第 347 条将走私、贩卖、运输、制造毒品罪规定在同一个条文中，4 种行为方式的法定刑也完全相同。但从司法实践的情况看，走私、贩卖毒品的危害性明显要重于制造、运输毒品，基于此，刑法理论上主张对制造毒品罪、运输毒品罪中的"制造""运输"进行限制解释。

（2）"制造"是有技术含量的工作。"制造"毒品不仅包括非法用毒品原植物直接提炼和用化学方法加工、配制毒品的行为，也包括以改变毒品成分和效用为目的，用混合等物理方法加工、配制毒品的行为，如将甲基苯丙胺或者其他苯丙胺类毒品与其他毒品混合成麻古或者摇头丸。

2. 为便于隐蔽运输、销售、使用，欺骗购买者，或者为了增重，对毒品掺杂使假，添加或者去除其他非毒品物质，不属于制造毒品的行为。

[案例] 行为人将"摇头丸""Y 仔""K 粉"等与袋装咖啡混合，其主观目的不是制造出一种新类型的毒品，而是通过混合的形式掩人耳目，不构成制造毒品罪。参见《刑事审判参考》指导案例第 800 号。

典型真题

甲拿出 40 克冰毒（系甲盗窃所得），让乙将 40 克冰毒和 80 克其他物质混合，冒充 120 克纯冰毒卖出（事实三）。关于事实三的判断，下列选项正确的是？（2014 年 · 卷二 · 91 题）③

A. 甲让乙卖出冰毒应定性为甲事后处理所盗赃物，对此不应追究甲的刑事责任

B. 乙将 40 克冰毒掺杂、冒充 120 克纯冰毒卖出的行为，符合诈骗罪的构成要件

C. 甲、乙既成立诈骗罪的共犯，又成立贩卖毒品罪的共犯

D. 乙在冰毒中掺杂使假，不构成制造毒品罪

（四）运输毒品

1. "运输"行为：只要实施了运输的行为即可，不要求到达目的地。行为人先将毒品从 A 地运到 B 地，后来又将其从 B 地运回 A 地的，虽然从结局上看毒品还在 A 地，但仍然属于运输毒品。

① 答案：BCD。

② 即便丙在本案中没有收取任何的好处费，也成立贩卖毒品罪。因为丙不仅仅是帮助吸毒的人，还帮助贩毒的人，对丁的贩卖毒品起了帮助作用，成立贩卖毒品罪。

③ 答案：BCD。

[案例] 龚某采用人体携带91克毒品，从云南省瑞丽市转移运送到了云南省芒市机场且购买了机票，已经进入运输毒品的环节、状态；在其欲乘飞机接受检查时被挡获。法院认定其行为构成运输毒品罪（既遂）。参见邓维聪：《运输毒品罪既、未遂的认定》，《人民法院报》2016年1月3日。

2017年卷二61. C. 丙乘广州至北京的火车运输毒品，快到武汉时被查获，构成运输毒品罪既遂。

2. 对“运输”的限制解释：刑法理论上多数学者认为，只有与走私、贩卖、制造有关联的运输行为，才宜认定为运输毒品罪。例如，行为人仅仅是购买毒品供自己吸食，从甲地带到乙地的，不属于运输。

理由：刑法将运输毒品罪作为一个独立的罪名，并与走私、贩卖、制造毒品罪同作为选择性罪名置于同一法条下，具有相同的量刑幅度，其危害性并非仅仅是使毒品“流动”，其更大的危害性在于它是走私、贩卖或者制造毒品犯罪中的一个必要环节，行为人对毒品的去向和来源是有一定了解的。运输仅以吸食为目的的毒品既不是毒品犯罪的源头行为，也不可能造成毒品向社会公众扩散，因而社会危害性不大，对其不宜按运输毒品罪定罪处罚。

（1）为个人吸食目的，运输“少量”毒品的，不成立运输毒品罪。

（2）为个人吸食目的，运输“数量较大”的毒品的，成立运输毒品罪。2015年最高人民法院《全国法院毒品犯罪审判工作座谈会纪要》规定，吸食者在运输毒品过程中，数量较大的，以运输毒品罪论处。该规定之所以将出于“吸食”目的而运输毒品的，也认定为运输毒品罪，主要是考虑到，运输的“数量较大”，可以推定行为人主观上不仅仅是出于吸食目的，而可能是基于其他毒品犯罪的故意。换言之，基于合理的吸食少量而运输毒品的，可以不认为是犯罪。

（3）非出于个人吸食目的，无论数量多少，均成立运输毒品罪。

（五）毒品数量、纯度的计算

1. 定罪的数量要求。

（1）走私、贩卖、运输、制造毒品罪，无论数量多少，均构成犯罪。当然，数量越多，刑罚越重。

（2）将以未成年人作为犯罪对象的，直接规定为入罪情节，对数量没有要求。最高人民法院《关于审理毒品犯罪案件适用法律若干问题的解释》第12条规定，容留未成年人吸食、注射毒品的，即构成容留他人吸毒罪，在容留人数、次数、后果方面不需要再达到其他要求。

（3）其他毒品犯罪，必须达到一定的数量才能定罪，如非法持有毒品罪等毒品犯罪。

2. 纯度：不以纯度折算。但对于查获的毒品有证据证明大量掺假，经鉴定查明毒品含量极少，确有大量掺假成分的，在处刑时应酌情考虑。特别是掺假之后毒品的数量才达到判处死刑的标准的，对被告人可不判处死刑立即执行。

理由：不同纯度的毒品，其中真毒品的含量不同，纯度高的毒品比纯度低的毒品危害更大，对犯罪分子的吸引力也更大。但是，犯罪分子不是以毒品的含量作为单位交易的，况且所有毒品都必须掺入添加剂方可吸食，如果强调对毒品纯度折算后再确定毒品的数量，就忽视了毒品犯罪的危害性和犯罪分子的人身危险性。在我国，司法机关缴获的毒品几乎全是几经转手，纯度较低，尤其是依民间土法加工合成的毒品，由于技术落后，掺杂使假，不但纯度低，而且杂质很多。在这种情况下再对毒品纯度进行折算，人为地改变毒品数量，并以此为根据进行定罪量刑，有悖罪刑相适应原则。

3. 针对不同类型（品种）的毒品，应统一折算。

2006 年最高人民法院刑一庭《关于审理若干新型毒品案件定罪量刑的指导意见》指出，对新型混合毒品的量刑应以其主要毒品成分为依据。将危害较大的主要几类毒品成分按其比例折算成海洛因后，再确定数量量刑。

典型真题

王某贩卖海洛因 50 克，运输甲基苯丙胺 30 克，走私鸦片 500 克。下列说法正确的是？（2019 年真金题 · 8 题）①

A. 无论是否需要转化为海洛因定罪，都以 580 克计算毒品重量

B. 如果被判十年以上有期徒刑或无期徒刑，则不得假释

C. 应将鸦片和甲基苯丙胺转化为海洛因后定罪

D. 不以贩卖、运输、走私毒品罪数罪并罚

（六）其他问题

1. 从重处罚的情形：利用、教唆未成年人走私、贩卖、运输、制造毒品，或者向未成年人出售毒品的。

2. 误将面粉当作毒品进行贩卖的，存在两种观点。

（1）一种观点认为不构成犯罪；

（2）另一种观点认为成立贩卖毒品罪（未遂）② ——司法解释、审判实务持此观点。

3.《刑法》第 355 条（非法提供麻醉药品、精神药品罪）与贩卖毒品罪的关系。

前者的主体是：依法从事生产、运输、管理、使用国家管制的麻醉药品、精神药品的人员。该类人员：

（1）违反国家规定，向吸食、注射毒品的人提供国家规定管制的能够使人形成瘾癖的麻醉药品、精神药品的——非法提供麻醉药品、精神药品罪。

（2）向走私、贩卖毒品的犯罪分子或者以牟利为目的，向吸食、注射毒品的人提供国家规定管制的能够使人形成瘾癖的麻醉药品、精神药品的——贩卖毒品罪。

[注意]《刑法修正案（十一）》对于非法提供兴奋剂的，也规定了独立的罪名，作为第 355 条之一：

引诱、教唆、欺骗运动员使用兴奋剂参加国内、国际重大体育竞赛，或者明知运动员参加

① 答案：CD。

② 刑法理论上持极端的结果无价值论的学者认为，误将面粉当作毒品出售的，由于没有贩卖毒品的具体危险，因此，可以考虑无罪。但是，审判实践中以往的观点，更多地是从行为无价值的立场出发，认为此种行为应认定为贩卖毒品罪（未遂）。原最高人民法院 1994 年《关于执行〈全国人民代表大会常务委员会关于禁毒的决定〉的若干问题的解释》第 17 条，亦持此观点。

现今的审判实践亦支持此观点，如《刑事审判参考》指导案例第 37 号——误认尸块为毒品而予以运输的行为，被认定为运输毒品罪（未遂）；黄某诈骗、潘某等贩卖毒品案中，黄某明知是假毒品而让潘某、宋某误以为真毒品去贩卖，黄某构成诈骗罪，潘某、宋某构成贩卖毒品罪（未遂）。参见广东省珠海市中级人民法院刑事裁定书，（2015）珠中法刑一终字第 477 号。

上述竞赛而向其提供兴奋剂，情节严重的，处三年以下有期徒刑或者拘役，并处罚金。

组织、强迫运动员使用兴奋剂参加国内、国际重大体育竞赛的，依照前款的规定从重处罚。①

4. 任何毒品犯罪，都不需要犯罪行为人是毒品的所有者，也不需要其主观上知道所有者是谁。

理由：毒品属于违禁品，任何人均不得实施持有、贩卖、走私等行为，否则，应成立非法持有毒品罪、贩卖毒品罪等。

典型真题

关于毒品犯罪的论述，下列哪些选项是错误的？（2012年·卷二·62题）②

A. 非法买卖制毒物品的，无论数量多少，都应追究刑事责任

B. 缉毒警察掩护、包庇走私毒品的犯罪分子的，构成放纵走私罪

C. 强行给他人注射毒品，使人形成毒瘾的，应以故意伤害罪论处

D. 窝藏毒品犯罪所得的财物的，属于窝藏毒赃罪与掩饰、隐瞒犯罪所得罪的法条竞合，应以窝藏毒赃罪定罪处刑

二、非法持有毒品罪

1. 认定。

（1）只有在其他毒品犯罪如走私、贩卖、运输、制造毒品罪等无法查证的情形下，才能以本罪论处。

（2）因实施其他毒品犯罪（如走私、贩卖毒品罪）而持有毒品的，不另定非法持有毒品罪。

（3）本罪定罪必须达到一定数量，持有少量毒品的不能认定为本罪。

（4）持有的方式：包括直接持有、间接持有。例如，行为人认为自己管理毒品不安全，将毒品委托给第三者保管时，行为人与第三者均持有该毒品。第三者为直接持有，行为人为间接持有。

2. 对吸食毒品者的处罚。

（1）吸食毒品不构成犯罪，但吸食者持有的毒品数量大的，成立非法持有毒品罪。

（2）对“以贩养吸”的，行为人本身就是贩毒者，被查获的毒品数量应当认定为其贩卖毒品的数量，认定为贩卖毒品罪，但量刑时应当考虑被告人吸食毒品的情节。③

3. 非法持有毒品罪与窝藏毒品罪。

---

① 有关兴奋剂违规行为严重损害国家形象，破坏体育竞赛公平竞争，严重损害运动员身心健康，建议将组织、强迫运动员使用兴奋剂，以及引诱、教唆、欺骗运动员使用兴奋剂参加国内、国际重大体育竞赛，或者向其提供兴奋剂等严重情形规定为犯罪。

② 答案：ABC。

③ 《全国法院毒品犯罪审判工作座谈会纪要》规定：“对于有吸毒情节的贩毒人员，一般应当按照其购买的毒品数量认定其贩卖毒品的数量，量刑时酌情考虑其吸食毒品的情节……确有证据证明其购买的部分毒品并非用于贩卖的，不应计入其贩毒数量。”根据该《会议纪要》，如果吸毒者本身是贩毒人员，其购买毒品的数量直接认定为贩卖毒品的数量，除非有证据证明部分毒品是吸毒的，该部分可以扣除。亦可参见《刑事审判参考》指导案例第105号：张敏贩卖毒品案——如何正确认定非法持有毒品罪。

（1）非法持有毒品罪的主观故意是明知是毒品而非法持。

（2）窝藏、转移、隐瞒毒品、毒赃罪的主观故意是为毒品犯罪分子窝藏、转移、隐瞒毒品、毒赃，达到逃避司法机关法律制裁的目的，行为人持有毒品的目的是“为他人”转移、藏匿毒品。

4. 罪数。

（1）盗窃、抢夺、抢劫毒品的（明知是毒品），应当分别以盗窃罪、抢夺罪或者抢劫罪定罪（但不计犯罪数额，根据情节轻重予以定罪量刑），不另认定为非法持有毒品罪。

（2）行为人盗窃财物的同时盗窃了毒品后（不明知是毒品），非法持有毒品的，应当以盗窃罪与非法持有毒品罪实行并罚。

2013年卷二91. 王某第二天用该款购买100克海洛因藏在家中，用于自己吸食——王某的行为不成立窝藏毒品罪，仅成立非法持有毒品罪。

2005年卷二12. 毒贩甲得知公安机关近来要开展“严打”斗争，遂将尚未卖掉的50多克海洛因和贩毒所得赃款8万多元拿到家住偏远农村的亲戚乙处隐藏。公安机关得到消息后找乙调查此事，乙矢口否认。乙当晚将上述毒品、赃款带到后山山洞隐藏时被跟踪而至的公安人员当场抓获。乙的上述行为应当以窝藏、转移、隐瞒毒品、毒赃罪论处。

典型真题

关于非法持有毒品罪，下列哪一选项是正确的？（2011年·卷二·18题）[①]

A. 非法持有毒品的，无论数量多少都应当追究刑事责任

B. 持有毒品不限于本人持有，包括通过他人持有

C. 持有毒品者而非所有者时，必须知道谁是所有者

D. 因贩卖而持有毒品的，应当实行数罪并罚

三、包庇毒品犯罪分子罪　窝藏、转移、隐瞒毒品、毒赃罪

《刑法》第349条：（包庇毒品犯罪分子罪）（窝藏、转移、隐瞒毒品、毒赃罪）包庇走私、贩卖、运输、制造毒品的犯罪分子的，为犯罪分子窝藏、转移、隐瞒毒品或者犯罪所得的财物的，处三年以下有期徒刑、拘役或者管制；情节严重的，处三年以上十年以下有期徒刑。

缉毒人员或者其他国家机关工作人员掩护、包庇走私、贩卖、运输、制造毒品的犯罪分子的，依照前款的规定从重处罚。

犯前两款罪，事先通谋的，以走私、贩卖、运输、制造毒品罪的共犯论处。

四、非法种植毒品原植物罪

《刑法》第351条：非法种植罂粟、大麻等毒品原植物的，一律强制铲除。有下列情形之一的，处五年以下有期徒刑、拘役或者管制，并处罚金：

（一）种植罂粟五百株以上不满三千株或者其他毒品原植物数量较大的；

① 答案：B。

（二）经公安机关处理后又种植的；

（三）抗拒铲除的。

非法种植罂粟三千株以上或者其他毒品原植物数量大的，处五年以上有期徒刑，并处罚金或者没收财产。

非法种植罂粟或者其他毒品原植物，在收获前自动铲除的，可以免除处罚。

五、引诱、教唆、欺骗他人吸毒罪　强迫他人吸毒罪　容留他人吸毒罪

《刑法》第353条：（引诱、教唆、欺骗他人吸毒罪）引诱、教唆、欺骗他人吸食、注射毒品的，处三年以下有期徒刑、拘役或者管制，并处罚金；情节严重的，处三年以上七年以下有期徒刑，并处罚金。

（强迫他人吸毒罪）强迫他人吸食、注射毒品的，处三年以上十年以下有期徒刑，并处罚金。

引诱、教唆、欺骗或者强迫未成年人吸食、注射毒品的，从重处罚。

《刑法》第354条：（容留他人吸毒罪）容留他人吸食、注射毒品的，处三年以下有期徒刑、拘役或者管制，并处罚金。

1. "容留"：是指允许他人在自己管理的场所吸食、注射毒品或者为他人吸食、注射毒品提供场所的行为。

例如，《刑事审判参考》第1032号，聂凯凯容留他人吸毒案中，旅馆经营者发现客人在房间内吸毒不予制止，其行为属于放任他人吸毒，旅馆经营者对此有义务制止或者向公安机关报告，对旅馆经营者应以容留他人吸毒罪论处。

又如，审判实务中，行为人未经他人允许，让吸食毒品人员在合居套间中归他人单独使用的卧室内吸食毒品，属于容留他人吸毒罪中的"容留"。参见西藏自治区拉萨中级人民法院刑事判决书，（2017）藏01刑终1号。

2. 经典案例。

（1）甲在宾馆开房吸毒时，乙、丙打电话给甲，要求一起前往甲所在的宾馆房间吸毒，甲的行为成立容留他人吸毒罪。但如果乙、丙二人仅是借用甲的身份证另开一个房间吸毒，甲的行为不成立容留他人吸毒罪。

（2）甲将某地有无人看守的空闲房屋的信息告诉吸毒者乙，乙带领两名小弟前往该处吸毒的。甲的行为不成立容留他人吸毒罪。

典型真题

陈某向王某声称要购买80克海洛因，王某便从外地购买了80克海洛因。到达约定交货地点后，陈某掏出仿真手枪威胁王某，从王某手中夺取了80克海洛因。此后半年内，因没有找到买主，陈某一直持有80克海洛因。半年后，陈某将80克海洛因送给其毒瘾很大的朋友刘某，刘某因过量吸食海洛因而死亡。关于本案，下列哪一选项是错误的？（2007年·卷二·16题）①

A. 王某虽然是陈某抢劫的被害人，但其行为仍成立贩卖毒品罪

① 答案：D。

B. 陈某持仿真手枪取得毒品的行为构成抢劫罪，但不属于持枪抢劫

C. 陈某抢劫毒品后持有该毒品的行为，被抢劫罪吸收，不另成立非法持有毒品罪[①]

D. 陈某将毒品送给刘某导致其过量吸食进而死亡的行为，成立过失致人死亡罪

第八节　组织、强迫、引诱、容留、介绍卖淫罪

一、组织卖淫罪　强迫卖淫罪　协助组织卖淫罪

《刑法》第358条：组织、强迫他人卖淫的，处五年以上十年以下有期徒刑，并处罚金；情节严重的，处十年以上有期徒刑或者无期徒刑，并处罚金或者没收财产。

组织、强迫未成年人卖淫的，依照前款的规定从重处罚。

犯前两款罪，并有杀害、伤害、强奸、绑架等犯罪行为的，依照数罪并罚的规定处罚。

为组织卖淫的人招募、运送人员或者有其他协助组织他人卖淫行为的，处五年以下有期徒刑，并处罚金；情节严重的，处五年以上十年以下有期徒刑，并处罚金。

1. 协助组织卖淫罪。本罪的行为原是组织卖淫罪的帮助犯，但刑法将其规定为独立的犯罪。行为方式主要包括充当保镖、打手、管账人等。

[注意] 不应将"协助"作过度扩张解释。在具有营业执照的会所、洗浴中心等经营场所担任保洁员、收银员、保安员等，从事一般服务性、劳务性工作，仅领取正常薪酬，不认定为协助组织卖淫罪。

2. "组织卖淫罪"之"组织"的认定："招募、雇用、纠集等"手段，"管理或者控制"他人卖淫，卖淫人员在3人以上的，应当认定为《刑法》第358条规定的"组织他人卖淫"。组织卖淫者是否设置固定的卖淫场所、组织卖淫者人数多少、规模大小，不影响组织卖淫行为的认定。

刑法中类似于黑社会组织犯罪这类的组织性犯罪（组织、领导、参加黑社会性质组织）与本罪在本质上是不一样的。本罪的罪质特征主要体现在其"组织行为"上，如一个人也可以组织他人卖淫，而不是体现在组织者的"组织机构"上。

3. 组织卖淫罪与容留卖淫罪的区别：是否控制了多人进行卖淫活动。前者是安排分散的人或者物，使这些人或者物具有一定的系统性、整体性，表现方式为组织、策划、指挥。

例如，甲雇佣他人发放卖淫广告卡片，卡片上留着甲的电话号码。在嫖客给甲打来电话后，甲再打电话联系卖淫女，告诉嫖客的所在地。事后，甲再向卖淫女收取一定的费用（中介费）。甲的行为不成立组织卖淫罪，而仅成立介绍卖淫罪。

4. 卖淫：既包括异性，也包括同性。卖淫者可以是女性，也可以是男性。

（1）对传统意义上的提供性交服务并收取财物的行为应当认定为卖淫。

① 抢劫罪的对象既包括普通财物，也包括毒品，刑法中并无抢劫毒品罪这一罪名。既然抢劫罪的对象本身包括毒品，那么，抢劫毒品后非法持有毒品的行为，可以被抢劫罪吸收，仅定抢劫罪一罪。而且，本案中，行为人抢劫时主观上已经知道对象是毒品，没有超出其故意的范围，后续持有毒品的行为被抢劫罪吸收，仅定抢劫罪一罪。

（2）男性也可以提供卖淫服务。随着社会的发展变迁，男性也存在为获取物质利益而与不特定的女性发生性关系的现象。将此现象理解为卖淫，已经得到了立法和司法的肯定。

（3）肛交、口交应当列入卖淫的方式。

二、引诱、容留、介绍卖淫罪　引诱幼女卖淫罪

《刑法》第359条：（引诱、容留、介绍卖淫罪）引诱、容留、介绍他人卖淫的，处五年以下有期徒刑、拘役或者管制，并处罚金；情节严重的，处五年以上有期徒刑，并处罚金。

（引诱幼女卖淫罪）引诱不满十四周岁的幼女卖淫的，处五年以上有期徒刑，并处罚金。

1. 选择性罪名的适用。选择性罪名，即罪名中有顿号（“、”）的罪名。

（1）针对不同的对象实施不同行为，也仅定一罪，因为这些不同行为均规定在同一条款中。

例如，引诱妇女A卖淫、容留妇女B卖淫、介绍妇女C卖淫，仅成立引诱、容留、介绍卖淫罪一罪。

（2）如果行为人的多个行为分别规定在不同条款中，则多行为应该数罪并罚。

例如，甲引诱幼女乙卖淫（第359条第2款 引诱幼女卖淫罪），又容留该幼女卖淫（第359条第1款 容留卖淫罪），两行为规定在不同的条款，故应该数罪并罚。

2. 利用信息网络发布招嫖违法信息，情节严重的，依照《刑法》第287条之一的规定，以非法利用信息网络罪定罪处罚。同时构成介绍卖淫罪的，依照处罚较重的规定定罪处罚。

三、传播性病罪

《刑法》第360条：（传播性病罪）明知自己患有梅毒、淋病等严重性病卖淫、嫖娼的，处五年以下有期徒刑、拘役或者管制，并处罚金。

1. 主观罪过：明知自己患有梅毒、淋病等严重性病而卖淫、嫖娼。明知自己患有艾滋病或者感染艾滋病病毒而卖淫、嫖娼的，以传播性病罪定罪，从重处罚。

2. 罪数。

（1）如果行为人具有传染性病的意图而实施卖淫、嫖娼行为，但客观上并没有发生这种结果的，仍应以本罪论处——行为犯（抽象危险犯）。

理由：行为人明知自己患有严重性病而卖淫、嫖娼后，被害人是否实际染上严重性病，取决于多方面的原因，同时，性病的发作也有个过程，有的个体潜伏期甚至达数年。因此，如果将发生严重性病的传染结果作为传播性病罪的构成要件，容易使犯罪分子逃避打击。

（2）如果行为人为了伤害他人，以卖淫、嫖娼为手段，意在使他人染上性病，且客观上造成了伤害结果的，完全符合故意伤害罪的构成要件，应以故意伤害罪论处，可以认为是传播性病罪与故意伤害罪的竞合。

第九节 制作、贩卖、传播淫秽物品罪

一、制作、复制、出版、贩卖、传播淫秽物品牟利罪

《刑法》第363条：（制作、复制、出版、贩卖、传播淫秽物品牟利罪）以牟利为目的，制作、复制、出版、贩卖、传播淫秽物品的，处三年以下有期徒刑、拘役或者管制，并处罚金；情节严重的，处三年以上十年以下有期徒刑，并处罚金；情节特别严重的，处十年以上有期徒刑或者无期徒刑，并处罚金或者没收财产。

（为他人提供书号出版淫秽书刊罪）为他人提供书号，出版淫秽书刊的，处三年以下有期徒刑、拘役或者管制，并处或者单处罚金；明知他人用于出版淫秽书刊而提供书号的，依照前款的规定处罚。

1. 关于“淫秽物品”的理解：是指具体描绘性行为或者露骨宣扬色情的诲淫性的书刊、影片、录像带、录音带、图片及其他淫秽物品。有关人体生理、医学知识的科学著作不是淫秽物品。包含有色情内容的有艺术价值的文学、艺术作品不视为淫秽物品。

司法解释对“淫秽物品”作了扩大解释。《刑法》第367条第1款规定的“其他淫秽物品”，包括具体描绘性行为或者露骨宣扬色情的诲淫性的视频文件、音频文件、电子刊物、图片、文章、短信息等互联网、移动通讯终端电子信息和声讯台语音信息。有关人体生理、医学知识的电子信息和声讯台语音信息不是淫秽物品。包含色情内容的有艺术价值的电子文学、艺术作品不视为淫秽物品。

2017年最高人民法院、最高人民检察院《关于利用网络云盘制作、复制、贩卖、传播淫秽电子信息牟利行为定罪量刑问题的批复》指出，对于以牟利为目的，利用网络云盘制作、复制、贩卖、传播淫秽电子信息的行为，也应追究刑事责任。

2. 为他人提供书号出版淫秽书刊罪：属于过失犯罪，即出于过失，没有认真审查，而提供书号给他人，被他人用于出版淫秽书刊。

如果行为人明知他人用于出版淫秽书刊而提供书号的，以出版淫秽物品牟利罪的共犯论处。

2018年真金题：甲以牟利为目的复制淫秽物品后，又将其销毁，甲的行为成立复制淫秽物品牟利罪的既遂——理由：行为人以牟利为目的实施了复制淫秽物品的行为，复制行为本身已经实施完毕，而牟利的目的并不需要行为人已经实际取得利益。未实际获利或者获利较少的，均不影响本罪的成立。

典型真题

雷某为购买正式书号用于出版淫秽录像带，找某音像出版社负责人任某帮忙。雷向任谎称自己想制作商业宣传片，需要一个书号，并提出付给出版社1万元“书号费”。任某同意，但要求雷给自己2万元好处费，雷某声称盈利后会考虑。任某随后指示有关部门立即办理。雷某拿到该书号出版了淫秽录像带，发行数量极大、影响极坏。雷牟利后给任某

2万元好处费，任某收下。关于本案，下列哪些说法是错误的？（2004年·卷二·60题）①

A. 雷某与任某的行为构成为他人提供书号出版淫秽书刊罪的共犯

B. 雷某的行为构成传播淫秽物品罪，任某的行为构成为他人提供书号出版淫秽书刊罪

C. 雷某的行为构成出版淫秽物品牟利罪，任某的行为构成出版淫秽物品牟利罪的共犯

D. 雷某与任某的行为构成非法经营罪的共犯

二、传播淫秽物品罪　组织播放淫秽音像制品罪

《刑法》第364条：（传播淫秽物品罪）传播淫秽的书刊、影片、音像、图片或者其他淫秽物品，情节严重的，处二年以下有期徒刑、拘役或者管制。

（组织播放淫秽音像制品罪）组织播放淫秽的电影、录像等音像制品的，处三年以下有期徒刑、拘役或者管制，并处罚金；情节严重的，处三年以上十年以下有期徒刑，并处罚金。

制作、复制淫秽的电影、录像等音像制品组织播放的，依照第二款的规定从重处罚。

向不满十八周岁的未成年人传播淫秽物品的，从重处罚。

① 答案：ABCD。

专题三十一

侵犯国家法益之犯罪：贪污贿赂罪

知识体系

- 侵犯国家法益之犯罪：贪污贿赂罪
  - 贪污罪
    - 条件一：对象为公共财产
    - 条件二：客观上利用职务上的便利
    - 条件三：主体原则上应为国家工作人员
    - 认定
  - 挪用公款罪
    - 对象
    - 主体
    - 如何理解“归个人使用”——因“私”犯罪
    - 类型
    - 认定
  - 受贿罪
    - 主体：国家工作人员
    - 对象：财物
    - 表现形式
    - 客观方面的几个问题
    - 认定中的几个问题
  - 利用影响力受贿罪
  - 对有影响力的人行贿罪
  - 行贿罪
    - 目的要求
    - “不正当利益”的实务考察
    - 排除犯罪的事由（消极的构成要件要素）
    - 减免处罚的规定
    - 行贿罪与受贿罪并非一一对应关系
  - 巨额财产来源不明罪
    - 性质
    - 说明来源的时间要求：一审判决前
  - 单位受贿罪
  - 介绍贿赂罪
  - 私分国有资产罪

一、贪污罪

（一）条件一：对象为公共财产

1. 国有财产。

2. 劳动群众集体所有的财产。

3. 用于扶贫和其他公益事业的社会捐助或者专项基金的财产。

4. 在国家机关、国有公司、企业、集体企业和人民团体管理、使用或者运输中的私人财产，以公共财产论。

5. 国家机关、国有公司、企业、事业单位委派到非国有公司、企业、事业单位、社会团体从事公务的人员，利用职务上的便利，非法占有所在的非国有性质单位的财产的构成贪污罪——这类案件，最终受损失的是国家。

［总结］（1）对象是公共财产，如果非法获取的不是公共财产，则可能涉嫌盗窃、诈骗、侵占等犯罪。

（2）公共财产的范围，包括财产性利益、债权、股权等。例如，土地使用权具有财产性利益，属于《刑法》第382条第1款规定中的“公共财物”，可以成为贪污的对象。参见最高人民法院指导案例11号，杨延虎等贪污案。

（3）违规存放的公共财产，亦是公共财产。部分国有单位非法设置小金库，虽然设置小金库本身也是非法的，但也属于公共财产，可以成为贪污罪的对象。

（4）变相侵吞公共财产的，成立贪污罪。即，不是直接拿走公共财产，而是通过间接方式，借经他人之手取走公共财产的，也成立贪污罪。例如，A国有公司工作人员甲经单位同意以明显高于市场的价格向自己的亲友乙经营管理的单位采购商品，但事前约定货款中的一部分必须返还给A公司作小金库收入的，如甲将返还款非法占为己有，仍然可能成立贪污罪。

［案例］甲是某地法院执行庭的法官，在负责一起执行案中，法院判决败诉方要支付胜诉方人民币60万元，该案的败诉方完全具有支付60万元的能力。但是，甲却对胜诉方说：“败诉方没有能力支付60万元。我可以帮你联系一家公司，让他们出10万元将你的判决书买下来。这样的话，你至少还得到了10万元，否则就会一分钱也拿不回来。”胜诉方信以为真，就将自己的胜诉判决书以10万元的价格卖给了甲办的公司。甲最后拿着该胜诉判决书，从败诉方那里得到了60万元——甲的行为成立诈骗罪，诈骗的对象是胜诉方的债权，公共财产并没有遭受实际损失。

2018年真金题：村民甲为了多获土地补偿款，找到负责核定土地面积的国家机关工作人员乙，让其核定面积时多写面积，并且送了10万元感谢费给乙。乙答应照办，甲因此多获了40万元的土地补偿款。该案中，国家工作人员乙的行为构成受贿罪、贪污罪，应并罚。乙在从事公务活动中，滥用权力，与甲共同侵吞公共财产计40万元，应以贪污罪的共犯论处。①

① 该案来源于《刑事审判参考》指导案例第1138号，该案的裁判要旨指出：村民委员会等村基层组织人员在协助人民政府从事土地征收、征用补偿费用的管理等行政管理工作，具体主要是指协助政府开展核准、测算以及向土地征用受损方发放补偿费用等管理活动。如果村民小组组长在协助政府从事上述公务活动过程中，利用职务便利，弄虚作假、虚报冒领套取超额土地补偿款，则应构成贪污罪。

2017年卷二21. 国有甲公司领导王某与私企乙公司签订采购合同，以10万元的价格向乙公司采购一批设备。后王某发现，丙公司销售的相同设备仅为6万元。王某虽有权取消合同，但却与乙公司老总刘某商议，由王某花6万元从丙公司购置设备交给乙公司，再由乙公司以10万元的价格卖给甲公司。经王某签字批准，甲公司将10万元货款支付给乙公司后，刘某再将10万元返给王某。刘某为方便以后参与甲公司采购业务，完全照办——王某、刘某属于变相侵吞公共财产，成立贪污罪的共犯，金额为4万元。本案中，其实甲公司事实上是向丙公司购买设备，但却增设了中间环节（通过乙公司），以掩盖其贪污行为。近年来，法考真题中的贪污案件，行为人变相侵吞公共财产，大多都是通过增设中间环节掩人耳目，进而达到侵吞公共财产的目的。

（二）条件二：客观上利用职务上的便利

1. 利用职务上的便利。

（1）利用本人职务上主管、管理公共财物的职务便利。

（2）利用职务上有隶属关系的其他国家工作人员的职务便利。

［案例］张某是某民办学校教师，2010年9月，学校安排其负责该校学生国家奖学金的申报工作。张某用曾任辅导员时持有的已经毕业的王某等7名学生的身份证复印件未经公示即申请奖学金，并向教育主管部门报批。经过审批，下发了王某等7人每人5000元奖学金的银行卡。后来，冒领骗取奖学金一事被该校发现，张某即将这7张银行卡里的3.5万元交到学校财务部。张某骗取的财物是国家奖学金，而不是该学校的财物，不是本人管理、控制之下的公共财产，不能认为"利用了职务上的便利"，成立诈骗罪。刘广生：《民办教师造假学生名单骗取国家奖学金如何定性》，载《检察日报》2011年6月12日。

［疑难问题］国家工作人员谎报出差费用或者多报出差费用骗取公款的，通说及审判实践的观点认为成立贪污罪，例如，贾智在担任白城市保平乡农业经营管理站站长期间，采取伪造领导签字将虚假票据入账核销、多开多报及个人差旅费入账核销之手段，侵吞公款人民币6403.52元，其行为已构成贪污罪。参见：吉林省高级人民法院刑事判决书，(2013) 吉刑再终字第11号。部分学者认为，定诈骗罪更合适，因为，出差报销并不是国家工作人员职务。

之所以会存在两种不同的观点，主要原因在于，以往的实践中，国家工作人员的职权范围并不是特别清晰，行为人是否利用了职务上的便利，审判实践中并不进行精确化的思考，只要是国家工作人员的犯罪行为，均认为是利用了职务上的便利，从而认定为贪污罪。现今，国家工作人员的职权范围更为清晰地被界定，刑法理论上也以职务上的便利进行了更精确化的思考。从应对国家法律职业资格考试的角度看，这两种观点都需要掌握。

典型真题

某国有公司出纳甲意图非法占有本人保管的公共财物，但不使用自己手中的钥匙和所知道的密码，而是使用铁棍将自己保管的保险柜打开并取走现金3万元。之后，甲伪造作

案现场，声称失窃。关于本案，下列哪一选项是正确的？（2008 年·卷二·18 题）①

A. 甲虽然是国家工作人员，但没有利用职务上的便利，故应认定为盗窃罪

B. 甲虽然没有利用职务上的便利，但也不属于将他人占有的财物转移为自己占有，故应认定为侵占罪

C. 甲将自己基于职务保管的财物据为己有，应成立贪污罪

D. 甲实际上是通过欺骗手段获得财物的，应认定为诈骗罪

2019 年真金题：国家工作人员王某是国有银行网上银行系统管理员，掌握客户网上银行账号和密码的权限。王某为了给朋友李某公司获取资金，让李某以高息存款为由，吸引多名客户到王某银行存款，王某在客户存款时调换客户 U 盾，通过客户 U 盾将客户网上银行存款转移到李某账户名下，使李某非法占有——王某的行为没有利用职务上的便利，成立盗窃罪。保管、调换客户 U 盾的行为，并不是其职务行为。

2. 行为方式：侵吞、窃取、骗取、其他手段。

即使行为人利用了职务上的便利，但非法占有的财产并非其主管、管理、经营、经手的公共财物，也不成立贪污罪，可能涉嫌盗窃罪、诈骗罪。例如，在甲单位征用土地的过程中，土地管理局的工作人员乙与被征用土地的农民丙相勾结，由丙多报土地上的庄稼数，乙加盖土地管理局的印章予以证实，进而从甲单位多领补偿款的，不成立贪污罪，仅成立诈骗罪。因为拿的不是公共财产，而是开发商的钱。

（1）侵吞：监守自盗。即将完全属于自己保管的财物，据为己有，属于侵吞。

（2）窃取。只有当行为人与他人共同占有公共财物时，行为人利用职务上的便利窃取该财物的，才属于贪污罪中的“窃取”。即利用职务上的便利，取走了他人占有的财物。

例如，当单位保险柜需要同时使用钥匙与密码才能打开，而钥匙与密码由甲、乙二人分别掌握时，甲利用自己掌握的钥匙并猜中密码取得保险柜中的现金的，或者乙利用自己掌握的密码和私自配制的钥匙取得保险柜中的现金的，可以认为利用职务上的便利窃取。② 意即，利用部分的职务上的便利，也认为是利用了职务上的便利。（该内容亦是 2019 年真金题）

[延伸阅读案例] 审判实践中，近年来，一些村（居）委会干部在协助乡镇政府落实农村（城市）居民低保政策过程中，弄虚作假，隐瞒不贫困的真相，将其家庭成员甚至本人确定、申报为低保对象，骗领城乡贫困居民最低生活保障资金（“低保”）。也被认定为贪污罪。从表面上看，村（居）委会干部仅仅只具有申报权，但实际上由于这个权力基本受不到监督制约，在绝大多数情况下，村（居）委会干部的申报都会被上级机关认可。因为当前我国的扶贫资金规模大、名目多，且扶贫对象人数众多、居住分散，扶贫主管部门限于人力、精力，不可能逐一核实，只有委托村（居）委会干部去落实相关情况。加之，低保贫困标准相对模糊，群众对扶贫政策也不是很了解，所以，扶贫对象的确定、扶贫资金的发放基本上是由村（居）委会干部决定的。故这类行为可以认定为是贪污罪，即可以认为这类案件中，村委会干部是利用了职务上的便利。

① 答案：C。

② 张明楷：《刑法学》，法律出版社 2016 年版，第 1184 页。

2017年卷二89. 某地政府为村民发放扶贫补贴，由各村村委会主任审核本村申请材料并分发补贴款。某村村委会主任王某、会计刘某以及村民陈某合谋伪造申请材料，企图每人套取5万元补贴款——王某等人属于协助政府从事公务，是国家工作人员，成立贪污罪。

（三）条件三：主体原则上应为国家工作人员

1. 国家工作人员。

（1）国家机关工作人员：指国家机关中从事公务的人员。

（2）国有公司、企业、事业单位、人民团体中从事公务的人员。（纯国有，100%国有）

（3）国家机关、国有公司、企业、事业单位委派①到非国有公司、企业、事业单位、社会团体从事公务的人员。

（4）其他依照法律从事公务的人员，如从事公务活动的村委会成员。

村民委员会成员从事的“公务”，一般应理解为上级政府部门的事情，委托下级村委会做，如防汛、抢险、计划生育等，这都是上级部门的工作。但如果村委会出租集体所有的土地的，则属于村民委员会内部的事情，不属于公务。

2. 受委托管理、经营国有财产的人员（《刑法》第382条第2款）——非国家工作人员。

是指以承包、租赁等方式，管理、经营国有公司、企业，或者其中的某个部门，以承包人、租赁人的身份，在承包、租赁合同约定的时间、权限范围内，管理、经营国有财产的人员。

这类主体本身不是国家工作人员，但《刑法》第382条第2款将其特别规定为贪污罪的主体，是法律拟制规定（绿色通道）。即刑法对于贪污罪的主体“扩容”至该类非国家工作人员，但对于受贿罪、挪用公款罪等，刑法对其主体严格限制为“国家工作人员”，并没有扩容至该类“非国家工作人员”，如果该类主体（受委托管理、经营国有财产的人员）收受他人财物或者挪用单位财产的，应成立非国家工作人员受贿罪、挪用资金罪。

[注意] 通过伪造国家机关公文、证件获得了国家工作人员身份的，也能成为贪污罪的主体。其中，伪造国家机关公文、证件罪和贪污罪，不具有牵连关系，应数罪并罚。这种场合，尽管行为人获得身份的手段是不合法的，但其所取得的国家工作人员的身份却是货真价实的；同时，以伪造证件等方式获得国家工作人员身份，和通过行贿或者假装进步等手段，获得国家工作人员身份之间，并没有本质上的差别。二者都通过了录用或者任命程序，至少在形式上没有瑕疵。

（四）认定

1. 既遂的标准：行为人是否实际控制财物。行为人控制公共财物后，是否将财物据

---

① 2010年11月最高人民法院、最高人民检察院《关于办理国家出资企业中职务犯罪案件具体应用法律若干问题的意见》第6条规定，经国家机关、国有公司、企业、事业单位提名、推荐、任命、批准等，在国有控股、参股公司及其分支机构中从事公务的人员，应当认定为国家工作人员。具体的任命机构和程序，不影响国家工作人员的认定。经国家出资企业中负有管理、监督国有资产职责的组织批准或者研究决定，代表其在国有控股、参股公司及其分支机构中从事组织、领导、监督、经营、管理工作的人员，应当认定为国家工作人员。

为已有，不影响既遂的认定。

对于行为人利用职务上的便利，实施了虚假平账等贪污行为，但公共财物尚未实际转移，或者尚未被行为人控制就被查获的，应当认定为贪污未遂。参见 2003 年 11 月 13 日最高人民法院《全国法院审理经济犯罪案件工作座谈会纪要》。

2. 公务活动、经济往来中收受礼物的定性。

（1）受贿罪：《刑法》第 385 条第 2 款，国家工作人员在经济往来中，违反国家规定，收受各种名义的回扣、手续费，归个人所有的，以受贿论处。

（2）贪污罪：《刑法》第 394 条，国家工作人员在国内公务活动或者对外交往中接受礼物，依照国家规定应当交公而不交公，数额较大的，以贪污罪论处。

3. 贪污罪与非法经营同类营业罪的区别。

（1）贪污罪，是国家工作人员利用职务上的便利，侵吞了公共财产。贪污罪中，行为人是直接或者变相拿走了公共财产，是必然获利的——直接或间接侵吞了国有单位的钱。

（2）非法经营同类营业罪（兼职），是国家工作人员利用其职务上的便利，经营同类营业，利用了国家工作人员、国有公司的关系、资源，最终还是通过市场经营行为获利。最终是否能够获利，还是取决于市场，或者说行为人并不必然获利——从市场要钱。

典型真题

国有 A 公司总经理甲发现 A 公司将从 B 公司购进的货物转手卖给某公司时，A 公司即可赚取 300 万元。甲便让其妻乙注册成立 C 公司，并利用其特殊身份，让 B 公司与 A 公司解除合同后，再将货物卖给 C 公司。C 公司由此获得 300 万元利润。关于甲的行为定性，下列哪一选项是正确的？（2013 年 · 卷二 · 20 题）①

A. 贪污罪　　B. 为亲友非法牟利罪　　C. 诈骗罪　　D. 非法经营同类营业罪

4. 从宽及从严规定。

（1）特别从宽规定。犯贪污罪，在提起公诉前如实供述自己罪行、真诚悔罪、积极退赃，避免、减少损害结果的发生，可以从轻、减轻或者免除处罚。

（2）从严规定（终身监禁）。贪污数额特别巨大，并使国家和人民利益遭受特别重大损失的，被判处死刑缓期执行的，人民法院根据犯罪情节等情况可以同时决定在其死刑缓期执行二年期满依法减为无期徒刑后，终身监禁，不得减刑、假释。

二、挪用公款罪

《刑法》第 384 条：（挪用公款罪）国家工作人员利用职务上的便利，挪用公款归个人使用，进行非法活动的，或者挪用公款数额较大、进行营利活动的，或者挪用公款数额较大、超过三个月未还的，是挪用公款罪，处五年以下有期徒刑或者拘役；情节严重的，处五年以上有期徒刑。挪用公款数额巨大不退还的，处十年以上有期徒刑或者无期徒刑。

挪用用于救灾、抢险、防汛、优抚、扶贫、移民、救济款物归个人使用的，从重处罚。

① 答案：A。

（一）对象

1. 原则上仅指“公款”。

（1）公款的范围可以扩大至：公有国库券、失业保险基金、下岗职工基本生活保障资金，但其实质还是“款”。

（2）公款不要求一定是行为人所在单位的公款，国有单位的领导利用职务上的便利指令具有法人资格的下级单位将公款供个人使用的，属于挪用公款行为，构成犯罪的，应以挪用公款罪定罪处罚。

（3）挪用公物的，原则上不成立挪用公款罪。例如，挪用公车的，即公车私用，不构成犯罪。

2. 特定情形下指“公物”：挪用用于救灾、抢险、防汛、优抚、扶贫、移民、救济款物归个人使用的，从重处罚。

（二）主体

1. 严格限制为国家工作人员，不包括受委托经营、管理国有财产的人员。

2. 受委托经营、管理国有财产的人员，不是国家工作人员，其挪用公款的，成立挪用资金罪。

2000年最高人民法院《关于对受委托管理、经营国有财产人员挪用国有资金行为如何定罪问题的批复》规定：“对于受国家机关、国有公司、企业、事业单位、人民团体委托，管理、经营国有财产的非国家工作人员，利用职务上的便利，挪用国有资金归个人使用构成犯罪的，应当依照挪用资金罪定罪处罚。”

（三）如何理解“归个人使用”——因“私”犯罪

挪用公款罪要求将公款“归个人使用”。[①] 即：公款的使用者为个人的，或者以个人名义借出的，均属于归个人使用。如下两种情形特别注意：

1. 形式上“公对公”，但实质上是“个人私下决定”的，属于“归个人使用”。即，以单位的名义借出给其他单位使用的，但个人决定，且谋取个人利益——因私。

2. 因“公”需要而将公款挪归“个人”使用的，不属于“归个人使用”。即，经单位领导集体研究决定将公款给个人使用，或者单位负责人为了单位的利益，决定将公款给个人使用的——因公。

（四）类型

1. 进行非法活动的。

挪用时对他人使用公款的方式并不知情，但在案发前已明知他人用公款进行营利活动或者非法活动的，应视为挪用人挪用公款进行营利活动或非法活动，从而成立挪用公款罪。

---

① “个人”并不限于一个人，而是相对于单位、集体而言。例如，没有经过单位领导集体研究，只是由其中的少数领导违反决策程序决定将公款供其他单位使用的，属于“个人决定”；同样，为单位少数人谋取利益的，也属于“谋取个人利益”。“以个人名义”是相对于单位名义而言的，如果单位负责人或者其他责任人员超出职权范围或者逃避财务监管，将公款借出给他人使用，或者明确与公款使用人约定以个人名义，擅自将公款借给其他单位或者个人使用的，都可以认定为以个人名义。

2. 进行营利活动，数额较大。

挪用公款存入银行、用于集资、购买股票、国债等，还包括挪用金融凭证、有价证券用于质押。挪用公款存入银行、用于集资、购买股票、国债等，属于挪用公款进行营利活动；所获取的利息、收益等违法所得，应当追缴，但不计入挪用公款的数额。

“营利活动”应理解为以合法手段谋取合法经济利益的整个过程，包括生产、经营、交换等各个环节的再生物质和资金的营利活动。例如，将公款用于生产领域扩大再生产、将公款用于经营和交换环节以促进资金周转等。但不包括以非法手段谋取经济利益和谋取非法经济利益的行为。实践中挪用公款用于注册公司和用于偿还公司经营过程中债务，是进行营利活动的一个环节，应当认定为进行营利活动。参见张学强：《对挪用公款进行非法活动或者营利活动不应僵化理解》，《检察日报》2011 年 4 月 14 日。

3. 从事其他活动，数额较大、超过三个月未还的。

行为人使公款脱离单位后，即使尚未使用该公款的，也属于挪用。例如，行为人将公款转出，准备日后购买个人住房，即使尚未使用该公款购买住房，也属于挪用。

[重要]“非法活动”“营利活动”“其他活动”存在竞合关系，即以营利为目的的“非法活动”，完全可以解释为属于“营利活动”。

实践中存在挪用公款部分进行非法活动，部分进行营利活动或者超过三个月未还，分别均未达到《关于办理贪污贿赂刑事案件适用法律若干问题的解释》规定的相应入罪数额标准的情形。对此，可以按照“轻行为吸收重行为”的原则合并计算挪用数额，即将“进行非法活动”数额计入“进行营利活动或者超过三个月未还”的数额，如合并计算后达到后者入罪，应当依法定罪处罚。

例如，A 挪用公款 4000 元用于非法活动，挪用公款 5000 元进行营利活动，挪用公款 6000 元进行其他活动，而且均超过三个月未还，假设这三项都未达到相应的入罪标准。对此，应认定 A 挪用公款 15000 元进行“其他活动”，成立挪用公款罪。参见裴显鼎等：《〈关于办理贪污贿赂刑事案件适用法律若干问题的解释〉的理解与适用》。

[注意] 刑法规定挪用公款罪的本质在于，公款被挪用后就存在收不回的风险。如果这种风险完全不存在，就不宜认定为挪用公款罪。例如，某国有公司的公款原来是在中国工商银行，后该公司总经理甲决定在中国农业银行开设公司账户，把所有的款项转至农业银行。甲的行为没有造成公款的任何风险，不成立挪用公款罪。

（五）认定

1. 数额的计算。多次挪用公款不还，挪用公款数额累计计算；多次挪用公款，并以后次挪用的公款归还前次挪用的公款，挪用公款数额以案发时未还的数额认定。

2. 挪用公款罪与贪污罪的区分：是否具有非法占有目的。

（1）客观上不能归还的，仍定挪用公款罪；如果是主观上不想还的，以贪污罪论处。

（2）贪污是“偷”钱，是平账；挪用公款是“借”钱，是挂账。

（3）如果事先没有非法占有目的，事后“不能”归还的，也仅成立挪用公款罪。当然，事后如果产生了“非法占有目的”，应转化为贪污罪，如挪用后携款潜逃的。

3. 罪数问题。因挪用公款索取、收受贿赂构成犯罪的，依照数罪并罚的规定处罚；挪用公款进行非法活动构成其他犯罪的，依照数罪并罚的规定处罚。

4. 共犯。公款的使用人，原则上不成立挪用公款罪。

（1）使用者参与了“挪”的，成立挪用公款罪的共犯。是指使用者实施了指使或者参与策划取得挪用款的行为，即参与了将公款“挪出”的行为。

（2）使用者仅仅“用”，未参与“挪”，不成立挪用公款罪。例如，2003 年卷二 48. C. 丙发现李四挪用公款所取得的款项放在家中，尚未使用，就“借用”李四的公款 50 万元购买毒品，丙不属于挪用公款罪共犯。

典型真题

1. 甲恳求国有公司财务主管乙，从单位挪用 10 万元供他炒股，并将一块名表送给乙。乙做假账将 10 万元交与甲，甲表示尽快归还。20 日后，乙用个人财产归还单位 10 万元。关于本案，下列哪一选项是错误的？（2012 年·卷二·20 题）①

A. 甲、乙勾结私自动用公款，构成挪用公款罪的共犯

B. 乙虽 20 日后主动归还 10 万元，甲、乙仍属于挪用公款罪既遂

C. 乙非法收受名表，构成受贿罪

D. 对乙不能以挪用公款罪与受贿罪进行数罪并罚

2. 甲是 A 公司（国有房地产公司）领导，因私人事务欠蔡某 600 万元。蔡某让甲还钱，甲提议以 A 公司在售的商品房偿还债务，蔡某同意。甲遂将公司一套价值 600 万元的商品房过户给蔡某，并在公司财务账目上记下自己欠公司 600 万元。三个月后，甲将账作平，至案发时亦未归还欠款。（事实一）关于事实一的分析，下列选项正确的是？（2016 年·卷二·89 题）②

A. 甲将商品房过户给蔡某的行为构成贪污罪

B. 甲将商品房过户给蔡某的行为构成挪用公款罪

C. 甲虚假平账，不再归还 600 万元，构成贪污罪

D. 甲侵占公司 600 万元，应与挪用公款罪数罪并罚

三、受贿罪

《刑法》第 385 条：（受贿罪）国家工作人员利用职务上的便利，索取他人财物的，或者非法收受他人财物，为他人谋取利益的，是受贿罪。

国家工作人员在经济往来中，违反国家规定，收受各种名义的回扣、手续费，归个人所有的，以受贿论处。

《刑法》第 386 条：对犯受贿罪的，根据受贿所得数额及情节，依照本法第三百八十三条（贪污罪）的规定处罚。索贿的从重处罚。

《刑法》第 388 条：国家工作人员利用本人职权或者地位形成的便利条件，通过其他国家工作人员职务上的行为，为请托人谋取不正当利益，索取请托人财物或者收受请托人财物的，以受贿论处。

---

① 答案：D。

② 答案：C。

（一）主体：国家工作人员

1. 不同身份类型的受贿犯罪。

（1）我国刑法中，收受他人的贿赂的行为，基于主体身份的不同，规定了受贿罪、利用影响力受贿罪、非国家工作人员受贿罪等。

（2）不同身份的主体共同受贿的，以高身份者定罪。国家工作人员这一身份是“高”（重）身份，其他身份的人如果与国家工作人员共同收受他人贿赂的，应以“高”身份者的犯罪即受贿罪的共犯论处。

2012年卷四：副县长赵某带队前来开展拆迁、评估工作的验收。李某给赵某的父亲（原县民政局局长，已退休）送去1万元现金，请其帮忙说话。赵某得知父亲收钱后答应关照李某，令人将邻近山坡的树苗都算到李某名下——赵某和他的父亲成立受贿罪的共同犯罪。

2. 特定关系人（有影响力的人）索取、收受他人财物，国家工作人员知道后未退还或者上交的，应当认定国家工作人员具有受贿故意。

（1）理由：国家工作人员的近亲属、特定关系人收受他人财物，国家工作人员事后知情如果不反对，说明其认可该财物，会给行贿人传递出“权钱交易”的信号，应认定为受贿罪。实质上看，行贿者之所以会给予国家工作人员的近亲属、特定关系人以财物，也是有求于国家工作人员的职权，国家工作人员对此不予反对的，就是认可“权钱交易”，构成受贿罪。

典型的如薄熙来案，该案的判决书指出：“2001年7月9日，薄谷开来用其收受徐明给予的购房资金2318608欧元购买了位于法国尼斯地区戛纳市松树大道7号的枫丹圣乔治别墅。2002年8月，薄谷开来在沈阳家中将徐明出资在法国购买别墅事宜告知了被告人薄熙来。”该案中，薄熙来的行为被认定为受贿罪。

（2）如果国家工作人员知道其近亲属、特定关系人收受他人财物后，明确反对，并要求退回的，国家工作人员不构成受贿罪。

例如，2018年真金题：张某为谋取不正当利益，给李某（国家机关工作人员）的妻子钱某10万元，后李某知道后，让妻子退还给张某，钱某假装同意，后并未将10万元退还给张某，并将10万元用于家庭生活——该案中，国家工作人员李某的行为不构成犯罪，钱某的行为构成侵占罪。

（二）对象：财物

1. 包括财产性的利益。是指：可以折算为货币的物质利益，如房屋装修、债务免除、土地使用权等，以及需要支付货币的其他利益，如会员服务、旅游等。

2. 不包括非财产性的利益，如性贿赂、提供招工指标、安置亲属就业、升学、提供职务、迁移户口。理由：这些“利益”无法用数额衡量，且难以确定是否是国家工作人员职务行为的对价。

［案例］请托人直接为国家工作人员提供性服务的，不能认定国家工作人员的行为构成受贿罪。国家工作人员在色情场所嫖宿或者接受其他性服务，由请托人支付费用的，或者请托人支付费用雇请卖淫者为国家工作人员提供性服务的，属于受贿，受贿的对象是“嫖资”。例如，原广州市政府原副秘书长晏某，接受郭某为其安排嫖娼“200多次”，每

名卖淫女的嫖资为“3000元或5000元”，故嫖资共计60万元，被认定为受贿罪。

2015年卷二89. 黄某动用关系，帮朱某升任民政局局长——朱某事后虽获得了利益（升任局长）这一“非财产性利益”，但不构成受贿罪。

3. 非法的财物仍然成立受贿罪。受贿罪的保护法益是职务行为的不可收买性，即便是收受非法财物，也侵犯了职务行为的不可收买性。

典型真题

关于受贿相关犯罪的认定，下列哪些选项是正确的？（2013年·卷二·63题）[①]

A. 甲知道城建局长张某吸毒，以提供海洛因为条件请其关照工程招标，张某同意。甲中标后，送给张某50克海洛因。张某构成受贿罪

B. 乙系人社局副局长，乙父让乙将不符合社保条件的几名亲戚纳入社保范围后，收受亲戚送来的3万元。乙父构成利用影响力受贿罪

C. 国企退休厂长王某（正处级）利用其影响，让现任厂长帮忙，在本厂推销保险产品后，王某收受保险公司3万元。王某不构成受贿罪

D. 法院院长告知某企业经理赵某“如给法院捐赠500万元办公经费，你们那个案件可以胜诉”。该企业胜诉后，给法院单位账户打入500万元。应认定法院构成单位受贿罪

（三）表现形式

受贿罪的主体是国家工作人员，刑法对其惩罚是最严格的，该罪的表现形式有如下5种。其他受贿类型的犯罪，如单位受贿罪、非国家工作人员受贿罪、利用影响力受贿罪，其表现形式最多只有如下5种中的前3种。

1. 利用职务上的便利，索取他人财物——主动索贿型。

2. 利用职务上的便利，非法收受他人财物，为他人谋取利益——被动收受型。

3. 在经济往来中受贿，即在经济往来中违法收受各种名义的回扣、手续费——商业受贿。

4. 斡旋受贿。利用工作而非职务上的便利，为请托人谋取不正当利益，索取或收受请托人财物。

（1）介绍贿赂罪的行为人在行贿人与受贿人之间进行沟通、撮合使受贿与行贿得以实现，行为人自己并不能利用职权为行贿人办事，也不收取行贿的财物。即，介绍者只是“撮合”行贿人与受贿人。

（2）受贿罪（斡旋受贿），行为人并不是利用其本人的职权，而是利用本人职权或地位形成的便利条件，通过其他国家工作人员职务上的行为，为请托人谋取不正当利益。即，斡旋者积极协调，行贿人仅与斡旋者沟通、接触。

5. 事（退休）后受贿。要求事先（在职时）有约定，即受贿意图必须在职时形成。（“先发货，后收钱”型的权钱交易）

（1）理由：之所以要求事先有约定，因为，受贿罪的本质是权钱交易，国家工作人员在职的时候才有“权力”，约定好了退休后受贿，就相当于用“权力”锁住了未来的

① 答案：ABCD。

"钱"，仍属权钱交易。即"赊账型"受贿。

（2）事先（在职时）无约定的，不构成受贿罪。如果在职时虽然有"权"，并且用权力帮他人办事，但没有约定收受礼物，就没有进行权钱交易，退休后已经无"权"了，索取或收受他人财物，就不能认定为是"权钱交易"，不能认定为受贿罪。

［应试技巧］从应对考试的角度看，国家工作人员，只要收受了礼物，原则上就成立受贿罪。法考真题不大可能出现某一国家工作人员收受礼物不构成受贿罪，因为这样传递的价值观并不正确。

（四）客观方面的几个问题

1."利用职务上的便利"。

（1）利用本人职务范围内的权力，即自己职务上主管、分管、负责某项公共事务的职权所形成的便利条件；

（2）利用有隶属关系的其他国家工作人员的职权；

（3）利用有制约关系的人员的职权。

如果仅仅是利用因工作关系熟悉作案的环境等与职务无关的便利，不属于利用职务上的便利。有一般的职务权限，但具体权限的行使要依靠"将来的条件"才能确定，将来可能实施的职务行为也认为是与职务有关的权限。例如，任期马上届满的公安局长，与赌博团伙约定，如其连任公安局长，就应当给予该犯罪团伙以特别保护，从而收受贿赂款10万元。公安局长构成受贿罪。

2."为他人谋取利益"——包括：承诺、实施、实现为他人谋取利益。

（1）推定的承诺，也属于承诺为他人谋取利益。即，明知他人有具体的请托事项而收受他人财物，视为承诺为他人谋取利益（推定的承诺）。

（2）虚假许诺也属于"承诺"。[①] 一般认为，即便是虚假承诺，之所以相对方会送礼，更多地是基于国家工作人员的职权。退一步讲，即便相对方识破了国家工作人员的"虚假"，基于国家工作人员的职权压力，也会交付财物，仍然认为是权钱交易，成立受贿罪。

（3）利用未来的职权实现权钱交易，也认为是"为他人谋取利益"。（"先收钱，后发货"型的权钱交易）

司法解释规定，国家工作人员索取、收受具有上下级关系的下属或者具有行政管理关系的被管理人员的财物价值三万元以上，可能影响职权行使的，视为承诺为他人谋取利益。

（4）国家工作人员利用职务上的便利，受请托之前收受的财物数额在一万元以上的，应当一并计入受贿数额。参见2016年最高人民法院、最高人民检察院《关于办理贪污贿赂刑事案件适用法律若干问题的解释》第15条。该条规定的主要理由在于：行贿人长期

① 案例：2006年至2013年期间，被告人吴某担任湖南省高速公路管理局养护工程公司副经理、湖南省洞新高速公路建设开发有限公司经理期间，其公司股东徐某某多次找吴某，要求承接高速所需钢绞线全部供应业务。吴某虚构为了让徐某某顺利承接到业务，需要给"领导的朋友"100万好处费，让"领导的朋友"退出竞争。后徐某某给了吴某100万元。有观点认为吴某采取虚构事实的方式，也符合诈骗罪的构成。但总体而言，吴某是利用了职务上的便利，徐某某也是基于对吴某职权的信任交付财物的，因此认定索贿更为准确。参见《吴六徕受贿案——以欺骗方式让行贿人主动交付财物的，应认定为索贿》，《刑事审判参考》指导案例第1147号。

给予受贿人财物，且超出正常人情往来，其间只要发生过具体请托事项，则可以把这些连续收受财物的行为视为一个整体行为，全额认定受贿数额。

典型真题

关于受贿罪，下列哪些选项是正确的？（2017年·卷二·62题）①

A. 国家工作人员明知其近亲属利用自己的职务行为受贿的，构成受贿罪

B. 国家工作人员虚假承诺利用职务之便为他人谋利，收取他人财物的，构成受贿罪

C. 国家机关工作人员实施渎职犯罪并收受贿赂，同时构成渎职罪和受贿罪的，除《刑法》有特别规定外，以渎职罪和受贿罪数罪并罚

D. 国家工作人员明知他人有请托事项而收受其财物，视为具备"为他人谋取利益"的构成要件，是否已实际为他人谋取利益，不影响受贿的认定

（五）认定中的几个问题

1. 受贿的方式。

参见2007年最高人民法院、最高人民检察院《关于办理受贿刑事案件适用法律若干问题的意见》。如下各种类型的受贿方式，其本质在于，通过你的职权，拿了别人给你的本不该属于你的财物。

（1）以交易形式收受贿赂——以高价卖或者低价买；

（2）收受干股的；

（3）以开办公司等合作投资名义收受贿赂的；

（4）以委托请托人投资证券、期货或者其他委托理财的名义收受贿赂的；

（5）以赌博形式收受贿赂的；

（6）特定关系人"挂名"领取薪酬；

（7）由特定关系人收受贿赂；

（8）闻风退赃。国家工作人员收受请托人财物后"及时"退还或者上交的，不是受贿。国家工作人员受贿后，因自身或者与其受贿有关联的人、事被查处，为掩饰犯罪而退还或者上交的，构成受贿罪。

[案例] 甲（市长）应朋友乙、丙、丁的邀请，入伙了乙、丙、丁已经成立的A公司，甲出资150万元，占股15%，乙、丙、丁共同出资850万元，占股85%。乙、丙、丁之所以邀请甲入股，主要是想利用甲的职务行为，在第一年公司经营期间，甲多次为A公司给相关部门打招呼，A公司获利颇多。A公司年终净利润共计1000万元，按甲的出资股份比例，甲仅能分得150万元，但乙、丙、丁考虑到甲利用职务便利为A公司所作的"贡献"，给甲分配了500万元的利润。对于甲多分得的350万元利润，可以认为是甲的受贿所得，成立受贿罪。

2. 罪数。

收受贿赂后又实施了其他犯罪行为的，原则上应当数罪并罚。但存在如下例外情况：

（1）《刑法》第399条规定，司法工作人员受贿后又构成徇私枉法罪，民事、行政枉

① 答案：ABCD。

法裁判罪，执行判决、裁定失职罪，执行判决、裁定滥用职权罪，从一重罪处罚。

特别注意，其他人员，如有影响力的人收受贿赂后又指使他人徇私枉法的，应以利用影响力受贿罪与徇私枉法罪数罪并罚。

（2）国家机关工作人员收受贿赂或者滥用职权，实施了“被执行人、担保人、协助执行义务人与国家机关工作人员通谋，利用国家机关工作人员的职权妨害执行，致使判决、裁定无法执行”（拒不执行判决、裁定罪）的行为的，同时构成受贿罪、滥用职权罪（玩忽职守罪）的，从一重罪处罚。

（3）提供虚假证明文件，并非法收受他人财物的，应以提供虚假证明文件罪与非国家工作人员受贿罪（受贿罪），择一重罪处罚。

3. 既遂的标准：收受（控制）财物。如下几个问题需要特别掌握：

（1）司法解释规定，（出于无奈，即无受贿故意）受贿后及时（案发前）退还或者上交的，无罪。

（2）收受银行卡的，卡内金额全额认定为受贿金额。理由：虽然银行卡的“名义人”是行贿人，但受贿人（国家工作人员）的职权决定了其对银行卡有实质上的掌握权。

（3）关于索贿型受贿罪的犯罪既遂标准，存在争议。

一种观点认为，只要实施了“索取”行为，就认为是受贿罪既遂。

另一种观点认为，只有“索取”并实际取得财物，才认定为受贿罪既遂。

后一种观点更具有合理性，审判实践也采这种观点。

（4）收受请托人房屋、汽车等物品，未变更权属登记或者借用他人名义办理权属变更登记的，只要有收受财物的故意，成立受贿罪既遂。

理由：不动产的权属原则上应以过户登记为准。但是，在行贿受贿案件中，受贿人为了规避法律的制裁，会选择实际占有房产而不办理过户手续，行贿者也有将房产交付受贿者的意思。在此意义上而言，行贿人与受贿人让渡房产的“合意”、受贿者实际占有房产，实际上已经对抗了行贿人还是房屋的“法律上的名义人”，即受贿人在实际控制房产，故应认定为是受贿罪既遂。其实质还在于，“合意”+“实际占有”已经实际上优于行贿人“法律名义上的占有”，可以认定为受贿罪既遂。

但是，其他犯罪中，例如盗窃、抢劫他人的房产，如果没有实现房屋过户登记，即便住进了他人的房子，也不可能认定为是犯罪既遂，因为房主并没有让渡房产的意思。行为人单纯的现实占有，还不能对抗房主的“法律上的名义人”，故不能认定为犯罪既遂。审判实践中，国家工作人员收受行贿人交付的需要支付按揭贷款的房产的行为，没有办理过户手续的，也构成受贿罪，受贿的金额应该以房屋的价格计算。其理由在于：行贿人已经将房屋的所有权让渡给了国家工作人员，行贿人已经事实上背负了银行的贷款，已经与受贿者事实上达成了承担债务（贷款按揭）的共识，并且，受贿人事实上控制了该房屋，应将房屋整体认定为受贿所得。

（5）收受财物的数额认定：以收受时的受贿金额为准，即以“权钱交易”当时的金额为准。审判实践中，受贿方收受的财物的价值可能并非一成不变，例如，收受黄金、股票等，收受后，其价格一直处于变动中，可能上涨或下跌。如果以事后上涨或下跌的价格作为受贿的数额，将存在很大的不确定性，没有标准可言，并且，这样的计算方法也会导致对行贿方的行贿数额的认定存在不确定性。犯罪故意仅仅存在于行为当时，收受贿赂当时的数额标准，应认定为受贿、行贿的数额。

例如，甲设立A公司，注册资本为1000万元，甲提出将10%股权给国家工作人员乙，乙同意，并办理了注册登记，后该部分股价增值上涨为200万元。甲以600万元的价格回购该部分股权——本案中，甲的前行为应认定为受贿罪，金额为100万元。后来，乙将价值200万元的股份卖给甲600万元，应认定为受贿400万元。故乙的受贿金额共为500万元。(2020年真金题)

又如，甲向国家工作人员乙行贿，甲带了100万元现金去乙的办公室，乙对甲说："钱先放你那里吧。"甲遂将现金带回并放进自己的保险箱里，直至案发时也没有移动——甲行贿100万元既遂，乙受贿100万元既遂。(2020年真金题)

又如，甲向国家工作人员乙行贿，给了乙一张空白支票，支票可填写的最高额为999万元，甲账户上也有千万余额，直至案发时，乙也没有填写支票上的数字——甲行贿999万元既遂，乙受贿999万元既遂。(2020年真金题)

再如，甲向国家工作人员乙行贿，给了乙一张500万元的银行卡，并告知其卡内余额，乙收下后，没有查看余额，也没有使用，直至案发时，卡上余额连本带息共600万元——甲行贿金额为500万元，乙受贿金额500万元。(2020年真金题)

四、利用影响力受贿罪

《刑法》第388条之一："国家工作人员的近亲属或者其他与该国家工作人员关系密切的人，通过该国家工作人员职务上的行为，或者利用该国家工作人员职权或者地位形成的便利条件，通过其他国家工作人员职务上的行为，为请托人谋取不正当利益，索取请托人财物或者收受请托人财物，数额较大或者有其他较重情节的，处三年以下有期徒刑或者拘役，并处罚金；数额巨大或者有其他严重情节的，处三年以上七年以下有期徒刑，并处罚金；数额特别巨大或者有其他特别严重情节的，处七年以上有期徒刑，并处罚金或者没收财产。

离职的国家工作人员或者其近亲属以及其他与其关系密切的人，利用该离职的国家工作人员原职权或者地位形成的便利条件实施前款行为的，依照前款的规定定罪处罚。

1. 利用影响力受贿罪与受贿罪的差异。

(1) 无论是索取他人财物，还是收受他人财物，利用影响力受贿罪都要求为请托人谋取"不正当利益"。

而受贿罪中，索取他人财物的，不需要"为他人谋取利益"这一要件；受贿罪中，非法收受他人财物的，要求"为他人谋取利益"，并非限定为"不正当利益"，包括"正当利益"。

(2) 离职的国家工作人员成立利用影响力受贿罪，必须"为他人谋取不正当利益"及"索取或者收受他人财物"均在离职后。

而受贿罪中的"事后受贿"，要求"为他人谋取利益"必须是在职时。

2. 如何理解"关系密切的人"(有影响力的人)——不看形式，要看实质。

通常是指与国家工作人员或者离职的国家工作人员具有共同利益关系的人，其中的利益关系不仅包括物质利益，而且包括其他方面的利益，如情人关系、密切的上下级关系（如秘书、司机等）、密切的姻亲或血亲关系。

没有必要将关系密切限定解释为事实上非常熟悉、关系紧密，因为客观上能够通过国家工作人员职务上的行为为请托人谋取不正当利益的人，基本上都是与国家工作人员有密切关系的人。历年国家法律职业资格考试真题中，将“关系密切的人”解释得非常宽泛。①

3. 利用影响力受贿罪，同样要求“权钱交易”，即通过影响力实现国家工作人员的职务行为与金钱的交易。

利用影响力受贿罪是“贿赂型”犯罪，其实质在于，通过有影响力的人，实现金钱与国家工作人员的权力的“间接”交易，间接腐蚀了权力。如果根本不可能实现权钱交易，或者国家工作人员（权力）明确反对权钱交易，那么，即便有影响力的人收受了他人财物，也不构成利用影响力受贿罪。

例如，张某为谋取不正当利益，给李某（国家机关工作人员）的妻子钱某10万元，后李某知道后，让妻子退还给张某，钱某假装同意，后并未将10万元退还给张某，并将10万元用于家庭生活——该案中，钱某并没有促进“权钱交易”，国家工作人员李某的行为不构成犯罪，钱某亦不构成利用影响力受贿罪，钱某构成侵占罪。

典型真题

1. 根据《刑法》有关规定，下列哪些说法是正确的？（2009年·卷二·64题）②

A. 甲系某国企总经理之妻，甲让其夫借故辞退企业财务主管，而以好友陈某取而代之，陈某赠甲一辆价值12万元的轿车。甲构成犯罪③

B. 乙系已离职的国家工作人员，请接任处长为缺少资质条件的李某办理了公司登记，收取李某10万元。乙构成犯罪

C. 丙系某国家机关官员之子，利用其父管理之便，请其父下属将不合条件的某企业列入政府采购范围，收受该企业5万元。丙构成犯罪

D. 丁系国家工作人员，在主管土地拍卖工作时向一家房地产公司通报了重要情况，使其如愿获得黄金地块。丁退休后，该公司为表示感谢，自作主张送与丁价值5万元的按摩床。丁构成犯罪

2. 乙的孙子丙因涉嫌抢劫被刑拘。乙托甲设法使丙脱罪，并承诺事成后付其10万元。

---

① 审判实践中，利用影响力受贿罪的主体“关系密切的人”（有影响力的人）并不是特别宽泛。一般限定为是亲友、同学关系，而不是泛指一切有影响力的人。笔者查阅了中国裁判文书网2010年至今的判决400余个，基本上都是如此。有个别案件，适度扩张了。

例如，周某利用影响力受贿案中，2015年12月至2016年2月，被告人周某在筠连县食品药品监督管理局工作期间（担任司机），在筠连县学生营养餐检测过程中，给营养餐供应商黄某牵线搭桥，请求筠连县食品药品监督管理局安全总监被告人蔡某在学生营养餐检测工作中给予关照和帮助，先后五次收受黄某送的现金10万元。周某的行为最终被认定为利用影响力受贿罪。参见四川省筠连县人民法院刑事判决书，（2017）川1527刑初36号。

② 答案：ABC。

③ 甲如果是与他丈夫共谋这件事情的，或者说他的丈夫如果知道她收受别人财物的，二人成立受贿罪的共同犯罪。如果甲的丈夫并不知道甲收受了他人财物，她丈夫不定罪，甲成立利用影响力受贿罪。总之，甲构成犯罪。故A正确。B、C选项亦如此。一般认为，题目没有特别交代，就认为丈夫（国企总经理）不知道收受财物这一事实。

甲与公安局副局长丁早年认识，但多年未见面。甲托丁对丙作无罪处理，丁不同意，甲便以揭发隐私要挟，丁被迫按甲的要求处理案件。后甲收到乙10万元现金。关于本案，下列哪一选项是错误的？（2013年·卷二·21题）①

A. 对于“关系密切”应根据利用影响力受贿罪的实质进行解释，不能仅从形式上限定为亲朋好友

B. 根据A选项的观点，“关系密切”包括具有制约关系的情形，甲构成利用影响力受贿罪

C. 丁构成徇私枉法罪，甲构成徇私枉法罪的教唆犯

D. 甲的行为同时触犯利用影响力受贿罪与徇私枉法罪，应从一重罪论处

五、对有影响力的人行贿罪

《刑法》第390条之一：为谋取不正当利益，向国家工作人员的近亲属或者其他与该国家工作人员关系密切的人，或者向离职的国家工作人员或者其近亲属以及其他与其关系密切的人行贿的，处三年以下有期徒刑或者拘役，并处罚金；情节严重的，或者使国家利益遭受重大损失的，处三年以上七年以下有期徒刑，并处罚金；情节特别严重的，或者使国家利益遭受特别重大损失的，处七年以上十年以下有期徒刑，并处罚金。

单位犯前款罪的，对单位判处罚金，并对其直接负责的主管人员和其他直接责任人员，处三年以下有期徒刑或者拘役，并处罚金。

具体而言：

第一，行为人将财物交给特定关系人（有影响力的人），特定关系人仅成立利用影响力受贿罪，国家工作人员不成立受贿罪时，行为人成立对有影响力的人行贿罪。

例如，甲将财物送给市长乙的妻子丙，要求丙在乙面前美言几句，但同时甲亦明确告知丙不要让市长乙知道送礼的事宜。丙要求乙帮助甲，为甲谋取了利益，但是，乙并不知道甲给丙送了礼。甲的行为成立对有影响力的人行贿罪，丙成立利用影响力受贿罪，乙不构成犯罪。

第二，行为人将财物交给特定关系人，特定关系人虽然与国家工作人员构成受贿的共犯，但行为人没有认识到该受贿共犯事实时，行为人仍然成立对有影响力的人行贿罪。

例如，甲将财物送给市长乙的妻子丙，要求丙在乙面前美言几句，但同时甲亦明确告知丙不要让市长乙知道送礼的事宜。丙向乙告知了甲的请托事项，要求乙帮助甲，同时，丙亦将甲送礼物的事情告诉了乙，乙没有反对。本案中，乙、丙的行为构成受贿罪的共犯，甲成立对有影响力的人行贿罪。

第三，行为人将财物交付给特定关系人，特定关系人与国家工作人员构成受贿罪的共犯，行为人也明知该受贿共犯事实时，不管财物最终是否由国家工作人员占有，行为人均成立行贿罪。

例如，甲将财物送给市长乙的妻子丙，要求丙在乙面前美言几句，并要求丙转告乙关于自己所送的礼物。丙将甲的请托事项以及收受甲财物的情况告知了乙，乙没有反对。甲

① 答案：D。

的行为构成行贿罪，乙、丙的行为构成受贿罪（共犯）。

[总结] 1. 行贿人“只想”将财物交给特定关系人（有影响力的人），原则上成立对有影响力的人行贿罪。

2. 只有行贿人明知，该特定关系人与国家工作人员有共同受贿的故意，则行贿人构成行贿罪。

2019 年真金题：陈某欲得到一工程，送给非国家工作人员的刘甲 100 万元，希望其能够向管理工程的副市长刘乙（刘甲胞弟）说情。刘甲将 100 万元现金以及陈某的请求告诉刘乙，刘乙说：“钱你留着，工程我会帮助的”，遂陈某获得工程。刘甲和刘乙构成受贿罪的共同犯罪，陈某构成对有影响力的人行贿罪。

六、行贿罪

《刑法》第 389 条：为谋取不正当利益，给予国家工作人员以财物的，是行贿罪。

在经济往来中，违反国家规定，给予国家工作人员以财物，数额较大的，或者违反国家规定，给予国家工作人员以各种名义的回扣、手续费的，以行贿论处。

因被勒索给予国家工作人员以财物，没有获得不正当利益的，不是行贿。

《刑法》第 390 条：对犯行贿罪的，处五年以下有期徒刑或者拘役，并处罚金；因行贿谋取不正当利益，情节严重的，或者使国家利益遭受重大损失的，处五年以上十年以下有期徒刑，并处罚金；情节特别严重的，或者使国家利益遭受特别重大损失的，处十年以上有期徒刑或者无期徒刑，并处罚金或者没收财产。

行贿人在被追诉前主动交待行贿行为的，可以从轻或者减轻处罚。其中，犯罪较轻的，对侦破重大案件起关键作用的，或者有重大立功表现的，可以减轻或者免除处罚。

1. 目的要求：行贿人主观上必须具有“为谋取不正当利益”之目的。“为谋取不正当利益”是主观的构成要件要素，行贿人主观上具有该目的即可，并不需要客观上有相应的行为，更不要求行贿人实际上得到了不正当利益。

所有的“行贿类”犯罪都要求行为人主观上“为谋取不正当利益”。如果行为人为了谋取“正当利益”而行贿，这实属现实的无奈，这种情形下将其作为犯罪处理明显不合理，因此不以犯罪论处。但收受该贿赂的国家工作人员，即便是为请托人谋取“正当利益”，也应成立受贿罪。不正当利益的范围，可以分为两大类：

第一，内容上不正当：是从法律、法规、规章、政策、行业规范的规定中能够找到不正当依据的利益；

第二，程序上不正当：是发生在竞争性活动中的不公平利益。

[结论] 不正当利益不仅指获得的利益本身不正当，而且国家工作人员违反法律、法规、规章规定而谋取的不确定利益，也属于不正当利益。这里所谓的不确定利益，是指需要通过竞争获得的利益。在这种情况下，利益是否正当取决于程序是否正当。因此，要求国家工作人员违反程序获取这种利益，就是一种不正当利益。从根本上来说，就是看该利益是否符合法律、法规、规章、政策、行业性规范的规定和公平原则，违反上述规定的利益，以及可能破坏公平竞争的因素，都是不正当利益。

2. “不正当利益”的实务考察。

审判实践中，可以认定“正当利益”的情况极为罕见。查中国裁判文书网，可以看到大量的以涉案利益属于“正当利益”为出罪辩护理由的行贿、斡旋受贿和利用影响力受贿案件。可是辩护意见被法院采纳的案例寥寥无几。在办理贿赂犯罪案件时，如果将某种利益认定为“正当利益”，则必须要求该种利益既不违背各种成文或者不成文的社会行为规则，也要求其不是处于竞争性活动中的不确定利益。若非如此，则该种利益就是“不正当利益”。因此，只要是向司法机关、行政执法机关工作人员行贿的，都属于“谋取不正当利益”；几乎所有商业活动、人事任免活动中发生的利益都可以评价为“不正当利益”；只有那种依据正当程序必然获得的确定利益，才有可能成为“正当利益”。试想，面对一种必然获得的确定利益，谁又愿意向国家工作人员行贿呢？通常情况下，人们只愿意在不确定利益的竞争上支付对价。看来，只有国家工作人员履职不作为而怠于兑现相对人的确定利益时，才可能出现相对人基于谋取正当利益的心理而贿送财物的情形。而这种情形下，人们宁可选择向纪检部门举报，甚至提起行政诉讼，也不愿意行贿。

审判实务中，如下情形均被认定为“谋取不正当利益”：

（1）为保障建设工程顺利施工，请国家工作人员协调纠纷而行贿；

（2）为公司办理一般纳税人资格而行贿；

（3）为工作调动、岗位安排而行贿；

（4）为降低监督力度而向环保工作人员行贿；

（5）科技公司为获取政府追加的扶持资金而行贿；

（6）为顺利及时结算工程款而行贿。①

其中，第（6）种情形中，判决指出：任鲁才通过胡某打招呼催要东阿交通局欠李某的修路款，虽然催要修路款本身是合法的，任鲁才也未获得任何利益，但是任鲁才找到时任聊城市政府副秘书长的胡某给相关人员打招呼，在同样索要修路款的平等主体中谋取了竞争优势（“插队”）；任鲁才通过胡某催要修路款，违背了公平、公正原则，构成行贿罪。

典型真题

下列行为人所谋取的利益，哪些是行贿罪中的“不正当利益”？（2005年·卷二·65题）②

A. 甲向某国有公司负责人米某送2万元，希望能承包该公司正在发包的一项建筑工程

B. 乙向某高校招生人员刘某送2万元，希望刘某在招生时对其已经进入该高校投档线的女儿优先录取

C. 丙向某法院国家赔偿委员会委员高某送2万元，希望高某按照国家赔偿法的规定处理自己的赔偿申请

D. 丁向某医院药剂科长程某送2万元，希望程某在质量、价格相同的条件下优先采购丁所在单位生产的药品

① 苗有水：《解读刑法上的“谋取不正当利益”》，《人民法院报》2018年4月11日。

② 答案：ABD。

3. 排除犯罪的事由（消极的构成要件要素）：因被勒索给予国家工作人员以财物，没有获得不正当利益的，不是行贿。(《刑法》第389条第3款)

4.《刑法》第390条第2款减免处罚的规定。

(1) 行贿人在被追诉前（立案侦查前）主动交待行贿行为的，可以从轻或者减轻处罚。其中，"立案侦查前"不仅仅是形式上立案侦查，而包括实质上司法机关已经发现了行贿事实，并展开相关调查。

例如，司法机关发现，刘某曾给领导王某行贿20万元。刘某所在地的监察委接到上级部门指定管辖决定书后，当日上午对刘某依法询问，刘某如实供述其行贿犯罪事实，当地监察委于当日下午对其行贿立案。法院认为：在监察委已经掌握刘某行贿并指定管辖的情况下，刘某接受调查时供述上述事实，不属于"在被追诉前主动交待行贿行为"。对此种情形下的行贿人予以从宽处罚，有违立法本意。《刑事审判参考》指导案例第1282号。

(2) 其中，犯罪较轻的，对侦破重大案件起关键作用的，或者有重大立功表现的，可以减轻或者免除处罚。

5. 行贿罪与受贿罪并非一一对应关系。有人构成受贿罪，未必有人成立行贿罪，反之亦然。

例如，因被勒索给予国家工作人员以财物，没有获得不正当利益的，不是行贿，但国家工作人员的行为仍然是受贿；

又如，为谋取正当利益给予国家工作人员以财物的，不是行贿，但国家工作人员接受该财物的行为成立受贿罪；

再如，为了谋取不正当利益而给予国家工作人员以财物的，构成行贿罪，但国家工作人员没有接受贿赂的故意，立即将财物送交有关部门处理的，不构成受贿罪。

七、巨额财产来源不明罪

《刑法》第395条第1款：国家工作人员的财产、支出明显超过合法收入，差额巨大的，可以责令该国家工作人员说明来源，不能说明来源的，差额部分以非法所得论，处五年以下有期徒刑或者拘役；差额特别巨大的，处五年以上十年以下有期徒刑。财产的差额部分予以追缴。

1. 性质：堵截性罪名。明知财产或者支出明显超过合法收入，拒不"说明"其来源，无法查清是贪污、受贿等犯罪所得。

(1) 本罪的实行行为是"拒不说明"。国家工作人员的财产、支出明显超出合法收入，并不必然构成本罪，只有"拒不说明"财产来源的，才构成本罪。

(2)"拒不说明"来源而构成本罪，事后即便说明来源，或者司法机关查清来源，已经作出的巨额财产来源不明罪判决，也不需要撤销。

例如，国家工作人员甲家中有2000万元财产，甲拒绝说明来源，法院判处其巨额财产来源不明罪。刑罚执行期间，司法机关查明其中1000万元是甲贪污所得，另1000万元是受贿所得，甲的行为另成立贪污罪、受贿罪，与先前的巨额财产来源不明罪并罚。之前给甲判处的巨额财产来源不明罪，不需要撤销，因为甲确实实施了"拒不说明来源"的行为。

又如，司法机关发现国家工作人员乙家中有2000万元存款，乙当即告诉司法机关，其中1000万元是贪污所得，1000万元是受贿所得，乙的行为仅构成贪污罪、受贿罪。

2. 说明来源的时间要求：一审判决前。

如果一审判决后，行为人再说明巨额财产来源的，已经判决的巨额财产来源不明罪，不需要被撤销。因为行为人毕竟已经实施了“拒不说明来源”的行为，并且，法院曾经认定巨额财产来源不明罪是没有错误的。

2015年卷二90. 检察院在调查朱某时发现，朱某有100万元财产明显超过合法收入，但其拒绝说明来源。在审查起诉阶段，朱某交代100万元系在澳门赌场所赢，经查证属实。关于朱某100万元财产的来源，下列分析正确的是：A. 其财产、支出明显超过合法收入，这是巨额财产来源不明罪的实行行为（错误）；B. 在审查起诉阶段已说明100万元的来源，故不能以巨额财产来源不明罪提起公诉（正确）。

八、单位受贿罪

《刑法》第387条：国家机关、国有公司、企业、事业单位、人民团体，索取、非法收受他人财物，为他人谋取利益，情节严重的，对单位判处罚金，并对其直接负责的主管人员和其他直接责任人员，处五年以下有期徒刑或者拘役。

前款所列单位，在经济往来中，在帐外暗中收受各种名义的回扣、手续费的，以受贿论，依照前款的规定处罚。

九、介绍贿赂罪

《刑法》第392条：向国家工作人员介绍贿赂，情节严重的，处三年以下有期徒刑或者拘役，并处罚金。

介绍贿赂人在被追诉前主动交待介绍贿赂行为的，可以减轻处罚或者免除处罚。

1. 行为性质：介绍、撮合行贿人、受贿人，不直接参与行贿、受贿。

如果行为人超出了在行贿人与受贿人之间“居间撮合”的限度，替他人行贿或与受贿人共同收受贿赂，应当以受贿罪或者行贿罪共同犯罪论处。①

介绍贿赂必须要有积极的引见、沟通、撮合的行为，实践中通常是提供相应的行贿、受贿信息。从刑法理论与实践的通行观点来看，学说上对介绍贿赂罪作限制的理解，甚至主张取消该罪，因此，不是积极的撮合行为的，不宜认定为是介绍贿赂罪。再者，介绍贿赂罪的刑罚较低，因此，原则上尽量不认定为介绍贿赂罪。

2. 对象：向国家工作人员介绍贿赂。向公司、企业或者其他单位的工作人员（非国家工作人员）介绍贿赂的行为，没有被刑法规定为犯罪，所以，对这种行为只能以无罪论处。

3. 介绍贿赂罪与受贿罪（斡旋受贿）的区别。

（1）是否利用了本人职权或地位形成的便利条件。前者：没有；后者：有。

（2）自己是否得到了财物。前者：无所谓；后者：是。

① 由于介绍贿赂罪的法定刑太低，因此，在行贿人与受贿人之间起介绍作用的，国家法律职业资格考试真题都将介绍者认定为行贿罪或者受贿罪的共同犯罪。从历年真题反馈的信息来看，无成立介绍贿赂罪的可能。

(3) 是否直接参与了行贿、受贿。前者：没有；后者：有。

例如，商人甲欲求国家工作人员乙办事，丙如果仅仅是牵线、搭桥，介绍甲、乙，行贿、受贿行为由甲、乙完成，丙的行为构成介绍贿赂罪。（类似于婚姻介绍所，仅起介绍作用，不参与男、女双方的恋爱）

上一案件中，如果甲要求丙斡旋，丙收受甲的财物之后，利用工作上的便利，找到乙，要求乙为甲谋取利益，甲、乙并不直接接触，丙的行为属于受贿罪（斡旋受贿）。

十、私分国有资产罪

《刑法》第396条：（私分国有资产罪）国家机关、国有公司、企业、事业单位、人民团体，违反国家规定，以单位名义将国有资产集体私分给个人，数额较大的，对其直接负责的主管人员和其他直接责任人员，处三年以下有期徒刑或者拘役，并处或者单处罚金；数额巨大的，处三年以上七年以下有期徒刑，并处罚金。

（私分罚没财物罪）司法机关、行政执法机关违反国家规定，将应当上缴国家的罚没财物，以单位名义集体私分给个人的，依照前款的规定处罚。

1. 性质：是一种集体、公开贪污行为。属于单位犯罪，但仅处罚自然人。

2. 贪污罪与私分国有资产罪的区分。

	贪污罪（账面看不出来）	私分国有资产罪（账面看得出来）
主体	自然人犯罪	单位犯罪
获取财物的人员范围	通常情形下只在少数人之间对公共财物进行瓜分，但也可能在多数人中分配	通常是在单位内部全体职工或者绝大多数职工中进行集体私分，也可能在少数人中进行分配
获取财物的方式、手段、程序（本质区分）	采取隐蔽手段将公共财物非法地予以占有，将账做平了	采取公开的手段、经集体研究决定将国有资产以各种名义私分给个人，公开记账了

上述两种犯罪在使国有资产受到损失上是相同的，但在行为方式上还是存在区分：贪污由于采取隐蔽方式更难以发现，私分国有资产由于采取公开的方式，往往是账上有记载，相比较而言后者更容易发现。

《刑事审判参考》第122号刘忠伟私分国有资产案的“裁判要旨”：以单位名义集体私分给个人，是私分国有资产罪最本质的特征。但是不能机械地将此处的“单位”理解为本单位的全体或者大多数职工。他们也可以是一个单位内部某一层次的所有人或者大多数人。由于单位的领导层、管理层的意志、行为所起的决定作用，单位领导集体作出决定或者由负责人决定，违反国家规定给本单位集体或者一定层次以上的领导、管理层“发奖金”“发红包”与共同贪污犯罪在犯意的形成、行为特征上有明显不同，并且决策者不仅仅是为了个人的利益，因此，符合单位犯罪的特征。应以私分国有资产罪定罪处罚

专题三十二

侵犯国家法益之犯罪：渎职罪

知识体系

- 侵犯国家法益之犯罪：渎职罪
  - 滥用职权罪，玩忽职守罪
    - 主体：国家机关工作人员
    - 主观要件
    - 与其他相关犯罪的竞合
  - 徇私枉法罪，民事、行政枉法裁判罪，执行判决、裁定失职罪，执行判决、裁定滥用职权罪
  - 私放在押人员罪，失职致使在押人员脱逃罪
  - 徇私舞弊不征、少征税款罪
  - 故意泄露国家秘密罪，过失泄露国家秘密罪
  - 不解救被拐卖、绑架妇女、儿童罪
  - 帮助犯罪分子逃避处罚罪
  - 徇私舞弊不移交刑事案件罪
  - 食品、药品监管渎职罪

1. 渎职罪的主体原则上为国家机关工作人员。

（1）国家机关工作人员。

（2）受委托实际上行使了国家机关工作人员“职权”的人员。包括：

第一，在依照法律、法规规定行使国家行政管理职权的组织中从事公务的人员。

第二，在受国家机关“委托”代表国家机关行使职权的组织中从事公务的人员。①

第三，虽未列入国家机关编制，但在国家机关中从事公务的人员，在代表国家行使职权。

① 实践中，一些国有公司、企业和事业单位经合法授权从事具体的管理市场经济和社会生活的工作，拥有一定管理公共事务和社会事务的职权，这些实际行使国家行政管理职权的公司、企业和事业单位工作人员，符合渎职罪主体要求；对其实施渎职行为构成犯罪的，应当依照刑法关于渎职罪的规定追究刑事责任。参见崔某环境监管失职案（检例第4号）。但是，这种委托应是“直接委托”，即接受国家机关的“直接委托”，而不包括“间接委托”（转委托）《刑事审判参考》指导案例1207号，该案的裁判要旨指出：滥用职权罪的主体是国家机关工作人员，《关于办理渎职刑事案件适用法律若干问题的解释（一）》规定的受委托情形，应当是根据法律规定的直接委托，而不包括转委托。

2. 渎职犯罪的基本框架。

（1）基本罪名（一般法）：滥用职权罪、玩忽职守罪。

（2）特别法：特定国家机关的工作人员的渎职罪，主要是司法机关工作人员及国计民生的重要领域的国家机关工作人员的渎职罪名。

如果特别法没有规定的，应适用一般法。例如，刑法规定了徇私舞弊不征、少征税款罪（特别法、故意犯罪），如果行为人过失导致少征税款的，不能认定为徇私舞弊不征、少征税款罪，但可以认定为玩忽职守罪（过失犯罪、一般法）。

3. 渎职罪的考查方向。

（1）抛弃结果主义导向，贯彻程序主义导向。

也就是说，不能仅仅因为造成了严重后果、错误结果，就直接认定相关人员构成渎职犯罪，而是要看其是否违反了相关程序，有无渎职行为。例如，县卫计局执法监督大队队长武某，未能发现何某在足疗店内非法开诊所行医，该诊所开张三天即造成一患者死亡。该案中，武某进行了执法检查，即便有严重后果出现，也不宜追究其刑事责任。

司法活动是重现案件过去的客观事实，是通过具体的制度、手段、技术还原案件客观事实。只要承认人类认知能力的有限性，承认司法制度也是逐步走向科学、合理，就应承认通过司法活动认知案件事实会存在错误。但不能一旦出现冤假错案，就追究司法人员渎职罪的责任，而要看这种错误结果的出现是什么原因导致的，司法人员的司法活动本身是否存在违反规定的做法而导致了错误的结果。

（2）严格确认责任范围，不能无限度地追究渎职的责任，只能对自己负责的范围内的问题负责。

例如，县财政局副局长秦某工作时擅离办公室，其他办公室人员操作电炉不当，触电身亡并引发大火将办公楼烧毁。本案中，秦某不构成玩忽职守罪，因为秦某本身并不负责看管电炉。

又如，负责建房审批工作的干部柳某，徇情为拆迁范围内违规修建的房屋补办了建设许可证，房主凭此获得补偿款90万元。柳某触犯滥用职权罪，因为该项工作本身就是柳某负责的。

又如，县长郑某擅自允许未经环境评估的水电工程开工，导致该县水域内濒危野生鱼类全部灭绝。郑某触犯滥用职权罪。

再如，司法工作人员甲因工作过失，导致犯故意杀人罪的嫌疑人孟某未被追诉，孟某在外又实施了故意杀人行为。孟某在外实施的杀人行为造成的严重后果，不应归责于甲的玩忽职守行为。

一、滥用职权罪 玩忽职守罪

《刑法》第397条：国家机关工作人员滥用职权或者玩忽职守，致使公共财产、国家和人民利益遭受重大损失的，处三年以下有期徒刑或者拘役；情节特别严重的，处三年以上七年以下有期徒刑。本法另有规定的，依照规定。

国家机关工作人员徇私舞弊，犯前款罪的，处五年以下有期徒刑或者拘役；情节特别严重的，处五年以上十年以下有期徒刑。本法另有规定的，依照规定。

1. 主体：国家机关工作人员。包括，但不限于如下情形：

（1）国家机关中从事公务的人员，包括各级国家权力机关、行政机关、审判机关、检察机关和军事机关中从事公务的人员。

（2）其他根据法律规定，参照《公务员法》进行管理的人员，应当以国家机关工作人员论。

（3）立法解释的扩大解释：2002 年全国人民代表大会常务委员会《关于〈中华人民共和国刑法〉第九章渎职罪主体适用问题的解释》规定，在依照法律，法规的规定行使国家行政管理在依照法律、法规规定行使国家行政管理职权的组织中从事公务的人员，或者在受国家机关委托代表国家机关行使职权的组织中从事公务的人员，或者虽未列入国家机关人员编制但在国家机关中从事公务的人员，在代表国家机关行使职权时，有渎职行为，构成犯罪的，依照刑法关于渎职罪的规定追究刑事责任。

（4）海关、外汇管理部门的工作人员严重不负责任，造成大量外汇被骗购或者逃汇，致使国家利益遭受重大损失的，依照《刑法》第 397 条的规定定罪处罚——1998 年 12 月 29 日全国人大常委会《关于惩治骗购外汇、逃汇和非法买卖外汇犯罪的决定》第 6 条。

[案例] 2014 年 11 月份的一天傍晚，被告人于某（辅警）跟随××县公安局××派出所副所长倪某执行治安巡查，在对一可疑车辆盘查时，被告人于某使用自己的苹果 5S 手机，对在车内发生不正当男女性关系的现场进行录制，其后将该视频转发给他人，致使视音频外泄并在互联网上传播，造成恶劣社会影响。被告人于某犯滥用职权罪，判处拘役 4 个月，缓刑 6 个月。

2. 主观要件：滥用职权罪是故意；玩忽职守罪是过失，严重不负责任，不履行或者不认真履行职责。

3. 与其他相关犯罪的竞合。

例如，国家机关工作人员负有义务救助他人生命而不救助，导致他人死亡，符合不作为的故意杀人罪的犯罪构成的，也应当认定为故意杀人罪。警察逮捕正在哺乳期的犯罪嫌疑人，明知其家中有婴儿无人喂养而置之不理，最后导致婴儿饿死。对此，应认定为故意杀人罪。

典型真题

朱某系某县民政局副局长，率县福利企业年检小组到同学黄某任厂长的电气厂年检时，明知该厂的材料有虚假、残疾员工未达法定人数，但朱某以该材料为准，使其顺利通过年检。为此，电气厂享受了不应享受的退税优惠政策，获取退税 300 万元。关于朱某帮助电气厂通过年检的行为，下列说法正确的是？（2015 年·卷二·89 题）[1]

A. 其行为与国家损失 300 万元税收之间，存在因果关系

B. 属滥用职权，构成滥用职权罪

C. 属徇私舞弊，使国家税收遭受损失，同时构成徇私舞弊不征、少征税款罪[2]

D. 事后虽获得了利益（升任局长），但不构成受贿罪

---

① 答案：ABD。

② 徇私舞弊不征、少征税款罪的行为主体是税务机关的工作人员，朱某不符合该罪的主体要件，故不成立该特别罪，仅以一般罪滥用职权罪论处。

二、徇私枉法罪　民事、行政枉法裁判罪　执行判决、裁定失职罪　执行判决、裁定滥用职权罪

《刑法》第399条：司法工作人员徇私枉法、徇情枉法，对明知是无罪的人而使他受追诉、对明知是有罪的人而故意包庇不使他受追诉，或者在刑事审判活动中故意违背事实和法律作枉法裁判的，处五年以下有期徒刑或者拘役；情节严重的，处五年以上十年以下有期徒刑；情节特别严重的，处十年以上有期徒刑。

在民事、行政审判活动中故意违背事实和法律作枉法裁判，情节严重的，处五年以下有期徒刑或者拘役；情节特别严重的，处五年以上十年以下有期徒刑。

在执行判决、裁定活动中，严重不负责任或者滥用职权，不依法采取诉讼保全措施、不履行法定执行职责，或者违法采取诉讼保全措施、强制执行措施，致使当事人或者其他人的利益遭受重大损失的，处五年以下有期徒刑或者拘役；致使当事人或者其他人的利益遭受特别重大损失的，处五年以上十年以下有期徒刑。

司法工作人员收受贿赂，有前三款行为的，同时又构成本法第三百八十五条规定之罪的，依照处罚较重的规定定罪处罚。

（一）徇私枉法罪

1. 行为方式：在刑事诉讼（含刑事附带民事诉讼）活动中，违背事实和法律作枉法裁判。包括：

（1）对明知是无罪的人而使他受追诉——枉法追诉；

（2）对明知是有罪的人而故意包庇——枉法包庇；

（3）在刑事审判活动中故意违背事实和法律作枉法裁判——枉法裁判。

2017年卷二63. B. 刑警曾某办理冯某抢劫案，明知冯某被取保候审后未定期到派出所报到，曾某也未依法传唤冯某或将案件移送起诉或变更强制措施。期间，冯某再次犯罪——本案中，曾某的行为不属于上述徇私枉法罪的三种行为方式，亦未“徇私”，不构成徇私枉法罪，以滥用职权罪论处更妥。

［案例］对于明知是无罪的人，采取不立案、不报捕，但予以关押的手段，待被害人“交代”后再立案、采取强制措施的，应当认定为徇私枉法罪（如果不符合本罪构成要件，则应认定为非法拘禁罪）。行为人明知他人无罪，而将其作为“逃犯”在网上通缉的，成立徇私枉法罪。

［难点提示］徇私枉法罪可以存在于刑事附带民事诉讼阶段。根据全国人大常委会法制工作委员会刑法室指出：“在审理刑事附带民事诉讼案件中，如果仅就附带民事案件部分作枉法裁判构成犯罪的，应适用本条第2款的规定（即民事、行政枉法裁判罪）；如果刑事部分和民事部分作了枉法裁判的，从一重罪处罚。”① 但国家法律职业资格考试2009年卷二65. B显然没有采纳此观点，而是认为在附带民事诉讼中作枉法裁判的，仍然成立徇私枉法罪。

① 全国人大常委会法制工作委员会刑法室编：《中华人民共和国刑法条文说明、立法理由及相关规定》，北京大学出版社2009年版，第817页。

在附带民事诉讼中司法人员枉法裁判被追究刑事责任的个案，在实践中几乎不存在。笔者查阅了中国裁判文书网的相关案例，未能发现一起案例。所以，审判实践中究竟采取何种观点不得而知。

2. 主体：司法工作人员。指有侦查、检察、审判、监管职责的工作人员。

3. 犯罪动机：徇私、徇情，徇私是指徇个人私利，徇情是徇亲友私情。行为人与对象之间存在“恩怨情仇”。

例如，派出所所长夏某，不认真履行追究犯罪的职责，“为单位牟取私利”，对盗窃犯罪嫌疑人谢某以罚代刑，使有罪的人未受到追诉的行为，只能构成滥用职权罪。

4. 徇私枉法罪与帮助毁灭、伪造证据罪及伪证罪的界限。

(1) 主要区别在于是否“利用司法职务之便”，本罪的主体限于司法工作人员。而伪证罪的主体则为证人、鉴定人、翻译人和记录人，帮助毁灭、伪造证据罪的主体无特殊限制，均不是司法工作人员，也无法“利用司法职务之便”。

(2) 可能存在竞合。在徇私枉法过程中，利用职权毁灭、伪造证据，属于一行为触犯数罪名，因为徇私枉法必然需要通过毁灭、伪造证据的方式或其他方式实施，应择一重罪处罚。

(二) 民事、行政枉法裁判罪　执行判决、裁定失职罪　执行判决、裁定滥用职权罪

典型真题

1. 关于徇私枉法罪，下列哪些选项是正确的？(2009 年 · 卷二 · 65 题)①

A. 甲（警察）与犯罪嫌疑人陈某曾是好友，在对陈某采取监视居住期间，故意对其放任不管，导致陈某逃匿，司法机关无法对其追诉。甲成立徇私枉法罪

B. 乙（法官）为报复被告人赵某对自己的出言不逊，故意在刑事附带民事判决中加大赵某对被害人的赔偿数额，致使赵某多付 10 万元。乙不成立徇私枉法罪

C. 丙（鉴定人）在收取犯罪嫌疑人盛某的钱财后，将被害人的伤情由重伤改为轻伤，导致盛某轻判。丙不成立徇私枉法罪

D. 丁（法官）为打击被告人程某，将对程某不起诉的理由从“证据不足，指控犯罪不能成立”擅自改为“可以免除刑罚”。丁成立徇私枉法罪

2. 丙实施抢劫犯罪后，分管公安工作的副县长甲滥用职权，让侦办此案的警察乙想办法使丙无罪。乙明知丙有罪，但为徇私情，采取毁灭证据的手段使丙未受追诉。关于本案的分析，下列哪些选项是正确的？(2014 年 · 卷二 · 63 题)②

A. 因甲是国家机关工作人员，故甲是滥用职权罪的实行犯

B. 因甲居于领导地位，故甲是徇私枉法罪的间接正犯

C. 因甲实施了两个实行行为，故应实行数罪并罚

D. 乙的行为同时触犯徇私枉法罪与帮助毁灭证据罪、滥用职权罪，但因只有一个行为，应以徇私枉法罪论处

三、私放在押人员罪　失职致使在押人员脱逃罪

《刑法》第 400 条：（私放在押人员罪）司法工作人员私放在押的犯罪嫌疑人、被告人

---

① 答案：ACD。

② 答案：AD。

或者罪犯的，处五年以下有期徒刑或者拘役；情节严重的，处五年以上十年以下有期徒刑；情节特别严重的，处十年以上有期徒刑。

（失职致使在押人员脱逃罪）司法工作人员由于严重不负责任，致使在押的犯罪嫌疑人、被告人或者罪犯脱逃，造成严重后果的，处三年以下有期徒刑或者拘役；造成特别严重后果的，处三年以上十年以下有期徒刑。

（一）私放在押人员罪

1. 对象：在押人员。是指犯罪嫌疑人、被告人或者罪犯。

2. 主体：司法工作人员。

根据 2001 年 3 月 2 日最高人民检察院《关于工人等非监管机关在编监管人员私放在押人员和失职致使在押人员脱逃行为适用法律问题的解释》规定：工人等非监管机关在编监管人员在被监管机关聘用受委托履行监管职责的过程中私放在押人员的，应当依照刑法第四百条第一款的规定，以私放在押人员罪追究刑事责任；由于严重不负责任，致使在押人员脱逃，造成严重后果的，应当依照刑法第四百条第二款的规定，以失职致使在押人员脱逃罪追究刑事责任。

3. 本罪与脱逃罪之间的关系：看行为人是否“利用职务上的便利”帮助犯罪嫌疑人、被告人或者罪犯脱逃。

（1）非司法工作人员帮助在押人员脱逃的，应以脱逃罪的共犯论处。

（2）司法工作人员虽帮助在押人员脱逃，但没有利用职务之便的，也应以脱逃罪的共犯论处。

（3）司法工作人员利用职务上的便利，帮助在押人员逃跑的，成立私放在押人员罪。

4. 本罪与徇私枉法罪。

（1）私放在押人员罪是指，行为人利用职务便利或职权，不经合法程序，“直接”将在押人员放走。

（2）徇私枉法罪是指，行为人假借合法程序，或者伪造、篡改证据、伪造文书、证明、故意曲解法律等来为犯罪嫌疑人、被告人开脱罪责。

（二）失职致使在押人员脱逃罪

1. 对象：在押人员。

2. 定罪的标准：必须造成严重后果的才成立犯罪。（私放在押人员罪无此要求）

3. 主观：过失。

四、徇私舞弊不征、少征税款罪

《刑法》第 404 条：税务机关的工作人员徇私舞弊，不征或者少征应征税款，致使国家税收遭受重大损失的，处五年以下有期徒刑或者拘役；造成特别重大损失的，处五年以上有期徒刑。

1. 主体：税务机关的工作人员。

2. 本罪与逃税罪的竞合：定徇私舞弊不征、少征税款罪。

对于税务机关的工作人员与逃税等犯罪人相勾结不征、少征税款的案件，仍应以徇私舞弊不征、少征税款罪（重罪）论处，不应认定为逃税等罪的共犯。

五、故意泄露国家秘密罪　过失泄露国家秘密罪

《刑法》第398条：（故意泄露国家秘密罪）（过失泄露国家秘密罪）国家机关工作人员违反保守国家秘密法的规定，故意或者过失泄露国家秘密，情节严重的，处三年以下有期徒刑或者拘役；情节特别严重的，处三年以上七年以下有期徒刑。

非国家机关工作人员犯前款罪的，依照前款的规定酌情处罚。

1. 主体。

（1）国家机关工作人员。

（2）非国家机关工作人员犯本罪的，酌情从宽处罚。即此处的非国家机关工作人员不应是一般的自然人主体，而是具有一定职责，可以接触或知悉国家秘密的非国家机关工作人员。

2. 本罪与为境外窃取、刺探、收买、非法提供国家秘密、情报罪的界限。

本罪不要求泄露国家秘密给特定对象；而后者则必须是为境外的机构组织、人员窃取、刺探、收买、非法提供国家秘密、情报。

3. 故意（过失）泄露国家秘密罪不全是危害国家安全的犯罪。

因为“国家秘密”的范围是非常广泛的，例如，国家级考试（如国家法律职业资格考试、自学考试）的试题都是国家秘密，但这并不涉及国家安全。当然，如果涉及国家安全的“国家秘密”，仍触犯了危害国家安全罪。

六、不解救被拐卖、绑架妇女、儿童罪

《刑法》第416条：（不解救被拐卖、绑架妇女、儿童罪）对被拐卖、绑架的妇女、儿童负有解救职责的国家机关工作人员，接到被拐卖、绑架的妇女、儿童及其家属的解救要求或者接到其他人的举报，而对被拐卖、绑架的妇女、儿童不进行解救，造成严重后果的，处五年以下有期徒刑或者拘役。

（阻碍解救被拐卖、绑架妇女、儿童罪）负有解救职责的国家机关工作人员利用职务阻碍解救的，处二年以上七年以下有期徒刑；情节较轻的，处二年以下有期徒刑或者拘役。

七、帮助犯罪分子逃避处罚罪

《刑法》第417条：有查禁犯罪活动职责的国家机关工作人员，向犯罪分子通风报信、提供便利，帮助犯罪分子逃避处罚的，处三年以下有期徒刑或者拘役；情节严重的，处三年以上十年以下有期徒刑。

2017年卷二63. D. 公安局协警闫某，在协助抓捕行动中，向领导黑社会性质组织的李某通风报信，导致李某等主要犯罪分子潜逃。闫某构成帮助犯罪分子逃避处罚罪。

八、徇私舞弊不移交刑事案件罪

《刑法》第402条：行政执法人员徇私舞弊，对依法应当移交司法机关追究刑事责任的不移交，情节严重的，处三年以下有期徒刑或者拘役；造成严重后果的，处三年以上七年以下有期徒刑。

典型真题

某国税稽查局对某电缆厂的偷税案件进行查处。该厂厂长甲送给国税稽查局局长乙3万元，要求给予关照。乙收钱后，将某电缆厂已涉嫌构成偷税罪的案件仅以罚款了事。次年8月，上级主管部门清理税务违法案件。为避免电缆厂偷税案件移交司法机关处理，乙私自更改数据，隐瞒事实，使该案未移交司法机关。对乙应以何罪论处？（2004年·卷二·61题）①

A. 受贿罪

B. 滥用职权罪

C. 帮助犯罪分子逃避处罚罪

D. 徇私舞弊不移交刑事案件罪

九、食品、药品监管渎职罪

《刑法》第408条之一：负有食品药品安全监督管理职责的国家机关工作人员，滥用职权或者玩忽职守，有下列情形之一，造成严重后果或者有其他严重情节的，处五年以下有期徒刑或者拘役；造成特别严重后果或者有其他特别严重情节的，处五年以上十年以下有期徒刑：

（一）瞒报、谎报食品安全事故、药品安全事件的；

（二）对发现的严重食品药品安全违法行为未按规定查处的；

（三）在药品和特殊食品审批审评过程中，对不符合条件的申请准予许可的；

（四）依法应当移交司法机关追究刑事责任不移交的；

（五）有其他滥用职权或者玩忽职守行为的。[本款经《刑法修正案（十一）》修改]

徇私舞弊犯前款罪的，从重处罚。

[注意] 刑法中还有其他的渎职类犯罪：徇私舞弊减刑、假释、暂予监外执行罪；滥用管理公司、证券职权罪；阻碍解救被拐卖、绑架妇女、儿童罪。

① 答案：AD。

专题三十三

侵犯国家法益之犯罪：危害国家安全罪

知识体系

- 侵犯国家法益之犯罪：危害国家安全罪
  - 间谍罪
    - 主体
    - 法条竞合
  - 为境外窃取、刺探、收买、非法提供国家秘密、情报罪
    - 境外的范围：包括港澳台地区
    - 对象：秘密、情报
    - 间谍罪可以包容本罪
  - 资助危害国家安全犯罪活动罪
    - 本罪的性质
    - 本罪的行为
  - 叛逃罪
    - 主体
    - 叛逃的期间
    - 叛逃的方式

一、间谍罪

《刑法》第110条：有下列间谍行为之一，危害国家安全的，处十年以上有期徒刑或者无期徒刑；情节较轻的，处三年以上十年以下有期徒刑：

（一）参加间谍组织或者接受间谍组织及其代理人的任务的；

（二）为敌人指示轰击目标的。

《刑法》第113条：本章上述危害国家安全罪行中，除第一百零三条第二款（煽动分裂国家罪）、第一百零五条（颠覆国家政权罪，煽动颠覆国家政权罪）、第一百零七条（资助危害国家安全犯罪活动罪）、第一百零九条（叛逃罪）外，对国家和人民危害特别严重、情节特别恶劣的，可以判处死刑。

犯本章之罪的，可以并处没收财产。

1. 主体：一般主体。包括中国公民、外国人和无国籍人。

2. 法条竞合：行为人接受间谍组织及其代理人的任务，为境外窃取、刺探、收买、非法提供国家秘密的，属于法条竞合，以间谍罪论处。

典型真题

某国家机关工作人员甲借到M国探亲的机会滞留不归。一年后甲受雇于N国的一个专门收集有关中国军事情报的间谍组织，随后受该组织的指派潜回中国，找到其在某军区参谋部工作的战友乙，以1万美元的价格从乙手中购买了3份军事机密材料。对甲的行为应如何处理？(2002年·卷二·11题)①

A. 以叛逃罪论处

B. 以叛逃罪和间谍罪论处

C. 以间谍罪论处

D. 以非法获取军事秘密罪论处

二、为境外窃取、刺探、收买、非法提供国家秘密、情报罪

《刑法》第111条：为境外的机构、组织、人员窃取、刺探、收买、非法提供国家秘密或者情报的，处五年以上十年以下有期徒刑；情节特别严重的，处十年以上有期徒刑或者无期徒刑；情节较轻的，处五年以下有期徒刑、拘役、管制或者剥夺政治权利。

2000年11月20日最高人民法院《关于审理为境外窃取、刺探、收买、非法提供国家秘密、情报案件具体应用法律若干问题的解释》

为依法惩治为境外的机构、组织、人员窃取、刺探、收买、非法提供国家秘密、情报犯罪活动，维护国家安全和利益，根据刑法有关规定，现就审理这类案件具体应用法律的若干问题解释如下：

第1条　刑法第一百一十一条规定的“国家秘密”，是指《中华人民共和国保守国家秘密法》第二条、第八条（现为第九条）以及《中华人民共和国保守国家秘密法实施办法》第四条（现为《中华人民共和国保守国家秘密法实施条例》第八条）确定的事项。

刑法第一百一十一条规定的“情报”，是指关系国家安全和利益、尚未公开或者依照有关规定不应公开的事项。

对为境外机构、组织、人员窃取、刺探、收买、非法提供国家秘密之外的情报的行为，以为境外窃取、刺探、收买、非法提供情报罪定罪处罚。

第6条　通过互联网将国家秘密或者情报非法发送给境外的机构、组织、个人的，依照刑法第一百一十一条（为境外窃取、刺探、收买、非法提供国家秘密、情报罪）的规定定罪处罚；将国家秘密通过互联网予以发布，情节严重的，依照刑法第三百九十八条（故意泄露国家秘密罪）的规定定罪处罚。

1. 境外的范围：包括港澳台地区。

刑法中所规定的“境外”都包括港澳台地区。例如，拐卖妇女罪中将妇女卖往境外属于加重处罚情节，其中，“境外”就包括港澳台。

2. 对象：秘密、情报。

(1) 所谓“情报”，是指关系国家安全和利益、尚未公开或者依照有关规定不应公开的事项。

① 答案：C。

（2）不包括军事秘密，如果是军事秘密的，成立《刑法》第431条第2款的“为境外窃取、刺探、收买、非法提供军事秘密罪”。

（3）通过互联网将国家秘密或者情报非法发送给境外的机构、组织、个人的（对象特定），依照《刑法》第111条即为境外窃取、刺探、收买、非法提供国家秘密、情报罪定罪处罚；将国家秘密通过互联网予以发布（对象不特定），情节严重的，依照《刑法》第398条的规定（故意泄露国家秘密罪）定罪处罚。

3. 间谍罪可以包容本罪。如果是间谍组织的成员实施此行为的，定间谍罪。

典型真题

某国间谍戴某，结识了我某国家机关机要员黄某。戴某谎称来华投资建厂需了解政策动向，让黄某借工作之便为其搞到密级为“机密”的《内参报告》四份。戴某拿到文件后送给黄某一部手机，并为其子前往某国留学提供了六万元资金。对黄某的行为如何定罪处罚？（2009年·卷二·13题）①

A. 资助危害国家安全犯罪活动罪、非法获取国家秘密罪，数罪并罚

B. 为境外窃取、刺探、收买、非法提供国家秘密、情报罪与受贿罪，数罪并罚

C. 非法获取国家秘密罪、受贿罪，数罪并罚

D. 故意泄露国家秘密罪、受贿罪，从一重罪处断

三、资助危害国家安全犯罪活动罪

《刑法》第107条：境内外机构、组织或者个人资助实施本章第一百零二条（背叛国家罪）、第一百零三条（分裂国家罪，煽动分裂国家罪）、第一百零四条（武装叛乱、暴乱罪）、第一百零五条（颠覆国家政权罪、煽动颠覆国家政权罪）规定之罪的，对直接责任人员，处五年以下有期徒刑、拘役、管制或者剥夺政治权利；情节严重的，处五年以上有期徒刑。

1. 本罪的性质：原本是其他犯罪的帮助犯，但基于刑法分则的特别规定，已经成为独立的犯罪（帮助行为正犯化）。

资助的时间没有限制，可以是在境内组织或者个人实施上述特定犯罪之前、之中和之后。如果是在之前、之中，则与这些人是共同犯罪的关系，但由于刑法将这种帮助行为单独规定为犯罪，不需要认定为其他罪名，仅认定为资助危害国家安全犯罪活动罪即可。

2. 本罪的行为：以资助为限，不参与实施具体的犯罪。

根据2009年最高人民法院《关于审理洗钱等刑事案件具体应用法律若干问题的解释》的规定，“资助”是指为恐怖活动组织或者实施恐怖活动的个人筹集、提供经费、物资或者提供场所以及其他物质便利的行为。

四、叛逃罪

《刑法》第109条：国家机关工作人员在履行公务期间，擅离岗位，叛逃境外或者在境外叛逃的，处五年以下有期徒刑、拘役、管制或者剥夺政治权利；情节严重的，处五年

① 答案：B。

以上十年以下有期徒刑。

掌握国家秘密的国家工作人员叛逃境外或者在境外叛逃的，依照前款的规定从重处罚。

1. 主体：国家机关工作人员、掌握国家秘密的国家工作人员。

2. 叛逃的期间。

（1）国家机关工作人员履行公务期间，擅离岗位。

（2）掌握国家秘密的国家工作人员构成本罪的，不需要在履行公务期间，只要叛逃境外或者在境外叛逃即可。

3. 叛逃的方式。

（1）从境内逃往境外。

（2）在境外叛逃。

专题三十四

侵犯国家法益之犯罪：危害国防利益罪

知识体系

侵犯国家法益之犯罪：危害国防利益罪
- 阻碍军人执行职务罪
- 破坏武器装备、军事设施、军事通信罪
- 冒充军人招摇撞骗罪

一、阻碍军人执行职务罪

《刑法》第368条第1款：以暴力、威胁方法阻碍军人依法执行职务的，处三年以下有期徒刑、拘役、管制或者罚金。

二、破坏武器装备、军事设施、军事通信罪

《刑法》第369条：（破坏武器装备、军事设施、军事通信罪）破坏武器装备、军事设施、军事通信的，处三年以下有期徒刑、拘役或者管制；破坏重要武器装备、军事设施、军事通信的，处三年以上十年以下有期徒刑；情节特别严重的，处十年以上有期徒刑、无期徒刑或者死刑。

过失犯前款罪，造成严重后果的，处三年以下有期徒刑或者拘役；造成特别严重后果的，处三年以上七年以下有期徒刑。

战时犯前两款罪的，从重处罚。

三、冒充军人招摇撞骗罪

《刑法》第372条：冒充军人招摇撞骗的，处三年以下有期徒刑、拘役、管制或者剥夺政治权利；情节严重的，处三年以上十年以下有期徒刑。

专题三十五

侵犯国家法益之犯罪：军人违反职责罪

知识体系

侵犯国家法益之犯罪：军人违反职责罪
- 战时自伤罪
- 为境外窃取、刺探、收买、非法提供军事秘密罪
- 盗窃、抢夺武器装备、军用物资罪

一、战时自伤罪

《刑法》第434条：战时自伤身体，逃避军事义务的，处三年以下有期徒刑；情节严重的，处三年以上七年以下有期徒刑。

典型真题

可能构成战时自伤罪的情况是？（2004年·卷二·84题）①

A. 预备役人员张某在战时为逃避征召，自伤身体②

B. 战士李某为尽早脱离战场，在敌人火力猛烈向我方阵地射击时，故意将手臂伸于掩体之外，被敌人子弹击中，无法继续作战

C. 战士王某战时奉命守卫仓库，站岗时因困倦睡着，导致仓库失窃，为了掩盖过错，他用匕首自伤身体，谎称遭到抢劫

D. 战士陈某为了立功当英雄，战时自伤身体，谎称在与偷袭的敌人交火时受伤

二、为境外窃取、刺探、收买、非法提供军事秘密罪

《刑法》第431条：（非法获取军事秘密罪）以窃取、刺探、收买方法，非法获取军事秘密的，处五年以下有期徒刑；情节严重的，处五年以上十年以下有期徒刑；情节特别严重的，处十年以上有期徒刑。

① 答案：B。解析：A错误，该罪的主体是军人，张某不是。C、D主观上不符合，该罪的主观方面是为了“逃避军事义务”。B正确，李某是军人，并且主观上是为了“逃避军事义务”，不去作战。

② 经《刑法修正案（十一）》修正后的《刑法》第450条规定：本章适用于中国人民解放军的现役军官、文职干部、士兵及具有军籍的学员和中国人民武装警察部队的现役警官、文职干部、士兵及具有军籍的学员以及文职人员、执行军事任务的预备役人员和其他人员。本案中，张某只是为了逃避征召，并不属于执行任务过程中。

（为境外窃取、刺探、收买、非法提供军事秘密罪）为境外的机构、组织、人员窃取、刺探、收买、非法提供军事秘密的，处五年以上十年以下有期徒刑；情节严重的，处十年以上有期徒刑、无期徒刑或者死刑。[本款经《刑法修正案（十一）》修改]

三、盗窃、抢夺武器装备、军用物资罪

《刑法》第438条：（盗窃、抢夺武器装备、军用物资罪）盗窃、抢夺武器装备或者军用物资的，处五年以下有期徒刑或者拘役；情节严重的，处五年以上十年以下有期徒刑；情节特别严重的，处十年以上有期徒刑、无期徒刑或者死刑。

盗窃、抢夺枪支、弹药、爆炸物的，依照本法第一百二十七条的规定处罚。①

① 即使盗窃的是军用的枪支、弹药、爆炸物的，也定《刑法》第127条的盗窃枪支、弹药、爆炸物罪。

第三部分

其他重要问题

专题三十六

行为无价值与结果无价值对立及其对国家法律职业资格考试的启示

一、行为无价值与结果无价值的概念

1. 行为无价值论认为，犯罪是违反行为规范进而侵害法益的行为，因此，要从包含意思在内的行为中探求违法评价的目标，而不能仅仅盯住事后出现的结果。行为无价值论意在强调刑法要以积极的姿态参与社会治理，重视对行为的禁止、制裁来凸显规范的重要性，进而实现一般预防目的。即注重对行为本身的规范。

2. 结果无价值论认为，以法益侵害或危险性作为违法评价的基准，从行为所引起的结果（危险性）中去寻找违法评价的对象。结果无价值论的主要特色在于：

（1）重视结果。主张刑法的目的是保护法益，违法性的实质是法益侵害或者危险。

（2）违法是客观的，违法判断的对象是事后查明的客观事实。即以法益侵害或者危险作为违法评价的基准，从行为所引起的结果中去寻找违法评价的对象，重视结果，强调违法判断的对象是事后查明的客观事实。

3. 举例："误将男人当成女人实施强奸，或者误将尸体当作活人进行杀害"，此种情形下，虽然犯罪对象没有出现，但行为人的主观恶意已经外化为客观行为，从规范行为的角度看，应该以犯罪论处。当然，有学生天真地认为，这类案件既然犯罪对象没有出现，就不应该作为犯罪处理。试想想，想强奸被害人，仅在预备阶段（没有遇见犯罪对象）都应以犯罪预备论处；明知对方是尸体而实施侮辱行为的，都应以侮辱尸体罪论处。上述案件怎么可能无罪。更有学生认为，如果采用三阶层的犯罪构成理论，上述"误将男人当成女人实施强奸，或者误将尸体当作活人进行杀害"的案件就不构成犯罪，这更是荒谬至极。德、日刑法学界采用阶层性的犯罪构成，但仍有相当部分学者坚持认定该行为是以犯罪未遂论处。

该类案件是否应该以犯罪论处，实际上是两种刑法立场的对立："行为无价值"论的学者更多地强调刑法应规范人们的行为，因此，只要主观恶意外化为客观行为，就值得动用刑罚处罚；而"结果无价值"论的学者更多地强调惩罚犯罪的目的是为了保护法益（结果），如果行为没有造成结果（法益侵害）的可能性，或者可能性很小，基于结果无价值论的立场，可以考虑无罪。

但当今刑法学界，绝对的、极端的行为无价值论或结果无价值论几乎都没有学者赞成，而是肯定刑法既规范人们的行为（行为无价值），同时也认同刑法保护法益（结果无价值），只是有的学者更偏注重前者，有的学者更偏注重后者。实际上，规范行为的目的是为了保护法益，保护法益也需要通过规范行为人的行为来实现，二者并非完全对立。但需要注意的是，行为无价值论至少在当前社会得到了相当部分学者的赞同，并且近年来，我国刑法学者努力学习的日本刑法学中，行为无价值论有扩张的趋势。有兴趣的同学可以阅读日本刑法学者関哲夫的《结果无价值论与行为无价值论的对立及其趋向——以围绕基本立场的对立为视角》，王充译，《吉林大学社会科学学报》2016 年第 5 期。也可以参考劳东燕：《结果无价值论与行为无价值论之争的中国展开》，《清华法学》2015 年第 3 期；周光权：《行为无价值二元论与未遂犯》，《政法论坛》2015 年第 2 期。

4. 行为无价值与结果无价值对刑法学中特定问题的影响。

行为无价值论与结果无价值论两种立场，会对刑法学中的问题产生不同的认识。

例如，对于偶然防卫，行为人虽然主观上没有防卫意识（具有犯罪的故意），并基于此而实施了行为，但在客观上却起到了保护法益的效果。行为无价值论的论者更多地认为，行为人的主观恶性已经外化为客观行为，从规范行为的角度看，这种行为值得刑法处罚，行为是坏的，因此，不能认定为是正当防卫，而应该作为犯罪处理（这是我国刑法学界的通说观点）。而结果无价值论的论者则强调，虽然偶然防卫中行为人基于犯罪故意且实施了行为，但行为并没有侵害法益，反而保护了法益，结果是好的，不宜以犯罪论处。

又如，对于未遂犯与既遂犯，其主观恶性、客观行为均相同，只是是否造成法益侵害的结果不同。行为无价值论的论者可能更多地强调未遂犯、既遂犯在行为上相同，强调规范行为的必要性，因此，主张对未遂犯不宜从宽或者从宽的力度不宜太大。而结果无价值论的论者更多地强调未遂犯、既遂犯在造成结果上的重大差异，未遂犯既然没有造成既遂结果，就必须从宽甚至要大力度地从宽处罚，极端的结果无价值论者甚至主张未遂犯不构成犯罪。显然，对于未遂犯，不可能不从宽，也不可能无原则地从宽甚至不作为犯罪处理，各国刑法都规定了未遂犯应较之既遂犯从宽处理，但究竟从宽的程度是多少，倾向于行为无价值论立场的国家的刑法可能从宽的力度较小，而倾向于结果无价值论的国家的刑法从宽的力度会更大，立法本身就是行为无价值论与结果无价值论的调和，只能说哪一种观点更占上风，但无论如何，极端的行为无价值论或结果无价值论的立场鲜有学者支持。在我国，针对"误将尸体当作活人进行杀害"的案件，即便是结果无价值论的支持者，清华大学黎宏教授，也仍然认为应以犯罪论处，而不是认为无罪。参见黎宏：《刑法学》，法律出版社 2012 年版，第 636 页。

二、行为无价值与结果无价值的具体展开

1. 关于刑法的本质。行为无价值论更偏向于强调刑法的规制机能、秩序维持机能，而结果无价值论更强调法益保护机能。

2. 关于不能犯问题。

行为无价值论更强调入罪宽泛，强调从规范行为的角度出发，即便法益侵害的危险性不大，也应该入罪。

结果无价值论则更强调法益保护，对行为规范的认识较少，只要行为没有侵犯法益的现实可能、高度可能，就不宜作为犯罪处理。

国家法律职业资格考试层面，更多地是强调行为无价值，但有向结果无价值过渡的趋势。但目前为止，结果无价值论者，也并非认为行为没有造成结果就无罪，而只是强调，法益侵害的可能性可以忽略的行为，不宜作为犯罪处理。

2003年卷二4. 甲为上厕所，将不满1岁的女儿放在外边靠着篱笆站立，刚进入厕所，就听到女儿的哭声，急忙出来，发现女儿倒地，疑是站在女儿身边的4岁男孩乙所为。甲一手扶起自己的女儿，一手用力推乙，导致乙倒地，头部刚好碰在一块石头上，流出鲜血，并一动不动。甲认为乙可能死了，就将其抱进一个山洞，用稻草盖好，正要出山洞，发现稻草动了一下，以为乙没死，于是拾起一块石头猛砸乙的头部，之后用一块磨盘压在乙的身上后离去。案发后，经法医鉴定，甲在用石头砸乙之前，乙已经死亡。依此情况，甲的行为构成何罪？（C）

A. 过失致人死亡罪

B. 过失致人死亡罪与故意杀人罪（既遂）数罪

C. 过失致人死亡罪与故意杀人罪（未遂）数罪

D. 故意杀人罪

2005年卷二7. 甲深夜潜入乙家行窃，发现留长发穿花布睡衣的乙正在睡觉，意图奸淫，便扑在乙身上强脱其衣。乙惊醒后大声喝问，甲发现乙是男人，慌忙逃跑被抓获——甲的行为构成强奸罪未遂。

关于误将面粉当作毒品贩卖的，行为无价值论者更多地强调成立贩卖毒品罪（未遂），而结果无价值论者则倾向于认定无罪。

2009年卷二52. 甲欲枪杀仇人乙，但早有防备的乙当天穿着防弹背心，甲的子弹刚好打在防弹背心上，乙毫发无损。甲见状一边逃离现场，一边气呼呼地大声说："我就不信你天天穿防弹背心，看我改天不收拾你！"——甲构成故意杀人未遂，甲的行为具有导致乙死亡的危险，应当成立犯罪。

2012年卷二53. 因乙移情别恋，甲将硫酸倒入水杯带到学校欲报复乙。课间，甲、乙激烈争吵，甲欲以硫酸泼乙，但情急之下未能拧开杯盖，后甲因追乙离开教室。丙到教室，误将甲的水杯当作自己的杯子，拧开杯盖时硫酸淋洒一身，灼成重伤——甲未能拧开杯盖，其行为属于可罚的不能犯。

2016年卷二53. C. 丙见商场橱柜展示有几枚金锭（30万元/枚），打开玻璃门拿起一枚就跑，其实是值300元的仿制品，真金锭仍在。丙属于犯罪未遂——该选项正确，本案中，真金锭仍然存在，说明行为在客观上有导致被害人30万元财产损失的危险性，因此，不能仅以实际损失300元认定，而应认定为盗窃罪（或抢夺罪）数额巨大的未遂。

3. 关于偶然防卫。

行为无价值论认为，偶然防卫成立犯罪。而结果无价值论认为，虽然从行为的角度看，偶然防卫有惩罚的必要性，但从结果的角度看，毕竟是有益于社会的，保护了合法的法益，不宜作为犯罪处理。

2016年卷二52. 甲、乙共同对丙实施严重伤害行为时，甲误打中乙致乙重伤，丙乘机逃走——甲误打中乙属偶然防卫，但对丙成立故意伤害罪未遂。本题坚持了通说的观点（行为无价值论），认为偶然防卫成立故意犯罪。

2017年卷二53. 甲、乙合谋杀害丙，计划由甲对丙实施砍杀，乙持枪埋伏于远方暗处，若丙逃跑则伺机射杀。案发时，丙不知道乙的存在。为防止甲的不法侵害，丙开枪射杀甲，子弹与甲擦肩而过，击中远处的乙，致乙死亡。关于本案，下列哪些选项是正确的？（AD）①

A. 丙的行为属于打击错误，依具体符合说，丙对乙的死亡结果没有故意

B. 丙的行为属于对象错误，依法定符合说，丙对乙的死亡结果具有故意

C. 不论采取何种学说，丙对乙都不能构成正当防卫

D. 不论采用何种学说，丙对甲都不构成故意杀人罪未遂

4. 关于教唆未遂。

如果被教唆的人没有着手实施犯罪，对于教唆犯如何处罚？存在两种观点：

第一种观点认为，教唆犯的行为仍然成立犯罪，属于教唆未遂。这种观点的理论依据是共犯独立性，共犯独立性说认为，行为者的危险性一旦通过一定的行为流露出来，即可认定其有实行行为，所以教唆、帮助行为原本就是行为人自己犯意的遂行表现，教唆犯、帮助犯等共犯本身就有实行行为，这些实行行为就是独立的犯罪行为——行为无价值。

第二种观点认为，教唆犯的行为无罪。（国家法律职业资格考试中此种观点是主流）这种观点的理论依据是共犯从属性，共犯从属性说认为，只有单纯的教唆、帮助行为，并不构成犯罪；必须是被教唆、被帮助的人着手实施犯罪时，共犯才成立——结果无价值。

2009 年卷四案例分析：甲和乙均缺钱。乙得知甲的情妇丙家是信用社代办点，配有保险柜，认为肯定有钱，便提议去丙家借钱，并说："如果她不借，也许我们可以偷或者抢她的钱。"甲说："别瞎整！"乙未再吭声——乙与甲的行为不成立共同犯罪，甲未实施犯罪行为，乙亦不构成犯罪，不构成教唆未遂。

5. 关于正当防卫、紧急避险与防卫过当、避险过当的判断。

防卫行为、避险行为是否过当。行为无价值更强调社会相当性的判断，即强调社会公众的认同，而结果无价值则更强调法益比较，即保护法益与侵害法益之间的比较。

2015 年卷二 4. 鱼塘边工厂仓库着火，甲用水泵从乙的鱼塘抽水救火，致鱼塘中价值 2 万元的鱼苗死亡。仓库中价值 2 万元的商品因灭火及时未被烧毁。甲承认仓库边还有其他几家鱼塘，为报复才从乙的鱼塘抽水。关于本案，下列哪一选项是正确的？（B）

A. 甲出于报复动机损害乙的财产，缺乏避险意图

B. 甲从乙的鱼塘抽水，是不得已采取的避险行为

C. 甲未能保全更大的权益，不符合避险限度要件

D. 对 2 万元鱼苗的死亡，甲成立故意毁坏财物罪

6. 对犯罪思考的路径。

行为无价值更多地强调规范行为的路径，因为行为是否构成犯罪，强调的是规范行为。而结果无价值更多地是强调法益保护的路径，只有行为侵害了法益，或者说具有侵犯法益的高度危险，才能作为犯罪处理。

从事后处理型刑法观到事前预防型刑法观。事后处理型刑法观与事前预防型刑法观的

---

① 丙的行为，过失造成了乙的死亡。但从结果上来看（结果无价值），丙的行为是好的，可以认为丙对乙不构成犯罪。但从规范行为的立场来看（行为无价值），丙的行为只是偶然地起到了杀死仇人乙的效果，仍然应作为犯罪处理。

对立，与刑法规范到底是重视行为规范还是裁判规范（制裁规范）的性质相关联。如果强调刑法的行为规范的侧面，将刑法理解为是以一般社会成员作为指向对象来规定行为准则的规范的话，就接近于作为事前预防型的刑法观。与之相对，如果强调刑法的裁判规范，将刑法理解为是以裁判作为指向对象来规定裁判准则的规范的话，就接近于作为事后处理型的刑法观。那么，事后处理型刑法观与事前预防型刑法观的对立，不用说这是和“最小政府”与“最大政府”的政府观相关联的。

三、行为无价值与结果无价值的生活事例解读

有一次，我与一个好友聊天，问及行为无价值与结果无价值。我问他一个问题：“你刚开车来接我的时候，随意变道、超速，那你这种行为要受到惩罚吗？”他立即回答：“不要啊。因为我又没有撞到人（车），没有造成危害结果。”显然，他更多的是站在结果无价值的立场考虑，既然没有造成严重后果，就不应该受处罚。但我非常严肃地说：“你这样乱开车，迟早要出事的，应该先把你关几天，进行教育。”我认为要对他进行惩罚，更多地是站在行为无价值的立场，希望提早规范他的行为。但行为无价值、结果无价值并非对立关系，我说的要惩罚他，虽然是站在行为无价值的立场，意欲规范他的“行为”，但对他行为的规范，也是为了更好地保护“法益（结果）”，以防他如果长期如此开车早晚会酿出大祸（严重后果）。他说自己的行为不应该受处罚，更多地是站在结果无价值的立场（没有造成严重后果），而且是极端的结果无价值。但他这样的危险行为至少有造成法益侵害（危害结果）的可能性，实际上，从一般的结果无价值的立场来看，也应该定罪。结果无价值论也并不是认为，行为如果没有造成结果就无罪，只是认为如果造成结果的可能性（危险性）很小或者可以忽略不计，这种行为才不宜以犯罪论处。在判断行为造成的“危险”是否存在时，要评估类似行为“再次重演”是否具有造成法益侵害的危险性。只是行为无价值更注重对行为的规范，惩罚得更加严格一点，结果无价值更偏向于对结果的保护，惩罚更加宽容一些。上述没有造成实际侵害结果的开车案件，在生活中我们也可以发现，如果惩罚过于严格，不合理，如果不惩罚，那是“溺爱”，都是不可取的。从这个角度看，行为无价值、结果无价值都主张对这类犯罪惩罚，只是惩罚的侧重（行为或结果）、严重程度不完全相同。

但如果对行为的惩罚完全无助于保护法益（结果），这种行为就没有必要惩罚。例如，甲在内蒙古大草原上超速、随意变道，方圆十公里都找不到一个人，这种情形下，规范其行为对保护法益而言几乎没有任何意义，行为连造成法益侵害的可能性都没有。行为无价值、结果无价值都认为，不应作为犯罪处理。（少数观点）极端的行为无价值可能认为，对这种行为应予以规范，作为犯罪处理。所以，无论是行为无价值，还是结果无价值，对绝大多数案件都是认为构成犯罪的，只是偏向于行为还是结果，会导致处罚轻重的不同认识。但需要说明的是，历年真题中，误将尸体当作活人杀害，误将留长发、穿花睡衣的男人当作女人强奸，官方答案都认定为是犯罪（未遂），即便是结果无价值论的论者，也主张定罪而不是无罪。极端的结果无价值论可能会认为无罪，但世界范围内都鲜有学者赞同此种观点，正如有学者曾经所指出的，全世界没有任何一个国家像日本的部分学者一样，将结果无价值论推向如此极致。要知道，上述真题所列举的案件虽然没有造成实际法益侵害结果，但如果“再次重演”这类行为，就未必有这么幸运了。

行为无价值与结果无价值是刑法的最基本的两个立场，可以说几乎是刑法一些争议问题的本源。对于极端主义犯罪、恐怖主义犯罪等严重犯罪，刑法理论、刑事立法一般都采用行为无价值的立场，主张更早地对行为予以规制。对于普通犯罪、轻微犯罪，可能更强调结果无价值的立场。这也就像我们教育我们的孩子，对于原则性问题、大是大非的问题，更强调规范的早期化，只要有不当的行为，我们就要严厉批评、惩罚，如果还等待结果出现才惩罚，就是溺爱孩子了；而对于非原则性的问题，只要没造成危害结果，随他去吧，干涉过多并不好，只有造成严重后果（或高度可能性）才对之予以惩罚。我国刑法曾经将生产、销售有毒、有害食品罪规定为具体危险犯，要求行为必须造成危险状态才能认定为犯罪，更偏向于结果无价值。但是，随着对食品安全的不断重视，《刑法修正案（八）》将该罪规定为行为犯（抽象危险犯），将处罚的标准提前，只要实施了生产、销售行为即构成本罪，偏向于行为无价值。

专题三十七

犯罪之间的界限与竞合

一、犯罪之间的界限与竞合概说

刑法分则四百多个罪名，是对现实生活中无数种犯罪行为的概括和抽象，但不同犯罪之间并不一定界限清晰、区分明了，而是可能存在竞合。传统刑法学的学习过于强调犯罪之间的对立，我们总是在学习A罪与B罪的区别在哪里，实践中的某一行为，我们总是努力地在判断到底是A罪还是B罪。其实完全可能存在这个行为既符合A罪的构成要件，也同时符合B罪的构成要件，亦此亦彼。此罪与彼罪不仅仅是区别，完全可能存在竞合（重合），意即某一行为完全可能既符合A罪，亦符合B罪。或者说，A罪与B罪之间并非对立，完全可能存在包容或交叉关系（亦此亦彼）。例如，要个小流氓是寻衅滋事罪，要个大流氓成立故意杀人罪，但既然要个小流氓都可以成立寻衅滋事罪，要个大流氓更应该成立寻衅滋事罪，故意杀人罪与寻衅滋事罪之间可能存在竞合（重合）。不可否认，刑法分则中的罪名，有一些确实是对立关系（非此即彼），例如诈骗与盗窃，前者强调被害人自愿处分财产，后者强调被害人没有处分财产，因此，二者是对立关系。

对于不同犯罪之间，究竟是否存在竞合关系，理论上可能存在不同的理解。有学者可能更多地强调犯罪之间的竞合，努力地寻找两罪之间的关联。而有学者则更多地强调犯罪之间的对立。所以，理解也可能不完全一样。例如，伤害行为与杀人行为之间究竟是何种关系，可能就会存在不同的理解。有的学者认为，伤害行为与杀人行为是两种性质不同的行为，二者之间是对立关系。但有的学者则认为，伤害行为与杀人行为存在竞合，伤害是杀人的必经过程，杀人是程度更为严重的伤害。

以往我国刑法理论上过度地强调犯罪之间的对立，而现今刑法理论逐步强调犯罪之间的竞合（重合），这种思考方式，将有助于很多问题的解决。正如有学者所指出的：由于犯罪错综复杂，为了避免处罚空隙，刑法不得不从不同侧面、以不同方式规定各种类型的犯罪。因此，部分条文规定的犯罪之间具有相似性，一些条文之间形成了交叉与重叠。另一方面，由于行为人并非按照刑法规定的构成要件实施犯罪，一个行为可能具有多重属性，侵犯多个法益，因而触犯多个罪名。于是，刑法理论与司法实践往往希望在此罪与彼罪之间找出所谓关键区别或者区分标志；“此罪与彼罪的界限”成为刑法教科书不可或缺的内容，成为司法实践经常讨论的话题。但是，在绝大多数情况下，寻找犯罪之间的界限既非明智之举，也非有效之策。在笔者看来，与其重视犯罪之间的界限，莫如注重犯罪之间的竞合。① 中国人民大学法学院教授、博士生导师付立庆也撰文指出：强拿硬要他人财物的，可能同时符合寻衅滋事罪与抢劫罪。无论是通过法益的内容、行为的客观方面还是主观方面的限定，都只是对多数情况下两罪区别的一种描述，而无法形成明确的标准。强拿硬要型的寻衅滋事罪与抢劫罪之间存在着交叉竞合的关系，正视这一现象的存在，自觉运用竞合犯的理论处理问题，才能实现对相关行为的恰当评价和对具体案件的妥善解决。②

二、具体案例及真题

1. 2012 年卷二 58. 警察甲为讨好妻弟乙，将公务用枪私自送乙把玩——甲构成非法出借枪支罪。

理由："送"与"借"不是对立关系，"送"等于无数次的"借"，将枪支"送"给他人的，可以评价为非法出借枪支罪。如果认为"送"与"借"是对立关系，是非此即彼的关系，那么，"送"不等（同）于"借"，二者是完全不同的，非法送枪的行为在刑法上将不能被评价为犯罪，这显然是不合理的。既然借枪给他人玩 3 天都能成立非法出借枪支罪，为什么把枪送给别人不能认定为犯罪呢？从这一意义上看，承认"送"与"借"之间的竞合，"送"等同于无数次的"借"，将有助于实现刑法的公平。

2. 2013 年卷二 59. D. 成年妇女甲与 13 周岁男孩乙性交，因性交不属于猥亵行为，甲的行为不成立猥亵儿童罪——错误，甲的行为成立猥亵儿童罪，猥亵和强行发生性关系（强奸）不是对立关系，强奸是程度更严重的猥亵。

理由：如果认为"强奸"与"猥亵"是完全独立的两种行为（对立关系），那么，既然刑法对于成年女性"强奸"小男孩（儿童）的行为没有规定，那只能宣告无罪。但既然猥亵小男孩的都构成犯罪，那么强奸小男孩的行为不认定为犯罪并不合适。如果承认"强奸"与"猥亵"之间存在竞合关系，认为"强奸"是程度更为严重的"猥亵"，那么，对于成年女性"强奸"小男孩的行为即使刑法没有专门规定，也至少可以认定为猥亵儿童罪。这样解释，可以更好地实现刑法正义。

3. 2013 年卷二 16. A. 为寻求刺激在车站扒光妇女衣服，引起他人围观的，触犯强制猥亵、侮辱妇女罪，未触犯侮辱罪——错误，侮辱罪与强制猥亵、侮辱罪二者存在竞合。既然一般性的侮辱都触犯了侮辱罪，那么羞辱他人的性羞耻感的，更应该成立侮辱罪，同时也触犯了强制猥亵、侮辱罪。

C. 捏造他人强奸妇女的犯罪事实，向公安局和媒体告发，意图使他人受刑事追究，情节严重的，触犯诬告陷害罪，未触犯诽谤罪——错误，诬告陷害罪与诽谤罪二者存在竞合。既然造谣，说他人的坏话都能成立诽谤罪。那么，说他人涉嫌犯罪的假话，向司法机关告发的行为，不仅构成诬告陷害罪，更应该成立诽谤罪。

---

① 张明楷：《犯罪之间的界限与竞合》，《中国法学》2008 年第 4 期。

② 付立庆：《抢劫罪与强拿硬要型寻衅滋事罪之间的关系——以孙某寻衅滋事案为切入点》，《法学》2015 年第 4 期。

4. 2014年卷二62. 根据《刑法》与司法解释的规定，国家工作人员挪用公款进行营利活动、数额达到1万元或者挪用公款进行非法活动、数额达到5000元的，以挪用公款罪论处。国家工作人员甲利用职务便利挪用公款1.2万元，将8000元用于购买股票，4000元用于赌博，在1个月内归还1.2万元。

"非法活动"与"营利活动"不是对立关系，可将赌博行为评价为营利活动，认定甲属于挪用公款1.2万元进行营利活动，故甲的行为成立挪用公款罪。例如，甲挪用公款8000元购买了第一只股票，又挪用公款4000元购买了第二只股票，共计挪用1.2万元从事营利活动，甲的行为成立挪用公款罪无疑。而甲的行为的危害性比真题中的行为人的危害性要轻，如果真题中的行为人的行为不认定为犯罪，显然是不合适的。虽然孤立地看，真题中行为人挪用公款从事非法活动（4000元）、从事营利活动（8000元）均未达到犯罪的标准。但是，可以将"非法活动"解释为"营利活动"，赌博行为虽然是非法活动，也是以营利为目的的。这样一来，将行为人的行为解释为挪用公款1.2万元从事营利活动，进而认定为挪用公款罪。

5. 2014年卷二51. D.《刑法》规定了盗窃武装部队印章罪，未规定毁灭武装部队印章罪。为弥补处罚漏洞，将毁灭武装部队印章的行为认定为毁灭"国家机关"印章——武装部队的公文、证件、印章也属于国家机关公文、证件、印章，二者不是对立关系，存在竞合。

6. 2014年卷二58. D. 甲以为是劣药而销售，但实际上销售了假药，且对人体健康造成严重危害。法院以销售劣药罪定罪处罚——正确，假药也是劣药的一种，二者存在竞合。试想，如果认为劣药与假药是对立关系，那么，行为人主观上想销售劣药，事实上没有销售劣药而是假药，那么，行为人只能认定为是销售劣药罪的未遂。而对于未遂犯，可以从轻或者减轻处罚。但问题是，行为人主观上想销售劣药，而客观事实上是假药（比劣药的危害性还大），将其认定为是销售劣药罪的未遂犯，还从轻、减轻处罚，合适吗？

7. 2015年卷二58. 甲在公园游玩时遇见仇人胡某，顿生杀死胡某的念头，便欺骗随行的朋友乙、丙说："我们追逐胡某，让他出洋相。"三人捡起木棒追逐胡某，致公园秩序严重混乱。将胡某追到公园后门偏僻处后，乙、丙因故离开。随后甲追上胡某，用木棒重击其头部，致其死亡。A. 甲触犯故意杀人罪与寻衅滋事罪——正确，二者存在竞合。

8. 2015年卷二16. 甲以伤害故意砍乙两刀，随即心生杀意又砍两刀，但四刀中只有一刀砍中乙并致其死亡，且无法查明由前后四刀中的哪一刀造成死亡。关于本案，下列哪一选项是正确的？(D)

A. 不管是哪一刀造成致命伤，都应认定为一个故意杀人罪既遂

B. 不管是哪一刀造成致命伤，只能分别认定为故意伤害罪既遂与故意杀人罪未遂

C. 根据日常生活经验，应推定是后两刀中的一刀造成致命伤，故应认定为故意伤害罪未遂与故意杀人罪既遂

D. 根据存疑时有利于被告人的原则，虽可分别认定为故意伤害罪未遂与故意杀人罪

未遂，但杀人与伤害不是对立关系，故可按故意伤害（致死）罪处理本案[①]

9. 2016 年卷二 11. 关于法条关系，下列哪一选项是正确的（不考虑数额）？（D）

A. 即使认为盗窃与诈骗是对立关系，一行为针对同一具体对象（同一具体结果）也完全可能同时触犯盗窃罪与诈骗罪

B. 即使认为故意杀人与故意伤害是对立关系，故意杀人罪与故意伤害罪也存在法条竞合关系

C. 如认为法条竞合仅限于侵害一犯罪客体的情形，冒充警察骗取数额巨大的财物时，就会形成招摇撞骗罪与诈骗罪的法条竞合

D. 即便认为贪污罪和挪用公款罪是对立关系，若行为人使用公款赌博，在不能查明其是否具有归还公款的意思时，也能认定构成挪用公款罪[②]

10. 2016 年卷二 57. D. 丁明知香肠不符合安全标准，足以造成严重食源性疾患，但误以为没有毒害而销售，事实上香肠中掺有有毒的非食品原料。对丁应以销售不符合安全标准的食品罪论处——正确，有毒有害的食品也是不符合安全标准的食品，二者存在竞合。

11. 2016 年卷二 87. A. 伪证罪与包庇罪是相互排斥的关系，甲不可能既构成伪证罪又构成包庇罪——错误，包庇是骗司法机关，伪证是以证人身份骗司法机关，二者存在竞合。

12. 2017 年卷二 8. B. 乙在道路上醉酒驾驶机动车，行驶 20 公里后，不慎撞死路人张某。因已发生实害结果，乙不构成危险驾驶罪，仅构成交通肇事罪——错误，危险驾驶罪与交通肇事罪不是对立关系。任何交通肇事罪都必然经历过“危险驾驶”的行为。从这一意义上看，行为人的行为既触犯了危险驾驶罪，也触犯了交通肇事罪。但由于行为人仅实施了一个行为，故只能适用重罪（交通肇事罪）。《刑法》第 133 条之一第 3 款规定：“有前两款行为（危险驾驶行为），同时构成其他犯罪的，依照处罚较重的规定定罪处罚。”

---

① 如果强调“伤害”与“杀人”之间是对立（非此即彼）关系，孤立地看行为人的两次砍杀行为可以发现，第一次（伤害的故意）并不能确定是否砍中了被害人，故只能认定为是故意伤害罪（未遂），第二次（杀人行为）也并不确定砍中了被害人，只能认定为故意杀人罪（未遂）。但这样的处理导致的困惑是，被害人确实是被行为人砍死的，但却只能被认定为故意伤害罪（未遂）或故意杀人罪（未遂），这显然是不合适的。整体看这个案件，死亡结果一定是甲造成的，但究竟是第一次（伤害故意）还是第二次（杀人故意）行为造成的，不确定。如果是第一次，就是故意伤害（致人死亡），如果是第二次，就是故意杀人罪（既遂），但每一次都不确定，每一次都只能认定为是未遂。但如果强调“伤害”与“杀人”之间是竞合关系，认为杀人故意是较之伤害故意更为严重的故意，死亡结果是行为人造成的，只是查不清行为当时行为人主观上是轻度故意（伤害）还是重度故意（杀人）造成的，至少可以认定行为人有轻度故意，故行为人的行为至少成立故意伤害（致人死亡）罪，这样的处理结果才能更好地得到公众认同，实现刑法正义。该题实际上最终传达的理念是：刑法中的此罪与彼罪虽然存在区别，但也可能存在竞合，比如故意伤害罪与故意杀人罪，故意杀人罪实际上也是程度更为严重的故意伤害罪，故意伤害罪与故意杀人罪不是绝对对立关系，二者完全可能存在竞合，伤害故意与杀人故意并非对立关系，而完全可能存在竞合，后者比前者的危害性更具有递进性。传统刑法理论与审判实践更多地强调犯罪之间的对立关系，认为此罪与彼罪更多的是区别，不存在竞合，刑法学教科书也长期谈论犯罪之间的区别。该题实际上想适度改变传统对于此罪、彼罪认定的观念。

② 该题中，四个选项都使用了“即使”“如果”这样假设性的表述，认为不同犯罪之间可能是对立或竞合关系。实际上，不同犯罪之间究竟是对立还是竞合关系，只是理论上看问题的角度、观点可能存在不一致。例如，贪污罪与挪用公款罪，究竟是对立关系，还是竞合关系，可能会存在不同的角度、观点。如果从行为人主观上对公款的态度来看，贪污罪是“不想还”，而挪用公款罪是“想还”，二者之间是对立关系。但如果从行为人对公款的使用时间来看，贪污罪是“永久性”（一辈子）占有公款，而挪用公款罪是“暂时性”（一阵子）占有公款，两罪之间就存在竞合关系。

严重的危险驾驶行为造成严重后果的，完全可能同时触犯交通肇事罪，应择一重罪处罚。

13. 2017 卷二 14. C. 购买意外伤害保险，制造自己意外受重伤假象，骗取保险公司巨额保险金的，仅构成保险诈骗罪，不构成合同诈骗罪——该选项错误，保险诈骗罪与合同诈骗罪不是对立关系，存在竞合，该行为同时也构成合同诈骗罪，保险合同就是“合同”的一种。

14. 2017 年卷二 15. A. 甲对家庭成员负有扶养义务而拒绝扶养，故意造成家庭成员死亡。甲不构成遗弃罪，成立不作为的故意杀人罪——该选项错误，成立遗弃罪。当然，如果被害人死亡的紧迫程度较高，亦同时触犯了故意杀人罪。遗弃罪与故意杀人罪并非对立关系，而是存在竞合。本案中，既构成遗弃罪，同时也构成不作为的故意杀人罪，二者之间存在竞合。①

15. 2017 年卷二 15. B. 乙闯入银行营业厅挟持客户王某，以杀害王某相要挟，迫使银行职员交给自己 20 万元。乙不构成抢劫罪，仅成立绑架罪——该选项错误，抢劫罪与绑架罪不是一种对立关系，事实上不排除在绑架的过程中同时触犯抢劫罪的情形。例如，甲以勒索财物为目的绑架乙后，当场威胁乙的亲属丙说，“如果不交付赎金便杀害乙”。甲的行为不仅对乙成立绑架罪，而且对丙成立抢劫罪。

16. 2019 年 15. 关于故意、过失的论述，下列说法正确的是？

B. 在所有的故意犯罪中，不可能存在只能由间接故意构成而不能由直接故意构成的犯罪——正确。该选项认为，间接故意与直接故意不是对立关系，而是竞合关系，即直接故意是危害程度更高的间接故意。既然间接故意都能构成某罪，那么直接故意就更能构成该罪。

C. 如果故意和过失存在位阶关系，那么在认定犯罪时，只能由故意降格为过失，而不能由过失升格为故意——正确。该选项认为如果故意与过失存在位阶关系，即高低关系，则故意是程度更高的过失，无法认定故意时，可以降格为过失。但是，当过失的标准都无法达到时，不可能升格为故意。

17. 2020 年：甲误以为乙正在对丙实施抢劫，进而对乙实施了帮助行为，实际上乙是对丙实施敲诈勒索，甲成立敲诈勒索共犯。

该案中，应认为抢劫罪与敲诈勒索罪是竞合关系，抢劫是程度更为严重的敲诈勒索罪。甲既然有帮助乙抢劫（重）的故意，即便事实上乙仅实施了敲诈勒索（轻），也可以认为，二人在敲诈勒索的范围成立共犯。

需要说明的是，我国刑法理论界以往过度地强调不同犯罪之间的对立，将会导致对很多行为无法认定为犯罪，或者不恰当地认定为未遂犯而从宽处理，导致刑法处罚的漏洞。上述历年真题很好地说明了这一问题，认为适度强调犯罪之间的竞合，可以较好地处理这一问题。但是，如果过度地强调犯罪之间的竞合，而忽略不同犯罪之间的区别，会导致具体个罪的构成要件的明确性机能受损。例如，耍个小流氓是寻衅滋事罪，耍个大流氓也认

① 虽然不能将遗弃行为评价为不作为的故意杀人，但不作为的故意杀人行为，完全符合遗弃罪的构成要件。因为遗弃罪是给被害人生命、身体造成危险的犯罪，不作为的故意杀人是剥夺被害人生命的犯罪；二者并非相互排斥的关系，而是低程度行为与高程度行为的关系。张明楷：《犯罪之间的界限与竞合》，《中国法学》2008 年第 4 期，第 90 页。

为是寻衅滋事罪，同时也触犯了故意杀人罪，即认为故意杀人罪与寻衅滋事罪之间是竞合关系。那么，这样带来的问题就是，无论是耍小流氓，还是耍大流氓都是寻衅滋事罪，故意杀人也是寻衅滋事，怎么搞都是寻衅滋事。我们根本就无从知道寻衅滋事究竟是什么，不具有明确性。犯罪构成要件应具有明确性机能，指引我们的行为，规范司法活动。过度强调竞合可能也会带来一些问题，导致不同罪名之间的界限不清。当然，现阶段，强调竞合有其合理性，但希望未来强调竞合关系不要走得太远。

专题三十八

国家法律职业资格考试刑法为何考两种观点真题？——涉两种观点历年真题的梳理

一、为什么要考两种以上观点的试题

1. 考两种观点试题的意义。

自 2011 年开始，一改以往的做法，国家法律职业资格考试刑法部分出现了考两种以上观点的试题。很多考生表示难以接受。实际上，刑法中的绝大多数问题，都存在不同的观点。让考生明白不同的观点，进而结合我国的社会现状、发展状况决定特定的案件应该采取哪种观点更具有合理性，是一件非常有意义的事情。刑法理论本身就应该在不同观点的讨论中，得出更具有合理性的观点，需要听到不同的声音。法律本身就是地方性知识，不同国家，同一国家不同历史时期，同一国家同一时期的不同地区，对相同问题的处理都可能存在不同的意见。这种不同的意见，与一国的法律观念、社会现状、治安状况、经济发展等密切相关。社会本身就是在不断地发展变化，何况中国是大国，政治、经济、社会发展还不平衡，对同一问题存在不同的观点，允许进行讨论，那是再正常不过的事情了。作为学法律的人，更应该有这样的包容之心。

我的孩子在读一年级的时候，有一道题目问“弯弯的月亮像什么？”她的回答是：桔子。我认为她的回答完全正确。桔子剥开后，一片片的，是像月亮啊。但老师说是错误的，答案是“镰刀”。我也想问老师，现在的小孩子很多都没有见过镰刀，为什么要用几十年前的教科书的标准衡量现在的孩子。并且，弯弯的月亮就不能像其他的东西吗？

2. 司法活动本身就应具有多元化的思考路径。

作为未来从事司法工作的我们，也应该知道，过度地强调一元化思维，对司法活动同样是有害的。很多检察官、法官都信誓旦旦地告诉我，一定要把手中的每一个案子都办成铁案，不办冤假错案。这种心态本身是好的，但是，你真的能把每一个案件办成铁案吗？司法活动是一个认知过去的活动，但过去能 100% 被我们认知吗？我们通过若干个证据片断，比如脚印、指纹、DNA、精液、毛发等证据片断，来倒推案件事实。但真实的事实似乎只有上帝知道。我们收集的证据本身可能就是有限的，我们通过有限的、部分的证据推断的事实还不可避免地带有我们的主观性，张艺谋与冯小刚两位导演结合上述证据，都可能导演出两部剧情完全不同的影片。我们怎么能说我们推导出来的法律事实就一定是真实的事实呢？如果我们仅仅带着一种可能性去思考问题，而不考虑其他可能性，就极有可能办成冤假错案。司法活动是重现案件过去的客观事实，是通过具体的制度、手段、技术还原案件客观事实。只要承认人类认知能力的有限性，承认司法制度也是逐步走向科学、合理，就应承认通过司法活动认知案件事实会存“疑”。①

例如，赵作海冤案中，赵作海与“被害人”赵振裳是同村村民，两家曾经有过仇，赵作海的家人曾经杀害过赵振裳的亲人。后两人同时喜欢上同村的一位女性，进而产生矛盾。赵振裳将赵作海打了一顿后，就失踪了。赵振裳的亲人怀疑赵作海杀了赵振裳，并到公安机关报案。公安机关将赵作海抓获之后，村里突然出现了一具无名尸体（不是赵振裳），在当时的DNA鉴定技术还不够发达的情况下，赵振裳的亲人均认为尸体就是赵振裳。结合上述事实，你是不是认为一个“铁定”的事实就是：赵作海杀死了赵振裳。进而一切司法活动都以此为主线，搜集证据、刑讯逼供。但是，有没有可能是这么一种事实呢？赵振裳打了赵作海一顿后，害怕赵作海报复就离家出走，这一走就是十年，直到在外拾荒瘫痪了，才回到村中。而真实的事实确是后者。可见，养成一元化的思维是多么可怕的事情。近期，我研究了22个全国有影响性的冤假错案，发现，几乎每个冤假错案，司法人员当时所认可的“铁定”的事实还都非常令人相信，但是如果不进行其他可能的考虑，就有可能造成冤假错案。诚然，冤假错案的产生是多种因素的作用，如舆论的压力、司法的理念、刑事侦查技术水平等，但如果无论是司法人员，还是普通民众，对司法活动多一些理解，对我们人类认识世界的能力多一份宽容，不要过度强调一元化，至少在一定程度上是可以减少冤假错案。②

3. 法考应注重基础理论、通说观点，兼顾两种观点的试题。

回到国家法律职业资格考试层面，国家法律职业资格考试毕竟是一个法律职业资格的入门考试，适度强调多元化的思考当然是有意义的。但如果过度强调多元化的思考，强调多种观点，可能也未必合适。毕竟这是一个再基础不过的简单考试，如果刚入门就强调这么多元化的思考，可能带来的问题是，学生连最基础的、通说的观点都没有搞清楚，连正确的方向都没有，这显然也是有问题的。就像孩子的成长一样，在他还不懂事的幼年、少年阶段，作为家长的我们还是尽量培养他主流的价值观，等他逐步成长，认识能力提升之后，可以尊重他自己的意愿，让他选择适合自己的生活方式、价值观。如果在孩子成长的过程中，给予他更多的自由，尤其是在价值观、人生观问题上，家长太过随意、放任的话，很容易让孩子误入歧途。我想国家法律职业资格考试又何尝不是如此，希望任何掌握国家法律职业资格考试命题权及授课的老师，都积极、正确地引导我的“孩子”。尤其是这些孩子们将来从事司法活动，是要掌握对他人“生杀予夺”的大权的，入门阶段就过度强调多元化，既可以“这样”，也可以“那样”，而不知道现阶段“哪样 ”是最符合国民观念、公众认同的，他们从事司法审判将会无标准可言，反而可能导致司法活动的不统一、无序性，进而使社会公众缺失对司法活动的信仰。也正基于此，考生朋友在复习时，不宜过度追求两种观点。对于一些理论、实务界确有争议，并且可能在考试中出现的知识

① 徐光华：《疑罪从无是司法机关应坚持的，更是全社会要接受的》，《人民法院报》2019年8月1日。

② 邓辉、徐光华：《影响性刑事冤假错案的产生、纠错、追责与民意的关联考察——以22起影响性刑事冤假错案为主要研究范本》，《法学杂志》2018年第4期。

点，我都会一一指出。

二、历年真题中涉两种观点的试题

1. 因果关系的判断中，介入因素是正常还是异常，可能存在不同的理解。

2012年卷四：……黄某认定是李某作案，决意报复李某，深夜对其租赁的山坡放火（李某住在山坡上）。大火烧毁山坡上的全部树苗，烧伤了李某，并延烧至村民范某家。范某被火势惊醒逃至屋外，想起卧室有5000元现金，即返身取钱，被烧断的房梁砸死。问题：如认定黄某放火与范某被砸死之间存在因果关系，可能有哪些理由？如否定黄某放火与范某被砸死之间存在因果关系，可能有哪些理由？（两问均须作答）（参见专题五《客观不法要件》之“因果关系”）

2. 因果关系的错误之“事前的故意”（结果推后实现）应如何理解？

＊＊对于事前的故意，理论上对此问题存在不同的观点：

第一种观点，行为人的第一行为成立故意杀人罪未遂，第二行为成立过失致人死亡罪；其中有人认为成立想象竞合犯，有人主张成立数罪。

第二种观点，如果在实施第二行为之际，对于死亡持未必的故意（或间接故意），则整体上成立一个故意杀人既遂；如果在实施第二行为之际，相信死亡结果已经发生，则成立故意杀人未遂与过失致人死亡罪。

第三种观点，将两个行为视为一个行为，将支配行为的故意视为概括的故意，只成立一个故意杀人既遂。

第四种观点，将前后两个行为视为一体，视为对因果关系的认识错误处理，只要因果关系的发展过程是在相当的因果关系之内，就成立一个故意杀人既遂。（通说的观点）

2015年卷四：高某、夏某到达小屋后，高某寻机抱住钱某，夏某掐钱某脖子。待钱某不能挣扎后，二人均误以为钱某已昏迷（实际上已经死亡），便准备给钱某身上绑上石块将其扔入湖中溺死——按通说观点，可以认为是构成要件的提前实现，成立故意杀人罪的既遂。

2016年卷四：赵某杀害钱某后，找到好友孙某，二人一起将钱某抬至汽车的后座，由赵某开车，孙某坐在钱某身边。开车期间，赵某不断地说“真不该一时冲动”“悔之晚矣”。其间，孙某感觉钱某身体动了一下，仔细察看，发现钱某并没有死。但是，孙某未将此事告诉赵某。到野外后，赵某一人挖坑并将钱某埋入地下（致钱某窒息身亡），孙某一直站在旁边没做什么，只是反复催促赵某动作快一点。

问题：关于赵某以为钱某已经死亡，为毁灭罪证而将钱某活埋导致其窒息死亡这一事实，可能存在哪几种主要处理意见？各自的理由是什么？

2010年卷四：同年6月26日，赵某将钱某约至某大桥西侧泵房后，二人发生争执。赵某顿生杀意，突然勒钱某的颈部、捂钱某的口鼻，致钱某昏迷。赵某以为钱某已死亡，便将钱某“尸体”缚重扔入河中。28日下午，钱某的尸体被人发现（经鉴定，钱某系溺水死亡）。

赵某致钱某死亡的行为，在刑法理论上称为事前的故意。刑法理论存在几种处理意见？

3. 正当防卫的几个问题。

2014年卷二52. 严重精神病患者乙正在对多名儿童实施重大暴力侵害，甲明知乙是严重精神病患者，仍使用暴力制止了乙的侵害行为，虽然造成乙重伤，但保护了多名儿童的生命。

观点：

①正当防卫针对的“不法侵害”不以侵害者具有责任能力为前提

②正当防卫针对的“不法侵害”以侵害者具有责任能力为前提

③正当防卫针对的“不法侵害”不以防卫人是否明知侵害者具有责任能力为前提

④正当防卫针对的“不法侵害”以防卫人明知侵害者具有责任能力为前提

结论：

a. 甲成立正当防卫

b. 甲不成立正当防卫

就上述案情，观点与结论对应错误的是下列哪些选项？(ACD)

A. 观点①②与a结论对应；观点③④与b结论对应

B. 观点①③与a结论对应；观点②④与b结论对应

C. 观点②③与a结论对应；观点①④与b结论对应

D. 观点①④与a结论对应；观点②③与b结论对应

2011年卷二7. 乙基于强奸故意正在对妇女实施暴力，甲出于义愤对乙进行攻击，客观上阻止了乙的强奸行为。

观点：

①正当防卫不需要有防卫认识

②正当防卫只需要防卫认识，即只要求防卫人认识到不法侵害正在进行

③正当防卫只需要防卫意志，即只要求防卫人具有保护合法权益的意图

④正当防卫既需要有防卫认识，也需要有防卫意志

结论：

a. 甲成立正当防卫

b. 甲不成立正当防卫

就上述案情，观点与结论对应正确的是哪一选项？(A)

A. 观点①观点②与a结论对应；观点③观点④与b结论对应

B. 观点①观点③与a结论对应；观点②观点④与b结论对应

C. 观点②观点③与a结论对应；观点①观点④与b结论对应

D. 观点①观点④与a结论对应；观点②观点③与b结论对应

4. 犯罪既遂、未遂区分是否应存在于加重犯中？

对于加重构成（如普通抢劫与持枪抢劫），多数学者认为存在既、未遂的区分，少数学者否认。对于量刑规则（如数额较大、数额巨大、数额特别巨大），多数学者否认多层次的既、未遂，少数学者肯定。

2013年卷二8. 甲深夜进入小超市，持枪胁迫正在椅子上睡觉的店员乙交出现金，乙说“钱在收款机里，只有购买商品才能打开收款机”。甲掏出100元钱给乙说“给你，随便买什么”。乙打开收款机，交出所有现金，甲一把抓跑。事实上，乙给甲的现金只有88元，甲“亏了”12元。关于本案，下列哪一说法是正确的？(D)

A. 甲进入的虽是小超市，但乙已在椅子上睡觉，甲属于入户抢劫

B. 只要持枪抢劫，即使分文未取，也构成抢劫既遂

C. 对于持枪抢劫，不需要区分既遂与未遂，直接依照分则条文规定的法定刑量刑即可

D. 甲虽“亏了”12元，未能获利，但不属于因意志以外的原因未得逞，构成抢劫罪既遂

2016年卷四：孙某向赵某敲诈勒索价值800万元的名画，但实际上只得8000元的赝品。关于法定刑的适用与犯罪形态的认定，可能存在哪几种观点？

一种观点是，对孙某应当按800万元适用数额特别巨大的法定刑，同时适用未遂犯的规定，并将取得价值8000元的赝品的事实作为量刑情节，这种观点将数额巨大与特别巨大作为加重构成要件；（将数额较大、数额巨大、数额特别巨大作为特殊的犯罪构成要件，即加重构成，承认不同犯罪构成要件存在犯罪未遂形态）

另一种观点是，对孙某应当按8000元适用数额较大的法定刑，认定为犯罪既遂，不适用未遂犯的规定，这种观点将数额较大视为单纯的量刑因素或量刑规则。（不承认数额较大、数额巨大、数额特别巨大为犯罪构成要件，认为这属于量刑规则，即根据实际结果来量刑，而不承认其存在未遂形态）

2017年卷二5. 甲冒充房主王某与乙签订商品房买卖合同，约定将王某的住房以220万元卖给乙，乙首付100万元给甲，待过户后再支付剩余的120万元。办理过户手续时，房管局工作人员识破甲的骗局并报警。根据司法解释，关于甲的刑事责任的认定，下列哪一选项是正确的？（B）

A. 以合同诈骗罪220万元未遂论处，酌情从重处罚

B. 以合同诈骗罪100万元既遂论处，合同诈骗120万元作为未遂情节加以考虑

C. 以合同诈骗罪120万元未遂论处，合同诈骗100万元既遂的情节不再单独处罚

D. 以合同诈骗罪100万元既遂与合同诈骗罪120万元未遂并罚

5. 共同犯罪之“共同”是仅指客观不法行为的“共同”，还是包括责任的“共同”？

2015年卷二7. 15周岁的甲非法侵入某尖端科技研究所的计算机信息系统，18周岁的乙对此知情，仍应甲的要求为其编写侵入程序。关于本案，下列哪一选项是错误的？（D）

A. 如认为责任年龄、责任能力不是共同犯罪的成立条件，则甲、乙成立共犯

B. 如认为甲、乙成立共犯，则乙成立非法侵入计算机信息系统罪的从犯

C. 不管甲、乙是否成立共犯，都不能认为乙成立非法侵入计算机信息系统罪的间接正犯

D. 由于甲不负刑事责任，对乙应按非法侵入计算机信息系统罪的片面共犯论处

6. 抢劫财产性利益与侵占罪之界限。

2008年卷二60. 甲曾向乙借款9000元，后不想归还借款，便预谋毒死乙。甲将注射了“毒鼠强”的白条鸡挂在乙家门上，乙怀疑白条鸡有毒未食用。随后，甲又乘去乙家串门之机，将“毒鼠强”投放到乙家米袋内。后乙和其妻子、女儿喝过米汤中毒，乙死亡，其他人经抢救脱险。甲的行为成立故意杀人罪。

2016年卷四：赵某与钱某原本是好友，赵某受钱某之托，为钱某保管一幅名画（价值800万元）达三年之久。某日，钱某来赵某家取画时，赵某要求钱某支付10万元保管

费，钱某不同意。赵某突然起了杀意，为使名画不被钱某取回进而据为己有，用花瓶猛砸钱某的头部，钱某头部受重伤后昏倒，不省人事，赵某以为钱某已经死亡。刚好此时，赵某的朋友孙某来访。赵某向孙某说“我摊上大事了”，要求孙某和自己一起将钱某的尸体埋在野外，孙某同意。

问题：关于赵某杀害钱某以便将名画据为己有这一事实，可能存在哪几种处理意见？各自的理由是什么？

关于赵某杀害钱某以便将名画据为己有这一事实，可能存在两种处理意见。其一，认定为侵占罪与故意杀人罪，实行数罪并罚。理由是，赵某已经占有了名画，不可能对名画实施抢劫行为，杀人行为同时使得赵某将名画据为己有，所以，赵某对名画成立（委托物）侵占罪，对钱某的死亡成立故意杀人罪。其二，认定成立抢劫罪一罪。理由是，赵某杀害钱某是为了使名画不被返还，钱某对名画的返还请求权是一种财产性利益，财产性利益可以成为抢劫罪的对象，所以，赵某属于抢劫财产性利益。这实际上也说明，刑法学界更多地主张扩张财产罪（抢劫罪）的保护法益至财产性利益。

7. 片面共犯（片面共同正犯、片面教唆犯、片面帮助犯）是否应该被承认？

2017 年卷二 54. 甲知道乙计划前往丙家抢劫，为帮助乙取得财物，便暗中先赶到丙家，将丙打昏后离去（丙受轻伤）。乙来到丙家时，发现丙已昏迷，以为是丙疾病发作晕倒，遂从丙家取走价值 5 万元的财物。关于本案的分析，下列哪些选项是正确的？（ACD）

A. 若承认片面共同正犯，甲对乙的行为负责，对甲应以抢劫罪论处，对乙以盗窃罪论处

B. 若承认片面共同正犯，根据部分实行全部责任原则，对甲、乙二人均应以抢劫罪论处

C. 若否定片面共同正犯，甲既构成故意伤害罪，又构成盗窃罪，应从一重罪论处

D. 若否定片面共同正犯，乙无须对甲的故意伤害行为负责，对乙应以盗窃罪论处

8. 诈骗罪中，如何理解被害人是否具有“处分财产的权利”？被害人的“财产损失”？

2014 年卷二 19. 乙购物后，将购物小票随手扔在超市门口。甲捡到小票，立即拦住乙说：“你怎么把我购买的东西拿走？”乙莫名其妙，甲便向乙出示小票，两人发生争执。适逢交警丙路过，乙请丙判断是非，丙让乙将商品还给甲，有口难辩的乙只好照办。该案的 A 选项指出，如认为交警丙没有处分权限，则甲的行为不成立诈骗罪。如果认定交警丙有处分权，则案件成立诈骗罪——该选项正确，当然，交警对财物是否有处分权，理论上存在争议。

2015 年卷二 18. 乙全家外出数月，邻居甲主动帮乙照看房屋。某日，甲谎称乙家门口的一对石狮为自家所有，将石狮卖给外地人，得款 1 万元据为己有。关于甲的行为定性，下列哪一选项是错误的？（A）

A. 甲同时触犯侵占罪与诈骗罪

B. 如认为购买者无财产损失，则甲仅触犯盗窃罪

C. 如认为购买者有财产损失，则甲同时触犯盗窃罪与诈骗罪

D. 不管购买者是否存在财产损失，甲都触犯盗窃罪

9. 基于不法原因给付（委托）的财物，能否成为侵占罪的对象？

基于不法原因替他人保管财物，如保管他人用于行贿的财物、犯罪所得等，事后拒不

返还的，能否以侵占罪论处，理论上存在不同的观点。

2013年卷四：在甲、乙被起诉后，甲父丙为使甲获得轻判，四处托人，得知丁的表兄刘某是法院刑庭庭长，遂托丁将15万元转交刘某。丁给刘某送15万元时，遭到刘某坚决拒绝。（事实四）丁告知丙事情办不成，但仅退还丙5万元，其余10万元用于自己炒股。在甲被定罪判刑后，无论丙如何要求，丁均拒绝退还余款10万元。丙向法院自诉丁犯有侵占罪。（事实五）

10. 死者身上（边）的财物是否归死者“占有”？

2011年卷四……陈某将李某尸体拖入树林，准备逃跑时忽然想到李某身有财物，遂拿走李某手机、现金等物，价值1万余元。（事实三）

问题：对事实三，可能存在哪几种处理意见（包括结论与基本理由）？

2015年卷四：高某（杀害钱某后）回到小屋时，发现了钱某的LV手提包（价值5万元），包内有5000元现金、身份证和一张储蓄卡，高某将现金据为己有。问题：关于拿走死者钱某的手提包和5000元现金的行为性质：如果认为死者不能占有，则成立侵占罪；如果肯定死者占有的，则成立盗窃罪。

11. 公开以和平（温柔）方式取走被害人的财物，究竟成立盗窃罪还是抢夺罪，真题怎么考？

刑法理论上：公开当着被害人的面，用和平方式取走被害人的财物，如何处理？理论上存在两种处理意见：

（1）通说、司法实践的观点认为成立抢夺罪；

（2）少数学者认为成立盗窃罪。

审判实践中：对于这种行为，无一例外地成立抢夺罪，司法实践中还没有出现过一起公开以和平方式取走被害人财物被认定为盗窃罪的案件。也就是说，审判实践中还是坚持了通说的观点，少数学者的观点并没有得到审判实践的支持。

国家法律职业资格考试层面：上述问题以往仅考一种观点，即通说的观点，成立抢夺罪。现在由于少数学者的观点变得更加有力（盗窃罪），所以，考试考两种观点，绝不可能考一种观点。

2003年卷二32. 某晚，甲潜入乙家中行窃，被发现后携所窃赃物（价值900余元）逃跑，乙紧追不舍。甲见杂货店旁有一辆未熄火摩托车，车主丙正站在车旁吸烟，便骑上摩托车继续逃跑。次日，丙在街上发现自己的摩托车和甲，欲将甲扭送公安局，甲一拳将丙打伤，后经法医鉴定为轻伤。本案应当以下列哪些罪名追究甲的刑事责任？（BCD）

A. 抢劫罪　　B. 抢夺罪　　C. 盗窃罪　　D. 故意伤害罪

解析：BCD。本题从答案来看仅排除掉了抢劫罪，实际每个正确罪名的认定都与正确排除抢劫罪不可分离，关键就是与三种转化型抢劫罪相区别。甲对乙家行窃构成盗窃罪，之后骑上丙的摩托车逃跑，因为车主丙正站在车旁故构成抢夺罪。

2013年卷二60. 甲潜入他人房间欲盗窃，忽见床上坐起一老妪，哀求其不要拿她的东西。甲不理睬而继续翻找，拿走一条银项链（价值400元）。关于本案的分析，下列哪些选项是正确的？（ABCD）

A. 甲并未采取足以压制老妪反抗的方法取得财物，不构成抢劫罪

B. 如认为区分盗窃罪与抢夺罪的关键在于是秘密取得财物还是公然取得财物，则甲

的行为属于抢夺行为；如甲作案时携带了凶器，则对甲应以抢劫罪论处

C. 如采取B选项的观点，因甲作案时未携带凶器，也未秘密窃取财物，又不符合抢夺罪“数额较大”的要件，无法以侵犯财产罪追究甲的刑事责任

D. 如认为盗窃行为并不限于秘密窃取，则甲的行为属于入户盗窃，可按盗窃罪追究甲的刑事责任

2015年卷二19. 菜贩刘某将蔬菜装入袋中，放在居民小区路旁长条桌上，写明“每袋20元，请将钱放在铁盒内”。然后，刘某去3公里外的市场卖菜。小区理发店的店员经常好奇地出来看看是否有人偷菜。甲数次公开拿走蔬菜时假装往铁盒里放钱。关于甲的行为定性（不考虑数额），下列哪一选项是正确的？(D)①

A. 甲乘人不备，公然拿走刘某所有的蔬菜，构成抢夺罪

B. 蔬菜为经常出来查看的店员占有，甲构成盗窃罪

C. 甲假装放钱而实际未放钱，属诈骗行为，构成诈骗罪

D. 刘某虽距现场3公里，但仍占有蔬菜，甲构成盗窃罪

2016年卷二18. 乙女在路上被铁丝绊倒，受伤不能动，手中钱包（内有现金5000元）摔出七八米外。路过的甲捡起钱包时，乙大喊“我的钱包不要拿”，甲说“你不要喊，我拿给你”，乙信以为真没有再喊。甲捡起钱包后立即逃走。关于本案，下列哪一选项是正确的？(D)

A. 甲以其他方法抢劫他人财物，成立抢劫罪

B. 甲以欺骗方法使乙信以为真，成立诈骗罪

C. 甲将乙的遗忘物据为己有，成立侵占罪

D. 只能在盗窃罪或者抢夺罪中，择一定性甲的行为

2018年真金题：甲骑摩托车搭着乙过山路，路面崎岖泥泞，甲便下车推着摩托车前行。这时乙提出帮忙把车骑过去，甲同意，并且紧跟其后，双眼一直注视乙。不料过了山路乙骑着摩托扬长而去——如果仅考一种观点，乙的行为成立抢夺罪；如果考两种观点，有观点认为成立抢夺罪，也有观点认为成立盗窃罪。

12. 盗窃财物后，以欺诈方式销售赃物的行为，是否成立诈骗罪？

2010年卷二55. B. 盗窃他人汽车后，谎称所盗汽车为自己的汽车出卖他人的——后继销售赃物的行为属于事后不可罚行为，仅前行为成立盗窃罪。

2015年卷二18. 乙全家外出数月，邻居甲主动帮乙照看房屋。某日，甲谎称乙家门口的一对石狮为自家所有，将石狮卖给外地人，得款1万元据为己有。关于甲的行为定性，下列哪一选项是错误的？(A)

A. 甲同时触犯侵占罪与诈骗罪

B. 如认为购买者无财产损失，则甲仅触犯盗窃罪

C. 如认为购买者有财产损失，则甲同时触犯盗窃罪与诈骗罪

D. 不管购买者是否存在财产损失，甲都触犯盗窃罪

13. 如何理解诈骗罪所要求的“处分意识”？

---

① 本案中，蔬菜的所有人（刘某）并不在场，甲行为仍然属于秘密窃取，即没有被财物的所有人发现，从这个意义上看，行为人的方式对被害人而言仍然是秘密窃取，而非公开，故仅成立盗窃罪。

2018 年主观题：王某、刘某在某酒店就餐，消费 3000 元。在王某结账时，收银员吴某偷偷调整了 POS 机上的数额，故意将 3000 元餐费改成 30000 元，交给王某结账。王某果然认错，支付了 30000 元。

一种观点认为，成立盗窃罪。这种观点认为，被害人并不知道自己多余处分的钱款（30000-3000=27000 元），行为人吴某拿走这部分财产的，应成立盗窃罪。这种观点的理论基础在于，诈骗罪要求被害人自愿处分财产，而“自愿处分”要求被害人对财产有具体的认识，即具体的处分意识说（处分意识必要说中的严格论）认为（主流观点），只有行为人清楚地认识到自己交付的财产的全部内容（种类、数量、质量、价格、外形等），才能认为其有处分意识。

另一种观点认为，成立诈骗罪。这种观点认为，对诈骗罪所要求的“处分意识”不作严格解释，概括（抽象）的处分意识说（处分意识必要说的缓和论）认为，只要行为人主观上大致认识到自己交付的财产的种类（如衣服、酒、手机）就可以认为有处分意识。就本案而言，被害人知道自己处分了“钱款”即认为被害人有处分意识，至于处分的钱款的“数额大小”，并不是处分意识所必须的。

14. 如何理解盗窃与诈骗的关系？

2020 年真金题：

（1）如果认为盗窃与诈骗是对立关系，那么，一行为不可能既触犯盗窃罪，又触犯诈骗罪。

盗窃罪中，犯罪行为人与被害人“没有沟通”，被害人没有处分财产的行为与意识；诈骗罪中，犯罪行为人与被害人进行了“沟通”，被害人与犯罪行为人进行了沟通，被害人自愿处分了财产，有处分财产的行为与意识。

因此，如果从是否“沟通”的角度来看，盗窃罪与诈骗罪是对立关系，一行为不可能既触犯盗窃罪，又触犯诈骗罪。

（2）如果认为诈骗罪是盗窃罪的间接正犯（竞合关系），那么，所有的诈骗罪也符合盗窃罪。

盗窃罪的本质在于，违反被害人的意志取走被害人财物，即取走被害人的财物，没有与被害人“沟通”。而诈骗罪也是违反被害人的意志而获取被害人的财产。

但是，诈骗罪是“假借”“利用”被害人之手，违反被害人的意志而获取被害人的财产。即诈骗罪是程度更为严重的盗窃，是利用被害人之手而实施的盗窃。

因此，如果从“违反被害人的意志”获取被害人的财产看，盗窃与诈骗均是违反了被害人的意志获取财产。但是，诈骗罪是“假借”“利用”被害人之手而获取被害人的财产，是程度更为严重的盗窃罪，即盗窃罪的间接正犯，诈骗罪也符合盗窃罪。

众合法考 2021 年“客观题学习包”免费课堂课程安排

理论先修阶段（理论筑基——简明扼要地讲授部门法纲领性内容，培养法学逻辑思维能力）

教学内容	各科主讲老师简明扼要地讲授部门法纲领性内容，搭建知识框架			
教学目标	使考生初步形成对法考的认知，培养法学逻辑			

课程安排：部门法	授课老师	课时	配套图书	上传时间
民法	孟献贵	2天	专题讲座·先修卷	已上传
刑法	徐光华	2天		
行政法	李　佳	2天		
民诉法	戴　鹏	2天		
刑诉法	左　宁	2天		
商经知	鄢鹏恩	2天		
理论法	马　峰	2天		
三国法	李曰龙	2天		

专题强化阶段（夯实基础——全面系统地讲授部门法知识点，构建各学科知识体系）

教学内容	各科主讲老师全面系统地讲授部门法内容，构建各学科知识体系，深入学习法学理论			
教学目标	让考生树立体系思维，掌握重点难点内容			

课程安排：部门法	授课老师	课时	配套图书	上传时间
民法	孟献贵	8天	专题讲座·精讲卷	2021 年 1 月中旬开始陆续上传
刑法	徐光华	8天		
行政法	李　佳	6天		
民诉法	戴　鹏	4天		
刑诉法	左　宁	7天		
商经知	鄢鹏恩	7天		
理论法	马　峰	7天		
三国法	李曰龙	4天		

题库破译阶段（真题为王——透视命题规律，做到举一反三，真正把题做“透”）

教学内容	通过对 10 年真题的全面讲解，归纳考试重点和规律，掌握考试方向，学会一道题，做对一类题			
教学目标	让考生了解考试规律，知道学习的重点，培养解题思路，学会解题技巧			

课程安排：部门法	授课老师	课时	配套图书	上传时间
民法	孟献贵	3天	专题讲座·真金题卷	2021 年 3 月中旬开始陆续上传
刑法	徐光华	3天		
行政法	李　佳	3天		
民诉法	戴　鹏	2天		
刑诉法	左　宁	3天		
商经知	鄢鹏恩	3天		
理论法	马　峰	2天		
三国法	李曰龙	2天		

背诵突破阶段（精华背诵——系统化梳理考点，总结归纳规律性知识内容）

教学内容	对比梳理考点，总结归纳规律性知识内容，深化拔高			
教学目标	帮助考生在复习后期，全面快速地回顾考点，提高应试能力			

课程安排：部门法	授课老师	课时	配套图书	上传时间
民法	孟献贵	4天	专题讲座·背诵卷	2021 年 6 月下旬开始陆续上传
刑法	徐光华	4天		
行政法	李　佳	3.5天		
民诉法	戴　鹏	3天		
刑诉法	左　宁	4天		
商经知	鄢鹏恩	4天		
理论法	马　峰	4天		
三国法	李曰龙	3天		

注：课程上传时间如有变动，请以官网实际上传时间为准

听课方式

①电脑听课 众合官网（www.zhongheschool.com）-选择众合法考-选择公开课；B 站：UP 主-众合教育

②手机听课 下载竹马法考 APP -选择学习-选择公开课；下载众合在线 APP -选择众合法考-选择公开课

官网咨询热线 400-6116-858

众合法考2021年面授教学计划

系列班次	班次名称	课程类型	时间跨度	标准价格	2021学年“年前特惠”计划			2021年“梦想之旅”阶段性特惠计划				
					校园特惠月	年前特惠	新春特惠	点亮梦想	追逐梦想	拥抱梦想	完美冲刺	决战今朝
					9.01—10.12	10.13—11.23	11.24—2.02	2.03—3.08	3.09—4.05	4.06—6.21	6.22—8.02	8.03—10.01
高端系列	众合尊享私教	脱产	3.16—8.25	128000	86800	88800	92800	96800	98800	无优惠，客观题不过，退费		
	众合VIP私教	脱产	3.16—8.25	49800	38800	40800	42800	45800	48800	无优惠		
	方圆旗舰A班	脱产	4.14—8.25	64800	46800	49800	52800	55800	无优惠，客观题不过，重读方圆旗舰B班			
	方圆旗舰B班	脱产	4.14—8.25	42800	30800	32800	34800	36800	38800	40800	无优惠	
集训系列	先锋集训班	脱产	5.12—8.25	28880	21080	22580	24080	25580	27080	28000	无优惠	
	先锋冲关班	脱产	6.08—8.25	12800	10680	10880	11080	11280	11480	11680	无优惠	
	暑期冲关班	脱产	7.08—8.25	10880	8380	8580	8780	8980	9180	9480	9780	无优惠
冲刺系列	冲刺点睛班	脱产	8.18—8.25	3480	无优惠							
	冲刺密卷班	脱产	8.28—8.29	5280	3480不过不退费，5280不过全退							
周末系列	周末全程班	周末	3.06—8.25	12380	9080	9480	9880	9980	无优惠			
	周末提升班	周末	3.06—8.15	9880	7080	7480	7880	7980	无优惠			
	大学生长训班	周末+暑期	3.06—8.25	16800	11180	13280	13380	13580	13780	13880	13980	14080
主观系列	主观题案例长训班	脱产	8.02—10.07	19800	13800	14800	15800	16800	17800	18800	19000	无优惠
	主观题旗舰集训班	脱产	9.10—10.07	12380	9380	9880	10380	10880	11380	11880	12080	无优惠
	主观题精品突破班	冲刺	10.01—10.07	8380	4980	5580	6180	6780	7380	7680	7980	8380
	主观题案例技巧班	冲刺	10.08	580	无优惠							
	主观题点睛密卷班	冲刺	10.09—10.10	5280	5280不过全退，3180不过不退							

官网咨询热线 400-6116-858

众合法考2021年网授教学计划

客观题班次

课程名称	课程区间	标准价格	10.21-12.27	12.28-1.30	1.31-3.13	3.14-4.14	4.15-6.05	6.06-7.09
法考旗舰全程班	3.20-10.13	16800	8280	8880	9280	9680	9880	无优惠
		客观题不过免费重读2022年客观题旗舰全程						
客观题旗舰全程班	3.20-08.25	7880	4480	4880	5280	5480	5680	无优惠
法考精品全程班	4.17-10.13	11800	无优惠（不过收6180，其余全退）					
客观题精品全程班	4.17-8.25	6380	3980	4680	5080	5280	5480	5680
客观题暑期精品班	7.12-8.25	9800	无优惠					
客观题冲刺点睛班	8.18-8.25	1680	无优惠					
客观题冲刺密卷班	8.31-9.1	3480	无优惠（3480不过全退，2080不过不退）					

主观题班次

课程名称	课程区间	标准价格	即日起-2.5	2.6-3.13	3.14-4.14	4.15-4.30	5.1-5.15	5.16-6.5
主观题百日冲关班	6.05-10.09	12800	8280	8380	8880	9080	9680	10080
		4.20日前报名；报班赠送客观题精讲卷七卷本，三国法除外						
课程名称	**课程区间**	**标准价格**	**即日起-6.5**	**6.6-7.5**	**7.6-8.5**	**8.6-9.12**	**9.13-9.30**	**10.1-10.20**
主观题60天冲关班	8.10-10.09	10800	8800			9800		
主观题旗舰集训班	9.14-10.09	9800	6480	6680	6880	无优惠		
主观题案例点睛班	10.03-10.09	5980	3880				4880	无优惠
主观题案例密卷班	10.12-10.13	2980	无优惠（4980不过全退，2980不过不退）					
主观题案例技巧班	10.10	580	无优惠					
主观题案例提升班	10.03-10.13	7480	5680				6080	无优惠

一对一班次

课程名称	课程区间	标准价格	12.2-3.15	3.16-4.10	4.11-4.25	4.25-7.08
私教一对一	随报随学-10.13	59700	51700	55700	无优惠	
			赠送客观题学习包（客观不过，收取1000元服务费；客观通过，主观不过，收取19800）			
全程一对一	3.20-10.13	20700	无优惠，赠送客观题学习包（客观不过，重读2022旗舰全程班；主观不过，重读2022网络主观题提升班）			
客观题全程私教班	3.20-08.25	13800	无优惠			
主观一对一	随报随学-10.10	26800	21800	22800	23800	24800
		限额招生100人，招满即止，不过退费 赠送主观题学习包，主观题不过仅收1000元资料费				

众合全国分校咨询电话

序号	分校名称	咨询电话
01	北京众合	15511383383
02	上海众合	13818894921
03	广州众合	15992401274
04	天津众合	13752327078
05	济南众合	18663708655
06	保定众合	18101073995
07	唐山众合	18630507911
08	石家庄众合	0311-8926 5308
09	青岛众合	18669705081
10	太原众合	18835102114
11	沈阳众合	024-8100 2199
12	哈尔滨众合	17611039099
13	大连众合	15842658825
14	长春众合	18604303152
15	杭州众合	0571-8826 7517
16	南京众合	025-8479 8105
17	福州众合	18905011890
18	合肥众合	0551-6261 7728
19	徐州众合	18626007405
20	深圳众合	13717089464
21	南宁众合	13377183019
22	海口众合	15289735847
23	武汉众合	027-8769 0826
24	郑州众合	15670623227
25	长沙众合	13677369057
26	南昌众合	0791-86426021
27	西安众合	18691896468
28	兰州众合	18691819574
29	呼和浩特众合	15147157978
30	成都众合	15208448426
31	重庆众合	15825932808
32	贵阳众合	0851-8582 0974
33	昆明众合	18687506473
34	银川众合	18709605353
35	西宁众合	18997222862
36	乌鲁木齐众合	18999939621
37	华东市场拓展部	13851436246
38	加盟事业部	13701200741